한국과학문명사 강의

신동원
교수의

한국과학문명사 강의

신동원 지음

책과함께

1부	하늘

천문학의 탄생 · 46

❶ 고대의 별자리: 고인돌에서 고분벽화까지 · 50

우리 천문학의 시작 | 우주를 관찰하며 문명을 만들어간 사람들 | 고구려 고분벽화에 그려진 별자리 | 널리 퍼져나가 국제화된 천문학 | 동북아 삼국이 그린 천문도

❷ 첨성대에 담긴 비밀 · 65

첨성대와 관련된 역사 기록 | 불편을 무릅쓰고 추구한 의미 | 천문학이 제도화되다

◆ 전근대 한국의 천문학 제도 · 73

❸ 왕의 정치와 연관된 천재지변 · 78

낱낱이 기록된 고려의 천문 현상 | 재앙을 예측하기 위해 하늘을 관측하다 | 오행의 작용과 관련된 기상 이변 | 천문학과 점성술이 공존한 시대

2부   땅

지도와 지리, 그리고 광물질 · 188

3부	자연

4부	몸

5부   기술과 발명

왜 한국과학문명사인가?

코로나 팬데믹(세계적 유행)을 겪으며, 한국문명은 선진 의학과 의료 시스템 구비는 물론이고 제도 운영의 민주성, 성숙한 시민의식까지 보여주고 있습니다. 책이 출간될 무렵의 상황은 어찌 될지 모르나, 적어도 현 단계에서는 한국이 여태껏 동경하던 '선진국'의 문턱을 훌쩍 뛰어넘은 듯 보입니다. 비단 지금만 그럴까요? 이 책을 읽다 보면 이런 의문에 어느 정도 답할 수 있을 것입니다.

《한국과학문명사 강의》라는 책 제목을 보고 "영 어렵겠는데…" 하며 고개를 갸웃거리는 사람도 있을 테고, "너무 거창하지 않나?" 하는 사람도 있을 것 같습니다. 아마도 많은 한국 사람들이 예전에는 우리나라에 과학이라 할 만한 것이 거의 없었고, 설령 있었더라도 별로였을 거라고 생각할지도 모르겠습니다. 그렇게 생각하는 분들은 조선이 망국을 겪고 오랫동안 가난과 불행에서 헤어나지 못한 까닭을 대체로 서양보다 낙후된 과학기술에서 찾습니다. 심지어 한국문명의 역사 전체를 깔보기도 합니다.

그런데 한국은 35년간의 식민지 상태, 뒤이어 전 국토가 폐허가 된 전쟁을 겪고도 불과 50여 년 만에 주요 산업기술을 세계적인 수준으로 끌어올렸습니다. 수많은 세계인들이 한국의 비약적 발전을 경이에 찬 눈으로 바라봅니다. 어떻게 이런 도약이 가능했을까요? 한국의 오랜 역사를 보면 이런 도약은 결코 우연이 아닙니다. 현대 한국의 과학기술이 이런 산업 발전을 추동했음을 누구도 부정하지 않습니다.

시대는 다르지만, 한국문명에서도 비슷한 일이 벌어졌습니다. 선사시대를 제외한다고 해도 한국에서는 역사 기록이 등장하는 1세기 이후부터 과학문명의 흔적이 본격적으로 포착되기 시작합니다. 이후 한자문명권에 포함되어 2천여 년 동안 사상, 종교, 국가 제도, 문화, 예술 등 모든 분야에서 높은 문명 수준을 유지해왔습니다. 삼국시대에는 한자문명권의 본산인 중국에 견줄 만한 문화 강국이 되었고, 조선 세종 때 과학기술은 세계 최고 수준에 도달했습니다. 조선 후기인 영·정조 때에는 중국·서양의 선진 과학기술을 이해하고 따라잡기 위해 노력했습니다. 긴 안목으로 본다면 오늘날 과학기술의 놀라운 발전도 외부 세계의 큰 자극에 대한 역동적이고 슬기로운 한국문명사적 대응 패턴의 하나라 할 수 있습니다. 이 책에 담긴 모든 것이 한국과학문명의 수준과 궤적을 입증합니다. 몇 가지만 미리 살펴볼까요?

《동의보감》으로 대표되는 한국 한의학이 중국 한의학 수준과 맞먹는다면 믿겨지세요? 15세기 이전 수학 학습과 자체 관찰을 통해 역법을 만든 문명에 한국이 중국, 인도, 이슬람, 서양과 함께 포함되어 있다는 것은요? 지식의 보존과 확산을 위해 일찍부터 인쇄술을 창의적으로 개발하여 천

년 넘게 지속해온 문명이 있다면 그 또한 놀라운 세계사적 현상이 아닐까요. 자주국방을 위해 무기 제작 기술을 첨단화하는 노력이 없었다면, 그토록 오랫동안 강대국 옆에서 과연 나라의 명맥을 유지할 수 있었을까요. 이런 것을 과학문명이라 부르지 않는다면 무엇이 과학문명일까요. 지금도 그렇지만 옛날에도 과학기술이 한국문명 발달의 원동력이었습니다.

영국은 자국을 중심으로 세계과학문명사의 맥락을 이해하도록 과학관을 설계해놓았습니다. 베이징에 있는 중국과학기술관에도 명칭 자체에 중국이라는 국적이 담겨 있습니다. 이런 세계적 추세에 발맞춰 한국문명을 뒷받침해온 과학기술을 한국과학문명이라 부르고자 합니다.

아놀드 토인비는《역사의 연구》에서 국가가 아니라 문명을 역사 연구의 기본 단위로 보면서 세계의 문명권을 21개로 나누었습니다. 그는 한국문명을 중국문명이나 일본문명과 다른 독자적인 문명으로 설정했습니다. 한국문명은 현재까지 살아남은 15개 세계문명 중 하나입니다. 이토록 오래 지속된 비결은 무엇일까요?

《총, 균, 쇠》를 쓴 재레드 다이아몬드는 이렇게 말했습니다. "오늘날 신흥 강국으로 부상하고 있는 나라들도 따지고 보면 이미 수천 년 전부터 식량 생산을 바탕으로 한 옛 중심지에 편입되어 있던 지역이거나 아니면 그 같은 중심지로부터 이주한 사람들이 살고 있는 지역이다. … 일본을 비롯한 (한국 같은) 신흥 강국들이 재빨리 트랜지스터를 이용할 수 있었던 까닭은 그 국민들이 이미 오래전부터 문자, 금속 기계류, 중앙집권적 정치체제 등을 갖추고 있었기 때문이었다." 이는 옛 문명과 현재 문명이 연속되어 있음을 지적한 말입니다. 즉 한국의 옛 문명은 형편없었는데 단지 서양의 새 문명을 잘 따라잡아서 오늘날과 같은 과학기술 강국이 된 것이 아니라, 오랜 기간 응축된 문명의 에너지가 있어서 새로운 변화에 잘 적응할 수 있었다는 말입니다.

재레드 다이아몬드는 각종 기술을 아울러 금속 기계류라 칭했습니다. 그가 말한 중앙집권적 정치체제는 하늘의 뜻을 헤아리는 천명사상에 근거해 통치의 정당성을 확보하고, 백성의 삶을 책임지고자 했습니다. 그 체제 안에서 천문학, 지리학, 의학, 농학, 수학 같은 과학 활동이 활발하게 펼쳐졌습니다. 이 책에서 다룬 유물 하나하나, 인물 한 분 한 분이 한국과학문명을 지속시켜온 잠재력의 흔적이자 증거입니다.

독자 여러분은 한국과학문명이라는 주제에 대해 무엇이 가장 궁금한가요? "한국에도 과학문명이 있었나요?" 이렇게 묻는 사람도 있을 테고, 왜 한국과학문명을 알아야 하는지, 한국과학문명은 어떻게 구성되었고 얼마나 오래되었는지, 또 한국과학문명의 최전성기는 언제였는지 궁금해하는 사람도 있을 것입니다.

20세기 이전 한국과학문명 중 최대 사건을 꼽아보라면 어떻게 대답하시겠습니까? 대개 거북선, 금속활자 인쇄술,《칠정산》,《동의보감》, 온돌 등을 떠올리지 않을까 싶습니다. 그 밖에도 세계에 자랑할 만한 우리 과학유산이 많지요.

20세기 이전 한국 최고의 과학자는 누구라고 생각하십니까? 불국사와 석불사(석굴암)를 지은 김대성, 한글을 만든 세종대왕, 자격루·앙부일구 등을 만든 장영실,《동의보감》을 지은 허준이 널리 알려져 있죠. 오일러에 앞서 9×9 마방진을 찾아낸 수학자 최석정도 있습니다.

한국과학기술한림원에서 마련해놓은 '과학기술인 명예의 전당'에는 이 다섯 분 말고도 한국 최초로 화약 제조법을 알아낸 최무선, 금속활자 갑인자를 주조한 이천,《칠정산》내·외편을 지은 이순지, 지전설을 주장한 홍대용,《해동농서》를 짓고 서양천문학에 조예가 깊었던 서호수,《자산어보》를 지은 정약전,〈대동여지도〉를 만든 김정호가 모셔져 있습니다.

과학은 과학자가 만들어내는 것이죠. 이 책을 읽으며 이분들이 한국과학문명사 속에서 어느 위치에 자리매김했는지 살피는 재미가 쏠쏠할 것입니다. 물론 이 책에 실리지 못한 수많은 과학자들이 한국과학문명을 함께 엮었다는 사실도 기억해야겠지요.

끝으로 이 책의 집필 방향과 구성을 밝히고자 합니다. 이 책은 선학先學인 전상운, 박성래, 그리고 북한의 연구 성과를 바탕으로 했지만 현재주의적 사관을 피하고자 결이 다른 여러 선행 학자의 연구를 참고하고, 가능한 한 당대사람 기준으로 본 과학·기술이라는 측면에 초점을 두었습니다. 기존 연구에서 크게 다루지 않았던 저의 전공 영역인 생명과 의학 분야에 관한 논의도 대폭 추가했습니다.

이 책은 하늘의 과학, 땅의 과학에 자연에 관한 과학, 몸에 관한 과학이 짝을 이루고, 근현대 과학사까지 포함해 한국과학문명을 포괄적으로 다루었습니다. 또한 앞서 펴냈던《한국 과학사 이야기》(전3권+별책)를 강의 형식으로 재구성하면서 사이사이에 시대별·분야별 서술을 첨가해 내용을 보완했습니다. 참고문헌은 책의 성격상 학술서와 같은 방식으로 싣지는 않았지만, 더 깊은 지식을 원하는 독자들에게 도움이 되는 방식으로 제시했습니다.

이 책을 통해 한국과학문명의 오래된 미래를 배우고, 즐기고, 체험하면서 우리 한 사람, 한 사람이 도도한 한국과학문명사의 한 존재임을 자각할 수 있기를 바랍니다.

이 책의 기획을 제안하고 물심양면으로 함께해준 도서출판 책과함께의 류종필 대표, 그리고 이정우 팀장을 비롯한 편집부에 감사의 마음을 전합니다. 그리고 오랜 시간 이 책의 글을 읽기 좋게 정리하고 다듬어준 정헌경 선생께 특별히 감사하다는 말씀을 드리고 싶습니다.

신동원

한국과학문명에 대한 이전의 주요 연구

　오늘날 한국의 적지 않은 과학자들은 '한국의 과학문명'이라는 말을 들으면 콧방귀를 뀝니다. 그들은 심지어 한국문명의 독자적 존재마저 의심의 눈초리로 봅니다. 이러한 태도는 분명치 않은 사실을 회의한다는 점에서 이른바 '과학정신'의 구현이라 할 수 있습니다. 이들은 과학적 방법이나 이론과 실험, 더 나아가 그 과정을 거쳐 얻은 업적이 최근을 제외한 전 시기 한국문명에서 발견되지 않는다고 굳게 믿습니다. 그래서 한국문명이 대단했다거나 한국이 위대한 과학유산 보유국이라는 주장을 비과학적인 견해로 간주하고 그렇게 주장하는 사람들을 국수주의자로 경멸합니다. 한국의 위대한 과학전통 담론은 19세기 말부터 20세기 중후반까지, 심지어 오늘날 한국사회에도 위력이 남아 있지만 정확한 실체와 규모, 맥락 등이 실증되지 않은 일방적 슬로건에 머물러 있기 때문입니다.

　일부 사실을 과장해서 국수주의적으로 과학기술을 찬양, 고무하는 풍조는 19세기 말에서 20세기 초반 조선 왕조가 망하고 일본 식민지로 전락하던 상황에서 나타났습니다. 그러나 일제강점기가 끝나갈 무렵, 이와 완전히 다른 차원의 연구가 등장했습니다. 국수주의적 태도에서 벗어난 다면, 한국문명에 과학이 없었다는 말인가? 있었다면 어떻게 존재했으며 그 역사적 의의는 무엇인가? 이러한 질문을 던지는 학자가 등장했고 이와 함께 비로소 격식을 갖춘 한국과학사학이 탄생했습니다.

홍이섭 : 한국과학문명사를 개척하다

그 서막은 홍이섭(1914~1974)의 《조선과학사》(일본어판 1944년, 한국어판 1946년)였습니다. 홍이섭은 자랑할 만한 과학기술 유산만을 골라 선전하는 태도를 못마땅하게 여겼습니다. 그의 《조선과학사》는 한국의 과학전통 전체를 냉정하게 조망하는 책이었습니다. 홍이섭은 "우리는 조선의 과학과 기술을 무조건 광휘만을 낼 필요도 없거니와"라면서 국수주의적 태도를 강하게 비판했습니다. 아울러 "과거에 어떤 의도에서 당연히 과학적인 가치를 부여하여야 할 것을 무조건적으로 말살하려던 것도 배격하고 당연한 비판으로써 이해하도록 하여야 한다"[1]며 문화 역량이 부족해 망국할 수밖에 없었다는 일본 통치자의 식민주의적 태도와 그 논리에 동조하는 일부 지식인의 허무주의적 태도도 비판했습니다. 양자를 극복하려면 실증적인 자료를 제시해야 했습니다. 홍이섭은 당시까지 이루어진 고고학적 성과, 역사시대 이후에 존재하는 풍부한 사료, 과학과 기술의 각 분야사에 관한 당대의 연구를 통해 조선과학 통사를 구축해냈습니다.*

---

* 홍이섭의 《조선과학사》는 분량이나 체계 면에서 한국을 식민지로 삼은 일본의 과학사 연구, 즉 이토 시로가 지은 310쪽짜리 《일본과학사》(伊藤至郎, 《日本科學史》, 大賀文庫, 1941) 못지않았다. 이때는 아직 번듯한 중국과학사 단행본도 나오지 않은 때였다.

홍이섭의 최대 성과는 한국문명 전 시대에 걸쳐, 방대한 과학과 기술 분야 전체를 매트릭스로 해서 과학문명 전반의 윤곽을 보여주었다는 점에 있습니다.[2] 그는 과학의 범주에는 천문관측역법, 지리, 의약 등을, 기술의 범주에는 건축·수학, 농업, 야금·도공, 직조·염색, 교통 등을 두면서,[3] 한국의 과학기술 전통이 한 권의 두툼한 분량으로 구성될 수 있다는 '사실'을 보여주었습니다. 객관적으로 쓴 300쪽 이상의 과학기술사는 우수한 몇 가지만 부각하여 선전하는 것과 근본적으로 다른 효과를 냈습니다. 이 책은 한민족이 오랜 전통을 지녔음에도 수많은 과학과 기술 분야에 걸쳐 서양과 같은 과학전통을 만들어내지는 못했지만, 나름대로 꾸준히 활동을 추진했음을 웅변해주었습니다. 그렇지만 그의 책은 자신이 다룬 내용의 '과학성'을 깊이 논의하지는 않았습니다.

전상운: 전근대 한국과학의 '과학성'을 탐구하다

한국문명사에서 전 시기 매우 넓은 영역에서 펼쳐진 과학과 기술 활동의 알맹이와 수준에 대한 논의는 신예 과학사학자 전상운(1932~2018)의 몫이었습니다. 전상운의 《한국과학기술사》(1966년, 영문판 1974년, 개정판 1975년)는 제반 영역에 걸친 전근대 한국 과학의 '과학성'을 탐구하는 데 집중했습니다. 천문학 분야를 예로 들면, 이 책은 고대 중국의 우주론을 제일 먼저 다룬 다음, 이 주제와 관련해서 시기는 늦지만 18세기 조선의 지구회전설을 다루고, 천체의 구조를 담은 조선의 천문도, 관측기구와 시설, 각종 시계를 제시하고, 이어서 조선의 역법과 시법, 하늘의 현상을 점치는 천변天變에 관한 내용을 제시하고, 북극고도를 측정하는 것으로 마무리 지었습니다. 이런 방식으로 전상운은 천문학, 물리학, 화학, 인쇄술,

화기와 화약, 금속 공예와 광업, 토목·건축 기술, 지도 제작술 등에 담긴 과학과 기술 알맹이들의 과학적 성격을 읽어냈습니다. 홍이섭이 한국사에 과학이 있었음을 실증했다면, 전상운은 한 걸음 더 나아가 전근대 한국의 과학과 기술의 많은 분야에서 적지 않은 성취가 있었음을 보여주었습니다.

여기에는 현존 완전한 형태로는 동양 최초의 천문대인 첨성대, 세계적으로 널리 알려진 고려청자, 세계 최초인 고려의 금속활자와 조선의 인쇄술, 세계 최초의 우량계인 측우기, 세계 최초의 철갑선으로 알려진 거북선 등에 담긴 과학기술 내용에 대한 철저한 분석이 포함됩니다. 전상운은 "세계 최초니, 국내 최초니" 하는, 실증이 결여된 허사가 아니라 누구나 공감하는 자료의 확보, 적절한 분석, 그에 입각한 역사 해석을 이끌어냈습니다. 그가 밝혀낸 결과는 대체로 한국과학기술 수준의 '우수함'이었습니다. 전상운은 그때까지 아무도 밝히지 못했던, 한국의 전통과학기술이 도달한 수준을 논했습니다.

전상운의 연구에서 기억해야 할 사람이 있습니다. 조지프 니덤Joseph Needham(1900~1995)이라는 과학사학자입니다. 그의 《중국의 과학과 문명》이 없었다면, 전상운의 《한국과학기술사》가 나올 수 없었을 테니까요. 전상운은 행운아였습니다. 그가 한국과학사 연구에 뛰어들 무렵 바로 니덤의 책 1권(총론), 2권(천문학)이 출간되었습니다.* 그 책에서 다룬 폭넓고도 깊은 내용은 전상운이 한국과학사 연구의 주제를 정하고, 연구 수준을

---

* 조지프 니덤이 주도해 50여 년 동안 진행된 24권 분량의 방대한 《중국의 과학과 문명》 시리즈는 동아시아에서도 놀랄 만한 수준의 과학이 존재했음을 실증적으로 보여준 거작이다. 1954년 첫 책이 나온 이래 아직까지도 끝나지 않은 이 책은 중국 전통과학의 거의 모든 분야에 걸친 자료를 발굴해냈다.

결정짓는 가늠자가 되었습니다. 그는 조지프 니덤의 기념비적 저작《중국의 과학과 문명》에서 중국의 과학과 기술의 역사를 읽어낸 방법을 가져와 자신의《한국과학기술사》를 엮었습니다. 서양과학과 어떻게 다른 길을 걸었으며, 왜 그에 미치지 못했는가를 고민한 홍이섭과 달리, 전상운은 선진 문명인 중국과학과 한국과학의 관계가 어떠했는지 — 어떤 점에서 공통되며 어떤 점에서 차이를 보이는가 — 를 밝히고자 했습니다. 오랜 연구의 결과 전상운은, 한국의 과학전통이 많은 부분에서 중국의 것을 받아들였지만 그것을 그대로 받아들이거나, 거부하거나, 복제하거나, 적용하거나, 창조하는 패턴(in its patterns of accepting, rejecting, copying, adapting, and creating)을 드러냈음을 통찰해냈습니다.[4] 이런 관점에서 그는 금속활자 인쇄술 등이 한국에서 창안되었듯이 중국 중심의 문명은 중국 혼자 이룬 것이 아니라 아시아문명의 상호관계 속에서 만들어진 것임을 독자들에게 보여주었습니다. 이런 관점은 고대 한일 사이 과학 교류에도 적용될 수 있습니다. 전상운은 고대 한국이 일본에 전해준 과학기술과 동아시아 확산에도 많은 관심을 기울였습니다. 이런 점에서 전상운의 연구는 시빈Nathan Sivin이 말했듯, 동아시아 과학문명의 이해를 더욱 풍부하게 해주었습니다.[5] 전상운은 2000년에 새 개정판(《한국과학사》, 사이언스북스)을 내면서 기존의 논의를 더욱 깊게, 쉽게, 또 시각화하여 보여주었습니다. 그 책에서 처음 선보인 하늘의 과학, 땅의 과학이라는 분류법은 지금 이 책에서도 가장 주요한 분류 방식으로 채택했습니다.

리용태 : 왕조가 아닌 물적 조건을 기준으로 한국과학사를 정리하다

한국과학문명에 대한 전반적인 탐구는 우리와 동일한 역사 유산을 물

려받은 북한에서도 활발하게 이루어졌습니다. 그 결과물은 먼저 1990년 리용태의《우리나라 중세과학기술사》라는 통사로 정리되어 나왔고,[6] 더욱 방대한 성과가 1996년 다섯 권 분량*의《조선기술발전사》라는 제목으로 등장했습니다.[7]

리용태는 일제강점기 말에 경성제국대학 이공학부를 나온 사람으로, 해방 이후 북한을 선택한 후 1960년대 모스크바대학에서 과학사로 박사 학위를 받았습니다. 이후 30년간 이 분야에 종사하면서 북한에서 한국과학사 연구를 이끌었습니다. 리용태의 책은 시대와 분야를 아우른 본격적인 통사입니다. 통사로서 이 책은 선사시대에 해당하는 시기와 근현대인 19세기 말엽 이후는 다루지 않았고, 역사 시기에 접어든 기원전 3세기부터 19세기 중엽까지를 '중세'로 규정하여 책의 대상으로 삼았습니다. 그는 통상적인 시대 구분의 기준인 왕조를 표면에 내세우지 않고 세기로 나타냈습니다. 이런 방식은 객관적인 물적 조건에 따라 과학과 기술의 성격이 규정되었다는 느낌을 줍니다. 시대를 거슬러 내려갈수록 한 챕터의 시기가 길고, 후대에 올수록 1세기를 챕터의 기준으로 삼았습니다.

이 책은 과학과 기술의 넓은 영역을 거의 다 포괄합니다. 천문학·기상학·지리학·의학 등의 분야와 금속 가공 기술·건축술·무기 제조 기술·선박술·농업 기술·방직 기술·도자기 제작 기술·제지술·인쇄술·기타 수공업 기술 등이 망라되어 몇백 년 또는 백 년 단위로 구분하여 과학적 내용, 수준, 성취도 등을 충실하게 서술했습니다. 과학을 기술보다 앞세워 서술한 남한 학계의 저작과 달리 이 책에서는 기술 분야를 과학

---

* 1권 원시·고대편, 2권 삼국시기·발해·후기신라편, 3권 고려편, 4권 리조 전기편, 5권 리조 후기편으로 구성되어 있다.

한국과학문명사 강의

분야 앞에 두었습니다. 마르크스가 말한 유물적 토대로서의 기술 분야와 상부 구조로서의 과학을 파악한 것으로 이해됩니다. 과학과 기술 전 분야를 아울러 시기별로 검토하는 방식은 중국에서 중국과학기술사를 정리하는 방식과 동일합니다.

《조선기술발전사》는 북한의 우수한 과학자, 공학자가 참가한 대대적인 국책 사업의 결과물로, 기술의 발전이라는 측면에 초점을 둔 방대한 저술입니다. 리용태의 책과 마찬가지로 기술의 각 분야와 과학의 제반 분야를 분석 대상으로 삼았습니다. 리용태의 책이 고등학교나 대학 과정에서 사용할 교과서의 성격이라면, 이 책은 자연과학적, 공학적 분석을 시도한 본격적인 전문서의 성격을 띱니다. 마치 중국 자연과학사연구소에서 펴내는 잡지인 《자연과학사연구》에 실린 글처럼 개별 논문으로 발표할 만한 전문적인 '과학성' 분석 내용이 책 본문에서 다뤄지고 있습니다.

과거의 과학에 대한 현재주의적 태도

차이가 적지 않지만 이 통사들은 큰 공통점이 있습니다. 바로 현대과학을 잣대로 그에 상응하는 옛것을 파악하고 재단하는 현재주의적 태도입니다. 한국문명은 과연 진정한 과학을 일궈냈는가? 《조선과학사》에서 홍이섭은 방대한 검토의 결과, 한국의 과학 분야도 다른 사회 현상과 마찬가지로 정체되어 있었고, 퇴퇴(頹退)하는 경향을 밟은 것으로 의심되며, 경험적인 활동만 존재했기에 이론과 방법을 특징으로 하는 유럽의 과학기술과 같은 것을 낳지 못했다고 결론 내렸습니다.[8]

이러한 역사적 의의를 캐내는 데 의미를 두지 않은 전상운이나 리용태, 또 《조선기술발전사》의 저자들은 한국의 과학과 기술의 '창의성' 또는 '자랑거리'를 찾아내어 역사적 가치를 부여하기 위해 노력했는데, 그 창의성 또는 자랑거리를 판단하는 척도는 현대과학이었습니다. 얼마만큼 근접했는가? 또 그것을 일구는 데 들어간 경험 또는 관찰이 얼마나 정교하고 훌륭했는가? 아니면 얼마나 일찍부터 등장했는가? 이런 접근법은 근거도 없이 일국의 과학을 깔보는 이방인을 깨우쳐주거나, 아이들에게 과학교육을 좀 더 효과적으로 제공하기 위해서나, 일국의 국가적 정체성을 확립하기 위해 가치 있는 작업이었다고 할 수 있습니다.

박성래 : 당대인의 시각으로 당대 과학기술의 맥락을 보다

박성래의 통사는 이런 통사들과 구별됩니다. 박성래는 1982년 한국방송공사(KBS) 방송 강좌 교재로《한국과학사》를 출판했는데, 1998년에 기존 내용을 수정, 증보하여《한국사에도 과학이 있는가》를 펴냈습니다. 후자는 십여 쇄를 찍어낸 데서 보이듯 대중 사이에서 가장 널리 읽힌 한국과학사 책이었습니다. 이 책은 이전 통사와 달리 풍수와 도참을 한 챕터로 설정하여, 한국과학사란 현대 기준에 부합하는 과학과 기술의 측면을 골라내는 것이 아니라 옛 시대의 '자연에 대한 체계적인 지식'을 제대로 읽어내는 것임을 분명히 했습니다. 조지프 니덤이 풍수나 연단술 등을 사이비과학pseudo-science 으로 본 것처럼, 이전의 홍이섭이나 전상운은 '기복'이라는 '미신의 성격'을 띠는 분야의 지식에는 크게 관심을 두지 않았습니다. 그들과 달리 박성래는 지리·도참이 고려시대에 대대적으로 유행했으며, 조선시대에도 왕조와 개인의 일상사에서 매우 중요하게 구실했음에 주목했습니다.[9]

박성래는 천문학에 대해서도 과학의 성격이 짙은 천문학의 내용뿐만

아니라 점성술적인 측면 역시 한 시대에 존재했던 지식체계 그대로 온전히 읽어낼 것을 주장했습니다. 대표적으로 그는 한국인이 자랑스러워하는 7세기의 천문 관측 장소로 알려진 첨성대에 대해 천문대observatory가 아닌 하늘에 제사 지내는 제단star gazing altar의 성격이 더 짙다고 주장했습니다.[10] 박성래의 과학사관은 직접적으로 박사논문에서 다룬 주제인 재이론災異論, 즉 우주·자연의 관찰과 그것에 대한 점성적 해석이라는 정치적 성격과 관련된 문제의식에 따른 것이었습니다.[11] 그는 조선의 천문 기관에 근무하던 관원이 열심히 하늘을 관찰하여 일식과 월식, 혜성과 가뭄을 관찰하고 기록했지만, 그러한 활동이 오늘날의 과학 활동과는 거리가 먼 정치적 해석을 이끌어내기 위한 것이었음을 잘 보여주었습니다.[12] 이런 의미에서 그의 한국과학사 연구는 과학과 기술의 수준과 성취를 주제로 삼지 않았고 정치성, 사회성 등 역사성을 묻는 것이었습니다.

그는 한국의 과학사와 기술사를 말할 때, 서양의 어느 것과 비슷하니 서양보다 앞섰다거나 또는 위대한 생각이라는 식으로 평가해서는 안 되며, 한국 역사의 전반적인 내용 속에서 과학기술의 유산을 평가해야 함을 강조했습니다.[13] '당대인의 시각으로 당대 과학기술의 맥락을 봐야 한다'는 박성래의 접근법은 이전과 다른 역사 서술의 출발점으로서 중요합니다. 이를테면 별자리의 관료주의적 구성, 하늘의 이상 현상과 왕조 정치의 함수 관계를 이해할 수 있고, 풍수 지식의 사회정치적 이해 등이 가능해지는 것입니다. 그의 통사는 이전과 다른 한국의 과학문명 전반에 대한 역사적 서술의 길을 열었습니다. 이 책에서도 박성래의 접근법을 받아들여 풍수나 연단술에 관한 논의도 중요하게 다루었습니다.

한국의 과학문명은
어떻게 전개되었을까?

한국 고대 과학문명을 찾아서

한국과학문명은 수천 년 전으로 거슬러 올라갑니다. 고고학 연구에 따르면 지구상의 다른 문명권과 비슷하게 한국도 구석기시대, 신석기시대, 청동기시대, 철기시대를 거치면서 형성되었으며, 청동기시대가 펼쳐지면서 수렵·채취시대에서 벗어나 본격적인 농경사회로 접어들었습니다.

역사 기록에 따르면, 청동기를 기반으로 한 최초의 국가 고조선이 천여 년 이상 지속되었습니다. 고조선의 멸망 이후에는 기원전 1세기 이후 철기를 바탕으로 한 고대국가인 신라·고구려·백제의 삼국시대가 7세기 말까지 지속되었습니다. 고대국가 문명을 이루면서 농업 생산과 공업 관련 기술, 무기 제작 기술, 종교 또는 지배층의 권위를 나타내기 위한 문화 관련 기술, 의식주를 비롯한 생활기술 등이 사회의 모든 측면에 발현되었습니다. 이와 함께 토지 측량이나 곡물 수납 같은 농업, 건축·토목과 같은 테크놀로지를 가능케 한 수학 지식의 응용이 있었습니다. 이 시기 한국 고대문명에는 발상한 지역의 기후, 풍토, 식생 등이 반영되었고, 동시에 이웃한 중국문명, 더 넓게는 세계 문명상의 교류가 펼쳐졌습니다. 그런 가운데 잔무늬청동거울이나 세형동검 같은, 중국에는 많이 보이지 않는 한국의 독창적인 청동기가 출현했습니다.

우리에게는 한국 고대 과학문명을 눈으로 보고 느낄 수 있는 유산이 있습니다. 5~6세기에 축조된 고구려 고분 가운데 90기 정도에 벽화가 그려져 있지요. 이 고분벽화에는 그때까지 이룩한 한국의 과학문명이 파노라마처럼 펼쳐져 있습니다.

고구려 고분벽화에서는 무엇보다도 농업의 신, 대장장이 신, 바퀴의 신들이 눈길을 끕니다. 이처럼 과학문명을 신화로 표현하여 과시할 정도였으니, 문명의 수준이 얼마나 높았는지 짐작이 갑니다. 소를 끄는 견우, 베틀, 연자방아, 푸줏간, 마구간 등에서는 농업의 풍요로움이 느껴집니다. 문자, 서책, 공문서도 보이고 갑옷을 입은 병사, 도로, 전차, 활과 칼 같은 무기, 사냥하는 모습도 담겨 있습니다. 문文과 무武가 골고루 갖춰진 모습이지요.

그뿐 아니라 우주와 하늘, 해와 달, 뭇별, 사신四神이라 일컬어지는 청룡·백호·주작·현무와 같은 상상 속 동물, 식물을 비롯한 지상의 뭇 존재들, 생명의 나무, 신선과 장생불사 등도 표현되어 있습니다. 더 나아가 세계를 이해하는 기본 개념인 기, 음양, 사상四象, 오행五行, 팔괘八卦 등 과학이 담겨 있습니다. 눈에 보이지 않는 기는 어떻게 표현되어 있을까요? 바람 부는 것을 표시하는 방식으로 형상화했습니다.

고구려 고분벽화에 그려진 내용을 통해 이 시기 한국의 고대 과학문명이 매우 높은 수준이었음을 알 수 있습니다. 이 벽화들은 당시 세계 회화들 중 가장 뛰어난 작품으로 평가받고 있으며, 세계문화유산으로 지정되어 있기도 합니다. 이렇듯 드높은 예술성으로 인해 한국 고대 과학문명이 더욱 찬란하게 빛났습니다.

삼국·통일신라의 과학문명과 일본으로의 전파

고대국가의 등장 이후 한국의 과학문명은 문자 전통이 이미 확립된 중국의 문자와 그 문자로 기록된 제반 지식을 습득하여 자신의 문화를 표현해내고, 더 나아가 학술, 문학, 예술, 과학기술 등 여러 분야에서 기존 한국문명의 틀을 넘어 중국을 위주로 한 동아시아문명의 일원으로 자리하면서 비약하게 됩니다.

중국에서는 춘추전국시대에서 진·한 시대를 거쳐 당나라 시대에 이르기까지 하늘·땅·인간이 상호 연관된 사유체계와 기·음양·오행·팔괘 등 세계의 구성과 변화의 기본 개념이 한데 얽인 과학이 발달했습니다. 고조선, 신라·고구려·백제 등 한국 고대국가의 문명도 이와 같은 과학의 사유체계와 개념을 수용, 공유하면서 자연에 대한 각종 탐구를 해나갔습니다. 쉽게 말해 중국에서 과학기술이 크게 발전했는데, 한국에서도 그것을 빠른 시간 안에 추격하여 비슷할 정도로 올라섰다고 할 수 있습니다. 7세기에 설립된 신라의 첨성대가 이를 상징적으로 보여줍니다. 중국처럼 번듯한 관측소를 설치하여 천체의 운행을 관찰한 것입니다.

이 시기에는 본격적인 과학 활동이 이루어져 천문학, 의학, 수학 분야에서 나라의 제도가 만들어졌습니다. 일을 담당하는 전문 관리직이 신설되었고, 인력을 양성하기 위한 교육기관이 설립되었습니다. 학생들이 학습해야 할 교재도 편찬되었지요. 이런 교육, 관리 선발 시스템은 이후 조선

시대까지 천 년이 넘도록 줄곧 유지되었습니다.

이 시기에 삼국이 과학기술을 일본에 전파한 사실을 잊어버려서는 안 되겠지요. 4세기에서 8세기에 걸쳐 한국은 다른 문물의 경우와 마찬가지로 중국으로부터 과학기술을 습득하여 우리에 적합하게 만드는 한편, 이러한 과학기술을 다시 약간의 시차를 두고 일본에 전파했습니다. 한국에서 건너간 사람들은 일본의 고대문명 건설에서 여러 영역에 걸쳐 중요한 역할을 담당했습니다. 그들의 활약은 농사와 잠업, 저수지 축조, 교량 건설, 기와 굽기, 청동 제품과 철기 제품의 제작 등 각종 기술 분야와 천문학, 의학, 수학 등 과학 분야를 망라합니다.

고대 한국은 규모도 크고 형태도 다양한 중국의 과학기술을 오랜 기간에 걸쳐 우리 실정에 맞게 '표준화'했습니다. 그렇게 얻은 고대 한국 과학기술의 압축된 결과물이 일본의 고대 과학문명 건설을 뒷받침해주었지요. 이런 이중의 교류를 통해 한국은 한·중·일을 아우르는 동아시아과학문명의 형성에 크게 기여했습니다.

불국토의 염원 속에 융성한 과학기술

성덕대왕신종, 석불사(석굴암)를 잘 모르는 한국인은 별로 없겠지요. 외국인도 성덕대왕신종 소리를 듣고, 석불사의 불상을 본다면 그 아름다움에 푹 빠질 것입니다. 이런 걸작이 어떻게 나왔을까요?

4세기에 한국에 들어온 불교는 수세기 만에 왕실과 지배층 사이에서 가장 유력한 종교가 되었고, 7세기 후반 삼국 통일 후에는 국교로 확고히 자리 잡으면서 호국의 성격을 강하게 띠었습니다.

통일신라의 불교 예술품에는 귀금속 가공 기술, 동종 주조 기술, 석조

기술, 토목건축 기술 등이 녹아들어 갔습니다. 특히 국왕과 나라의 수호가 걸린 불교 사업에는 당시 최대·최고 수준의 기술 역량이 결집되었습니다. 8세기의 성덕대왕신종, 석불사가 대표적이죠. 신라의 불교 기술은 거대한 황룡사 9층 목탑의 축조에서부터 2.5센티미터 정도의 감은사 사리함 안 풍탁에 입혀진 0.3밀리미터의 금 알갱이 나노 시공 기술까지 다양하게 펼쳐졌습니다. 불교 기술의 놀라운 측면은《무구정광대다라니경》을 비롯해 인쇄술의 창안과 혁신에서도 나타났습니다.

고려 왕조 역시 불교를 국교로 내세웠습니다. 고려는 부처님의 거룩한 말씀을 모두 모아 담은 대장경 편찬에 힘을 기울였습니다. 최초로 간행된 10세기 송판宋版 대장경을 토대로 찍어낸 11세기 고려초조대장경, 13세기 고려대장경이 그 결과물입니다. 고려가 처음으로 만든 초조대장경은 거란의 침입을 물리치려는 염원을 모아 방대한 대장경을 판각한 것이며, 두 번째 고려대장경은 몽골의 침입을 물리치기 위해 제작되었습니다.

특히 고려대장경은 8만여 경판이 별 흠집 없이 해인사에 현존합니다. 이는 오랜 보존이 가능한 판목의 선정, 목판 틀이 변형되지 않게 한 판형 제작, 공기의 흐름을 적절하게 제어하는 보관 방법 등의 놀라운 기술 덕분입니다.

더불어 고려대장경은 거의 오자가 없다는 국제적 평판을 받고 있습니다. 어떻게 그토록 정확하게 만들었을까요? 여러 책의 비교 검토를 통해 정본을 확정하고, 새겨야 할 내용을 글로 쓰고, 글자를 새긴 목판의 내용을 확인하는 과정 전체에 매우 엄밀한 교정 시스템이 작동했기 때문입니다. 이것도 정밀한 서적 편찬 관리 기술의 일종으로 봐야겠지요.

그런데 불교문명은 기술에만 집중되어 있었을까요? 아닙니다. 기록이 많지는 않지만, 7세기 신라 승려인 원효와 경흥의 천문학·의학에 관한 논의들이 현재 남아 있습니다. 그 기록을 보면 이들이 중국과학은 물론이거니와 인도과학에 대해서도 높은 식견을 가지고 있었음을 짐작할 수 있습니다. 이런 내용은 8세기 일본 승려가 남긴 책에 담겨 있는데, 원효와 경흥의 식견은 중국 고승의 지식에 견줘도 전혀 손색이 없는 수준이었습니다.

고려의 4대 신기술

아마 여러분은 고려의 과학기술 하면 고려청자와 금속활자 인쇄술이 떠오를 것입니다. 이러한 신기술은 어떤 배경에서 탄생했을까요?

고려는 다원성이 두드러진 사회였습니다. 사상 면에서는 불교를 국교로 삼으면서도 제도로서 유교가 지배적이었으며, 도교도 기층문화까지 깊숙이 스며들어 있었습니다. 지배세력은 혈통에 따라 서열이 결정된 신라와 달리, 지방 호족 세력들이 연합해서 중앙 권력을 형성했습니다. 고려 귀족들은 중국의 귀족처럼 불교를 신봉하면서도 유교적·도교적 기풍을 함께 지니는 문화를 만들어냈습니다.

상감운학문매병(국보 68호)이라는 고려청자를 보신 적이 있나요? '상감운학문'이라는 말에 드러나듯 여러 동그라미 안에 구름과 학 무늬가 새겨져 있고, 아마 매화 등을 꽂기 위한 매병으로 제작된 청자입니다. 병의 우아한 자태, 자기의 비취색, 새겨진 구름과 학의 역동성이 어우러진 명품이지요(632쪽 참조).

우아한 고려청자는 고려 귀족문화의 산물이었습니다. 한국은 낮은 온도에서 토기와 도기를 구워내는 오랜 기술 전통을 가지고 있었는데, 중국으로부터 높은 온도에서 구워내는 자기 제작 기술을 습득하게 되었습니다. 11세기 이후 고려 도공들은 유약의 개발과 처리 기술, 가마의 불꽃 조절 기술을 통해 비취색을 띤 청자를 만들어냈습니다. 게다가 기술 혁신을 통해 자기에 무늬를 새겨 넣기까지 했습니다. 고려청자의 비취색은 '천하제일'이라는 중국인의 평가를 받았고, 그 명성은 오늘날까지도 지속되고 있습니다. 고려청자는 세계 유수의 박물관에 진열되어 한국의 미를 뽐내는 가장 대표적인 우리 문화유산입니다.

《직지심경》도 많이 들어봤을 것입니다. 원래 이름은 백운화상이란 스님이 부처님의 가르침 중 핵심을 가려 뽑았다는 뜻의 《백운화상초록불조직지심체요절》입니다. 이 책은 금속활자로 찍은 현존하는 책 중 최초로 알려져 있습니다. 진흙이나 나무로 활자를 만드는 기술은 중국에서 먼저 시도되었지만, 청동을 재료로 하는 금속 활판인쇄술은 고려에서 시작되었습니다. 금속활자를 써서 제대로 인쇄하려면 활자의 제조와 함께 유성 먹, 종이 제작 기술이 뒤따라주어야 합니다. 고려는 이 분야의 기술 혁신을 통해 금속활자 활판인쇄에서 성공을 거두었습니다. 금속활자 인쇄술은 내구성이 강한 금속활자로 활판 제작과 해체를 적절히 반복해 소량이지만 다종多種의 인쇄물을 찍어내는 데 편리했습니다. 이렇게 금속활자로 판을 짠 인쇄술은 중국보다 독서 인구가 적은 고려에 더 적합했습니다. 금속활자 인쇄술은 이후 한국문명의 지적 젖줄 구실을 톡톡히 했습니다.

고려의 신기술로는 최무선의 화약 개발과 문익점의 면화 도입도 매우 중요합니다. 화약 제조 비법을 알아내어 화약 무기를 만들어 사용하게 된 변화는 국토방위에 가장 획기적인 사건이었습니다. 면화 재배는 그 전에도 어느 정도 확인되지만, 문익점이 중국에서 들여온 면화 씨앗은 훨씬 좋은 품질의 솜을 자아내는 씨앗이었습니다. 그 씨앗에서 솜 실을 빼내는 기술이 성공하면서 우리 조상들은 추운 겨울도 거뜬히 이겨내게 되었습니다. 조선 초기에는 아직 품종과 기술을 갖추지 못한 일본에 면화를 수출해 막대한 수입을 얻기도 했습니다.

세종이 주도한 '과학혁명'

한국과학문명사에서 만나는 과학유산은 언제 가장 많이 만들어졌을까요? 바로 세종이 다스리던 32년간입니다. 이때 과학유산이 가장 많이 나왔을 뿐 아니라 이전 시기에 비해 연구 수준과 성취가 크게 발전했습니다. 단시간에 질적으로 이루어진 획기적 변화를 혁명이라 말한다면, 이때의 비약을 세종 시대의 '과학혁명'이라 불러도 무방할 것입니다.

1392년 고려를 무너뜨리고 새로 개창한 조선 왕조는 성리학을 공부한 사대부들과 신흥 무인이 주도한 국가였습니다. 그렇기에 불교를 배척하고 유교적 예치禮治를 국가 이념으로 선포했으며, 이에 따라 과학기술도 대대적인 변화를 겪게 되었습니다. 게다가 유라시아를 제패한 몽골 제국의 통치 아래 중국과학과 이슬람과학, 서양과학의 교류가 활발하게 이루어졌고, 조선에서도 그 성과를 활용할 수 있었습니다. 조선의 4대 임금인 세종의 기획 아래 과학기술 연구가 집중적으로, 치밀하게 이루어졌습니다. 세종은 그러한 대사업을 몸소 진두지휘하면서, 지혜의 집이라는 뜻의 집현전에서 인재를 육성해 과학혁명을 조직적으로 이루어냈습니다.

먼저 천문학 분야부터 볼까요? 새 왕조의 정당화를 위해 관상수시觀象授時를 내세우며 천명天命을 분명히 한다는 차원에서 역법과 시계 등 천문학을 깊이 연구하여 통치의 기반으로 삼았습니다. 《칠정산》내·외편, 자격루, 일성정시의, 앙부일구 등이 대표적 결과물입니다. 나라의 표준을 정하기 위해 악학樂學을 통일하고, 도량형을 새로 만들고, 고유어를 표기하여 활용할 수 있는 한글을 창제했습니다.

지리학 분야에서는 나라 구석구석의 특산물 정보가《세종실록》〈지리지〉 안에 담겼습니다. 사람의 과학인 의학 분야에서는 국산 약재만으로도 온갖 병을 고칠 수 있는《향약집성방》이 편찬되었고, 동아시아 의학 전체를 집대성한 세계 최대 규모의 의서醫書인《의방유취》가 편찬되었습니다. 검시 의서인《신주무원록》을 편찬해 억울한 죽음이 없도록 하기도 했습니다.

기술 분야의 업적도 엄청납니다. 한국 역사상 최초로 국내의 전국적인 농사 경험을 수집, 정리한《농사직설》을 편찬해 전국에 보급했습니다. 또 문文의 진작을 위해 고려 때 창안된 신기술인 금속활자 인쇄술을 한층 더 발전시켰습니다. 아름다운 문자로 평가받는 갑인자가 그 산물입니다. 군사 장비를 위해서는 화약과 화포 제작 기술을 개량, 혁신하고 그 결과물을《총통등록》에 정리했습니다.

이러한 과학혁명의 결과, 이후 수백 년간 유교적 통치 기반이 확고해졌고, 조선의 과학기술은 각 분야에서 동아시아 최고 수준으로 도약했습니다.

임진왜란,《동의보감》, 거북선

세계사 통사 속에 나오는 한국의 과학기술은 무엇일까요? 한글도,《동의보감》도 아닙니다. 바로 거북선입니다.

1592년 오랜 내전을 끝내고 일본을 통일한 도요토미 히데요시는 그 기세를 몰아 수십만 대군을 파견해 조선을 거쳐 중국 명나라를 치러 나섰습니다. 육지에서의 전투는 일본군이 승승장구하여 북쪽 중국 영토 부근까지 진격해나갔으나, 바다에서의 전투는 이순신의 맹활약으로 일본군이 참패를 당했습니다. 그 결과 도요토미 히데요시의 중국 정복 야심이 꺾였지요.

세계 해전사에서 이순신 장군의 업적은 흔히 트라팔가르 해전에서 나폴레옹의 침공을 막은 영국 넬슨 제독의 활약에 비견됩니다. "넬슨 같은 사람은 인격에 있어 이순신과 도저히 어깨를 견줄 수 없다. 그는 장갑함(거북선)을 창조한 사람이며, 3백 년 이전에 이미 훌륭한 해군 전술을 구사한 전쟁 지휘관이었다." 1905년 러시아 해군을 격퇴한 일본 해군 대좌인 사토 데쓰타로가 한 말입니다. 유럽에서는 영국 해전사의 전문가로서 해군 중장을 지낸 밸러드G. A. Ballard가 거북선의 기술적 특징에 대해 "이순신은 이 배를 철로 덧싼 거북 등판을 씌워 화력, 화살, 탄환을 무력화했다"고 썼습니다.

임진왜란 후 일본에서는 도쿠가와 막부가 등장했고, 조선에 대규모 지원군을 파견했던 명나라는 경제적 부담이 커져 세력이 약해졌으며, 그 틈에 만주족이 세운 청나라가 명을 무너뜨리고 중국을 통일했습니다. 조선은 왕조가 바뀌지는 않았지만, 이전의 국가 체제나 신분 질서가 느슨해지는 등의 변화를 겪었습니다. 이런 역사적 전환점의 한복판에 거북선이 있었던 것입니다.

임진왜란이 잠시 소강상태에 빠진 1596년, 한국과학문명사의 한 획을 긋는 프로젝트가 시작됩니다. 선조가 허준 등에게 《동의보감》 편찬을 지시한 것입니다. 우여곡절 끝에 1610년 허준은 이 책을 완성해 다음 임금인 광해군에게 바쳤습니다. 이 책은 이후 한국 의학의 역사를 획기적으로 바꿔놓았습니다.

임진왜란이 끝나기 전에 시작된《동의보감》편찬은 이 작업이 임진왜란의 피해 극복이라는 차원에서 비롯되었음을 암시합니다. 선조는 새 의서 편찬 기준으로 세 가지 원칙을 제시했습니다. 첫째, 몸의 건강과 병의 예방을 병의 치료보다 우선으로 삼을 것, 둘째, 혼란스러운 중국 의학을 정리할 것, 셋째, 국산 약재인 향약을 사용한 치료를 장려할 것입니다. 첫째 원칙은 고대 중국의 으뜸 의학 경전인《황제내경》에서도 강조했지만, 이후 의학은 이보다는 병의 진단과 치료를 중심으로 전개되었습니다. 그 결과 의학 내용은 풍부해졌지만 의사들은 어떤 이론과 처방이 올바르고 그른지 혼란스럽게 되었습니다. 이런 상황에서 허준이 중국과 조선의 의학 전반을 체계적으로 종합, 절충해《동의보감》으로 요령 있게 정리해낸 것입니다.

　이런 자부심으로 허준은 동의東醫라는 표현을 썼습니다. 그는 중국의 우뚝한 남의南醫, 북의北醫에 견줄 만한 당시 세계 의학의 한 축을 이루는 존재로서 '동의' 전통의 확립을 천명했습니다. 허준의 성과가 갑자기 하늘에서 뚝 떨어진 것은 아닙니다. 세종 때《향약집성방》을 편찬하여 고유 의학의 영역을 극대화했고,《의방유취》의 편찬으로 그때까지의 중국 의학과 조선 의학의 전모를 파악해낼 수 있었습니다. 이런 비약에 힘입어 의학 연구의 성숙이 이루어졌고, 거기에 허준의 천재성이 더해진 것입니다.

　《동의보감》은 조선 의학계에서 가장 중요한 전통으로 자리 잡았고, '의학의 규범을 일구어낸 것'으로 평가받아 일본과 중국에서도 자주 간행되었습니다. 한국의 과학기술 서적 중《동의보감》만큼 해외에서 널리 찍힌 책은 없습니다. 2008년 유네스코에서는 이 책을 세계기록유산으로 지정하여 기리도록 했지요.

위기 속에서도 면면히 이어진 한국과학문명의 잠재력

15세기 세종 때 절정에 올랐던 과학기술은 오랫동안 국가 통치에 활용되었지만, 시간이 흐를수록 과학기술의 내적·외적 측면에서 적합성이 떨어졌습니다. 특히 16세기 말 일본과의 전쟁, 17세기 중반 청과의 전쟁을 겪은 후 국가 체제가 크게 이완되었습니다. 과학기술 중 사용되지 않는 것이 적지 않았고, 제대로 시행되지 않는 것도 많았습니다. 반면에 서양의 과학기술 등 선진적인 과학기술 지식이 중국을 통해 유입되어 새로 학습, 반영해야 할 과제가 많았습니다.

이런 가운데 18세기에 개혁적인 영조와 정조가 세종 시대의 영광 회복을 기치로 내세우면서 나라 세우기에 나섰는데, 세종 때처럼 과학기술 분야가 개혁의 핵심을 이루었습니다. 그러한 개혁은 천문학, 지리학, 의학, 농학, 활자 인쇄술, 무기 기술 등 모든 측면에서 나타났습니다. 세종 대에 이루어진 성과를 각각의 분야에서 최신의 지식을 반영해 업그레이드한 것입니다.

세종 때 보이지 않았던 과학기술 관련 대사업도 펼쳐졌습니다. 영조는 청계천 바닥을 깊이 파서 쳐내어 물이 잘 흐르게 했고, 정조는 상업과 군사적 목적이 결합된 새로운 개념의 수원 화성을 축조했습니다. 한양에서 수원으로 가는 길목에 있는 한강을 건너기 위해 배를 잇달아 연결한 주교舟橋(배다리)를 만들어 활용하기도 했습니다.

민간 사대부들이 과학기술에 높은 관심을 기울였던 점도 눈여겨봐야 합니다. 이 시기 경제적으로는 상업과 소규모 민간수공업의 발달, 사회적으로는 평민의 양반화를 통한 활발한 신분 상승, 종교적으로는 서학의 전래, 학술적으로는 청나라를 통한 서양 과학기술을 포함한 지식의 팽창 등이 한데 얽혀 매우 역동적인 사회상이 펼쳐졌습니다. 일각에서는 자연과 세계에 대한 이해로서 수학과 박물학 탐구가 이루어졌습니다. 조선의 어류를 연구해 《자산어보》를 남긴 정약전의 활동이 그중 하나입니다. 실사구시實事求是라는 구호 아래 문헌, 역사, 문자, 사물 등의 내용을 고증한 사대부들도 있었습니다. 또 다른 일각에서는 이용후생利用厚生을 내세우며 농업, 의학, 수레나 수차의 제작 등 각종 기술에 깊은 관심을 보였습니다. 김정호의 〈대동여지도〉 제작, 박제가의 중국으로부터의 선진 과학문물 수입 주장, 정약용의 거중기 설계 등이 대표적인 활동입니다. 수많은 연구와 주장이 논의 수준에 머물렀을 뿐 적극적인 실행으로 이어지지 못한 점은 아쉽습니다.

과학기술이 민초들의 생활에 깊이 뿌리내린 점도 조선 후기 과학문명의 주된 특징 중 하나입니다. 17세기 이후 벼농사에서는 이모작과 이앙법이 도입되어 생산력이 크게 높아졌으며, 시장의 발달과 함께 상업을 목적으로 한 채소, 인삼 등 특용작물의 재배가 활발해졌고, 외래 작물의 유입으로 생활의 뚜렷한 변화가 나타났습니다. 고추의 도입으로 음식의 색깔과 맛이 달라졌고, 담배는 생활의 가장 중요한 기호품으로 구실했으며, 감자와 고구마는 잦은 기근을 이겨내는 데 크게 기여했습니다. 17세기 후반부터는 지방 곳곳에 한약방이 설립되어 한약 이용 계층이 전국적으로 확산되었습니다.

온돌과 빙고가 전국적으로 유행하기도 했습니다. 17세기 이후 전 계층을 대상으로 온돌의 일상화가 이루어져 겨우내 따뜻한 주거 환경이 마련되었습니다. 냉장 시설인 사설 빙고의 대유행으로 하절기 음식의 저장 보관이 수월해졌고, 생선의 이동 거리가 확대되었습니다. 이 밖에도 17세기에는 관청에 소속된 천민들이 수공업 제품을 만들던 시스템이 붕괴되어 각종 수공업이 장인의 사적인 영역에 속하게 되면서 상업화가 촉진되었습니다. 이 시기 상업과 교통망의 발달로 유기(놋그릇), 모시, 도자기, 부채 등 지역 특산품이 전국을 대상으로 판매되면서 상업이 크게 활기를 띠었습니다.

19세기에 전통적인 한국과학문명이 이전 시기에 비해 가장 높은 수준에 오르고 가장 널리 시행된 것은 사실입니다. 그렇지만 국제적 비교의 시각으로 보면, 한·중·일 동아시아 3국 중 가장 뒤처진 모습을 띠었습니다.

1876년 개항은 전통과학기술을 고수하던 물리적·정신적 장벽을 무너뜨리며 나라의 존속마저 위협하기 시작했습니다. 국왕을 비롯한 개화파 관료와 지식인들을 중심으로 개명군주의 덕목이자 강병부국의 수단으로 근대 서양 과학기술에 관심을 가지기 시작했습니다. 이 시기 가장 주목받은 분야는 실용적인 무기, 전신, 전차, 의료, 광산, 양잠 등이었습니다. 이를 위한 행정 부서, 학교, 사업 등이 전개되었습니다. 정부와 지식인들이 근대 과학기술을 소개하는 신문, 잡지도 발간되었습니다. 전통과학 중 제왕학의 위치에 있었던 시헌력 달력 대신 서양식 태양력을 공식 달력으로 삼는 일도 벌어졌습니다.

과학기술의 내용은 바뀌었지만, 과학기술을 추구하던 잠재력이 사라진 것은 아니었습니다. 개항 이후 대대적인 추격이 시작되었습니다. 식민지배와 한국전쟁으로 대표되는 암울한 시기를 겪었지만, 그 문화 잠재력이 오늘날까지 현대 한국과학문명의 건설로 실현되고 있습니다.

1부

하늘

천문학의 탄생

　바쁜 일상 속에서 우주를 떠올리기는 쉽지 않죠. 그러나 인간은 우주의 한 자락입니다. 요즘에는 낮과 밤, 사계절의 변화에도 무뎌집니다. 밤이 되어도 곳곳이 불야성이고, 폭염 속에서도 냉방이 되니까요. 정전이 되거나, 폭우가 쏟아지거나, 태풍이 불거나 해서 불편하고 위험해질 때만 사람들은 하늘을 생각할 겁니다.

　같이 한번 상상해볼까요? 배를 타고 홀로 바다에 나갔는데 밤중에 표류하게 된 겁니다. 칠흑 같은 어둠 속에서 무엇에 의지할 수 있을까요? 밤하늘의 별들만이 방향을 말해주겠죠. 또 해와 달, 지구의 운행에 대해 아무것도 모르는데 일식을 겪는다면 얼마나 무섭겠어요.

　옛사람들은 하늘의 규칙성을 알아내려고 했습니다. 1년 동안 한곳에서 끈질기게 하늘을 관측해봤더니 많은 별이 일정한 궤도로 움직이는 것 아니겠어요? 사람들은 더 오래 관측한 결과 어떤 행성은 12년을 주기로 같은 자리에 돌아온다는 사실을 알게 되었습니다. 대낮에 해가 사라져버리는 일식, 밤에 달이 사라지는 월식에도 규칙이 있다는 사실을 알게 되었죠.

이렇게 인류는 천체의 운행을 관측하면서 깨달음을 하나씩 얻어갔습니다. 사람들은 해와 달, 행성, 뭇별 들이 규칙적으로 움직인다는 놀라운 사실을 알게 되었죠. 이것이 바로 '천문학'입니다. 천문학을 하면서 두려움이 해소되는 한편, 하늘의 질서에 대한 경외감도 생겨났습니다. 사람들은 하늘을 관측한 결과를 체계적으로 구성해내어 천문학이라는 '과학'을 탄생시켰습니다.

다른 문명들처럼 우리나라에서도 오래전부터 천문학이 발전했습니다. 오늘날의 관점에서 보면 옛 천문학에는 과학적인 것과 그렇지 않은 것이 많이 섞여 있습니다. 하지만 옛사람들은 오늘날 우리가 하늘에서 알아내는 사실보다 훨씬 더 많은 의미를 읽어내려고 했습니다. 다시 말해서 옛 천문학은 오늘날의 천문학보다 관심 영역이 훨씬 넓었죠. 이 점이 아주 중요합니다. 이 점을 간과한다면 옛 천문학을 현대인의 관점으로 이해하고 평가하는 오류를 범하게 되거든요. 예를 들어 고작 점을 치려고 별을 탐구한다고 하면 오늘날 우리는 우스꽝스럽게 여길 수 있지만, 옛사람들에게는 그게 계절이나 방위를 알아내는 일 못지않게 중요했습니다. 그런 가운데 오늘날 과학 지식의 원천이 되거나 정말 대단한 것을 알아내기도 했습니다.

옛날에는 천문학이 왕의 권력과도 연관되었습니다. 왕의 권력을 하늘로부터 받았다는 생각이 지배적이었거든요. 하늘의 명에 따라 통치자가 된다는 뜻에서 그런 생각을 천명사상이라 합니다. 우리나라에서 왕은 행정, 입법, 사법 3권을 모두 거머쥔 막강한 권력자였습니다. 하지만 천명은 권력을 주되 백성의 안위와 풍요로운 삶을 이끌어야 하는 책임까지 부여했습니다. 고대 중국과 한국 등 한자문화권에서는 천명에 입각한 관상수시觀象授時를 통치의 최고 이념으로 삼았습니다. 이는 "하늘의 운행을 관측하여 백성에게 올바른 일시를 알려준다"는 뜻으로, 천문 현상을 정확히 관측하고 계절의 변화나 천체의 이상 현상을 예측하는 일이 국가의 권위 유지에 매우 중요했음을 말해줍니다.

그럼 하늘의 뜻은 어떻게 읽어낼까요? 또 그렇게 읽어낸 하늘의 뜻을 어떻게 백성에게 전달할까요? 이를 알아내고 말하기 위한 우주와 자연에 관한 학문이 생겨날 수밖에 없었습니다. 통치 행위의 정당성을 묻는 정치적 이념과 천문학 같은 과학기술의 발달이 같은 궤도에 있었던 것입니다.

하늘에 대한 탐구의 전통은 우리나라에 꽤 오래전부터 있었습니다. 단군신화에도 환웅이 바람을 맡은 풍사와 구름을 맡은 운사를 거느리고 내려왔다는 전승 기록이 보이고, 강화도 참성단에도 별에 대한 제사, 곧 하늘에 대한 제사를 지낸 흔적이 남아 있습니다. 학계 일각에서는 청동기시대의 유물인 고인돌에도 별자리로 추정되는 구멍이 새겨져 있으므로 하늘을 숭배하는 전통이 일찍부터 있어왔다고 주장하기도 합니다. 삼국시대에 들어서는 천문 관측 기록이 더 분명하게 나타나며, 매우 많은 관찰 기록이 남아 있습니다.

이렇게 하늘을 중시했기에 천문학을 제왕학이라 부르기도 합니다. 제왕학이라는 말이 실감 나나요? 천문학은 다른 과학기술 분야에 비해 훨씬 중요한 학문으로 대접받았습니다. 가장 정밀한 계산과 정확한 관측 활동도, 가장 정밀한 기계도, 가장 특색 있는 동·서양 결합 유물도 천문학 분야에서 나왔습니다.

신라 때 축조된 첨성대, 조선 건국 직후 새겨진 〈천상열차분야지도〉, 세종 때 장영실이 만든 두 종류의 자격루인 보루각루와 흠경각루, 해시계 앙부일구, 낮과 밤 겸용 시계인 일성정시의, 천문 관측기구인 혼천의와 간의와 소간의, 비의 양을 재는 측우기, 세종 때 제작된 역법인《칠정산》내·외편, 17세기에 제작된 동서양의 시계 전통이 절묘하게 결합된 송이영의 혼천시계 등이 그 결과물입니다.

한국을 대표하는 선현 과학자 열두 분 가운데 절반인 여섯 분도 천문학 분야의 인물입니다. 조선 천문학의 대혁신을 주도한 세종,《칠정산》역법을 연구한 이순지, 각종 천문 기구를 만든 이천과 장영실, 조선 후기 지전설을 주장한 홍대용이 천문학을 연구했습니다. 우주의 비밀을 캐고자 마방진, 천원술(방정식) 연구를 한 17세기의 수학자 최석정도 이 분야에 추가할 수 있을 것입니다. 자, 이제 이런 내용을 더 깊이 살펴봅시다.

우리 천문학의 시작

우리나라의 천문학은 언제 시작되었을까요?《삼국사기》기록에 따르면 신라 박혁거세 때(기원전 54년) 4월 1일에 일식이 있었고, 백제 온조왕 때(기원전 13년) 일식이 있었으며, 고구려 유리왕 때(기원전 7년) 화성이 심성 별자리에 머물러 있었습니다. 고구려, 백제, 신라 삼국이 건국 초기에 천문을 관측하여 기록을 남긴 겁니다. 그런데《삼국유사》에 따르면 기원전 2333년에 단군이 고조선을 세웠습니다. 그럼 삼국시대까지 2천여 년간 천문학 관련 기록이 없었을까요?

《고려사》의 〈지리지〉에는 이렇게 기록되어 있습니다. "강화도 남쪽 마리산(마니산) 산마루에 참성단이 있는데, 민간에서는 그곳을 단군이 하늘에 제사를 지내던 단이라고 한다." 단군이 '하늘'의 뜻을 받들어 나라를 세우고 다스렸다는 겁니다. 이 기록은 고조선시대부터 하늘에 제사를 지냈음을 강조하고 있습니다.

이 기록 중 '민간'에서 그런다고 한 건 무슨 뜻일까요? 하나의 전설에 불과하다고 본 겁니다. 다른 기록과 전설도 찾아봤지만 우리나라 옛 천문학의 실체를 밝히기에는 턱없이 부족합니다. 그렇다면 기록 다음의 연구 대상은 무엇일까요? 청동기시대의 무덤으로 알려진 고인돌입니다. 고인돌에 별자리가 새겨져 있거든요.

우리나라는 명실공히 '고인돌 천국'이죠. 한반도에 고인돌이 2만 5천 개쯤 있는데 이는 세계 고인돌의 절반이나 됩니다. 하도 많아서 일일이 찾아다니기도 만만치 않습니다. 우리나라 고인돌은 언제 만들어졌을까요? 명확히 알 수는 없지만, 연대 측정 결과 가장 오래된 고인돌은 기원전 3000년 무렵에 만들어졌습니다. 시기가 늦은 경우 기원전 410년 무렵의 고인돌도 있습니다.

우리나라 고인돌은 고고학, 역사학은 물론 천문학 연구 면에서도 중요합니다. 예를 들어 도항리 고인돌을 보면 동그라미들이 새겨져 있고 구멍도 여러 개 있습니다. 오랫동안 사람들은 이런 구멍을 그저 신비롭게만 여겼습니다. 위인이 알에서 태어났다는 전설과 연관되었을 거라 생각한 거죠. 그런데 가만 보니 이 구멍들이 하늘의 별자리인 겁니다. 관측기구가 없던 시절이라 당시 사람들은 맨눈으로 밤하늘을 보고 눈에 잘 띄는 별자리를 새겨 넣었을 겁니다.

이런 연구는 북한에서 먼저 시작되었습니다. 북한 지석리 고인돌에서

경상남도 함안에 있는 도항리 고인돌.

중심에 있는 구멍은 북극성이 분명합니다. 밤하늘의 모든 별은 북극성을 중심으로 회전하는 것처럼 보이거든요. 나머지 구멍들은 그 주변의 별들입니다. 북극성이 포함된 'ㄹ' 자 모양의 별자리는 용별자리입니다. 북극성 왼쪽은 우리에게 친숙한 북두칠성이 포함된 큰곰별자리입니다. 오른쪽은 작은곰별자리이고, 저 멀리 오각형처럼 보이는 별들은 케페우스 별자리와 일치합니다.

이와 같은 별자리 고인돌이 북한에서 여러 개 더 발견되었고, 남한에서도 최근에 발견되었습니다. 이를 통해 우리나라에서 고인돌을 만들던 시기에 천문 관측이 넓은 지역에 걸쳐 꾸준히 이루어졌다는 사실을 알 수 있지요.

고대 천문학 수준은 어느 정도였을까요? 별들의 위치로 보아 당시 사람들이 비교적 정확하게 별을 새긴 것은 틀림없지만, 눈에 보이는 모든

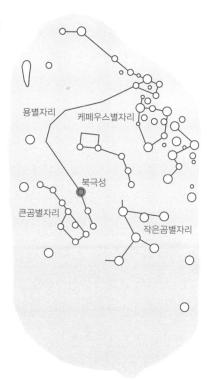

북한 지석리 고인돌의 별자리 부분. 지구의 자전 때문에 북극성의 위치가 현재의 위치와 조금 다르다.

용별자리

케페우스별자리

북극성

큰곰별자리

작은곰별자리

별을 새긴 것은 아닙니다. 북극성을 중심으로 가장 잘 보이는 별만 골라서 새겼기 때문에 별의 수가 적습니다. 천문학 수준을 보여주려고 별을 새긴 것도 아니죠. 따라서 별자리 고인돌만으로는 고대 천문학의 수준을 평가하기 어렵습니다.

우주를 관찰하며 문명을 만들어간 사람들

왜 고인돌에 별을 새겼을까요? 고인돌이 대체로 지배자의 무덤과 관련 있다는 점과 우주의 별들을 새겼다는 점을 연관 지어 생각해볼 수 있습니다. 일부 과학자들은 죽은 이의 영혼이 별처럼 영원하기를 바라며 고인돌에 별을 새겼을 거라고 봅니다. 한편 고대에는 농사짓는 데 중요한 절기를 파악하기 위해 별의 움직임을 살폈습니다. 이 점에 주목하면 풍요를 기원하며 고인돌에 별을 새겼을 거라 짐작할 수 있겠죠. 또한 고인돌에 새겨진 별들이 지배자의 권위를 보여준다고 해석되기도 합니다.

분명한 건, 이 땅에서 기원전 3000~기원전 500년 무렵에 살았던 사람들이 배만 부르면 만족하던 원시인들이 아니라는 점입니다. 그들은 우주의 흐름을 오랜 기간 관찰하여 유형을 파악하고, 더 나아가 그 의미까지 골똘히 생각한 '문명인'이었던 겁니다.

별의 분포를 한자리에 새겨서 별에 대한 지식을 전수했을 가능성도 있습니다. 별에 대해 잘 아는 사람이 이건 무슨 별, 저건 무슨 별 하며 가르쳤을 겁니다. 별이 새겨진 고인돌이 여러 곳에 널리 퍼져 있다는 사실은 별에 대한 지식을 서로 교류하고 점점 지식을 쌓아갔음을 말해줍니다. 그러면서 한국의 문명이 발전해갔을 겁니다. 이렇게 별자리 고인돌을 통해 상상을 펼치다 보면 당시 사람들의 생각과 문화까지 헤아려보게 됩니다.

놀랍게도, 한반도 주변 사람들의 별에 대한 관념은 기원전 5000년보다도 훨씬 더 올라갑니다. 곰별자리를 예로 들면 곰은 꼭 4개의 별로 구성된 국자 같은데, 유라시아에서는 이 별자리를 사냥꾼이 세 별을 쫓아가는 모습으로 인식합니다. 이 개념의 시베리아 버전에 따라 우리는 이 별자리를 북두칠성으로 알고 있는데, 북아메리카 원주민도 이 별자리 개념을 공유하고 있습니다. 고천문학자는 베링해협이 뭍이어서 유라시아 대륙과 아메리카 대륙이 연결되어 있던 기원전 1만 4000년 이전에 이 별자리 개념이 형성되었을 거라고 봅니다.[1] 우주와 자연 속의 인간, 그 인간이 지적이고 감정적인 종種이 되었을 때, 그 시원부터 전 지구적 차원에서 하늘에 대한 종교와 과학이 동시에 시작되었던 것입니다. 동북아시아에서도 천문학은 그렇게 시작되었고, 이후 다른 문명권에서 그랬던 것처럼 저마다 다른 형태로 발현됩니다. 다른 문명권보다도 유독 고인돌 문화를 일궜던 동북아시아문명권에서 별자리가 고인돌에 등장하는 것도 이런 맥락에서 이해할 수 있습니다.

고구려 고분벽화에 그려진 별자리

고대 왕이나 왕족의 무덤은 가히 보물 창고라 할 만합니다. 학자들은 고분 발굴을 통해 역사가 밝혀지길 기대하고, 도굴꾼은 부장품에 눈독을 들이죠. 북한에 남아 있는 고구려 고분군은 유네스코 세계 문화유산으로 선정되기도 했습니다.

주목할 점은 고구려 고분벽화에 별자리가 그려져 있다는 사실입니다. 고구려 고분은 북한과 만주 지역에 걸쳐 백여 개가 있는데, 그중 20여 곳의 벽화에서 하늘을 관측하고 그린 그림이 발견되었습니다. 고인돌에 별을 새긴 후 세월이 한참 지나서 사람들은 무덤의 깊은 곳에 별자리를 그린 겁니다. 우리 천문학에 어떤 변화가 있었던 걸까요?

우선 평양 근처 강서큰무덤에 그려진 사신도를 봅시다. 사신도는 한국 고대 예술을 대표하는 걸작입니다. 7세기에 그려진 이 작품은 당시 미술 작품 중 세계 으뜸으로 꼽을 만합니다. 작곡가 윤이상 선생은 화보집에 실린 사신도를 본 순간 웅대한 고구려의 혼을 느꼈다고 합니다. 예술적 영감에 사로잡힌 윤이상 선생은 1963년 사신도를 보겠다는 일념으로 북한에 갔습니다. 사신도 앞에 선 그의 입에서는 이런 말이 절로 흘러나왔습니다. "청룡은 플루트! 백호는 오보에! 현무는 바이올린이야! 그래, 주작은 첼로구나!" 1967년 윤이상은 군사 정권이 조작한 동백림 사건으로

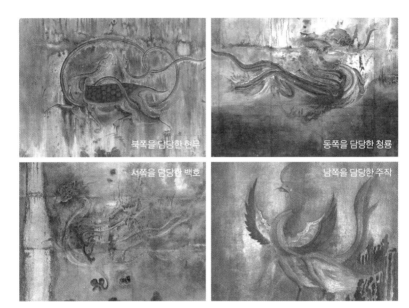

북쪽을 담당한 현무 / 동쪽을 담당한 청룡 / 서쪽을 담당한 백호 / 남쪽을 담당한 주작

강서큰무덤의 사신도.

옥에 갇힙니다. 옥중에서 그는 사신도에서 받았던 느낌을 악보에 옮겼습니다. 〈이마주(영상)〉라는 곡이 탄생하는 순간이었죠.

사신도와 천문학은 어떤 관련이 있을까요? 하늘의 좌표 기준이 되는 별자리 28수가 사신四神과 관련이 있습니다. 사신, 즉 현무, 청룡, 백호, 주작은 하늘의 동서남북을 지키는 성스러운 동물입니다. 사신이 우주 전체의 수호신인 셈이죠. 강서큰무덤에는 무덤의 네 벽에 사신의 형상을 그려 놓았습니다. 무덤에 묻힌 사람을 사신이 지켜주기를 바라며 사신도를 그린 것이죠.

무덤에 그려진 별자리 그림으로는 무용총과 각저총이 유명한데, 두 고분에는 28수 중 단지 한 방위만이 그려져 있습니다. 이보다 더 완벽한 무덤이 있습니다. 평안남도에 자리 잡은 덕화리 2호 고분입니다.

덕화리 2호 고분의 천장. 천장 꼭대기의 팔각형 고임 부분 아래에 그려진 그림 중 태양을 상징하는 세 발 달린 까마귀, 즉 삼족오三足烏를 확인할 수 있다. 그 오른쪽 아래의 작은 원이 별이다. 벽성壁星이란 글씨가 쓰여 있다.

6세기 초에 만들어진 이 무덤에는 사신도와 함께 인물 그림과 별자리가 그려져 있습니다. 천장을 자세히 관찰하면 유柳, 정井, 위胃, 벽壁 네 글자가 보입니다. 이 글자는 28수 가운데 네 별자리 이름입니다. 이를 통해 이 고분에 그려진 15개 별자리가 28수를 표현한 것임을 알 수 있습니다. 원래

28수를 다 그렸는데 나머지 13개 별자리는 현재 남아 있지 않은 겁니다.

28수가 나왔으니 항성과 행성 이야기를 잠깐 하고 넘어갈까 합니다. 28수는 움직이지 않는 별자리, 즉 항성 28개입니다. 우리에게 익숙한 화성·수성·목성·금성·토성은 움직입니다. 이 다섯 행성의 좌표를 정하기 위해 달이 움직이는 길 근처에 있는 항성 28개를 정한 것입니다. 달이 28일에 한 바퀴 도니까 28수 각 별자리는 달이 가는 길 하루 정도 거리마다 있습니다. 이미 있는 별자리에서 고른 것이어서 28수 각각의 거리는 동일하지 않습니다. 어떤 것은 조금 멀리 떨어져 있고, 어떤 것은 조금 가까이 있죠.

28수는 서양 천문학에서는 쓰지 않는 동양의 독특한 별자리입니다. 고인돌 천문도에서도 보이지 않던 것이니 그 이후에 생겼음을 알 수 있습니다. 중국 고대 천문학에서 등장한 개념을 고구려인들이 받아들인 거죠.

행성은 28수와 달리 날마다 움직이는 별입니다. 예전에는 화성·수성·목성·금성·토성 다섯 개만 알려져 있었지만 지금은 천왕성, 해왕성까지 포함되었습니다. 동양 천문학에서는 해와 달, 그리고 화성·수성·목성·금성·토성 이 다섯 행성을 가장 주의 깊게 지켜봤습니다. 이 별들이 왕조의 길흉과 깊이 관련된다고 보았기 때문입니다.

널리 퍼져나가 국제화된 천문학

이제 바보 온달과 평강 공주의 묘로 짐작되는 무덤을 봅시다. 이 무덤은 6세기 초에 만든 것으로 추정되며 진파리 4호분이라고 불립니다. 무덤방

네 벽에 사신과 신선, 구름무늬, 연꽃무늬가 그려져 있습니다. 별들은 덩굴무늬, 연꽃무늬, 물레무늬 등과 함께 천장에 그려져 있는데 무려 136개 이상입니다. 고구려 고분 별자리 중 가장 많은 별이 담겨 있는 겁니다.

놀랍게도 진파리 4호분의 별자리는 약 천 년 전 고인돌의 별자리와 비슷합니다. 충청북도 청원군 아득이 마을에서 발견된 고인돌에서 이를 확인할 수 있습니다. 기나긴 세월이 흘렀지만 별자리 관측과 기록의 전통이 면면히 이어졌던 거죠.

2018년 12월, 경상남도 함안군 아라가야 고분에서 5세기 후반의 것으로 추정되는 가야의 별자리가 처음으로 발굴되었습니다. 2019년 8월에 한국천문연구원 양홍진 박사가 제15회 국제동아시아과학사학회에서 이 내용을 상세히 보고했습니다. 연구 결과 가야의 이 별자리는 별의 밝기에 따라 구멍의 크기가 다르고, 남두육성이 그려져 있는 것 등 여러 측면에서 고구려 고분의 별자리와 비슷합니다. 고구려 별자리 문화와 표현 방식이 한반도 남단까지 공유되었음이 확인된 것입니다.

그런데 크게 그려진 별도 있고 작게 그려진 별도 있습니다. 왜 다른 크기로 별을 그렸을까요? 학자들은 밝기에 따라 크기를 달리했을 거라고 생각합니다. 중국의 고분에서 발견된 별자리 그림 중에는 이렇게 크기를 달리한 별자리 그림이 없으니, 이는 고구려의 전통이라고 할 수 있습니다.

그렇지만 고구려 고분에 그려진 사신도나 온갖 별의 위치와 이름은, 동시대 중국의 책이나 그림에서 보이는 것과 큰 차이가 없습니다. 이런 문제에서 누가 먼저인가를 따지는 것은 중요하지 않습니다. 이는 중국의 여러 지역과 고구려를 비롯한 주변 국가들이 이룬 천문학을 융합한 것입니다. 이를 '천문학의 국제화' 또는 '문명의 확산'이라고 표현할 수 있습니다.

충청북도 청원군 아득이 마을에서 발견된 고인돌(기원전 500년경).

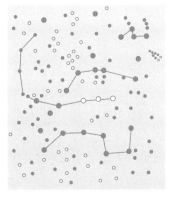

평양 진파리 4호분(6세기경) 천장. 붉은색으로 보이는데, 자세히 보면 별을 금박으로 그려놓았다. 북극 삼성을 중심으로 그린 별자리가 충청북도 청원군 아득이 마을에서 발견된 고인돌의 별자리와 비슷하다.

남두육성. 남쪽 하늘인 궁수자리에 있는 국자 모양의 6개 별이다. 옛사람들은 이 별이 장수를 주관한다고 믿었다.

별뿐 아니라 날짜를 다루는 달력도 국제화되었습니다.

많은 영역에서 문명이 확산되고 보편화되는 가운데 지역마다 전통을 살린 작품이 다채롭게 나왔습니다. 고구려가 별의 크기를 달리하고, 다른 지역의 사신도를 능가하는 역동적인 사신도를 그려낸 것이 좋은 예입니다. 고구려 사람들은 중국 사람들이 무덤에 그리지 않던 남두육성을 즐겨 그리기도 했습니다.

동북아 삼국이 그린 천문도

천문학의 국제화 사례는 일본에서도 찾아볼 수 있습니다. 7세기 후반에 만들어진 기토라 고분에 일본이 자랑하는 천문도가 그려져 있습니다. 한국, 중국, 일본에 남아 있는 유물 가운데 가장 오래되고 번듯한 천문도입니다. 기토라 고분의 천문도는 별자리 30여 개에 별의 수는 약 550개나 되어 고구려 고분보다 대여섯 배 많습니다.

그런데 기토라 고분의 특징은 기원전 1세기 무렵 중국의 사마천이 쓴 《사기》의 〈천관서〉에 이미 온전한 틀이 나타나 있습니다. 중국에서 가장

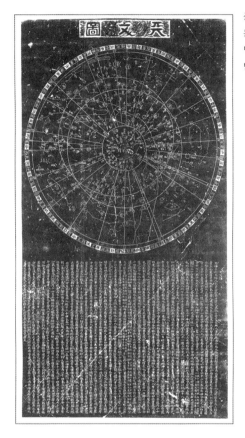

중국의 〈순우천문도〉. 기토라 고분 천문도
는 13세기에 그려진 이 천문도보다 육칠
백 년이나 앞섰다는 점에서 높은 평가를
받는다.

오래된 천문도인 〈순우천문도〉(1247)나 한국의 온전한 천문도인 〈천상열
차분야지도〉(1395, 90쪽 참조)도 같은 원칙에 따라 그림을 그렸죠. 서로 영
향을 주고받은 게 틀림없습니다.

흥미롭게도, 기토라 고분에 표현된 하늘은 일본에서 올려다본 게 아닙
니다. 어떻게 아냐고요? 자기가 서 있는 위치(위도)에 따라 눈으로 볼 수
있는 별에 한계가 있거든요. 온대 지방과 열대 지방에서 보이는 별이 다
르듯 한·중·일도 차이가 있습니다.

일본 기토라 고분의 별자리. 28수는 물론이고 북극성 언저리 동심원인 주극원, 적도를 빙 두른 적도원, 태양의 궤도인 황도 등을 완벽하게 갖췄지만, 이 천문도는 고구려 천문학을 토대로 그려진 것이다.

    기토라 고분에서 관측자의 위치를 추정해보니 위도가 39~40도 사이로 나왔습니다. 일본의 중심지인 아스카의 위도 34.5도도 아니고, 당나라의 수도 뤄양의 위도 34.6도도 아닙니다. 고구려의 수도인 평양의 위도 39.0도와 가장 가깝습니다. 게다가 고구려의 고분벽화와 매우 흡사해서 일본 학자들도 기토라 고분의 천문도가 고구려 천문학을 기반으로 그려진 거라고 이야기합니다. 반면에 고구려는 자신의 위치에서 독자적으로 별을 관측하여 그 결과를 하나의 그림으로 담아냈던 거죠. 한·중·일의 천문도는 세 나라가 우주에 관한 지식을 공유했음을 말해줍니다. 교통이 발달하지 않았던 시절인데도 천문학이 대륙과 바다를 넘나들며 교류되었던 겁니다.

첨성대에 담긴 비밀

첨성대와 관련된 역사 기록

첨성대는 동양에서 가장 오래된 천문대로 높이 평가받습니다. 그런데 첨성대를 실제로 보면 그러한 찬사가 도무지 이해되지 않죠. 높이가 9미터 정도밖에 안 되어서, 생각했던 것보다 아담하다고 느끼는 사람이 많습니다.

첨성대의 비밀을 밝히려면 우선 역사 기록부터 뒤져야 합니다. 1145년에 나온 《삼국사기》에는 첨성대라는 이름조차 나오지 않습니다. 고려 말일연이 쓴 《삼국유사》에 기록이 단 하나 있을 뿐입니다. "《별기》라는 책에 선덕여왕 때 돌을 갈아서 첨성대를 지었다는 기록이 있다." 이 기록을

백 년 전 첨성대 모습. 지금은 주변을 정비해서 사방이 확 트이는 자리에 있지만, 불과 백 년 전만 해도 첨성대 주변은 온통 논밭이었다. 첨성대가 처음 만들어졌을 때에는 왕궁인 월성궁과 함께 자리하고 있었겠지만, 고려와 조선시대에는 왕궁이 파괴되어 밭 사이에 첨성대가 팽개쳐져 있었다.

통해 이름이 첨성대이고, 선덕여왕 때(재위 632~647) 건립되었으며, 돌을 갈아 만들었음을 알 뿐이죠. '천문대'라고는 하지 않았습니다.

고려 말에 안축이라는 사람이 지은 〈첨성대〉라는 시가 있습니다. 이 시에서 우리 역사상 처음으로 첨성대가 '하늘을 살핀', 즉 천문 관측을 하던 곳이라고 했습니다.

지나간 시대의 흥망이 세월이 지나

천 자 높이의 석대(돌 받침)만이 하늘에 솟아 있네

어떤 사람이 오늘날 하늘을 살핀다면

문성(글재주가 뛰어난 별) 한 점이 사성(사신 별)이 되었다 하리

첨성대에 대한 기록은 조선시대에 들어 좀 더 자세해집니다. 《세종실록》의 부록인 〈지리지〉(1454)에 전국의 유물이 기록되어 있는데, 경주 지역에 첨성대가 나와 있습니다. "당 태종 때인 633년에 지어졌다"는 새로운 사실이 첨가되었고, "가운데가 비어 있어서 사람이 올라가게 되어 있다"는 실제 체험이 적혀 있습니다. 첨성대 크기를 잰 결과도 이렇게 기록되어 있습니다. "돌을 쌓아 만들었는데 위는 네모지고 아래는 원형이다. 높이가 19.5척, 위의 둘레가 21.6척, 아래 둘레가 35.7척이다." 하지만 이 기록에서도 첨성대를 천문 관측소라고 하지는 않았죠.

백여 년 뒤에 나온 《신증동국여지승람》도 전국의 유물을 상세히 기록했는데, 여기서 "속이 통해 있어서 사람이 오르내리면서 천문 관측을 한다"고 했습니다. 그런데 《신증동국여지승람》은 첨성대가 만들어진 지 8백여 년이나 지나서 나온 책입니다. 새롭게 찾은 기록을 인용한 건지, 아니면 자신들의 추측을 적어놓은 건지 분명치 않습니다. 이러한 기록만으로 첨성대를 천문대라고 단정할 수 있을까요? 설령 천문대라고 해도 현대인들이 생각하는 천문대와 같을까요?

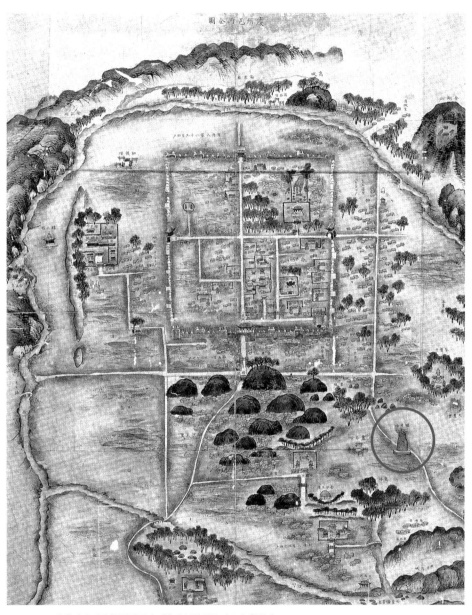

조선 후기에 펴낸《집경전구기도첩》에 실린 경주 지도 속 첨성대.

불편을 무릅쓰고 추구한 의미

첨성대 연구는 지난 수십 년간 활발히 진행되었습니다. 첨성대에 대한 애정과 관심이 그만큼 높아진 것이죠. 첨성대를 연구한 어떤 학자는 쌓은 돌을 일일이 세어봤더니 28단 360여 개인데, 이는 28개 별자리와 1년의 날 수를 표현하기 위한 것이라 했습니다. 또 어떤 학자는 첨성대의 모습이 호리병 같은데 이는 불교의 우주관을 표현한 수미산을 본뜬 거라고 했습니다. 첨성대가 우뚝 서서 해시계 구실을 했을 거라는 견해도 나왔습니다. 첨성대는 제단이며 이곳에서 별을 점치는 의식을 행했을 거라 추정한 학자도 있습니다. 또 다른 학자는 첨성대 꼭대기의 '우물 정#' 자 모습이 우물에서 세계가 나왔다는 신라인의 세계관을 반영한 것이라 했습니다. 이 가운데 어느 것이 정답인지 판단할 만한 결정적인 증거는 아직 없습니다.

국립중앙과학관에서는 실물과 비슷하게 모조 첨성대를 만들었습니다. 제 수업을 들었던 학생들이 그 안에 들어가 봤는데, 첨성대의 중간쯤에 있는 창에 사다리를 대고 오르기는 어렵지 않았습니다. 하지만 안에 들어가서 사다리를 타고 꼭대기까지 오르기에는 너무 가파르고 좁더군요. 첨성대가 호리병처럼 생겨서 위쪽의 경사가 급하기 때문입니다.

이번에는 첨성대를 다른 천문

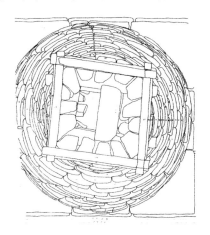

첨성대를 위에서 내려다본 모습. 꼭대기의 이 우물 정# 자 모양 돌까지 해서 첨성대는 28단 이다.

瞻星臺

辛酉和 慶州修學旅行時撮 歙谷高等普通學校第四學年生

1921년에 찍은 첨성대 사진. 수학여행 온 고등학생들이 첨성대에 올라가 있다. 이때까지만 해도 중요한 과학 문화재로 인정받지 못했기 때문에 첨성대는 특별한 보호를 받지 못했다.

대와 비교해볼까요? 지금 남아 있지는 않지만 고구려에도 천문 관측대가 있었던 것으로 추정됩니다. 일본에서는 신라의 첨성대보다 약간 늦은 675년에 점성대占星臺를 두었습니다.[2] 당나라에서는 723년 주공측경대周公測景臺를 축조했습니다. 이 중 당의 주공측경대가 현존하며, 고려의 관천대觀天臺는 골격만 남아 있습니다. 당의 주공측경대와 고려의 관천대는 부속 계단을 이용하여 천문 관측을 위해 평평하게 설계된 정상에 올라가도록 설계되어 있습니다. 다른 천문대는 평평하게 쌓아 올려서 그 위가 제법 넓은 데 반해, 첨성대는 꼭대기 부분에 겨우 궁색한 공간만 있습니다. 이 공간에 천문을 관측할 커다란 기구를 놓기는 불가능합니다. 다른 천문대는 계단을 통해 오르내리기도 쉽습니다. 중국 원나라에 세워진 천문대도 마찬가지입니다.

이를 보면 첨성대를 만들 당시에는 관측의 편리함을 우선적으로 고려하지는 않았던 것 같습니다. 그렇다면 관측의 불편함을 감수하면서까지 추구했던 가치가 있겠죠. 최근에 밝혀진 첨성대에 담긴 '수'나 '비례'의 정확한 의미는 틀렸을지도 모릅니다. 하지만 첨성대를 설계한 사람이 수나 비례를 통해 첨성대에 어떤 비밀을 담으려고 했다는 것을 읽어낼 수 있습니다. 그 '수'가 하늘을 관측하여 알게 된 우주와 관련된 것임은 분명합니다. 고구려 무덤 안에 별자리를 그린 의도와 크게 다르지 않을 것입니다.

천문학이 제도화되다

첨성대를 통해 천문 관측이 신라 시대에 매우 중요했음을 알 수 있습니다. 고대 한국인들은 우주가 별을 통해 메시지를 전한다고 믿었습니다. 그 메시지는 오늘날 천문학에서 중시하는 정확한 계산과 관측, 그것을 뛰어넘는 비밀을 품고 있습니다.

예를 들면 고대인들은 '이번 전쟁에 이길까, 질까?' 하는 나라의 시급한 문제에 별이 대답해준다고 믿었습니다. 설사 그 대답이 옳은지 그른지 확신이 안 서더라도 별점을 통해 어느 정도 불안함이 풀렸겠죠. 별점은 전쟁뿐 아니라 온갖 길흉화복에 대한 답을 해주며 발전해왔습니다. 고려나 조선시대의 천문대보다 신라의 첨성대가 더욱 신비롭게 느껴지는 까닭은 이렇게 별점 관측에 더 비중을 두었기 때문입니다.

별점을 보려는 의미가 더 컸다고 해도 첨성대의 설치는 과학적으로 의미가 있습니다. 신라가 그 전보다 더욱 번듯한 형식을 갖추고 별을 관측하게 되었다는 점입니다. 이를 '천문학의 제도화'라고 합니다. 여기에는 별을 관측하는 기구를 만들고, 별을 보는 전문가가 있으며, 그들이 공부하는 책을 제작하는 것 등이 모두 포함됩니다. 이 가운데 관측소인 첨성대를 세운 것은 오늘날 기상청에 슈퍼컴퓨터를 마련하는 것과 같은 일이었죠. 아마 선덕여왕은 "국력이 왕성해졌으니 이제부터 천문학 제대로 한다!"라고 선언하면서 그 증표로 첨성대를 만들었을 겁니다.

전근대 한국의 천문학 제도

천문학은 왕조의 위엄과 관련된 제왕의 학문이어서 국가가 독점적으로 연구를 수행했습니다. 유교에서는 천문학 관련 활동을 제왕의 중요한 업무로 여겼거든요. 천문天文은 하늘에 나타난 현상으로 정치적인 점을 치는 활동이었습니다. 제왕은 천문뿐 아니라 일식·월식 예보나 농사 절기의 파악, 시간에 따른 일상생활의 길흉화복을 점치기 위한 역수曆數, 기상 현상을 관측해 정치적 의미를 점치는 측후測候, 도성의 개폐를 비롯한 일상생활과 제사 의례 거행에 필요한 시각 제도(각루刻漏)의 운영 등을 두루 보살펴야 했습니다. 천문·역법·측후 관련 기록은 삼국시대부터, 누각 관련 기록은 통일신라 때부터 보입니다. 이 네 가지 제도는 고려 왕조에 들어 중국의 제도와 마찬가지로 완비된 후 조선 말까지 지속되었습니다.

삼국과 통일신라의 천문학 제도

한국 고대국가에서 '최초'의 과학 관련 직업은 무엇일까요? 기원전 1세기부터 일자日者 또는 일관日官에 대한 기록이 보입니다.* 오

---

* '일자'는 《묵자》에 보이며, '일관'은 《좌전》에 나온다.

래전부터 샤먼이 하늘에 나타난 현상으로 점을 쳤지만, 일자는 천문이라는 지식 체계에 기반을 두고 활동했다는 점에서 샤먼과 확실히 구별되었습니다. 《삼국사기》에 따르면 고구려, 백제, 신라 삼국에서는 개국 때부터 이런 활동이 있었습니다.

역법 전문가는 천문 관측 전문가보다 늦게 등장한 것 같은데, 역박사曆博士라는 관직은 554년에야 처음 확인됩니다.[3] 역박사는 중국 수나라(581~618) 제도를 따른 것으로서 역법을 가르치는 전문 관리였습니다. 수나라에 설치된 역박사는 태사조太史曹의 가장 낮은 품계의 관리로서 역학 생도의 교육을 맡았습니다. 역박사에 관한 기록이 역법 학습을 위해 일본에서 초청했다는 대목에 나오는 것으로 보아, 백제의 역박사도 주로 교육을 맡았음이 분명합니다. 수나라 태사조에 역박사보다 품계가 높은 사력司曆이 있었던 것처럼 백제에서도 이에 해당하는 전문 관직이 있어서 역법과 역서의 운용을 책임졌을 것으로 추정됩니다.

일관이나 역박사가 속했을 관청은 7세기 전반 백제 무왕 때 완결된 관제에서 유일하게 확인됩니다. 이때 18부 중 하나로 일관부日官部가 설치되었는데, 이런 천문 관아가 이때 처음 생기지는 않았을 테고 기존 제도를 새롭게 편제한 것으로 추정됩니다. 역박사도 일관부 소속이었을 텐데, 이로 보아 일관은 기능 면에서 중국의 경우처럼 국가에서 필요로 하는 천문 관련 사무 전반을 맡았을 것입니다. 일관 활동이 확인되는 고구려와 신라의 상황도 엇비슷했을 테지만 관련 자료는 없습니다.

전문적인 천문 관측을 위한 관측대도 축조되었습니다. 신라에서는 7세기 후반 선덕여왕(재위 632~647) 때 별[성]을 바라보는

[첨] 특별한 장소[대]라는 명칭의 시설을 설치했습니다. 첨성대는 아래쪽은 원형, 위쪽은 방형인 호리병 모양으로 높이가 19척 5촌(약 9미터) 정도이며, 아래쪽 지름이 35척 7촌(약 5.2미터) 남짓하고, 위쪽 원지름이 21척 6촌(약 3미터) 남짓합니다. 상단부는 정사각형으로 돌을 쌓았는데, 한 면이 6미터 정도여서 관측기구를 갖춰 천문 관측을 할 공간을 충분히 확보했습니다. 첨성대 중간 벽면에 사각형 문이 뚫려 있어 출입할 수 있으며, 출입구 정도까지는 속에 흙이 채워져 있으나 윗부분이 비어 있어서 사다리를 놓아 정상까지 올라갈 수 있습니다. 중간부에 뚫린 문까지는 사다리 또는 계단을 이용했을 것입니다. 이런 구조는 부속된 계단을 이용하여 천문 관측을 위한 정상에 올라가도록 설계된 당의 주공측경대, 고려의 관천대, 조선의 간의대簡儀臺와 완연히 다른 것으로, 출입이 훨씬 불편합니다. 경주 첨성대와 유사한 형태의 천문대 구조물은 세계 어디에서도 발견되지 않았습니다. 그렇기에 첨성대의 구조와 기능을 둘러싸고 치열한 논쟁이 벌어졌지요.*

삼국 통일 이후 과학 관련 제도에서 가장 눈에 띄는 변화는 물시계 시보 시스템의 운영입니다. 718년(성덕왕 17년) 신라에서 처음으로 물시계 담당 관리로 누각박사漏刻博士 6인과 서리직인 누각사漏刻史 1인을 둔 누각전漏刻典을 설치하여 운영하기 시작했습니다. 신라의 물시계 시보는 중국보다는 한참 늦고 일본보다도 50여 년 늦었습니다. 718년은 신라가 고구려를 멸망시킨 지 50주년이자, 신라 3보 중 하나인 황룡사 9층탑을 완공한 해로 국력이 최전성기

---

* 첨성대 논쟁은 이문규의 〈첨성대를 어떻게 볼 것인가 ― 첨성대 해석의 역사와 신라시대의 천문관〉(《한국과학사학회지》 26-1, 2004, 3~28쪽)에 잘 정리되어 있다.

를 누렸던 때입니다. 이 누각전을 설치하여 신라는 고대 동아시아 천문학 제도의 3요소인 천문 관측, 역법과 역서의 활용, 물시계 시보를 완비했습니다.

누각전은 국가 행정 조직에 속해 있어 왕궁 내 관직인 천문박사·공봉복사供奉卜師와 구별됩니다. 749년(경덕왕 8년)에는 천문박사(나중에 사천박사司天博士로 개칭됨) 1명을 두었는데 이는 일자日者 또는 일관으로 부르는 전문직을 본격 제도화한 정식 관직명이었을 것입니다. 그리고 언제 설치되었는지 분명치는 않지만 공봉복사가 있었는데, 관원 수를 따로 정하지는 않았습니다. 공봉供奉이라는 말은 왕에게 직속되었다는 뜻이며, 복사卜師란 복서卜筮 점을 담당한 전문 직종이었을 것입니다. 《삼국사기》에서 누각전은 국가 행정 조직을 다룬 〈잡지雜志〉 상上에 실려 있지만, 천문박사·공봉복사는 왕궁 내 기관을 다룬 〈잡지〉 중中에 수록되어 있습니다. 그런 구성이 《삼국사기》 편찬 당시의 자료 부족 때문인지, 실제로 천문 기관이 기능적으로 단일화되지 않아서인지는 확인이 불가능합니다. 수·당이나 이후 고려의 제도처럼 천문 관련 기관이 왕궁 안, 왕궁 밖으로 이원화된 흔적일 수도 있습니다.

고려 왕조 이후의 천문학 제도

고려에서는 천문·역수·측후·각루 등의 일을 더욱더 중시해 왕조 내내 시행했습니다. 초반기에는 신라 제도를 따랐지만 976년(경종 원년) 이전 어느 때인가부터 이원적인 천문 제도를 시행했습니다. 이때부터 이전의 사천司天 단독이 아닌, 성격이 비슷한 태복감太卜監(훗날의 사천대, 사천감)과 태사국太史局을 같이 운영했습니다. 두 기관은 모두 당나라의 태복서太卜署와 태사국을 본받은 것으로서 이는 고려 왕조가 당의 운용 체제를 전면적으로 채택했음을 뜻합니다. 이렇게 두 기관을 둔 데서 고려 왕조가 당의 제도를 온전히 본받고자 했다는 점뿐만 아니라, 천자국과 비슷한 활동을 추구했음을 알 수 있습니다. 조직의 변동과 상관없이 두 천문 관청의 관리는 보통 일관으로 불렸으며, 두 기관에 속한 관리가 모두 일식의 예측 같은 천문 관측, 역서 제작, 누각의 관리, 풍수·복서를 비롯한 각종 음양 술수의 응용에 관한 일을 담당했으며, 두 기관 사이의 인사 전환이 빈번했습니다.[4]

그렇지만 1275년(충렬왕 원년) 고려가 원의 부마국으로서 원에 종속된 후 천문학 관청의 성격과 조직에 변화가 생겼습니다. 이해에 두 기관 중 하나인 사천감(태복감, 사천대)은 원의 종속국임을 반영하여 기존 천자국의 관청 이름과 구별되는 관후서觀候署로 바뀌었습니다. 1308년(충렬왕 34년)에는 관후서와 태사국을 합쳐 서운관書雲觀으로 일원화했습니다. 1356년(공민왕 5년) 이후 원의 세력이 약화하여 반원反元 개혁의 일환으로서 옛 문종 대의 이원적 천문 제도의 회복을 조치한 것을 보면, 충렬왕 때의 서운관 일원화가 원의 직접 지배와 관계된 조치임을 짐작할 수 있습니다. 이후에는 통합과 분리, 재통합 등 몇 번의 변동이 있었습니다. 이런 잦은 변동은 고려 말 다른 관제에서도 발견되는 일반적인 현상이었습니다. 조선 왕조에 들어서도 천문 기구의 명칭을 서운관이라 했고, 활동적인 측면에서도 그다지 차이가 없었습니다.

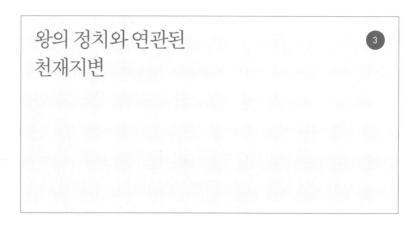

왕의 정치와 연관된
천재지변

3

낱낱이 기록된 고려의 천문 현상

혹시 별똥이 폭우처럼 쏟아지는 장관을 본 적이 있나요? 이를 유성우,
쉽게 말해 별똥비라고 합니다. 별똥비는 자주 일어나는 일이 아닙니다.
핼리혜성 별똥비, 페르세우스 별똥비가 유명하죠. 우리나라에서는 기원
전 1세기 무렵에 이미 별똥비 기록이 등장하고, 고려시대부터는 상당한
기록이 남아 있습니다.

《고려사》는 475년에 걸친 고려 역사를 정리한 책인데, 이 중 〈천문지〉
에 실린 천문 기록이 수천 개나 됩니다. 책으로 세 권 분량이니 대단하죠.
그 가운데 별똥비가 총 729번 나옵니다. 그 안에는 한 시간에 수백 수천

개의 별똥비가 쏟아지는 '별똥소나기'의 관측만 해도 10여 건이 담겨 있습니다. 그중 하나는 이렇습니다.

어떤 놈은 크기는 술잔만 하고 꼬리 길이는 긴 머리카락 비슷했고
또 어떤 놈은 크기가 계란만 한 것도 있었다.
저녁부터 새벽까지 뭇별이 싸우듯 흘러내렸다.

핼리혜성의 별똥비가 가장 활발하게 내리는 날은 5월 4일과 10월 22일이고, 페르세우스 별똥비가 내리는 날은 8월 13일입니다. 우리나라 별자리를 연구한 안상현 선생은 천 년 전에 별똥비들이 오늘날과 똑같은 날짜에 나타났다는 기록을 찾아내어 세계 학계에 알렸습니다. 이는 고려시대 사람들의 관측이 매우 정확했다는 얘기죠.

'신성'의 폭발 장면은 《고려사》 기록이 세계에서 유일합니다. 신성은 광도가 평소의 수천 배에서 10만 배 이상까지 일시적으로 증가하면서 폭발하는 별입니다. 옛날에는 일시적으로 나타나거나 움직인다고 해서 객성客星, 즉 '손님 별'이라고 했죠. 《고려사》에는 "객성이 나타났는데 크기가 모과만 했다"고 적혀 있습니다. 한국의 천문학자들이 1073~1074년의 이 기록을 계산한 결과 '아르 아쿠아리'라고 알려진 신성임을 확인했습니다.

'초신성'은 신성보다도 폭발력이 훨씬 강력합니다. 격렬하게 폭발한 뒤 광도가 평상시에 비해 수십만~수억 배까지 순식간에 높아집니다. 폭발하고 나서 초신성은 사라지

아르 아쿠아리

죠. 초신성은 인류 역사상 일곱 차례의 기록만 있는데, 1073년 첫 초신성 폭발 기록은 오직 중국과 고려만이 남겼습니다.

《고려사》〈천문지〉에는 일식, 월식, 흑점 기록도 있습니다. 일식은 삼국 시대에도 기록되었습니다. 신라에서 서른 번, 고구려에서 열한 번, 백제에 서 스물여섯 번 있었죠. 124년에 일어난 일식은 고구려와 신라에서 동시 에 관측되었으니 더욱 믿을 만합니다. 고려시대에는 일식이 138번이나 기록되었습니다. 이는 당시 천문학이 가장 발달했던 이슬람 학자들이 남 긴 기록에 맞먹는 수준입니다.

옛사람들은 일식 때 어떻게 했을까요? 고려 문종 때인 1047년의 기록 은 다음과 같습니다.

예로부터 일식과 월식이 있을 때에는 … 맹인들이 모여 북을 울리 고, 임금은 흰옷을 입고 대궐의 일을 피하며, 관리들은 자리를 지키 며 해를 향해 두 손을 잡고 서서 해가 다시 밝아지기를 기다렸다.

임금은 흰옷을 입고, 모든 관리는 두 손을 잡은 채 자기 자리에서 꼼짝 않고 일식이 끝날 때까지 기다렸습니다. 몸조심, 마음 조심을 한 거죠. 당 시 사람들은 하늘이 임금의 잘못을 꾸짖느라 일식이나 월식이 일어난다 고 생각했습니다. 태양이 달에 가려 일식이 일어나고, 달이 지구의 그림 자에 가려 월식이 일어난다는 사실을 몰랐으니까요. 사람들은 해는 하늘 의 눈이며, 일식은 하늘의 눈이 잠시 머는 것이라고 여겼습니다. 그래서 앞을 보지 못하는 사람이 북을 치며 하늘의 눈이 다시 밝아지기를 기원했 습니다.

《고려사》에 태양 흑점은 42번 나옵니다. 태양 흑점은 태양에 나타나는 어두운 반점인데, 주로 태양의 적도 부근에 나타납니다.《고려사》에는 1151년(의종 5년)에 "태양의 검은 점이 마치 계란만큼 굵었다"며 처음 흑점을 관측한 기록이 있습니다. 이는 유럽의 갈릴레이보다 약 450년이나 앞선 기록입니다. 유럽에서는 1610년 갈릴레이가 망원경을 만들어 태양의 흑점을 관측했죠. 그때 유럽 사람들은 태양에 검은 점이 생긴다는 사실을 인정하지 않았습니다. 완전무결한 우주에 흠이 있을 리 없다고 생각한 거죠. 그러나 우리 조상들은 하늘에서 본 것을 그대로 관찰하여 기록으로 남겼습니다.

1151년 3월부터 1278년 8월 사이에는 8~20년마다 태양 흑점이 관측되고 있는데, 이는 현대 천문학에서 말하는 태양 흑점의 평균 주기인 7.3~17.1년과 거의 일치합니다. 물론 고려 사람들이 그런 주기를 인식했던 건 아닙니다. 빠짐없이 관찰한 덕분에 그 기록에서 현대 과학자들이 이런 주기를 찾아낸 거죠.

이 외에도《고려사》〈천문지〉에는 월식 211번, 혜성 76번, 낮에 나타난 별 168번 등이 적혀 있습니다. 역사책을 편찬할 때 이만큼 선택된 것이니 실제로는 훨씬 많았겠죠.

재앙을 예측하기 위해 하늘을 관측하다

고려 천문학은 신라 첨성대 같은 동양에서 가장 오래된 유물이 남아 있는 것도 아니고, 조선처럼 최고 수준의 과학 유물이 여럿 남아 있는 것도 아니어서 그다지 주목을 받지 못했습니다. 나름 화려했던 고려 왕조의 입장에서 보면 정말 억울한 일이죠. 사실 고려는 월식과 일식을 예보할 수 있는 세계에서 몇 안 되는 천문학 문명국이었습니다. 고려 475년 동안 지속된 천문학 관측 기록은 그 자체로 세계에 내놓을 만한 대단한 자랑거리입니다. 고려는 중국보다도 훨씬 더 오랫동안 관측하고 기록도 많이 남겼습니다. 왕조가 자주 바뀐 중국과 달리 고려가 약 5백 년간 이어지며 안정되었던 덕분이죠. 뒤이은 조선 왕조도 마찬가지였습니다.

고려는 천문학을 담당하는 전문 관청을 두었는데 거기에 관측기구를 갖춘 천문대가 딸려 있었고, 관측을 맡은 관리들이 소속되어 있었습니다. 이들은 날마다 관측하여 보고서를 올려야 했지요. 지방 수령들도 하늘의 이상 현상이 나타나면 꼭 조정에 보고해야 했습니다.

이렇게 열심히 하늘을 관측했던 까닭은 오늘날 천문학 연구의 목적과 크게 달랐습니다. 혜성, 초신성, 태양 흑점 등을 발견했지만, 그건 어디까지나 하늘의 재앙을 읽어내기 위해서였습니다. 그래서 일식 때 임금과 신하들이 마음을 다해 빌고, 또 빌었던 것입니다.

당시에는 해에 이상한 조짐이 나타나면 왕이 죽을지 모르고, 월식이 생기면 왕비가 죽을지 모른다고 점쳤습니다. 태양 흑점도 왕의 죽음을 암시한다고 해석했습니다. 혜성은 반란의 조짐이었습니다. 우리는 혜성을 보면 멋지다고 감탄하지만, 옛사람들은 하늘의 질서를 깨는 이상한 존재, 그것도 밝게 빛나면서 꼬리를 끌고 움직이는 혜성은 아주 나쁜 조짐이라고 생각했습니다. 이처럼 별의 현상이 인간에게 영향을 끼친다는 생각은 《삼국지》에도 많이 나옵니다. "하늘에 한 유성이 흘렀다. 아, 나 (제갈)공명이 죽으려나 보다" 이렇게 말입니다.

하늘을 관찰하는 일이 어찌나 중요했던지 일식을 제때 예보하지 못한 관리가 사형 직전까지 가기도 했습니다. 그는 "전라도에서 일식이 관측됐다"는 지방관의 보고 덕분에 겨우 목숨을 건졌다고 합니다. 거란과의 전쟁 중에도 고려는 천문 관측을 이어갔습니다. 전쟁 승패의 조짐을 알아내려고 더 유심히 관찰했겠죠. 덕분에 매우 많은 천문 현상이 관측된 데다 정확하기까지 했습니다.

오행의 작용과 관련된 기상 이변

하늘의 이상 현상이 지구 밖 우주에서만 일어나지는 않죠. 1024년 고려 현종은 비를 내려달라고 간절히 하늘에 빌었습니다.

가뭄이 심해서 백성들이 모여 하늘에 비를 내려달라고 기도하고 있었다.
임금이 그 소리를 듣고는 스스로 음식을 물리치고, 목욕을 한 다음 향을 피우며 하늘에 기도하였다.
"과인에게 잘못이 있다면 즉시 벌을 내려주십시오. 허물이 백성들에게 있다 하더라도 과인이 또한 그 벌을 받아야 하옵니다. 비를 내리셔서 백성을 구해주소서!"
그러자 곧 큰비가 내렸다.

'농자천하지대본農者天下之大本'이라고 하죠. 농사가 천하의 근본이라는 뜻입니다. 가뭄은 백성의 생명과 직결되는 문제여서 하늘의 꾸짖음으로 생각되었습니다. 이 때문에 가뭄이 들면 임금은 행동을 삼가야 했습니다. 음식도 줄이고, 옷도 허름하게 입고, 올바른 정치를 편다고 하면서 감옥도 비우고, 세금도 줄여주고, 제사도 지냈습니다. 실제로 하늘에 대해 부끄러운 일을 줄이고, 백성의 고통을 함께한다는 뜻이 됩니다. 조선시대에도 마찬가지였고, 오늘날이라고 예외는 아닙니다. 봄철 가뭄이 계속되면 요즘도 큰일이죠.

홍수가 지거나, 거센 바람이 불거나, 많은 눈이 내리거나, 벼락이 치거나 하는 것도 모두 하늘의 재앙이었습니다. 지진과 화산, 산사태, 화재, 곤충 떼의 습격 따위도 다 천재지변입니다.《고려사》에는 이런 기상 이변들을 〈오행지〉에 모아놓았습니다. '오행'이란 목, 화, 토, 금, 수의 기운을 뜻합니다. 옛사람들은 자연의 이상 현상이 이 다섯 기운의 작용과 관련되어 있다고 보았습니다. 〈오행지〉는 〈천문지〉와 함께 온갖 우주와 자연 현상 기록의 저장 창고 구실을 했습니다. 〈오행지〉에는 186번의 가뭄 기록이 실려 있는데, 이런 기록도 있습니다.

1002년(목종 5년) 6월 제주도 산의 네 곳에서 구멍이 뚫려
붉은 물이 닷새 동안 솟구쳐 나오더니 멈추었다.
그것이 모두 기와처럼 생긴 돌이 되었다.

이것이 우리나라 최초의 화산 폭발 기록입니다. 5년 후인 1007년에도 제주도에서 화산이 터졌습니다.

구름과 안개가 자욱하고 캄캄해지면서 땅이 천둥 때처럼 흔들리기를 이레 동안이나 밤낮 계속되었다. 그러고 나서야 날씨가 개기 시작하였는데, 산의 높이는 백여 길이나 되었고 둘레는 사십여 리나 되었다. 초목은 없이 연기만 자욱하게 덮였는데, 쳐다보아서는 석유황 같아서 사람들이 무서워서 감히 가까이 가지 못하였다. 전공지가 바로 그 산 밑까지 가서 그 모양을 그려 바쳤다.

이때 나라에서 전공지라는 관리를 제주도에 보내 관찰하게 했습니다. 이게 한라산 분화의 마지막 모습입니다. 한라산은 고려시대에는 활화산이었고, 그 뒤부터 현재까지는 쉬고 있는 휴화산이죠.

백두산은 고려 초인 1000년 무렵 큰 폭발이 일어나 현재의 천지가 생긴 것으로 추정됩니다. 그때 날린 재가 일본 홋카이도 흙에서 발견된다고 하니, 폭발이 얼마나 굉장했는지 짐작할 수 있죠. 이후 기록을 보면 조선시대에도 1597년, 1668년, 1702년에 백두산에서 조그만 화산 분출이 있었습니다. 이를 통해 백두산이 수십만 년 전부터 화산 활동이 지속되었고, 조선시대부터 지금까지는 잠깐 쉬는 중임을 알 수 있습니다.

지진에 대한 기록은 화산보다 많습니다. 지진은 고려시대에 84번 나오고, 조선시대에는 490차례 보입니다. 표현도 '땅이 요동친다', '땅이 갈라졌다', '땅이 함몰되었다', '땅이 타오른다', '산이 무너졌다', '산이 이사를 갔다', '산이 울었다' 등 다양합니다. 이런 표현은 강도가 센 지진을 표현한 겁니다.

지진이 나면 '해괴제'라는, 이름이 다소 해괴駭怪한 제사를 지냈습니다. 해괴제에서 해괴解怪는 '괴이한 일을 푼다'는 뜻입니다. 여하튼 삼국시대에도 97번 지진이 있었습니다. 삼국시대부터 고려, 조선까지 끊임없는 지진 기록은 우리나라도 결코 지진의 안전지대가 아님을 우리에게 알려줍니다.

하늘과 땅에 나타난 현상이 모두 나쁜 조짐이었던 것은 아닙니다. 나쁜 조짐은 '재앙과 이상한 현상'이란 뜻으로 '재이災異'라고 했고, 좋은 조짐은 복되고 운이 좋다고 해서 '상서祥瑞'라고 했습니다. 어떤 현상을 상서롭게 여겼을까요?

한꺼번에 세쌍둥이 이상 낳으면 아주 좋게 여겼습니다. 세쌍둥이 이상 낳으면 나라에서 상으로 곡식을 내렸습니다. 조 40가마를 내렸다는 고려시대 기록(1035)이 있습니다. 지금도 이런 일이 생기면 모두 기뻐하며 축하해주죠. 고려시대에는 세쌍둥이 기록이 열두 번 나옵니다. 식물 중에는 금지라는 버섯을 신령스럽게 여겼고, 흰 노루나 흰 꿩 같은 동물도 상서롭게 생각했습니다.

천문학과 점성술이 공존한 시대

우리나라나 중국뿐 아니라 서양에서도 하늘과 땅에 나타난 조짐을 읽었습니다. 과학이 발달하지 않았던 시대에는 모든 게 불확실했고, 그런 상태에서 앞날이 어떻게 될지 궁금할 수밖에 없었겠죠. 그런 궁금증을 해소하기 위해 점성술이 발달했습니다. 그 점성술에서 천문학, 기상학이 싹을 틔운 겁니다. 옛 중국과 우리나라는 하늘과 땅의 여러 현상을 왕의 정치와 연관 지었다는 점에서 서양과 다릅니다. 옛 서양에서는 천문이나 기

티코 브라헤(1546~1601)와 요하네스 케플러(1571~1630).

상을 정치와 연관 짓는 일은 거의 없었거든요.

유명한 천문학자 티코 브라헤는 지구가 우주의 중심이라는 옛 생각을 굳게 믿었습니다. 그런데 실제 관측해보니 지구 중심설과는 잘 맞지 않고 태양 중심설에 더 맞는 겁니다. 브라헤는 지구가 여전히 우주의 중심이면서도 새로운 관측 사실과 완전히 부합하는 우주 모형을 꾸며냈습니다. 태양 중심설과 지구 중심설을 교묘하게 절충한 거죠. 오성(목성, 화성, 토성, 금성, 수성)이 태양을 돈다는 점에서 태양 중심설인데, 그 태양이 지구를 돈다는 점에서는 지구 중심설인 셈입니다.

티코 브라헤의 제자 요하네스 케플러는 스승의 주장을 과감히 뛰어넘었습니다. 지구를 포함한 모든 행성이 태양을 돈다고 강력하게 주장했죠. 게다가 케플러는 지구가 정확하게 원을 그리면서 태양을 도는 게 아니라 타원형으로 돈다는 사실을 밝혀냈습니다. 그 결과 실제 관측치와 행성의 운행에 관한 정확한 법칙을 얻었는데, 그것을 케플러의 제2법칙, 즉 타원 궤도의 법칙이라고 합니다.

이들이 활동한 16~17세기를 서양의 과학 혁명 시대라고 합니다. 그런데 티코 브라헤와 요하네스 케플러 모두 천문학자이면서 점성술사였습니다. 두 사람이 살던 시대에는 천문학과 점성술의 경계가 분명하게 나뉘지 않았던 겁니다.

옛 하늘과의 만남,
천상열차분야지도

우주 전체를 보여주는 〈천상열차분야지도〉

만 원짜리 지폐를 한번 보시겠어요? 뒷면 배경의 별자리 그림이 바로 〈천상열차분야지도〉(국보 228호)입니다. 이름이 꽤 어려운 듯한데, 무슨 뜻일까요? 천상天象은 '하늘의 모습'을 뜻하고, 열차列次는 '차례대로 늘어 놓았다'는 뜻입니다. 분야分野는 오늘날 사용되는 분야와 똑같은 말인데, 원래 뜻은 '구획된 땅'입니다. 마지막 글자 도圖는 '그림'을 뜻하죠. 따라서 전체 뜻은 '하늘의 모습을 차례로 늘어놓고 그 하늘 아래 땅을 배당한 그림'입니다. 천문도에 이런 이름을 붙인 건 처음입니다. 천문도의 내용을 정확히 표현하기 위해 이렇게 이름을 붙인 겁니다. 그냥 천문도라고 할

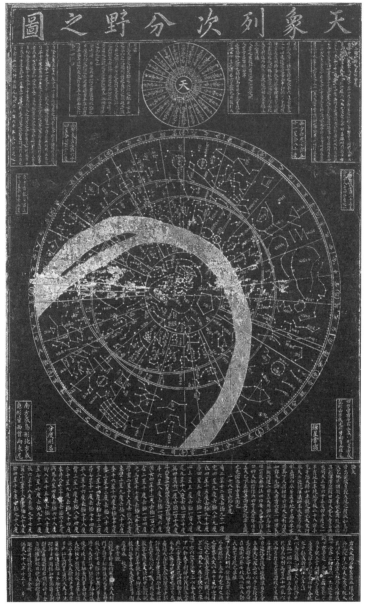

〈천상열차분야지도〉(숙종본). 태조 때의 〈천상열차분야지도〉가 심하게 닮자, 숙종 때(1687년) 원본을 모방해 똑같은 것을 만들었다. 지금 여러 박물관에서 볼 수 있는 것은 숙종 때 다시 만든 것을 탁본 뜬 것이다.

때보다 훨씬 그럴듯해 보이죠?

〈천상열차분야지도〉 안에는 별이 몇 개나 있을까요? 가운데 동그라미 안에 별이 꽉 차 있죠? 이를 일일이 세어본 학자들 말로는 293개 별자리, 1467개 별이 그려져 있습니다. 그리고 별마다 한자로 이름을 적어놓았습니다.

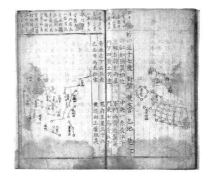

별자리 이름의 뜻을 연결하여 기억하기 쉽게 만든 《보천가》.

옛날 학생들은 이 별 이름을 다 외워 시험을 치렀다고 합니다. 그냥 외우자면 너무 복잡하니 《보천가步天歌》를 부르며 외웠습니다. 이 제목은 '하늘을 밟아 거니는 노래'를 뜻합니다. 운치 있는 제목이죠? 《보천가》는 수나라 사람이 지은 것으로 알려져 있습니다. 이후 중국과 우리나라에서 암송 시험 교재로 활용했죠. 세종 때 나온 《천문유초》에는 별자리가 385개로 늘었습니다. 이처럼 시대에 따라 파악한 별자리 수에 차이가 있었습니다.

28수 가운데 '우牛 별자리'(북방 현무 8수 중 하나) 노래는 다음과 같습니다.

견우(牛, 소 우)별은 여섯 개의 주홍색 별로
은하수의 둔덕 가까이 있네.
은하수 쪽으로는 두 개 뿔(별)이 나고,
배 아래에 다리 하나가 없다네.
견우별 아래로 아홉 개의 검은 별
그 이름은 천전天田(하늘 밭)이지.

천전 아래로 아홉 개 이어진 것은

구감九坎(아홉 구덩이)이라 한다네.

견우 위 세 개의 주홍색 별은 하고河鼓(강의 북)라 하고

하고 위 세 개의 주홍색 별을 직녀별이라 하네.

《보천가》는 별마다 이런 노래가 붙여져 있지만, 별자리가 몇 개씩 모여 있어서 전체를 한눈에 볼 수는 없습니다. 그래서 눈으로 보이는 모든 별을 한데 모아 〈천상열차분야지도〉를 만든 겁니다. 〈천상열차분야지도〉는 한마디로 '우주 전체를 보여주는 큰 그림'이죠.

이제 〈천상열차분야지도〉를 꼼꼼히 들여다봅시다. 가운데 그려진 원은 지름이 76센티미터입니다. 옛사람들은 하늘에도 왕이 사는 곳, 관청들, 백성들이 사는 곳이 있다고 생각했습니다. 동심원의 한가운데에 왕궁 영역인 자미원이 위치하고, 바로 그 바깥 부분에 관청 지대인 태미원이 있고, 가장 바깥 부분에는 백성들이 사는 천시원이 있습니다. 자미원에는 사계절 언제라도 볼 수 있는 북두칠성이나 카시오페이아 같은 별자리가 있고, 태미원의 별들은 비교적 자주 보이는 별들입니다. 천시원의 별들은 1년 내내는 아니지만 어느 땐가는 볼 수 있는 별들입니다. 잘 보이는 별과 그렇지 않은 별을 신분 사회에 맞추어 해석한 거죠. 하늘의 질서가 땅에서 이루어지는 정치 질서의 근원이 된다고 생각했기 때문입니다.

안에서 바깥으로 그어진 긴 선들을 세어보면 28개입니다. 28수를 나타내죠. 28수 사이 간격은 들쭉날쭉합니다. 잘 보이는 별을 뽑아 정했기 때문입니다. 28수는 달과 다섯 행성이 지나가는 길목에 놓여 있어서 중요했죠.

'열차'는 차례를 뜻한다고 했죠? 12차 사이의 간격은 모두 일정합니다. 1차는 30도씩 똑같습니다. 12년마다 하늘을 한 바퀴 도는 목성의 주기 12년과 같습니다. 목성이 1년에 1차(30도)씩 움직여 우주를 도니까 각해에 어디에 있는지를 보면서 하늘을 12개로 나눠볼 수 있는 겁니다. 제사 지낼 때 '유 세차 ○년 ○월 ○일 ○시'라고 시작하는데, 여기서 '세차'가 12년 중 어느 한 해에 속한다는 뜻입니다.

'분야'는 하늘에 대응하는 구획된 땅인데, 그 땅은 중국을 중심으로 한 천하의 땅덩어리를 정나라, 송나라, 연나라 등으로 12등분한 것입니다. 12개 차 끄트머리에 황도 12궁이 그려져 있고 각각 한 나라씩 들어 있습니다. 〈천상열차분야지도〉원의 맨 가장자리에 적혀 있는

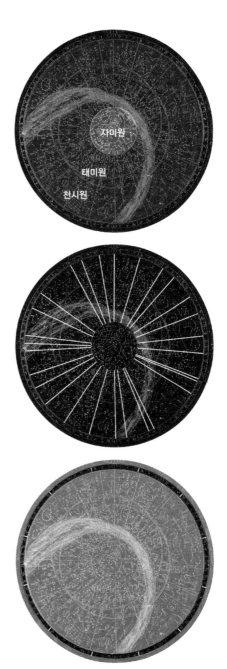

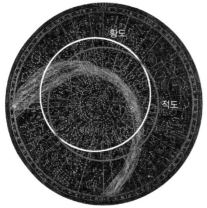

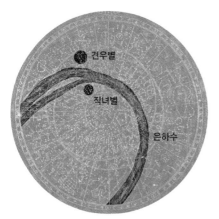

나라 이름이 바로 이것입니다. 우리나라는 동방 7수의 마지막 두 별자리인 미수와 기수와 북방 7수의 첫 별자리의 영역에 속한다고 보았습니다.

황도와 적도 원도 그려져 있습니다. 황도는 태양이 가는 길이고, 적도는 땅의 남반구와 북반구를 중앙으로 가르는 선이죠. 지구가 23.5도 기울어져 있어서 황도와 적도 사이의 각도도 이만큼 기울어져 있습니다. 적도를 기준으로 북쪽 사람들이 보는 별과 남쪽 사람들이 보는 별이 완전히 다릅니다. 그건 지구가 둥글기 때문이죠. 〈천상열차분야지도〉는 서울에서 보이는 별을 모두 그린 겁니다.

견우별과 직녀별 사이를 지나는 굵은 먹 흔적 같은 건 뭘까요? 바로 은하수입니다. 견우별과 직녀별이 큰 강물처럼 흐르는 은하수를 사이에 두고 떨어져 있는 겁니다. 견우와 직녀가 칠석날(음력 7월 7일)에만 만난다는 옛이야기가 있죠? 실제로 칠석날 즈음에 이 두 별이 가까워지는 것처럼 관측됩니다. 옛사람들은 은하수를 '은한'이라 했습니다. 순우리말로는 '미리내'라고 하죠.

고구려부터 이어진 천문학 전통

〈천상열차분야지도〉는 별의 밝기에 따라 별의 크기를 다르게 그렸습니다. 이는 고구려 천문학의 성격을 고스란히 담아낸 것입니다.

별 사이의 위치는 어떻게 잡을까요? 하늘의 별 사이에는 정해진 거리가 있고, 시간에 따라 일정 간격으로 변해나가기 때문에 각 별의 좌표를 정해야 합니다. 북극성으로부터 각 별 사이의 각도와 거리를 재는 방식을 썼습니다. 옛 천문학자들은 관측기구를 가지고 끈질기게 관측한 결과 일목요연하게 별들을 그려 넣을 수 있었습니다. 〈천상열차분야지도〉에는 옛 천문학자들의 오랜 집념과 땀방울이 담겨 있는 겁니다.

〈천상열차분야지도〉에는 별 그림만 있는 게 아닙니다. 바깥에 네모, 동그라미 안에 글자들이 빽빽이 적혀 있죠. 별자리 그림을 만든 까닭과 역사, 그것을 정확히 읽는 데 필요한 세부 정보가 글로 표현되어 있습니다. 해가 왕을 상징하고 달이 왕비를 상징한다는 말도 있습니다. 오늘날 지식과 달리 '별이 해에서 나온 것'이라고 했습니다. 이는 태양을 엄청 중요하게 생각했기 때문입니다.

우주의 모습에 대해서는 여러 설이 있는데, 그중 가장 널리 받아들여진 혼천설을 〈천상열차분야지도〉에서도 맨 먼저 적었습니다. 이 밖에 동그란 하늘이 네모난 땅을 덮고 있다는 개천설, 하늘이 텅 비어 끝없이 펼쳐져 있다는 선야설, 하늘과 땅 모두 정지하여 움직이지 않는다는 안천설, 하늘은 북쪽이 높고 남쪽이 낮다는 흔천설, 높은 하늘이 달걀 껍데기처럼 생겼다는 궁천설도 새겨져 있습니다. 이 다섯 가지 설은 이치에 맞지 않아서 사람들이 받아들이지 않았다고 썼습니다.

이제 〈천상열차분야지도〉 맨 마지막 부분을 봅시다. 한문을 해석하면 다음과 같습니다.

> 천문도가 새겨진 돌 비석이 옛날(고구려) 평양성에 있었는데, 병란 후에 강물에 빠뜨려 잃어버렸고, 세월이 이미 오래되었으므로 복사본조차 남지 않았다.
> 아아! 우리 전하(조선 태조)께서 천명을 받으시던 첫해에 어떤 이가 하나도 남아 있지 않았다고 여겼던 복사본 하나를 바쳐 왔다.
> 전하께서는 이를 보물로 귀중하게 여겨 서운관에 명하여 다시 돌에 새기게 하셨다. 천문학자가 말하기를 "이 그림은 세월이 오래되어 별의 좌표가 이미 차이가 나므로 마땅히 좌표를 다시 측량하여 사계절의 저녁과 아침에 남중하는 별을 정한 다음에 새로 별을 그려서 후세에 보여야 합니다" 하니, 임금이 옳다고 하셨다.

〈천상열차분야지도〉는 조선을 세울 때 고구려에서 만들어진 천문도를 구해 거기에 덧붙인 거란 말이 쓰여 있습니다. 고구려 천문도를 바탕으로 별자리 모습은 그대로 두고 하늘의 기준 별인 28수의 위치를 새로 관측한 결과에 따라 고친 겁니다.

이 글을 통해 고구려 천문도를 얻었을 때 태조 이성계가 매우 기뻐했음을 알 수 있습니다. 자신이 고려 왕조를 무너뜨리고 새 왕조를 세운 것이 고구려의 왕통을 잇는 하늘의 뜻이라고 생각했기 때문입니다. 〈천상열차분야지도〉는 조선을 세운 지 불과 3년이 지난 1395년에 만들어졌습니다. 하늘을 그린 천문도가 왕의 위엄을 나타내기에 더없이 좋았겠죠?

오늘날 〈천상열차분야지도〉가 갖는 의미

현대 학자들은 〈천상열차분야지도〉가 중국 한나라와 당나라의 관측치를 반영한 것임을 밝혀냈습니다. 당나라는 세계 제국이었고 그때 서양 점성술이 수입되어 중국 고유 천문학에 영향을 주었습니다. 이렇듯 문화는 뒤섞이고 합해지기도 합니다.

그렇지만 별의 밝기에 따라 별의 크기를 다르게 그린 고구려 천문학의 성격은 고스란히 담아냈습니다. 또 현재 중국에서 가장 오래된 천문도인 〈순우천문도〉(1247)보다 늦게 만들어졌지만, 〈천상열차분야지도〉 안에 담긴 별자리는 고구려 천문도를 바탕으로 했으므로 〈순우천문도〉보다도 8백여 년 앞선 별자리 모습을 담은 그림이라 할 수 있습니다.

조선 초 임금의 위엄을 상징했던 〈천상열차분야지도〉는 조선 후기에도 큰 인기를 끌었습니다. 왕은 돌에 새겨진 〈천상열차분야지도〉를 탁본하여 대신들에게 나누어주곤 했습니다. 사대부들도 〈천상열차분야지도〉를 베껴 그려서 소장했습니다. 그건 우주를 논하는 사대부들에게 어울리는 일이기도 했으니까요.

오늘날 우리에게 〈천상열차분야지도〉는 어떤 의미가 있을까요? 〈천상열차분야지도〉는 옛 하늘과 오늘의 하늘 사이를 연결하는 비밀 통로입니다. 그 통로를 따라가면 옛 하늘에 이릅니다. 거기서 옛 사람들의 별자리에 관한 지식도 알 수 있고, 하늘과 세계에 얽힌 설화도 들을 수 있죠. 그러고는 현재로 돌아와 새로운 우주를 상상하고 꿈꿔야겠죠?

조선 후기 천문도에 나타난 변화

〈천상열차분야지도〉 이후 조선의 천문도에는 어떤 변화가 있었을까요? 17세기에 서양의 천문도가 들어오면서부터 적지 않은 변화가 일어났습니다. 당시 중국에는 예수회 선교사들이 그린 서양식 천문도가 있었는데, 베이징에 사신으로 갔던 조선 사람들이 이 지도를 들고 돌아온 겁니다. 서양식 천문도는 1634년에 아담 샬이 그린 〈적도남북총성도〉와 1723년 쾨글러가 그린 〈황도남북총성도〉였습니다. 두 지도의 이름에서 '총성總星'은 남과 북, 또는 모든 별을 뜻합니다. 〈천상열차분야지도〉는 우리나라에서 관측 가능한 북반부 하늘의 별만 그렸으니 한 장인 반면, 서양 천문도는 두 장짜리로 남쪽 하늘과 북쪽 하늘을 나눠서 별을 다 담았습니다. 남북의 하늘이 모두 그려진 천문도를 처음 보았으니 조선 사람들은 눈이 휘둥그레졌겠죠?

〈대동여지도〉로 유명한 김정호도 〈혼천전도〉라는 천문도를 그렸습니

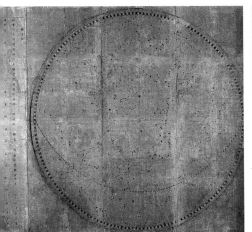

쾨글러의 〈황도남북총성도〉를 1743년에 베껴 그린 〈신법천문도〉. 가로 4.51미터, 세로 1.83미터로 상당히 크며, 속리산 법주사에 소장되어 있다.

다. 여기서 혼천渾天은 '끝없이 넓은 하늘'을 뜻합니다. 〈혼천전도〉는 조선 후기에 조선 사람이 독창적으로 그린 유일한 천문도입니다. 다른 천문도는 모두 서양 천문도를 베껴 그린 거였죠. 언뜻 보면 김정호의 천문도는 〈천상열차분야지도〉와 비슷하지만 자세히 따져보면 그렇지 않습니다. 서양 천문학의 알맹이가 정리되어 있거든요. 우리 옛 지도를 연구한 오상학 선생이 이 지도가 김정호가 만든 것임을 밝혔습니다.

그런데 〈혼천전도〉는 천문도 구실을 할 수 없습니다. 서양 천문학의 새로운 원리는 밝혔지만, 별의 수는 오히려 줄었거든요. 〈혼천전도〉를 보면 둥근 원 안에 별자리 336개(1449개 별)가 그려져 있습니다. 〈천상열차분야지도〉는 정확하게 293개 별자리, 1467개 별이 그려져 있습니다. 〈천상열차분야지도〉에 없던 남쪽 하늘의 별이 121개 늘어났으니 1588개가 되어야 하는데, 〈혼천전도〉에는 1449개가 그려졌으니 실제로 북쪽 하늘

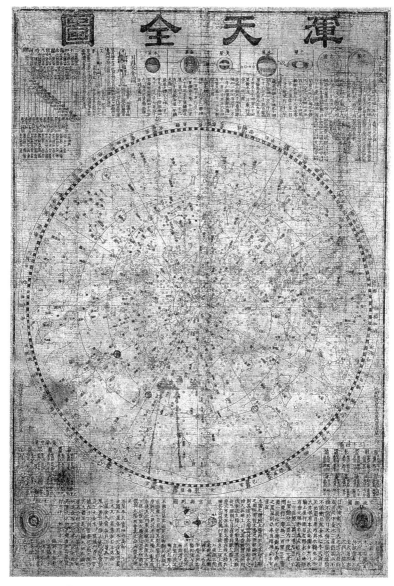

김정호가 그린 〈혼천전도〉. 소형 목판본이라서 민간에 널리 퍼졌다. 별자리 그림 둘레에는 서양 천문학에 대한 내용이 일목요연하게 정리되어 있다.

의 별은 139개가 줄어든 셈입니다. 3083개 별이 그려진 쾨글러의 〈황도남북총성도〉에 견주어도 크게 줄었죠. 게다가 천문도 안에 둥글게 표현된 황도나 적도 중 어느 것도 한가운데에 있지 않아서 시간과 24절기를 나타내는 선들이 제구실을 못 합니다. 왜 이렇게 되었을까요? 〈혼천전도〉는 서양의 천문학과 천문도 제작 방법을 그대로 받아들인 게 아니라 동아시아의 천문도와 서양 천문도를 섞어버렸습니다. 그러니 상징적 천문도라고 봐야겠죠. 이는 과학 정신의 퇴보일까요, 아니면 동서의 문화를 절충한 창조물일까요?

서울 기준의
천문학을 이루다

조선 세종 때 일어난 천문학 혁명

이 장부터 10장까지는 우리나라의 가장 빛나는 과학 혁명을 이끈 조선 세종 대의 이야기를 해보려고 합니다.

우리가 쓰는 시간은 영국 그리니치 천문대를 기준으로 세계 표준시를 정하고, 나라마다 경도에 따라 표준시를 결정한 것입니다. 엄밀히 말하면 나라마다 표준시가 다르지는 않죠. 우리나라만 해도 일본 도쿄를 기준으로 하고 있으니까요. 만약 지금부터 서울을 기준으로 시간을 정하자고 하면 어떤 반응이 나올까요? 시간은 똑같아도 아마 일본이 반발하겠죠. 아무래도 국제사회에서 오랫동안 지켜온 약속이라 바꿀 수 없을 겁니다.

이와 비슷한 일이 조선 세종 때 있었습니다. 우리나라에서는 삼국시대 또는 그 이전부터 천문 관측을 해왔지만, 서울을 기준으로 하는 역법을 만들지는 않았습니다. 중국 베이징에서 본 북극성을 기준으로 하면서 우리나라에 맞게 조금 고쳐서 썼지요. 그런데 세종이 '서울'을 기준으로 하겠다고 결정한 겁니다. 이제 조선의 서울에서 관측된 하늘이 천문의 기준이 된 거죠. 이는 수백 년간 지속된 관행을 깨는 조치였습니다.

어째서 세종은 그토록 파격적인 결단을 내렸을까요? 옛사람들은 하늘의 기운이 길흉을 좌우한다고 믿었습니다. 좋은 날, 좋은 시간은 하늘의 운행에 따라 정해졌죠. 나라의 중요한 행사 날은 더더욱 좋은 때를 골라야 했습니다. 그런데 베이징의 하늘을 기준으로 하면 그 하늘의 기운이 서울의 기운과 일치할까요? 베이징과 서울의 거리만큼 시간이 차이 나므로 어긋날 수밖에 없겠죠. 하늘의 기운과 인간의 기운이 정확히 대응한다고 여기던 시절, 이는 보통 문제가 아니었습니다.

세종 때 일식 예보가 15분 틀렸던 적이 있습니다. 예보관의 실수 때문이라기보다는 예보하는 데 썼던 공식에 오차가 있었던 겁니다. 하늘에 관한 공식이 완벽하게 들어맞지 않았거든요. 당시에는 하늘이 365일 딱 맞춰 도는 게 아니라는 걸 몰랐습니다. 실제 지구가 해를 한 바퀴 도는 데는 365.2421…일이 걸리고, 해와 달의 운행이 딱 들어맞지도 않습니다. 지구가 정확히 360일 만에 해를 한 바퀴 돌고, 달이 딱 30일 만에 지구를 한 바퀴 돈다면 오차가 없겠지만요. 게다가 해와 달, 행성 사이에는 인력이 작용하고 은하계도 돌고 있습니다. 그래서 역법이 처음에는 잘 맞았더라도 점점 오차가 커지는 겁니다. 그 오차가 너무 커지면 인류는 새로 역법을 정하여 문제를 해결해왔습니다.

이런 문제를 해결하고자 세종은 정확한 달력을 만들도록 명을 내렸습니다. 그러나 기존의 천문학으로는 불가능한 일이었습니다. 학자와 기술자들은 폭넓게 정보를 수집하여 학습하고, 모든 관측기구를 새로 만들고, 그 기구로 오랜 시간 관측하여 우리나라만의 자료를 얻었습니다. 그러고 나서 그 자료를 역법 또는 달력으로 바꾸는 작업을 해나갔습니다. 서울을 기준으로 하고 일식 예보 15분의 오차를 바로잡는 일은 이렇게 거대한 작업을 통해 가능해졌습니다. 세종 때 이루어진 이 작업은 한마디로 천문학 혁명이라 할 만합니다.

천문학 혁명을 이끈 과학자와 과학기술

천문학 혁명이 일어나려면 무엇보다도 관측기구가 정밀해야 합니다. 청동, 나무, 흙 등 재료의 성질을 잘 살려 기구의 형태를 오차 없이 만들고 거기에 눈금을 정확히 새겨야 합니다. 나라에서 쓰는 관측기구는 용이나 거북 같은 장식을 해서 아름다우면서도 위엄 있게 만들었습니다.

세종 때의 유명한 과학기술자 장영실이 천문 관측기구 제작에도 참여했습니다. 그와 함께한 이천은 천문학 이론에 정통했고, 이미 금속활자와 화포의 제작을 지휘하면서 금속을 능숙하게 다루고 있었습니다.

정초, 정흠지, 정인지 같은 학자들은 천문에 대한 옛 책을 조사하고 공부하여 관측기구 제작을 도왔습니다. 장영실과 이천이 만든 관측기구로 얻은 자료를 연구하여 완수한 사람은 과학자 이순지입니다. 그는 조선이 자랑하는 역법《칠정산》내편과 외편, 하늘의 별들에 관한 내용을 정리한

세종 때 만든 일성정시의(복원품). 살
아 움직일 것 같은 용이 조각된 부분
이 시계의 자루다. 위쪽 동그란 부분
이 시간을 측정하는 기능을 한다. 이
처럼 관측기구는 정확하고 정교하면
서도 아름다웠다.

《천문유초》, 역대 천문학자들의 천문 논의를 집대성한 《제가역상집》을
완성했지요. 《칠정산》의 공동 저자인 김담도 빼놓을 수 없습니다. 이천과
장영실처럼 이순지와 김담도 호흡이 잘 맞는 단짝이었습니다.

축구에 비유하자면 정초, 정흠지, 정인지 선수가 공을 뻥 차서 주니, 이
천과 장영실 선수가 받아 질주하고, 김담 선수가 골을 넘겨받아 이순지에
게 어시스트한 겁니다. 이순지가 슛을 날려 골인에 성공했고요. 이 선수
들을 기용한 사람이 바로 천재 감독 세종이죠.

아나운서와 해설자 역할은 김돈과 김빈이 맡았습니다. 그들은 관측기

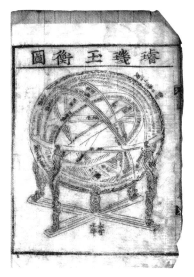

〈선기옥형도〉. 선기옥형은 '혼천의'의 옛말이다. 북두칠성의 제1~4성을 '선기', 제5~7성을 '옥형'이라고 하며, 둘을 합쳐 천체 측량 기구의 대표 이름으로 썼다.

구의 기능에 대해 상세히 해설한 글을 썼지요. 김빈은 관측기구 제작의 벅찬 감동을 다음과 같이 노래했습니다.

천지 법칙에 따라 알맞게 조정하여 해시계와 물시계를 만들었도다.
황제 때부터 만들었으나 시대마다 법이 달랐네.
우리 임금님(세종) 밝은 지혜 있으시어
먼저 선기옥형 관찰하고 다음에 물시계 만드셨네.
기계 장치 퉁기는데 번개처럼 빠르고
기계 장치 닿을 적에 시각 신들 직책 다하니, 귀신같아서 보는 이마다 놀라네.
거룩하고 크나큰 물시계는 천체의 법칙 따라 만들었으니, 천지조화를 짝지었고 범위가 틀림없네.
이에 짧은 시간 아껴 쓰니 모든 공적이 빛나도다.
표준을 세웠으니 무궁토록 빛나리라!

장영실에 관해서는 "장영실은 동래현 관노로서 성정이 정교하여 항상 궁궐 내 제작을 도맡아 했다"고 기록했습니다.

세종 때 천문학자들은 자신들이 만든 관측기구에 대한 자부심이 대단했습니다. 조선도 중국에서 사용했던 모든 관측기구를 만들 수 있었습니다. 관측기구는 크게 세 가지였습니다. 첫째, 해시계입니다. 해시계는 아주 오랜 옛날부터 사용해왔는데, 세종 때에는 잘 알려진 앙부일구 외에 현주일구, 천평일구, 정남일구, 일성정시의 등을 만들었습니다. 이 중 정남일구와 일성정시의는 낮에는 해시계로, 밤에는 별시계로 작동하는 다목적 시계였죠.

둘째, 물시계입니다. 자격루와 옥루가 있었고, 자동으로 시간을 알려주는 시계였죠. 최근 자격루

옥으로 만든 앙부일구

소간의(복원품)

는 보존 처리를 마치고 표면에 새겨진 구름무늬와 제작 장인들의 이름이 선명히 드러날 만큼 복원되었습니다. '흠경각 옥루'도 2019년 복원되어 국립중앙과학관에 전시되어 있죠.

셋째, 천체를 관측하는 기구로 혼천의, 간의, 소간의가 있었습니다. 혼

천의는 중국 고대의 천문 사상을 압축한 상징적인 관측기구입니다. 간의는 토르퀘툼이라는 이슬람의 유명한 관측기구를 보고 중국 사람들이 만든 도구입니다. 가장 중요한 관측기구죠. 소간의는 조선에서 간의를 작게 만든 것인데 실제 가장 많이 쓰였던 것으로 추측됩니다.

서양의 영향으로 변화된 관측기구

세종 때 만든 관측기구는 이후 2백여 년 동안 잘 쓰였습니다. 17세기 이후에는 더 정밀한 서양의 관측기구가 들어오면서 변화가 일어났습니다. 당시 우리나라에는 하늘을 관측하는 혼천의, 둥근 하늘의 모습을 담은 혼상이 있었습니다. 혼천의는 여러 개의 원형 장치를 복합해 만든 거라 엄청 복잡했죠.

서양 고대의 천문학자들은 '아스트롤라베'라는 관측기구를 발전시켜 왔습니다. 아스트롤라베는 납작한 원 모양의 관측기구입니다. '아스트로'는 별, '라베'는 기구를 뜻하므로 글자 그대로 '별 보는 기구'라는 뜻이죠.

아스트롤라베 제작자들은 3차원 입체의 하늘을 2차원 평면에 담아내려고 했습니다. 그들은 공 모양의 하늘 남쪽 끝에 영사기를 놓았다고 가정하고, 그 공 절반을 자른 단면인 적도면을 스크린처럼 썼습니다. 그러면 둥근 하늘의 모든 좌표와 별들이 적도면 스크린 안에 비춰지겠죠. 그렇지만 3차원을 2차원으로 바꾸었기 때문에 정확하게 대응되지는 않았습니다. 고대 그리스 과학자가 처음 만들었을 때는 엉성한 면이 있었지만, 8세기 이후 아라비아 과학자들이 이 기구를 매우 높은 수준으로 개량

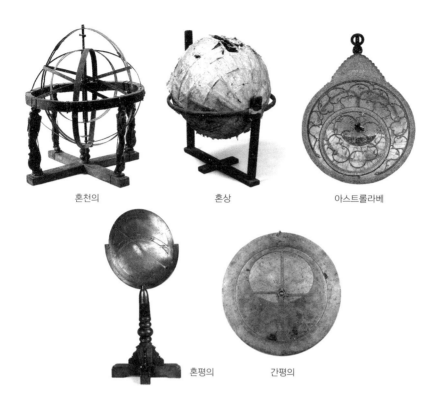

혼천의   혼상   아스트롤라베

혼평의   간평의

했습니다. 이 기구는 중국의 혼천의나 간의보다 간편하면서도 정확했죠.

　그런데 관측 지점에 따라 위도가 다르기 때문에 아스트롤라베를 사용하려면 각 위도에 맞는 판을 계속 갈아 끼워야 했습니다. 중국 사람들은 이 기구를 판을 갈아 끼울 필요 없게 개량해서 평혼의라 이름 붙였습니다. 그리고 평혼의를 다시 간평의로 개량했습니다. 간평의는 간단하고 평평하다는 뜻이죠. 중국은 간평의에서 별 시계 기능은 버리고, 낮에 해만 관측하는 기구로 개량해서 썼습니다. 우리나라에서도 혼평의(평혼의)와 간평의를 모두 만들어서 사용했습니다.

측우기가 정말 가치 있는 이유

왜 비의 양을 정확히 측정해야 했을까?

측우기는 장영실이 만들었다고 알려져 있지만, 그 사실을 입증할 기록은 없습니다. 측우기 아이디어는 세종의 아들인 세자 문종이 낸 것으로 보입니다.

1441년 4월 심한 가뭄이 계속되자 세자께서 크게 걱정하셨다.
비가 내리자 세자가 그릇을 만들게 하여 거기에 고인 물의 양을 측정했다.

한국과학문명사 강의

이 기록을 보면 세자 문종이 측우기를 발명했다고 해도 되겠죠. 세자 문종은 조선의 로켓이라 할 수 있는 신기전을 개발할 만큼 과학에 능했습니다. 하지만 세자가 측우기를 직접 만들었을 리는 없고, 솜씨 좋은 과학기술자에게 시켰겠죠. 당시 가장 뛰어난 기술자가 장영실이었으니 후대 사람들은 측우기도 장영실이 만들었을 거라고 추측하게 된 겁니다. 그러나 측우기 하면 장영실보

위의 그릇이 측우기이고, 아래의 돌은 측우대라고 한다.

다는 아이디어를 낸 세자 문종을 떠올리는 게 맞습니다. 기술의 난이도를 따지자면 자격루는 태양, 측우기는 반딧불에 비유할 수 있습니다. 자격루는 오직 장영실만이 만들 수 있었지만 측우기는 다른 사람도 제작할 수 있었을 테니까요.

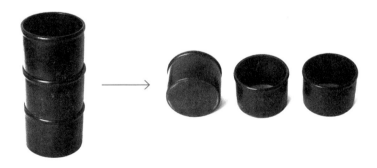

유일하게 남아 있는 조선시대의 측우기. 이 측우기는 3개로 나뉘기 때문에 조립해서 세워둔다. 지금은 기상청에 있다.

개천이나 강의 깊이를 재어 간접적으로 강우량을 측정하던 수표.

측우기는 그릇에 고인 비를 재었을 뿐인데 왜 그리 찬사를 받는 걸까요? 비가 왔을 때 어떻게 표현하는지를 생각해봅시다. '비가 엄청 많이 왔다'는 말보다 '한강 잠수교가 잠겼다'는 표현이 더 분명하고 '하루에 4백 밀리리터 내렸다'는 말이 더 정확하게 느껴지죠. 수치로 표현하면 자연 현상을 훨씬 더 정확하게 이해할 수 있습니다. 수치를 기본으로 1년 평균 강우량, 10년 동안 4월 한 달 평균 강우량 등을 알 수 있죠. 세종 때 측우기로 강우량을 잰 것은 과학 역사상 이런 일을 최초로 했다는 데 의의가 있습니다.

측우기를 만들던 해에 수표를 같이 만들어 청계천과 한강변에 두었습니다. 청계천에 둔 것은 큰 돌에 눈금이 새겨진 나무 기둥을 꽂은 형태였고, 한강변의 것은 바위에 눈금을 새긴 모습이었죠. 수표는 측우기만큼 정확하지는 않지만 눈으로 물의 양을 직접 볼 수 있고, 특히 눈금에 위험 수위를 표시했다는 점이 이채롭습니다.

비는 지역이나 계절에 따라 특징이 있습니다. 가랑비, 소나기, 장맛비, 집중호우, 여우비 같은 표현만으로도 대충 강우량을 짐작할 수 있고, 개천이나 강을 봐도 비가 얼마나 내렸는지 쉽게 나타나죠. 그래서 강우량을 정확하게 재야 할 필요성을 특별하게 못 느꼈고, 다른 나라도 마찬가지였습니다.

왜 세종 때에는 비의 양을 정밀하게 재야만 했을까요? '그 아버지에 그 아들'이라고, 세자 문종도 세종처럼 하늘의 현상을 정확하게 읽어내려 했습니다. 비도 하늘의 현상이죠. 역사에는 이렇게 기록되어 있습니다.

세자께서는 드디어 기다리고 기다리던 비가 내리자 비가 얼마나 내렸는지 알려고 했다.
그래서 비가 올 때마다 얼마만큼 깊이 땅을 적셨는지 파고 보았다.
정확하게 알지 못했기 때문에 구리를 부어 그릇을 만들어 측정을 했다.

세자 문종은 처음에는 땅을 파서 물기 있는 곳까지 재는 방법으로 비의 양을 쟀습니다. 중국에서도, 세종 이전까지도 써오던 방법입니다. 그렇게 재면 정확하지 않을뿐더러 흙의 성질에 따라 스며든 양이 다른 문제가 있습니다. 세자 문종이 철로 측우기를 만든 이유입니다.

측우기를 단순히 비의 양을 재는 데에만 쓰지 않았다는 기록도 있습니다. 정조 때 측우기를 다시 만들면서 〈측우기명〉이라는 글을 짓도록 했습니다.

임금이 거친 옷을 입고, 죄수를 풀어주고, 기우제를 지내셨다.
백성들은 '임금님 정성이 너무 지극하셔서 설사 비가 내리지 않는다 해도 그 마음 잊지 않으리'라 했다.

그런데 기우제를 지낸 뒤 단비가 밤새 1자 2치(36.36센티미터) 내렸다. 임금은 너무 기뻐 세종 임금 때처럼 측우기를 제작하여 뜰에 놓고 비의 양을 재라고 하셨다.

정조는 가뭄 끝에 내린 단비가 너무나 반가워 얼마나 내렸는지 정확히 알아보려고 측우기를 만들라고 했습니다. 우리나라의 자연재해 중 가장 심각한 게 가뭄입니다. 한국 기후 특성상 1년 강우량의 대부분이 장마철에 몰아 내리기 때문에 농작물을 심을 때나 한창 자랄 때에는 물이 부족합니다. 농사는 생명과 직결되니 가뭄 때 비를 기다리는 마음이 각별할 수밖에 없죠. 농사철에 한 달 이상 가뭄이 지속되면 농민은 농민대로, 왕은 왕대로 마음이 까맣게 타들어갑니다. 한 달이 넘었는데도 비가 오지 않으면, 왕의 애타는 마음이 행동으로 나타납니다. 반찬도 줄이고, 술도 끊고, 죄수도 풀어주고, 세금도 받지 않았습니다. 또 며칠마다 기우제를 계속 지냅니다. 그러다가 비가 내리면 그보다 반가운 일은 없었겠죠.

그런데 설득력이 더 큰 주장이 나왔습니다. 세종 때 세금 부과와 측우기 제작을 관련짓는 주장입니다. 측우기 제작을 담당한 호조는 나라 재정을 책임지던 관아입니다. 다른 관측기구는 천문학 일을 맡은 관상감에서 만들었는데, 왜 측우기만 호조에서 만들었냐고 문제를 제기한 것이죠.

세종은 각 도에 측우기를 보급하고, 각 지역에서 강우량을 측정해 보고하도록 했습니다. 그 지역의 강우량을 보면 어느 정도 등급이 맞는지 헤아릴 수 있었거든요. 조정에서는 전국적으로 비의 양을 측정하라는 조치를 내렸습니다. 가뭄을 걱정하여 정치적 액션을 취하려 했다면 관상감 내에만 측우기를 설치해도 되었을 것입니다. 하지만 세종은 "후일의 참고에 전거典據로 삼겠다"고 하면서 전국 3백여 곳에 비가 언제, 얼마만큼 내렸는가를 알고자 합니다. 전국 각 지역 강우량의 수치는 무엇에 참고가 되었을까요? 그 수치는 각 군현의 작황을 평가하는 하나의 기준이 되었을 가능성이 매우 높습니다.

세종 때 세금을 땅의 비옥도에 따라 6등급, 한 해 수확량에 따라 9등급으로 나누었습니다. 이 정책은 측우기를 만든 때와 비슷한 시기에 시행되었습니다. 한 해의 풍흉에 따른 세금의 차등 부여 논의가 활발하던 1440년 7월부터 그 정책이 본격적으로 시행되던 1443년 11월 2일 사이, 1441년(세종 23년) 8월 18일 호조가 전국 모든 군현을 대상으로 우량 측정 기기를 활용하자고 건의한 일이나, 1442년(세종 24년) 5월 8일 호조의 측우기 명명과 보완 조치 등은 같은 궤도에 있었음이 틀림없습니다. 고을별 연분 9등 공법의 시행, 이런 특수한 경제적 상황이 있었기에 중국이나 일본이 아닌 조선에서, 그것도 세종 시대에 측우기가 제작된 것으로 추정해봅니다.* 측우기 관측은 임진왜란 이후 중단되었다가 영조 때부터 다시 시작됩니다.**

서양에서는 1639년 카스텔리라는 이탈리아 사람이 처음으로 측우기를 만들었습니다. 우리나라에서는 1441년에 측우기를 제작했으니 198년 뒤의 일이죠. 카스텔리는 측우기 연도를 비교할 때 꼭 나오는 사람이

---

* 측우기 제작과 공법의 관계에 대해서는 이태진이 최초로 설득력 있는 가설을 내놓았다(이태진, 〈세종대의 천문 연구와 농업 정책〉, 《애산학보》 4, 1986, 143~147쪽 참조). 박성래는 이 견해를 부정하면서 재이災異적 정치관에 입각해 인정仁政을 표방하는 관점에서 제작된 것이라는 주장을 펼쳤다(박성래, 《한국사에도 과학이 있는가》, 교보문고, 1998, 118~119쪽 참조).

** 《조선왕조실록》에는 1542년(중종 37년) 측우기 측정 강우량이 기록되어 있다(중종 37년 임인(1542, 가정 21), 5월 29일(기유). 18집 586면 참조). 이로 보아 적어도 측우기 제작 백 년 후인 이때까지는 측우기 관측이 일상적인 공무 중 하나였음을 알 수 있다.

라 우리나라에서는 꽤 유명하지만, 이탈리아 사람들에게 물어보면 아무도 모른다고 합니다. 이탈리아에 레오나르도 다빈치, 갈릴레이 같은 과학자가 많아서 카스텔리의 업적이 크게 떨어지기 때문입니다.

놀라울 만큼 정확한 측우 시스템과 대기록

우리나라 측우기에는 세 가지 뛰어난 점이 있습니다. 첫째, 빗물의 양을 오차 없이 재려고 한 생각 자체가 평범하지 않습니다. 오차를 줄이는 것이 곧 과학이니까요. 둘째, 조선 측우기와 현대 측우기의 규모가 상당히 비슷합니다. 조선 측우기의 지름이 20센티미터인데, 현대 측우기와 3센티미터밖에 차이가 안 납니다. 이는 측우기가 상당히 과학적으로 설계되었음을 말해줍니다. 지름이 너무 크면 비의 양이 적을 때 정확히 측정하기 힘들고, 지름이 너무 작으면 오차가 커지거든요.

셋째, 2백여 년 동안 관측 자료가 남아 있다는 사실입니다. 서울 지역의 자료만 남아 있는 게 아쉽지만, 이건 세계에 하나밖에 없는 대기록입니다. 이는 관측이 중단 없이 지속되었음을 뜻합니다. 게다가 비를 잰 관측치를 예보에 활용하려 했다는 점에서 더 큰 의의가 있습니다. 1년에 내린 비의 총량은 물론 월별 통계량도 알 수 있습니다. 이를테면 '5월의 평균 강우량을 고려할 때 이번 달에 비가 어느 정도 더 내릴 것이다'라고 예보할 수 있는 겁니다. 이런 사실은 조선 문명의 높은 수준을 말해줍니다. 한국과학사 연구의 최고 권위자인 전상운 선생의 말대로 20세기 이전에 이렇게 오랫동안 강우량을 꾸준히 측정한 예는 세계사에서 찾아보기 힘듭니다. 오늘날 우리는 당시 운영되던 측우기 자체보다는 측우 시스템을 배워야 하는 겁니다.

그런데 측우기는 농사에 도움을 주었다고 널리 알려져 있죠. 과연 그럴까요? 월별 강우량 통계를 어느 정도 활용할 수는 있었겠지만, 오늘날 날씨 예보와는 차이가 너무나 큽니다. 그래서 한국과학사의 또 다른 권위자인 박성래 선생은 측우기는 농업의 발전과 직접 관련이 없다고 주장한 바 있습니다.

자격루에 숨겨진 비밀

세종의 명에 따라 탄생한 자격루

　자격루가 물시계라는 건 익히 알려져 있지만 그 원리를 아는 사람은 드뭅니다. 물시계는 뚝뚝 떨어지는 물로 시간을 측정하기 때문에 예전에는 '누漏'라고 불렀습니다. 그 앞에 붙은 '자격自擊'은 '스스로 친다'는 뜻이죠. 자명종처럼 저절로 작동하는 겁니다. 그러니 자격루는 '자명 장치를 갖춘 물시계'라는 뜻이 됩니다.

　역사 기록을 살펴보면 우리나라에서는 삼국시대부터 물시계를 사용했습니다. 자격루가 만들어지기 전에는 사람이 지키고 서서 시각을 보고 있다가 종을 쳐서 알렸습니다. 밤에는 관리들이 졸다가 제때에 종을 못 치

자격루의 현재 모습. 현재 자명 장치 부분은 남아 있지 않다. 사진은 장영실이 만든 것을 본떠 중종 때 새로 만든 자격루다.

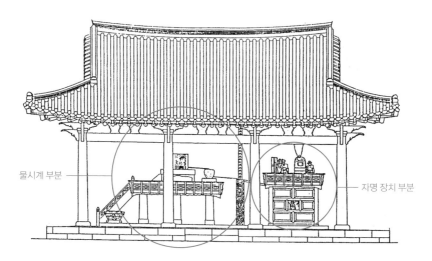

물시계 부분

자명 장치 부분

자격루의 온전한 모습. 자격루가 만들어졌을 때에는 그림과 같이 보루각 안에 있었다.

기도 했습니다.

기존 물시계에 비해 자격루는 획기적입니다. 자격루는 어떻게 탄생했을까요? 1431년 어느 날 세종이 장영실에게 내린 명령이 자격루가 탄생하는 계기가 되었습니다. 세종은 정확한 시계가 필요하며, 밤마다 물시계 시간을 측정하느라 잠을 못 자는 천문 관리들이 안쓰럽다고 했습니다. 요는 정확한 '자동 물시계'를 만들라는 얘기였죠.

이 어려운 일을 장영실이 3년 만에 해냈습니다. 그가 만든 자격루는 시간이 정확한 건 기본이고 자동으로 시각을 알려주기까지 합니다. 각 시간에 해당하는 열두 띠 동물 목각 모형이 탁탁 튀어나옵니다. 예컨대 자시(밤 11시)가 되면 쥐 모형이 튀어나오고, 북이 '둥' 하고 울립니다. 해시계에는 동물 그림을 그려 넣었는데, 물시계는 모형만 보고도 시간을 알 수 있게 한 거죠. 자격루는 온종일 목각 모형들이 돌아가면서 때맞춰 종소리가 울리다가, 밤이 되면 북소리가 들렸습니다.

천체 시간에 맞춘 정확한 시간

자격루가 어떻게 작동하는지 차근차근 짚어봅시다. 우선 물시계는 파수호, 수수호, 눈금자 이렇게 세 가지로 구성됩니다. 첫째, 위에 있는 파수호播水壺에서 물을 흘려보냅니다. 둘째, 아래에는 물을 받는 수수호受水壺가 있습니다. 자격루를 보면 용이 새겨진 두 원기둥이 눈길을 끌죠. 이게 바로 수수호입니다. 이 안에 고인 물로 시간을 측정합니다. 셋째, 수수호 안에는 시간을 나타내는 눈금자가 둥둥 떠 있습니다.

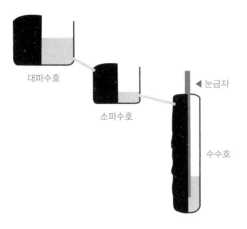

물시계의 3대 구성 요소

물시계가 정확하려면, 파수호에서 빠져나가는 물과 수수호에 들어오는 물의 양이 같아야 합니다. 비슷한 예로 수세식 변기 물통을 한번 생각해볼까요? 변기 물을 내리면 다시 물이 차오르다가 일정한 높이가 되면 마개가 움직여서 구멍을 막아버립니다. 그 결과 물통에는 항상 같은 양의 물이 들어 있죠. 자격루는 마개를 사용하는 대신, 항상 수수호에 물이 꽉 차 있도록 파수호에서 계속 물을 흘려보내는 방법을 썼습니다. 그렇게 해서 압력을 일정하게 유지한 겁니다.

시간의 정확성을 기하려면 고려할 게 또 있습니다. 〈보루각기〉의 기록을 봅시다.

역법인 수시력에 따라 자의 눈금을 정확하게 했다. 물시계 시간은
간의로 측정한 결과와 비교해도 털끝만큼도 차이가 없게 되었다.

여기서 핵심은 "수시력에 따라 자의 눈금을 정확하게 했다"는 구절입니다. 수시력은 당시 세계에서 가장 정확한 달력이었습니다. 간의는 세종 때 만든 천문 관측기구였죠. 물시계 물의 양을 가장 발달한 역법에 기초해서, 또 관측기구로 얻은 정확한 시간 값에 맞춰 조절한 겁니다. 물시계 시간을 천체 시간에 정확히 맞추기가 얼마나 어려웠겠어요. 장영실은 수도 없이 시도한 끝에 그 값을 간신히 일치시켰을 겁니다.

한층 업그레이드된 자명 장치

자명 장치 또한 아무나 만들 수 있는 게 아니었습니다.《연려실기술》은 장영실이 세종의 과학적 이상에 부합한, 오직 한 사람이었음을 다음과 같이 적어놓았습니다.

> 비록 여러 장인들이 있었으나 임금의 뜻을 맞추는 이가 없었는데, 오직 호군 벼슬 장영실이 임금의 지혜를 받들어 기묘한 솜씨를 다하여 부합되지 않음이 없었으므로 임금이 매우 소중히 여겼다. …
> 사람들이 모두 말하기를, 장영실은 우리 세종의 훌륭한 제작을 위하여 시대에 맞춰 태어난 인물이라고 하였다.

자격루의 자명 장치는 나무 상자에 들어 있습니다. 이 장치가 어떻게 작동했는지는 오랫동안 비밀에 싸여 있었죠. 다행히 〈보루각기〉 기록에 기초해서 비슷하게나마 복원할 수 있는 길이 열렸습니다. 평생 자격루를 연구한 남문현 선생이 2007년에 이 원리를 밝혀냈죠. 남 선생이 복원한 자격루는 국립고궁박물관에 전시되어 있습니다. 가로 8미터, 세로 5미터, 높이가 6미터 정도로 매우 큽니다.

자격루가 어떻게 자동으로 움직이는지 단계별로 살펴봅시다. ❶ 한쪽 수수호에 물이 차면 시진(시간)마다(다른 수수호에서는 경·점마다) 눈금자가 정확히 떠오릅니다. ❷ 눈금자의 신호는 나무 상자 안으로 전달됩니다. 시진마다 떠오른 눈금자가 구슬을 하나씩 건드려 굴러가게 했습니다. 경사진 길이어야 구슬이 잘 굴러가겠죠. 구슬은 시진마다 하나씩 필요하니 모두 12개가 대기해야 합니다. ❸ 처음에 굴러간 작은 구슬이 떨어지면서 큰 구슬을 움직여 모형을 돌리고 북도 치게 합니다. ❹ 전달되는 힘은

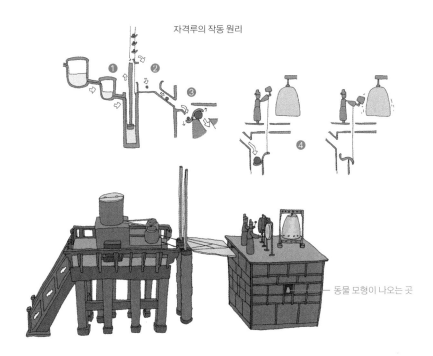

자격루의 작동 원리

— 동물 모형이 나오는 곳

점점 커져서 두 군데로 전달됩니다. 한쪽은 북을 울리게 했고, 또 하나의 힘은 모형을 1시진만큼 움직이게 했습니다.

이런 장치를 만들어낸 장영실의 창의성은 당시 세계 최고 수준이었습니다. 그런데 자격루에서 12지신 모형이 등장하고 종이 울리는 아이디어, 힘을 전달하기 위해 구슬을 사용하는 아이디어는 모두 그 전부터 있던 것입니다. 송나라 때 소송이란 사람이 만든 물시계에서 비롯된 게 분명합니다.

구슬을 사용한 아이디어는 이슬람 천문학에서 가져왔을 거라 짐작됩니다. 오래전부터 아랍에는 공이 사발 모양의 종 위에 떨어져서 소리를 내는 시계 장치가 있었거든요. 일찍부터 발달한 이슬람의 천문학이 조선에도 알려져 있었던 겁니다.

장영실이 대단한 점은 앞선 기술을 모아 그보다 한결 정교하게 만들어냈다는 데 있습니다. 세종은 이렇게 칭찬했습니다. "내가 들으니 원나라 순제 때 저절로 치는 물시계가 하나 있었다 하나, 그 만듦새의 정교함이 아마도 장영실의 정교함에는 미치지 못하였을 것이다. 만대에 이어 전할 물시계를 능히 만들었으니 그 공이 작지 아니하므로 호군(무관직 정4품)의 관직을 더해주고자 하노라."

자격루는 지속성 면에서도 대단합니다. 기록을 보면 무려 50년 동안 큰 탈 없이 정확히 작동했습니다. 기계의 재료 선택, 설계, 치수의 정확성, 기계 부품의 이음새 등이 완벽해야 가능한 일이죠. 수명이 얼마 안 되는 요즘 시계와 견줘보면 50년이 얼마나 오랜 시간인지 짐작이 갈 겁니다.

정확한 시계를 통해 세운 왕의 권위

세종은 왜 정확한 시계를 만들라고 했을까요? 당시 나라의 위엄을 세우고 정치를 잘하려면 매사가 어김없어야 했습니다. 법을 지키고, 하늘의 명을 따라야 했죠. 어김없어야 할 것 중에 으뜸은 시간이었습니다. 성문을 열고 닫는 시간, 제사 지내는 시간, 관리들의 조회 시간 등 모든 게 시간과 관련이 있었죠. 이러한 시간 엄수는 왕의 권위와 관련되었습니다. 자격루는 우주의 시간과 정확히 일치하면서, 자동으로 작동하여 백성에게까지 시간을 알려주는 시계입니다. 왕이라면 누구라도 이런 시계를 갖고 싶었겠죠?

시간을 지켜야 하는 것은 밤이라고 예외가 아니었습니다. 해가 막 지는 시간이 되면 자격루에서는 '둥' 하고 북이 울렸습니다. 낮에 울리는 종소리와는 다른 소리였죠. 옛사람들은 밤 시간 자체에 의미를 두었기 때문에 낮과 밤의 시간을 구별했습니다. 《주역》에는 '한 번 음陰이 되었다가 한 번 양陽이 되는 것은 우주의 법칙'이라고 했습니다. 해가 있는 시간이 양의 기운을 지배한다면, 어둠의 시간은 음의 기운이 지배하는 시간이죠. 이러한 생각에 따라 자격루의 수수호 중 하나는 시진용, 다른 하나는 밤에 작동하는 경점용으로 만들어졌습니다.

조선시대에는 밤 시간을 밤은 어둠의 진행에 따라 5경으로 나누었습니다. 1경은 해가 떨어진 이후이고, 5경은 해가 떠오르기 직전입니다. 중간인 3경이 가장 깊은 밤이 되겠죠. 1경은 다시 다섯으로 나누어 5점이라고 했습니다. 1경이 5점이니, 밤 시간은 모두 5경 25점인 셈이죠.

경에는 북소리로, 점에는 징소리로 시간을 알렸습니다. 밤을 세분한 건

도성에서 밤의 치안 문제에 신경을 썼기 때문입니다. 옛적에는 밤이 되면 성문을 잠갔다가 새벽에 열었습니다. 성문을 닫는 시간을 인정, 문을 여는 시간을 바라(파루)라고 했죠. 그렇지만 인정·파루 때, 봄·여름에 밤이 짧고 가을·겨울에 밤이 길다는 사실을 반영하지 않았습니다. 자격루 시보는 이 점을 개선해서 밤의 길이를 해 지는 시각에서 해 뜨는 시각으로 정해 매일 달라지게 했습니다.

밤에 시간이 가장 궁금한 사람은 누구였을까요? 아마 순찰을 도는 순라군들이었을 겁니다. 교대할 때를 기다리며 졸린 눈을 비비면서 자격루 북소리에 귀를 기울였겠죠. 행여 잠에서 깬 사람들도 자격루 북소리를 듣고 몇 시쯤인지 알 수 있었습니다.

마지막으로 하나 더 생각해봅시다. 수수호에 물이 가득 차고 나면 어떻게 했을까요? 떨어진 구슬이 자동으로 원래 자리로 돌아갔을까요? 수수호에 찬 물을 빼고, 구슬을 제자리에 놓는 것은 아마 사람 손으로 했을 겁니다. 완벽하게 만들어졌지만 여전히 사람의 손길이 필요한 자격루, 어쩐지 '인간적인' 느낌이 들지 않나요?

오목 해시계 앙부일구

평면 해시계의 단점을 보완한 앙부일구

시계에는 우리가 일상적으로 보는 아날로그시계, 디지털시계 외에 등잔불 심지 시계, 촛불 시계, 향불 시계, 해시계, 물시계, 천문 시계 등이 있습니다. 이 중 가장 오래된 시계는 해시계입니다. 해시계는 해 그림자를 이용해 시간을 측정하죠. 단순히 막대기를 꽂고 그림자를 재서 될 일은 아니고, 하루의 길이를 관측한 데이터가 있어야 시판時版의 간격을 정할 수 있습니다. 앙부일구도 그렇게 만들어진 해시계입니다.

이름을 살펴보면 '앙仰'은 앞쪽 또는 열린 쪽을 말하고 '부釜'는 가마솥을 뜻합니다. '일구日晷'는 해 그림자 또는 해시계입니다. 즉 앙부일구는 '솥 안쪽을 닮은 해시계'란 뜻이 되지요.

앙부일구는 그림자의 위치와 길이로 시각과 절기를 모두 알 수 있습니다. 앙부일구가 보통 해시계처럼 평평하지 않고 움푹 파인 것은 천체의 모습을 오차 없이 반영하기 위해서입니다. 평면 해시계는 시간 간격이 일정하지 않은 단점이 있어서, 오목하게 만들어 오차를 없애 각 시간 간격을 일정하게 한 겁니다.

앙부일구 안쪽은 '시반'이라고 합니다. '시각이 표시된 쟁반'이란 뜻이죠. 반구형인 시반에는 그림자를 받기 위한 시각이 씨줄(세로

앙부일구

선)로 묘시부터 유시까지 7개 글자가 새겨져 있습니다. 그림자가 있는 낮 시간, 즉 오전 5시부터 오후 7시까지만 표시한 겁니다. 세종 때에는 글자 옆에 각 띠에 해당하는 동물이 그려져 있었습니다. 글을 모르는 백성들도 시각을 알 수 있도록 한 거죠. 이렇게 과학 발명품을 대중이 사용하게 한 조치는 우리나라 역사상 최초의 일입니다.

· 묘시 : 오전 5~7시 · 진시 : 오전 7~9시 · 사시 : 오전 9~11시
· 오시 : 오전 11시~오후 1시 · 미시 : 오후 1~3시
· 신시 : 오후 3~5시 · 유시 : 오후 5~7시

씨줄과 함께 표시된 날줄(가로선)은 계절 변화를 뜻합니다. 이건 중국 원나라의 천문학자 곽수경이 처음 고안한 건데 기막힌 생각

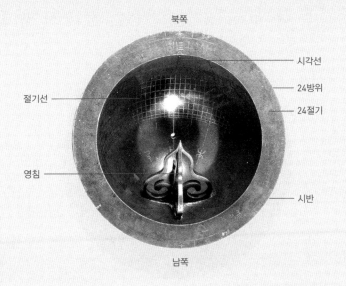

북쪽

시각선

24방위

24절기

절기선

영침

시반

남쪽

입니다. 그림자는 지구의 자전에 따라 하루 그림자의 위치가 바뀌기도 하지만, 지구 공전에 따라 절기마다 그림자 길이가 달라집니다. 그런데 앙부일구는 그걸 이용해 시간뿐만 아니라 계절의 변화까지 알아내려고 한 겁니다. 절기선은 13줄 그어져 있습니다. 당시 계절의 변화는 절기로 표현되었고, 1년을 24절기로 나눴죠. 그런데 왜 24개가 아니라 13개만 그려져 있을까요? 1년의 6개월인 동지에서 하지까지 길이와 하지에서 동지까지 길이가 같다고 가정했기 때문에 절반만 그린 겁니다.

앙부일구 가운데에는 영침, 곧 그림자 바늘이라고 불리는 꼬챙이가 놓여 있습니다. 이 멋진 꼬챙이가 보통 해시계에서 그림자를 만드는 막대기의 역할을 합니다. 그림자 바늘은 정확하게 남쪽에 꽂혀, 북쪽을 바라보게 설치했습니다. 바늘 끝은 솥의 정중앙에 머물러 있습니다. 그래야 시간과 절기에 대한 가장 정확한 값을 얻을

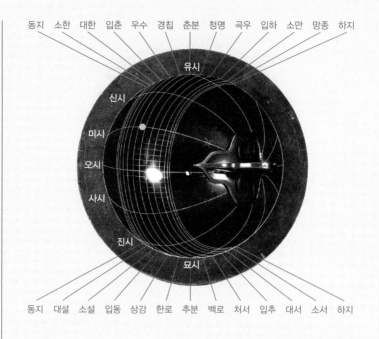

동지 소한 대한 입춘 우수 경칩 춘분 청명 곡우 입하 소만 망종 하지

유시

신시

미사

오시

사시

진시

묘시

동지 대설 소설 입동 상강 한로 추분 백로 처서 입추 대서 소서 하지

수 있죠. 이 그림자 바늘은 중국의 것과 다른 독창적인 것입니다. 중국 원나라에서는 빛이 통과하는 구멍 장치를 써서 시간을 재도록 했거든요.

그림자 바늘은 솥 밑바닥으로부터 딱 서울의 위도만큼 기울어져 있습니다. 세종 때 기준으로는 37도 20분이죠. 오늘날 기준으로 환산하면 37도 39분 15초입니다. 이 당시는 원의 각도를 $365\frac{1}{4}$도로 썼습니다. 서양 천문학을 받아들인 조선 후기부터 원의 각도를 360도로 쓰게 됩니다. 여하튼 앙부일구는 이처럼 그림자 바늘의 각도를 서울에 맞춰 우리나라의 시간을 쟀습니다.

앙부일구에서 시간과 절기를 한번 찾아봅시다. 예를 들어 3월 14일 오후 1시면 앙부일구 그림자 바늘이 어디에 있을까요?

24절기(날짜는 모두 양력 기준)

소한	1월 6일경	입하	5월 6일경	백로	9월 8일경
대한	1월 21일경	소만	5월 21일경	추분	9월 23일경
입춘	2월 4일경	망종	6월 6일경	한로	10월 8일경
우수	2월 19일경	하지	6월 21일경	상강	10월 23일경
경칩	3월 6일경	소서	7월 7일경	입동	11월 7일경
춘분	3월 21일경	대서	7월 23일경	소설	11월 22일경
청명	4월 5일경	입추	8월 8일경	대설	12월 7일경
곡우	4월 20일경	처서	8월 23일경	동지	12월 22일경

12간지

자시(쥐)	오후 11시~오전 1시	오시(말)	오전 11시~오후 1시
축시(소)	오전 1~3시	미시(양)	오후 1~3시
인시(호랑이)	오전 3~5시	신시(원숭이)	오후 3~5시
묘시(토끼)	오전 5~7시	유시(닭)	오후 5~7시
진시(용)	오전 7~9시	술시(개)	오후 7~9시
사시(뱀)	오전 9~11시	해시(돼지)	오후 9~11시

12간지 표를 보면 오후 1시는 미시未時(양)입니다. 그다음, 날짜는 절기로 찾으면 됩니다. 24절기 표를 한번 보세요. 3월 14일이면 경칩(3월 6일경)과 춘분(3월 21일경) 중간쯤입니다. 양이 그려진 씨줄을 따라 들어가 경칩과 춘분 중간 부분에 그림자 바늘 끝의 그림자가 놓입니다.

그런데 이 시계는 낮이 엄청 긴 지방에서는 쓸 수 없습니다. 우리나라에 맞춰서 만들었기 때문입니다. 앙부일구는 서울에서 1년 중 아무리 낮이 길더라도 그림자가 벗어나지 않는 지점(최대치의 그림자 길이)까지만 새긴 것이니까요.

시간을 알려준 다양한 시계

해시계에는 결정적인 단점이 있습니다. 그림자가 보이지 않을 때, 즉 밤과 흐린 날에는 사용할 수 없죠. 그런 경우 시간에 따라 간격이 일정하게 유지되는 향불, 촛불, 등잔 심지가 시계 구실을 했습니다. '한 시간용 촛불' 이런 식으로, 굵기와 길이를 일정하게 해 주면 시계가 되었지요. 그런데 이런 시계는 정밀하지 않을뿐더러 시간을 재려고 값비싼 초나 등잔을 계속 태울 수도 없었습니다. 시간에 맞춰 예불을 드리느라 절에서 향을 쓰는 정도는 허용되었지만요.

흐린 날이나 밤에는 물시계로 시간을 알 수 있었습니다. 뚝뚝 떨어지는 물로 시간을 잰다는 생각은 정말 기발합니다. 항아리 아래쪽에 조그만 구멍을 뚫어놓고 물을 채우면 한 방울씩 나오는 시간 간격이 일정하다는 사실을 안 겁니다. 그런데 물시계는 만들기가 복잡하고 물을 부어야 하는 등 관리가 필요합니다.

해시계는 해만 있으면 다른 것은 필요 없다는 것이 최대의 장점입니다. 그런데 이천과 장영실이 함께 만든 앙부일구는

휴대용 앙부일구

너무 크고 무겁습니다. 그래서 우리 조상들은 해시계를 작게 만들어 들고 다녔습니다.

휴대용 해시계로 시간을 보려면 두 가지를 신경 써야 합니다. 우선 해시계가 기울어지지 않아야겠죠. 기울어지면 그림자가 왜곡되니까요. 수평을 유지하기 위해서는 물을 이용했습니다. 주로 시판 사방에 홈을 파서 물이 흘러내리지 않게 하는 방법을 썼습니다. 해시계의 오목하게 파인 곳에 물을 부어 지남침만 띄워서 보기도 했고, 아예 한쪽에 나침반을 만들기도 했습니다.

다음은, 나침반을 보고 남북 방위를 정확하게 일치시켜야 합니다. 이게 해시계 측정의 핵심이니까요. 그림자 바늘 끝이 북쪽을 향해야 합니다. 그러고 나서 그림자가 닿는 곳을 읽어야 바른 시간을 알 수 있죠.

나침반 없이 방위를 알 수 있는 시계도 있습니다. 바로 정남일구입니다. 방위를 알아내는 관측 도구에서 썼던 방식을 응용한 시계입니다. 낮에는 해시계, 밤에는 별시계로 작동하는 다목적 시계

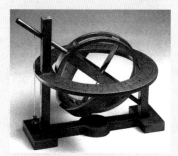

정남일구. 태양의 각도를 활용해 바로 정남향을 찾아 시각을 재는 대단한 시계다.

였죠. 이 시계는 중국 등 다른 나라에서는 볼 수 없는 매우 창의적인 세종 때 작품이었습니다.

조선시대에 만든 해시계로는 간평혼개일구도 있습니다. 놀랍게도 이 시계는 천문 관측기구인 혼평의와 간평의를 시계로 계량한 것입니다. 원래 관측기구는 해의 위치를 재고, 해시계는 그 그림자

를 재는 것이죠. 그런데 이 시계는 해의 위치를 재는 게 아니라 해 그림자의 위치를 재는 것으로 바꿔놓고, 그 둘을 모두 새겼습니다. 세계에서 하나밖에 없는 괴짜 시계죠.

세종 때 만들어진 여러 해시계는 조선 후기에도 널리 쓰였습니다. 특히 휴대용 앙부일구가 크게 인기를 끌었죠. 17세기 이후에는 서양 해시계가 들어오면서 그것도 개량해서 만들어 썼습니다.

조선 후기에 만들어진 서양식 해시계 지평일구

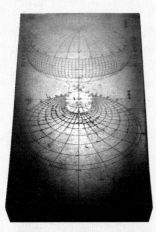

간평혼개일구. 1785년 관상감에서 만든 시계다. 가로 52.5센티미터, 세로 128.5센티미터로 상당히 크며, 한 돌에 2개의 시계 판이 그려져 있다.

하루를 12등분한 조선시대의 시간

조선시대에는 하루가 24시가 아니라 12시진이었습니다. 1시진은 지금의 2시간입니다. 오늘날 하루라고 하면 보통 자정(밤 12시)에서 다음 날 자정까지를 말하는데, 12시진에서는 자시(밤 11시)부터 다시 자시까지를 하루로 하고 자·축·인·묘·진·사·오·미·신·유·술·해, 이렇게 열두 동물로 나타냈습니다.

띠 하나가 1시진이고, 1시진은 다시 '초'와 '정' 두 가지로 구분했습니다. 예를 들어 자시가 시작되는 밤 11시는 '자초', 밤 12시는 '자정'이 됩니다. 결국 옛 시간도 오늘날처럼 24시였다고 생각해도 무방합니다.

'각'은 지금의 분과 비슷한 개념입니다. 우리가 시각이라 말할 때 그 '각'이죠. 조선 후기의 1각은 지금의 15분으로, 1일을 96각으로 맞췄습니다. 그렇다면 1시진은 몇 각일까요? 1시진은 두 시간, 즉 120분이므로 15분으로 나누면 8각입니다. 앙부일구를 보면 씨줄(시각선) 사이가 8칸씩 나뉘어 있어서 시진과 각을 읽기 편합니다.

조선시대의 시간은 세종 때와 조선 후기가 다릅니다. 세종 때에는 1일을 96각이 아니라 100각으로 나눴기 때문에 당시 12시진 시법과 딱 떨어지지 않고 각 표시가 한결 복잡합니다. 여기서 꼭 짚고 넘어갈 것이 있습니다. 전통 천문학에서 '1시진=100각, 원의 각도=$365\frac{1}{4}$도'라고 한 것을 실력이 없었던 것으로 오해해서는 안 됩니다. 해시계가 불편한 건 맞지만, 다른 천문 계산에서는 옛 것이 엄청 편리합니다. 천문학 계산에서 '1각=100분', '1일=100각'이므로 '1일=10,000분'이 됩니다. 나눗셈할 때 정말 편했겠죠. 또 365도를 쓰면 1일이 1도입니다. 이 또한 복잡한 천문 수학 계산에서 엄청 편한 구실을 했습니다. 이런 차이는 과학 수준의 차이라기보다는 관행과 관점의 차이에 불과합니다.

천문학 최고의 결실, 칠정산

천체 이해를 기반으로 한 역법

혹시 칠정산七政算을 산山 이름으로 알고 있지는 않나요? 칠정산은 우리가 만든 최초의 달력입니다. 진짜 산은 아니지만, 산으로 볼 수도 있습니다. 달력을 만드는 원리인 역법에서 한동안 최고봉이었으니까요. 칠정산은 15세기에 만들어진 후 약 2백 년간 최고의 달력이었습니다.

예나 지금이나 달력은 일상생활에서 매우 중요합니다. 인류는 문명의 길로 들어서면서부터 달력을 만들어 사용해왔죠. 달력은 천체를 이해해야만 만들 수 있습니다. 천체를 알려면 관측기구, 관측을 담당하는 사람, 관련 제도, 그리고 이렇게 얻은 지식을 계산할 수 있는 사람이 필요합니다. 특히 일식, 월식 같은 현상은 쉽게 이해할 수 있는 게 아니죠.

지금 우리가 사용하는 달력은 서양의 그레고리력입니다. 그레고리력은 1582년 교황 그레고리우스 13세가 정한 데서 붙여진 이름입니다. 우리나라는 1896년 이후 썼으니 그레고리력을 쓴 지는 백 년이 조금 넘었습니다. 그 전에는 어떤 달력을 썼을까요?

역사 기록상으로는 백제의 '원가력' 사용이 가장 앞서고, 고구려에서는 '무인력'이라는 달력을 썼습니다. 우리나라에서 가장 오래 사용한 달력은 '선명력'입니다. 선명력은 당나라에서 822년에 만든 역법인데, 통일신라 후기에 들어와 1309년까지 무려 4백 년 넘게 썼습니다.

중국에서는 선명력 이후 스물두 번이나 역법을 고쳤지만, 고려는 오차가 생길 때마다 고쳐가며 줄곧 선명력을 사용했습니다. 그러다가 1309년 원나라가 만든 '수시력'을 쓰게 되었습니다. 원나라 수시력은 곽수경, 허형 같은 천문학자들이 이슬람식 천체 관측기구까지 활용하면서 중국의 전통 천문학을 세계 최고 수준으로 끌어올린 대단히 정밀한 역법이었습니다. 지금도 중국문명의 자랑거리죠.

고려는 수시력을 받아 왔지만, 원리를 깨치기는 너무 어려웠습니다. 고려를 대표하는 천문학자 강보가 갖은 애를 썼지만 수시력으로 일식과 월식을 완벽하게 예보하는 법까지는 알아내지 못했습니다. 그래도 강보는 1298년 충선왕의 명에 따라 수학 계산을 빨리 할 수 있는 계산표를 만들었습니다. 이 계산표는 훗날 조선의 천문학이 세계 최고 수준으로 발전하는 데 커다란 디딤돌이 되었습니다. 조선 세종 때에는 서울을 기준으로 일식과 월식을 정확히 예보할 수 있는 체제가 마련되었고, 그 결과 칠정산이 탄생하기에 이릅니다.

독자적인 역법 '칠정산'의 탄생

칠정산이 왜 필요했는지, 그 전의 상황을 한번 살펴봅시다. 동아시아의 국가들은 아주 오랫동안 자체적인 달력을 만들지 못하고 중국의 달력을 가져다가 썼습니다. 우리나라에서도 동지 때마다 중국으로 사신을 보내 달력을 받아 왔습니다. 이때 가는 사신을 '동지사'라고 불렀죠. 왜 동짓날이었을까요? 동지는 해가 가장 짧은 날이죠. 그다음 날부터 해가 점점 길어집니다. 옛사람들은 동지 다음 날부터 양의 기운이 시작된다고 여겨서 동지를 매우 중요하게 생각했습니다. 그래서 동지사를 파견한 겁니다.

중국의 달력은 두 가지였습니다. 하나는 중국 황실에서 기념하는 사항이 적힌 황력이었고, 또 하나는 농사짓는 데 필요한 사항을 적은 민력이었습니다. 동지사가 가면 중국의 황제가 황력 10권, 민력 100권을 하사하는 행사를 치렀습니다. '천자의 나라'인 중국이 이웃 나라들에게 '문명'을 내려주는 일종의 의식을 치른 겁니다. 이로써 '하늘을 관찰하여 백성에게 농사짓는 데 긴요한 시간을 알려준다'는 오래된 유교 이념을 실천했습니다. 이를 '관상수시'라고 합니다.

문제는 중국의 역법이 조선에 딱 들어맞지 않는다는 것이었습니다. 그렇게 역법이 틀려서는 임금의 권위도 흔들리고, 농사일도 제때 맞출 수 없으니 큰일이었죠. 이에 세종은 중국 달력을 사용하면서도 조선의 하늘을 정확히 파악하기 위한 독자적인 역법을 만들어 같이 사용하겠다고 선언합니다. 이건 완벽하지는 않더라도 사실 중국에 대한 정신적인 독립 선언이었습니다. 외교상의 사대를 인정하면서도 천명을 받는 국가 통치자로서 자신의 위치를 분명히 한 것이니까요.

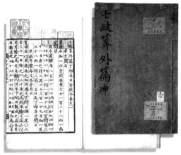

《칠정산》내편(왼쪽)과 외편(오른쪽). '내편'은 중국 수시력의 수치와 원리를 그대로 따랐고, '외편'은 일식, 월식 예측에 탁월했던 아라비아의 회회력을 따랐다. 조선의 학자들은 관측과 계산을 통해 회회력의 문제점을 바로잡는 데까지 나아갔다.

달력 만들기는 여간 어려운 게 아닙니다. 이 과업을 누가 맡았을까요? 《연려실기술》에는 다음과 같이 기록되어 있습니다.

1432년 세종은 정인지에게 말씀하셨다.

"고려 때 원나라 수시력을 가지고 들어와 그걸로 예측했다. 조선을 세우고도 일식, 월식, 오성의 궤적을 계산하지 못해서 중국의 수시력을 그대로 썼다. 수학에 밝은 그대가 정초와 더불어 고전을 연구하고, 관측기구를 제작하여 이 문제를 풀도록 하라. 우리가 중국문명의 수준에 도달했는데, 유독 하늘을 관찰하는 공부와 기구가 부족하구나. 한양에서 본 북극을 기준으로 해서 새 역법을 만들라."

명령을 받들어 정초, 정흠지, 정인지가 고전을 공부하여 수시력의 수학적 이치를 깨달았다. 또 이천으로 하여금 각종 관측기구를 제작토록 했고, 장영실로 하여금 자격루와 옥루를 제작토록 했다. 마지막으로 이순지, 김담이 명나라로부터 새로 들어온 역법과 회회력(이슬람 역법)을 더 연구하여 마침내 1442년 우리의 역법 《칠정산》 내편과 외편을 만들어냈다. 이윽고 예측을 했더니 딱 들어맞았다.

세종은 총명한 학자들을 뽑아 연구하도록 시켰는데, 어명을 받은 관리들은 스트레스가 이만저만이 아니었을 겁니다. 누군들 머리 복잡한 수학을 좋아했겠어요. 이순지도 이런저런 이유로 상소를 올리면서 이 일을 피하려 했고, 다른 학자들도 마찬가지였죠. 하지만 세종은 그들의 재능을 모두 연구에 쏟아붓도록 했습니다. 10년에 걸친 연구 끝에 그들은 당시 가장 정확했던 수시력의 핵심을 다 이해했고, 수시력을 기본으로 한 명나라 대통력의 문제점까지 모두 짚어냈습니다. 같은 책을 가지고 공부하면서도 중국보다 성취 수준이 더 높았던 거죠. 그 결실이 우리에게 딱 맞는 역법, 칠정산이었습니다.

비밀에 싸인 칠정산의 수학 공식

칠정산七政算을 이름 그대로 풀면 '7정을 계산한 수학책'이란 뜻입니다. 어째서 역법에 이런 이름이 붙은 걸까요? '7정'은 해와 달에 오성(목성, 화성, 토성, 금성, 수성)을 더한 7개 별을 말합니다. 오성은 달력 만들 때 중요성이 떨어지지만 옛 천문학에서는 꽤 중시됐습니다. 당시 사람들이 철석같이 믿던 음양오행陰陽五行의 자연관에서 오성이 중심을 이루었거든요. 음양오행은 천지, 만물, 자연, 인체의 온갖 현상을 이해하는 기본 틀이었습니다. 해는 양의 기운이고, 달은 음의 기운입니다. 합쳐서 '음양'이라 하죠.

'오행'은 목, 화, 토, 금, 수의 다섯 기운을 뜻합니다. 이처럼 음양오행에서 오성은 없어서는 안 될 중요한 별이었습니다. 그리고 별을 뜻하는 7성星이 아니라 7정政이라 한 이유는, 별들의 운행이 임금의 정치와 관련 있다고 생각해서입니다.

역법인데도 역曆 대신, 계산한다는 뜻의 산算을 쓴 건 중국을 의식해서입니다. 중국과 같이 역曆을 쓰면 중국에 대항하는 느낌이 들 테니까요. 현실적으로는 중국을 섬길 수밖에 없어도, 정신적으로는 당당한 문명의 주체가 되겠다는 다짐을 드러낸 거죠. 그래서 수학 냄새가 물씬 풍기는 산算을 쓴 겁니다.

실제로《칠정산》은 철저하게 계산 수치만 보여주는 수학책과 같습니다.《칠정산》연구의 국내 최고 권위자인 유경로 선생님은 생전에 이렇게 말씀하셨습니다. "《칠정산》에 적힌 수치들은 현대 천문학으로 얻은 수치와 거의 완전히 일치해. 이순지, 김담 같은 조선의 학자들이 어떻게 이걸 구했는지 모르겠어. 서양 천문학 지식으로 무장한 나도 이런 거 계산하려면 쉽지 않은데 우리 선조가 이렇게 정확한 수치를 어떻게 얻어낸 거지?"《칠정산》수치들은 구면球面 천문학이라는 서양 천문학을 알아야 풀 수 있다는 겁니다. 황당한 듯 하늘을 바라보던 유경로 선생님의 표정이 지금도 생생합니다.

칠정산을 토대로 정묘년(1447)의 일식과 월식을 계산한 결과는《칠정산내편정묘년교식가령》에 담겼습니다. 조선은 외교용으로는 중국 명나라에서 받아 온 대통력을 계속 썼지만, 실제 예측에는 이렇게 칠정산을 썼습니다. 이 책에는 날짜와 숫자가 빼곡히 적혀 있습니다. 안타깝게도 공식과 풀이가 기록되어 있지 않고, 결과만 밝혀져 있습니다. 서양 수학

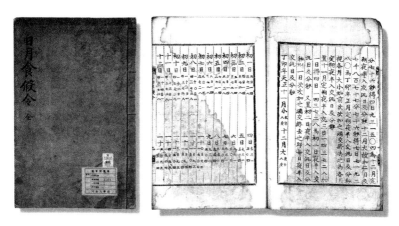

《칠정산내편정묘년교식가령》 표지와 본문.

과는 다른 방법으로 푼 것이 분명한데 계산한 값은 일치합니다. 칠정산에 숨어 있는 수학 공식은 한마디로 미스터리인 거죠.

최고 권위자도 어려워할 정도니, 이제 마음을 편히 갖고 우리 수준에서 이해하면 됩니다. 일반적인 역법의 원리에 대해 먼저 알아보죠. 달력 만들 때 가장 중요한 건 '1년의 길이'와 '한 달의 길이'입니다. 1년은 지구가 태양 궤도를 도는 공전 주기이고, 한 달은 달이 지구 주위를 도는 공전 주기와 같습니다. 이 두 현상을 잘 결합하여 1년 열두 달을 질서 있게 나누는 게 달력의 핵심이죠.

《칠정산》은 해, 달, 날과 관련된 상수(변하지 않는 일정한 값)를 정하고, 해와 달의 궤적을 정하고, 일식과 월식을 예측하고, 절기마다 28개 항성의 뜨고 지는 시간을 정하고, 오성 각각의 궤적을 정하고, 사여성四餘星의 궤적을 정했습니다. 여기서 사여성을 관측 대상으로 삼았다는 점이 이채롭습니다. 사여성은 실제 있는 별이 아니라 가상의 별이거든요. 자기, 월패, 나후, 계도라는 4개 별을 말하는데 인도에서 유래했습니다.

꼭 기억해야 할 것은 관측 지점을 베이징이 아닌 서울로 정했다는 점입니다. 서울과 베이징 사이에는 한 시간의 차이가 있습니다. 세종은 이걸 극복하려 했던 겁니다.

《칠정산》에도 한계는 있습니다. 세종은 중국 수시력의 조선판을 생각하는 데 그쳤습니다. 비록《칠정산》외편이 일본에 건너가 일본 역법인 정향력의 원조가 되기는 했지만, 거기까지였습니다. 이후 국내에서 2백여 년 동안 잘 사용되었지만, 17세기 이후 서양 천문학에 견줄 만한 발전은 없었습니다. 그건 중국의 천문학도 마찬가지였죠. 만약 세종이《칠정산》을 모든 나라가 따르게 하겠다는 꿈을 가졌다면 어떻게 되었을까요? 조선을 넘어 전 세계에 혜택을 주는 과학이 탄생하지 않았을까요? 이는 오늘날 우리에게 주어진 과제이기도 합니다.

한국과학사의 가장 빛나는 순간

'아직도 우리의 과학 수준은 서양에 견주어 20년쯤 뒤떨어져 있다'고 흔히 말합니다. 한국 학자가 뛰어난 업적을 남기기도 하지만, 그렇다고 과학의 전 분야에 걸쳐 서양을 따라잡는 건 아니죠. 그렇지만 우리나라의 과학 수준은 오랜 기간 중국에 근접해 있었고, 때로는 중국을 살짝 올라서기도 했습니다. 세종 시대가 그랬습니다.

그의 재위 기간인 1418년에서 1450년까지의 32년이 가장 빛나는 시간입니다. 이때 한국의 과학기술은 세계 최고 수준이었습니다. 유럽의 근대 과학은 아직 시작되지 않았고, 이슬람의 찬란한 문화는 꼬리를 내리고

창덕궁

창경궁

보루각 터

관천대

해시계(추정)　간의　측우기
풍기대

궁궐 안에 있었던 천문 관측기구. 이 그림은 조선 후기에 그려진 〈동궐도〉로, 조선시대 천문 관측의 전통을 확인할 수 있는 귀중한 그림이다. 누가 언제 이 그림을 그렸는지는 알려져 있지 않지만, 1830년대 궁궐이 불타기 전에 그려진 게 분명하다. 불타 없어진 건물들도 다 그려져 있기 때문이다. 간의와 풍기대(상풍간)가 있는 곳이 창덕궁이고, 관천대가 있는 곳이 창경궁이다.

있었습니다. 원나라 때 가장 높았던 중국의 과학도 잠깐 진전을 멈추었을 때입니다. 이때 우리나라는 더욱 앞으로 나아갔던 겁니다.

　일본에서 세계과학사의 업적을 연표로 만든 적이 있는데, 이 시기 과학 업적의 대다수가 조선의 과학 유물로 채워졌습니다. 대간의, 소간의, 혼천의, 혼상, 앙부일구, 현주일구, 자격루, 옥루, 《칠정산》내·외편, 〈천상열차분야지도〉, 측우기, 《팔도지리지》, 《향약집성방》, 《의방유취》, 《농사직설》, 금속활자 갑인자, 화약과 화포…. 이 중에서 가장 대단한 것이 《칠정산》이라 할 수 있습니다. 조선 과학의 모든 성과가 모여서 이룬 드높은 결실이니까요. 《칠정산》은 중국문명을 넘어섰을 뿐 아니라 당시 세계 역법의 최고봉이었습니다.

천재 과학자 뉴턴은 '어떻게 해서 그렇게 위대한 과학적 발견을 했는가?'라는 질문을 받자 '나는 거인의 어깨에 올라탄 난쟁이'라고 대답했다고 합니다. 코페르니쿠스, 갈릴레이, 케플러 같은 거인들이 있었고, 자기는 거기에 조금 보탠 정도였다는 겁니다. 물론 겸손의 말이지만 어느 정도는 사실입니다. 이전 학자들의 위대한 탐구가 없었다면, 더 높은 창조는 불가능합니다. 《칠정산》도 비슷합니다. 중국의 수시력과 이슬람 역법인 회회력이 있었고, 우리나라에는 고려 때부터 이어진 천문학의 전통이 있었습니다. 나라 안팎의 과학 전통을 토대로 조선의 과학자들이 그 전의 수준을 넘어선 결과를 보여준 겁니다. 달력을 볼 때 이런 과학의 성과를 생각해보면 좋겠습니다.

> ## 달력, 그것이 알고 싶다!

달력마다 다른 첫날

우리가 지금 쓰는 '서기'는 '서양 기준'을 뜻합니다. 예수 탄생이 첫해의 기준이죠. 부처와 관련해 '불기'를 쓰기도 합니다. 불기는 부처가 돌아가신 해를 기준으로 삼았습니다. 부처가 예수보다 5백여 년 먼저 살았습니다. 서기에다 544년을 더하면 불기가 됩니다. 단군왕검이 우리나라를 연 해를 기준으로 삼은 '단기'도 있죠. 서기에다 2333년을 더하면 단기와 같습니다. 이슬람교는 예수의 탄생보다 622년 늦어서, 서기에서 그만큼 빼줘야 합니다.

1월 1일은 어떻게 잡았을까요? 서기에서는 예수가 탄생한 그해 동짓날인 12월 22일을 첫날로 삼았습니다. 이후 오차가 생겨 부활절 날이 잘 들어맞지 않자 10일을 뚝 잘라 빼버렸습니다. 그래서 1월 1일이 첫날이 된 겁니다. 과학적인 방법은 아니었지만, 이렇게 첫날 기준만 바꿔도 이전에 쌓인 오차가 다 없어지는 효과가 있습니다.

첫 기준은 매우 상징적인 의미가 있습니다. 동아시아에서도 보통 새 왕조를 세우면 달력 날짜를 새로 썼지요. 중국의 당나라, 원나라, 명나라가 다 그런 전통을 따랐습니다. 역법 자체를 완전히 다시 만들기도 했습니다. 당나라나 원나라가 그랬죠. 명나라는 다시 만들지 않고 원나라가 쓰던 수시력의 첫날만 새로 바꾸고 이름을 달리하여 대통력이라 불렀습니다.

우리나라에서는 내내 중국 달력을 기준으로 첫날을 잡았습니다. 칠정산을 만들었어도 명나라 달력 기준인 대통력을 썼지요. 조선의 달력은 을미개혁 이후 태양력을 채택하면서 첫날을 1896년 1월 1일로 정하고 건양이라는 연호를 사용하게 되면서 중국과 결별했습니다. 그때부터 '서기'를 택한 겁니다.

태양력과 태음력, 그리고 태양태음력

우리가 지금 쓰고 있는 서양의 그레고리력에서는 해의 운행 주기인 1년의 정확성만 따졌습니다. 한 달은 달의 운행과 관련 없이, 임의로 30일 또는 31일로 정했습니다. 그런데 태양을 한 바퀴 도는 1년의 길이가 365일로 딱 떨어지지 않고 자투리가 있는 문제가 있습니다. 정확히 365.2422일입니다. 달력의 날짜를 365일로 하니 해가 갈수록 이 자투리가 쌓이겠죠. 그러다 자투리가 1일 정도가 되면 그때는 한 해를 366일로 하는 겁니다. 자투리 1일은 여분이라는 뜻에서 '윤일'이라 하고, 윤일이 들어 있는 해는 '윤년'이라 하죠. 4년에 한 번쯤 윤년이 옵니다. 더 정확히 말하면 400년 동안 윤일이 97번 필요합니다. 이를 태양의 운행만 기준으로 한다고 해서 태양력이라고 합니다.

태음력은 달의 운행을 기준으로 하는 달력입니다. 이슬람교를 창시한 무함마드가 정한 달력이 그렇습니다. 이 달력은 달이 차고 기우는 것만 신경 썼습니다. 달이 한 바퀴 도는 공전은 29.53059일이 걸립니다. 이 경우에도 자투리가 있기 때문에 달력은 30일이거나 29일로 정해집니다. 그걸 열두 달 합쳐서 1년으로 삼지요. 그러면 총 354일입니다. 그런데 원래 달의 공전 주기가 29.53059일이니까 열두 달이면 354.36708일입니다. 1년은 354일이고, 우수리 0.36708일이 생기죠. 어떻게 해결했을까요? 이 우수리가 8년 쌓이면 3일 정도가 되니까 8년에 윤일을 세 번 두면 되겠죠. 더 정확히는 19년에 7일이 윤일입니다.

태양태음력은 중국과 우리나라를 비롯한 동아시아에서 썼습니다. 이름만 봐도 짐작이 가듯이, 해와 달의 궤적 모두를 고려한 달력입니다. 왠지 더 복잡할 거 같죠? 맞습니다. 태양의 공전이 365.2422일, 달은 29.53059일이니까 1년의 길이를 한 달의 길이로 나누면 약 12.36827달입니다. 열두 달하고도 우수리 0.36827달이 생기는 거죠.

태양력과 태음력에서는 윤일만 뒀는데, 태양태음력에서는 '윤달'을 둬야 합니다. 13개월이 되는 거죠. 음력 생일 치르는 집에서 이 윤달에 생일이 생기면 곤란하겠죠. 0.36827달이 8년 쌓이면 그 사이에 생기는 윤달이 세 번에 불과하고, 또 그 윤달이 꼭 자기가 태어난 달에 들어가는 게 아니니까요. 계산해보면 윤달은 19년에 7개월 꼴이 됩니다. 이 수치는 중국에서 수천 년 전부터 알고 있었던 겁니다.

우리나라에서 만든 또 하나의 달력, 천세력

천세력은 '천 년 동안 쓸 수 있는 달력'을 뜻합니다. 정확해서 달력이 더 필요 없다는 자신감에서 붙인 이름이죠. 1792년에 만들어진 이 천세력은 지금도 쓰이고 있습니다. 사주팔자 볼 때, 이샷

날이나 결혼식 날 등 길일을 정할 때 쓰는 게 이 천세력입니다. 가장 완벽한 음력 달력이죠.

천세력을 왜 만들었을까요? 조선 후기, 정확한 서양 역법이 중국에 전해지자 우리도 칠정산 역법을 다시 생각해야만 했습니다. 이때 새로 조선판 역법인 천세력을 만들었습니다. 그 후의 과정은 《칠정산》내·외편이 만들어질 때와 비슷합니다.

고려 말기에 수시력을 배워 세종 때 칠정산을 만들기까지 150년 정도(1298~1444) 걸렸는데, 천세력도 백 년 이상 걸렸습니다. 서양의 발달한 천문학을 이해하기도 어려웠고, 연구 과제로 삼은 중국의 시헌력(중국에서 만든 서양식 역법)도 계속 발전하면서 바뀌었거든요.

이렇게 험난한 공부를 거쳐서 1792년부터 천세력이 실시되었습니다. 천세력은 10년마다 이후 100년을 예측할 수 있도록 되어 있습니다. 그런데 많은 학자들은 '천세력의 제정'이란 말 대신 '시헌력의 수용'이라는 말을 쓰고 있습니다. 천세력의 첫날은 1444년 갑자일입니다. 이날은 칠정산을 실시한 첫날입니다. 이것만 봐도 천세력이 우리 역법의 전통을 계승했음을 분명히 알 수 있습니다. 중국 수시력을 토대로 한 칠정산은 우리나라가 펴냈다고 말하면서, 천세력을 '시헌력의 수용'이라 말하는 건 문제가 있습니다. 마땅히 '천세력의 제정'이라고 해야겠지요.

책으로 묶은 달력, 책력

조선 후기에 한 해에만 20만 부 이상 찍어 낸 책이 있습니다. 이 최고 베스트셀러는 바로 '책력'이었습니다. 달력을 한 권의 책으로 묶어내기도 했는데, 그걸 책력이라고 했죠.

책력의 가장 큰 특징은 절기에 따라 꼭 해야 할 농사일을 적어놓은 것입니다. 언제 볍씨 뿌리는지, 언제 잡초 뽑고, 언제 비료 주고, 언제 갈무리해야 하는지 일일이 적혀 있습니다. 경험 많은 농부는 대충 때를 알지만, 정확한 시기는 달력으로 확인했습니다. "아. 모레가 곡우네. 못자리 할 볍씨를 담가야겠구먼." 이렇게요.

책력은 날짜가 해, 달, 날, 시 모두 10간과 12지인 간지로 이루어져 있습니다. 12지는 열두 띠이고, 10간은 갑, 을, 병, 정, 무, 기, 경, 신, 임, 계입니다. 10간과 12지가 결합하여 60갑자를 만들어내는데, 이 순서대로 날짜와 해가 돌아가도록 되어 있습니다. 2020년은 경자년이죠. 2021년은 하나씩 더한 신축년이 됩니다. 날짜도 마찬가지로 그런 방법으로 씁니다.

사주와 팔자가 여기서 나온 말입니다. 각각의 간지에는 각각 음또는 양의 기운과 목, 화, 토, 금, 수 등 오행의 기운 각각이 대응한다고 보았습니다. 해, 달, 날, 시를 4개의 기둥, 즉 '사주'라 하고, 거기에 붙은 2개의 간지들로 헤아리면 여덟 글자가 만들어지는데, 이를 '팔자'라 합니다. 날과 시가 달라질 때마다 그 조합이 달라지겠죠. 옛사람들은 그 조합이 어떠냐에 따라 기운이 달라진다고 보았습니다. 그 조합이 만들어내는 상황은 매우 복잡합니다. 옛사람들은 그것을 우주 자연의 질서로 받아들였고 매우 중시했습니다.

책력은 왜 필요했을까요? 농사짓는 데 꼭 필요하고 제사 등 각종 기일을 챙기는 데 절대 없어서는 안 되었기 때문입니다. 조선초기에는 관리나 양반이 아니면 달력을 구하기가 쉽지 않았습니다. 종이가 귀해 책값이 비쌌거든요. 이때는 지방의 관리나 양반들이 이런 책을 갖고 있다가 백성들에게 알려주었습니다. 시간을 알려주는 것이 하나의 통치 행위였다고 할 수 있습니다. 그러다 조선 후기에는 달력이 책으로 묶여 나와 널리 퍼진 겁니다. 책력은 일기장이나 가계부 구실도 했습니다. 양반 사대부들은 빈칸에 하루 동안 한 일이나 곡식이나 돈을 쓴 내용을 적었지요.

오늘날의 달력도 완벽하지는 않다!

예전에는 과학 수준에 한계가 있었기 때문에 관측해서 얻는 한 달의 길이, 1년의 길이가 정밀하지 않아서 오차가 있었습니다. 이 수치는 천문학이 발달하면서 더욱 정확한 값에 가까워졌죠. 그런데 아직도 해결하지 못한 문제가 있습니다. 오차가 생기는 중요한 요인이 또 하나 있거든요. 세차 운동이라는 겁니다. 지구가 자전하기 때문에 생기는 현상인데, 이 세차 운동의 결과 지구의 북쪽 별이 달라지기도 합니다. 지금은 지구 자전축이 북극성을 향하고 있지만, 3천 년 전 이집트에서 관측한 기록을 보면 지구의 자전축이 북극성보다 1.75일만큼 동쪽으로 후퇴한 별을 향하고 있었습니다. 그 별 이름은 용자리 알파별이었습니다.

이런 자투리 시간들이 오랫동안 쌓이면 몇 분, 몇 시간 차이가 날 수 있습니다. 예를 들어 실제 하루 관측을 하면 밤 11시 50분인데, 달력 계산 추정치는 12시 10분이 되는 겁니다. 그러면 이 시간은 오늘인지 내일인지 헷갈리겠죠. 그래서 지금 우리가 쓰고 있는 달력도 천체와 완벽하게 일치하지 않습니다. 그레고리력은 2만 년이 지나면 하루 정도의 오차가 생긴다고 합니다. 완벽한 달력 한번 만들어보고 싶지 않나요?

제도 표준화로
나라 질서를 유지하다

우주, 자연과 인간세상이 조화를 이룬 한국과학문명

한국문명에는 천문학 외에도 천명사상에 입각해 과학기술이 정치와 깊이 관계 맺은 부분이 있습니다. 우주와 자연의 질서를 파악해 인간세계 질서의 기준으로 삼고자 한 것입니다. 현대 과학문명과 크게 다른 점이지요. 오늘날 우리는 인간사회의 윤리 도덕이 자연의 법칙에 따라야 한다고 생각하지 않습니다. 자연은 자연이고, 도덕은 도덕일 뿐이죠. 그러나 유교문명에서는 천인합일의 조화를 최상의 가치로 여겼습니다. 하늘과 인간이 유기적으로 연관되어 있어서 인간세상의 질서가 자연의 질서를 본받아 조화를 이뤄야 한다고 생각했던 것입니다.

우주, 자연과 인간세상의 조화라는 생각은 한국과학문명을 제대로 이해하기 위한 핵심 개념입니다. 유교적 조화와 질서는 과학에서 어떻게 구현되었을까요? 옛 정치체제를 보면 천명을 받은 왕과 신하, 그리고 백성으로 이루어져 있습니다. 왕이 사·농·공·상을 통치했고, 지배층인 사대부들은 관직의 지위에 따라 엄격하게 서열이 매겨져 있었죠. 농·공·상 가운데에서는 농민이 장인이나 상인보다 사회적 지위가 높았습니다. 사람에게만 이런 서열이 매겨져 있던 것은 아닙니다. 인간이 섬기는 대상인 하늘의 해·달·별, 날씨 기상과 관련된 바람·구름, 땅의 명산 등에도 다 서열이 있다고 생각했습니다. 질서라는 것은 그런 서열을 잘 구별하여 조화시킴을 뜻했습니다. 오늘날 우리에게 이런 생각은 매우 낯설지만, 이런 관계 속에서 나름대로의 과학 활동이 활발하게 펼쳐졌습니다.

유교적 신분 질서가 담긴 우리 전통음악

악학樂學은 이런 배경을 모르고는 도저히 이해할 수 없습니다. 또 그런 배경을 안다면《훈민정음》같이 뛰어난 과학적 문자가 창제된 비밀의 일단락을 이해하게 될 것입니다.

왕과 정1품에서 정9품까지의 관리가 함께 연회를 한다고 생각해봅시다. 왕과 관리들은 자기 마음대로 옷을 골라 입고 참석할까요, 아니면 지위·관등에 따라 정해진 옷을 입어야만 할까요? 또 왕의 거둥이나 의례, 건배 등 장면 장면마다 음악이 울려 퍼질 것입니다. 아무 음악이나 연주될까요, 아니면 신분이나 의식의 중요성을 감안한 음악이 연주될까요?

오늘날에도 군대 사열이나 외국 대통령을 맞이할 때 정해진 의식에 따라 음악이 연주되죠. 유교사회에서는 음악 연주가 신분 질서에 맞춰 더욱 엄격한 모습을 띠었습니다.

이런 음악이 어떻게 과학과 연관될까요? 피타고라스가 수의 비례로써 음의 간격을 정한 것과 비슷합니다. 우리의 전통음악도 12개음이 1옥타브를 이루는데, 각 음 사이의 관계는 비례로 결정됩니다. 1426년 세종은 요즘 음악의 기본이 되는 '음'이 정확치 않고, 악기들이 서로 음이 달라 조화롭지 못하다며 천재 음악가 박연에게 이를 바로잡도록 명합니다. 왕명을 받은 박연은 우선 기본이 되는 '황종'의 음정을 정해야 했고, 그것을 확정한 후 나머지 11개 음을 결정합니다. 이렇게 바로잡은 음계에 따라 다양한 곡이 만들어져 각종 상황에 맞춰 연주됩니다. 거기에는 엄격한 유교적 신분 질서가 담겨 있었습니다. 이런 관계를 정밀하게 연구해 정하는 방식이 과학적이었던 것입니다. 게다가 땅의 기운이 함축되어 있고, 생명줄인 자연의 산물인 알곡을 음의 기준으로 삼았다는 점에서도 자연을 중시하는 사상을 엿볼 수 있습니다. 이는 미터법을 제정할 때 지구의 둘레를 기준으로 삼은 것과 일맥상통합니다.

도량형과 수학에 깔린 우주의 이치

옛 중국이나 한국에서는 음이 도량형의 기본이 되었습니다. 세종은 음계를 바로잡은 데 이어 바로 도량형을 정확하게 결정토록 합니다. 음과 도량형이 어떻게 관련될까요? 기본음인 '황종' 결정을 위해 일정 길이의 대나무 율관이 정해집니다. 그리고 속이 빈 그 대나무에 고대 주요 곡식인 기장을 채웁니다. 기장 알 1200개를 채운 율관이 내는 소리가 황종 음입니다. 그리하여 그 율관의 길이[도], 알곡 1200개의 부피[량], 그것의 무게[형]가 정해져 길이 척도인 '도', 부피 척도인 '량', 무게 척도인 '형'이 결정됩니다(다음 장에서 더 자세히 설명하겠습니다).

조선 후기 저작인 《동국문헌비고》에서는 훈민정음도 음을 바로잡는 통치 행위의 하나로 분류하고 있습니다. '정음正音'이 '음을 바로잡는다'는 뜻이니 이런 분류가 하나도 이상하지 않습니다. 한글은 소리를 문자로 표현한 표음문자입니다. 온 백성이 따라야 하는 문자이므로 소리의 표준을 정하여 나타낸다는 생각이 깔려 있는 것입니다. 그런 표준을 임의로 정하지 않았습니다. 자음 문자는 신체의 발성 기관을 모방하고 모음 문자는 천·지·인 삼재 사상에 따라 만들었습니다. 자연에서 절대적인 근거를 찾으려고 한 것이죠.

조선의 수학에 대해 짧게 덧붙이고자 합니다. 모든 수학이 천명사상과 직접 연관되지는 않았습니다. 옛 수학의 상당 부분은 생활에 필요한 산술이었으니까요. 그렇지만 천문학이 발달하면서 천체 운행을 예측하기 위한 수학이 깊어졌습니다. 또 그 수학은 우주의 이치가 수로 표현되어 있다는 생각과 만나기도 했습니다. 조선의 수학자들은 천원술(방정식) 등 매우 복잡한 문제를 생각하게 되었으며, 매우 복잡한 9×9 마방진을 만들어내기도 했습니다. 그 결과 최석정의 《구수략》, 홍정하의 《구일집》 등 걸출한 수학 관련 저작이 출현했습니다.

자, 그러면 조선의 악학과 도량형에 대해 좀 더 자세히 들여다봅시다.

수학적 비례에 기초한
음악과 도량형

비례의 원리에 따라 정해진 음계

옛사람들은 '악樂'이란 마음을 수양하는 수단이라고 생각했습니다. 음악이 슬픈 듯해도 처절하면 안 되고, 기쁜 듯해도 너무 가벼우면 안 된다고 생각했죠. 악樂은 한마디로 조화로움의 극치로 여겨졌고, 나아가 나라의 정치와도 관련이 있었습니다.

과학과 음악은 어떤 관계가 있을까요? 그 답은 조금 뒤로 미루고, 우선 도량형의 기준에 대해 생각해봅시다. 지금 우리가 쓰는 미터의 기준이 뭔지 생각해본 적 있나요? 1미터는 북극에서 남극까지의 거리, 즉 지구 둘레 반의 2천만 분의 1 값으로 정했습니다. 1미터가 정해지면 넓이와 부피는 간단하죠. 넓이는 1제곱미터, 부피는 1세제곱미터니까요. 무게의 기준은 뭘까요? 물 1세제곱센티미터를 1그램으로 삼되, 물의 밀도가 최대인 섭씨 4도일 때를 기준으로 했습니다.

이를 보면 길이, 부피, 무게가 서로 연관되어 있음을 알 수 있죠. 우리나라의 전통 단위도 마찬가지입니다. 단위 척도를 '도량형'이라고 하는데, 도度는 길이, 량量은 부피, 형衡은 무게입니다.

그런데 미터는 왜 지구의 둘레를 기준으로 삼았을까요? 수치가 절대 변하면 안 되기 때문입니다. 영원히 변치 않는 수치를 기준으로 삼은 거죠. 나라마다 같은 도량형을 쓰는 이유도 혼란을 피하기 위해서입니다. 미터법은 1789년 프랑스 대혁명 이후 제정되었습니다. 물론 요즘에는 이보다 더 정확한 표준 단위를 정해 쓰고 있지만, 프랑스의 미터법 정신은 그대로 살아 있죠.

이렇게 도량형과 수학은 관련이 큽니다. 그런데 우리나라는 음악이 도량형과 밀접한 관련이 있다고 보았습니다. 동양에서는 오래전부터 황종黃鐘이라는 음을 중시했습니다. 황종은 다른 음을 정할 때 기준이 되는 음이며, 천자天子에 해당하는 음이라고 보았습니다. 천자, 즉 황제와 같은 황종 음을 기준으로 제후나 백성에 해당하는 다른 음들을 만들어 음악을 엮어 나간다고 생각한 겁니다.

황종은 서양 음계와 비교하면, 음의 높이가 아악·당악의 경우 '도' 음(향악은 '레#' 음)과 같습니다. 이야기가 나온 김에 음계에 대해 간단히 살펴볼까요? 서양 음계는 도에서 레, 미, 파, 솔, 라, 시 이런 식으로 1옥타브를 구성하죠. 반음 5개까지 치면 모두 12음이 됩니다.

우리의 전통음악도 12개음이 1옥타브를 이룹니다. 황종부터 시작하여 대려, 태주, 협종, 고선, 중려, 유빈, 임종, 이칙, 남려, 무역, 응종을 거쳐 다시 황종이 되어 1옥타브가 되는 겁니다. 이를 '12율'이라고 합니다. 때로는 12개 중 홀수 6개를 뽑아서 '율'이라 부르고, 짝수 6개를 뽑아서 '려'라고 합니다. '율'과 '려'를 합쳐서 '율려'라고 했는데, 율려는 곧 음악을 뜻했습니다.

12음 : 도 - 디 - 레 - 리 - 미 - 파 - 피 - 솔 - 셀 - 라 - 리 - 시
12율 : 황종 - 대려 - 태주 - 협종 - 고선 - 중려 -
　　　유빈 - 임종 - 이칙 - 남려 - 무역 - 응종

이 모든 음계는 수의 비례와 관련되어 있습니다. 음과 음 사이의 비례가 같을 때 고른음을 내게 됩니다. 서양은 팽팽한 줄을 사용한 피타고라스의 방법을 썼습니다. 줄을 팽팽하게 하여 '도'로 삼은 다음, 그것의 3분의 2되는 점을 '솔'로 만드는 방식입니다. 이렇게 피타고라스는 줄의 비례 관계를 이용해서 잘 어울리는 음계를 정해나갔습니다. 우리 전통음악도 비례의 원리로 음을 정한 것은 같습니다.

황종 음을 찾기 위한 각고의 노력

1426년 세종은 요즘 음악의 기본이 되는 '음'이 정확치 않고, 악기들이 서로 음이 달라 조화롭지 못하다며 천재 음악가 박연에게 이를 바로잡도록 명합니다. 왕명을 받은 박연은 우선 기본이 되는 '황종'의 음정을 정해

야 했습니다. 박연은 중국의 편종과 편경을 가지고 황종을 결정했습니다. 편종이나 편경은 음의 기준이 되는 매우 중요한 악기들입니다. 당시 조정에는 고려 때 중국에서 보내온 편종과 편경이 수십 개, 명나라에서 보내온 편종과 편경도 수십 개가 있었죠.

다음으로 박연은 황종 음을 기준으로 나머지 11음을 얻어내야 했습니다. 그런데 이미 우리 조상들은 방법을 잘 알고 있었습니다. '삼분손익법三分損益法'이란 게 있었거든요. 손損은 3분의 1을 줄이는 것입니다. 그렇게 줄어든 값에 다시 그것의 3분의 1만큼을 늘여 붙이는 게 익益입니다. 이렇게 하면 푹 줄어들었다가 조금 늘어났다가, 다시 푹 줄어들었다가 조금 늘어나는 비례 결과가 얻어지죠. 삼분손익법대로 하면 황종 음과 다음 황종음 사이에 11음이 얻어집니다. 이 방식은 거의 자동적으로 적용됩니다.

문제는 맨 처음인 황종의 길이를 정하는 것이었습니다. 이 길이는 어떻게 구했을까요? 서양에서는 팽팽한 줄을 기준으로 삼은 반면, 우리는 대나무 관을 기준으로 삼았습니다. 속이 텅 빈 대나무 관을 그대로 쓴 게 아닙니다. 그 속에 기장 낱알 1200개를 가득 채웠을 때 불어서 황종과 똑같은 소리가 나는 관을 만든 겁니다.

곡식 알갱이를 넣는다는 발상이 다소 엉뚱하게 느껴질 수 있는데, 기장 1200개라는 기준은 고대 중국의 방식입니다. 고대 중국에서 지금의 쌀처럼 주식으로 먹던 곡식이 기장이었습니다. 곡식이 생명의 근본이라고 생각했기 때문에 음의 기본을 잡을 때에도 곡식을 쓴 겁니다.

가장 어려웠던 것은 알맞은 기장을 찾는 일이었습니다. 중국의 기장과 조선의 기장은 크기와 모습이 달랐습니다. 황해도 해주에서 나는 기장이 중국 것과 비슷하다 하여 써봤지만 꼭 들어맞지 않았습니다. 낱알마다 크

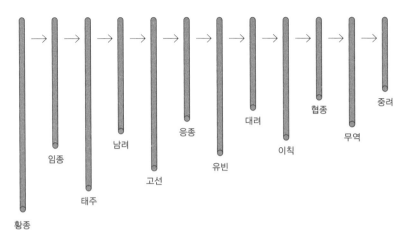

황종

임종

태주

남려

고선

응종

유빈

대려

이칙

무역

협종

중려

삼분손익법에 따라 만든 12율 순서

기도 들쑥날쑥하죠. 박연은 궁여지책으로 모형을 만들었습니다. 밀랍을 녹여 기장 모형을 만든 겁니다. 그는 연구를 거듭한 끝에 1200개를 대나무에 넣었을 때 황종 음이 나는 인공 기장을 만들어냈습니다.

황종 소리가 나는 대나무 관, 즉 황종 율관이 정해졌으니 그다음은 일사천리였습니다. 황종 율관의 길이를 재보니 기장 90개를 늘어놓은 것과 같았습니다. 이제 그 관의 길이를 삼분손익법에 따라 나누면 되죠. 그러면 삼분손익법에 따라 자동으로 11개 음이 얻어집니다. 드디어 정확한 음이 정해진 겁니다.

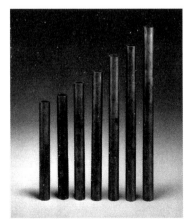

조선 후기에 만든 율관. 처음에는 대나무로 만들었으나, 이후 금속으로 개량해서 만들었다.

편종(왼쪽)과 편경(오른쪽). 편종은 각기 다른 음 하나씩을 내는 종이 달린 악기다. 편경은 종 대신에 '쨍' 하고 울리는 경돌을 16개 매단 악기다. 둘 다 두 층으로 종과 경돌이 걸려 있다. 편종이나 편경은 음정과 음색이 변하지 않아서 다른 악기의 음정을 조정할 때 기준이 되었다.

새로운 음으로 연주해보니 예전 음악도 다르게 들렸습니다. 또한 놀라운 사실이 하나 밝혀졌습니다. 중국에서 보내온 편경과 편종도 기본음인 황종만 빼고 나머지 음들의 비례가 다 잘못되었던 겁니다. 박연은 세종에게 즉시 보고했고, 세종은 편경을 새로 만들고 그걸 기준으로 다른 악기들을 만들라고 명을 내렸습니다.

고른음에서 시작된 도량형의 표준

음악을 바로잡는 과정은 도량형의 표준을 정하는 첫발이기도 했습니다. 황종 음의 기준으로 삼았던 기장 알곡이 모든 도량형의 표준이 되었거든요. 밀랍으로 만든 모형 기장 낱알 말입니다. 그 전까지는 중국의 자를 썼는데, 이때부터 조선 자와 중국 자가 달라집니다.

밀랍으로 만든 기장 알 하나의 길이를 '1푼'으로 삼았습니다. 그다음부터 단위들을 정하면 됩니다. 법칙이나 공식이 따로 있는 게 아니라, 프랑스 미터법처럼 첫 기준에 따라 정한 뒤 모든 사람이 약속하고 쓰는 거죠. 기장 알 10개의 길이, 즉 10푼은 1촌이라고 했습니다. 황종 율관은 기장 알곡 90개를 늘어놓은 크기였으니까 9촌(약 31센티미터)이 됩니다. 이제 길이, 부피, 무게를 모두 정할 수 있죠.

황종 율관의 부피＝1약(810푼) → 2약＝1합
황종 율관을 채운 물의 양＝24수(88푼)＝1냥
(단, 황종관에 채운 물의 무게를 88푼으로 한다.)

부피: 1합＝10작, 10합＝1승, 10승＝1두, 20두＝1석
무게: 1푼＝10리, 10푼＝1전, 10전＝1냥, 16냥＝1근

무게의 기준이 정해졌으니 저울도 만들었습니다.

100근＝큰 저울, 30근(또는 7근)＝중간 저울,
3근(또는 1근)＝작은 저울

이처럼 음악의 단위와 도량형의 단위는 긴밀하게 연결되어 있었습니다. 황종 율관의 길이·부피·무게는 도량형의 기본이 되고, 거기서 나는 음은 음악의 기초가 되는 거죠. 세종이 음을 바로잡는다고 했던 것은 도량형을 바로세우겠다는 것과 똑같은 말인 셈입니다. 도량형을 정했다는

것은 세상에 꼭 필요한 질서를 찾은 것입니다. 서양의 미터법에서 절대 변하지 않는 지구의 둘레를 근거로 삼은 것처럼 혼란이 없어졌죠. 결국 음악과 도량형은 뿌리가 같았습니다. 둘 다 하늘의 명을 받들어 알맞고 규칙 있게 수행하는 거죠. 그 비밀은 수학적 비례에 있었습니다.

비록 첫 음은 중국의 황종을 기준으로 삼았지만, '중국에서도 잘못된' 악기들의 음계 체계를 모두 바로잡았습니다. 물론 박연이라는 걸출한 음악가의 재능과 노력이 있었기에 실현될 수 있었죠. 박연이 우륵, 왕산악과 함께 우리나라 3대 악성으로 꼽히는 이유는 이렇게 음악의 기본을 확립한 데 있습니다.

그런데 기장이라는 곡식이 과연 정확하게 도량형의 기준이 될 수 있을까요? 이 문제는 조선시대에도 논란이 많았습니다. 세종이나 박연도 알맞은 기장을 찾지 못하고 결국 밀랍으로 기장 모형을 만들어서 해결했죠. 자연의 산물인 기장은 기본으로 쓰기에 적절하지 않다고 비판한 사람도 있었습니다. 반면 조선 후기 실학자 정약용은 도량형은 인간이 '이만큼으로 하자'고 정해놓고 강력하게 실천한다면 된다는 입장이었습니다. 현재 쓰는 단위의 기준, 즉 '지구 둘레 길이의 4천만 분의 1을 1미터로 정하자'는 미터법과 같은 사고였죠.

동서양 과학의 절묘한 만남, 혼천시계

⑪

혼천시계와 함께 시작된 한국과학사 연구

1960년 어느 날, 미국 예일 대학 교수 프라이스가 한국의 젊은 학자 전상운에게 편지를 보냈습니다. 천문학자 루퍼스가 쓴 책을 보니 한국에 대단한 게 하나 있다는데 속이 어떻게 생겼는지 궁금하니, 내부 사진을 찍어 보내주면 좋겠다는 내용이었습니다.

천문학자 루퍼스는 미국의 유명한 연구자인데, 일제강점기에 우리나라에 학생들을 가르치러 왔다가 한국의 천문학 수준이 엄청 높았던 걸 알고 연구를 시작했습니다. 그는 1937년 《한국 천문학의 역사》를 썼는데, 그 책을 프라이스가 본 겁니다. 당시 프라이스는 조지프 니덤과 함께 중

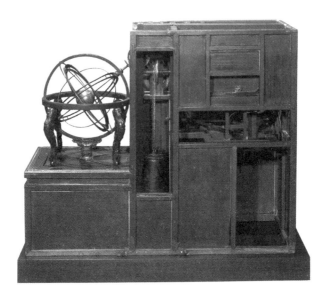

혼천시계. 모양만 봐도 알 수 있듯이 혼천시계는 혼천의를 본뜬 것이다. 다만 관측 기능 부분을 없애고 대신에 둥근 지구를 가운데에 고정해놓았다. 관측 기능보다는 시계 기능에 더 신경을 쓴 것을 알 수 있다.

국 시계의 역사에 관한 책을 쓰고 있었거든요.

이 편지를 받자마자 전상운 선생이 찾아 나선 유물은 바로 혼천시계였습니다. 수소문 끝에 전상운 선생은 동아일보 사장을 지낸 김성수 선생 집에 혼천시계가 있다는 걸 알아냈습니다. 혼천시계는 1930년대 초에 손수레에 실려 서울 인사동 골동품 거리에 나왔다고 합니다. 저녁 무렵 김성수 선생이 무려 기와집 한 채 값을 내고 혼천시계를 샀다고 합니다. 일본인의 손에 넘어가지 않은 게 천만다행이죠. 그렇게 해서 혼천시계는 우리나라에 남았고, 현재 고려대학교 박물관에 있습니다.

혼천시계를 직접 본 전상운 선생은 그 오묘함과 정교함에 놀라움을 금치 못했습니다. 이후 그는 한국과학사 연구에 일생을 바치게 됩니다.

서양 시계 기술과 접목된 혼천시계

혼천시계는 1985년 자격루와 함께 나란히 국보가 되었습니다. 둘은 흥미로운 공통점이 있습니다. 둘 다 세상에 유일한, 독창적인 시계이면서 자명 장치를 갖추고 있습니다.

결정적인 차이점은 혼천시계의 톱니바퀴에 있습니다. 톱니바퀴는 무쇠로 만들었는데 큰 것, 중간 것, 작은 것 등 여러 종류로 구성되어 있어서 만들기가 쉽지 않습니다. 각각의 톱니 간격이 정확해야 합니다. 맞물렸을 때 오차가 생기면 안 되니까요. 시각을 알리는 기구, 종을 울리는 기구와도 틀림없이 연결되어야 하고, 오래가야 합니다. 이러한 정확성과 지속성은 단순히 원리를 깨우치는 것 이상의 기술을 요합니다. 혼천시계는 당시 조선 장인의 기술력이 응집된 결과물입니다.

물을 사용한 자격루와 달리, 혼천시계는 추의 상하 운동을 이용했습니다. 혼천시계는 가운데에 묵직한 종 모양 추가 두 개 있는 추시계입니다. 한쪽 추가 올라가면 다른 추가 내려오는 식으로 계속 반복됩니다. 또 좌우로 똑딱똑딱 움직이는 '진자'가 시간을 정확하게 조절합니다. 이러한 시계 장치 부분들은 서양에서 온 것으로 추측됩니다.

혼천시계는 조선 숙종 때 만들어졌습니다. 천문학자 이민철이 혼천의를 이용한 시계 아이디어를 냈고, 송이영이 그걸 서양의 자명시계와 결합해서 만들었습니다.

동아시아 천문학의 천체 모형과 서양 시계 기술의 전통을 결합한다는 생각은 참으로 기발했습니다. 세계에서 유례를 찾아볼 수 없는 것이죠. 《중국의 과학과 문명》이라는 대작을 쓴 조지프 니덤도 "이처럼 풍부한 내

혼천시계의 톱니.

혼천시계의 추.

용을 갖춘 장치는 그 전체를 복원하여 세계 주요 과학기술사 박물관에 전시하는 것이 좋겠다!"라고 감탄한 바 있습니다.

1만 원권 지폐에 혼천시계가 들어간 걸 못마땅하게 생각하는 사람도 있습니다. 왜 중국에서 유래한 혼천의를 넣었냐는 거죠. 그러나 혼천의는 우리 민족이 천 년 이상 만들어 써온 과학기술입니다. 혼천의가 중국에서 유래한 건 맞지만 우리 선조들이 거기에 혼신의 공을 들여 발전을 이루었습니다. 누가 시작했느냐가 아니라, 그것으로 달성한 과학 수준이 중요합니다. 동서양 과학을 접목한 혼천시계가 그 대표적인 사례입니다. 오히려 지폐에 그려진 혼천시계에 서양 시계 장치가 빠진 걸 문제삼을 만합니다. 네모난 그림이 들어가면 모양새가 안 좋아진다는 이유였다는데, 아무래도 혼천시계의 빛나는 가치가 빠진 것 같아 안타깝습니다.

지구 자전에 관심을 가진 조선 학자들 12

지구 중심설과 태양 중심설의 대결

갈릴레이(1564~1642)가 종교 재판을 마치고 나오며 "그래도 지구는 돈다!"라고 중얼거렸다는 이야기는 유명하죠. 하지만 갈릴레이가 이 말을 했다는 이야기는 사실이 아닙니다. 그의 업적이 과대평가되면서 누군가가 지어낸 이야기죠. 다만 갈릴레이가 종교 재판을 받은 건 사실입니다. 그는 왜 종교 재판을 받아야 했을까요?

기독교에서는 하느님이 우주를 창조할 때 온 우주와 뭇별이 지구를 향해 돌도록 했다고 믿었습니다. 그러한 논리가 있어야만 지구에 사는 인간이 하느님을 닮은 생명체로서 우주에서 가장 고귀한 존재가 될 수 있습니다. 이를 지구 중심설이라고 합니다. 천동설이라고도 하죠.

지구 중심설은 태양 중심설(지동설)이 나오자 여지없이 흔들립니다. 중세 기독교 인사들은 지구가 태양의 주위를 도는 별에 불과하다는 사실을 절대 인정할 수 없었습니다. 그러한 주장은 하느님의 천지 창조가 거짓말이란 결론으로 이어지니까요.

이처럼 서양에서 지구 중심설과 태양 중심설은 단순히 과학적 견해의 차이를 넘어 성경 내용의 시비를 가리는 중요한 문제였습니다. 교회는 태양 중심설을 주장했던 브루노(1548~1600)를 장작불에 태워 죽였습니다. 코페르니쿠스(1473~1543)도 태양 중심설을 주장했지만, 죽은 다음에 책이 나온 덕분에 화형을 피할 수 있었습니다. 후대 사람들은 코페르니쿠스를 태양 중심설의 아버지라 일컫고, 과학 혁명의 불을 댕긴 대과학자로 대접했지요. 사실 갈릴레이는 브루노, 코페르니쿠스보다 후대의 과학자일 뿐 아니라 종교 재판 자리에서 천체가 지구를 도는 거라며 슬그머니 꼬리를 내린 사람이었습니다.

지전설을 주장한 조선 학자들

지동설과 글자가 비슷한 '지전설地轉說'이란 게 있습니다. 지동설과 지전설은 어떻게 다를까요? 지구는 하루에 한 번씩 자전하고 1년에 한 번씩 태양을 공전하죠. '지구가 돈다'는 뜻의 지전설은 지구의 자전을 말할 때만 쓰는 경향이 있습니다. 반면에 지동설은 지구의 공전에 핵심이 있습니다.

지전설과 지동설은 서양에서만 나온 학설이 아닙니다. 조선시대에 이미 지구가 둥글며 자전한다고 주장하는 사람들이 있었습니다. 《열하일기》를 쓴 박지원이 1780년 사신 일행에 끼어 중국 청나라 황제의 별장이 있던 열하에 도착했을 때의 일입니다. 조선 사람들은 중국 사람들과 새벽 3시부터 무려 여덟 시간 동안 한바탕 이야기꽃을 피웠습니다. 박지원은 중국 사람들에게 주눅 들지 않으려고 이야깃거리를 준비해 갔지요. 이야기가 '땅의 모습'까지 흘러가자 박지원이 비장의 무기, 조선의 앞선 연구 성과를 꺼내 들었습니다.

박지원은 서양 사람들의 책을 읽어본 적은 없으나 일찍이 지구가 둥근 것을 의심치 않았다고 당당히 말합니다. 그는 약 백 년 전에 이미 김석문(1658~1735)이 큰 공 3개, 그러니까 해, 달, 지구가 공중에 떠서 돈다는 학설을 제시했다고 자랑합니다. 그리고 친구인 홍대용(1731~1783)이 지전설을 창안했음을 알려줍니다. 지구 땅덩어리는 한 시간에 7천 리씩 달리는데, 서양 사람들은 지구가 둥근 것은 알면서도 이런 이치는 아직 모른다는 이야기였죠. 잘난 척하던 중국 사람들은 아마 말문이 막혔을 겁니다.

박지원이 친구로 소개한 홍대용은 아주 자유분방한 사상가였습니다. 홍대용은 자신의 저서 《담헌서》에 밝혀놓았듯이 지구가 둥글기 때문에 당연히 빙글빙글 돈다고 주장했습니다. 그의 사상은 '무한 우주론'까지 나아갔습니다. 하늘은 끝없이 펼쳐져 있고, 그 하늘에는 지구와 비슷한 천체가 있을 수 있다는 겁니다. 그는 또 다른 천체에 인간과 비슷한 생명체가 살고 있을지 모른다고 생각했습니다. 이때 이미 외계인의 존재를 상상한 거죠.

홍대용 연구는 우리나라에서 1930년대부터 1960년대에 이루어졌습니다. 다들 홍대용이 당시 서양 사람도, 중국 사람도 하지 않은 획기적인 주장을 했다는 데 놀랐죠. 홍대용의 지전설을 파고들던 학자들은 다른 사실도 밝혀냈습니다. 학자들은 김석문이 홍대용보다 먼저 지전설을 주장했고, 홍대용이나 김석문이 서양의 책에서 힌트를 얻었음을 알아냈습니다. 서양 사람들의 지전설이 중국에 이미 소개되어 중국 학자도 지전설을 주장했다는 사실 또한 밝혀졌죠. 가장 큰 차이는 서양 사람들이 관측으로 지전설을 입증한 반면, 김석문이나 홍대용은 그저 그와 같은 생각을 하는 데 그쳤다는 데 있습니다. 그 후 연구가 계속되어 이익(1681~1763), 정약전(1758~1816)도 지전설을 생각했음이 알려졌습니다.

정약전은 다산 정약용(1762~1836)의 형입니다. 홍대용과 비슷한 시기에 살았기에 그도 김석문의 지전설을 잘 알고 있었죠. 그는 지전설을 증명하기 위해 혜성을 관찰했습니다. 1811년 어느 날 밤하늘을 관찰하던 정약전은 혜성이 서쪽에서 동쪽으로 움직인다는 걸 알아내어, 지구도 같은 방향으로 자전한다는 증거로 제시했습니다. 그는 이 발견을 동생 정약용에게 편지로 알렸습니다. 그런데 이 편지를 받은 정약용은 혜성은 지구의 자전과 상관없이 움직인다고 하며 형의 주장을 단호하게 반대했습니다. 지금의 지식으로 보면 정약용이 옳았지만, 독자적으로 지구의 자전을 '증명'하려고 한 정약전의 태도는 높이 살 만합니다.

우주에 중심은 없다는 혁명적 발상

조선 학자들이 서양 천문학의 영향을 받아 지전설 논의를 한 것은 분명한 사실입니다. 그런데 조선 학자들은 지전설을 우리나라의 과학 전통에 비춰보고 필요한 부분을 더 깊이 생각하게 되었습니다. 오히려 중국에 온 서양 선교사들은 종교적인 이유 때문에 태양 중심설을 믿지 않았습니다. 선교사들은 지구가 가만히 있고 우주가 돈다는 지구 중심설을 신봉했죠.

지구가 둥글다는 지구설을 믿게 되면서 과학자들은 지구 저편에 있는 사람들이 어떻게 떨어지지 않는가 하는 문제를 해결해야 했습니다. 땅덩어리가 둥글면 아래쪽에 있는 사람들은 지구 밖으로 떨어져야 하는데 그렇지 않으니까요. 조선시대 사람들은 지구에 중력이 있는 걸 몰랐거든요. 그래서 빙글빙글 돌면서 엎어지지 않는 팽이를 생각해냈습니다. 지구가 둥글다면, 끝없이 돌 거라고 생각한 겁니다. 김석문과 홍대용 모두 지구가 돈다고 주장했습니다.

김석문은 기발하게도 우주의 구조를 수치로 나타냈습니다. 하늘은 2만 5440년에 한 번 돌고, 태양은 1년에 한 번 돌고, 지구는 하루에 한 바퀴 돈다고 했습니다. 이 수치들은 현대 천문학에서 밝혀낸 것과 거의 비슷합니다. 그런데 그가 쓴 《역학도해》(1697)라는 책이 좀 묘합니다. 《역학도해》는 우주의 구조를 밝힌 책인데, 태극기에서 보이는 건·곤·감·리 같은 주역의 괘 안에 지전설 모형이 실려 있거든요. 주역은 숫자와 밀접한 관련을 맺으며 발달해왔습니다. 어려운 말로 '상수학象數學'이라고 합니다. 수가 모든 존재의 기본이라고 보는 학문이죠. 김석문이 지전설을 추적해 들어가고 서양 천문학을 연구한 것은 우주가 놀랄 만큼 규칙적인 수로 이루어져 있을 것이라는 믿음 때문이었습니다.

반면에 홍대용은 우주를 수와 연결하는 걸 단호히 배격했습니다. 주역에 따르는 것은 '숫자 놀음'에 불과하다고 생각한 겁니다. 홍대용은 우주의 실제 운행을 있는 그대로 파악하는 게 중요하다고 했는데, 이는 오늘

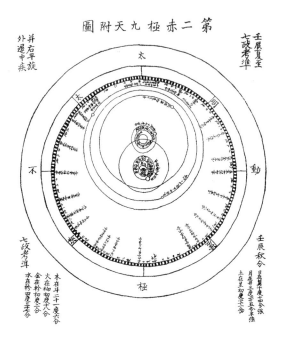

《역학이십사도해》에 실린 우주 그림 중 하나. 김석문이 쓴 《역학도해》는 남아 있지 않다. 《역학이십사도해》는 《역학도해》를 간추려 우주에 대한 스물네 가지 그림과 해설을 실은 책이다.

날 자연과학에서 관측을 중시하는 태도와 똑같습니다.

조선의 과학자들은 서양 학문이라고 해서 무조건 받아들이지는 않았습니다. 조선 사람의 입장에서 우리나라의 전통을 살피고, 잘못된 학설을 찾아내고, 실제 우주를 관측하고 연구하여 자신의 의견을 분명히 했죠. 홍대용의 지전설과 무한 우주론은 오늘날 '중국 중심의 세계관 타파'의 의미로 해석되고 있습니다. 그는 《의산문답》에서 이렇게 말했습니다.

지구는 멈춰 있을 수 없다. 둥글기 때문에 돌아야 한다. 그렇게 도는 해와 달, 천체 사이에는 고정된 중심이 없다. 마찬가지로 땅 위

한국과학문명사 강의

의 모든 장소는 동등하다. 중국이나 조선이나.

이는 '조선 지식인의 중국에 대한 자주 선언문'이라 해도 좋을 겁니다. 무한한 우주에 중심이란 없고, 동시에 모두가 중심이 될 수 있습니다. 그건 중국을 세계의 중심으로 생각해온 조선 학자들에게 혁명과 같은 발상이었죠.

과학 발달을 뒷받침한
수학의 역사

⑬

산가지를 사용한 빠른 계산

예전에는 덧셈·뺄셈·곱셈·나눗셈을 가감승제加減乘除라고 했습니다. 옛날 아이들도 사칙연산을 배우고 구구단을 외웠습니다. 숫자 9를 완전하고 좋은 수로 보았기 때문에 구구단은 9단부터 외웠습니다. 이 때문에 '구구단'이라는 이름이 생겨났죠. 오늘날 대학교와 비슷한 고구려의 태학, 통일신라의 국학, 고려의 국자감에서도 수학을 가르쳤습니다.

요즘에는 복잡한 계산을 할 때 전자계산기를 쓰지만 옛날 중국이나 일본에서는 주판을 썼습니다. 우리나라는 '산算가지'라고 하는 가느다란 막대기를 썼습니다. 산가지를 담아두는 통이 '산통'입니다. '산통이 깨진다'

산통과 산가지, 주판. 중국 사람들은 원래 산을 쓰다가 원나라 때부터 주판을 쓰게 되면서 차츰 산을 사용하지 않았다. 이와 달리 조선은 계속 산을 썼다.

는 말이 여기서 나왔습니다.

조선 수학자 최석정은 "중국 사람들이 왜 번거로운 주판을 쓰는지 모르겠다"고 의아해했습니다. 산가지로 가감승제를 척척 계산할 수 있었으니까요. 산가지로 계산하는 손은 마치 마술사가 카드를 만지듯 빨랐을 겁니다.

아주 복잡한 계산을 할 때에는 결과가 적힌 표를 사용했습니다. 이를테면 피타고라스 정리의 값을 적용할 때 빗변의 값을 미리 구해서 표에 적어놓고, 보면서 하면 계산이 빨라지겠죠. 그리스 사람인 피타고라스는 직각삼각형의 빗변을 한 변으로 하는 정사각형의 넓이가 다른 두 변을 각각 한 변으로 하는 두 정사각형 넓이의 합과 같음을 증명했습니다. 이러한 피타고라스 정리를 우리말로는 구고법이라 합니다. 직각삼각형에서 구句는 짧은 변, 고股는 직각을 이룬 긴 변입니다. 가장 긴 빗변은 현弦이라고

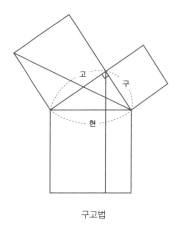

구고법

하죠. 각각의 이름이 있었다는 것은 우리나라에서도 그만큼 정확한 연구가 있었다는 사실을 말해줍니다.

우리 조상들이 했던 수학 계산을 한번 해볼까요? 동양에서 가장 오래된 수학책은 《구장산술九章算術》입니다. 2천 년 전 중국 사람이 9장으로 나눠 쓴 이 책에는 246개의 수학 문제가 실려 있습니다. 다음 문제는 그 중 하나입니다. 참고로, 보步는 거리를 재는 단위입니다. 1보는 보통 성인 남성이 한 걸음 정도 내딛는 거리를 기준으로 삼았죠.

원 모양의 땅이 있다. 둘레는 30보, 지름이 10보일 때 땅의 넓이는 얼마인가?

원의 넓이를 구하는 공식은 '원주율×반지름×반지름'입니다. 이 문제는 지름이 나와 있으니 원주율만 알면 풀 수 있겠죠. 원주율은 원의 지름에 대한 둘레의 비율입니다. 계산해보면 딱 떨어지지 않는 수, 즉 무리수입니다. 원주율을 소수 백 자리까지 구해보면, 3.1415926535 8979323846 2643383279 5028841971 6939937510 5820974944 5923078164 0628620899 8628034825 3421170679…와 같습니다. 슈퍼컴퓨터로 소수점 아래 2천억 자리까지 계산해도 무한히 계속되어 정확한 값을 알 수 없습니다. 5세기경 중국

조충지라는 천문학자가 소수 여섯 자리인 3.141592까지 계산해냈습니다. 컴퓨터도 없던 시대에 정말 대단하죠. 보통은 '약 3.14'라고 하는데, 옛날에는 원주율을 3으로 계산했습니다.

그럼 위 문제의 답은 뭘까요? '원주율(3) × 반지름(5) × 반지름(5) = 75보'가 됩니다. 한 문제 더 봅시다.

지금 북쪽 마을에 8758명, 서쪽 마을에 7236명, 남쪽 마을에 8356명의 장정이 있다. 이 세 고을에서 378명을 주민 수에 따라 징발하려고 한다. 마을당 몇 명씩이면 좋을까?

비례대로 배분해서 뽑으면 되겠죠. 이런 문제를 보면 옛사람들이 어떤 때 수학을 사용했는지 짐작할 수 있습니다. 옛날에도 수학의 용도가 오늘날과 다르지 않았던 겁니다.

중국과 조선의 수학 대결

고려 수학자들의 수준은 중국 수학을 다 이해하고 응용할 정도였습니다. 그러나 중국에는 고려가 결코 넘보지 못할 3대 수학자 주세걸, 양휘, 안지재가 있었습니다. 이들은 《구장산술》과 차원이 다른 고난도의 수학 계산법을 밝혔습니다. 특히 주세걸은 역법 계산에 꼭 필요한 방정식 풀이를 제시했는데, 이를 '천원술天元術'이라고 했습니다. 주세걸, 양휘, 안지재가 각각 쓴 《산학계몽》, 《양휘산법》, 《산명산법》은 조선시대에 산관(산학 전문 관리)이 되려는 사람이 꼭 공부해야 할 책으로 지정되기에 이릅니다.

1713년 5월 29일에는 중국과 조선의 수학 문제 풀이 대결이 벌어졌습니다. 중국의 4대 수학자 중 한 사람으로 추앙받는 하국주도 이 대결에 참여했습니다. 하국주는 조선에 와서 중국의 시헌력에 대해 한 수 가르쳐주고, 여러 지방의 위도를 정확하게 측정해서 알려주기도 한 사람입니다. 조선 대표로는 젊은 수학자 홍정하와 유수석이 나섰습니다.

하국주는 조선의 수준을 파악하기 위해 일부러 쉬운 문제를 연거푸 내다가 점점 어려운 문제를 냈습니다. 홍정하와 유수석은 실력을 발휘하여 어려운 문제도 척척 답을 맞혔습니다. 이제 조선이 문제를 낼 차례가 되었습니다. 원래 좀 부족하다고 생각하는 쪽에서 비장의 무기를 내밀어 상대를 당황시키는 법이죠. 조선에서는 이런 식의 문제를 냈습니다.

"공 모양의 옥돌이 있다. 옥돌에 내접한 정육면체 모양의 옥을 뺀 부분의 무게는 265근 50냥 5전, 단 이 부분의 두께는 4촌 5푼이라고 한다. 옥돌의 지름과 정육면체 모양인 옥의 한 모서리의 길이를 구해보시오."

하국주는 "이 문제는 당장 풀기 어렵군. 돌아가서 차근히 풀어본 뒤 내일 알려주리다" 하며 일단 어려운 상황을 피했지만 다음 날에도 답을 찾지 못했습니다. 난처해진 하국주는 더 어려운 문제를 냈지만 조선 학자들은 척척 답을 맞혔습니다. 이때 하국주도 비장의 카드를 뽑아 들었습니다. 조선 수학자들이 알지 못하는 '삼각 함수'가 들어간 문제를 낸 겁니다. 삼각 함수는 중국에 온 서양 선교사들에게 배운 건데, 아직 조선에는 알려지지 않았었죠. 조선 수학자는 엇비슷한 답을 내긴 했지만, 정확한 답을 내지 못했습니다. 결국 이 대결은 무승부로 끝났습니다.

조선 수학자들은 하국주가 낸 17~18문제 중 두세 개 정도 빼고 다 풀

만큼 실력이 대단했습니다. 하국주는 홍정하와 유수석이 현란한 손놀림으로 산가지를 놀려 계산하자 이렇게 말하며 감탄했습니다. "중국에는 이제 산가지를 쓰지 않으니 가져가서 모두에게 보이고 싶다."

천하의 하국주가 못 푼 문제는 '천원술' 문제였습니다. 중국의 주세걸이 역법을 계산했다는 방정식 말입니다. 주세걸의 《산학계몽》이 조선 수학자들에게는 필수적인 책이었지만 당시 중국에서는 완전히 자취를 감추었거든요. 조선 수학자는 《산학계몽》을 훨씬 뛰어넘는 천원술의 세계를 개척하고 있었죠. 적어도 천원술 분야에서는 조선이 중국을 능가했던 겁니다.

조선 수학의 전통, 동산

천원술의 발달은 조선 수학의 커다란 특징입니다. 이러한 조선의 수학을 '동쪽의 수학'이란 뜻인 '동산東算'이라고 했습니다. 경선징과 최석정은 임진왜란 이후 잃어버렸던 《산학계몽》을 복원했고, 임준은 그 책에 주석을 달았습니다. 홍정하는 《구일집》이라는 책에서 천원술 문제를 166개나 제시했습니다. 중국 《산학계몽》의 27개에 견주면 무려 139개가 추가된 겁니다. 이 정도니 하국주가 쩔쩔맬 수밖에 없었겠죠.

남병철, 남병길 형제는 훨씬 더 복잡하고 어려운 천원술 문제를 풀었습니다. 두 사람은 19세기의 이름난 수학자이자 천문학자입니다. 형 남병철은 중국 시헌력의 수학적 계산을 이해하기 위한 《해경세초해》 등을 썼고, 동생 남병길은 대단히 어렵고 복잡한 수학책인 《유씨구고술요도해》

등 10여 편의 천문학·수학 관련 책을 썼습니다. 이상혁은《익산》이란 책에서 능숙하게 천원술을 다루었고, 더 나아가 동서양의 방정식 풀이를 비교했습니다.

조선 수학자들이 천원술만 했던 것은 아닙니다. 18세기 후반쯤 되면 서양 수학도 훤히 뀔 정도가 되었습니다. 그런데 조선은 왜 그토록 천원술을 중시했을까요? 우주의 비밀이 수에 담겨 있다는 생각이 강했기 때문일 거라는 주장이 가장 설득력 있습니다. 17세기 이후 중국·일본의 전통과 다른 특징이죠. 중국에서는 서양 수학과 천문학을 배우고 받아들이면서 매우 실용적인 수학을 발전시켰습니다. 일본은 임진왜란 이후 조선에서 전래된《산학계몽》을 공부하면서 '와산'이라는 일본의 독특한 수학을 발전시켰습니다. 와산은 소수의 전문인들이 학파를 이루면서 발전했죠. '문제 풀이를 위한 문제 풀이'를 하며 지적인 놀이를 했다고 할까요. 이와 달리 조선에서는 유교 전통이 매우 강했기 때문에 수학 분야에서도 하늘의 뜻을 읽어내려는 목적이 두드러지게 나타났던 겁니다.

한·중·일 삼국의 차이가 있다고는 해도, 그 차이는 서양 수학과 견준다면 매우 작습니다. 서양에서는 개념과 원리를 중시하는 기하학을 중심으로 수학이 발달한 반면, 동아시아에서는 문제 풀이식 대수학이 발달했습니다. 그래서 동아시아의 수학이 매우 뛰어난 부분이 많으면서도 서양 수학과 같은 정밀한 체계는 갖추지 못한 겁니다. 이후 서양 과학 문명은 기하학과 같은 학문을 바탕으로 매우 높은 성취를 이룩했지만, 안타깝게도 동양에서는 그러지 못했죠.

한국과학문명사 강의

한국사에서 수학은 언제, 어떻게 등장했을까?

　수학은 천문학, 의약 분야와 달리 독자적인 관청 없이 각 관아에서 산관을 활용했던 것 같습니다. 백제에서는 260년(고이왕 27년) 재정 회계와 창고를 담당하는 관리가 임명되었습니다.[5] 신라에서는 584년(진평왕 6년) 공물·조세를 담당하는 조부調部가, 652년(진덕여왕 6년) 조세와 창고를 맡은 창부倉部가 설치되었는데, 당연히 계산에 능한 기술자가 이 기관에 배치되었을 것입니다.[6] 고구려에서는 373년 율령정치가 시행되면서 왕실의 출납을 관리하는 주부主簿라는 관직이 있었고 과세를 위해 농지를 측량했으므로 계산 업무에 종사하는 관리가 있었음에 틀림없습니다.[7] 이들은 《구장산술》같은 고대 중국 수학책을 보면서 수학을 공부했을 것입니다.[8]

　한국과학사상 산학·의학 교육의 제도적 모습은 통일신라 이후부터 분명하게 나타납니다. 산학은 682년(신문왕 2년)에 설치된 국학의 보조 과목으로 채택되어 산학박사 1인과 산학조교 1인이 국학의 생도들을 가르쳤습니다. 이런 제도를 보면 산학 전문가를 양성한 것이 아니라 지배층의 자제에게 조세, 측량 등 국가 경영에 필요한 산학을 가르쳤음을 알 수 있습니다. 산算은 지배층이 어렸을 때부터 꼭 배워야 하는 육예(예禮·악樂·사射·어御·서書·수數) 중 하나였습니다. 이 사실을 떠올리면 왜 국학에서 산학을 가르쳤는지 이해될 것입니다.

765년(혜공왕 원년)경 국학에서 가르친 산학 과목은 《철경綴經》·《삼개三開》·《구장九章》·《육장六章》 등입니다. 《철경》과 《구장》은 당의 산학 교재인 조충지의 《철술》과 《구장산술》로 추측되며, 《삼개》·《육장》은 중국 산학 서적에서는 고증되지 않지만* 흥미롭게도 일본 헤이안 시대의 과목 중에 들어 있습니다.[9]

고려에서도 통일신라 때와 마찬가지로 산학 전문 기관은 없었으나, 일반 관료에게 산학을 가르치지는 않고 명산업明算業이라는 과거를 통해 산학 전문 관리를 뽑았습니다. 995년(성종 14년)에 명산업 시험 과목이 정해졌는데, 여기에는 통일신라 때 과목이었던 《구장》·《철경(철술)》·《삼개》 등이 포함되어 있고, 통일신라 때 과목인 《육장》은 빠지고 《사가謝家》가 추가되었습니다. 《사가》가 어떤 책인지는 밝혀지지 않았습니다.

조선시대에도 각종 관아에서 필요한 산사算士가 양성되었으나, 고려와 달리 호조에 별도의 양성 기관을 두고 그 기관에서 시험을 치러 뽑는 방식을 택했습니다. 조선시대에는 이런 실용적인 계산 위주의 산사 외에 중인 계층의 산관算官이나 사대부 가운데 본격적으로 수학을 연구하는 수학자가 등장했습니다. 세종의 수학 공부가 단적인 예입니다.

임금이 계몽산啓蒙算을 배우는데, 부제학 정인지가 들어와서 모시고

---

* 《삼개》·《육장》은 당나라 때 산학 교재인 《손자산경》·《오조산경》·《해도산경》·《장구건산경》·《하후양산경》·《오경산술》·《집고산경》 등의 다른 이름이든지, 신라에서 필요한 지식을 재구성한 것일 수 있다. 김용운·김용국, 《한국수학사》, 살림, 2009, 106쪽 참조.

질문을 기다리고 있으니, 임금이 말하기를, "산수를 배우는 것이 임금에게는 필요가 없을 듯하나, 이것도 성인이 제정한 것이므로 나는 이것을 알고자 한다" 하였다.

- 《세종실록》, 세종 12년 10월 30일자

세종의 수학 공부는 17세기 이후 두각을 보인 수학자의 활동의 전조 현상으로 이해해도 무방할 것입니다.

2부

땅

지도와 지리, 그리고 광물질

　우리 조상들은 '땅'에 대한 지식을 두 가지 방향으로 발전시켰습니다. 우선 개울이 어느 방향으로 흐르고, 산이 어느 쪽에 있고, 이웃 마을과 어떻게 연결되는지 등 지역에 대한 정보를 파악하여 '지도'를 그렸습니다. 고구려, 백제, 신라 삼국이 모두 지도를 그렸다는 기록이 있습니다. 지도는 과학 지식이 없으면 정확하게 그릴 수 없습니다. 과학이 발달할수록 지도도 점점 정확해졌죠.

　각 지역의 지형뿐 아니라 한산 모시, 영광 굴비와 같은 특산물, 그리고 산업, 관공서, 군사 시설 등이 다 중요한 정보죠. 이러한 국토 지식을 모아 펴낸 책이 '지리지地理誌' 또는 '지지地誌'입니다.

　다음으로, 우리 조상들은 좋은 땅을 찾는 학문, 즉 '지리地理'를 연구했습니다. 지리란 '땅의 결'이자 '땅의 이치'를 뜻합니다. 지리학이란 말도 여기서 나왔죠. 땅에 관한 정보를 수집하거나 지도를 제작하는 것도 지리라고 했습니다. 좋은 땅을 찾는 학문을 말할 때는 지리보다 '풍수風水'라는 말을 널리 썼습니다. 풍수는 바람과 물이란 뜻이죠. 좋은 땅을 찾아내는 핵심 원리가 바람·물과 관련되어 있거든요. 풍수와 지리를 붙여서 '풍수지리'라고도 하죠. 풍수지리학은 고대 중국에서 발전한 학문입니다.

그런데 어떤 곳이 '좋은 땅'일까요? 농사짓는 데는 물이 적절하고 기름진 땅이 좋겠죠. 집을 짓는 데는 햇볕이 잘 들고 바람이 솔솔 통하는 곳이 좋을 겁니다. 우리 조상들은 더없이 좋은 땅이 있다고 믿었습니다. 도읍이 자리하면 나라가 천년만년 흥하는 땅, 산소를 쓰면 대대로 무병장수하고 벼슬하는 땅 말입니다. "조상님 산소를 옮겼더니 집안일이 술술 풀려요" 같은 말을 들어봤을 겁니다. 나도 잘되고, 우리 식구 다 건강하고 출세하는 땅이 있다면 누군들 찾아 나서고 싶지 않겠어요?

이러한 '땅의 과학'에는 지도와 지리는 물론이고 바위나 산, 들을 이루는 여러 물질, 즉 '광물질'도 포함됩니다. 광물질로는 금, 은, 동을 비롯해 철, 납, 아연 등 많은 물질이 있습니다. 이런 물질은 인간의 생활에 꼭 필요할 뿐 아니라 문화와 예술의 기본이 됩니다. 신라 금관, 백제 금동대향로, 고구려·백제 반가사유상만 해도 광물에서 추출한 금과 구리, 주석 등을 원료로 만든 거죠. 물질 없이는 인간의 문명도 이루기 어려웠을 겁니다.

가장 먼저 '풍수지리'를 봅시다. 풍수지리는 전통이 아주 오래되었고, 우리 문화에 가장 깊게 뿌리내려서 지금도 영향력이 큽니다. 요즘에는 '과학인가, 미신인가' 하는 논란에 휩싸여 있기도 하죠.

좋은 땅에 대한 연구, 풍수지리

한국 문화에 깊이 뿌리내린 풍수지리

우리는 금수강산이라 하면서 우리 산천이 좋다고 합니다. 초원에 사는 사람들은 드넓은 초원이 펼쳐져 있어 좋다고 합니다. 사막에 사는 사람들도, 북극 일대에 사는 에스키모도 저마다 자기가 사는 곳이 좋다고 할 겁니다. 도대체 '왜' 좋은 걸까요?

우선 고인돌을 통해 땅의 과학을 생각해봅시다. 강화도 부근리 고인돌은 남쪽에서 보면 고인돌의 수평이 봉천산 능선 자락에 꼭 맞춰져 있습니다. '봉천奉天'이란 산 이름도 하늘을 우러러본다는 뜻입니다. 고려시대에는 봉천산에 하늘에 제사 지내던 제단이 있었다고 합니다. 반대로 봉천산

한국과학문명사 강의

남쪽에서 본 부근리 고인돌. 봉천산 능선과 고인돌의 모습이 닮아 있다.

에 올라 아래를 내려다보면 눈에 가장 잘 띄는 곳에 고인돌이 떡 하니 자리 잡고 있죠.

분명한 건 아무 자리에 아무렇게나 고인돌을 놓지 않았다는 사실입니다. 고인돌을 세운 사람들은 어떤 '기준'에 따라 '좋은 곳'을 골랐을 겁니다. 전통 지리학 연구가 조인철 선생은 봉천산 앞의 부근리 고인돌을 보고 이렇게 말했습니다. "이 고인돌을 아무렇게나 놓은 걸까요? 저는 그렇지 않다고 봅니다. 이렇게 큰 고인돌의 윗돌을 산의 능선과 맞추고, 또 산에서 볼 때 확연히 눈에 띄도록 한 건 방위, 모양, 위치를 다 고려한 겁니다. 선사시대부터 좋은 땅이란 관념이 있었던 거죠."

좋은 땅에 대한 관심은 고대 사회에도 있었습니다. 삼국시대 이후 중국에서 들어온 뒤 더욱 정교하게 발전했죠. 그런데 한국의 지형이 중국과 크게 달랐기 때문에 중국과 똑같은 방법으로 발전하지는 않았습니다.

왜 좋은 땅인지 이유를 밝히는 학문이 '풍수지리학'입니다. 하고많은 땅가운데 좋은 땅을 찾아내는 방법은 아주 어렵고 복잡했습니다. 이는 현대 과학과 비슷합니다. 달에 우주선을 보낼 때 착륙 지점을 어떻게 선택

할까요? 착륙하는 곳은 탐사 목적에 맞는 곳이어야 합니다. 지구의 자전과 공전, 달의 공전을 정밀하게 계산해서 우주선이 원하는 지점에 큰 오차 없이 착륙하도록 하죠. 풍수지리학에서는 산소 자리를 어떻게 찾을까요? 산세와 물의 방향을 봐서 좋은 땅이 있을 만한 지역을 선택하고, 주변의 특징을 요모조모 따져서 괜찮은 곳을 찾은 다음 산소에 딱 맞는 지점을 결정합니다.

풍수지리는 한국 문화에 깊숙이 뿌리박고 있어서 일반인들도 관련 지식을 여럿 알고 있습니다. '○○산 정기 받은 우리 학교는…'처럼 학교 교가에도 나오죠. 산의 기운을 받길 바라는 건 풍수지리 사상의 영향입니다. 산을 등지고 물에 마주 서 있다는 뜻의 '배산임수背山臨水'란 말도 있죠. 배산임수 지역은 음과 양이 조화로워 좋은 땅입니다. 좋은 땅을 뜻하는 '명당明堂'이란 말도 자주 쓰죠.

나침반도 풍수지리와 관련이 있습니다. 좋은 땅을 찾을 때 필수적으로 방위를 봐야 하니까요. 이참에 나침반 이야기를 좀 더 하고 넘어가죠. 나침반은 종이·화약·인쇄술과 더불어 세계 4대 발명품으로 꼽히죠. 중국에서 발명되어 4세기경부터 쓰인 것으로 알려져 있습니다. 전상운 선생은 나침반이 중국에서 들어와 통일신라 말부터 널리 퍼져나갔을 거라고 보았습니다. 조선시대에는 나침반을 남쪽을 가리킨다고 해서 지남반 또는 지남철이라 했고, 차고 다닌다고 해서 패철佩鐵이라고도 했습니다.

나침반은 바늘 양끝이 남쪽과 북쪽을 향하는 자석 침을 만들어 방위를 측정하는 기구죠. 지구가 자석 성질을 띠기 때문에 자석 침이 항상 같은 방향을 가리키는 원리를 이용한 겁니다. 나침반의 용도는 우리나라와 서양이 조금 다릅니다. 우리나라에서는 나침반을 주로 풍수지리 전문가인

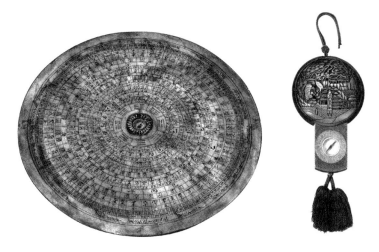

풍수지리 보는 사람들이 방위를 측정하는 데 썼던 윤도輪圖.

지관地官들이 가지고 다니면서 방위를 알아내는 데 썼습니다. 반면에 서양에서는 항해하면서 방향을 찾을 때 활용했죠.

　지관은 상지관相地官, 즉 '땅을 보는 관리'의 준말입니다. 관리라는 말에서 알 수 있듯이 지관은 점치는 사람이 아니라 중앙 관청에 소속된 전문직 관리였습니다. 지관이 속한 관청은 고려시대에는 서운관, 조선시대에는 관상감이었죠. 서운관이나 관상감에는 하늘을 관찰하고, 하늘의 현상을 예보하고, 하늘에 나타난 현상을 해석하는 천문관들이 있었습니다. 이들과 함께 지관들이 있었던 겁니다. 지관들은 관상감에서 풍수지리를 전문적으로 배웠고, 궁궐의 각종 건물을 짓거나 왕과 왕비를 비롯한 왕족의 능을 정할 때 조언하는 일을 담당했습니다.

　민간에서도 풍수지리 보는 사람을 지관이라고 불렀습니다. 지관은 나침반을 써서 명당을 찾고 시신이 묻히는 방위를 결정했습니다. 조선시대에 '효'는 가장 중요한 덕목이었기에 조상의 무덤을 쓰는 곳은 최고의 지관이 결정하는 가장 좋은 땅이어야 했죠.

참고로, 자석이 향하는 방향은 진짜 북쪽과 약간 차이가 있습니다. 자석의 남북 축(자북과 자남)이 지구의 자전축(진북과 진남)과 다르기 때문이죠. 보통 때는 그냥 써도 되지만, 정밀한 측정이 필요할 때에는 그 오차를 보정해서 씁니다.

도읍 자리는 양택풍수로, 산소 자리는 음택풍수로

풍수지리는 크게 양택陽宅풍수와 음택陰宅풍수, 두 가지로 쓰였습니다. 양택풍수는 도시를 세우거나 집터를 선택할 때, 음택풍수는 산소 자리를 고를 때 적용했죠.

고려와 조선시대에 널리 알려진 양택풍수가 있었습니다. 그중 하나가 고려시대에 묘청(?~1135)이 일으킨 서경 천도 운동입니다. 당시 이자겸의 난으로 궁궐이 불타는 등 나라가 어수선한 가운데, 금나라가 강해져 고려를 압박하고 있었습니다. 승려 묘청은 개경(개성) 땅의 기운이 쇠약해서 이런 위기가 초래했다며 땅의 기운이 왕성한 서경(평양)으로 도읍을 옮겨 나라의 운을 회복해야 한다고 주장했지요. 이때 《삼국사기》를 쓴 김부식이 이끄는 개경파와 묘청이 이끄는 서경파가 대립했고, 결국 개경파가 이겨서 도읍을 옮기지는 않았습니다.

조선이 한양을 도읍으로 정한 것도 땅의 기운을 따진 결과입니다. 그 연유는 역사에 이렇게 기록되었습니다.

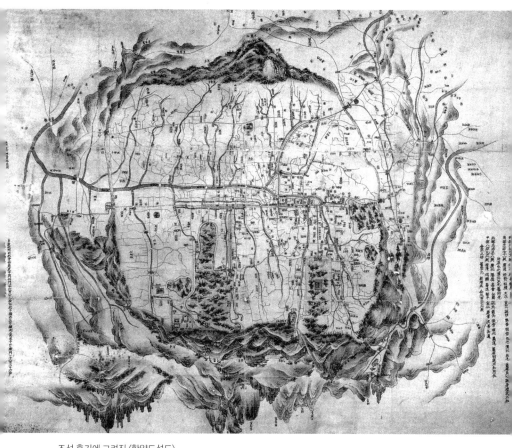

조선 후기에 그려진 〈한양도성도〉.

한반도 기운의 발원지인 백두산부터 기운이 이어져 한양의 북악산
으로 이어지고 있다. 북악산의 왼쪽에는 좌청룡인 인왕산이, 오른
쪽에는 우백호인 낙산이 위치해 있고, 북악산 남쪽에는 주작에 해
당하는 남산이 있다. 또한 물의 흐름은 바깥쪽에는 한강이, 안쪽으
로는 청계천이 흘러 명당이다. 북악산 아래에 궁궐을 짓고, 네 산
안에 도읍을 만들면 천년만년 기운이 그치지 않을 것이다.

또 다른 후보지 계룡산도 엄청 좋은 땅이었지만 지대가 남쪽으로 치우쳐 있어서 조화를 잃었다는 점이 지적되어 마지막 순간에 탈락했다고 합니다. 이처럼 나라의 도읍을 정할 때 양택풍수가 힘을 발휘했습니다.

풍수지리의 위력은 조선시대에 더 커졌습니다. 특히 산소 자리를 고르는 음택풍수에서 두드러졌죠. 고려시대까지는 많은 사람들이 화장을 했는데 조선시대에는 대부분 무덤을 썼습니다. 일부 학자는 풍수지리를 허황된 거라며 거세게 비판했습니다. 유교의 논리에 따른다면 무덤을 잘 써서 복을 받는 건 미신에 불과하니까요. 하지만 풍수지리는 왕실부터 양반까지 누구나 따르는 문화가 되었습니다. 왜 그랬을까요? 이 또한 조선시대의 유교 윤리와 관련이 있습니다. 유교는 죽은 이를 살았을 때만큼 공경하라고 가르쳤거든요. 그래서 무덤을 잘 쓰는 게 효도하는 방법이 된 겁니다. 무덤을 잘 쓰면 좋은 땅의 기운이 후손에게 전해져 복을 받는다는 믿음도 강했습니다. 결국 산소는 죽은 사람을 위하는 것 이전에 살아 있는 사람의 위세와 관련되어 있었죠.

그렇다면 명당은 어떤 곳일까요? 명당明堂은 밝은 집이라는 뜻인데, 좋은 땅 중에 핵심을 가리킵니다. 쉽게 말하면, 무덤 앞 양지바른 곳이 바로 명당입니다. 원리는 사신도와 같습니다. '좌청룡 우백호'라고 하죠. 동쪽에 있는 산을 청룡이라 하고 서쪽에 있는 산을 백호라고 합니다. 북쪽에는 현무가, 남쪽에는 주작이 있죠. 물과 산은 해와 달에 해당됩니다. 물은 변화무쌍한 양의 기운이고, 산은 갈무리하는 음의 기운이죠. 또 주변의 산은 그 모습에 따라 화성, 수성, 목성, 금성, 토성으로 분류됩니다. 더 자세한 내용은 풍수지리 전문가들이나 알 수 있을 만큼 복잡합니다.

조선시대는 유교 질서에 따르는 신분 사회였죠. 임금의 무덤보다 양반

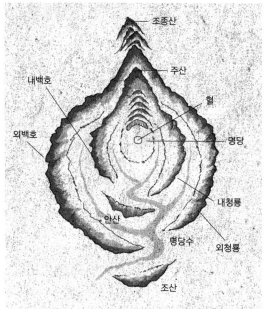

명당도.

조종산
주산
내백호
혈
외백호
명당
내청룡
안산
외청룡
명당수
조산

것이 커서는 안 되고, 좋지 않은 땅에 조상님을 묻을 수도 없었습니다. 만약 검소하게 작은 비석 하나만 세우면 조상에게 소홀하다고 사람들이 수군거렸겠죠. 이런 점을 두루 고려해서 죽은 사람의 무덤 크기나 위치가 정해졌습니다.

현대 과학과도 통하는 풍수지리

옛사람들에게 땅과 공간, 즉 자연은 무척 험하게 느껴졌습니다. 사람들은 온갖 곳에 귀신이 붙어 있어서 인간의 운명을 좌우한다고 믿었습니다. 부엌에는 부엌 신이, 마을 느티나무에는 나무 신이, 동네 어귀에는 천하

대장군 장승이 있어서 돌봐준다고 믿었죠. 온갖 사물에 정령이 있어서 인간을 괴롭히거나 복을 준다는 애니미즘이 지배한 겁니다. 이러한 온갖 정령들을 밀어낸 것이 바로 풍수지리입니다. 풍수지리로 자연 현상을 음양이나 오행의 작용으로 해석할 수 있게 된 거죠.

현대 과학과 풍수지리는 자연에 대한 두려움을 떨칠 수 있게 해준 점, 그리고 원리가 매우 복잡하다는 점에서 비슷합니다. 그러나 현대 과학은 수학으로 입증이 가능하지만, 풍수지리는 논리가 정교하기는 해도 수학으로 확증할 수는 없다는 점에서 크게 다릅니다.

오늘날에는 자연의 위험이 많이 사라지고 과학이 발달해서 풍수지리가 예전처럼 막강한 힘을 발휘하지는 못합니다. 그렇지만 풍수지리가 인간과 자연의 조화를 중시하고, 그 조화가 생태적으로 인간의 삶에 도움이 된다는 부분은 새롭게 인정받고 있습니다. 자연을 너무 이용하려고만 드는 현대인들의 생각을 반성하게 하는 측면이 있으니까요.

최근에는 외국에서 풍수지리 열풍이 불고 있기도 합니다. 자연에 순응하는 질서를 풍수지리학이 말해주기 때문일 겁니다. 특히 풍수지리에 따른 가구 배치에 꽤 흥미를 느끼고 있다고 합니다. 이러저러한 이유로 침대는 저쪽에 두고, 식탁은 이쪽에 두고… 서양 학문에서는 찾아볼 수 없는 이야기죠.

오늘날의 과학적인 지식과 일치하느냐 아니냐를 떠나, 풍수지리는 합리적이었다고 말할 수 있습니다. 자연의 현상과 사람의 생활을 음기, 양기 등의 원리로 설명했기 때문입니다.

고려, 풍수의 전성시대

고려시대에 천문학 지식이 유교적 왕정 실현에 봉사했다면, 풍수는 왕조 자체의 운명과 관련된 더욱 굵직한 지식으로 간주되었습니다. 정사正史인《고려사》나《고려사절요》에는 풍수와 관련된 중요한 기사가 많이 실려 있습니다. 풍수가 수도를 옮기거나 왕궁을 새로 짓는 국가 대사와 밀접하게 연관되었기 때문이죠. 그런 기록은 고려 왕조 내내 발견됩니다.

고려 왕조의 운명과 결부되었던 풍수학

고려 풍수학에서 가장 중요한 인물은 도선(827~898)입니다. 도선은 통일신라 말기의 인물로 태조 왕건(877~943)의 탄생부터 청년 시절까지만 호흡을 같이했지만, 그의 풍수학은 태조가 남긴 훈요십조 10개 중 3개를 차지했을 정도로 이후 고려 왕조의 운명에 지대한 의미를 지녔습니다. 태조는 훈요십조에서 도선이 산수山水 순역順逆의 형세를 살펴 정한 곳에 사찰을 지었으며, 송도(개경)와 서경이 길지吉地임을 말한 바 있습니다. 이후 풍수음양학 관리나 술사術士들이 대부분 도선이 남긴 책자를 인용하는 식으로 길지에 대한 주장을 폈습니다.

《고려사》 열전의 방기方技 부분을 보면 천문학 분야의 오윤부

(?~1304), 의학 분야의 설경성(1237~1313)과 함께 풍수 분야의 인물로 유일하게 김위제金謂磾(생몰 미상)가 실려 있습니다. 김위제는 1096년(숙종 원년)에 위위시衛尉寺*의 하급 산직散職인 승동정丞同正이라는 벼슬에 있었는데, 도선의 풍수를 배운 인물이었습니다. 이해에 그는 여섯 가지 근거를 들면서 수도를 개경에서 남경(한성, 훗날 조선의 수도)으로 옮기자고 주장했습니다. 그가 제시한 근거 중에 《도선비기道詵祕記》인용 하나, (도선의) 《답산가踏山歌》인용 셋, (도선의) 《삼각산명당기三角山明堂記》인용 하나, 이렇게 다섯 가지가 도선과 관련되어 있습니다. 이 중 《삼각산명당기》에 다음과 같은 내용이 실려 있습니다.

눈을 뜨고 머리를 돌려 산세를 두루 살펴보니 북을 등지고 남을 향한 이곳이 바로 명당 대지明堂大地로다. 음陰과 양陽이 서로 맞아 겹겹이 꽃이 피니 자손이 번창하고 국가를 수호하리라. … 임자壬子년에 첫 삽, 괭이를 대면 정사丁巳년에 성군이 될 왕자가 탄생할 것이다. 삼각산을 의지하여 도읍을 정하면 9년 후에는 사방에서 조공을 바칠 것이다.

김위제가 마지막으로 언급한 근거는 《신지비사神誌祕詞》로, 《삼국유사》에도 서명이 보일 정도로 오래된 책입니다. 김위제는 저울의 저울대, 저울추, 저울 머리 등 셋의 균형을 언급한 《신지비사》의 내용을 들어 개경이 저울대, 서경이 저울 머리, 남경이 저울추에 해당하므로 이미 존재하는 개경과 서경 외에 남경을 중시해야

---

* 의장儀仗에 쓰이는 예기禮器와 병기兵器 등을 관장하던 관청.

함을 역설했습니다. 이 건의는 일자日者 문상文象이 찬동했지만 받아들여지지 않았습니다. 그러나 김위제는 이 일을 계기로 직책을 천문 기관인 사천대의 주부동정注簿同正으로 옮긴 것 같습니다. 남경천도설을 제외하고는 풍수 술사로서 김위제의 특출한 점이《고려사》에 더 보이지 않습니다. 그럼에도 그가 《고려사》 열전 방기에 실린 까닭은 남경을 수도로 삼은 후속 왕조의 정당성을 일찌감치 예언한 점이 높이 평가되었기 때문이겠죠.

도선의 이름이 들어간 책들은 전부 전하지 않으므로 진위를 가려낼 수도, 그 내용을 확인하기도 곤란합니다. 다만《해동비록海東祕錄》은 풍수학이 집대성된 책으로 주목할 만합니다.《해동비록》은 1106년(예종 원년) 3월 왕명으로 여러 유신儒臣이 태사관太史官과 함께 장녕전長寧殿에 모여 지리에 관한 여러 사람의 책을 모아 같고 다른 점을 교정하고 그 번잡한 내용을 정리해 편찬한 책입니다. 이 책은 '해동'이라는 표현에 나타나듯 고려인의 관점에서 풍수를 정리한 책이며, '비록'이라는 표현에서 비기祕記 같은 뉘앙스를 풍깁니다. 왕은 이 책 정본은 대궐 서고에 두고 부본은 중서성, 사천대, 태사국太史局에 나누어주도록 했습니다. 도선의 풍수는 당唐의 지식에서 비롯했지만, 신라 이후 고려의 국토를 실제 답사하면서 생긴 풍수학 내용이《해동비록》에 결집되었을 것입니다.*

풍수 술사 묘청이 일으킨 정치 변동

풍수 술사가 정치에 가장 큰 영향을 끼친 사건은 묘청이 주도한

---

* 풍수학 연구자인 최창조는 이를 자생풍수라 명명했다. 한국의 자생풍수에 대한 내용은 최창조,《한국 자생풍수의 기원, 도선》, 민음사, 2016 참조.

서경 천도 운동입니다. 역사학자 신채호가 '조선역사상 일천년래 제일대사건'*이라고 말한 사건이죠. 묘청은 일관 백수한의 스승인 서경의 승려로서 음양비술陰陽秘術에 밝았습니다. 1128년(인종 6년), 도선이 남긴 술법의 전수자로 자처하던 묘청은 상경上京(지금의 개성)의 기운이 이미 쇠했고 서경에는 왕기王氣가 있으니 그곳으로 천도하자며, "서경의 임원역이 음양가에서 말하는 대화세大華勢이므로 그곳에 궁궐을 짓고 천도하면 가히 천하를 아우르게 되어 금나라가 스스로 항복하고 36국이 모두 신하가 될 것입니다" 하면서 서경천도론을 처음 제시했습니다.

묘청의 이러한 주장은 이자겸의 난으로 왕궁이 불타고, 금나라의 위협으로 점차 민심이 동요하던 상황과 결부되어 인종(재위 1122~1146)의 호응을 이끌어내어 곧바로 천도를 위한 준비가 진행되었습니다. 서경 천도는 차질 없이 진행되어 1132년에는 서경에 왕궁인 대화궐大華闕이 창건되기에 이르렀습니다. 이 궁궐에서 묘청은 도선이 남겼다는 술법을 펼쳐 보이며 자신의 권위를 높이고자 했습니다.

그렇지만 문신들이 서경 천도에 극렬히 반대했고, 1134년 대화궐의 건룡전乾龍殿에 벼락이 치는 등 하늘의 경고를 뜻하는 괴이한 일이 자꾸 일어나자 풍수설에 기반을 둔 천도론이 점차 명분을 잃게 되었습니다. 이러한 가운데 묘청이 인종에게 서경 행차를 요청

---

* 신채호는 묘청의 서경 천도 운동을 낭·불 양가 대 한학파의 싸움, 독립당 대 사대당의 싸움, 진취사상 대 보수사상의 싸움으로 규정하고, 이 사건이 고대 이래 전통적으로 내려오던 "진취적이고 독립적인 자주사상이 사대적 유교사상으로 바뀌는 전환점"이라 말했다. 그의 주장에 따르면 이 싸움에서 전자는 묘청, 후자는 《삼국사기》의 저자인 김부식으로 대표된다.

했지만 김부식 등의 반대로 거부되고 서경 천도의 가능성도 희박해졌습니다. 1135년 서경에서 묘청은 국호를 대위大爲, 연호를 천개天開라 하는 새로운 왕조를 선포하고 난을 일으켰으나, 부하의 배신으로 그의 반란은 실패로 끝났습니다.

묏자리 선정과 택일에 활용된 풍수 지식

고려시대 내내 왕족을 비롯하여 사대부에 이르기까지 사람들은 장지葬地 선정과 택일에 풍수 지식을 적극적으로 활용했습니다. 고려시대의 음택풍수 모습은 현재까지 알려진 고려시대 묘지명을 통해 어느 정도 구체적으로 헤아릴 수 있습니다.* 고려에서는 무덤을 쓸 때 점을 쳐서 묘지를 정했고, 묘지명에 그 내용이 담겨 있는 것입니다.**

《고려 묘지명 집성》에는 작성 시기가 분명하며 풍수 관련 내용 파악이 가능한 307건이 실려 있는데, 그러한 기록이 고려 초부터 고려 말까지 일관되게 나타납니다. 이 책에 수록된 묘지명의 다수

---

* 묘지명의 내용은 묘비와 비슷하게 구성되었다. 먼저, 지(서序) 부분에는 사서의 열전과 비슷하게 그 인물의 전기를 썼다. 예컨대 표제表題, 죽은 사람의 휘諱, 자字, 행적, 관력, 시호, 연령, 성씨, 적리籍里, 세계世系, 졸년卒年, 졸지卒地, 장년葬年, 장지葬地 등을 기록했다. 다음으로 본문에 해당하는 명은 사언의 운문으로 구성되었는데, 대체로 죽은 사람에 대한 송덕이 주를 이루었다. 묘지를 짓고 묘지명을 넣는 장례 풍습은 나말여초부터 시작되었을 것으로 추정되고, 고려시대 이후의 묘지명 다수가 확인된다. 신라 말에는 왕이나 몇몇 고승의 비석이 세워졌는데, 원성왕(재위 785~798) 대에 축조된 숭복사비에는 중국의 풍수서인 《청오경》과 《금낭경》에 관한 정보가 보이기도 한다.

** 이색(1328~1396)은 장지를 정하는 일이 매우 오래되었으며, 장지 정하는 풍속은 중국과 같다고 했다. "고려는 주나라가 은나라 태사太師를 이 땅에 봉封한 때로부터 대개 중국문명의 영향을 받아왔다. … 장지를 정하는 일이나 죽은 이를 보내는 절차 등은 중국과 대략 같으면서도 … 아침저녁으로 곡을 하지 않고 있다." (이색, 목은문고 제7권/서序 김판사金判事의 시권詩卷 뒤에 써준 글)

가 왕족, 고위 관료를 지낸 사람, 장군들과 그의 부인과 가족, 고승이며, 여기에 속하지 않는 사람도 기본적으로는 관직에 있었던 사람과 그의 가족입니다. 고려에서는 중국에서처럼 조상을 한곳에 모시는 가족묘가 없었고 사자死者 한 사람이 무덤 하나를 차지했기 때문에 무덤을 지을 때마다 일일이 묏자리를 점쳐 정했습니다. 《고려 묘지명 집성》을 통해 고려 초에 왕족이나 고위 지배층을 대상으로 하던 묘지명이 고려 후기에는 일반 사대부까지 확산한 모습도 확인할 수 있습니다.

'좋은 날을 가려서, 좋은 곳인 아무개 산 아무개 방향에 묻는다'는 것은 예법으로 정형화되어 있었습니다. 음택陰宅 결정은 단순히 길지만 선택하는 것이 아니라 반드시 길일吉日과 결합해서 선택이 이루어졌습니다. 역서曆書와 풍수는 불가분의 관계에 있었으며, 풍수학이 천문 관아에 속한 것은 당연한 일이었습니다. 잘 알려져 있듯, 음택풍수는 많은 경우 자손의 복을 얻기 위해서였습니다. 예컨대 1152년에 작성된, 박황朴璜이라는 인물의 묘지명에는 다음과 같이 단 두 줄만이 적혀 있습니다.

묏자리를 점쳐 남쪽 언덕에 올라 장례 지냈다. 가문에 복이 남아 있으니 자손이 창성할 것이로다.

– 〈박황 묘지명〉, 《고려 묘지명 집성》

묘지 선정을 위한 음택풍수, 집터 잡기를 위한 양택풍수에 관한 내용은 사서에서 많이 발견되지 않습니다. 도읍을 정하는 것 같은 국가 중대사와 달리 정치성이 약했기 때문입니다. 일반적인 음택과 양택에 관한 지식을 담은 책으로는 《음양이택서陰陽二宅書》가 주목됩니다. 1022년(현종 13년), 고려 사신 한조韓祚는 송나라 황제가 하사한 《음양이택서》를 가지고 귀국했는데, 이 책의 하사는 고려의 구매 요청에 따른 것이었습니다. 책 제목대로 음택과 양택을 망라한 책이었을 텐데 오늘날 전하지 않습니다.

아마도 1136년(인종 14년) 과거시험 교재였던 서적들은 음택과 양택의 길지 선정에 참고가 되는 중요한 책이었을 것입니다. 지리업地理業 과목은 《신집지리경新集地理經》, 《유씨서劉氏書》, 《지리결경地理決經》(8권), 《경위령經緯令》(2권), 《지경경地鏡經》(4권), 《구시결口示決》(4권), 《태장경胎藏經》, 《가결謌決》, 《소씨서蕭氏書》(10권) 등 9종이었습니다. 이 과목들은 모두 현전하지 않아 어떤 내용이 담겼는지 확인할 수 없습니다. 지리 또는 지경地鏡이란 말이 들어 있는 경우 풍수 전반에 걸친 이론과 실제를 담은 책, 《경위령》은 방위를 따지는 책, 《태장경》은 아이의 태를 묻어두는 길지의 선정에 관한 책으로 짐작됩니다. 이러한 7종은 모두 중국의 문헌으로 짐작되지만 중국 풍수 문헌에서는 확인되지 않으며, 풍수학의 고전이라 일컬어지는 《청오경靑烏經》이나 《금낭결錦囊決》 같은 책들은 빠져 있습니다. 이 밖에 《유씨서》는 유안劉安의 《회남자》, 《소씨서》는 수나라 소길蕭吉의 《오행대의五行大義》로 추정되는데, 음양학 전반에 관한 내용을 담고 있습니다. 이렇듯 과거시험 과목이 고증되지 않는다는 사실은 적어도 이 시기까지는, 중국과 고려를 아우르는 권위 있는 풍수서가 존재하지 않았음을 뜻합니다.

문명국 조선이 만든 세계지도, 혼일강리역대국도지도

조선 건국 직후에 그려진 세계지도

〈혼일강리역대국도지도〉는 세계지도입니다. 이름 어렵기가 〈천상열차분야지도〉를 방불케 하죠. 이 지도 이름을 풀어보면 '혼일混一'은 하나로 섞었다는 뜻이고, '강리疆理'는 영토를 뜻합니다. '역대국도歷代國都'는 역대 제왕 때의 도읍을 뜻하고, '지도之圖'는 '~의 그림' 또는 '~을 그린 그림'이란 뜻이죠. 이를 연결해보면 '땅에 있는 역대 제왕의 도읍을 하나로 합쳐 그린 지도'란 뜻이 됩니다. 한마디로 '천하를 그린 지도'입니다. 뜻을 생각하며 이 지도 이름을 다시 읽어보세요. 이름을 읊는 맛도 있고 어쩐지 신비스럽게 느껴지지 않나요?

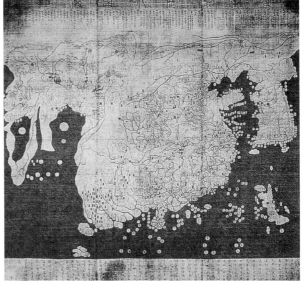

고려 불화 〈수월관음도〉.
일본 가가미신사 소장. 1310년.

이회, 〈혼일강리역대국도지도〉. 1402년에 처음 그려졌는데 원본은 현재
남아 있지 않고, 모사본이 일본 류코쿠 대학에 소장되어 있다.

〈천상열차분야지도〉는 하늘 지도이고 〈혼일강리역대국도지도〉는 땅
지도입니다. 두 지도는 비슷한 시기에 만들어졌습니다. 제작 시기가 〈천
상열차분야지도〉는 1395년, 〈혼일강리역대국도지도〉는 1402년입니다.
1392년에 조선이 건국되었으니 나라를 세우자마자 하늘 지도와 세계지
도를 만든 셈이죠. 이 세계지도도 새 왕조 건국과 관련되어 있겠죠? 그래
서 이름도 거창하고 심오하게 지었나 봅니다.

우선 〈혼일강리역대국도지도〉를 고려 불화 〈수월관음도〉와 함께 봅시
다. 두 유물에는 세 가지 공통점이 있습니다. 첫째, 현재 일본에 있고 둘
째, 크기가 큽니다. 〈혼일강리역대국도지도〉는 학교의 칠판 크기 정도 되
고, 관세음보살을 그린 〈수월관음도〉는 〈혼일강리역대국도지도〉보다 두

배쯤 클 겁니다. 셋째, 고려시대 회화의 전통이 녹아 있습니다. 〈수월관음도〉는 동아시아 그림 가운데 최고봉으로 치는 작품이죠. 레오나르도 다 빈치의 그림과 견줄 만큼 예술성이 높습니다. 〈혼일강리역대국도지도〉는 실용적 지도로 그려졌지만 규모와 색채에서 풍겨 나오는 느낌은 예술작품의 경지에 이르렀습니다.

이제 〈혼일강리역대국도지도〉를 찬찬히 들여다봅시다. 지도를 깊이 공부한 이찬 선생은 일본 덴리 대학에서 이 그림을 베껴서 돌아왔습니다. 이찬 선생처럼 베껴 그린다고 생각하면서 지도를 살펴봅시다.

맨 위를 보면 왼쪽 끝부터 '혼일강리역대국도지도'라고 이름이 쓰여 있죠. 이 지도는 흔히 '도都' 자를 빼고 '혼일강리역대국지도'라고도 합니다. 그렇게 되면 역대국歷代國, 즉 '역대의 나라'가 되므로 세계지도라는 뜻이 강해지죠. 원래대로 '도都' 자가 들어가면 '중국 제왕의 역대 도읍'이란 뜻이므로, 중국을 중심으로 그린 지도가 됩니다. 제목 아래의 작은 글씨는 중국 22성의 명칭과 도시를 적어놓은 것입니다.

먼저 지도 윤곽을 살펴보면, 바다와 대륙을 가르는 윤곽선이 제법 그럴듯합니다. 한가운데에 자리한 덩치가 가장 큰 나라가 중국입니다. 중국 오른쪽에는 조선이 있겠죠. 우리나라는 요즘 지도와 비슷하죠? 중국 왼쪽에 아래로 길쭉하게 내려온 부분이 아라비아 반도입니다. 그 왼쪽에 아프리카가 있습니다. 아라비아와 아프리카 위에 있는 게 유럽이겠죠. 그리고 제주도 아래쪽 제법 큰 섬이 일본입니다. 중국은 세계에서 가장 크게 그려져 있고, 우리나라도 실제보다 크게 그려져 있습니다. 일본은 조선의 4분의 1밖에 안 되죠.

중국에는 만리장성이 그려져 있습니다. 중국 한가운데를 가르는 노란

〈혼일강리역대국도지도〉(모사본). 오른쪽의 QR코드를 찍으면 모사본의 본래 색
을 확인할 수 있다(링크 출처: 우리역사넷).

선은 황허강입니다. 히말라야부터 시작해서 중국 대륙을 지그재그로 횡단해 황해로 빠집니다. 우리나라를 보면 산맥은 검은색으로 죽죽 그려졌고, 강은 파랗게 그려졌습니다. 동해안을 따라 길게 늘어진 산맥이 태백산맥이고, 중간쯤 빨간 점을 끼고 흐르는 강이 한강입니다. 빨간 점이 바로 한양이죠. 일본에서 빨간 곳은 옛 도읍 교토입니다. 아프리카를 보면 대륙 한가운데에 바다가 있고, 또 바다 한가운데에 섬이 있습니다.

이 지도를 베낀다면 글자를 옮겨 적는 일도 엄청 고될 겁니다. 작은 섬에도, 지도 바깥에도 한문이 적혀 있으니까요. 이찬 선생은 일본에 있는 이 보물을 우리나라에 정확히 알리고 싶어서 일일이 베껴 온 겁니다. 지도 속 정보 하나라도 놓치지 않으려 한 노력이 정말 대단합니다. 안남(베트남), 면국(미얀마), 리혹(라오스), 섬(타이), 천축국(인도), 동천축국(동인도) 등 아시아 지역은 물론이고, 100여 개 유럽 지명과 35개 아프리카 지명, 중국 서쪽의 130개가 넘는 도시를 그렸습니다.

혼일강리역대국도지도에 담긴 조선의 자부심

조선은 왜 이런 세계지도를 만들었을까요? 지도 아래쪽에 권근이 이렇게 적어놓았습니다. "밖에 나가지 않고도 천하를 알 수 있다. 대개 지도를 보면 지역의 멀고 가까움을 알게 되니, 또한 나라를 다스리는 데에 도움이 된다."

한마디로 나라를 통치하는 데 필요해서 지도를 만든 겁니다. 현대인은 본능적으로 정확성의 잣대를 들이대고 지도를 봅니다. 물론 지도는 정확해야 하지만, 이러한 태도는 옛 지도를 볼 때 편견이 되기도 합니다. 이 지도를 그린 사람이 정확함을 생각 안 했을 리 없지만, 실제와 똑같이 그리는 것이 목적은 아니었으니까요. 권근의 글에서도 알 수 있듯이 나라를 다스리거나 글을 읽을 때 참고할 지명을 한 지도에 모두 모아놓는 게 본래 목적이었습니다.

예컨대《삼국지》를 읽을 때면 도대체 위나라, 오나라, 촉나라가 어디 있는지 궁금합니다. 그럴 때 이 〈혼일강리역대국도지도〉 한 장만 있으면 되겠죠.《삼국지》전투가 어디서 벌어졌는지 생생하게 읽을 수 있습니다. 인도에 불법을 구하러 가는 이야기가 담긴《서유기》를 읽는 데도 도움이 될 겁니다. 중국 역사책을 읽다 보면 너무나 많은 지명이 등장하는데, 그런 문제를 해결하기 위해 이 지도를 만든 겁니다. 온갖 지명이 헷갈리기는 임금님, 정승님도 마찬가지였겠죠?

당시 중국과 조선 땅의 크기를 완전히 모른 건 아닙니다. 이때 지도 만든 사람들도 조선이 중국보다 훨씬 작다는 건 잘 알고 있었죠. 중요한 건 실제 크기가 아니라 가치의 크기였습니다. 어느 나라가 가장 중요했을까요? 당연히 우리나라겠죠. 실제 크기와 견줘보면 조선이 가장 크게 그려진 겁니다. 우리나라 다음은 중국, 일본 순서입니다. 그다음은 인도, 아랍이고, 그다음이 유럽과 아프리카였습니다. 반면에 중국이 그린 지도에서는 조선이 두루뭉술하게 그려져 있습니다. 조선을 자세히 측량할 기술이 없어서라기보다는 관심이 없기 때문이었죠.

권근의 글을 다시 봅시다. 권근은 〈천상열차분야지도〉에도 서문을 남기고, 또 이 세계지도에도 서문을 남겼으니 조선의 과학사에서 이만큼 영광스러운 인물도 없을 겁니다.

〈성교광피도〉를 본떠 중국에서 그린 〈대명혼일도〉.

천하가 지극히 넓다. 몇천만 리가 되는지 알 수 없는 것을 요약하여 수 척 되는 넓이에 그리게 되니, 자세하기가 어렵다. 이택민의 〈성교광피도〉가 매우 상세하다. … 그런데 그 지도에 우리나라 영토 부분은 너무 소략했다. 그래서 특별히 우리나라 지도를 더 넓혀 보완했다. 일본도 새로 덧붙였다. 이제 갖추어져 볼 만하게 되었다. 참으로 밖에 나가지 않고도 천하를 알 수 있다.

이 글에 나오는 〈성교광피도聲敎廣被圖〉는 '천자의 보살핌이 넓은 곳에 펼쳐져 있는 그림'이라는 뜻입니다. 원나라 때 이택민이 만든 지도인데 지금은 남아 있지 않습니다. 칭기스 칸이 세운 몽골 제국이 중국을 비롯한 세계를 지배했기 때문에 유럽 등 서양이 이 지도에 등장했지요.

〈대명혼일도〉는 〈성교광피도〉를 본떠 중국에서 그린 천하도입니다. 이 지도 오른쪽을 보면 조선이 반쯤 잘려 있죠. 우리 조상님들이 이 지도를 보고 자존심이 얼마나 상했겠어요? 그래서 〈혼일강리역대국도지도〉를 그리면서 조선 부분을 대폭 키워서 온전한 모습이 나오게 하고, 일본도 포함시킨 겁니다.

조선은 하늘을 관측하여 별자리 지도를 만들고, 땅을 연구하여 세계지도를 그렸습니다. 문명을 이룬 나라니까 가능한 일이었죠. 〈혼일강리역대국도지도〉에는 '우리도 세계지도를 만들 수 있다'는 자신감이 담겨 있습니다.

우리 땅의 정보가 담긴 '지리지'

③

국토 지식을 처음으로 집대성한 《세종실록》〈지리지〉

조선시대 사람들은 우리 땅의 정보를 모아 책으로 펴냈습니다. 섬의 개수만 해도 1454년에 나온 《세종실록》〈지리지〉에는 154개, 1530년에 나온 《신증동국여지승람》에는 625개, 20세기 초반에 나온 《증보문헌비고》에는 888개라고 기록되어 있습니다. 섬이 점점 늘어났죠? 조선 초에는 왜구가 들끓어서 섬을 비워두는 정책을 펴느라 섬을 그다지 중요하게 여기지 않았습니다. 15세기 중엽 이후 왜구의 침략이 줄면서 기록한 섬의 수가 부쩍 늘어났습니다.

국토의 정보가 담긴 책은 지리에다 '기록할 지志(誌)' 자를 붙여서 '지리지地理誌' 또는 줄여서 '지지地誌'라고 합니다. 그중 가장 유명한 게《세종실록》〈지리지〉와《신증동국여지승람》이죠. 조선 후기에 여러 지리지가 편찬되었지만, 조선 초에 만들어진《세종실록》〈지리지〉는 우리 국토에 대한 지식을 처음으로 집대성했다는 점에서 의의가 큽니다.

"지증왕 13년 섬나라 우산국, 세종실록 지리지 50페이지 셋째 줄…" 〈독도는 우리 땅〉이라는 노래에 담긴 이 가사 덕분에 유명해졌지만,《세종실록》〈지리지〉가 어떤 책인지 아는 사람은 별로 없습니다.《세종실록》〈지리지〉는《세종실록》의 부록으로 실린 지리지입니다.《세종실록》부록으로 유명한 책이 또 하나 있죠?《칠정산》내·외편 말입니다.

세종은 자주적 천문학을 확립하고 시간, 음악, 도량형 등 모든 것을 정리하고 통일하려 했죠. 국토에 관한 정보도 예외가 아니었습니다.《삼국사기》나《고려사》에도 지리지가 있지만 정보가 엉성하기 그지없습니다. 1424년 세종은 조선 팔도에 관한 모든 정보를 모아 지리지를 편찬하고 지도도 정확하게 그리라고 명령을 내렸습니다. 새 왕조 조선의 중앙집권화와 궤를 같이하는 정책이었습니다.

맹사성, 권진, 윤회, 신장 4명이 각 지방의 지리지 편찬을 맡았고, 변계량이 중심이 되어 책을 엮었습니다. 이 작업은 8년 만인 1432년에 끝나 《팔도지리지》에 담겼습니다. 그런데 최윤덕, 김종서 장군 등이 평안도, 함경도 북쪽을 개척해서 압록강, 두만강 일대에 4군 6진을 설치하면서 북방 영토가 늘어났습니다. 이 때문에 새로운 지리지가 필요해졌죠. 이 지리지는 세종이 세상을 떠난 후인 1454년(단종 2년)에 완성되었습니다. 이에 따라 세종이 세상을 떠난 뒤에 역사를 정리한《세종실록》의 부록으로 실려서《세종실록》〈지리지〉가 된 겁니다.

《세종실록》〈지리지〉는 우리나라 최초의 본격 지리지라는 점에서 매우 중요합니다. 지방의 자연, 행정, 경제, 사회, 군사 정보를 정확하고 상세하게 담아냈습니다. 자연에 대한 것은 유명한 산과 큰 강, 기후를 조사해 적었습니다. 행정과 관련해서는 관아와 관리의 수, 마을의 경계 등이 적혀 있습니다. 경제와 관련해서는 군현의 호구 수, 땅의 비옥한 정도, 개간한 밭, 진상할 토산품과 약재, 도자기 만드는 곳, 역, 큰 저수지 등이 적혀 있습니다. 사회와 관련해서는 각 고을의 성씨와 고을이 배출한 유명 인물을, 군사와 관련해서는 성곽과 진을 조사해 실었습니다. 이런 내용은 고을 사또나 나라님에게 없어서는 안 될 정보였죠.

실제 사례를 한번 봅시다. 독도, 울릉도가 있는 오늘날의 경상북도 울진은 이때는 울진이 강원도 삼척도호부 울진현 소속이었습니다.

관리로는 사또인 지현사 1명. 고구려 때에는 우진야현이라 불렀고, 고려 때부터 울진현이라 했다. 사방 경계는 동쪽 바다까지 8리, 서

쪽 경상도 안동까지 63리, 남쪽 평해까지 37리, 북쪽 삼척까지 32
리다.

집 수는 270호, 인구 1483명, 군역을 맡은 장정은 112명. 이곳을
기반으로 살아온 성씨로는 임 씨, 장 씨, 정 씨, 방 씨, 유 씨 등 다
섯이 있다. 영주에서 향리 집안인 민 씨가 새로 이사해 정착했다.

땅은 기름지고 메마른 것이 반반이며, 해산물로 생업을 삼는다. 농
토는 1351결인데 이 중 논이 3분의 1이다. 오곡과 뽕나무, 삼나무,
감나무, 밤나무, 배나무, 닥나무가 잘 자란다. 진상품으로 꿀, 철,
호두, 석이버섯, 미역, 여우 가죽, 돼지털, 대구, 문어 등 20품목이
있다. 진상 약재는 인삼, 오미자 등 6품목이다. 가는 대나무, 왕대,
소금이 이 지역의 특산품이다. 특히 소금이 유명하고 염전이 61곳
있다. 이 밖에 돌로 쌓은 성이 하나 있고, 온천이 하나, 역이 3곳,
봉화대가 4곳이다.

독도는 어떻게 설명되었을까요?《세종실록》〈지리지〉에 독도라는 이
름은 나오지 않습니다. '울릉도'에 대해서는 다음과 같이 나와 있습니다.

우산과 무릉, 두 섬이 동쪽 바다 한가운데에 있다. 두 섬의 거리가
멀지 않아서 날씨가 맑으면 서로 잘 보인다. 두 섬을 신라 때에는
우산국 또는 울릉도라 했다. 크기가 백 리다. 담당 관리인 김인우의
보고에 따르면, 땅이 비옥하고 대나무의 크기가 기둥 같고, 쥐의 크
기가 고양이 같고, 복숭아씨가 됫박처럼 큰데, 모든 물건이 이처럼
크다고 했다.

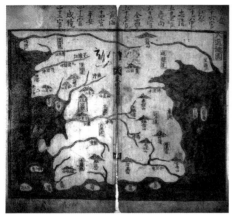

〈팔도총도(동람도)〉(왼쪽)와 18세기 울릉도와 독도
지도(오른쪽).

　실제로 울릉도는 섬 2개로 이루어져 있습니다. 위 글에서 두 섬이란 모
두 울릉도를 말한 것입니다. 여기서 '우산국'은 독도가 아니라 울릉도를
가리킵니다.

　《신증동국여지승람》의 부록으로 실린 지도인 〈팔도총도〉에 울릉도가
그려져 있습니다. 여기에 우산도라고 쓰여 있는데 《세종실록》〈지리지〉
와 마찬가지로 울릉도입니다.

　그럼 독도는 어디에 처음 기록되었을까요? 1694년에 장한상이 《울릉
도사적》에서 말한 '울릉도 동쪽 3백여 리 떨어진 곳의 섬'은 지금 우리가
말하는 독도가 분명합니다. 김정호의 〈청구도〉(1834)에서는 울릉도 두 섬
외에 동쪽에 '우산'이라는 섬을 그려놓았는데, 이 섬이 독도를 그린 것으
로 추정됩니다.

　그러니까 《세종실록》〈지리지〉의 '우산'은 울릉도 안쪽에 있는 섬이고,
〈청구도〉의 '우산'은 독도인 겁니다. 이 우산이라는 지명이 서로 달리 쓰
였기 때문에 오해가 생겼던 거죠.

　　　　　　　　　　　　　　　　　　　　　　　　한국과학문명사 강의

다시 《세종실록》〈지리지〉로 돌아오죠. 이 〈지리지〉에는 강원도 울진현과 같은 식으로 전국 328개 지방의 군현에 관한 생생한 정보가 담겼습니다. 이후 조선에서 나온 모든 지리지의 토대가 되었죠.

인문학적 내용이 지리지에 첨가되다

조선 성종 때인 1481년에는 노사신, 강희맹, 양성지 등이 명승고적과 뛰어난 시문을 포함시켜 《동국여지승람》 50권을 펴냈습니다. 이 지리지는 두 차례 교정과 보충이 있었고, 최종적으로 중종 때 《신증동국여지승람》(1530)으로 완결되었습니다. 이때 책임자는 이행, 윤은보 등 5명이었습니다. 흔히 《동국여지승람》이라 하면 최종판인 《신증동국여지승람》을 뜻합니다.

《신증동국여지승람》도 '강원도 울진현'을 보면서 《세종실록》〈지리지〉와 비교해봅시다. 우선 산 이름을 자세하게 기록하고, 해삼·당귀를 토산물에 추가하고, 새로 쌓은 성을 적어놓은 점이 눈에 띕니다. 이 정도는 보완이라고 할 수 있죠. 《세종실록》〈지리지〉에 비해 확 달라진 것은 《신증동국여지승람》에 시와 문장이 여럿 들어 있다는 점입니다. 시를 한 편 읽어볼까요? 울진 능허루라는 정자에서 내려다본 바다 풍

뛰어난 시와 문장, 명승고적 등이 포함된 《신증동국여지승람》.

광을 노래한 시입니다.

한 조각 외로운 섬이 바다 모퉁이 베개 삼았는데
물색이 정말로 맑고 기이하네
누대가 높으니 주위의 멧부리는 천 겹이나 푸르고
구름이 걷히니 긴 하늘은 푸르게 드리웠네
술항아리 열고 또다시 얼큰하게 취하는데
동쪽 하늘 돌아보니 달이 더디 떠오누나

《신증동국여지승람》에는 그 전의 지리지에 없던 인물, 시, 정자, 학교, 사당, 절 등의 항목이 추가되었습니다.《세종실록》〈지리지〉와 달리《신증동국여지승람》은 인쇄되어 많은 사람이 읽었습니다. 전국 각지의 자연, 행정, 명승지, 역사와 인물, 명시와 명문장이 실려 있어서 아주 유용하고 재미있거든요. 이처럼 인물, 역사, 고적, 시문을 망라한《신증동국여지승람》은 '인문학적 지리지'라 할 수 있습니다. 사람과 자연이 만나고, 역사 · 문화와 만나고, 옛사람의 마음과 만나 소통하도록 했지요.

이러한《신증동국여지승람》은 이후 조선시대 지리지의 모범이 되었습니다.《동국문헌비고》(1770)의 여지고와《증보문헌비고》(1908)의 여지고가 그 영향을 받은 지리지입니다. 시대에 따라 바뀐 사항이 보완되었죠.

인문학적 지리지에 불만을 가진 사람도 있었습니다. 정약용은 인문학적 요소보다 국토에 대한 자연 지리를 아는 것이 중요하다고 주장했지만, 그의 주장은 받아들여지지 않았습니다. 〈대동여지도〉를 그린 김정호도《대동지지》라는 지리지를 쓰면서 문화적인 내용을 다루지 않았습니

김정호가 편찬한 《대동지지》. 널리 알려진 〈대동여지도〉는
《대동지지》의 부록으로 그려진 것이다.

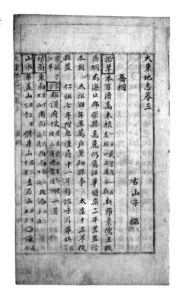

다. 인물·성씨·시문에 관련된 항목
들을 빼고, 전투 등 군사적인 이야기
를 강화한 겁니다. '강원도 울진현'을
예로 들면, 사방 경계와 군사 시설인
진보, 수군의 수 등을 적었을 뿐입니
다. 김정호는 이런 태도로 정확한 지
도를 잇달아 만들어냈습니다.

사대부 이중환이 쓴 택리지

나라에서 펴낸 《세종실록》〈지리지〉, 《신증동국여지승람》과 달리 사대
부 개인이 쓴 지리지도 있었습니다. 이중환이 지은 《택리지》(1751)입니
다. 산이나 강 같은 자연 지리, 역사와 인물, 명승고적이나 뛰어난 문장을
다뤘는데, 이중환은 이 모두를 간결하게, 술술 읽히게 썼습니다. 그래서
사대부들이 널리 읽었죠.

이중환은 행정구역으로 나누지 않고, 전 국토를 종합적으로 두루 살피
면서 '지역 생활권'이라는 새로운 개념을 썼습니다. 《택리지》는 전국 팔도
에 대한 내용, 정착해서 살기 좋은 곳 등에 대해서도 다루었습니다. 그중
에는 다음과 같은 구절도 있습니다.

무릇 살 터를 잡는 데는 지리가 으뜸이고, 다음으로 지역에서 생산
되는 이익이 좋아야 하며, 인심이 좋아야 하고, 아름다운 산과 물이
있어야 한다. 이 한 가지라도 없으면 살기 좋은 땅이 아니다. 지리
가 좋아도 생산되는 이익이 모자라면 오래 살 수 없고, 이익이 좋아
도 지리가 나쁘면 역시 오래 살 수 없다. 지리와 이익이 아울러 좋
아도 인심이 나쁘면 반드시 후회할 일이 생긴다. 또한 가까운 곳에
노닐 만한 산수가 없으면 성품을 닦을 수 없다.

이런 곳은 어디에 있을까요? 이중환은 충청도 공주의 갑천 부근을 이
런 조건을 갖춘, 살기 가장 좋은 곳으로 꼽았습니다. 지금 살고 있는 땅을
한번 생각해보세요. 지리, 풍성한 산물, 인심, 산수 경관을 다 갖추고 있는
지, 한번 둘러보며 생각해보면 좋겠습니다.

지도 제작 전통과 어우러진
천재의 집념, 대동여지도

정확하면서도 편리한 지도

〈대동여지도〉는 1200개가 넘는 우리 옛 지도 중 가장 정밀하고, 가장 아름다우며, 가장 편리한 지도입니다. 글자 있는 부분을 빼면, 지도 부분은 10단짜리 22층으로 들어가 있습니다. 지도 그림 부분만 보면 모두 120개죠. 산과 산, 강과 강, 길과 길 등을 정확히 찾아서 이으려면, 맨 위부터 아래로 1~22층 번호를 매긴 다음 왼쪽에서 오른쪽으로 펼쳐서 번호를 매겨 합치면 됩니다. 전에 이 작업을 카이스트 학생들과 수업 시간에 해봤는데 5명씩 같이 했는데도 시간이 꽤 걸렸습니다. 잇는 것만도 이렇게 힘든데 지도를 만든 김정호는 오죽 힘들었겠어요. 다 이어놓고 보면,

〈대동여지도〉

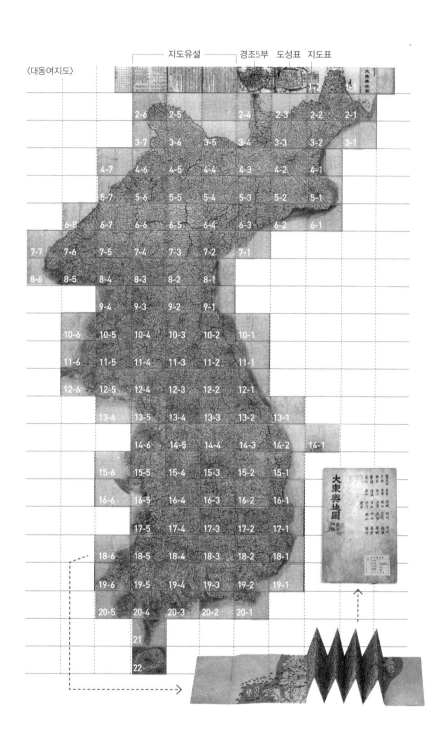

　　　　　　　　　　　　　　　　　　　　　한국과학문명사 강의

〈대동여지도〉목판.

지도의 윤곽선이 오늘날의 지도와 비슷해서 감탄이 절로 나옵니다. 그 정확성의 비밀 중 핵심은 경위선 방안법의 사용입니다. 전국 각 곳의 읍 지도를 유클리드 기하원본의 축소 비례 방법을 써서 동일 축척으로 네모난 방안에 정밀하게 이어 붙인 것입니다. 게다가 산악 지형은 넓게, 평야 지역은 좁게 보정하는 백리척百里尺도 응용되었죠.

이 한 장 한 장을 목판으로 팠으니 그 수고도 엄청났겠죠. 목판으로 팠다는 것은 여러 사람이 볼 수 있다는 의미에서 아주 중요합니다. 인쇄해서 여러 벌 만들 수 있으니까요. 지금이라도 대동여지도 목판으로 지도를 찍을 수 있는 겁니다.

〈대동여지도〉는 들고 다니기 편했습니다. 널따란 종이를 돌돌 말거나, 차곡차곡 접어 한 권의 책처럼 만들었죠. 한 손에 잡히는 책이 22권인 셈입니다. 〈대동여지도〉를 갖고 다니며 길 찾기 좋았겠죠?

서울 지도는 위쪽에 따로 두 장을 그려 넣었습니다. '경조 5부'와 '도성도'가 서울 지도입니다. 경조京兆 5부는 '서울 주변의 다섯 곳'이라는 뜻입니다. 한마디로 서울 전체를 조망한 거죠. 그림 한가운데에 도성이 있고, 가는 선으로 표시된 길이 동서남북으로 뻗어 있습니다. 이 길은 전국으로

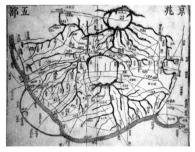

경조 5부(왼쪽)와 도성도(오른쪽).

통하죠. 모든 곳과 통하니 말 그대로 '사통팔달四通八達'입니다. 북쪽 왼쪽
에는 고양 가는 길이라 적혀 있고, 오른쪽 끝에는 양주, 포천 가는 길이라
적혀 있습니다. 아래 오른쪽부터 왼쪽으로 용인 가는 길, 과천 가는 길, 시
흥 가는 길, 영등포, 인천 가는 길 등이 적혀 있습니다. 맨 아래에 두 줄로
그려진 큰 물줄기는 한강입니다. 당시 한강에 다리는 하나도 없었다는 것
도 알 수 있죠.

도성도는 서울 도성 안을 상세하게 그린 지도입니다. 경희궁, 경복궁, 창
덕궁이 있고, 한가운데에 수표교가 있습니다. 길을 보면 가운데에 종로가
있고, 종로 아래쪽에 두 줄기 선으로 청계천, 즉 물길이 그려져 있습니다.

현대 지도처럼 부호를 사용하다

〈대동여지도〉의 길에는 점이 표시되어 있습니다. 연필로 대강 찍은 것
처럼 보이지만 점과 점 사이는 10리입니다. 당시 10리에 대해 어떤 사람
은 4.2킬로미터, 어떤 사람은 5.4킬로미터라고 주장하고 있죠. 점은 간격

이 일정하지 않고 평지에서는 넓게, 산지에서는 좁게 찍혔습니다. 점 사이의 간격만 보고도 길이 평탄한지 험한지 알 수 있도록 한 겁니다.

〈대동여지도〉에서 가장 눈에 띄는 선은 산입니다. 마치 용이 꿈틀꿈틀 움직이듯 그려져 있죠. 조선의 지도에서 산은 모두 이렇게 그려졌습니다. 풍수지리의 영향입니다. 실제로 산이 끊어져 있어도, 옛사람들은 산의 기운이 땅 아래로 이어져 흐른다고 생각했기 때문에 산줄기를 거의 끊어짐 없이 그렸습니다.

김정호는 산줄기를 그리면서 《산경표》를 참고했을 겁니다. 《산경표》는 우리나라 전국의 산줄기를 표로 정리한 책입니다. 이 책에서 백두산부터 가장 큰 줄기를 이루는 산맥을 '백두대간'이라 이름 붙였죠. 대간大幹이란 가장 큰 줄기를 뜻합니다. 《산경표》는 산의 갈래와 흐름을 말한 신경준(1712~1781)의 사상을 이어받았지만, 신경준이 지은 책인지는 분명치 않습니다.

백두대간은 북쪽의 백두산에서 시작하여 함경도 단천의 황토령, 평안도 영원의 낭림산, 강원도 회양의 철령과 금강산, 강릉의 오대산, 삼척의 태백산, 영주의 소백산, 충청도 보은의 속리산을 거쳐 남쪽의 지리산까지 이어지는 거대한 산줄기입니다.

이 백두대간에서 장백정간과 13개의 정맥들이 새끼 쳐 나왔습니다. 정간은 큰 줄기를 뜻하고, 정맥은 그보다 약간 작지만 여전히 큰 줄기를 말합니다. 그 아래 맥이 이어지고, 맥 아래에 산이 위치하는 겁니다. 《산경표》의 산줄기는 큰 강의 흐름과 관련 있습니다. 예를 들면, 13정맥 중 한북정맥과 한남정맥은 한강을, 금북정맥과 금남정맥은 금강을 기준으로 하고 있죠. 〈대동여지도〉에 나타난 산의 흐름이 《산경표》의 산줄기를 그

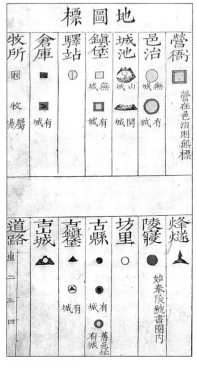

〈대동여지도〉 지도표.

대로 따른 건 아닙니다. 하지만 대간·정간·정맥 등이 표시되어 있고, 그것을 주요 강을 경계로 파악했다는 점에서는 서로 일치합니다.

다시 〈대동여지도〉를 봅시다. 산줄기보다 가늘고 구불구불한 선은 강 길입니다. 두 줄기로 그린 강은 배가 다니는 강을 표시한 것이고, 점선은 각 군현의 경계입니다. 이렇게 〈대동여지도〉에는 산, 강, 땅, 바다, 군현의 경계 등 여러 가지 정보가 잘 표시되어 있습니다. 오늘날에도 〈대동여지도〉를 들고 웬만한 큰길은 찾을 수 있죠.

〈대동여지도〉는 각 지역에 무엇이 있는지를 알아내는 데도 유용합니다. 예를 들어 현재 인천국제공항이 있는 영종도에는 네모 표시가 있습니다. 지도표를 보면 네모는 군사 시설인 '진보鎭堡'라는 것을 알 수 있습니다. '진鎭'은 조그만 지방 군사 시설이고, '보堡'는 흙으로 축대를 만들어 쌓은 조그만 성입니다. 네모가 하나인 것은 성이 없는 진보이고, 두 개는 성이 있는 진보입니다.

이처럼 〈대동여지도〉는 중국이나 일본의 옛 지도에 없는 부호를 사용

한국과학문명사 강의

해 중요한 시설을 표시했습니다. 세계가 〈대동여지도〉를 주목하는 이유도 여기에 있습니다. 부호를 사용한 것은 현대 지도의 개념과 같거든요.

지도표를 보면 동그라미는 '읍치邑治'라고 했습니다. 김포, 부평, 인천 등에는 동그라미가 한 개 표시되어 있습니다. 강화는 동그라미가 두 개니까 성이 있는 읍치입니다. '역참驛站'은 말을 바꿔 타는 곳을 뜻합니다. 요즘식으로 말하면 기차역이죠. 둥근 원을 절반 갈라서 보리알처럼 그려놓았습니다. 역참은 당연히 길가에 있겠죠. 위급한 일을 알리기 위한 '봉수烽燧'는 산마다 일정 간격으로 있습니다.

이렇듯 〈대동여지도〉는 전국적으로 진보나 봉수와 같은 군사 시설, 관아나 읍 같은 행정 관청뿐만 아니라 창고, 역참, 목장 등 경제 시설까지 지도 하나에 모두 담았습니다. 부호를 사용했기 때문에 가능한 일이죠.

재미있는 정보가 하나 더 있습니다. 월미도 옆 제물포에는 동그라미 안에 세모가 들어 있습니다. 이 '고진보古鎭堡' 부호는 '옛날에 성 있는 진보가 있었던 곳'입니다. 옛날에 있었던 것까지 적어놓은 거죠. 고진보는 〈대동여지도〉가 역사책 같은 성격도 띠었다는 것을 말해줍니다.

대동여지도 제작은 어떻게 가능했을까?

〈대동여지도〉 여백에는 전국의 크기가 적혀 있습니다. 그중 가장 긴 동북쪽 끝인 경흥에서 남쪽 끝인 기장에 이르는 길이 3615리입니다. '삼천리강산'이란 말이 실감 나죠?

전국의 행정 통계도 쓰여 있어서 '지지'의 특성이 드러나 있습니다. 전

국은 서울과 경기·충청·경상·전라·강원·황해·함경·평안 8도로 구성
되어 있습니다. 예를 들어 경기도를 보면 주·현이 37개, 군사 기지 12개,
진보 27개, 산성 5개, 봉수 40개, 역참 49개, 큰 마을 476개, 목장 21개,
창고가 66개라고 적혀 있습니다. 그리고 경기도의 총 세금은 8만 6천 결,
인구는 46만 1천 명, 군인은 9만 3천 명입니다.

'지도유설'이라고 하는 부분에는 왜 〈대동여지도〉를 편찬했는지를 적
어놓았습니다. 여기서 김정호는 다음과 같이 말하고 있습니다.

> 나라를 다스릴 때 변방 요새의 유리하고 불리한 곳, 전쟁에 대한 모
> 든 것을 알아야 한다. 또한 백성을 통치할 때 재물과 세금이 나오는
> 곳, 전쟁, 나랏일의 바탕을 모두 알아야 한다. 수령들은 맡은 지역
> 에 뒤섞여 있는 것, 산과 못의 우거지고 숨겨진 것, 그리고 농사짓
> 고 누에치고, 샘물을 쓰는 데 유리한 것과 백성들의 풍속이 다스려
> 지는 것을 모두 알아야 한다. 사·농·공·상의 백성들은 여행하고
> 왕래하는 데 무릇 수로나 육로가 험하고 평탄한가를 알아야 한다.

위로는 나라를 통치하는 사람부터 아래로는 일반 백성까지 지리를 알
아야 한다는 얘기죠. 이 글에는 '풍속'까지 알아야 한다고 했는데, 〈대동여
지도〉의 정보는 부족한 감이 있죠? 그건 〈대동여지도〉가 본체가 아니라
부록이기 때문입니다. 지리부도란 말을 들어봤을 겁니다. '부도附圖'는 부
록 그림이란 뜻이죠. 본체는 지지였습니다. 〈대동여지도〉는 《대동지지》
의 부록 지도로 편찬되었거든요.

김정호는 지지를 먼저 편찬하고 그걸 토대로 각종 지도를 그렸습니다.

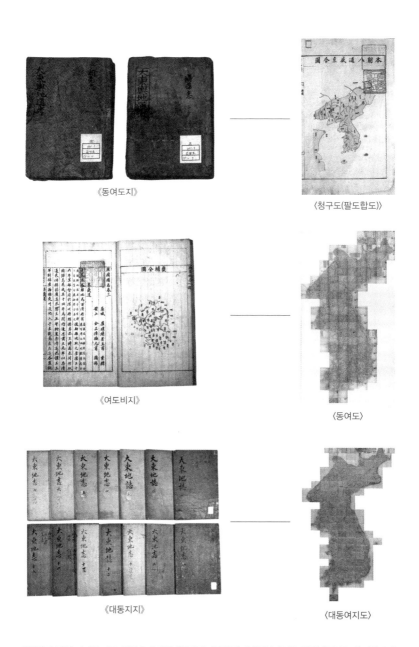

《동여도지》

〈청구도(팔도합도)〉

《여도비지》

〈동여도〉

《대동지지》

〈대동여지도〉

김정호가 만든 지지와 지도. 김정호가 만든 〈청구도〉, 〈동여도〉, 〈대동여지도〉는 각각 《동여도지》, 《여도비지》, 《대동지지》와 짝을 이룬다.

〈대동여지도〉 짝꿍인《대동지지》는 32권이나 되는 방대한 책입니다. 전국 팔도의 산천, 국방, 도로, 강역, 역사 지리 내용이 일일이 다 밝혀져 있고, 특히 군사적 측면이 강조되었습니다.

이렇게 방대한 지지와 정확한 지도들을 어떻게 만들었을까요? 김정호는 낮은 신분이어서 그에 대한 기록이 적습니다. 정확한 것은 알 수 없지만 역사적 상상력으로 추측해볼 수는 있습니다. 방대한 지도를 제작하려면 돈도 많이 들고, 참고할 책도 한둘이 아니겠죠. 든든한 후원자 없이는 불가능한 일입니다. 최한기, 최성환, 신헌 등이 김정호의 후원자로 알려져 있습니다.

1834년 김정호가 〈청구도〉를 제작했을 때 최한기는 다음과 같은 서문을 썼습니다. "벗 김정호는 어려서부터 지도와 지리지에 깊은 관심을 가지고 오랜 세월 동안 지도와 지리지를 수집하여 이들 여러 지도의 도법을 서로 비교해서 〈청구도〉를 만들었다."

'벗'이라 한 데서 알 수 있듯이 최한기는 김정호의 절친한 친구였습니다. 최한기는 세계 지리서인《지구전요》를 편찬했고, 수학과 천문학도 잘했습니다. 김정호는 최한기를 위해 〈지구전후도〉라는 서양식 세계지도의 목판을 새겨주었습니다.

최성환은 무관으로서 벼슬은 높지 않지만 궁중을 지키는 직책을 맡아 철종에게 두터운 신임을 받았던 사람입니다.《여도비지》를 김정호와 공동으로 편찬했다는 기록이 있습니다. 최성환의 도움을 받아 김정호는 병조나 규장각에 소장된 귀중한 책을 보았을 거라 추정됩니다.

신헌은 조선 후기의 무신이자 외교관입니다. 그는 김정호에 대해 이렇게 적었습니다. "나는 우리나라 지도 제작에 뜻이 있어 지도들을 널리 수집하고, 이를 서로 비교하고 또 지리서를 참고하여 이들 지도를 합쳐서 하나의 지도를 만들고자 했으며, 이 일을 김정호에게 맡겨 완성시켰다."

이들이 후원한 김정호는 능력과 창의성을 갖추었을 뿐 아니라 일생을 던져 지도 제작에 몰두했습니다. 김정호라는 천재의 집념과 그를 도와준 사람들의 힘이 모여 조선 역사상 최고의 명품, 〈대동여지도〉가 탄생한 겁니다.

조선의 지도 제작 전통 위에 이룬 업적

김정호에 대해서는 사람들이 지어낸 이야기가 많습니다. 김정호가 딸과 둘이서 지도를 만들었다는, 터무니없는 내용의 위인전도 있었습니다. 김정호가 백두산을 수차례 오르내리며 실측했다는 이야기도 있습니다. 이는 사람들이 〈대동여지도〉의 정확성이 실제 측량에 기인한 것으로 잘못 생각했기 때문에 만들어진 이야기입니다.

예전에 교과서에까지 실렸던 김정호의 옥사설도 조작된 것입니다. 조선 정부가 김정호의 진가를 몰라보고 죽였다는 얘기 말입니다. 이 이야기와 비슷한 일이 실제로 일본에서 있었습니다. 일본에서 가장 정밀한 지도를 만들던 가게야스란 사람이 있었는데, 1828년 그는 자신이 그린 일본 지도를 독일 사람에게 빼돌렸습니다. 일본 정부는 그를 잡아 옥에 가뒀고 그는 결국 옥사했죠. 김정호 옥사설은 일본의 일을 조선에 멋대로 적용한 겁니다. 그렇게 일본은 조선을 무능하고 부패한 국가로 만들어버린 겁니다.

김정호 이전에 이미 조선에는 정교한 지도를 만들어온 전통이 있었습니다. 최한기, 최성환, 신헌 같은 실력자들은 김정호의 지도 제작을 적극 후원했습니다. 김정호의 업적은 이런 토대 위에서 찬란히 빛난 겁니다. 마치 거인의 어깨 위에 올라탄 난쟁이처럼 말입니다.

가게야스란 사람은 김정호를 좀 더 생각해보게 합니다. 그는 제자 이노 다다타카가 죽자 제자가 제작하던 〈대일본연해여지전도〉를 대신 완성했습니다. 1821년의 일이었습니다. 김정호의 〈청구도〉보다 13년이 앞섰죠. 이 지도 또한 오늘날 지도처럼 매우 정교했습니다. 가게야스와 그의 제자가 서양의 천문학과 지도학을 배워서 완성한 것입니다. 중국에서 예수회 선교사들이 서양 기법으로 그린 지도도 상당히 훌륭했습니다. 최한기나 김정호도 그들의 기법을 받아들였습니다. 그러므로 김정호의 지도만이 동아시아 지역에서 홀로 드높은 성취를 이룬 건 아닙니다.

그렇다고 해서 〈대동여지도〉의 가치가 깎이는 건 아니고, 오히려 더 제대로 평가할 수 있습니다. 김정호는 조선의 지도 제작 전통 위에 독학으로 현대 지도와 비교해도 손색이 없는 지도를 만들어냈습니다. 또 일본이나 중국의 옛 지도에는 없는 부호를 만들어 표시했습니다. 아름다운 산세와 물줄기도 조선 지도만의 특징이었습니다.

조선의 10대 전국 지도

김정호 이전에도 지도 제작에 심혈을 기울이는 사람들이 있었습니다. 〈대동여지도〉와 같이 한반도 전체를 그린 '전국 지도'는 매우 많습니다. 그중 중요한 지도 10개만 뽑아봤습니다.

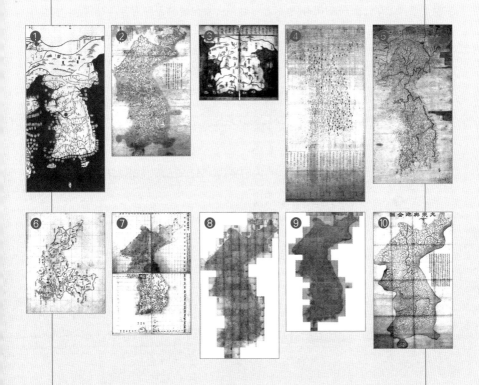

❶ 〈팔도도〉 이회, 1402년 이전. 〈혼일강리역대국도지도〉 중 조선 부분입니다. 이회가 세계지도 〈혼일강리역대국도지도〉를 만들기 전에 그린 조선의 지도가 〈팔도도〉입니다. 그래서 〈팔도도〉는 〈혼일강리역대국도지도〉가 만들어진 1402년 이전에 만든 것으로 추정됩니다.

❷ 〈동국지도〉 정척·양성지, 1463년.

❸ 〈팔도총도〉 작자 미상, 1530년. 《신증동국여지승람》 안에 실린 지도로 〈동람도〉라고도 합니다.

❹ 〈조선방역지도〉 이이와 5인, 1557년경. 이 지도의 제작을 맡은 이이는 율곡 이이가 아니라, 당시 지도 제작을 책임진 관청인 제용감의 우두머리였습니다.

❺ 〈동국대지도〉 정상기, 1757년경. 원래 이름은 〈동국지도〉인데 정척·양성지의 〈동국지도〉와 이름이 같아서 헷갈리죠. 대형 지도여서 〈동국대지도〉라고 이름 지었습니다.

❻ 〈동국여지도〉 신경준, 1770년.

❼ 〈청구도〉 김정호, 1834년. 사진은 〈청구도〉의 일부분입니다.

❽ 〈동여도〉 김정호, 1856~1861년 사이.

❾ 〈대동여지도〉 김정호, 1861년.

❿ 〈대동여지전도〉 김정호, 1860년대.

현재 전해지지 않는 지도는 이후에 그려진 모사본을 실었습니다. 이 10개 지도를 보면서 몇 가지 문제를 함께 풀어봅시다.

이 가운데 국보로 지정된 지도는 무엇일까요?

답은 ❹ 〈조선방역지도〉입니다(국보 제248호). 지도 가운데 국보로는 이게 유일하죠. 이보다 빨리 만들어진 지도가 3개 있지만 모두 국보가 아닙니다. ❶ 〈팔도도〉는 그 유명한 〈혼일강리역대국도지도〉 안에 포함되어 있는데, 〈혼일강리역대국도지도〉는 일본에 딱 한 점 남아 있습니다. 그러니 〈팔도도〉는 우리나라 국보로 지정할 수 없죠.

❷ 〈동국지도〉는 조선 전기를 대표하는 지도인데 남아 있지 않고, 〈조선방역지도〉가 〈동국지도〉를 토대로 만들어진 지도입니다. 〈조선방역지도〉를 통해 양성지·정척이 만든 〈동국지도〉의 모습을 헤아릴 수 있게 되었죠.

〈조선방역지도〉도 일본 대마도로 갔다가 1930년대에 우리나라로 돌아왔습니다. 전상운 선생의 말씀에 따르면, 아직 국내에 알려지지 않은 국보급 지도가 일본에 수두룩하다고 합니다. 얼른 그 지도들이 고향을 찾아오길 고대합니다.

고려 때의 지도를 참고해 만든 지도는 무엇일까요?

답은 ❶ 〈팔도도〉입니다. 이 지도는 고려 지도를 참고해서 보완한 것으로 추정됩니다. 왕조가 바뀌었지만 지도를 바로 그릴 시간이 없었기 때문에 이회가 고려의 지도를 조금 고쳐서 〈팔도도〉를 만든 겁니다. 이는 〈팔도도〉가 고려의 행정 구역으로 그려진 것을 보면 알 수 있습니다. 고려시대에는 전국을 5개의 주요 도와 2개의 군사 구역인 양계로 나눴죠. 그리고 공민왕 때 나홍유란 사람이 〈5도양계도〉란 지도를 만들었다는 기록도 있습니다.

〈팔도도〉는 산세와 수세를 중심으로 그려졌는데, 이는 고려 때의 풍수지리에 따른 것입니다. 이 전통이 그대로 조선의 〈대동여지도〉까지 이어져서 우리나라 지도의 큰 특색을 이루게 됩니다.

가장 작고, 가장 정확하지 않은 지도는?

10개 지도를 보면 금세 답이 나올 겁니다. ❸〈팔도총도(동람도)〉죠. 크기가 가로 27센티미터, 세로 34.2센티미터밖에 안 됩니다. 이렇게 작은 이유는 《신증동국여지승람》이란 책 안에 있기 때문입니다. 책에 포함되어 한 장으로 찍힌 지도거든요.

예로부터 지도에는 국가 기밀에 관한 내용이 적혔습니다. 지도는 궁궐 안에 잘 간수했죠. 《신증동국여지승람》에 포함된 지도는 인쇄되어 민간에 퍼질 것이므로 그 안에 정확한 정보를 수록하지 않고, 산천에 제사 지내는 곳의 위치만 표시해놓았습니다. 〈팔도총도〉는 보급용 지도였다는 점에서 의미가 있습니다.

가장 큰 지도는 어떤 것일까요?

답은 ❼〈청구도〉입니다. 가로 462센티미터, 세로 870센티미터입니다. 대형 백화점에서 아래로 늘어뜨린 웬만한 플래카드 크기에 육박하죠. 두 번째로 큰 지도가 ❾〈대동여지도〉로, 가로 360센티미터, 세로 685센티미터입니다. 세 번째는 ❽〈동여도〉로, 가로 305센티미터, 세로 460센티미터입니다.

가장 상세한 지도는 어떤 것일까요?

답은 ❽〈동여도〉입니다. ❼〈청구도〉가 크기는 가장 크지만, 그

규장각에 있는 〈대동여지도〉 액자. 〈대동여지도〉를 실제 크기로 인쇄해서 만든 것인데, 건물의 2층 높이 정도 된다. 〈청구도〉는 이보다도 가로 102센티미터, 세로 185센티미터가 더 크다.

안에 들어 있는 정보는 〈동여도〉가 더 많습니다. 정보의 수를 비교해보면, **❾** 〈대동여지도〉 1만 3188개, 〈청구도〉 1만 5485개, 〈동여도〉 1만 8736개입니다. 〈대동여지도〉는 〈동여도〉보다 나중에 만들어졌는데 왜 정보가 더 적을까요? 〈동여도〉는 필사본인데 〈대동여지도〉는 목판본이라서 그렇습니다. 나무판에 새기면 많은 내용을 넣을 수 없기 때문에 김정호는 〈동여도〉보다는 정보 양을 줄이고, 글자 대신에 부호를 사용한 겁니다. 참, 〈동여도〉는 김정호가 〈대동여지도〉를 새기기 전에 시험 삼아 그린 지도라는 이야기도 있습니다.

완성도가 가장 높은 지도는 무엇일까요?

답은 **❾** 〈대동여지도〉입니다. 과학에서 가장 중요한 건 정확성입니다. 1898년 일본군이 조선을 침략하려고 몰래 현대판 지도를 만든 적이 있습니다. 잘 훈련된 전문가 오륙십 명 정도가 이삼백 명을 동원해서 만들었죠. 이들은 작업을 끝내고 난 뒤에 〈대동여지도〉를 보게 되었는데, "40여 년 전에 이렇게 대단한 지도를 만들어냈다니!" 하고 감탄했다고 합니다. 자신들이 만든 지도와 비교해도 전혀 손색이 없어서 놀랐던 겁니다.

10개 중에서 4대 지도를 꼽는다면?

답은 사람마다 조금씩 다를 수 있지만, 대체로 학자들은 ❷ 〈동국지도〉, ❺ 〈동국대지도〉, ❻ 〈동국여지도(열읍도)〉, ❾ 〈대동여지도〉 이렇게 네 지도를 꼽습니다. 모두 '동국' 또는 '대동'이라는 말이 들어가 있죠? 동국이란 중국의 동쪽 나라라는 뜻이고, 대동은 중국 동쪽의 커다란 나라라는 뜻을 담고 있습니다.

조선시대 초반을 주름잡던 지도가 정척·양성지의 〈동국지도〉입니다. 정척은 〈동국지도〉를 만들기 전에도 풍수지리를 잘 아는 지관과 함께 전국을 누비며 실측을 했습니다. 1453년부터 정척은 양성지와 함께 정확한 지도를 편찬하기 시작했습니다. 삼각산 보현봉에 올라가서 보고 서울의 산과 물길을 자세히 그렸다는 기록이 남아 있습니다. 10년 동안 작업해 〈동국지도〉를 완성했죠. 동해안, 서해안, 남해안은 오늘날의 윤곽과 크게 다르지 않을 정도로 정확해졌지만 북쪽 지방은 아직도 납작하게 그려져 있습니다.

이런 모습을 확 뛰어넘은 게 정상기의 〈동국대지도〉입니다. 정상기가 처음 이 지도를 만들었고, 후손 4대에 걸쳐 이 지도가 더욱 정교해지고 널리 퍼졌습니다. 아마 4대에 걸친 지도 제작은 조선에서는 유례가 없는 일일 겁니다. 이 지도는 척 봐도 요즘 지도나 〈대동여지도〉와 거의 비슷합니다. 동쪽, 서쪽, 남쪽의 윤곽선이 거의 똑같고, 북쪽 지방도 조선 전기의 지도에 비해 훨씬 분명해졌습니다.

무슨 비법을 썼기에 이렇게 정확해졌을까요? 결정적인 건 '백리척'이었습니다. 백리척은 지형의 험난함과 평편함을 따져서 거리를 다시 정한 것입니다. 정상기는 평야는 100리를 1척으로 삼았고, 산은 얼마나 험한가에 따라 120~130리를 1척으로 계산했습니다. 영조는 이렇게 말했다고 합니다. "내 칠십 평생에 백리척을 쓴 지도는 처음 본다. 우리 지형에 딱 맞는 지도다. 정상기의 지도를 모범으로 삼도록 하라." 그 뒤 조선의 지도는 모두 백리척 방식을 썼습니다.

신경준은 〈동국여지도〉에서 더욱 획기적인 방법을 지도에 응용했습니다. '방안'을 쓴 겁니다. 방안은 일정한 간격의 네모난 줄이 쳐진 것인데, 신경준의 방안은 그 정도로 단순하지 않습니다. 바로 위도와 경도를 나타낸 것이죠. 위도와 경도는 정확한 지도의 핵심입니다.

위도와 경도를 쓰면서 전국 모든 지역을 같은 척도로 한데 합칠 수 있게 되었습니다. 김정호가 〈대동여지도〉에서 한 일이 바로 이겁니다. 큰 지도, 작은 지도를 '똑같은 척도'로 그리는 거죠. 거기에다가 지도를 합칠 때 서양 기하학의 비례 방법을 썼습니다. 그래서 모든 읍과 도시 지도들이 더욱 정확하게 배치되었죠. 김정호는 〈대동여지도〉에서 정상기의 백리척을 적용하고, 신경준의 방안 도법을 정리한 데 이어서 서양 기하학 방법을 세련되게 응용했던 겁니다.

**김정호가 만든 〈청구도〉, 〈동여도〉, 〈대동여지도〉, 〈대동여지전도〉
(⑦~⑩) 중 가장 들고 다니기에 편한 지도는?**

답은 ⑨ 〈대동여지도〉죠. 차곡차곡 접는 형태로 만들었기 때문입니다. 〈대동여지도〉가 처음은 아니고, 정상기의 ⑤ 〈동국대지도〉부터 이런 접개식 방식이 나타났습니다. 〈동국대지도〉는 전체를 여덟 개로 접었습니다. 도를 하나의 단위로 한 거죠. 신경준의 〈동국여지도(열읍도)〉는 읍과 도시 차원의 지도를 한데 묶었으니까 훨씬 더 잘게 접었습니다. 김정호의 〈청구도〉와 〈대동여지도〉에서 이런 접개식 방법이 완성되었습니다. 〈청구도〉는 가로 22판, 높이 29층 도합 321판이고, 〈대동여지도〉는 가로 19판, 높이 22층 도합 227판입니다. 다 접으면 가로 20센티미터, 세로 30센티미터 정도 됩니다. 〈청구도〉와 〈대동여지도〉는 매우 상세하고 가지고 다니기도 편해서 실제로 이걸 들고 동네방네 찾아다닐 수 있을 정도입니다. 요즘 자가용에 두고 쓰는 지도랑 성격이 비슷했죠.

다음 지도는 〈대동여지도〉일까요, 〈대동여지전도〉일까요?

〈대동여지전도〉입니다. 〈대동여지전도〉를 〈대동여지도〉로 잘못 알고 있는 사람들이 많습니다. 전체 모습은 거의 같지만 크기가 다릅니다. 가로 64.8센티미터, 세로 114.3센티미터로, 〈대동여지도〉(가로 360센티미터, 세로 685센티미터)보다 훨씬 작습니다. 〈대동여지도〉가 너무 커서 걸기 힘드니까 족자로 걸 수 있도록 축소한 게 〈대동여지전도〉입니다.

　10대 지도를 다 기억하진 못해도 이것 하나만은 기억했으면 합니다. '정확함' 한 가지만을 기준으로 삼으면 옛 지도들이 시시할 수도 있지만, 역사 속에서 지도들의 특성을 찾아보면 그 중요성이 드러납니다. 조선에 놀라운 지도 제작의 전통이 있었다는 것도 잊지 말기 바랍니다. 오랜 시간 이어진 지도의 역사가 없었다면 〈팔도도〉도 〈대동여지도〉도 태어나지 못했을 겁니다. 지도 역시 위대한 전통 속에서 위대한 창조가 이뤄지는 거니까요.

조선 후기의 세계지도

5

세계지도, 넓은 세상을 보여주다

조선시대에 들어온 대표적인 세계지도로 〈곤여만국전도〉, 〈만국전도〉, 〈곤여전도〉, 이렇게 세 가지를 꼽을 수 있습니다. 〈곤여만국전도〉는 명나라에 선교사로 와 있던 마테오 리치가 1602년에 만든 세계지도입니다. 첫 글자부터 뜻을 보면, '곤坤'은 땅입니다. 태극기의 네 괘, 즉 건乾(하늘), 곤坤(땅), 감坎(물), 리離(불) 중 하나이기도 하죠? '여輿'는 수레란 뜻으로 역시 땅을 의미합니다. 그래서 곤여란 '모든 땅'을 말합니다. 만국萬國은 거기에 존재하는 '모든 나라'죠. 〈곤여만국전도〉는 마테오 리치가 만든 지 채 1년도 되지 않아서 우리나라에 들어왔습니다. 1708년(숙종 34년) 관상감에서 이 지도를 베껴 그린 후 다시 확대해서 그린 지도가 현재 서울대학교박물관에 있습니다. 이 지도는 상당 부분 훼손되었지만 가로 5.31미터, 세로 1.72미터로 상당히 크고, 여백에 탐험선이나 기괴한 동물들이 그려진 모습을 확인할 수 있습니다. 이 지도의 이본異本인 봉선사본은 한국전쟁 때 소실되었다가 2012년 경기도 실학박물관에서 복원 제작한 뒤 봉선사에 소장되었죠.

알레니가 1623년에 만든 〈만국전도(천하도지도)〉는 7년 만에 우리나라에 들어왔는데, 원본은 사라지고 베낀 그림만 남아 있습니다. 아프리카 대륙은 지금과 달리 리미아利未亞라 했고, 오세아니아와 남극 대륙은 합쳐서 묵와랍니가墨瓦蠟泥加라 불렀습니다. 당시에는 오세아니아와 남극이 다른 걸 아직 몰랐던 거죠.

페르비스트가 1674년에 만든 〈곤여전도〉는 150여 년 만에 우리나라에 들어왔습니다. 이 지도는 1860년대에 목판으로 만들었기 때문에 많이 남아 있습니다. 한 장짜리인 〈곤여만국전도〉, 〈만국전도〉와 달리 이 지도는 두 장짜리입니다.

이런 지도에는 조선인들이 몰랐던 넓은 세계가 담겨 있었고 낯선 지명도 잔뜩 들어 있었습니다. 서양인의 지도 제작 솜씨도 보통이 아니었죠. 결코 얕잡아볼 수 없는 세계가 담겨 있었던 겁니다. 《지봉유설》을 편찬한 이수광은 마테오 리치의 〈곤여만국전도〉를 보고 놀라 이렇게 말했습니다.

1603년 중국을 다녀온 사신이 구라파국의 여지도를 우리 관청에 보내왔다. 매우 정교했다. 특히 서역이 상세하게 그려져 있었다. 중국 지방과 우리나라 팔도, 일본의 육십 주의 지리에 이르기까지 멀

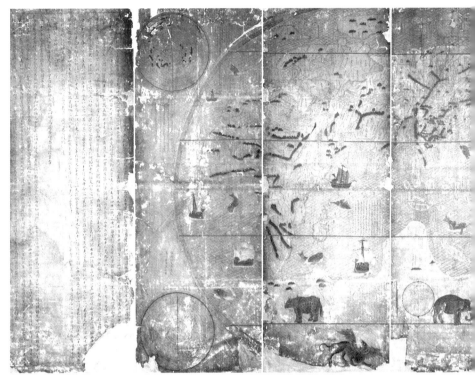

마테오 리치의 〈곤여만국전도〉를 1708년(숙종 34년) 관상감에서 베껴 그린 후 다시 확대해서 그린 지도.

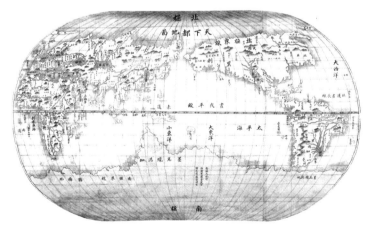

알레니의 〈만국전도(천하도지도)〉를 베껴 그린 지도.

한국과학문명사 강의

페르비스트의 〈곤여전도〉. 가로 1.72미터, 세로 0.6미터로 제법 크다.

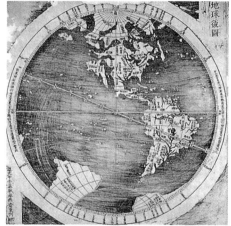

최한기가 만든 〈지구전후도〉. 왼쪽이 지구전도, 오른쪽이 지구후도다. 하나의 원지름이 31센티미터인 작은 지도다.

고 가까운 곳, 크고 작은 곳을 빠뜨린 데가 없었다. 이른바 구라파 국은 서역에서 가장 동떨어진 먼 곳에 있는데, 그 거리가 중국에서 팔만 리나 되었다.

옛사람들은 서양식 세계지도를 보면서 무엇보다도 세상이 생각보다 훨씬 넓다는 걸 깨달았을 겁니다. 〈혼일강리역대국도지도〉 같은 세계지도가 있었지만, 옛사람들은 대부분 중국, 일본, 오키나와, 베트남 외의 지역에 대해서는 잘 몰랐거든요. 그러다 임진왜란 직후 명나라에 온 선교사나 일본에 도착한 외국인을 통해 서양을 알게 되었죠. 서양의 세계지도를 본 사람들은 이제 중국이 세계의 중심이 아니라고 생각하게 되었습니다. 그렇다면 조선 또한 주변국이 아닌 거죠. 홍대용이 '지전설'을 말한 것과 같은 맥락이었습니다. 이런 생각은 널리 퍼져나갔습니다.

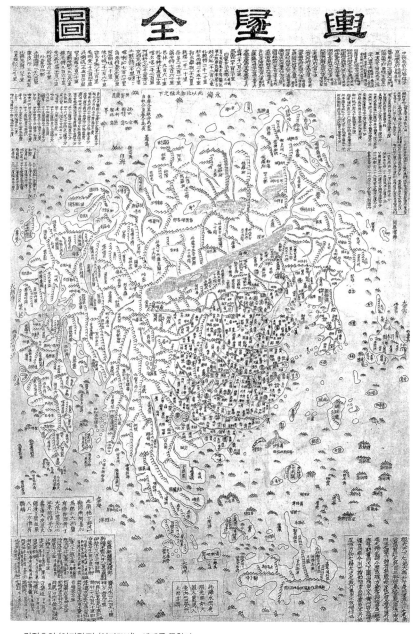

김정호의 〈여지전도〉. '여지興地'는 세계를 뜻한다.

세계지도를 만드는 작업에서도 최한기와 김정호가 짝을 이뤄 다시 등장합니다. 1834년 최한기는 세계지도인 〈지구전후도〉를 펴냈습니다. 이지도는 1800년 장정부라는 중국인이 페르비스트의 〈곤여전도〉처럼 두장짜리로 만든 세계지도를 토대로 최한기가 만든 것입니다. 전, 후 두 장이란 뜻이 이름에 들어 있죠. 전면에는 아시아, 유럽, 아프리카가 그려져있고, 후면에는 남북아메리카가 그려져 있습니다. 이 지도는 목판본이라서 널리 보급되었는데, 그 목판을 김정호가 새겼습니다.

김정호는 서양식 지도를 조선식 지도 형태로 바꿔 〈여지전도〉를 그렸습니다. 한반도와 동아시아 지역을 실제보다 크게 그렸죠. 최한기는 지구의 전면과 후면을 넣은 청동 지구의를 만들기도 했습니다.

선비들 사이에서 유행한 독특한 세계지도

목판본 세계지도 가운데 선비들 사이에 유행한 〈천하도〉가 있습니다. 17세기 이후 그려진 〈천하도〉는 서양의 선교사들로부터 얻은 세계 지식을 바탕으로 했지만 조선에서만 그려진 독특한 지도입니다. 서양 지도가말하는 대륙들이 지도 안에 있는데, 그 모습이 상당히 이상합니다. 하나같이 둥근 세계에 연못 같은 바다가 있고, 그 바다에 네모난 대륙이 있고, 거기에 조선이 한 자락을 차지하고 있습니다.

이런 그림은 고대 중국의 《산해경》에 담긴 세계관을 따른 것입니다. 서양의 세계지도가 동양의 전통적인 세계관 속에 풍덩 빠진 거죠. 조선 사람들은 천하도에서 하늘과 땅, 자연과 인간이 공존하는 이상향을 그린 겁

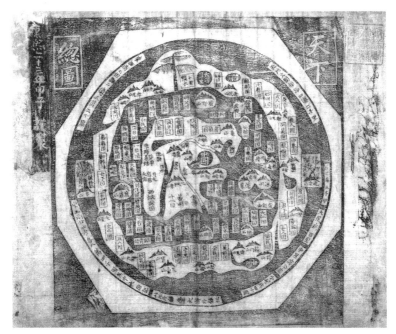

조선 후기에 목판으로 새긴 〈천하도〉.

니다. 서양 사람들이 죽음을 무릅쓰고 항해하며 세상을 누빌 때, 조선에
서는 천天, 지地, 인人이 하나로 합쳐진 고양된 정신세계를 찾아간 겁니다.

　때로는 지도로 본 서양 세계와 맞닥뜨리기도 했습니다. 1627년 네덜란
드 사람 벨테브레이와 동료 2명이 제주도에 표류해 왔죠. 서양의 세계지
도가 우리나라에 알려진 지 20여 년 후의 일입니다. 벨테브레이의 조선
이름은 박연이었습니다. 그는 조선인으로 귀화하여 결혼도 했고, 조총과
대포 만드는 일에 재주가 있어 훈련도감에 소속되어 일했습니다.

　1653년에는 하멜 등 36명이 제주도에 표류해 와 13년 동안 머무르기
도 했습니다. 이때 박연이 통역을 맡았습니다. 하멜 일행은 전라 좌수영
에 머물면서 일하다가 틈을 타 탈출했고, 그 뒤 하멜은 유명한 《하멜 표류

기》를 썼죠.

이렇게 서양은 단지 지도나 책 속에 머물지 않고 어느덧 현실적인 존재가 되었습니다. 19세기에 들어서는 세계의 흐름을 외면해서는 안 될 상황이 되었죠. 목판본 세계지도의 유행은 이런 관점으로도 해석될 수 있습니다.

우리나라를 그린 세계지도

서양의 세계지도가 처음부터 전 세계를 온전한 모습으로 담아낸 것은 아닙니다. 15세기 이후 유럽은 새로운 뱃길을 개척해나갔습니다. 인도, 아라비아를 거쳐 유럽으로 오는 향신료 값이 폭등하자 새로운 항로를 개척하게 된 겁니다. 지구가 둥그니까 멀기는 해도 유럽에서 뱃길로 인도에 갈 수 있겠다고 생각한 거죠. 콜럼버스도 이 일에 뛰어든 사람들 중 하나였는데, 인도로 가는 도중에 아메리카 대륙에 내려버렸죠. 이와 같은 항해가 이루어진 데는 르네상스 이후 발달한 천문학, 지도학, 조선술, 항해술 등이 한몫 톡톡히 했습니다. 1492년 콜럼버스가 아메리카에 다다른 후 30년쯤 뒤에 마젤란이 세계 일주에 성공했죠. 이런 일이 일어난 15~17세기를 대항해 시대라고 합니다.

'대항해'의 결과 세계지도에도 크나큰 변화가 나타납니다. 16세기 들어 메르카토르, 오르텔스 등 위대한 지리학자들이 지도를 눈에 띄게 발전시켰습니다. 1569년 메르카토르는 자신의 이름이 붙은 이른바 메르카토르 투영법이라는 지도 제작법에 따라 세계지도를 정밀하게 그렸습니다.

요즘 우리가 쓰고 있는 평면형 세계지도도 이를 따르고 있죠. 오르텔스는 지도의 완성도를 더 높인 사람입니다. 이런 전통에서 마테오 리치, 알레니 등이 세계지도를 만들어냈죠.

서양 지도에서 우리나라는 1590년 오르텔스가 만든 지도에 처음 등장합니다. 오르텔스는 우리나라에 대한 관심이 적었고 올바른 정보도 없었기 때문에 우리나라를 섬 모양으로 잘못 그렸습니다. 온전한 한반도 모습은 1655년 네덜란드 사람인 블라외가 그린 세계지도에서 처음 나타났습니다. 중국에서 1643~1650년 동안 머물렀던 마르티니라는 예수회 선교사가 귀국한 뒤, 블라외와 함께 중국 지도를 만들어서 조선의 모습이 더 정확해진 겁니다. 이후 우리나라가 세계에 점점 알려지면서 세계지도 속의 한반도 모습이 더욱 정확해졌습니다.

19세기에 들어서는 이른바 이양선異樣船, 즉 외국 배가 우리나라 해안에 자주 나타났습니다. 1846년과 1847년에는 프랑스 함대가 서해를 넘보다가 실패한 일도 있었습니다. 서양 함대들은 천천히 해안선을 따라 다니면서 무슨 일을 했을까요? 서양인들은 해안을 돌면서 지도를 만들었습니다. 어디에 상륙하면 좋을까, 어떤 물길로 진격해 나갈까, 고심하면서 지도를 만들었겠죠.

19세기 이후 외국인이 그린 조선 지도가 많아졌는데, 그 가운데 러·일 전쟁 때 일본군이 제작한 〈전국지도〉가 가장 주목할 만합니다. 일본군은 〈대동여지도〉보다 더 정확한 조선 지도를 그렸습니다. 발달한 과학과 최신 측량 방법을 동원해서 상세한 지도를 만들었죠. 지도를 만든 목적은 무엇이었을까요? 일본도 조선을 침략하려고 눈독을 들이고 있었습니다. 그래서 우리나라의 자원을 조사하고 정확한 지도를 만든 겁니다. 철도

16세기에 오르텔스가 그린 지도. 우리나라가 섬 모양으로 잘못 그려졌다.

17세기에 블라외가 그린 지도. 온전한 한반도 모습이 세계지도에 처음 나타났다.

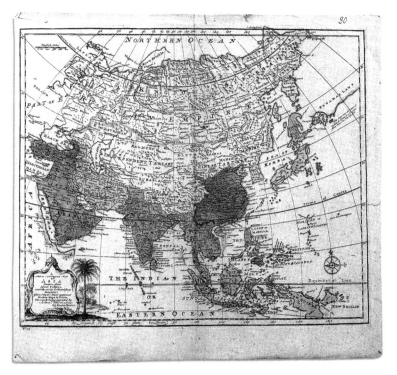

18세기에 러시아에서 만든 지도. 동해는 '한국해(SEA OF KOREA)'라고 쓰여 있다. 이 당시 대부분 세계지도들이 '일본해'가 아니라 '조선해'라고 썼다. 일본에서 만든 지도에서도 일본해라는 명칭은 19세기 이후에야 나온다.

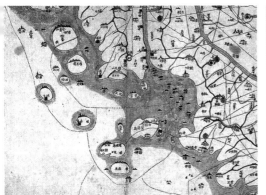

〈대동여지도〉(왼쪽)와 프랑스군이 만든 지도(오른쪽)에 담긴 영종도 위쪽의 강화도 지역. 강화도를 둘러싼 성벽이 보인다. 우리나라는 육지에서 바다 쪽으로 지도를 그린 반면, 병인양요 때 프랑스군은 바다에서 육지 쪽으로 지도를 그려나갔다. 방어와 침략의 목적이 각각 지도에 반영된 것이다.

와 도로는 나라를 통치하는 데 무척 중요한데, 이들 모두를 일본이 주관해서 만들었습니다. 불행하게도 그 시절 우리나라는 이런 일을 주도하지 못했고, 그 뒤 일본은 우리나라를 강제로 개항시킨 뒤 결국 식민지로 만들어버렸죠.

봉화와 파발,
그리고 물길

공중 길로 전달된 봉화

길은 크게 뭍길(육로), 물길(수로), 공중 길로 나뉩니다. 조선시대에 가장 빠른 길은 무엇이었을까요? 답은 공중 길입니다. 신호가 공중으로 이어 달린 '봉화' 말입니다. 봉화는 한쪽 산에서 올린 연기나 불꽃을 다른 산에서 보고 중계를 하는 것입니다. 적들이 쳐들어왔을 때처럼 비상시에 쓰는 통신이었죠. 때로는 외국 사신이 오는 것을 알릴 때도 봉화를 썼습니다. 산이 많은 우리나라는 산에서 봉화를 피우기 알맞았습니다.

숙종 때 서울에서 550킬로미터 떨어진 함경도 경흥에서 봉화를 올리면 대략 6시간 만에 서울에 도착했다고 합니다. 계산해보면 시속 90킬로

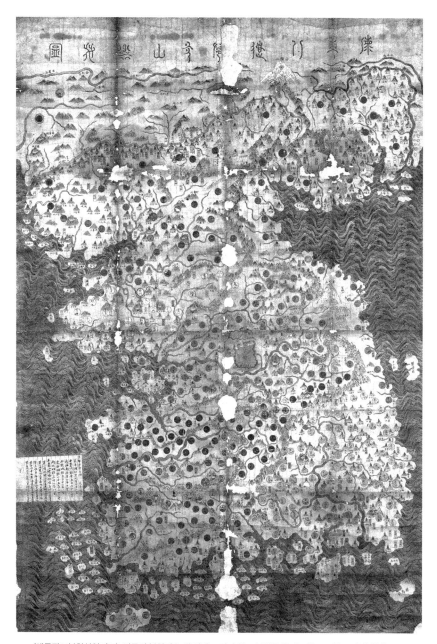

〈해동팔도봉화산악지도〉. 전국의 봉화가 눈에 띄게 그려져 있고 봉화를 올리는 산도 모두 그려져 있다.

미터쯤 됩니다. 왜 속도가 그 정도밖에 되지 않았을까요? 17세기에 그려진 〈해동팔도봉화산악지도〉를 보면, 함경도 끝 서수라에서 서울까지 봉수대가 무려 122개나 있었습니다. 예를 들어 서수라에서 적의 침입을 알아채고 봉화 5개를 급히 올리면, 다음 봉수대에서 신호를 이어받아 봉화 5개를 올립니다. 이런 식으로 봉화가 연결되었습니다. 122개 봉수대에서 봉화를 파악하고 봉홧불을 피우는 데 6시간이 걸린 거죠.

밤에는 횃불이 잘 보이지만 낮에는 연기가 금방 눈에 띕니다. 그래서 봉화의 신호는 낮에는 연기를, 밤에는 횃불을 썼습니다. 강풍이 불거나 안개가 끼거나 비가 오는 등 날씨가 안 좋으면 봉화를 피우기 힘들었습니다. 그럴 때는 기다렸다가 피워야 해서 시간이 훨씬 많이 걸렸습니다.

봉화에 쓸 땔감은 불이 빨리 붙고, 잘 타고, 하늘 높이 잘 오르는 것을 썼습니다. 연기가 잘 피어오르도록 특별한 땔감을 쓰기도 했는데, 가장 좋은 재료는 여우 똥이었습니다. 여우나 이리는 육식 동물이라 잡아먹은 동물의 뼈가 배설물에 남아 있어서 재를 섞어 태우면 연기가 흩날리지 않고 하늘 높이 위로 뻗어 간다고 합니다. 여우 똥은 귀해서 대신 말똥, 소똥을 썼습니다. 봉수대의 군인들은 이 밖에도 쑥, 볏짚, 삼나무, 바짝 마르지 않은 섶 등을 썼습니다. 이런 걸 항상 준비해두었다가 봉화를 피워 올렸죠.

봉수 제도는 중국에서 3천 년 전부터 있었던 것으로 추정됩니다. 우리나라는 이 제도를 받아들여 삼국시대부터 시작되었습니다. 역사학자 김기협 선생은 고구려 호동 왕자 이야기에 나오는 자명고가 봉수 제도와 관련된 거라고 주장합니다. 봉수 제도를 모르는 상대편은 자명고가 적의 공격을 미리 알아채서 운 것이라 생각했을 겁니다. 제법 일리가 있는 주장입니다.

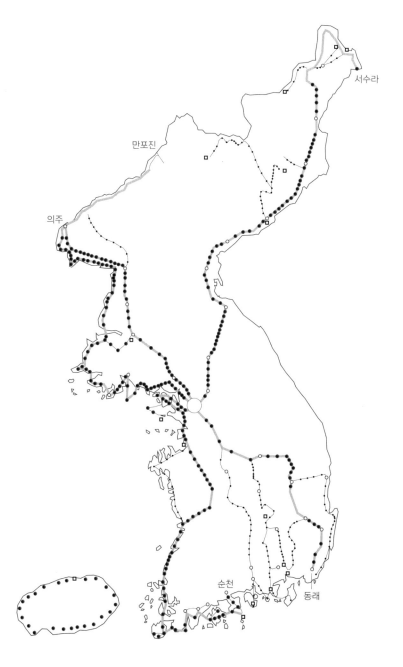

만포진

서수라

의주

순천

동래

조선 후기 전국의 봉화. 이 지도는 《증보문헌비고》의 봉화를 그린 것이다.

수원 화성의 봉수대. 봉수대에는 굴뚝과 같은 시설인 연대가 5개 있었다. 고려시대에는 연대가 4개였는데, 세종 때 왜구에 맞서기 위해 5개로 늘렸다.

봉수 제도는 고려를 거쳐 조선 초, 특히 세종 때 4군 6진의 개척과 더불어 더욱 중시되었고, 성종 때《경국대전》과 함께 제도가 완비되었습니다. 기록을 살펴보면《세종실록》〈지리지〉에는 전국의 봉화대가 601개, 성종 때 나온《동국여지승람》에는 738개가 있다고 적혀 있습니다.

조선 후기에는 봉화로가 5개 있었습니다. 북쪽의 봉화는 여진족 등 북방 이민족의 침입에 대비하는 것이 목적이었는데 함경도 서수라에서 오는 것, 함경도 만포진에서 오는 것, 평안도 의주에서 오는 것이 있었습니다. 일본의 침입에 대비한 남쪽의 봉화는 경상도 동래에서 출발하는 것, 전라도 순천에서 오는 것이 있었죠. 그리고 제주도에도 봉화가 있었습니다.

봉수는 얼마나 정확했을까요? 조선시대에는 열여섯 번 시도해서 열두 번 실패했습니다. 성공률이 겨우 25퍼센트에 불과하죠. 임진왜란 때도 제대로 작동하지 않았습니다. 번번이 실패한 이유는 뭘까요? 우선 산과 산 사이가 멀어서 날씨가 안 좋으면 잘 보이지 않을 수 있었습니다. 더 큰 문제는 봉수군의 나태함이었습니다. 봉수대에는 군사가 열 명쯤 주둔했는데, 이들이 봉수군입니다. 봉수군은 봉화 시설을 관리하고 망을 봤습니다. 적이 침입하면 봉화를 피우고, 날씨가 너무 안 좋아 봉화를 피울 수 없을 때에는 봉수군이 말을 달려 소식을 전하기도 했죠. 그러나 어제도 오늘도 아무 일이 없고, 그런 날이 몇 년간 계속된다면 '설마 적이 쳐들어오려고?' 하는 마음이 들겠죠. 봉수군이 졸거나 근무지를 이탈하는 등 결코 일어나서는 안 될 일이 벌어지기도 했습니다.

땅을 달리는 파발, 중앙과 지방을 이어주다

임진왜란 때 봉수 제도가 제 역할을 못했기 때문에 선조 때부터는 다른 방식을 봉수와 함께 썼습니다. 1597년 '파발'이란 새로운 제도를 만들었죠. 파擺는 '배열하다', 발撥은 '옮기다'라는 뜻으로, 파발은 '죽 늘어놓아서 옮긴다'는 뜻이 됩니다.

파발은 급한 소식을 사람이 말을 타거나 빠른 걸음으로 가서 전한 제도입니다. 서울에 구파발이 있죠? 구파발은 '옛날에 파발이 있던 곳'이란 뜻입니다. 파발과 관련된 말로 역참이 있습니다. 〈대동여지도〉 지도표에도 나왔죠. '역'과 '참'은 모두 사람이 쉬거나 말을 갈아타는 곳입니다.

시간이 꽤 지났을 때 '한참'이라는 표현을 쓰죠? 원래 '한 참'은 하나의 참, 곧 역 하나 사이의 거리를 뜻했습니다. 보통 25~30리 정도 간격으로 역참을 두었으니, 이 거리가 한 참인 셈입니다. 그러다 한 참의 거리를 가는 데 걸리는 시간으로 뜻이 변했죠.

당연히 봉화가 파발보다 빠르지만, 봉화는 자세한 내용을 전달할 수 없었습니다. 적이 출현하면 봉화 2개, 국경에 접근하면 3개, 국경을 넘어서면 4개, 적과 싸우면 5개를 피웠습니다. 봉화로 알릴 수 있는 정보는 이게 전부였죠.

반면 파발은 말이나 글로 자세한 상황을 전할 수 있었습니다. 좀 느리기는 해도 확실하고 정확한 정보, 이게 파발이 봉화보다 좋은 점이었죠. 간혹 문서가 제때 도착하지 못한 적도 있지만, 파발은 비교적 빠르게, 또 정확하게 이루어졌습니다. 조선의 중앙과 지방을 연결해준 통신이었던 겁니다. 그런데 봉화보다 느리다는 단점 말고도 또 다른 단점이 생겨났습니다. 관리들이 사사롭게 파발을 이용하는 일이 잦아진 겁니다. 그러다 보니 역에 말이 없어서 소식이 늦어지기도 했습니다.

파발에 대해 좀 더 살펴보죠. 파발은 얼마나 있었을까요? 서울을 중심으로 함경도 의주까지 서쪽 길 1050리에 41참, 함경도 경흥까지 북쪽 길 2300리에 64참, 그리고 경상도 동래까지 920리의 남쪽 길에는 31참을 두었습니다. 강원도와 전라도는 서울과 비교적 거리가 가깝기도 하고 적들이 침입하는 길과 다소 동떨어져 있었기 때문에 구태여 파발을 이용하지 않았습니다. 서울 – 의주 길은 말을 타고 소식을 전하는 '기발' 위주였고, 북쪽 길과 남쪽 길은 뜀박질로 소식을 전하는 '보발' 위주였습니다. 기발에는 장교 1명과 군사 5명이 있었고, 보발에는 장교 1명과 군사 2명이 소속되어 있었습니다.

파발은 전쟁 때 급한 소식을 전하는 게 주요 임무였지만 평상시에는 문서를 전달했습니다. 이건 파발 설치 전에 역을 이용해서 하던 일입니다. 파발꾼은 우편집배원 가방 비슷한 가죽 띠를 두르고, 전달할 문서가 훼손되거나 물에 젖지 않도록 했습니다.

파발의 속도는 정보의 중요도, 그리고 계절에 따라 달랐습니다. 중요한 정보의 경우 날씨가 좋고 해가 길어지는 봄여름에는 말을 갈아타며 하루에 여섯 역씩 뛰었습니다. 역과 역 사이가 30리 간격이라고 보면 하루에 180리를 간 거죠. 이렇게 얘기하면 감이 잘 안 올 텐데, 사람이 걸으면 하루에 보통 60리 정도 갈 수 있었습니다. 중요한 정보를 전달하는 파발이 사람이 걷는 것보다 세 배 정도 빨랐던 겁니다. 사신들이 다니던 서울에서 의주까지 길에는 41역참이 있었으니 쉬지 않고 달리면 일주일 만에 도착했을 겁니다. 다소 급하지 않은 정보이거나 해가 짧아진 가을과 겨울에는 파발의 속도가 좀 더 느려졌습니다.

역참에는 말이 몇 마리나 있었을까요? 1640년에 조사된 역참에 있는 말은 모두 3274마리였고, 1808년에는 5380마리로 늘었습니다. 역참은 크기에 따라 상, 중, 하로 나눴기 때문에 각 역참이 가지고 있는 말의 수가 똑같진 않았지만, 1640년에는 한 역참에 약 6마리, 1808년에는 약 10마리였습니다. 평균 6마리에서 10마리로 늘어난 것은 이 150여 년 동안 교통, 통신의 양이 거의 두 배에 가까울 정도로 늘어났음을 의미합니다. 특히 사신이 다니던 서울-의주 길에 가장 많은 말이 배치되었는데 41역참마다 평균 25마리가 있었습니다.

역참은 마패를 지닌 사람만이 이용할 수 있었습니다. 암행어사가 출두할 때 보여주던 그 마패 말입니다. 암행어사는 보통 마패에 그려진 대로 5마리를 쓸 수 있었습니다. 암행어사만 역참의 말을 탄 건 아니고, 관리

사용할 수 있는 만큼 말이 그려진 마패.

의 높고 낮음에 따라 이용할 수 있는 말의 수와 역졸의 수가 정해져 있었습니다. 정승들은 7마리가 그려진 마패를 사용할 수 있었고, 말이 10마리 그려진 것은 오직 왕만이 쓸 수 있었습니다. 전국에 마패는 서울에 5백여 개, 지방에 160여 개가 있었습니다. 다 쓰고 난 다음에는 당연히 반납했죠.

서울로 향한 6대 도로

봉수길, 파발길, 역참길은 신경준이 쓴 《도로고》에 다 정리되어 있습니다. 신경준은 조선시대에 도로에 대해 가장 깊이 연구한 사람이었습니다. 우리나라 길은 동서 방향으로 발전하지 못하고 남북으로만 발달했다고 합니다. 《도로고》에서 신경준이 얘기한 6대 도로를 살펴보면 '한양을 위한 조선'의 성격이 그대로 드러납니다.

제1로(서울-의주)는 개경, 평양을 거쳐 의주로 이어집니다. 지금은 남북이 분단되어 가지 못하는 길이죠. 바로 경의선 철도길입니다. 길이 잘 닦여 있어서 대략 11일 걸렸습니다. 조선과 중국의 사신이 드나들던 길이기도 해서 조선의 도로 중 가장 잘 정비되었습니다. 여기서 중국 국경을 넘으면 봉황성, 선양瀋陽을 거쳐 베이징까지 이어졌습니다. 서울에서 베이징까지는 3130리였으니, 한 달 남짓이면 충분히 베이징까지 갈 수 있었습니다.

제2로(서울-함경도 경흥)는 군사적으로 요긴한 길로 원산, 함흥을 거치게 되어 있었습니다. 제3로(서울-동해안 평해)로 가면 서울, 원주 문막, 횡성, 평창, 진부, 대관령, 강릉에 이르렀습니다. 강릉에서는 동해 바다를 타고 삼척, 울진, 평해에 갔죠. 서울에서 평해까지 대략 13일 걸렸습니다.

제4로(서울-부산)는 영남 지역으로 향하는 가장 일반적인 길이었습니다. 여기서 영남이란 산을 넘는 길인 문경의 새재, 즉 '조령' 아래쪽이란 뜻입니다. 서울, 용인, 충주, 문경새재, 상주, 밀양, 부산으로 이어졌습니다. 임진왜란 때 일본군이 쳐들어오던 길이기도 합니다. 거리는 960리로 대략 14일 걸렸습니다.

제5로(서울-제주)는 동작, 과천, 수원, 진위, 천안, 공주, 여산, 전주, 태인, 정읍, 나주, 강진, 해남을 거쳐 뱃길로 제주도까지 가는 길이었습니다. 지금의 호남고속도로와 비슷한 길이죠. 서울에서 해남까지 12일 걸렸습니다. 제6로(서울-강화)는 서울의 양천, 김포를 거쳐 강화까지 이어졌습니다.

"말은 나면 제주로 보내고, 사람은 서울로 보내라"라는 말이 있죠? 6대 도로가 그려진 지도를 전체적으로 보면 큰길들이 모두 서울로 향하고 있습니다. 이는 조선시대의 강한 중앙집권적 성격과 관련이 있습니다. 전라도와 경상도를 잇는 길은 별로 없었죠. 조선시대의 도로망은 이후 우리나라 도로망의 기본이 되었습니다.

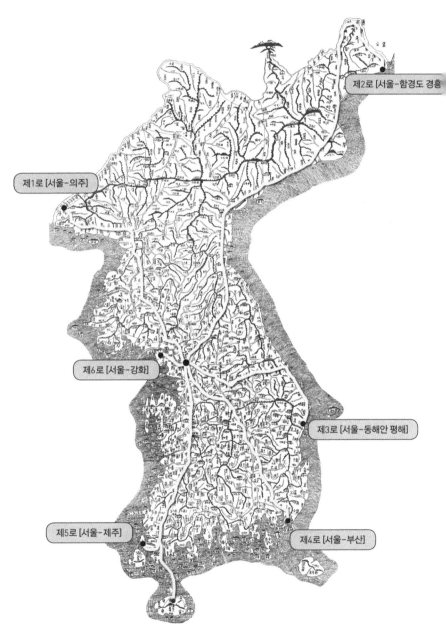

제2로 [서울-함경도 경흥]

제1로 [서울-의주]

제6로 [서울-강화]

제3로 [서울-동해안 평해]

제5로 [서울-제주]

제4로 [서울-부산]

신경준이 정리한 조선의 6대 도로

한국과학문명사 강의

짐을 나르는 데는 물길이 최고!

이제 물길을 봅시다. 남쪽의 4대강은 한강, 금강, 낙동강, 영산강입니다. 북녘에는 임진강, 예성강, 대동강, 청천강, 압록강, 두만강이 있습니다. 물길은 뭍길 못지않게 중요했습니다. 많은 짐을 실어 나르려면 육로보다 수로가 제격이었거든요. 강과 바다의 포구에는 수많은 항구가 있었고 산물을 교환하는 상업이 발달했습니다. 이중환은 《택리지》에서 이렇게 말한 바 있습니다.

우리나라는 산이 많고 들이 적으므로 수레가 다니기에 불편하다. 이러한 까닭으로 배에 화물을 싣고 운반하여 생기는 이익보다 못하다.

우리나라에는 제법 긴 내륙 수로가 있었습니다. 서울 한강의 용산에서 배를 타고 남한강을 따라 이천, 여주를 거쳐 원주를 지나 충북 충주까지 내려옵니다. 여기서부터는 육로로 조령을 넘어서 낙동강변까지 갑니다. 다시 낙동강을 타고서 양산, 김해를 거쳐 부산진에 도착합니다. 조령만 넘으면 모두 뱃길로 갈 수 있었습니다. 이 내륙 수로를 따라간다고 치면, 부산에서 서울까지 21일이 걸렸습니다. 육로보다 7일이 더 걸렸죠. 그래서 짐이 많을 때는 물길을 이용했고, 급하게 과거 보러 가는 사람은 육로를 택했습니다.

고대부터 강 길과 함께 육지와 가까운 바닷길도 발달했습니다. 삼국시대나 고려시대에는 중국과 해상 무역을 했기 때문에 먼 바닷길도 발달했

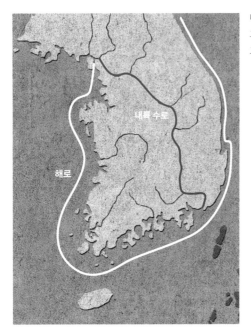

내륙 수로와 해로. 동해안은 바다가 깊
고 파도가 커서 위험했기 때문에 해로
교통이 서해안만큼 발달하지는 않았다.

습니다. 조선시대에는 먼 뱃길로 다니는 것을 금지했기 때문에 해상 무역
이 크게 위축되었습니다. 조선 초까지 바다에 왜구가 들끓었기 때문에 해
상 무역을 금지한 겁니다.

전국 각지에서 거둔 쌀은 뱃길로 옮겼습니다. 이때 사용하는 배가 조운
선 중 가장 컸는데, 이 배는 쌀 일이천 석을 싣고 사공과 노 젓는 일꾼을
포함해 사오십 명이 탈 수 있을 만큼 컸다고 합니다. 소금을 비롯한 각 지
역의 해산물을 다른 지역으로 옮겨서 파는 데에도 뱃길을 이용했습니다.
전국의 산물이 모이는 곳이 서울이었기 때문에 경강(한강 일대)이 가장 활
발했죠.

당시 배는 얼마나 빨랐을까요? 강에서는 바다보다 속도를 내지 못했습
니다. 물이 얕은 여울도 있고 바위 등 장애물도 많았기 때문입니다. 그래

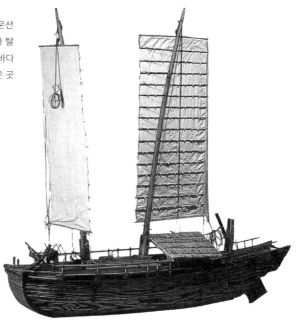

조선시대에 짐을 실어 나른 조운선
(복원품). 대부분 5~10명 정도가 탈
정도로 작았다. 이런 배들은 먼 바다
로 나가지 못하고 주로 뭍 가까운 곳
을 오갔다.

서 배가 밤에는 다니지 않고 낮에만 운항했습니다. 바다에서는 암초 같은
장애물이 적은 대신 날씨에 크게 좌우되었습니다. 순풍이 불 때는 밤에
도 배가 다녔습니다. 순풍이 불 때 큰 배로 호남 서해안에서 제주까지는
하루가 걸렸습니다. 호남 남해안에서 영남 동해안까지는 일주일 정도 걸
렸고, 울진에서 울릉도까지는 이틀이 걸렸습니다. 순풍 때에는 배로 가는
게 그다지 느리지 않았던 겁니다. 하지만 날씨가 나쁠 때는 포구에서 꼼
짝 없이 쉬어야만 했습니다. 자칫 잘못하면 배가 난파하여 표류하는 신세
가 되었으니까요.

　각지의 사투리도 강 길을 경계로 나뉘어 생겨났습니다. 거리가 가까워
도 강을 사이에 두고 있으면 말의 억양이 퍽 달랐습니다. 조선시대까지
마을의 경계를 결정짓는 가장 큰 요소가 물길이었던 겁니다. 산보다도 강

이 더 큰 경계가 된 까닭은 강에 다리가 없어서 서로 만날 수 없었기 때문입니다. "산은 물을 건너지 못한다"는 말도 있죠. 조선에 있었던 10개의 지리 문화권은 오늘날의 행정 구역과 비슷합니다. 강과 같은 자연에 따라 문화권이 자연스럽게 생겨난 겁니다.

조선의 광물과 쇠 부림

광물의 정보를 담은 '보물 지도' 같은 책

김유정이 쓴 소설 중에 《금 따는 콩밭》이 있습니다. 콩밭에서 금을 딴다니 뜬금없게 느껴질 수 있지만, 1935년에 발표된 이 작품은 당시 시대상을 반영하고 있습니다. 미국 서부에 금이 많다고 알려지면서 사람들이 우르르 몰려든 적이 있죠. 19세기에 일어난 이 현상을 '골드러시'라고 하는데, 우리나라에도 1920~1930년대에 그런 일이 있었습니다. 사업가는 물론이고 소설가와 시인, 심지어는 농부까지 금 찾는 일에 뛰어들었죠. 김유정도 내로라하는 황금광이었다고 합니다.

《금 따는 콩밭》이 발표되기 백 년 전쯤, 금이 어디서 나며 금을 어떻게

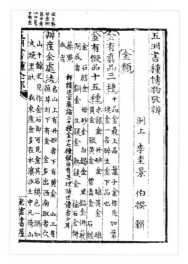
이규경이 쓴 《오주서종박물고변》.

찾는지를 알려주는 책이 있었습니다. 이규경이 쓴 《오주서종박물고변》입니다(1834). 책 제목이 조금 어려운데 '오주五洲'는 오대양 육대주, 즉 온 세계를 뜻합니다. '오주서종五洲書種'은 온 세계의 책이란 뜻이죠. '박물고변博物考辨'은 온갖 물질을 헤아려 따진다는 뜻입니다. 제목처럼 이 책에는 금은보화를 비롯한 광물질과 광물로 만든 물품과 기술이 다 들어 있습니다.

이 책은 한마디로 '보물 지도'라 할 만합니다. 대체 금은 어떤 곳에 있을까요? 이규경은 다음과 같이 적어놓았습니다.

우리나라에서 금은 물가의 모래흙에서 많이 난다. 산기슭에 흐르는 물빛이 흙빛이며 밝고 고운 강이 그런 곳이다. 또 기우는 햇빛 속에 밝은 기운이 나는 강에는 반드시 금이 난다.

옛날에는 대부분 모래 속에 섞인 사금을 찾았습니다. 맑은 냇물에서 놀 때 가끔 햇빛에 반사되어 반짝반짝 빛나는 게 사금입니다. 냇물이 휘어 돌면서 한쪽이 막힌 곳에 금이 많이 납니다. 물의 속도가 느려지면서 쌓인 겁니다. 그런 물가에서 가까운 모래밭이나 밭에도 사금이 있었습니다. 옛적부터 강의 흙이 쌓인 땅이니까요. 그런 곳이 바로 '금 밭'이죠. '금 따는 콩밭'이 괜히 나온 말은 아닌 겁니다.

이규경은 산에서 금 찾는 법도 일러줍니다. 산부추가 자라는 곳을 찾으면 됩니다. 산부추는 높은 산에서 자라는데, 특히 금 성분이 있는 곳에서 잘 자란다고 합니다. 모든 금광 근처에서 산부추가 잘 자라는 건 아니지만, 산부추가 흔한 곳에 금광이 많았습니다. 이런 사실은 경험으로 알아낸 것입니다.

사실 금은 어디든 있습니다. 흙에도 있고, 흐르는 물에도 있죠. 얼마나 많은 금이 포함되어 있느냐가 중요한 겁니다. 오래전부터 금을 찾는 여러 기술이 발전해왔습니다. 《오주서종박물고변》의 〈금편〉에는 금이 있는 곳을 알아내는 법, 찾아낸 금을 제련하는 법, 금박을 만들거나 도금을 하는 법, 금빛 내는 법, 금을 무르게 하는 법, 금을 부수는 법, 금가루 만드는 법, 진짜 금과 가짜 금을 가려내는 법 등 금에 관한 모든 것이 담겨 있습니다. 이 중 금빛 내는 법 하나만 알아볼까요? 금에다 염초, 녹반을 발라 숯불에 튀기면 더욱 붉게 빛이 납니다. 이걸 '금 튀김'이라고 불렀습니다. 요즘 과학으로 말하면 금과 다른 금속의 화학 반응이죠.

때로는 가짜를 만들어야 할 때도 있습니다. 지금도 가짜 금을 진짜 금으로 속이거나 순도가 낮은 금을 순금이라고 속이는 사람들이 있죠?《오주서종박물고변》의 〈금편〉에는 가짜 금박 만드는 법, 가짜 금 부스러기 만드는 법, 가짜 금 액체를 만드는 법도 나와 있습니다. 가짜 금박을 만들려면 은박 1냥(1냥=37.5그램), 송진 7돈(1돈=3.75그램), 유황 3돈을 섞어 태우면 된다고 합니다. 이규경은 '대단한 비밀'이라고 하면서 이 방법을 소개했습니다.

이 책에는 가짜 금을 알아내는 법도 나와 있습니다. 금하고 은이 섞였을

《천공개물》에 실린, 구리를 녹이는 그림. 《천공개물》은 중국의 전통과학기술을 자세히 소개한 책으로, 작업 과정을 보여주는 그림도 실려 있다.

때는 시금석을 사용합니다. 검정색 돌인 현무암이나 규석으로 시금석을 만듭니다. 이 시금석 돌판에 갈아보면 순금인지, 은이 섞인 금인지, 같은 금이라도 순도 높은 금인지 낮은 금인지 알 수 있습니다. 금이나 은 따위를 갈았을 때 나오는 다양한 색깔로 진짜와 가짜를 알아내는 겁니다. 금에 구리가 섞인 건 톡톡 때려보면 압니다. 구리가 섞인 건 단단해서 때렸을 때 소리가 나거든요. 그리고 노사라는 흙(천연 염화암모늄)을 섞어 끓여보면 가짜 금은 다 없어져버립니다. 이렇게 가짜를 알아내는 법이 있으니 사기꾼을 잡을 수 있었겠죠?

이규경은 대체 이런 정보를 어디서 구했을까요? 우선 금에 관한 책을 죄다 읽었습니다. 대개 중국 기술책을 참고했는데, 그중《천공개물》을 높이 평가했습니다.《천공개물》은 명나라 말에 송응성이 쓴 책입니다. '천공개물天工開物'은 '하늘의 장인이 문명을 열었다'는 뜻입니다. 이 책은 중국의 전통과학기술을 다 싣고, 그림까지 곁들여 모든 작업 과정을 한눈에 파악할 수 있게 했습니다.

중요한 '은'과 다용도로 쓰인 '동'

이규경은 금에 이어 은을 다뤘습니다. 이 가운데 우리나라 단천에서 은을 제련하는 법을 상세하게 실은 점이 단연 돋보입니다. 함경남도 단천은 은광으로 유명한 곳입니다. 조선의 양반들은 공업이나 기술에 별 관심이 없어서, 천한 사람들이 하는 일에 대해 거의 기록하지 않았습니다. 그런데 이규경은 그냥 지나치지 않고 단천의 장인들이 하는 일을 기록으로 남긴 겁니다. 생은(은광석)에서 은을 얻는 방법은 다음과 같습니다.

생은을 얻으면 솥 밑을 파서 작은 구덩이를 만든다. 불을 세차게 태워 구덩이를 다진다. 먼저 납 조각을 두고 그 위에 생은을 깐 다음 그 주위를 숯불로 둘러싸고 그 위에 소나무를 쌓아 덮은 후 불을 활활 타게 한다. 그러면 납이 먼저 녹아 아래에 고이고 생은은 녹아서 빙빙 돌게 된다.

은과 납의 화학 반응을 이용해서 은을 얻는 방법입니다. 은은 국제 화폐

은을 세공하는 장인. 조선 후기 화가 김준근이 그렸다.

로 쓰였기 때문에 특히 중요했습니다. 은은 귀하면서 아름다워 보석으로 가치가 높았고, 그래서 화폐로 쓰였죠. 금도 화폐로 쓰였지만 너무 귀해서 은만큼 많이 쓰이지는 않았습니다.

금과 은 다음은 '동'입니다. 동은 구리를 말합니다. 구리는 다른 금속과 화학 반응을 잘합니다. 구리에 아연이 섞이면 누런 황동이 되고, 금을 섞으면 보라색이 조금 섞인 검은색의 오동이 됩니다. 비소나 수은을 섞으면 흰색의 백동이 되고, 주석을 섞으면 청동이 됩니다. 구리 1근에 주석 4냥을 넣으면, 악기를 만드는 데 쓰는 향동이 됩니다. 흔히 놋쇠라고 부르는 금속이죠. 이 밖에 동전을 만드는 주동도 있고, 청동 거울을 만드는 경동도 있습니다.

돌과 여러 가지 광물

금, 은, 동 다음에는 여러 돌이 나오는데, 이규경이 제일 먼저 다룬 것은 석경입니다. 석경은 거울을 만드는 돌입니다. 예전에는 거울을 보라고 할 때 '석경 좀 봐라' 했습니다. 석경을 쓰기 전에는 청동 거울로 얼굴을 봤습니다. 이규경은 석경은 거울 뒷면에 수은을 입혀서 만드는데, 러시아에서

한국과학문명사 강의

나는 게 진짜라고 적었습니다. 우리나라 석경 이야기는 백과사전에도 안 나오는, 귀한 정보입니다.

석경 외에 옥, 수정, 석영의 변종인 마노, 유리, 호박, 산호, 진주가 있습니다. 인공 진주를 만드는 법도 자세히 나와 있습니다. 유리는 신라 시대 유물로도 나올 만큼 오래전부터 만든 전통이 있습니다. 유리는 페르시아와 교류한 산물이었죠.

유리로 만든 안경에 대해서도 나옵니다. 안경은 우리나라에서 13세기에 이규보가 사용했다는 기록이 있습니다. 안경은 조선 후기에 널리 유행했는데, 안경 예절도 있었습니다. 어른 앞에서 안경 쓰는 것을 불손하게 여겼기 때문에 아랫사람은 감히 어른 앞에서 안경을 쓰지 못했죠.

지금도 근시, 원시, 난시 등에 따라 안경이 다른데, 이규경은 다음과 같이 안경에 대해 설명했습니다.

늙은 어르신 안경 : 겉이 조금 볼록하다.
젊은이 안경 : 겉과 뒷면이 평평하다.
근시경 : 겉은 조금 오목하고, 뒷면은 조금 볼록하다.

시력에 따라 안경을 맞추는 건 지금과 같죠? '벌레 충蟲' 자가 붙은 '충안경'도 있었습니다. 충안경에 대한 설명은 이렇습니다. "겉은 볼록하고 뒷면은 평평하다. 통에 끼워 넣어 벼룩이나 이를 보면, 벼룩은 짐승처럼 보이고 이는 오징어처럼 보인다." 뜻을 보면 짐작이 가죠? 충안경은 현미경의 옛 이름입니다. 이규경의 이 글은 우리나라에서 현미경을 말한 최초의 기록입니다. 일본에서는 이보다 2백 년 앞서 서양에서 수입한 현미경을 사용했습니다.

망원경도 나와 있습니다. 우리나라에는 세 겹의 통을 만들어 늘이고 줄일 수 있는 원안경(망원경)이 있는데, 그것으로는 30리 이상 볼 수 없고 멀리 보려면 네덜란드 렌즈를 써야 한다고 나와 있습니다. 그 시절에 렌즈 만드는 기술은 네덜란드가 세계에서 가장 앞서 있었거든요. 이규경은 서양 망원경 만드는 방법을 이렇게 소개했습니다.

속이 빈 관을 씌우개처럼 층층으로 겹쳐서 통의 길이를 늘이고 줄일 수 있도록 한다. 하늘의 모양을 바라볼 수 있을 뿐만 아니라 수리 밖에 있는 물건을 눈앞에 있는 것처럼 볼 수 있다. 검은색 렌즈를 사용하면 태양을 관측할 수 있다.

이 밖에 도기와 자기, 숫돌, 뿔, 뼈, 상아, 거북이 등껍질, 전복 껍데기, 아교 등도 다뤘습니다. 이규경은 도자기에도 일가견이 있었습니다. 그는 조선에서 도자기의 역사와 기술, 아름다움을 본격적으로 논한 유일한 사람이라 할 수 있습니다.

책 마지막에는 대체로 위험한 광물을 소개하고 있습니다. 수은, 비상과 같은 독약, 화약의 원료가 되는 염초와 유황, 백반 따위가 나옵니다. 이렇게 이규경은 무척 중요한 자료를 우리에게 남겨주었습니다.

조선 박물학 최고봉의 경지

《오주서종박물고변》에는 철이 빠져 있습니다. 이규경은 쇠를 다루는 쇠 부림에 대해서는 따로 〈연철변증설鍊鐵辨證說〉이란 글을 남겼습니다. 이 제목은 '쇠 부림의 유래와 실태를 밝힌다'는 뜻입니다. 조선시대 쇠 부림에 관한 유일한 글이죠.

철광석은 강철의 원료입니다. 철광석에서 불순물을 없애고 얻은 게 생철, 곧 무쇠입니다. 무쇠는 두들기면 깨지기 때문에 먼저 뜨겁게 해서 녹인 다음에 틀에 부어 만들었습니다. 흔히 '무쇠 팔, 무쇠 다리'라 하지만, 사실 무쇠는 탄소가 많이 들어 있어서 쉽게 깨집니다. 탄소를 낮춰서 다시 만든 것이 '연철', 즉 강철입니다. 농기구나 무기의 재료죠. 무쇠와 강철을 같이 섞어서 특별히 강한 철을 만들기도 했습니다. 옛사람들은 그런 철을 강하고 빛나는 쇠라고 하여 '강빈철'이라고 불렀습니다. 이건 천 년 동안 갈지 않아도 될 만큼 단단한 쇠였습니다.

이규경은 단연코 조선 박물학자 가운데 최고봉입니다. 직접 금이나 은을 다루는 사람들을 만나고, 거울이나 강철 만드는 곳을 찾아가 세세한 기술을 확인했기 때문입니다. 그렇게 해서 오늘날 우리에게 조선의 현장을 생생히 전해주고 있죠.

그는 어떻게 《오주서종박물고변》을 쓸 수 있었을까요? 조선시대에는 기술자가 사농공상士農工商 네 신분 중 세 번째에 놓일 만큼 천시되었습니다. 광업이나 쇠 부림 자체를 가벼이 여겼던 건 아닙니다. 광물을 얻으려는 광산 개발이 활발했습니다. 조선 전기까지 대체로 전국의 모든 지역에서 광산 탐사가 이루어졌습니다. 광산은 17세기 이후 훨씬 더 늘어나서 각 광물별로 수십, 수백 개가 되었습니다. 19세기에는 개성상인들이 광산업에 뛰어들 정도였죠. 이와 같은 활발한 광산 개발과 대장간 사업의 번창을 토대로 이규경의《오주서종박물고변》이 나온 겁니다.

옛 그림과 민요에 담긴 대장간 풍경

　김홍도는 대장간의 생생한 풍경을 그려냈습니다. 대장간에서는 호미·낫·괭이 같은 농기구, 칼·못·도끼 같은 생활 용구를 만들고, 검·창·화살촉·대포 같은 무기도 만들었습니다. 생활 용구를 만드는 대장간은 꼭 필요했기 때문에 보통 마을에 하나씩은 다 있었습니다.

　김홍도의 그림에 보이듯이 대장간에는 조그만 용광로인 화덕,

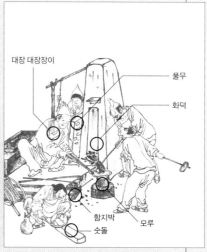

김홍도가 그린 〈대장간〉. 쇠 부림에 꼭 필요한 네 가지 요소는 원료, 가마(화덕), 연료, 풀무였다.
화덕은 쇳물을 녹이거나 쇠를 달구는 구실을 했고, 불을 피우는 연료로는 숯이나 석탄을 썼다.

달궈진 쇠를 놓는 모루, 화덕에 바람을 넣어 온도를 높이는 풀무, 달궈진 쇠를 식히는 함지박, 쇠를 가는 숫돌 따위가 있었습니다. 이 그림에서 한 아저씨는 빨갛게 달궈진 길쭉한 쇳덩어리를 집게로 잡아 둥그런 판 위에 놓고 있습니다. 오른쪽 아저씨 둘은 달궈진 쇳덩어리를 망치로 내리치고 있죠. 이 세 사람 중 쇳덩어리를 잡고 있는 사람이 쇠 부림 작업을 이끌고 있습니다.

대장 역할을 하는 대장장이는 화덕 안에 쇳덩어리를 넣고 색깔을 보고 온도를 가늠합니다. 쇳덩이를 불에 넣었다 뺐다 하면서 망치질할 때를 결정합니다. 달궈진 뭉툭한 쇳덩이는 망치질할 때마다 조금씩 납작해집니다. 그림을 자세히 보면, 대장 오른쪽 옆에 나무배처럼 길쭉한 함지박이 있죠. 거기에는 찬물이 들어 있습니다. 뜨거운 쇠가 찬물에 닿아 갑자기 식으면 단단해지거든요. 불기운으로 뜨거워진 쇠를 두드려 모양을 만든 뒤 찬물에 담가 단단하게 하는 겁니다.

그림에는 두 사람이 더 있죠? 떠꺼머리나 꽁지머리를 한 걸 보니 아이들입니다. 뒤쪽 아이는 풀무질을 하고, 앞에 앉은 아이가 숫돌에 낫을 갈고 있습니다. 무딘 날은 숫돌에 갈아서 세우죠. 신라의 네 번째 임금인 탈해왕도 숫돌을 쓰는 대장장이 집안 출신이었습니다.

화덕 곁에 네모진 게 풀무입니다. 풀무는 화덕의 온도를 높이기 위해 바람을 불러일으키는 도구죠. 자루를 잡고서 밀고 당기면 화덕의 불이 세집니다. 쇠를 달구려면 불의 온도가 높아야 하기 때문에 풀무는 대장간에 꼭 필요했습니다. 손으로 움직이는 손풀무도 있었고, 발로 밟아서 바람을 불러일으키는 발풀무도 있었습니다. 슥삭슥삭 슥삭슥삭 또는 푸르락푸르락 하면서 규칙적으로 움직였죠.

이 그림을 보고 있으면 푸르락푸르락 풀무질 소리, 퉁탕퉁탕 망치질 소리, 슥슥 낫 가는 소리 들이 어울려 마치 음악처럼 들려오는 듯합니다. 실제로 풀무질 소리는 민요로 여럿 남아 있습니다. 경주 지방의 풀무 소리는 다음과 같습니다. 여기서 '불매'는 풀무를 가리킵니다.

이 불매가 어데 불매고 푸르락푸르락 불매야
경상도 도불매 푸르락푸르락 불매야
숯은 어데 숯이고
황정골 이첨지 숯일런가 푸르락푸르락 불매야
골 구멍은 바람이 난다 푸르락푸르락 불매야
물수 양반은 호걸판 푸르락푸르락 불매야
불 앞에 놈은 죽을만 푸르락푸르락 불매야
쇠는 어디 쇠고
쇠동골 공쇨런가 푸르락푸르락 불매야

이 민요에는 쇠와 숯이 어디서 왔는지에 대한 궁금증과 땀 흘리며 일하는 대장장이의 고충이 담겨 있습니다. 아마 대장간 사람들은 이런 노래를 함께 부르며 풀무질을 계속했을 겁니다.

3부

자연

옛사람들의 자연 분류

자연 분류가 시작되다

옛사람들은 자연 전체를 어떻게 바라보았을까요? 옛사람들의 분류 방식을 알면 자연을 질서정연하게 이해하게 됩니다. 자연 전체에 대한 이해와 분류 방식이 어떻게 흘러왔는지 살펴봅시다.

반구대 바위그림은 선사시대 사람들이 자연을 어떻게 분류했는지를 보여줍니다. 당시 사람들은 생물이나 무생물이 얼마만큼 쓸모 있는지, 얼마나 위협적인지, 이런 관심에 따라 자연을 알아나갔습니다. 또 수많은 생물과 무생물을 분류하는 틀을 점차 엄밀하게 확립해나갔습니다. 이런 과정을 통해 자연 분류학이 발달하게 되었습니다.

우리 역사에서도 이런 분류학의 발달 과정이 있었습니다. 옛사람의 자연에 대한 지식이 가장 풍부한 분야는 약물학입니다. 동아시아 지역에서는 약 2천 년 전부터 병을 고치기 위한 약들을 찾아 나섰습니다. 그게 갈수록 풍부해지면서 웬만한 식물과 동물, 광물이 모두 약이 된다는 사실을 알게 되었습니다. 약 가운데 풀의 종류가 가장 많아서, 흔히 그걸 '풀뿌리'

를 뜻하는 '본초'에서 따와 본초학本草學이라고 했습니다.

우리나라 본초학의 역사는 고조선 건국과 함께 시작되었다고 말할 수 있습니다. 단군 이야기에서부터 마늘이나 쑥 같은 풀의 이름이 나오니까요. 본격적인 약재 이름은 고조선 후기부터 보입니다.

고대 중국의 《신농본초경》에서는 토사자란 풀이 조선에서 나는 약이라고 했습니다. 중국에서는 수천 년 전 전설의 인물인 신농 황제가 본초에 대한 학문을 처음 만들었다고 알려져 있습니다. 신농은 온갖 약초를 직접 먹어보고 약으로 쓸 것, 좋은 약, 나쁜 약, 또 병의 증상에 맞는 약을 골라냈다고 합니다.

이후 《신농본초경》을 자세히 설명하거나 새로 약물을 추가한 책들이 나왔습니다. 그중 6세기경에 활동한 도홍경이 쓴 《신농본초경집주》와 《명의별록》은 우리나라의 약재를 실었기 때문에 기억해야 할 책입니다. 집주集註란 설명을 모았다는 뜻이고, 명의名醫는 유명한 의사, 별록別錄은 부록으로 덧붙였다는 뜻이죠. 고조선의 본초도 《명의별록》에 적혀 있습니다. 그뿐 아니라 우리나라에서 나는 인삼, 오미자 등 10여 종의 약재도 적어놓았습니다.

각종 약을 모아놓은 중국의 《신농본초경》은 고대 중국이나 한국에서 가장 중요한 본초학 책이었고, 그러한 영향력은 지금까지도 이어지고 있습니다. 《신농본초경》은 기원 전후 무렵에 지어진 것으로 추정됩니다. 그리고 한 사람이 지은 게 아니라 오랜 기간에 걸쳐 많은 사람의 경험과 지혜를 모은 책이라고 합니다. 책의 위엄을 높이려고 전설의 신농씨 이름을 쓴 거죠.

이 책에는 약물 365종이 실려 있습니다. 왜 한 해의 날짜와 같은 365종을 실었을까요? 땅에서 나는 약재가 하늘의 운행을 고스란히 본받았다고 생각했기 때문에 그런 겁니다. 우리 눈으로 보면, 365종 가운데 식물이 252종, 동물이 67종, 광물이 46종입니다. 그런데 이 책은 동물, 식물, 광물 식으로 약을 구분하지 않았고 상품 약, 중품 약, 하품 약의 구분을 가장 중요하게 생각했습니다.

반구대 바위그림에서 사냥감의 순서를 기준으로 고래와 사슴을 중시한 것처럼, 관심이 뭐냐에 따라 자연의 생물을 분류한 겁니다. 상품 약은 수명을 늘리고 신체를 건강하게 해주는 약입니다. 독성이 거의 없는 약들이죠. 중품 약은 몸을 보해주기도 하지만 병을 공격해서 치료하는 약입니다. 독성이 있는 것도 있고 없는 것도 있습니다. 하품 약은 몸을 보해주는 약이 아니라 질병을 공격하는 약입니다. 독성이 많아서 오랫동안 복용하면 안 되는 약들이죠. 이러한 '3품 분류'에는 질병보다는 예방, 예방보다는 건강을 중요하게 여기는 정신이 담겨 있습니다. 예컨대 인삼은 상품 약에 속합니다. 녹용은 몸을 보해주기도 하지만 병을 공격하는 기능도 있어서 중품 약입니다. 지네는 하품 약에 속합니다. 허리 아픈 병을 낫게 하는 특효약으로 알려져 있죠. 《신농본초경》의 상·중·하품 약은 다음과 같습니다.

- 상 : 인삼, 감초, 지황, 사향, 우황, 자라 껍질, 운모, 종유석 등 120종
- 중 : 칡뿌리, 녹용, 물소 뿔, 유황, 수은, 석고 등 120종
- 하 : 부자, 반하 같은 뜨거운 성질이 매우 큰 약, 뱀 허물, 거머리, 지네, 납 등 125종

이 분류에서는 상, 중, 하마다 동물, 식물, 광물이 마구 섞여 있고, 그 안에서 풀과 나무, 벌레와 돌이 구별되지 않습니다. 그건 이 책을 만든 사람의 기준과 우리의 기준이 다르기 때문입니다. 옛사람들은 '쓸모'를 일차적인 기준으로 삼고 그 아래에 광물, 식물, 동물 들을 분류했거든요.

고려·조선 한의서에 나타난 자연 분류

우리나라에서는 약초를 모은 책이 13세기가 되어서야 나왔습니다. 꽤 늦은 편이라 할 수 있죠.《향약구급방》이 그 책입니다. 향약이란 국산 약이란 뜻입니다. 중국 약을 당약(당나라 약)이라 부르면서 우리 약을 시골약, 곧 향약鄕藥이라 한 거죠. 이를 보면, 당나라 때 중국과 삼국의 약재 교류가 활발해지고, 국산 약에 대한 연구가 진행되면서 당약과 향약이 구분되었음을 짐작할 수 있습니다. 구급방이란 구급 상황에 쓰는 처방이란 뜻입니다. 이 책은 13세기 초 몽골이 쳐들어와서 최우가 이끄는 고려 조정이 강화도에 피난 갔을 때 만든 대장도감에서 펴낸 책입니다.

이 책에는 180여 종의 국산 약초를 싣고, 우리나라에서 부르던 이름까지 적어놓았습니다. 한글은 거의 2백 년 후인 세종 때 만들어졌죠. 그 전에는 우리말을 한자로 표기하는 방법, 즉 설총이 만든 이두가 있었습니다. 그 이두로 약초 이름을 쓴 겁니다. 180종의 본초 가운데 식물성이 가장 많아 147개이고, 동물성 26개, 광물성이 7개입니다.

- 식물성: 율무, 도꼬마리, 칡뿌리, 붓꽃, 개나리꽃, 말(바다의 수초), 도라지, 잇꽃, 닥, 물푸레나무 껍질, 마늘, 보리, 메밀, 찹쌀, 쇠비름, 박 등

- 동물성: 굴, 조개, 두꺼비, 거머리, 지네, 거미, 산양의 뿔, 새똥, 가마우지, 닭의 볏 등
- 광물성: 곱돌(오늘날 삼겹살구이 불판으로 많이 쓰는 돌) 등

《신농본초경》에 실린 365개의 약초 중 절반 정도가 여기에 적혀 있다고 생각하면 됩니다.《향약구급방》도《신농본초경》의 분류와 같게 상등 약, 중등 약, 하등 약으로 나눴습니다.

고려시대의 많은 풀, 나무, 동물, 광물의 토속 이름은 지금과 똑같았습니다. 토속 이름은 107종의 약재에 붙어 있었는데, 이는 우리 민간에서도 이런 풀, 나무, 동물, 광물에 대한 고유한 지식이 있었음을 뜻합니다. 중국의 약 이름이 들어왔어도 그 이름으로 동화되지 않은 약재들이죠. 그러니까 토속 이름이 없는 약재는 대체로 삼국시대 이후에 들어온 외래종인 셈입니다. 토속 이름이 있는 약재는 훨씬 이전부터 우리 땅에서 자라고 우리나라 사람들이 잘 알고 있던 것이라고 할 수 있습니다.

한자 이름이 그대로 쓰인 것은 40종 나옵니다. 그중 우리가 잘 아는 인삼, 국화, 대추, 호두가 있습니다. 국화는 삼국시대에 들어왔고, 대추와 호두는 고려시대에 들어왔을 거라고 추정됩니다.

이후 국산 약재에 대한 관심이 높아지고 연구가 진행되어 세종 때에 이르러 전국에 걸쳐 국산 약재에 대한 지식을 총망라하게 됩니다. 1433년 세종 때 나온《향약집성방》이 그 결과물입니다. 유효통, 노중례, 박윤덕 세 사람이 엮은 이 책에는 약물이 무려 517종 등장합니다(한 항목에 여러 개 딸린 것까지 고려한다면 694종이 됩니다).《향약구급방》때보다 337종이 늘어 거의 세 배가 됐죠. 이 517종 모두 토속 이름이 적혀 있습니다.

그런데 이 토속 이름이 한글로 되어 있지는 않습니다. 한글 창제는 1446년인데 《향약집성방》은 훈민정음 창제보다 13년 앞서 만들어졌습니다. 그래서 《향약집성방》에는 그 전처럼 이두로 썼습니다. 약 이름을 한글로 모두 기록한 건 그 유명한 《동의보감》에서였습니다.

세종 때 약재를 종합하여 펴낸 《향약집성방》.

《동의보감》의 분류

《향약집성방》보다 꼭 180년 후인 1613년에 나온 허준의 《동의보감》은 우리나라 자연 분류책의 으뜸이라 해도 지나치지 않을 정도로 훌륭한 책입니다. 《동의보감》에 나오는 약재 수는 1400개에 가까운데 이 가운데 대다수가 국산 약이고, 수입 약이 백 개쯤입니다. 국산 약만 봐도 《향약집성방》의 5백여 개보다 8백여 개가 늘어났습니다. 두 배가 넘는 분량이죠. 자연 세계에 대한 지식이 엄청 늘어난 겁니다. 여기에는 우리나라에서 볼 수 있는 풀이며 나무, 짐승과 곤충, 물고기, 채소와 돌 등이 모두 포함되어 있고 외국의 귀한 풀뿌리, 나무껍질과 열매, 짐승과 벌레 등이 다 담겨 있습니다.

이 책에 실린 중국 약이 백여 개에 불과하다는 건 굉장한 결과입니다. 우리 풍토에서 나지 않는 동물, 식물, 광물 일부를 제외하고는 모두 국산 약으로 대체했다는 걸 뜻하니까요. 동물성 약재 4백여 개 가운데 수입 약은 10개를 넘지 않습니다. 식물성 약재 7백여 개 가운데 70개 남짓, 광물성 백여 개 가운데 30개 정도가 수입 약이었습니다. 또한 국산 약은 한글로 표기되었기 때문에 이두로 읽을 때보다 더 정확하게 읽을 수 있게 되었습니다. 이를테면 "새벽에 처음 기른 우물물", "닭의 알 누른 자위", "가장 큰 사슴의 뿔"이라고 썼는데, 의사가 아니라도 누구나 이를 알아볼 수 있죠.

《동의보감》의 순서를 보면, 우선 물 부분, 흙 부분, 곡식 부분을 앞에 두었습니다. 허준은 그 이유를 이렇게 밝혔습니다. "물이 만물의 근본이기 때문에 가장 먼저 두고, 땅이 만물을 기르므로 그다음이 되며, 땅에서 인간을 기르는 곡식이 나오므로 곡식을 그다음으로 두었다." 자연이 생겨난 이치를 중시한 허준의 생각이 읽히는 부분입니다. 물, 흙, 곡식 다음으로 허준은 생명이 있는 것 가운데 고등한 것에서 그렇지 않은 것으로 순서를 배치했습니다. 동물의 순서는 다음과 같습니다.

사람 → 하늘에 사는 날짐승 → 땅에 사는 들짐승 → 물에 사는 물고기 → 벌레

마지막으로 생명이 없는 것들은 광물의 귀한 정도에 따라 '옥-돌-쇠붙이' 순으로 배열했습니다. 이런 자연 분류는 대체로 무생물과 생물을 가르고, 생물을 동물, 곤충, 식물 등으로 분류하는 오늘날의 분류학과 매우 비슷합니다. 하지만 물, 흙, 곡식을 따로 떼어 앞에 둔 건 오늘날의 자연 분류 기준과 크게 다르죠. 이는 하늘과 땅, 물, 곡식, 인간의 긴밀한 연결을 중시한 태도 때문입니다.

국어사전《물명고》의 분류

조선 후기에 들어 이런 분류에 적지 않은 변화가 나타났습니다. 19세기 초반에 활동했던 유희(1773~1837)의 《물명고》라는 책을 통해 그러한 변화를 확인할 수 있습니다. 이 책은 사물에 이름을 붙인 일종의 국어사전인데, 천지 만물 온 세상을 먼저 크게 감정이 있는 것과 그렇지 않은 것, 움직이지 않는 것과 움직이는 것, 이 넷으로 구분했습니다. 감정이 있는 것은 날짐승, 뭍짐승, 물에 사는 짐승, 곤충으로 나누었습니다. 뭍짐승은 털 짐승과 털 없는 짐승으로 다시 나눴습니다. 물에 사는 것은 비늘 있는 것과 껍데기를 쓰고 있는 것으로 다시 나눴습니다.

《물명고》의 분류 체계

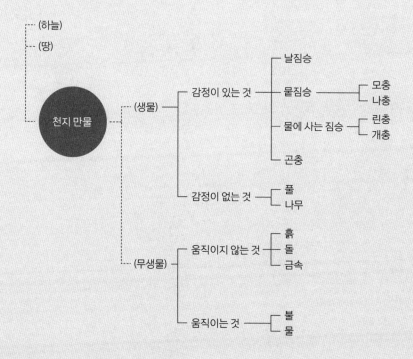

생물이지만 감정이 없는 것에 풀과 나무를 넣은 점은 오늘날과 똑같습니다. 곡식이나 채소를 따로 구분하지는 않았습니다. 움직이지 않는 것으로는 흙, 돌, 쇠붙이 등 광물 따위가 있었습니다. 멈춰 있지 않는 것으로는 물과 함께 불이 분류되었습니다.

이런 분류에 따라 우주·자연·인간에 관한 온갖 말들이 다 분류되었습니다. 오늘날의 분류가 옛 분류보다 더 합리적이기는 하지만 절대적인 것은 아닙니다. 문화권마다 중요하게 보는 시각으로 자연을 분류했으니까요. 또 그것이 독자적인 분류로 끝나는 건 아닙니다. 자연은 늘 객관적으로 존재하니까요. 이처럼 객관적 자연과 문화권의 자연 인식에 따라 분류가 결정되었습니다.

바위그림에 담긴
동식물의 세계

선사시대 사람들이 남긴 바위그림

유적에서 찾아낸 흔적은 옛사람들의 생활을 말해줍니다. 알타미라 동굴 벽화 같은 그림에는 선사시대 사람들의 삶과 생각이 고스란히 담겨 있죠. 에스파냐에서 발견된 이 그림은 기원전 1만 5000년~기원전 1만 년 무렵에 크로마뇽인이 들소 등을 그려놓은 벽화입니다. 사냥의 성공을 기원한 신앙과 함께 수준 높은 예술의 경지를 보여주죠. 우리나라에서는 이런 동굴 벽화 대신 바위에 새겨진 암각화巖刻畫, 즉 바위그림이 발견되었습니다.

들소가 그려진 알타미라 동굴 벽화.

울산 대곡리 반구대에 새겨진 게 가장 유명한데, 이 바위그림은 동네 할아버지 덕분에 세상에 알려졌습니다. 1971년, 불교 유적을 조사하던 학자들이 허탕을 치고 돌아가려는 순간 한 할아버지가 "저기 바위에 호랑이가 새겨진 그림이 있지요" 하고 알려준 겁니다. 그 말대로 호랑이 그림을 찾기는 했는데, 그건 선사시대 그림이 아니었습니다. 실망하려던 순간, 학자들은 가까이에서 고래가 가득한 그림을 발견했습니다. 뜻밖에 얻은 성과였죠. 이 바위는 1968년 댐이 만들어지면서 물에 잠겼는데, 물이 마르면 드러나곤 했습니다. 아이들이 물속에서 멱 감다가 가끔 봤지만, 예전에는 아무도 이 그림이 중요한 줄 몰랐습니다. 그 후 이 반구대 바위그림은 국보가 되었죠.

강물이 말라서 바위그림이 드러난 울산 대곡리 반구대.

  반구대 바위그림은 신석기시대 후기에서 청동기시대 초기에 새겨졌다
고 알려져 있는데, 이 그림에는 아주 정교하게 쪼아낸 흔적이 많습니다.
돌 도구로는 이렇게 쪼아낼 수 없고, 정교한 청동 도구나 철기 도구가 있
어야만 가능한 일입니다. 이때의 사람들이 사용하던 가늘고 날카로운 청
동 칼이 있습니다. 세형동검이라고 하죠. 이 바위그림이 만들어지던 시기
는 고조선 말기에 해당합니다. 선사시대 사람들의 생활과 생각을 이처럼
분명히 알 수 있게 된 건 한마디로 대박이었죠.

  이보다 좀 전에 같은 연구팀이 반구대에서 가까운 울주 천전리에서도

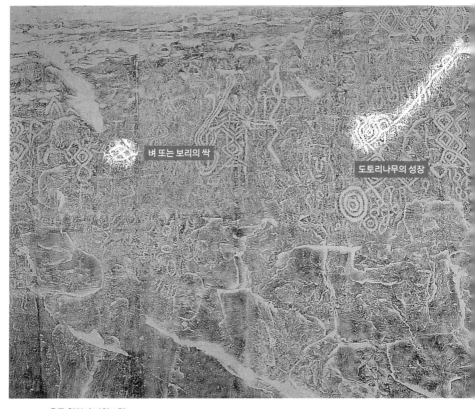

벼 또는 보리의 싹

도토리나무의 성장

울주 천전리 바위그림.

바위그림을 발견한 적이 있습니다. 이때부터 우리나라 학자들이 바위그림에 관심을 갖기 시작했습니다. 천전리 바위도 국보로 지정되었습니다. 여기에는 동물 수는 적지만, 반구대 암각화에 없는 식물들이 그려져 있습니다. 도토리, 싹 틔운 콩, 곡물의 파종과 성장 등이 그려져 있는데, 이 그림은 초기 농경 사회의 모습을 표현한 겁니다. 심은 농작물이 잘 자라기를 기원한 거겠죠. 그래서 식물 모양과 사람 모양이 결합된 곡식 신으로 추정되는 존재도 그려져 있습니다. 농경 사회가 되었으니 뭐가 중요해졌

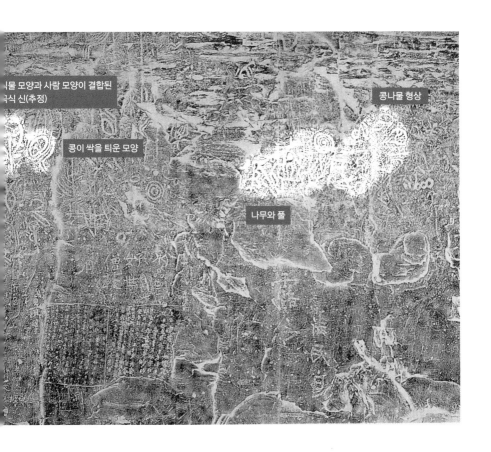

물 모양과 사람 모양이 결합된
식 신(추정)

콩나물 형상

콩이 싹을 틔운 모양

나무와 풀

을까요? 바로 자연환경입니다. 물이 풍족해야 하고, 해와 바람 등 기후가 잘 맞아야 하죠. 그래서인지 천전리 바위에는 물결, 동그라미, 바람결 같은 모양의 무늬가 새겨져 있습니다.

지금까지 우리나라에서 암각화가 발견된 유적은 30여 곳에 이릅니다. 이런 암각화에는 선사시대 사람들의 동식물에 대한 지식과 생각이 들어 있습니다. 옛사람들은 결코 미개하지 않았습니다. 당시 자연에 대한 지식은 상당히 높은 수준이었습니다. 다만 표현된 게 일부분이고, 후대 사람들이 제대로 읽어내지 못해 오해가 생길 뿐이죠.

동물에 대한 해박한 지식

반구대 바위는 높이 3미터, 너비 10미터쯤 됩니다. 꽤 크죠. 이 안에 사람, 배 등 약 3백 개나 되는 형상이 담겨 있습니다. 가장 눈에 띄는 고래 떼는 무려 58마리나 그려져 있습니다. 벽화를 삼등분해서 보면 왼쪽에 가장 많고, 중간에도 적지 않고, 오른쪽에도 조금 있습니다. 산짐승으로는 뿔 달린 사슴이 가장 많이 보이는데 모두 45마리입니다. 바다 동물로는 고래 외에 상어, 돌고래, 거북이 있고, 산과 들의 동물로는 호랑이, 표범, 멧돼지, 산양, 늑대, 여우, 담비, 토끼, 새가 있습니다. 호랑이와 비슷한 표범도 있고, 개구리도 한 마리 있습니다.

이처럼 여러 동물의 다양한 모습이 한꺼번에 그려진 유적은 우리나라뿐 아니라 세계에서도 드뭅니다. 그런데 당시 사람들은 하고많은 동물 중왜 이 동물들을 골라 그린 걸까요? 아마 사냥할 동물을 그려 넣었을 겁니다. 반구대 바위에 그려진 동물들은 그 지역에서 흔하고, 거기에 사는 사람들이 주로 사냥하던 동물들이었습니다. 선사시대 사람들은 동물을 파악할 때 사냥감과 그렇지 않은 것으로 나눴던 겁니다.

반구대 바위그림을 보면, 중요한 사냥감일수록 생김새와 행태가 비교적 정확하게 구별됩니다. 호랑이와 표범은 가로무늬의 독특한 줄 또는 얼룩무늬 점, 끝에 힘이 들어간 꼬리, 납작한 머리와 짧은 목, 날카로운 이빨 등이 자세히 표현되어 있습니다. 사슴 중에서 뿔이나 무늬가 있는 건 꽃사슴이고, 무늬가 목에 없고 몸통에만 있는 것은 사향노루입니다. 뿔이 없고 이빨이 툭 튀어나온 것은 고라니이고, 뿔과 꼬리가 짧은 것은 산양입니다. 늑대는 개와 비슷하게 생겼지만 꼬리가 늘어지지 않았습니다. 입이 길고 꼬리가 긴 것은 여우죠. 족제비 속에 속하면서도 크기가 작은 담비도 그려져 있습니다. 입술과 주둥이가 툭 튀어나온 것은 멧돼지입니다.

귀가 쫑긋한 멧토끼는 몇 마리 안 되지만 조그맣게 그려져 있습니다. 크기가 작아서 사냥 가치가 적었기 때문일 겁니다. 새도 몇 마리 그려져 있지만, 그림만으로는 어떤 새인지 구별하기 어렵습니다. 좋은 사냥감이 아니었던 겁니다.

고래 그림은 동해에 사는 북방긴수염고래, 귀신고래, 혹등고래, 향고래, 범고래, 돌고래 등이 일일이 구별됩니다. 고래잡이가 매우 중요했다는 걸 알 수 있죠. 당시 사람들은 늘 고래가 어디로 다니는지 알아내려 했고, 어떤 고래가 바다에 출현했는지 촉각을 곤두세웠을 겁니다. 그러다 보니 고래 박사가 되었던 거죠. 북방긴수염고래는 가장 큰 녀석이라 나타나기만 하면 고래 사냥꾼들이 환호성을 질렀을 겁니다. 그림을 자세히 보면 어미 고래가 새끼 고래를 업고 다니는 모습, 고래들이 물을 내뿜는 모습도 그려져 있습니다. 이런 사실은 오늘날 동해에 출현하는 고래의 종류나 행태와 일치합니다.

사냥에는 두 가지 목적이 있었습니다. 고래, 사슴, 멧돼지는 식용을 목적으로 잡았습니다. 고래잡이를 생업으로 삼았던 대곡리 사람들에게 고래는 특수한 사냥감이었을 겁니다. 호랑이, 표범 같은 맹수는 사람을 해치기 때문에 잡아야 했습니다. 이런 맹수는 잡아서 울타리에 가둬 넣거나 발을 줄로 매서 꼼짝 못하게 해놓았습니다.

선사시대 사람들이 실제로 사냥했던 흔적은 조개 무덤(패총)에 남아 있습니다. 조개 무덤에서 호랑이, 사슴, 멧돼지, 노루, 고라니, 여우, 족제비, 수달 등의 뼈가 나오거든요. 반구대 바위그림 속 동물들과 비슷하죠?

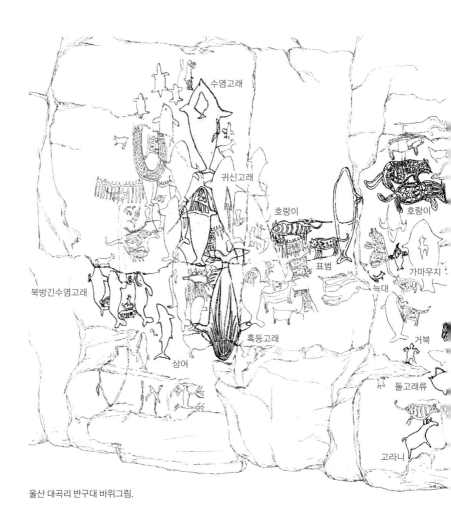

울산 대곡리 반구대 바위그림.

개구리는 왜 그려 넣었을까요? 어떤 학자는 고대 사회에서 개구리가 날씨를 예보했을 거라고 추정합니다. 사람들이 사냥하기 좋은 날을 개구리가 알려주었던 셈이죠.

사향노루

담비

노루

산양

멧토끼

사슴

멧돼지

멧돼지

향고래

개구리

여우

바위그림이 말해주는 것

바위에 그림을 새긴 이유에 대해 학자들은 대체로 두 가지로 추측합니다. 우선 동물을 많이 잡게 해달라는 기원이 담겼을 거라 봅니다. 사람도 새겨져 있는데 그들의 모습은 굿을 하는 샤먼, 즉 무당과 닮아 있습니다.

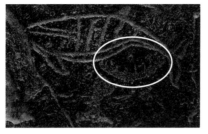

고래잡이 배.

교육을 위해 그림을 새겼을 수도 있습니다. 아이들은 바위그림을 보면서 고래에 어떤 종류가 있는지, 그리고 사냥을 어떻게 하는지를 배웠을 겁니다. 예컨대 고래는 배를 타고 나아가 작살을 던져 잡으면 되고, 범이나 표범 같은 맹수는 울타리나 함정을 만들어 잡는다는 걸 배운 겁니다. 무엇보다도 이런 그림을 보면서 동물들이 어떻게 생겼는지 배웠겠죠. 이런 학습은 동물 세계에서 인간만이 지닌 대단한 능력입니다.

바위에 새겨진 모양을 보면 시대에 따라 도구가 변화했음을 알 수 있습니다. 긴 시간에 걸쳐 여러 세대 사람들이 바위그림을 그린 겁니다. 신석기 시대 말기에는 단단한 돌로 그림을 새겼습니다. 한참 시간이 지나 예리한 금속, 청동기를 썼습니다. 아주 가는 선은 예리하면서도 견고한 철기가 아니면 그을 수 없습니다. 그래서 가는 선은 철기를 썼을 거라 추측됩니다. 철기시대 초반에 새긴 거죠.

바위그림에서 알 수 있는 게 또 하나 있습니다. 청동기나 철기를 만드는 비밀은 '불'에 있습니다. 광석에서 구리나 철을 얻어내는 고도의 불 다루기 기술이 있었던 겁니다. 인류 문명의 또 다른 비밀이죠. 고래 등에 꽂은 작살의 촉은 아마 철기로 새겼을 겁니다.

반구대 바위그림에는 '배'와 닮은 형상도 그려져 있습니다. 선사시대

한국과학문명사 강의

사람들이 여러 도구를 사용해 배를 만들었다는 걸 알 수 있죠. 배를 타고 강으로, 바다로 나갔던 겁니다. 10여 명이 한 배를 타고 나갔을 테고, 아마 언어로 대화했을 겁니다. 바위그림은 정말 많은 것을 말해주죠? 반구대와 천전리의 바위그림은 불, 도구, 언어 더 나아가 학습과 예술의 경지를 보여줍니다. 바위그림은 지금도 매우 활발하게 연구가 계속되고 있습니다.

단군 이야기 속 마늘과 쑥의 정체

천제 환인의 아들 환웅이 태백산 신단수 아래로 무리 삼천 명을 이끌고 내려와 신시를 열었다. 환웅은 바람의 신인 풍백, 비의 신인 우사, 구름의 신인 운사를 거느리고 곡식, 목숨, 질병, 형벌, 선악 등 인간의 삼백육십여 가지 일을 주관하여 세상을 다스렸다. 이때 곰과 호랑이가 사람이 되기를 원했다. 환웅은 곰과 호랑이에게 쑥 한 묶음과 마늘 스무 개를 주면서 백 일 동안 햇빛을 보지 말고 동굴 속에서 생활하라고 말했다. 호랑이는 이를 참지 못하여 나갔으나 곰은 잘 따랐다. 밖으로 나간 호랑이는 인간이 되지 못했고, 마늘과 쑥을 잘 먹은 곰은 여자인 웅녀가 되었다. 웅녀는 환웅과 결혼하여 단군을 낳았다. 단군왕검은 고조선을 세웠다.

《삼국유사》에 실린 단군 이야기에는 마늘과 쑥이 나옵니다. 이 두 식물은 한민족의 탄생을 전하는 이야기에 등장하는 만큼 예사롭지 않게 느껴지죠. 이승휴가 지은 《제왕운기》에는 마늘과 쑥이라는 이름 대신 그냥 약이라고만 적혀 있습니다. 두 식물의 정체는 뭘까요?

연구 결과 단군 이야기에 등장하는 쑥은 쑥이 맞지만, 마늘은 오늘날 우리가 자주 먹는 마늘이 아니라고 합니다. 이 분야의 대가 이성우 선생은 그건 마늘보다 작은 달래나 야생 산마늘이라고 했습니다. 그렇다면 왜 이런 오해가 생겼을까요? 《삼국유사》에는 '마늘 산蒜'이라는 글자가 쓰여 있는데 식물의 역사를 보면 달래도, 마늘도 산입니다. 달래는 "고추 먹고 맴맴 달래 먹고 맴맴" 할 때 그 달래죠. 달래는 크기가 작아서 '소산'이라 하고, 마늘은 커서 '대산'이라 합니다. 보통 산이라 하면 대산을 뜻합니다. 단군이 도읍을 세운 기원전 2333년 무렵 우리 땅에는 마늘이 없었습니다. 마늘의 원산지는 중앙아시아로 알려져 있는데, 기원전 2500년 이집트의 피라미드에 이 마늘이 그려져 있습니다. 우리 기록은 알 수 없고, 중국 기록을 보면 기원후 300~400년 무렵 산, 곧 대산이 서역에서 들어왔다고 합니다. 중국에도 오래전부터 산은 있었는데, 그 산은 달래 같은 종자였습니다. 마늘이 널리 퍼지면서 그 전의 달래와 같은 산은 소산이라 하고, 수입 마늘을 산이라 하게 된 겁니다. 이와 비슷한 예로 보리와 밀이 있습니다. 보리는 대맥, 밀은 소맥인데 《삼국사기》에서는 둘 다 '보리 맥麥' 자로 기록했습니다.

우리나라 북쪽과 만주 지방은 소산의 원산지로 알려져 있습니다. 달래나 산마늘은 우리나라에 매우 흔한 식물이었죠. 웅녀가 되기 전에 곰이 먹은 산은 달래 또는 산마늘이었던 겁니다. 우리나라에서 마늘을 뜻하는 산의 기록은 한참 지나 신라 때부터 보입니다.

쑥은 중국에서 기원후에 약으로 썼습니다. 이를 근거로 어떤 학자들은 조심스럽게 단군 신화가 마늘이 수입되고, 쑥이 약으로 사용된 후대에 생겨난 이야기라 추정하기도 합니다.

한편 환웅이 땅에 내려와 다스리는 온갖 일 중에 가장 먼저 나오는 것이 '곡식'입니다. 목숨을 지탱해주는 게 곡식이기 때문입니다.

곡식에 이어지는 '목숨'과 '질병'은 약과 관련된 것입니다. 그다음
으로 나오는 '형벌'과 '선악'은 인간이 여느 동물과 달리 문명을 이
루고 도덕을 갖췄다는 점을 말해줍니다.

곡식 농사와
밥 짓기의 역사

②

삶의 기본, 곡식 농사

우리 전통과학은 대부분 곡식과 관련되어 있습니다.《칠정산》같은 달력이나〈천상열차분야지도〉같은 하늘의 과학은 모두 농사지을 때를 알려주기 위한 생각과 관련되어 있습니다. 측우기는 곡식에 필요한 우량 정보와 관련되어 있죠.《세종실록》〈지리지〉에 담긴 핵심 내용도 농사짓는 땅과 수확량에 관한 정보였습니다. 농토를 측정할 때는 수학이 쓰였고, 기장이라는 곡식은 도량형을 통일하는 율관에 사용되었습니다. 고구려 고분에 그려진 부엌·방앗간·외양간 그림도 농사와 관련이 있죠. 사람은 누구나 '밥'을 먹고 밥심으로 살아가기 때문입니다. 밥은 그만큼 기본이

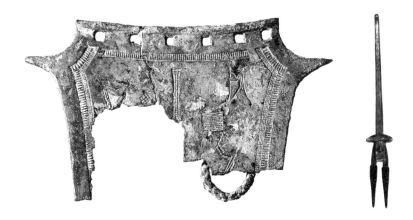

청동기시대 후기(기원전 7세기)~철기시대 초반(기원전 3세기)에 만들어진 농경무늬 청동기.

20세기에 만들어진 따비. 청동기시대의 따비와 크게 다르지 않다.

되면서 매우 중요한 것입니다.

　밥을 먹으려면 곡식을 길러야 합니다. 이때 험한 땅을 농토로 바꾸려면 농기구가 꼭 필요하죠. 가장 중요한 농기구는 땅을 깊이 파내는 도구입니다. 방패처럼 생긴 농경무늬 청동기를 보면 오른쪽 위의 사람은 발로 따비를 밟아 땅을 파헤치고 있고, 그 아래 사람은 곡괭이를 땅으로 내리치고 있습니다. 따비의 아랫부분과 곡괭이 끝의 날은 무엇으로 만들었을까요? 전문가는 곡괭이의 날이 철제 날과 똑같다면서 따비도 철로 만들었을 거라고 합니다.

　나무로 만든 도구, 청동기, 철기 중에서 철기가 가장 단단하죠. 철기 시대가 시작되면서 농사짓기에 혁명적 변화가 일어났습니다. 바위가 많은 땅이 아니라면 철로 만든 삽, 즉 따비로 푹푹 파낼 수 있게 되었죠. 그리고 농사 초기에는 괭이로 땅을 팠지만 이후 쟁기가 등장했습니다. 괭이 농경에서 쟁기 농경으로 바뀌게 된 것입니다. 기원전 1세기경 철제 따비가 달

경상남도 의창(현재 창원시)에서 발굴된 철제 따비의 날(왼쪽)과 도끼(오른쪽).

린 쟁기가 경상남도 의창 지역에서 발굴되었습니다. 이 무렵 한반도 남쪽 지방에서 철제 농기구를 사용했다는 증거죠.

농사에 소를 사용하는 우경牛耕 농법은 우리나라에서 3~4세기 이전에 시작되었습니다. 길들여진 소는 원래 제사 때 희생용으로 썼는데, 이후 짐을 나르게 하다가 논밭갈이에 사용하게 되었습니다. 소로 농사를 짓게 되면서 예전보다 많은 땅을 깊게 팔 수 있게 되었죠.

소는 너무나 귀한 가축이어서 조선시대에는 소를 함부로 잡아먹으면 극형에 처했습니다. 농사에서 소가 어떤 존재인지는 영화 〈워낭소리〉에 잘 그려져 있죠. 늙은 소가 30년 이상 살면서 농사도 짓고 짐도 나르며 인간에게 봉사합니다. 주인 할아버지도 집안 식구 돌보듯이 소를 끔찍하게 생각하죠. 이처럼 서로 길드는 관계는 함께하는 따뜻한 마음 때문에 생기는 것 같습니다. 소는 농사에 큰 도움을 주었지만, 농부가 소에게 먹일 꼴을 날마다 마련하는 일은 무척 힘들었습니다. 소의 힘을 이용해 농사짓는 대가를 치른 것이죠.

쌀이 보편화되기 전에 먹은 곡식

지역마다 주로 먹는 곡식이 다릅니다. 아시아 사람들은 쌀이 주식인데, 서양 사람들은 밀이 주식이죠. 기후와 풍토가 달라 잘 자라는 작물이 따로 있기 때문입니다. 우리 풍토에서 잘 자라는 쌀·보리·콩·조·기장 이렇게 다섯 곡식을 묶어 오곡五穀이라고 합니다. 정월 대보름날 오곡밥을 먹는 풍습이 있죠. 중국에서는 보리·콩·피·수수·참깨·쌀 여섯 곡식 중 5개를 골라 오곡이라 했습니다. 이를 보면 쌀이 처음부터 주식은 아니었음을 알 수 있습니다. 인도에서는 보리·쌀·콩 외에 깨와 밀이 오곡에 포함되어 있습니다.

우리나라에서는 처음 농사지을 때 어떤 작물을 재배했을까요? 새로운 유물이나 연구 결과가 계속 나오고 있어서 어느 작물이 가장 앞섰는지 단정하기는 힘들지만, 학자들은 대체로 피·기장·조·수수 재배가 가장 일렀다고 추정합니다.

피와 기장은 원산지가 인도이고, 수수는 아프리카의 에티오피아가 원산지로 알려져 있습니다. 중국과 우리나라에서는 피가 가장 먼저 정착했다고 봅니다. 중국에서는 기원전 2000년~기원전 1000년 무렵에 피를 재배했습니다. 우리나라에서는 언제 시작되었는지 분명치 않지만 2~3세기 유적을 통해 이 무렵 피를 주식으로 삼았을 거라 추정하고 있습니다.

기장으로는 밥을 해 먹지 않고 주로 떡을 만들어 먹죠. 기장떡은 수수떡과 비슷하게 생겼습니다. 피떡도 있습니다. 오늘날 논에서 피·기장·수수들이 자라면 잡초라 하면서 뽑아내죠. 이들이 번식력이 강해 벼의 영양분을 많이 빨아먹기 때문입니다. 하지만 피·기장·수수는 그 자체로 훌륭한 곡식이고 맛도 좋습니다. 다만 대량 생산에 약한 단점이 있죠.

불에 탄 밀알. 부산 지역에서 발굴된 삼국 시대 유물이다.

5~6세기 삼국시대에는 보리와 밀이 주식이었습니다. 보리는 지중해 연안이 원산지입니다. 원래 보리는 '큰 보리'라는 뜻으로 대맥이라 하고 밀은 '작은 보리'라는 뜻의 소맥이라 하는데, 앞서 보았듯이 우리 옛 기록에서는 이 둘을 구별하지 않고 그냥 '맥'이라고만 썼습니다.

콩은 만주 지역과 우리 땅이 세계 최초의 원산지입니다. 중국에서는 기원전 7세기 무렵 만주 지방에서 콩을 가져가 재배했다는 기록이 있습니다. 청동기시대 그릇에서 콩이 눌린 자국이 발견된 적도 있습니다.

콩의 원산지답게 우리나라는 된장을 비롯한 콩 음식 문화가 크게 발달했죠. 콩으로 메주를 만들어 장을 담갔습니다. 중국의 《삼국지》 위지동이전에도 동이족이 장을 잘 만든다는 기록이 있습니다. 3세기쯤 만들어진 고구려 무덤에는 된장 독 비슷한 게 그려져 있고, 408년에 만들어진 고구려 벽화에는 염시, 곧 된장이란 말이 적혀 있습니다. 우리 된장은 고대 일본에 건너가 '미소'라는 일본 된장이 되기도 했죠.

벼농사가 시작되다

벼농사는 언제 시작되었을까요? 곡식이 재배된 시기는 탄화炭化한 껍질, 즉 까맣게 탄 껍질로 방사능 연대 측정을 하여 알아냅니다. 벼농사의 기원은 탄화 쌀 유물이 계속 발견됨에 따라 계속 올라가고 있습니다. 한 동안 기원전 1세기로 추정했으나 새 유물이 나와 기원전 7세기로 올라갔습니다. 1991년 경기도 일산에서 기원전 2400년 무렵의 볍씨가 발견되기도 했습니다. 1970년 태국에서 기원전 3500년 무렵의 볍씨가 발견된 적이 있는데, 1991년의 발견은 그에 맞먹는 것으로 우리나라가 초창기 벼 재배 지역이었음을 뜻합니다. 벼 재배는 인도에서 시작해 중국을 거쳐 우리나라 지역으로 들어왔습니다. 최근에는 충청북도 청주에서 발견된 소로리 볍씨가 주목받고 있지만 앞으로 더 많은 연구가 필요합니다.

우리나라에서 벼농사가 언제 시작되었든, 벼가 널리 재배되기 시작한 건 삼국시대에 들어서입니다. 삼국시대부터 쌀 생산량이 많아져 주식으로 자리 잡게 된 거죠. 쌀은 우리나라 풍토에 잘 맞았고, 다른 작물보다 단위면적당 수확량이 월등히 뛰어났습니다. 그렇지만 대량 생산을 위해 극복할 점이 많았는데, 핵심은 물 문제 해결이었습니다.

물은 저수지에서 대거나 냇물을 퍼 올려서 대는 방식을 썼습니다. 저수지가 없던 시대에는 물이 늘 흐르는 산기슭 근처를 벗어날 수 없었습니다. 아무리 넓고 기름진 호남평야라 해도 충분한 물이 확보되지 않으면 벼를 기를 수 없었죠. 대형 저수지를 만들고 관개 시설을 만들어 물 문제를 극복해나간 덕분에 평지의 많은 부분이 농토가 되었습니다. 이춘녕 선생은 우리나라 벼농사의 발전 단계를 이렇게 말했습니다. "불 지르는 농법인 화전 방식으로 출발해서, 벼농사 짓는 법으로 바뀐 후, 물이 항상 흐르는 산골의 천수답을 거치고, 지금과 같은 논농사가 되었다."

벼의 생산량은 모내기를 통해 더욱 늘어났습니다. 모내기는 물에 더 의

고대의 저수지인 제천의 의림지. 빗물을 저장했다가 농사지을 때 사용했다.

존하는 방식이었지만 어린모를 성공적으로 길러낸다면 그냥 논에 씨를 뿌리는 것보다 수확량이 훨씬 늘어나기 때문에 모험해볼 만한 일이었습니다. 저수지를 계속 만들고, 농사 방식을 개량해 위험성을 점차 줄여나 갔습니다.

삼국시대부터 쌀의 생산량이 늘어 주식이 되었고, 조선시대에는 인구 1천만 명이 1인당 1가마 생산량에 도달했습니다. 공평하게 분배된다면 조선 사람 누구든 굶주리지 않을 정도의 생산량이었습니다. 그런데도 식 량은 늘 부족했고, 굶어 죽는 사람이 넘쳐났습니다. 계급과 신분에 따라 식량이 불공평하게 돌아갔기 때문입니다. 중간에서 쌀을 독점하여 이익 을 얻는 무리들까지 있었습니다. 이 때문에 수많은 백성이 난을 일으키기 도 했죠.

〈경직도〉에 담긴 벼농사 과정

조선시대에 그려진 〈경직도〉를 보면 벼농사의 과정을 한눈에 볼 수 있습니다. 오른쪽부터 논두렁 다듬기, 소 몰고 논 갈기, 모내기, 김매기, 가을걷이, 타작, 논에 거름주기 등의 장면이 그려져 있죠. 이 가운데 모내기, 김매기, 가을걷이가 중요합니다.

모내기는 조선 후기에 들어 크게 유행한 방법입니다. 그 전에는 그냥 논에 볍씨를 뿌렸죠. 모내기는 벼의 모를 길러서 옮겨 심는 것인데, 이렇게 하면 볍씨를 그냥 논에서 싹 틔워 기르는 것보다 수확량이 많습니다. 이런 장점에도 불구하고 모내기는 쉽게 보급되지 못했습니다. 모내기철에

한국과학문명사 강의

농가에서 하는 일들을 그린 〈경직도〉. 병풍으로 그린 작품이므로 오른쪽부터 왼쪽으로 봐야 한다.

논에 물이 많아야만 쓸 수 있는 방법이었으니까요.

모내기를 하면 잡초를 제거하는 김매기 횟수가 줄었습니다. 논에 잡초가 많이 생기면 수확량이 줄어들죠. 잡초는 손으로 뽑거나 호미를 사용해서 제거했습니다.

벼가 누렇게 익어 고개를 숙이는 가을이 되면 추수가 시작됩니다. 벼를 벨 때는 낫을 썼습니다. 조선시대에는 낫으로 밑동을 잘라내 볏짚을 여러 용도로 썼습니다. 선사시대에는 반달칼로 이삭만 땄는데, 논에 벼줄기를 그대로 둔 건 비료로 쓰기 위해서였습니다. 봄에 불을 질러 태워서 그 재를 비료로 쓴 거죠.

추수하는 풍경은 김홍도의 〈벼 타작〉에 잘 표현되어 있습니다. 이 그림

김홍도의 〈벼 타작〉.

은 다섯 장면으로 이루어져 있습니다. 왼쪽 위부터 보면 여섯 농부 중 한 사람이 털 벼를 지게에 지고 오고, 세 명이 볏단을 털고 있습니다. 그 옆에 털린 볏단을 묶고 있는 사람이고, 또 한 사람은 비를 들고 털린 낟알을 쓸 어 모으고 있죠. 오른쪽에 한가롭게 담뱃대를 물고 있는 사람은 일을 감 독하는 '마름'입니다.

농촌에서는 가을걷이 후 벼를 털 때가 가장 신날 시기입니다. 봄부터 시 작한 농사가 마무리되는 때니까요. 낟알 일부는 내년 농사의 종자로 씁니 다. 종자 하나에서 벼 한 포기가 열리니까 아주 많이 남길 필요는 없습니 다. 다음 해 봄에 종자로 남긴 볍씨를 물에 불려서 논에 심는데, 이를 파종 이라고 합니다.

종자를 제외한 대부분의 낟알은 방앗간으로 갑니다. 껍질을 벗겨야 우 리가 알고 있는 쌀이 되죠. 벼의 낟알은 바깥껍질과 속껍질로 싸여 있습니다. 바깥껍질만 깐 것이 현미이고, 속껍질까지 깐 게 보통 우리가 먹는 흰쌀이죠.

방앗간에는 두 종류의 농기구가 기다리고 있습니다. 쿵쿵 찧는 절구 같은 게 하나고, 맷돌 돌리듯 하는 게 다른 하나입니다. 손으로 찧는 절구에서 더 발달해 발로 긴 지렛대를 밟아 곡식을 찧는 디딜방아, 흐르는 물의 힘으로 바퀴를 돌려 곡식을 찧는 물레방아가 생겨났습니다. 또 맷돌이 발달하여 큰 맷돌을 소가 돌리는 연자방아가 생겨났습니다. 낟알을 털어 내고 남은 볏단도 쓸모가 컸습니다. 모았다가 초가지붕을 이거나 새끼로 꼬아 짚신 같은 생활용품을 만들거나 불쏘시개로 사용했죠.

쌀밥은 어떻게 지었을까?

이제, 쌀 조리법에 대해 생각해봅시다. ① 쌀 구워먹기 ② 쌀죽 해 먹기 ③ 쌀떡으로 해 먹기 ④ 쌀밥 해 먹기 중 옛사람들이 가장 먼저 쓴 방법은 뭘까요?

쌀은 구워 먹는 게 가장 쉬운 방법입니다. 그릇이 없어도 돌판에 구울 수 있었을 테니까요. 선사시대 이후 식량을 저장하거나 요리를 하려면 그릇이 꼭 필요했습니다. 대체로 그릇은 흙이나 청동 또는 쇠로 만들었죠.

죽이나 밥은 끓이는 조리인데, 만약 진흙으로 만든 토기를 쓰면 진흙이 우러나와서 먹을 수 없었을 겁니다. 이런 이유로 인류가 처음에 만든 토기는 취사도구로 쓸 수 없었습니다.

증기를 이용한다면 상황이 달라집니다. 그릇 가운데에 나무판을 두고

철로 만든 솥과 시루. 고구려 고분벽화의 부엌 그림에 그려진 솥과도 비슷하고, 요즘 시루와도 거의 같다.

쌀이나 곡식을 둔다면 바로 토기를 가열해도 직접 토기에 닿지 않고 증기로 인해 익으니까 아무런 문제가 없겠죠. 지금도 시루떡은 이런 방식으로 찝니다. 청동이나 철로 만든 솥이 나왔을 때부터 밥 짓기가 가능해졌습니다. 즉 청동기시대부터 밥을 지어 먹었다고 볼 수 있죠.

쌀밥이 주식이 되면서 더불어 생겨난 문화가 있습니다. 누룽지를 끓여 먹는 숭늉 문화, 쌀밥을 떠먹는 숟가락 문화, 찐 쌀로 만드는 막걸리 문화입니다. 조선시대 들어 손님을 대접할 때 쌀 막걸리를 내놓았습니다. 그래서 막걸리를 '곡차'라고도 합니다. 이 셋은 모두 한국만의 독특한 식생활 문화죠.

농사 비법과
가축 기르기에 대한 연구

농사의 비법이 담긴 농서

농자천하지대본農者天下之大本이라는 말이 있듯이 우리나라에서는 예로부터 농업을 중시했습니다. 농서를 편찬한 것도 그 일환이었죠. 고려시대까지의 농서는 중국 책을 참고하여 쓰는 데 그쳤고, 조선 세종 때 이르러서야 우리 실정에 맞는 농서가 처음으로 나왔습니다. 우리나라는 기후, 풍토가 중국 동북쪽과 상당히 비슷해서 농사법도 거의 비슷했는데, 고려 말부터 조선 초기에 변화가 나타났습니다. 물 많은 중국 남쪽의 농사법을 받아들여 삼남 지방(충청, 전라, 경상)을 중심으로 논에 물을 대는 논농사가 시작된 겁니다. 이와 함께 땅 갈기 및 거름주기 방법이 발달하면서 땅을 한 해 묵히는 옛 농법이 필요 없어졌습니다. 땅을 아예 안 묵히거나, 두 해에 한 번 묵히는 방법으로 바뀐 겁니다. 실제로 야심 있는 농가에서는 이미 이런 방법을 터득해 쓰고 있었습니다. 세종은 발달한 농사법을 전국으로 널리 퍼뜨리고 싶었습니다. 그래서 짓게 한 책이 《농사직설》입니다.

농사직설農事直說은 농사에 대한 직접적인 경험을 말한다는 뜻이죠. 이 책은 세종의 명을 받들어 군대 고위직인 총제 정초와 실무 책임자 변효문이 편찬했습니다. 두 사람은 경상도, 전라도, 충청도 등 농사 기술이 발달한 지역의 실제 경험을 정리하여 1430년 완성본 1천 부를 찍어 전국에 보급했습니다. 그 후 이 책은 조선시대 농서의 기본이 되었습니다. 모내기법이나 문익점이 도입한 목화 재배법도 이 책에 처음 실렸습니다. 쌀·보리·콩·조·기장 등 오곡에다 피·밀·팥·삼 등의 종자를 관리하는 법, 논밭의 지력을 높이기 위해 봄·여름에 한 차례, 가을·겨울에 한 차례 땅을 갈아야 한다는 것, 잡초를 뽑기 위해 김매는 법도 담겨 있습니다. 한마디로 우리 풍토에 꼭 맞는 농서가 탄생한 겁니다.

이보다 훨씬 자세한 책이 《금양잡록》(1492)입니다. 《금양잡록》은 《농사직설》에 실린 농작물을 대상으로 하되 거기에 없는 내용만 덧붙였습니다. 금양은 지금의 과천, 시흥 지역입니다. 이 책은 성종 때 좌찬성 직에서 물러난 강희맹이 금양에 머물며 경험 많은 농부에게 들은 여러 이야기를 정리한 것입니다. 그래서 책 이름에 잡록이란 말이 들어 있죠.

강희맹은 농사일에 아주 밝은 사람이었습니다. 《농사직설》과 달리 이 책은 흙의 성질에 맞는 품종의 선택, 바람에 견디는 품종, 그에 따라 다른 농사법이 특징입니다. 그건 백성들의 실제 농사에 아주 유용한 내용이었죠. 특히 벼의 품종을 풍토와 기후에 따라 선택해 심을 수 있도록 19종이나 실었는데, 그중에는 일본에서 들여온 '늦왜자' 같은 볍씨도 있었습니다.

《사시찬요초》는 《농사직설》과 《금양잡록》에서 빠진 농사일을 덧붙이고 한결 쉽게 익히도록 했습니다. 사시찬요초四時纂要抄란 '네 계절에 따른 요점을 골라 엮은 것 중 핵심을 뽑았다'는 뜻이죠. 이 책은 강희맹이 《금양잡록》의 자매편으로 썼습니다. 달마다 해야 할 일과 24절기별로 해야 할 일, 그리고 수많은 민속 내용을 적어놓았습니다. 2월을 예로 들면 모든 나무는 이달에 심어야 하며, 과실나무는 보름날까지 끝내야 한다고 했습니다. 경칩에는 봄보리를 파종하되 순무의 종자를 섞어 뿌리고, 춘분에는 부추, 파, 오이, 가지, 미나리, 홍화 등 모든 채소와 풀의 씨앗을 뿌린다고 했습니다. 이런 내용은 나중에 《농가월령가》의 모태가 되었죠.

채소, 목화, 그리고 염색에 쓰는 홍화 재배뿐 아니라 양잠, 양봉, 가축 기르기, 과수 기르기는 이 책에만 실려 있습니다. 이 중 양잠을 한번 볼까요? 양잠은 중요해서 꽤 길게 적혀 있습니다.

곡우 날, 옹기 속에 잘 간직해둔 누에씨를 꺼내 바람이 없고 온화한 방에 옮겨놓습니다. 이곳은 누에치는 방이라 '잠실'이라고 하죠. 잠실은 남향이 가장 좋습니다. 누에는 시원한 바람과 밝은 빛을 좋아한다고 합니다. 누에씨는 차츰 자라서 개미누에(알에서 갓 깨어난 누에. 모양이 개미와 비슷하고 빛깔이 검거나 붉음)가 되었다가 큰 누에로 바뀝니다. 누에씨 한가운데 붉은 반점이 생긴 놈이 쓸 만한 놈이고, 푸르거나 누런 놈은 골라내야 합니다.

누에에게 먹이 줄 때 조심할 점도 알려주었습니다. 너무 많은 누에를 한꺼번에 기르려고 욕심 부렸다가는 실패하기 십상이라고 했습니다. 개미누에가 되면 뽕잎을 먹여야 하는데, 하루에 뽕잎을 네 번 줍니다. 누에가

뽕잎을 따고 누에 기르는 모습을 그린 기록화.

크면 먹는 양이 많아집니다. 그런데 너무 많이 먹이면 일찍 늙고, 너무 적게 먹이면 실을 자아내지 못합니다. 뽕잎도 항상 싱싱한 것만 먹여야 합니다. 누에 자리를 넓히고, 똥 갈아주는 것도 사랑하는 마음으로 정성껏 해야 한다고 했습니다.

이런 과정을 거치고 나면, 잘 자란 누에들이 고치를 짤 시기가 옵니다. 그때에는 나무나 발로 섶을 만들어 누에를 그곳에 올려줍니다. 그 섶에서 누에가 고치를 만듭니다. 섶의 위쪽에 있는 게 수놈, 아래쪽에 있는 게 암놈입니다. 그러고 나면 고치에서 실을 빼는 또 다른 고통스러운 일이 시작됩니다. 누에 키우는 게 보통 일이 아니죠?

뽕나무는 묘목을 심어 5년 동안 정성껏 봄가을에 뿌리 근처에 거름을 주어야 합니다. 그런 다음 다시 3년 동안 거름을 잘 주면 나무마다 뽕잎 30근을 얻을 수 있고, 맛있는 오디도 잔뜩 달린다고 했습니다.

《사시찬요초》는 중국 당나라 때 한악이 지은 《사시찬요》를 요약한 형식을 취했지만, 단순한 요약본이 아닙니다. 강희맹이 조선 실정에 맞게 수정했으니까요. 달마다 절기마다 꼭 해야 할 일이 달력처럼 적혀 있어서 편리하게 쓸 수 있었습니다.

《사시찬요초》에는 모란, 해당화, 석류, 국화, 매화 기르는 법도 나와 있습니다. 뜰에 심는 방법뿐만 아니라 화분을 만드는 법, 매화 접붙이하는 법까지 소개했습니다. 하지만 다양한 꽃을 싣지는 못했습니다. 화초 기르기에 대한 더 많은 정보는 강희맹의 형인 강희안이 《양화소록》(1474년 무렵)에 실었습니다. 이 책에는 연꽃, 난초, 서향화, 치자꽃, 사계화, 일본철쭉, 석창포와 함께 산다화, 자미화가 실려 있죠. 산다화는 동백꽃, 자미화는 백일홍입니다. 꽃 종류와 심는 방법, 키우는 방법도 아주 자세하게 나와 있습니다.

《양화소록》은 우리나라의 첫 원예 전문 책입니다. 강희안은 여러 꽃과 나무를 기르는 방법을 기록하고, 화초에 얽힌 일화, 화초의 성질에 관한 격언, 꽃을 빨리 기르는 법, 꽃꽂이, 화분 배치법과 함께 화초와 어울리는 괴이한 돌에 대한 설명을 실었습니다. 《양화소록》은 강희안이 중국의 서적, 우리나라에서 써온 기술, 자신의 경험을 종합하여 쓴 책으로 후대에 조선은 물론 일본에서도 널리 읽혔습니다. 그런데 나라꽃인 무궁화는 빠졌습니다.

무궁화를 비롯한 더 많은 꽃은 조선 후기에 유박이 지은 《화암수록》에 실려 있습니다. 유박의 호가 화암이어서 제목이 화암수록이 되었죠. 무궁화가 원래 우리의 나라꽃은 아니었습니다. 조선 왕조의 공식 꽃은 오얏, 즉 자두였습니다. 왕의 성씨인 이 씨가 '오얏 리李'였기 때문이죠. 개화기에 열강들이 물밀듯이 우리나라에 쳐들어오던 시절, 영원히 지지 말라는 염원을 담아 무궁화가 나라꽃으로 선택되었습니다.

다시 농서 이야기로 돌아오죠. 17세기에는 여러 농서가 하나로 집대성됩니다. 1655년 효종 때 신속이 《농가집성》을 지었죠. 신속은 조선 전기 3대 농서 《농사직설》, 《금양잡록》, 《사시찬요초》를 하나로 모으고, 그간 발달한 농사법을 덧붙였습니다. 모든 농사법을 모았다고 해서 책 이름이 '농가집성農家集成'입니다.

가축 기르기에 대한 책

가축 기르기에 관한 내용은 조선 후기 책에서 비로소 보입니다. 임진왜란 후인 1618년 허균이 역적으로 몰려 사형당하기 직전에 《한정록》을 쓰면서 '치농'편에서 다뤘습니다. 한정록閑情錄은 억울한 마음을 다스려 한가로운 때 농사일을 정리했다는 뜻이죠. 이 책에는 소, 돼지, 양, 닭, 오리, 거위 등을 기르는 법은 물론이고 물고기를 기르는 법도 실려 있습니다. 그중 금붕어 기르는 법은 이렇습니다.

금붕어를 기르는 데는 경치가 아름다워야 한다. 초당 후원 창문 아래에 연못을 만들면 흙의 기운이 물과 서로 어울리고, 부평초 같은 여러 물풀도 무성하므로 물고기가 이런 수초 사이를 헤엄쳐 다니면서 수면을 오르락내리락하는 모습은 참으로 볼 만한 광경이다. 못 가운데 돌 한두 개로 산 모양을 만든 뒤에 바위 밑뿌리에는 석창

김홍도의 그림에 담긴 집 안의 동물들. 마당을 거니는 학과 뒷마당에서 노는 노루(추정)가 보인다. 상상해서 그린 그림인지 실제로 보고 그렸는지 알 수 없지만 옛사람들이 동물 기르기에 관심 있었음을 알 수 있다.

포를, 바위 위에는 전포(석창포의 일종)를, 돌산 위에는 소나무, 대나무, 매화, 난초 등 여러 가지를 심어놓으면 이는 바로 완연한 하나의 봉래도(신선이 살고 있다는 중국 전설 속 상상의 섬)다. 먹이로는 기름이나 소금기가 없는 찐 떡을 주는데, 먹이를 줄 때마다 창문을 두들겨 소리를 내면서 준다. 이 소리를 오래도록 들어 익숙해지면 손님이 찾아와 문을 두드릴 적에도 물고기가 스스로 물 밖으로 나올 것이니, 이 또한 한때 즐길 만한 광경이다.

이 밖에《한정록》에서는 벌, 학, 사슴, 들새 등을 기르는 법도 간단하게 수록했습니다.

굶주림을 이겨내는
여러 가지 방법

'식인'에까지 이른 굶주림

다산 정약용은 수많은 사람이 굶주려 죽는 모습을 이렇게 읊었습니다.

이고 지고 나섰으나 오라는 곳 어디메뇨.
갈 곳을 모르니 어디로 향할쏘냐.
피붙이도 보전치 못하겠으니
두려울손 천륜을 어겨버리네.
부러워라, 저 들판에 날아가는 새떼는
벌레 쪼아 먹고 가지 위에 앉았도다.

〈굶주린 사람들〉이라는 제목이 붙은 이 시에서, 사람들은 벌레 잡아먹는 새까지 부럽게 볼 만큼 배가 고픕니다.

굶주린 사람들이 흙을 파서 끓여 먹었다는 기록도 있습니다. 얼마나 절망스러웠으면 흙을 다 끓여 먹었을까요. 너무나 허기가 져서 흙이 쌀로 보였는지도 모릅니다. 흙에 영양가가 있을까요? 어떤 흙은 영양가가 있고 통증을 없애는 약효를 보이기도 하지만, 대부분의 흙은 그렇지 않습니다. 흙을 먹으면서 목숨을 이어가는 것은 사실 불가능했죠. 19세기 후반 이규경은 "흙을 끓여 먹은 사람들이 배앓이를 하면서 죽어갔다"고 썼습니다.

굶주림이 극에 달하면 식인을 하기도 했습니다. 인육은 흙과 마찬가지로 최악의 경우 등장하는 먹을거리였습니다. 평상시에는 꿈도 꿀 수 없는 일이지만, 대기근이 들면 사람을 잡아먹는 일이 벌어지기도 했습니다. 주변에 아무것도 먹을 게 없으니, 다 굶어 죽거나 일부를 잡아먹는 상황에 처한 거죠. 너무 끔찍한 일이지만 어쩔 수 없었을 겁니다.

조선 역사에서 최악의 기근은 1670~1671년에 있었습니다. 그때(경신년 대기근)의 기록은 다음과 같습니다.

남의 집 종인 순례는 깊은 골짜기에서 다섯 살 먹은 계집아이와 세 살 난 사내아이를 잡아먹었다. 같은 동네 사람이 그 소문을 듣고 가서 물어보니, 아이들이 병에 걸려 죽었고 자신이 큰 병에 들어 굶주린 끝에 아이들을 구워 먹었다고 말했다. 결코 일부러 잡아먹은 것이 아니라고 말하는 순례의 얼굴은 귀신 같았으며 마치 실성한 사람 같았다.

1936년 서울의 토막민. 형편이 어려운 사람들은 산기슭이나 다리 밑에 토막이라는 움막을 짓고 살았다. 토막민들은 풀뿌리와 나무껍질로 끓인 죽을 먹을 정도로 굶주렸다.

정약용이 〈굶주린 사람들〉이라는 시에서 "피붙이도 보전치 못하겠으니 두려울손 천륜을 어겨버리네"라고 한 구절은 바로 이와 같은 상황을 말한 것입니다. 요즘은 굶주림을 잘 모르지만, 못 먹으면 죽을 수밖에 없습니다. 그런 시절이 불과 백 년 전까지만 해도 매우 흔한 일이었습니다. 배고픔 때문에 부잣집에 딸을 종으로 파는 일이 드물지 않았죠. 남의 집에 종이 되어도 끼니만 해결하면 된다고 생각했던 시절이니까요.

가뭄을 견뎌내기 위한 노력

왜 그렇게 많은 사람들이 굶주렸을까요? 가장 큰 원인은 가뭄이었습니다. 세자 문종은 가뭄을 겪으며 측우기를 만들었죠. 가뭄이 들면 왕들은 청룡, 백룡, 황룡 등에게 기우제를 올렸습니다. 용을 물과 관련된 신물로 받들었기 때문입니다. 기우제는 왕이 백성들과 함께 고통을 나누고 있음을 보여주는 상징적인 의례였습니다.

이와 함께 가뭄을 이겨내기 위한 조치도 했습니다. 저수지를 만들거나 그보다 조그맣게 하천에 둑을 쌓아 냇물을 막아 물을 저장해두는 시설인 보를 만들었습니다. 우리 조상들은 큰 저수지보다는 보를 많이 만들었습니다. 1935년 무렵 조사된 보가 9만 514개였다고 합니다. 얼마나 열심히 보를 만들었는지 짐작이 가죠?

가뭄이 심해지면 보에 고인 물도 바닥납니다. 그런 때에는 수차로 물을 퍼 올렸습니다. 수차를 발로 밟아 낮은 곳의 물을 높은 곳으로 끌어올린 겁니다. 수차는 중국과 일본에서는 많이 사용되었고 크게 발달했지만 우리나라에서는 고려시대까지 거의 쓰이지 않았습니다. 조선시대에 논농사 지역이 확대되면서 수차의 필요성이 절실해졌습니다. 세종은 박서생이 일본에 사신으로 다녀오면서 들여온 일본식 수차를 농촌에 널리 보급하게 했습니다. 그렇지만 대다수 농민들은 수차를 만들기보다 기존의 방법으로 물을 댔습니다. 결국 조선에서 수차의 사용은 완전히 실패했습니다. 적지 않은 사람들이 심한 가뭄 때가 아니면 수차가 없어도 된다고 생각하기도 했습니다. 심지어 어떤 학자들은 물은 위에서 아래로 흐르는 게 자연스럽고, 그 흐름을 거스르는 건 좋지 않다고까지 생각했습니다. 한편으로 가뭄이 아주 심하면 수차로 퍼 올릴 물도 없을 정도이기도 했습니다. 심한 가뭄은 사람 힘으로 극복하는 게 불가능했고, 오직 기우제를 지내면서 하늘만을 살펴볼 수밖에 없었던 겁니다.

가뭄이 계속되는 동안 백성을 구휼하는 제도도 아주 오래전부터 있었습니다. 고구려 고국천왕 때인 194년에는 진대법을 실시했죠. 진賑은 구제한다는 뜻이고, 대貸는 빌려준다는 뜻입니다. 봄 가뭄 때 나라에서 곡식을 빌려주고, 가을에 추수한 뒤 되갚는 제도였죠. 이와 같은 제도로 고려시대에는 의창이나 상평창이 있었고, 조선시대에는 환곡 제도가 있었습

니다. 환곡還穀이란 곡식을 돌려준다는 뜻입니다.

나라에서 펼친 이러한 제도 외에, 민간에서도 돈 많은 양반이 자기 곡식을 풀어 굶주린 백성을 구하기도 했습니다. 이는 사창社倉이라고 합니다. 이렇게 곡식을 모아두었다가 빌려주는 건 가뭄을 이겨내기 위한 으뜸의 정책이었습니다. 정약용은《목민심서》에서 이렇게 말한 바 있습니다. "대체로 기근을 이겨내는 정치로서 가장 으뜸은 미리 곡식을 많이 저축해놓는 것이요, 축적이 있는 곳에서 곡식을 옮겨 나누어 먹는 것이 그다음이요, 아무것도 없이 미음과 죽을 끓여 나누어 먹이는 것이 최하다."

그런데 나라에서 운영하는 제도는 문제가 많았습니다. 관리의 부정부패 때문이었죠. 빌려주지 않은 곡식을 빌려줬다고 하는 일, 곡식을 빼돌리는 일, 알곡에 쭉정이를 섞어주는 일, 곡물 값을 높게 매겨 빌려주는 일, 묵은 곡식 위주로 빌려주는 일 따위가 흔하게 벌어졌습니다. 백성의 불행을 틈타 아전들은 이렇게 자신의 뱃속을 채웠고, 백성의 삶은 더욱 찌들었습니다.

조선시대의 환곡 제도는 더 큰 문제점이 있었습니다. 나라에서 곡식을 빌려주고 나서 나중에 받는 이자가 너무 많았습니다. 명종 때 처음 10퍼센트의 이자를 붙였는데 임진왜란, 병자호란을 거치면서 30퍼센트가 됐습니다. 백성들은 그래도 참았습니다. 그런데 19세기에는 이자가 무려 50퍼센트였으니 민란이 터지지 않을 수 없었겠죠. 임술년(1862) 진주 민란을 비롯해 전국 각지에서 민란이 일어났습니다. 그리고 나서야 정부는 백성의 원성이 크다는 것을 깨닫고 절반을 이자로 받던 고리대금업을 끝내게 되었습니다.

죽 한 그릇을 얻기 위한 아우성

가뭄이 심해 농사도 짓지 못할 때에는 나라에서 죽을 끓여 굶주린 사람에게 나누어주었습니다. 왜 죽을 먹였을까요? 굶주려 지친 사람에게 밥이나 물 같은 음식을 그대로 먹이면 독약이 되기 때문입니다. 《농가집성》을 쓴 신속은 《신간구황촬요》(1660)도 지었는데, 그 책에서 이렇게 말했습니다. "굶주려 피곤한 사람에게 바로 밥을 많이 먹이거나 뜨거운 것을 먹게 하면 반드시 죽고 만다. 우선 간장을 물에 타서 먹인 다음에 찬 죽을 먹여서 기운이 살아나기를 기다려 차차 죽이나 밥을 먹이도록 하라."

미음이나 죽은 소화 능력이 떨어진 상태에서 가장 요긴한 형태의 음식입니다. 적은 곡식으로도 생명을 유지하게 해주고, 소금과 미역 정도의 간만 있어도 충분히 먹을 수 있죠. 그렇기 때문에 굶주린 사람을 살리는 음식이었습니다.

죽은 누가 나누어주었을까요? 서울 성 밖의 굶주린 사람을 수용하는 활인서나 지방의 관아에서 했습니다. 기근이 들면 굶주린 사람들이 죽 배급소를 찾아 모여들었습니다. 이들은 배급소 근처에서 머물다가 가뭄이 풀리면 다시 고향으로 돌아가 농사를 지었습니다.

죽 배급소는 그야말로 아수라장이었습니다. 현종 때 대기근이 들자 순식간에 굶주린 2만 명이 서울로 모여들었는데, 그때의 기록은 이렇게 남았습니다. "지난달 25일, 죽 배급소에 들어가기 위해 서로 다투다가 팔십 노파가 넘어져 많은 사람들에 밟혔다. 하인을 시켜 구하도록 하였으나 크게 상처를 입어 살기 어려울 것이다. 처참한 일이다."

굶주린 사람들이 죽 한 그릇을 얻으려고 아우성치는 모습이 눈앞에 보이는 것 같죠? 젊은 사람들은 재빠르게 한 그릇 먹어치우고 나서 다시 줄을 서서 두 그릇, 세 그릇도 받아먹었지만, 노약자는 제몫 챙기기가 쉽지 않았습니다. 어른은 두 홉 반, 아이는 두 홉이라는 규정을 지키기 힘들었습니다. 이후 정약용은 《목민심서》(1817)에서 이런 폐단을 고칠 방법을 다음과 같이 제시했습니다.

첫째, 굶주린 사람들을 구제할 장소를 정한 뒤 청렴하고 신중하며 숙달된 관리를 배치한다.

둘째, 솥과 가마를 걸고, 소금, 장, 미역 등을 갖추어둔다.

셋째, 배급소의 질서를 유지하고 여러 번 먹는 사람과 아예 못 먹는 사람이 없도록 장부에 적는다.

넷째, 급식 줄을 구별할 깃발과 양을 정확히 할 됫박을 새로 만들고, 배급소 출입 딱지를 만들어 갖고 있게 한다.

한국과학문명사 강의

흉년에 백성을 구한 구황 식물

나라가 주는 죽도 얻어먹지 못하는 상황이 흔히 있었습니다. 지방의 경우 더 심각했죠. 굶어 죽기 전에 발버둥이라도 쳐야 하는데 그 발버둥이란 풀뿌리, 나무껍질을 먹는 것이었습니다. 그런데 아무것이나 먹으면 안되었습니다. 먹을 수 있는 게 있고, 또 그걸 특별한 방법으로 조리해서 먹어야만 죽음을 면할 수 있었습니다. 나라에서도 곡식 대신에 먹을 수 있는 풀뿌리, 나무껍질을 연구해 백성에게 알렸습니다. 가장 대표적인 책이 현종 때 신속이 펴낸 《신간구황촬요》입니다. 이 책의 머리말은 다음과 같습니다.

나라의 창고와 큰 부자의 창고도 바닥이 났다. 백성들은 굶주림에 허덕이며 눈물만 흘리고 있고, 아이는 어미의 젖을 받지 못하고 있다. 수많은 백성들은 길바닥에 흩어져 뒹굴고 있다. 오호라, 슬프도다! 재난이 닥친 때에 백성을 다스리고 있는 관리들이 해결책이 없다고 하며 못 본 체만 하면 되겠는가. 서원현감 신속은 세종대왕이 펴낸 《구황촬요》 1편을 보충하는 한편, 그것을 한글로 번역하여 널리 배포하였다.

이 책에는 굶주림을 면하게 하는 풀뿌리와 나무껍질이 모두 소개되어 있습니다. 흉년을 구하는 식물이라고 해서 '구황救荒 식물'이라고 하는데 솔잎, 느릅나무 껍질 등 수십 종이 나옵니다. 구황 식물에는 메밀, 칡뿌리, 흰콩, 검은콩, 참깨, 들깨, 밤, 감, 대추, 호두꽃, 토란, 도라지, 칡, 마, 냉이,

산야채, 상수리, 쑥 등이 포함되어 있습니다. 굶주려 죽게 된 사람을 살리는 법, 굶주려 퉁퉁 부어오른 사람을 고치는 법도 소개되어 있습니다.

가장 대표적인 구황 식물인 솔잎과 느릅나무 껍질을 이용하는 방법도 실려 있습니다. 솔잎가루를 만드는 법, 솔잎으로 죽을 만드는 법, 솔잎 가루와 콩가루를 섞어 음식을 만드는 법 등이 나와 있습니다. 느릅나무 요리로는 나무의 진을 얻는 법, 껍질로 떡을 만드는 법이 있습니다.

이런 방법은 원래 불로장생을 꿈꾸던 도인들이 쓰던 방법이었습니다. 많이 먹지 않고 자연식으로만 건강을 유지하면 오래 산다고 생각했던 건데, 요즘 다이어트를 통해 건강해지려는 방법과 비슷하죠? 독특한 건강법과 장수법이 굶주림을 면하게 하는 방법으로 활용된 것입니다. 사느냐 죽느냐의 문제가 달렸으니 맛이 있었는지는 논외로 합시다.

최소의 식량으로 오래 버티는 방법도 소개되어 있습니다. 찹쌀 1되와 술 3되를 조리해서 한 달을 견디는 법도 있고, 청량미라는 쌀 1말과 쓴 술 1말로 석 달을 버티는 법도 있습니다. 이 또한 불로장생하려는 사람이 단식할 때 쓰던 방식인데, 그걸 굶주린 사람에게 적용한 겁니다. 이 밖에《신간구황촬요》에는 소금, 콩, 밀, 누룩, 조 등을 재료로 간장을 담그는 법이 실려 있습니다.

가장 좋은 구황 식물은 도토리와 소나무였습니다. 굶주림을 면하게 하는 효과로는 도토리가 소나무보다 훨씬 나았지만, 잎이나 껍질까지 먹을 수 있다는 점에서는 소나무가 도토리보다 나았습니다. 19세기에는 솔잎, 소나무 껍질 요리를 전문으로 하는 책까지 등장했습니다. 소나무 껍질 요리는 다음과 같습니다.

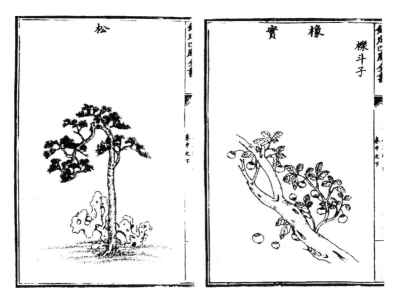

《본초강목》에 나온 소나무와 상수리 그림. 소나무, 상수리는 느릅나무와 함께 3대 구황 식물이었다.

흉년을 맞아 가난한 사람들은 소나무를 도끼로 찍어 흰 껍질을 먹는다. 그러면 얹혀서 통증이 생기거나 변비가 생겨나며 마침내는 부황(오래 굶주려서 살가죽이 들떠서 붓고 누렇게 되는 병)이 일어나서 죽게 되는 경우가 많다. 그것은 조리를 안 했기 때문이다. 소나무 껍질을 채취하여 엉성한 것을 버리고 쌀가루와 함께 쪄 먹는다. 또는 햇볕에 말려두었다가 사용할 때는 따뜻한 물로 축인다. 또는 찧거나 썰어서 반드시 차진 곡식 가루와 함께 쪄서 먹는다. 소나무 껍질만을 먹어서는 안 된다.

― 최두익,《찬송방》

무분별한 소나무 채취는 큰 문젯거리였습니다. 기근이 든 해에는 산의 소나무가 다 베어져 소나무를 찾기 힘들었다는 기록도 있습니다. 소나무는 궁궐이나 관아를 짓는 데, 또 배를 만드는 데 으뜸인 재료였죠. 그래서 소나무 베기를 엄격히 금지하게 되었습니다. 1788년의 '소나무 채취를 금지하는 법'에 따르면 "아름드리 소나무 열 그루 이상을 벤 자는 사형. 아홉 그루 이하일 때에는 귀양살이. 제법 큰 나무 한 그루를 베었을 때에는 볼기 60대"에 처했습니다.

사람 잡을 정도로 법이 엄격했죠. 굶주린 백성들은 이런 법을 무릅쓰고 소나무 껍질을 벗겨서 쪄 먹었습니다. 청명에 죽으나 곡우에 죽으나 죽기는 매한가지란 말이 있습니다. 일단 눈앞의 굶주림을 벗어나려는 마음이었겠죠. 누군들 굶주린 무리의 절절한 행동을 막을 수 있었겠어요.

조선 후기에 전래된 구황 작물, 고구마와 감자

오늘날에도 즐겨 먹는 고구마와 감자는 조선 후기에 전래된 구황 작물입니다. 고구마와 감자는 원산지가 아메리카인데, 아메리카를 침략한 유럽 사람들에 의해 온 세계로 퍼져 우리나라까지 이르게 되었습니다.

감자의 원말인 감저甘藷는 '단맛이 나는 덩이뿌리'를 뜻합니다. 감자와 고구마가 땅속에서 주렁주렁 열리는 건 다들 아시죠? 그런데 달기로 말하면 감자보다 고구마가 더 답니다. 덜 단 녀석이 '감자'라는 이름을 얻게 된 사연이 있습니다.

우리나라에는 고구마가 먼저 들어왔습니다. 고구마는 1600년대 중반에 조선에 알려졌지만, 그보다 백 년 정도 늦은 1700년대 후반부터 재배되었습니다. 고구마가 우리나라에 처음 알려진 때에는 '감저甘藷'란 이름도 있었고, 남쪽에서 왔다고 해서 남감저라고도 했습니다. 강필리가 쓴 《강씨감저보》나 김장순이 쓴 《감저신보》는 고구마에 대한 책입니다. 1834년 서유구의 《종저보》도 고구마 관련 책이죠. 고구마는 비교적 쉽게 기를 수 있고 영양가도 높지만 추운 곳에서는 잘 자라지 않습니다. 그래서 어떻게든 서울, 더 나아가 평안도, 함경도에서도 길러보려는 노력의 일환으로 이런 책들이 나왔습니다.

이름이 고구마가 된 이유는 우리나라에서 그 이름이 감저보다 더 인기를 끌었기 때문입니다. 고구마는 일본말 '고귀위마'에서 유래한 말입니다. '효도하기 위해 구해서 바친 귀한 덩이뿌리'란 뜻이죠. '효孝'를 일본말로 '고'라고 읽거든요.

고구마가 알려진 뒤에 덩이줄기 식물인 감자가 들어왔습니다. 감자는 본디 남아메리카 안데스 산맥 고랭지에서 자라는 식물로 우리나라 북쪽을 거쳐 왔다고 해서 '북감저', 둥글둥글한 덩이뿌리 모양이라고 해서 '원저'라 불렀습니다. 대략 1820년대 중국을 거쳐 우리나라에 들어왔다고 알려져 있습니다. 이후 보급될 때, 이미 더 단맛이 나는 녀석이 고구마란 이름으로 불리고 있었기 때문에 이 작물은 곧바로 '감자'란 명칭을 얻게 되었죠.

감자 관련 책으로는 김창한의 《원저보》가 있습니다. 그런데 나라에서는 감자 재배를 반기지 않았습니다. 감자가 우리나라 아무 데서나 잘 자라다 보니 사람들이 밭에 온통 감자만 심고, 세금으로 내야 할 다른 곡물을 안 심었기 때문입니다. 나라에서 감자 재배를 금지하기까지 했지만 감자는 수십 년 사이에 전국 각지에 널리 퍼져나갔습니다. 그 덕분에 굶주림을 면한 사람이 수도 없이 많습니다. 고구마는 탄수화물이 매우 많이 포함되어 있어 주식 대용으로 쓰였고, 수분이 빠지면서 전분이 많이 생겨 단맛을 냅니다. 감자도 전분이 많지만, 고구마보다 단백질이나 칼륨이 많습니다. 그리고 감자가 덜 물리기 때문에 고구마보다 여러 가지 음식을 만들어 먹지요.

백성을 굶주리지 않게 하는 '태평성대'의 정치

백성의 굶주림은 늘 껴안고 사는 문제였습니다. 우리나라는 연 강수량이 700~1500밀리미터 정도로 비가 많지 않은 편이죠. 그 비의 절반 이상은 7~8월 장마철에 몰려서 내리고, 봄에는 가뭄이 심합니다. 때로는 비가 많이 내릴 6~8월에 가뭄이 들기도 합니다. 물난리, 태풍 피해도 잦았습니다. 조선시대를 통틀어 이러한 재난은 238번도 넘게 일어났습니다. 평균 2년에 한 번씩 어떤 종류든 피해가 있었던 것입니다.[1]

그중에서도 특히 자연재해가 여러 해, 또는 몇십 년간 계속해 덮치면 그건 곧 대재앙이었습니다. 17세기가 바로 그런 시대였습니다. 유달리 가뭄과 홍수, 우박 같은 냉해가 집중적으로 나타났고 1670년에는 '경신년 대기근'이 있었습니다. 엄청난 기근이 계속되자 나라의 곡물 창고도 바닥났습니다. 어쩔 수 없이 내놓은 군량미도 새 발의 피였습니다. 굶주린 백성이 경상도와 전라도만 해도 각각 24만여 명, 21만여 명에 달했으니까요. 심지어 1699년 대기근에는 한 해에만 인구가 140만 명이나 감소했습니다. 사람이 굶주리면 병에 대한 저항력이 떨어집니다. 그러면 무서운 전염병이 습격해 많은 사람들이 죽게 됩니다. 이를 '죽음의 사이클'이라고 합니다. "시체가 산을 이루게 된다"는 당시 기록이 결코 거짓이 아닌 겁니다.

굶주림으로 인한 근심은 다른 어떤 근심보다도 심각했습니다. 사람들은 먹고살기 힘들수록, 기근이 심할수록 풍년을 간절히 원했습니다. 굶주림의 쓰라림을 이해해야만 옛사람이 느낀 풍년의 기쁨을 제대로 알 수 있습니다.

풍년이 온다네 풍년이 와요
이 강산 삼천리 풍년이 와요

이처럼 풍년을 기원하는 노래는 남원 아리랑, 서산 아리랑 등 전국 각지의 아리랑이나 수많은 민요에서 흔히 발견할 수 있습니다. 태평성대란 만게 아니었습니다. 풍년 때 배부르고, 흉년 때 굶어 죽지 않는다면 그게 바로 태평성대였죠. 굶어 죽음을 면하게 하는 정치, 그것이 모든 임금이 실현해야 할 최종 목표였습니다. 그건 쉽게 해결할 수 있는 문제가 아니었겠죠. 오늘날에도 수많은 사람들이 굶주리는걸요. 과학자들도 식량 문제를 늘 관심 있게 지켜봐야 할 겁니다.

고춧가루로 버무린
김치의 역사

음식 저장에 꼭 필요한 소금

김치의 재료 중에서 가장 중요한 건 뭘까요? 바로 소금입니다. 김치는 채소를 짜게 절이는 음식 중 하나입니다. 채소를 짜게 절이는 건 오직 소금이 하죠. 피클이나 단무지처럼 식초로 절이는 음식도 있는데, 이건 김치라고 하지 않습니다.

소금으로 절여두면 맛이 시어지며 익는 과정, 즉 발효가 일어납니다. 채소, 절임, 발효가 김치의 3대 요소입니다. 소금은 장이나 젓갈 만드는 데도 꼭 필요하죠. 김치, 장, 젓갈에는 또 다른 공통점이 있습니다. 오랫동안 두고 먹을 수 있다는 점이죠. 콩이든 채소든 과일이든 물고기든 소금에 절이면 두고두고 사시사철 먹을 수 있습니다. 절여두면 여름에도 상하지 않고 겨울철까지 보관할 수 있죠. 농사 책인 《농가월령가》에는 7월에 할 일을 이렇게 적어놓았습니다. "채소 과일 흔할 적에 저축을 많이 하소. 박·호박 켜고, 오이·가지 짜게 절여 겨울에 먹어보소. 귀한 물건 아니 될까."

소금은 한마디로 음식의 마술사라 할 수 있습니다. 사실 다른 곡식으로 대체 가능한 쌀보다 소금이 더 중요합니다. 생존을 위해 필요한 대부분의 염분 섭취를 소금으로 하기 때문입니다.

인류가 소금을 이용하기 시작한 건 기원전 6000년 즈음으로 추정됩니다. 원시 시대에는 고기나 우유를 먹으면 자연스럽게 그 안의 염분을 섭취할 수 있었습니다. 그러다가 농경 사회가 시작되어 곡식과 채소를 주로 먹게 되면서 소금을 따로 먹어야 했습니다. 소금이 얼마나 중요했는지를 보여주는 예가 몇 가지 있습니다. 봉급을 뜻하는 샐러리salary는 고대 로마에서 생긴 말인데, 매달 소금을 받는다는 뜻이었습니다. 중국에서는 기원전 1000년 무렵 이미 소금 판매 제도가 있었습니다. 우리나라에서는 삼국시대부터 소금을 썼다는 기록이 보입니다.

우리나라에서는 옛날에 바닷물을 끓여 소금을 만들었습니다. 높은 온도로 바닷물을 끓이면 물은 증발하고 소금만 남으니까요. 그럼 염전에서는 소금을 어떻게 만들까요? 개펄에 가보면 바닷가에 논처럼 만들어둔 게 있는데, 그게 염전입니다. 염전에 흙을 갈아엎어 놓으면 흙에 바닷물이 스며듭니다. 그 흙을 가져다 끓이면 흙에 붙어 있는 소금기가 소금이 되죠. 그냥 바닷물을 끓이는 것보다 힘도 덜 들고 훨씬 더 많은 소금을 얻을 수 있습니다. 우리나라에서도 옛날에는 그냥 바닷물을 끓이는 방식을 썼다가 차츰 염전 재배로 바뀌었습니다. 해초(바다 식물)를 태우는, 더 원시적인 방법도 있었습니다. 해초를 태운 재에 소금기가 있기 때문에 소금을 얻을 수 있었죠. 우리나라에서는 조선시대까지 지역에 따라 이 세 가지 방식이 다 나타났습니다.

소금은 꼭 필요했기 때문에 나라에서는 소금 판매로 세금을 많이 거두려고 했습니다. 민간인들이 소금 장사를 못하게 하고 오직 나라에서만 할 수 있도록 한 겁니다. 이를 전매專賣 제도라고 하죠. 중국에서는 기원전 700년경 춘추 시대부터 소금 전매 제도를 실시했고, 우리나라에서는 고려시대부터 실시했습니다. 조선시대에는 전매 제도가 풀려 보통 상인들도 소금을 팔 수 있었습니다. 소금 장사는 꽤 돈이 됐기 때문에 수익성이 높은 사업이었습니다. 여기저기 떠돌면서도 해볼 만한 일이었죠. 옛이야기에 소금 장수가 흔히 등장할 수 있었던 이유입니다. 어둑해진 밤, 소금 장수가 지쳐 산길을 가는데 어디선가 불이 깜박깜박…. 그 집에는 예쁜 처자 아니면 꼬리 아홉 달린 여우가 기다리고 있죠. 이솝 우화에도 소금 장수가 나오죠. 소금 실은 당나귀 나오는 이야기 말입니다.

고추가 일으킨 김치 혁명

옛날에는 김치를 딤채라고 했습니다. 딤은 '가라앉을 침沈'이라는 한자의 옛 발음이었다고 합니다. '채'는 채소를 뜻하기도 하고, 짠지나 단무지처럼 절인 것이라는 뜻의 '지'를 뜻한다고도 합니다.

어떤 채소로 김치를 담갔을까요? 기록 중 가장 앞선 채소 절임은 삼국시대의 '수수보리지'란 김치입니다. 쌀가루와 소금에 채소를 절였는데 주

조선시대 윤두서가 그린 〈나물 캐는 여인〉. 밭에서 기른 배추로 김치를 담그기 전에는 여뀌나 고들빼기 같은 나물을 캐서 김치를 담갔을 것이다.

로 무를 절였습니다. 수수보리지를 전해 받은 일본은 쌀가루 대신 쌀겨를 썼고, 이것이 오늘날 단무지가 되었다고 합니다. 이와 함께 많은 종류의 채소가 김치 재료로 쓰였을 겁니다.

고려시대에 무를 절여 김치와 장아찌를 담갔다는 기록이 있습니다. 무를 소금에 절인 김치는 아마도 동치미겠죠. 장아찌는 간장을 소금과 함께 사용한다는 점에서 단순한 소금 절임인 김치와 다릅니다. 고려시대에는 무뿐만 아니라 여뀌 같은 야생초로도 김치를 담가 먹었습니다. 오늘날의 고들빼기김치도 야생풀 김치라 할 수 있죠.

대체로 고려시대까지 김치는 단순히 채소를 소금에 절인 음식 수준이었던 것 같습니다. 고려시대까지도 배추를 김치로 먹었다는 기록은 보이지 않습니다. 《향약구급방》이라는 의학 책에 오이, 동아, 부추, 아욱, 상추,

파, 무 등이 실려 있는데 모두 김치 재료로 쓰인 채소입니다. 채소가 주로 약용이었다가 식용으로 바뀐 것임을 짐작하게 해주죠. 그런데 우리나라에는 없지만 이웃 나라 중국과 일본의 기록에 양념을 넣어 담근 김치 기록이 남아 있습니다. 조피나무 열매, 여뀌, 마늘, 생강 같은 양념을 섞은 것입니다. 이를 보면 고려에도 이런 김치가 있었을 거라고 짐작됩니다. 그래도 지금 우리가 먹는 김치와는 크게 다르죠. 붉은 고추와 젓갈이 듬뿍 들어간 김치는 아니었으니까요. 고려시대까지 우리나라 김치는 중국이나 일본의 채소 절임 식품과 크게 다르지 않았습니다.

그러다 고추가 들어가면서부터 우리나라만의 김치 혁명이 일어났습니다. 색깔이 지금 김치처럼 빨개졌을 뿐 아니라, 대담한 모험이 시도되었습니다. 젓갈을 김치에 넣을 수 있게 된 겁니다. 고추가 젓갈의 비린 냄새를 줄이거나 없애는 구실을 한 거죠. 고추와 젓갈이 함께 들어가면서 이 세상에 둘도 없는 독특한 맛의 김치가 만들어졌습니다. 고추의 톡 쏘는 매운맛, 젓갈이 들어간 김치 국물의 싱싱한 발효가 어울린 결과죠. 그런 가운데 새로운 작물인 배추가 고추, 젓갈과 가장 잘 어울리는 채소로 자리 잡게 되었습니다.

영양학자들도 고추를 넣는 것을 우리나라 김치의 가장 큰 특성으로 꼽습니다. 고추는 비타민 C가 사과의 50배, 귤의 2배에 이를 정도로 풍부합니다. 고추의 매운맛 성분인 캡사이신과 비타민 E는 비타민 C를 싱싱하게 유지해줍니다. 우리 조상들은 겨우내 부족하기 쉬운 비타민 C를 김치를 통해 섭취했던 겁니다. 캡사이신은 젓갈이 썩어 비린내가 나는 것을 막아주기도 합니다. 또 고추와 마늘이 김치를 발효시키는 젖산균의 번식을 도와주기 때문에 잘 익은 김치 국물에는 우리 몸에 좋은 젖산균이 우글우글합니다. 김치에는 우리 몸에 꼭 필요한 식물섬유도 충분히 들어 있습니다. 빨갛게 버무린 김치는 맛깔스럽고 보기에도 좋을 뿐 아니라 영양면에서도 우수한 식품인 겁니다.

대륙을 넘나든 향신료

김치에 고추를 넣은 것은 얼마 되지 않은 일입니다. 최초의 기록은 1766년에 유중림이 펴낸 《증보산림경제》에 보입니다. 지금으로부터 약 250년 전이죠. 조금 지나면 김치에 새우젓을 넣었다는 기록이 있습니다. 1804년에 나온 《규합총서》에 전복과 유자를 넣은 김치, 육류와 어류를 넣은 김치를 담갔다는 기록이 보입니다.

《증보산림경제》에 나오는 배추는 푸석푸석한 배추였습니다. 지금처럼 속이 꽉 찬 배추가 쓰인 지는 채 백 년도 되지 않았습니다. 배추의 품종을 개량하고, 여러 가지 생선 젓갈이 들어가고, 교통의 발달로 김치 조리법이 널리 알려지면서 지금 우리가 먹는 갖가지 김치가 생겨났죠.

한국식 김치 탄생의 결정적 요소, 고추에 대해 좀 더 알아봅시다. 고추는 향신료香辛料의 역사와 관련되어 있습니다. 향신료는 향기롭거나 매운맛을 내는 재료를 뜻하죠. 생강, 양파, 마늘, 부추, 파, 겨자, 박하, 고추, 참깨 등이 그렇죠. 천초(산초)라는 것도 있습니다. 천초는 추어탕을 먹을 때 넣는 매운 양념이죠. 이 밖에 후추, 계피, 카레 원료인 울금, 정향나무의 꽃봉오리에서 얻는 정향, 육두구 열매의 씨인 육두구, 바닐라, 초콜릿 등 아주 많은 향신료가 있습니다.

향신료는 보통 약으로 많이 썼습니다. 대다수 향신료는 열대 지방인 동남아시아, 인도 지역에서 생산되는데, 16세기 이전에는 아라비아 상인이 이를 독점하여 서양에 판매했습니다. 향신료가 대륙 간에 이동하기 시작한 겁니다. 고기를 많이 먹는 서양인들은 이런 향신료가 꼭 필요했고 특히 후추를 좋아했습니다. 후추는 지금도 수프나 스테이크에 꼭 들어가죠. 배를 타고 서양에 간 향신료는 엄청나게 비쌌습니다. 그 먼 길을 돌아서 갔고 아라비아 상인들이 독점하고 있었으니 비쌀 수밖에 없었죠. 향신료는 부자들만 먹을 수 있었습니다.

1492년 콜럼버스가 나섰죠. 직접 인도에 가서 향신료를 구해 오려고 했던 겁니다. 그러다가 인도가 아니라 서인도, 곧 아메리카 대륙에 처음 도착한 유럽 사람이 되어버렸죠. 콜럼버스 일행이 상륙한 아메리카 대륙에는 유럽인들이 모르고 있던 식물이 많이 있었습니다. 감자, 고구마, 옥수수, 토마토, 담배와 함께 고추가 자라고 있었죠. 얼마 지나지 않아 유럽 사람들은 아시아에도 배를 타고 오게 되었습니다. 서양 사람들이 아시아 대륙의 향신료를 직접 무역하기 시작했죠. 이후 이런 식물들이 대륙을 넘나드는 대이동이 시작되었습니다. 기후가 알맞으면 다른 대륙에서 자라기도 했죠.

고추와의 운명적인 만남

중국과 일본도 고추를 들여왔지만 고추를 가장 널리 음식에 응용한 나라는 조선이었습니다. 매운맛을 좋아하는 조선 사람과 고추의 만남은 환상적이었습니다. 조선 사람은 고추 맛에 반해서 그 전까지 쓰던 천초는 버리고 고추만을 사랑하게 되었죠.

뒷전으로 물러난 천초에 대해서도 한마디 하고 넘어가야겠죠? '초'는 우리말로 조피나무 껍질에서 얻는 향신료입니다. 조피나무는 우리나라와 중국에 걸쳐 자생하는데, 중국 사천 지방의 것이 가장 낫다고 해서 사천의 '천' 자를 따서 천초라고 했습니다. 일본에서는 산초라고 했습니다. 이 조피 껍질은 매운맛을 내는 대표적인 향신료였고 약용으로도 널리 쓰였습니다. 이 초 자에 '오랑캐 호^胡' 자가 붙은 게 호초, 즉 후추고, '매울 고^苦' 자가 붙은 게 고추죠. 후추는 한나라 때 장건이 서역, 곧 오랑캐 지역에 갔다가 가져왔다고 해서 붙은 이름입니다. 장건은 비단길을 이용했지만 고려 시대에는 해상 무역을 통해 후추가 국내에 들어왔습니다. 후추는 상당히 비싸서 평범한 사람들은 꿈도 못 꿨습니다. 반면에 고추는 잘 자랐기 때문에 후추와 사정이 달랐습니다. 고추는 처음에는 일본에서 가져온 겨자란 뜻으로 '왜겨자'라고 불리다가 이후 '맵다', '활활 타오르는 것 같다'는 뜻의 '고' 자가 붙어 고초가 되었습니다. 말의 어감이 약간 바뀌어 고추가된 거죠.

고추가 언제 조선에 들어왔는지는 정확히 알 수 없습니다. 이수광의 《지봉유설》에 나와 있으니 1613년 이전에 고추가 들어왔다는 것만 알 수 있습니다. 누가 가져왔는지도 밝혀지지 않았지만, 일본을 통해 들어온 것만은 확실합니다. 그런데 일본의 어떤 기록은 거꾸로 조선에서 고추를 들여왔다고 하고, 중국을 통해 들어왔다는 기록도 있습니다. 대항해의 주역인 포르투갈 사람들이 16세기 중반 일본과 교류할 때 고추가 들어왔고, 그게 이런저런 과정을 통해 조선에 흘러들어온 것은 분명합니다.

1590년대에 있었던 임진왜란이 연관되어 있을 가능성이 큽니다.

이후 고추는 중국, 조선, 일본에서 잘 자랐습니다. 열대 기후에서만 잘 자라는 후추와 달리 고추는 열대는 물론 온대 지방에서도 잘 자라거든요. 고추는 우리 땅에 맞게 점점 개량되었습니다. 아마 한·중·일에서 각각 개량된 품종이 서로 섞이는 식으로 고추의 더 나은 개량이 이루어졌을 겁니다.

세계인과 함께하는 식탁

오늘날 김치는 맛, 색깔은 물론 씹는 느낌도 좋고, 식물성과 동물성을 고루 갖춘 완전한 영양식품으로 평가받습니다. 저는 외국 나갔을 때 가장 먹고 싶은 음식이 김치찌개였습니다. 한국 사람이라면 거의 다 그럴 겁니다. 그런데 한국인이 개발한 김치는 세계 사람들이 같이 나누어야 할 기막힌 음식입니다.

김치처럼 세계화된 음식이 여럿 있습니다. 우선 카레를 예로 들 수 있죠. 카레 원료인 울금이란 약초는 인도에서 왔습니다. 요즘에는 카레로 만들어 먹지만 울금은 원래 삼국시대부터 약재로 수입되었습니다.

짜장면은 중국 산동 지방에서 주로 먹던 건데 20세기 전후에 청요리가 들어온 뒤 우리나라 입맛에 맞게 바뀐 음식입니다. 짜장면의 짜장은 콩으로 만드는 장인데 발효를 시키는 된장과 달리 볶아서 만듭니다.

우동과 초밥은 일본 사람들이 즐겨 먹던 음식입니다. 18세기에 일본의 도시가 발달하면서 도시로 몰려든 일꾼들이 급하게 끼니를 해결하기 위해 만든 건데, 이제는 세계 사람들이 즐겨먹는 음식이 되었죠. 태국 요리, 이탈리아 요리, 프랑스 요리 중에도 맛있는 게 많죠. 세계화 덕분에 우리는 다채로운 맛을 즐길 수 있게 되었습니다.

　세계적으로 유명한 한국 음식으로는 불고기, 비빔밥, 김치를 꼽을 수 있습니다. 이 중에서 밑반찬으로 쓰이는 김치는 외국 슈퍼마켓에서도 팔 만큼 찾는 사람이 많아졌습니다. 외국 사람들도 한번 맛을 알면 푹 빠지는 음식이 바로 김치거든요. 김치의 영양가를 더 높이는 것, 김치의 맛을 세계인에게 더욱 맞추는 것, 김치를 더욱 싱싱하게 보관하는 법 등은 과학자들이 관심을 가져볼 만한 과제입니다.

6

둘째가라면 서러운
조선 인삼

인삼 중의 최고, '고려 인삼'

우리나라에서 재배하는 약초 가운데 가장 이름난 것은 뭘까요? 바로 인삼입니다. 먼저 산삼 이야기를 해봅시다. 고구려 시대에 어떤 사람이 인삼 노래를 지었는데, 여기에 산삼 찾는 비결이 들어 있습니다.

세 가지 다섯 잎에
그늘에서 자란다네.
나 있는 곳 알려거든
박달나무 밑 보라네.

몽둥이를 만들 때 쓰는 박달나무를 지나게 되면 눈을 부릅뜨고 아래를 보세요. 산삼이 있을지 모르니까요. 옻나무 아래에도 간혹 산삼이 있습니다. 가지 3개에 이파리 5개 달린 풀이 보이면 그게 산삼입니다. 늦가을에 보면, 풀 꼭대기에 빨간색 열매가 알알이 맺혀 있을 겁니다. 만일 이런 걸 보면 "심봤다!" 하고 크게 소리쳐야 합니다.

심과 삼이란 말이 서로 비슷하죠? 심은 산삼의 옛말입니다. 인삼이란 말은 사람 모습을 닮은 삼이란 뜻이죠.

고려 인삼이란 말은 앞서 말한 고구려 사람이 지은 인삼 노래에 처음 등장합니다. 고구려의 원래 이름이 고려였거든요. 이 노래는 중국 책에 실려 있습니다. 그러니까 적어도 고구려 시대부터 중국 사람이 우리나라의 인삼을 '고려 인삼'이라고 불렀다는 걸 알 수 있죠.

고려 인삼이란 이름을 따로 붙였다는 것은 우리나라에서 생산되는 인삼을 중국에서 나는 인삼이나 다른 지역에서 나는 인삼과 구별했음을 말해줍니다. 그런데 이 기록 말고 20세기가 되도록 고려 인삼이란 말은 거의 보이지 않았습니다. 그러다 일제강점기 때 개성의 인삼 상인들이 고려 인삼이란 말을 썼습니다. 개성상인들은 오래된 중국 책에 들어 있던 고려 인삼이란 말을 찾아내서 썼고, 그 뒤 이 말이 널리 알려진 겁니다.

그런데 왜 고려 인삼을 다른 지역의 인삼과 구별하려고 했을까요? 우리나라 인삼이 최고란 걸 드러내기 위해서였죠. 나라 이름을 상표로 만든 겁니다. '한지'도 비슷한 예죠. 원래 인삼은 우리나라와 그 둘레 지역인 만주, 러시아의 연해주 지역에서 자생하는 식물이었습니다. 이 지역에만 나거나 기르던 인삼이 18세기 이후에는 일본, 미국, 캐나다 지역까지 퍼졌습니다. 이렇게 인삼이 퍼지자 다른 나라에서 나는 인삼과 우리의 인삼을

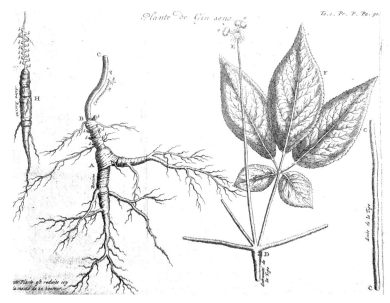

18세기 중국에 와 있던 프랑스 선교사가 그린 산삼. 그 선교사는 이렇게 산삼을 그려 프랑스로 보냈고, 그림과 함께 보낸 편지에 산삼은 숲이 울창한 곳에 잘 자라므로 캐나다에 있을 거라고 말했다. 이때부터 캐나다와 미국에서도 산삼을 찾게 되었다고 한다.

구별 짓기 위한 이름이 고려 인삼이었던 겁니다.

몇 가지 더 짚고 넘어갑시다. 산삼, 인삼 말고 또 다른 삼도 있습니다. 더덕은 한자로 사삼沙蔘이라고 합니다. 모래에서 나는 삼이란 뜻이죠. 또 현삼, 고삼이라는 약초 이름에도 '삼'이 들어 있습니다.

산삼이란 말은 밭에서 길러낸 재배 인삼이 나오면서 생겨났습니다. 깊은 산속에서 캐던 삼을 산삼이라 하고, 밭에서 기른 삼을 인삼이라고 나누어 부르게 된 거죠. 산에서 나는 거라고 해서 다 산삼은 아닙니다. 산삼은 깊은 산 깊은 계곡 천연 숲속에서 자생한 것만을 말합니다. 사람들이 산에다 씨를 뿌려 거두거나, 새가 인삼밭의 종자를 먹어 옮기거나 해서 산에서 자랄 수 있는데, 그건 산삼이라 할 수 없죠. 그런 삼은 산에서 기른 거라고 해서 '산양삼'이라고 합니다. 산양삼은 가운데 머리꼭지 부분이 긴 삼이 많아서 '장뇌삼'이라고도 합니다.

몸을 보하는 가장 좋은 약, 인삼

인삼은 다른 약초와 뭐가 다를까요? 인삼에 대해 허준은 《동의보감》에 이렇게 써놓았습니다.

인삼은 '신의 풀'이라 한다. 사람 모양처럼 생긴 것이 더욱 좋다.
인삼은 오장의 기가 부족한 데 주로 쓴다. 정신을 안정시키고 눈을 밝게 해주고 마음을 시원하게 하고 기억력을 좋게 한다.
몸이 허해서 약해진 것을 치료한다. 폐병 때 생긴 가래를 삭인다.

허약해진 몸을 보하기에 가장 좋은 약이 인삼이었습니다. 18세기 전라도 고흥에 황윤석이란 선비가 있었습니다. 선비의 딸이 아기를 낳은 후 죽을 지경이 되었습니다. 몸이 허해서 생긴 병이라고 생각해서 황윤석은 천금을 아끼지 않고 산삼을 구하러 이리저리 뛰어다녔습니다. 결국 산삼을 못 구해 인삼으로 대신했는데, 인삼 덕분인지는 몰라도 다행히 딸이 살아났습니다.

이와 비슷한 이야기가 수많은 전설로 남아 있습니다. 일본에서는 병에 걸린 아버지를 살리기 위해 인삼을 구하려고 스스로 기생이 되었다는 이야기가 연극으로 만들어져 크게 인기를 끌었다고 합니다. 중국에서는 인삼이 아편 중독을 치료하는 약으로 알려졌습니다. 19세기 중엽 중국에는 영국 사람들이 밀매한 마약이 판을 쳤거든요. 중국 정부가 아편 수입을 거부하자 영국이 일으킨 전쟁이 '아편 전쟁'이죠.《증보문헌비고》에 이와 관련된 이야기가 실려 있습니다.

조선의 삼은 천하에서 귀하게 여기는 것이다. 최 씨 성을 가진 사람이 찐 인삼, 즉 홍삼을 청나라 사람에게 팔았다. 아편에 찌든 청나라 사람이 있었는데, 조선 인삼을 보배로 여겨 그걸 먹고 아편 중독에서 벗어났다. 최 씨는 그 뒤 찐 인삼(홍삼)을 중국에 팔아 막대한 돈을 벌어들였다.

이 글에서는 개성 사람 최 씨가 홍삼을 만들어 떼돈을 벌었다고 했습니다. 홍삼은 저장 방법에서 혁신을 일으켜 얻은 삼입니다. 원래 밭에서 바로 캐낸 인삼은 수삼입니다. 수삼은 말리지 않아 물기가 있는 삼을 말합니다. 수삼은 수분이 있어서 오래 두면 썩게 되죠. 그래서 말리는 방법을 써왔는데, 말린 삼을 '백삼白蔘'이라고 합니다. 말리면 하얗게 되거든요. 백삼은 오래 되면 파삭 부서지는 단점이 있어서, 증기로 쪄서 말리는 방법을 개발했습니다. 찌는 방법은 17세기 초반에도 있었다고 합니다. 개성의 최 씨는 그 방법을 개량해 홍삼을 만든 겁니다. 삼을 증기로 찌면 다소 붉은 빛깔을 띠기 때문에 홍삼이라고 합니다. 홍삼은 10년 이상 보관할 수 있었습니다. 그러니 무역 도중에 상해서 버릴 일이 없어진 거죠.

인삼 재배가 시작되다

자연산 삼이 처음에는 우리나라와 중국의 동북부 지방에만 자생했습니다. 그중에서도 백제 인삼, 신라 인삼이 고구려 인삼보다 더 좋다고 알려졌습니다. 조선시대에는 중국과 조선, 조선과 일본 사이의 인삼 무역이 활발했고, 중국 황제에게는 진상물로 인삼을 바치기도 했습니다. 조선의 상인들은 인삼으로 떼돈을 벌었습니다. 서울에서 70냥이면 살 수 있는 인삼이 일본 도쿄에 가면 3백 냥을 받았거든요. 외국에서는 진품만 있으면 돈을 아끼지 않았습니다.

고려 중엽 이후부터는 나라에 진상하는 인삼의 양이 많았고, 무역도 함께 이루어졌으니 삼이 무척 많이 필요해졌습니다. 그러자 마구잡이로 산삼을 캐서 씨가 마를 정도가 되었고, 공물로 올릴 산삼도 채우기 어려웠습니다. 조정에서는 난리가 났죠. 사또들은 심마니들을 닦달했지만 심마니라고 뾰족한 수가 있었겠어요. 아무리 부지런히 산길을 헤맨들 없던 삼이 나올 수는 없으니까요. 한 가지, 방법이 있었습니다. 몰래 인삼 씨를 산에 심었다가 자라면 그걸로 필요한 양을 채웠던 겁니다. 사실 산삼이 아니라 산에서 재배한 산양삼이죠. 더 나아가 밭에다 삼을 심기까지 했는데, 이를 집에서 길렀다고 해서 가삼이라고 합니다.

우리나라에서 언제부터 산양삼과 가삼을 재배했는지에 대해서는 정확한 기록이 없습니다. 산양삼은 고려 말이나 조선 초부터 재배했다는 설이 있지만 확인할 자료가 없습니다. 농가에서는 17세기 무렵부터 인삼을 기르기 시작한 것 같습니다. 숙종 때 나온 《중경지》에는 다음과 같이 기록되어 있습니다.

나라 곳곳에 인삼이 난다. 두 종이 있다. 하나는 산삼으로 산에서 자생한 것이고, 다른 하나는 산에 종자를 심어 오래 둔 후 거둔 것이다. 이 두 가지 모두 구하기 힘들었다. 그런데 전라도 동복현이란 마을에서 어떤 여인이 인삼 종자를 얻어 밭에 심었다. 이후 최 씨 성을 가진 사람이 이 기술을 배워 전했다. 이것이 집 재배 인삼(가삼)의 시작이다.

밭에서 인삼을 재배하게 되면서 인삼의 역사에 큰 획이 그어졌습니다. 인삼을 재배함으로써 수확량을 조절한다는 것은 매우 중요합니다. 인삼이 흔하지 않은 건, 아무 데서나 자라지 않고, 담배나 감자처럼 1년짜리 작물이 아니라 최소한 4년에서 6년은 길러야 하는 식물이기 때문입니다. 인삼 재배는 쉽지 않았습니다. 씨앗 얻기, 씨앗 심기, 인삼 싹 옮겨심기, 수년에 걸쳐 수확하기로 이어지는 과정은 험난한 길이었습니다. 작물이 어떤 땅에서 잘 자라는지 알아내는 것도 쉽지 않은 일이죠. 숱한 실패를 거듭할 수밖에 없었을 겁니다.

끈질긴 노력 끝에 인삼 재배에 성공한 사람들이 바로 개성 사람들입니다. 인삼 하면 개성 인삼, 개성 상인 하는 이유입니다. 기록에 따르면, 처음 가삼을 퍼뜨린 최 씨가 바로 개성 사람이었습니다. 원래 개성은 인삼이 잘 자랄 만한 기후가 아닙니다. 개성 사람들이 남쪽에 와서 인삼을 경작한 거죠. 인삼 재배가 까다롭고 수확 때까지 수년이 걸리기 때문에 돈이 많이 들었습니다. 그건 지금도 마찬가지입니다. 병충해에도 약해서 인삼 재배는 자칫하면 쫄딱 망하는 지름길입니다. 성공하면 대박이 나지만요. 인삼 농사는 개성 사람들이 적격이었습니다. 그들은 장사해서 번 돈을 인

수확할 때까지 4~6년이 걸리는 인삼. 인삼이 흙속의 특정한 영양분을 모두 빨아들이기 때문에, 인삼을 한 번 기른 땅에서는 10년 정도 인삼을 심지 못한다.

삼에 투자했고 재배 기술을 발달시켜 인삼 농사를 성공시켰습니다. 고려가 망한 후 개성 사람들은 벼슬을 도모하지 않고 거의 다 상인의 길로 나섰다는 말이 있을 정도로, 그들은 타고난 장사꾼들이었습니다.

'조선판 반도체' 인삼

임진왜란 직후부터 18세기 중엽에 이르기까지 인삼 무역이라고 하면, 다 산삼 무역이었습니다. 이때 중국과 일본에서 모두 인삼의 약재 수요가 크게 늘어났습니다. 임진왜란 직후 명나라에서 장경악이라는 의사가 《경악전서》를 썼습니다. 《경악전서》는 우리나라의 《동의보감》만큼 유명한 책인데, 거기에 실린 2220개 처방 중 인삼, 곧 산삼이 들어가는 게 무려 509개입니다. 이를 통해 인삼 처방을 중시했다는 걸 알 수 있죠. 아마 인삼보다 많이 들어가는 약초는 약방의 감초나 당귀 정도였을 겁니다.

처방 중 4분의 1에 인삼이 들어갔다는 건, 인삼을 넣어야만 약효가 제대로 난다는 걸 뜻합니다. 그러니 중국에서 이 의학책에 따라 약을 지으려면 인삼이 많아야 했습니다. 이 무렵 일본 사람들도 값을 따지지 않고 조선 인삼을 찾았습니다. 중국 요동 지역의 인삼은 벌써 씨가 말라 있었기에, 조선 인삼이 불티나게 팔려나갔습니다. 아무리 그래도 자연산을 무한정 캐낼 수는 없었는데, 때마침 인삼 재배가 성공하고 홍삼까지 개발된 겁니다.

인삼 재배는 개성상인이 주도했는데 금산, 풍기, 강화 등 다른 곳에서도 재배가 활발하게 되었습니다. 그렇지만 인삼을 쪄서 홍삼을 만드는 증류소는 개성에 지정되어 있었습니다. 이후 18세기 중엽 일본도 조선의 정보를 염탐하고, 끝없는 노력 끝에 자기 나라에서 인삼 재배를 성공시켰습니다. 그래서 일본으로 수출하는 양은 크게 줄어들었습니다. 비슷한 시기에 조정에서는 홍삼의 무역을 법으로 금지했지만, 밀무역까지 막지는 못했습니다. 정조 21년(1797)에는 홍삼 수출 금지법이 완전히 풀렸습니다. 홍삼 무역이 나라 재정에 크게 도움이 된다는 것을 깨달은 거죠.

그 후부터 우리나라는 재배 인삼으로 무역을 해서 떼돈을 벌었습니다. 무역량이 50년 만에 연 120근에서 4만 근까지 껑충 뛰었죠. 홍삼 1근 값이 서울에서는 최상의 은 100냥인데, 북경에 가면 적게는 350냥, 많게는 700냥을 받았습니다. 인삼 4만 근을 중국에 팔면 천만 냥도 훨씬 넘게 이

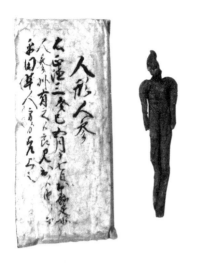

일본의 한 박물관에 있는, 사람 모양의 인삼. 조선 중기
가 되면 조선의 인삼이 일본 수출품의 반을 차지했다.

무역에 사용했던 은괴(위)와 일본 에도 시대에
인삼을 사고파는 내용을 기록한 장부(아래).

득을 본 셈입니다. 은 100냥이 쌀 60~80가마였던 것을 감안하면 얼마나
많이 벌었는지 실감이 날 겁니다.

　조선 후기에 인삼 무역을 맡았던 상인으로는 임상옥이 유명합니다.
1821년 그가 사신을 수행하여 청나라에 갔을 때입니다. 북경의 상인들
은 조선 인삼 불매 운동을 벌여 헐값으로 사들이려고 수작을 부렸습니다.
임상옥은 "차라리 안 팔겠다"며 인삼을 쌓아놓고 불을 질렀죠. 그러자 북
경 상인들이 잘못했다 빌면서 제발 팔아달라고 아우성을 쳤습니다. 임상
옥은 원가의 수십 배를 받고서야 남은 인삼을 팔았다고 합니다.

　조선이 외국에 장사해서 이만큼 많이 벌어들이는 일은 그 전에 거의 없
었습니다. 인삼 재배가 성공하지 않았다면 꿈도 꾸지 못했을 일이죠. 인
삼은 개성상인이 주도한 조선 최대의 '벤처 산업'이었습니다. 인삼의 역

사를 연구한 이철성 선생은 인삼을 "조선 경제를 유지해준 조선판 반도체"라고 표현한 바 있습니다.

20세기 전반까지만 해도 우리나라의 인삼은 세계 전체 인삼 수요의 수십 퍼센트를 차지했습니다. 품질이 가장 좋은 고려 인삼이라는 브랜드를 가지고 말입니다. 지금도 고려 인삼은 다른 지역의 인삼보다 품질이 뛰어나다고 알려져 있어서 가장 고급스러운 상품으로 팔리고 있습니다. 그렇지만 20세기 후반에는 중국, 미국, 캐나다의 인삼이 우리를 앞질렀습니다. 지금은 고려 인삼의 비중이 세계 무역량 가운데 채 5퍼센트도 되지 않습니다. 어떤 이는 고급 진품 인삼과 홍삼만 고집하느라 다양한 형태의 인삼 가공품을 시도하지 않았기 때문에 스스로 목을 죈 거라고도 합니다. 인삼차, 인삼 젤리, 인삼 건빵, 인삼 추출액 등은 모두 외국이 앞서서 시도했거든요.

세계 인삼 시장에서 우리 인삼의 비중이 크게 떨어진 건 안타깝지만, 인삼은 우리의 종자가 외국에 나가 성공을 거둔 사례입니다. 우리는 목화, 감자, 고구마 등 밖으로부터 받은 게 많습니다. 인삼처럼 외국에 준 것도 있으니 한편으로는 당당한 마음이 들기도 합니다.

조선에 퍼져나간 담배

⑦

담배가 처음 들어온 시절

'호랑이 담배 피우던 시절'이라는 말을 자주 들어봤을 겁니다. 이 말은 언제부터 생겼을까요? 호랑이 담배 피우던 시절은 1600년 이전으로 거슬러 올라가지는 않습니다. 그 전에는 우리나라에 담배가 없었거든요. 담배란 말도 당연히 없었죠.

담배는 옛사람들의 생활을 이해하는 데 정말 중요한 작물입니다. 17세기 초 우리나라에 들어오자마자 담배는 매우 빠르게 확산되어 남녀노소가 즐기는 기호품이 되었습니다. 이런 면에서 담배에 견줄 수 있는 작물은 아마 우리 역사에 없었을 겁니다. 물론 그때에도 찬반 논쟁이 거세게 벌어졌습니다. 생물을 연구하는 역사가라면 열심히 파고들 수밖에 없는 현상이죠.

담배는 감자와 마찬가지로 원산지가 남아메리카 대륙의 안데스 산맥으로 알려져 있습니다. 이곳 사람들이 담배를 오래전부터 피워왔는데, 그들이 사용한 담뱃대 이름이 토바코였다고 합니다. 토바코가 타바코로, 타바코가 담바구로, 담바구가 담배가 된 것으로 추정됩니다. 빵이란 이름도 담배가 전래되던 무렵 포르투갈어 팡이 일본에서 변해 생긴 말입니다. 카스텔라란 말도 그렇죠. 에스파냐의 옛 지방 카스티야에서 만든 과자를 포르투갈로 읽은 게 일본에서 빵 이름인 카스텔라가 된 겁니다. 이처럼 담배, 빵, 카스텔라는 콜럼버스를 비롯한 유럽 사람들이 아메리카 대륙으로 세력을 뻗어나간 후 옥수수, 감자, 고구마 등이 전래되던 시기에 이루어진 교역의 산물이었습니다.

1492년 콜럼버스가 아메리카 대륙을 인도인 줄 알고 상륙했을 때, 그곳 인디언들이 담배 피우는 모습을 봤다고 합니다. 인디언들은 성인식 같은 행사를 치를 때 담배 연기를 들이마셨고, 병을 몰아내는 데에도 담배가 도움이 된다고 믿었습니다. 이후 서양인들이 담배를 자기네 나라에 가지고 갔습니다. 프랑스는 1556년, 포르투갈은 1558년, 에스파냐는 1559년, 영국은 1565년부터 담배를 피우기 시작했습니다. 그 후 포르투갈 상인들이 중국과 일본에 담배를 전했고 1610년쯤 일본을 통해 우리나라에 들어왔습니다. 유럽 사람이 피우기 시작한 지 50년 뒤에 우리나라에 들어온 거죠. 1614년에 나온 이수광의 《지봉유설》에는 "최근에 담배가 일본에서 들어와 널리 퍼졌다"는 이야기가 나옵니다.

담배는 엄청나게 빨리 퍼져나가 전국에서 재배되었습니다. 1650년대

표류하다가 13년간 조선에 억류되었던 하멜은 이렇게 말했습니다. "조선 사람들은 담배를 좋아하여 아이들도 네댓 살만 되면 담배를 피우며 남녀 노소 담배를 피우지 않는 사람이 없다." 담배가 얼마나 유행했는지를 알 수 있습니다. 네댓 살 어린이까지 담배를 피웠다니 놀랍죠? 그때 담배는 기침이나 배앓이에 좋다고 알려져서 약으로 생각되었던 겁니다.

담배는 전래된 지 백 년쯤 지난 후에는 상품작물이 되었습니다. 농산물 가운데 담배처럼 판매가 활발했던 것은 없습니다. 그러다 보니 곡식이나 채소를 심지 않고 밭에 담배를 심는 사람들이 많아졌습니다. 조정에서는 법령을 내려 논밭을 함부로 담배 밭으로 바꾸지 못하게 했지만 효과가 없었습니다. 담배가 워낙 돈이 되다 보니 담배 밭 만드는 걸 막을 수 없었던 겁니다.

틈만 나면 누구나 피워대던 담배

김홍도가 그린 풍속화 중에도 담배 그림이 있습니다. 담배 그림이 벼농사, 타작, 옷감 짜기와 함께 포함된 것만 봐도 담배가 얼마나 유행했는지를 알 수 있죠. 〈담배 썰기〉란 제목이 붙은 그림을 보면 아래쪽에 웃통을 벗은 아저씨가 담배 잎사귀를 손질하고 있습니다. 잎 가운데 줄기를 떼어 내고 있고, 아래에는 잎이 수북이 쌓여 있습니다. 이런 잎사귀를 태워 연기를 들이마시는 게 담배입니다. 흡연이란 말이 연기를 마신다는 뜻이죠. 그런데 넓적한 잎사귀를 그냥 피울 수는 없겠죠? 위쪽을 보면 아저씨가 손작두로 잎을 가늘게 자르고 있습니다. 옆의 궤짝은 잘게 썬 담배를 담

김홍도의 〈담배 썰기〉.

조선 후기에 만들어진 여러 가지 담뱃대(위)
와 담배를 넣어두는 합(아래).

는 통입니다. 주위에 담배 피우는 사람이 있다면 한 개비만 뜯어보세요. 종이를 뜯어보면 그 안에 잘게 자른 담뱃잎이 들어 있을 겁니다.

담배 종자는 모래알보다도 작습니다. 눈이 나쁘면 잘 보이지 않을 정도죠. 그걸 일일이 가려서 심어 싹을 틔운 다음 옮겨 심어 담배를 기릅니다. 다 자란 담뱃잎을 따서 정성껏 잎을 다듬은 뒤에 말려서 태울 수 있게 만들면 담배가 완성됩니다.

옛사람들은 담배를 태울 때 부싯돌로 불을 붙였습니다. 부딪치면 불꽃이 잘 튀는 돌들이 있습니다. 만질만질한 돌이 제격이어서, 단단하고 광택이 나는 석영으로 부싯돌을 만들었습니다. 담뱃대의 대통에 담배를 꾹

김홍도의 〈장터 가는 길〉. 갓을 쓴 이는 나이가 제법 든 사람인데, 막 담뱃불을 붙이고 있다. 한 소년은 부싯돌을 치고 있고, 또 다른 소년은 담배를 뻐끔 피우고 있다. 틈만 나면 어른, 소년 할 것 없이 담배를 피웠다는 옛 기록과 일치하는 그림이다.

꾹 다져 넣고 부싯돌을 탁 쳐서 불꽃을 일으켜 담뱃잎에 불을 붙였습니다. 능숙한 사람은 단번에 붙였지만, 서투른 사람은 여러 차례 불꽃을 일으켜야만 했습니다.

팽팽히 맞선 담배 찬반 논쟁

1810년 이옥이 지은 《연경烟經》, 즉 '담배에 관한 모든 것'이라는 책은 조선시대 담배에 대한 유일한 전문 서적입니다. 담배의 재배법, 피우는 법, 찬성과 반대의 논리, 문화와 예절이 다 담겨 있죠. 이 책은 안대회 선생이 번역하여 세상에 널리 알려지게 되었습니다. 흡연하는 사람 이야기를 보면 다음과 같습니다.

첫째, 밥 한 사발을 먹은 뒤에 피우면 입에 남아 있는 마늘 냄새와 비린내를 없애준다.

둘째, 아침에 일어나 목에 가래가 끓고 침이 텁텁한 것을 가시게 한다.

셋째, 시름 많고 걱정 심하거나 하릴없이 심심할 때 피우면 상쾌해진다.

넷째, 술 덜 깼을 때 피우면 술이 탁 깬다.

다섯째, 추울 때 몸이 얼고 입술이 뻣뻣해질 때 연거푸 피우면 몸이 따뜻해진다.

여섯째, 비가 많이 내려 축축하고 곰팡이 피는 것 같을 때, 피우면 상쾌해진다.

일곱째, 한 대 태우면 좋은 시구가 팍 떠오른다.

담배는 이모저모 다 좋고, 가래 기침에도 좋다고 했습니다. 담배를 약으로 본 겁니다. 오죽하면 담배를 '담파고'라고 쓰기도 했겠어요? 여기서 담痰은 가래, 파播는 흩어준다는 뜻입니다. 아이들의 배앓이에도 특효약이라고 알았습니다. 배 안의 회충도 담배 연기를 못 견뎌 밖으로 쫓겨 나온다고 생각했거든요.

옛사람들이 담배를 찬양만 했던 건 아닙니다. 적지 않은 사람들이 담배의 해로움을 지적하며 손사래를 쳤습니다. 이옥의 《연경》에는 이렇게 나와 있습니다.

첫째, 몸의 기운을 없앤다.

둘째, 눈이 침침해지는 걸 재촉한다.

셋째, 담배 연기가 배어 옷가지가 더러워진다.

넷째, 담배 연기와 담뱃진이 옷과 책을 얼룩지게 한다.

다섯째, 담뱃불이 큰불의 원인이 된다.

여섯째, 치아가 일찍 상한다.

일곱째, 담배를 얻으려고 무슨 짓이든 다하게 되며, 패가망신하기까지 한다.

여덟째, 담배 피우려면 계속 불을 붙여야 하고, 부싯돌과 담뱃갑 챙기는 일이 번거롭다.

아홉째, 담배 연기 마시고 내뿜는 태도가 오만불손할 때가 많다.

열째, 담배를 태우려고 계속 손을 움직이다 보면 예법을 어길 때가 많다.

이걸 보면 담배는 좋은 게 하나도 없습니다. 또 쓸데없는 담배 농사를 짓느라 농민들이 곡식 심는 논밭을 팽개치니 손해가 이만저만이 아니었겠죠. 예를 들어 온 나라 360고을마다 흡연자 1만 명이 1년간 담뱃값으로 하루 1문(10문이 1전, 100전이 1냥)씩 낭비한다고 가정해봅시다. 10,000 × 360 × 365 / 1,000 = 1,314,000이죠. 1년 365일 동안 나라 전체가 131만 4000냥을 담배로 태워 없애는 결과가 됩니다. 담배가 온 조선을 피워버리는 셈이죠. 이 돈만 있어도 흉년 때 곡식 걱정을 안 해도 되었겠지요.

가장 싼 값으로 사람들을 만족시킨 기호품

담배의 이익과 손해를 주장하는 사람들이 팽팽히 맞섰지만, 조선에서는 흡연이 대승리를 거뒀습니다. 김정화 선생은 "가장 싼 값으로 사람들의 기호를 만족시킨" 데서 담배의 승리 요인을 찾습니다. 요즘과 달리, 옛사람들이 살던 사회에는 갖가지 고통이 겹쳐 있었습니다. 숱한 자연재해와 질병이 시시각각 목숨을 노렸고 실제로 수명을 단축시켰습니다. 식량은 절대적으로 부족했고, 신분 사회와 남존여비의 족쇄에서 헤어날 길이 없었습니다. 그러한 가운데 사람들은 엄청나게 많은 일을 하며 고단하게 살았죠.

사람들은 담배를 피우면서 짧은 시간이나마 자신의 의지대로 쉴 수 있었던 셈입니다. 전쟁터에서도 비슷한 상황이 벌어집니다. 총알과 포탄이 난무하는, 언제 죽을지 모르는 전장에서 담배 한 모금 뿜어내는 순간이 자신이 살아 있음을 느끼는 순간이었습니다. 실제로 담배의 독성이 몸과 정신을 순간적으로 집중시키기도 했습니다.

그래서 농부는 농부대로, 아낙은 아낙대로, 병고에 시달리는 노인은 노인대로, 오늘날과 달리 고된 노동에 시달리던 소년은 소년대로 담배 연기를 뿜어댔던 겁니다. 시구를 뒤적이는 사대부도, 독서광이었던 정조 같은 임금도 집중력을 높이기 위해 담배를 태웠습니다. 요즘 사람들에게는 똑

한국과학문명사 강의

조선 후기 화가 김득신이 그린 그림 속의 담배 피우는 할아버지.

같은 이유로 커피가 담배를 대신하는 측면이 있죠.

오늘날에는 담배가 암을 일으키는 주요 원인으로 밝혀졌기 때문에 사람들이 담배를 멀리하게 되었습니다. 그러나 옛적에는 담배가 아니더라도 죽음의 원인이 수두룩했고, 암에 걸릴 정도로 오래 사는 사람도 드물었습니다. 건강에 해롭다는 게 금연할 이유가 되지 않았던 겁니다. 한마디로 담배에는 조선 사람들의 슬픔과 기쁨이 담겨 있었습니다. 그건 일제 강점기를 겪을 때까지도 마찬가지였습니다.

조선시대의 담배 예절

조선시대에 담배를 피우는 사람들은 신분 사회에 걸맞은 담배 예절을 지켜야 했습니다. 《연경》의 저자 이옥은 담배 피우는 것이 미울 때를 다음과 같이 열거했습니다.

첫째, 어린아이가 한 길이나 되는 긴 담뱃대를 입에 문 채 서서 피울 때. 또 가끔씩 이 사이로 칵칵 침을 뱉을 때. 가증스러운 녀석!

둘째, 안방의 다홍치마를 입은 부인이 낭군을 마주한 채 유유자적 담배를 피울 때. 부끄럽도다!

셋째, 젊은 계집종이 부뚜막에 걸터앉아 안개를 토해내듯 담배를 피워댈 때. 호되게 야단쳐야 한다!

넷째, 시골 사람이 다섯 자 길이의 흰 대나무 담배통에 담뱃잎을 가루로 내어 퉤퉤 침을 뱉어 섞을 때. 또 불을 댕겨 급하게 몇 모금 빨고 나서 화로에 침을 퉤 뱉고 재로 덮어버릴 때. 민망하기 짝이 없도다!

다섯째, 거지가 지팡이와 같은 담뱃대를 들고 길 가는 사람에게 담배 한 대 달라고 할 때. 겁나는 놈이렷다!

여섯째, 대갓집 종이 긴 담뱃대로 비싼 담배를 마음껏 태우다 손님이 앞을 지나가도 멈추지 않을 때. 몽둥이로 내리칠 놈!

이 여섯 경우가 담배 예절을 지키지 않은 대표적인 사례입니다. 조선은 유교 사회답게 자연스럽게 담배 예절을 만들었습니다. 어른 앞에서 아이

신윤복의 그림 중 일부. 기생들 앞의 기다란 담뱃대가 눈에 띈다. 양반들은 긴 담뱃대를 썼는데, 1미터 가까이 될 만큼 긴 것은 손이 닿지 않아 노비가 불을 붙여주었다.

가 담배를 피워서는 안 됩니다. 특히 아들이나 손자가 아버지나 할아버지 앞에서 맞담배를 피는 건 더욱 안 되죠. 제자는 스승 앞에서 피워선 안 되고, 천한 사람이 높은 사람 앞에서 피워서도 안 되었습니다. 아낙이 남편 앞에서 피워도 안 되었습니다. 오직 기생들만이 선비들과 맞담배를 피우는 게 허용되었습니다. 담배 예절은 담뱃대 길이로도 표현되었습니다. 신분이 높을수록 긴 담뱃대를 썼지요.

세상을 바꾼 이파리, 차

담배처럼 이파리 하나가 세상을 바꾼 건 거의 없지만, 이에 견줄 만한 잎이 단 하나 있습니다. 바로 찻잎입니다. 차는 담배 필 때 감수해야 할 부작용이 없습니다. 깨끗하고 안전하죠. 입안을 깨끗이 해주고, 정신을 맑게 해주고, 몸 안의 찌꺼기를 씻어주는 훌륭한 약이기도 합니다. 차는 담배 못지않게 전 세계에 널리 퍼졌습니다. 담배가 아메리카 대륙에서 유럽을 거쳐 아시아 지역으로 왔다면, 차는 원산지인 중국에서 다른 아시아 지역으로, 유럽으로, 온 세계로 퍼져나갔습니다.

차의 원산지는 중국 쓰촨성으로 추정됩니다. 중국에서는 대략 2천 년 전부터 차를 마셨다는 기록이 있습니다. 담배를 싣고 중국에 온 서양 배들은 차와 찻잔, 그리고 도자기를 자신의 나라로 실어 갔습니다. 이후 차는 서양에서 없어서는 안 될 음료로 자리 잡았죠.

우리나라에는 삼국시대에 불교가 전래되면서 차가 함께 들어왔습니다. 불교에서 차를 중요시하거든요. 우리나라에 자생하던 차도 있었을지 모르지만, 차의 재배법, 차를 타 먹는 법과 문화가 중국과 흡사하다는 점에서 차와 차 문화가 수입되어 정착되었다는 설이 더 설득력이 있습니다. 우리나라에서 차는 불교가 국교인 고려시대에 귀족 사회에서 큰 인기를 끌었습니다. 고려청자의 상당수가 차와 관련된 다기였죠. 송나라 무역선과 고려의 무역선이 엄청난 차를 고려와 일본에 실어 날랐습니다. 신안 앞바다에 침몰했다가 1975년에 발견되어 1970~1980년대에 걸쳐 발굴된 송나라 보물선 안에도 차가 많이 실려 있었습니다.

13세기 이규보는 《동국이상국집》에서 송나라의 값진 차가 생산된 지

고려시대인 12세기에 상감청자로 만든 주전자(왼쪽)와 찻잔(오른쪽).

몇 달 안 되어 개경에 도착해 널리 팔린다고 했습니다. 또 우리나라 자생차 산지인 지리산 자락에서는 농민들이 나라에 진상할 차를 재배하느라 등골이 휘어진다는 원성도 적어놓았습니다. 이때 차는 비쌌기 때문에 일반 서민들은 마시지 못했습니다.

조선시대에 들어와서는 차 재배와 무역이 고려시대보다 쇠퇴했습니다. 차를 바치는 의식이 필요한 불교 대신 유교 문화가 자리 잡았기 때문입니다. 그럼에도 일부 사대부들은 차의 그윽한 향기를 좋아했습니다. 선비들을 통해서만 차의 명맥이 겨우 유지되었던 겁니다. 19세기 후반 서유구는 《임원경제지》에서 다음과 같이 적었습니다.

우리나라 사람들은 차를 그다지 마시지 않아 나라에 자생하는 차 품종이 있으나 아는 사람이 또한 드물었다. 근래 오륙십 년 동안 사대부들과 부귀한 사람 가운데 종종 즐기는 사람들이 있다.

이보다 백 년 앞서 임수간이란 선비는 〈담배를 예찬하는 노래〉를 지었는데, 차 대신 담배를 좋아하는 조선 사람의 마음이 드러나 있습니다. 이를 추려보면 다음과 같습니다.

차라는 풀이 있어 당나라 말엽에 세상에 나타났지.
국가에서 전매하여 거두는 세금은 소금이나 황금에 맞먹고
손님과 주인이 마주 앉아 마시는 예절은 음주의 예법보다 더했네.
아! 성대하도다.
이윽고 연기를 마시는 차 곧 담배가 차의 뒤를 이어 출현했네.
그 옛날 중국의 명차가
한 시대의 맛과 가격이 으뜸이었다손 치더라도
아무래도 담배에는 미치지 못하리.

차가 중국에서 나왔고 일본에서도 대단히 유행했는데, 왜 우리나라에서는 그만큼 유행하지 못했을까요? 외국에서 들어온 것 중 크게 실패한 두 가지를 꼽을 때, 농사의 물대기에 썼던 수차와 함께 차가 꼽힙니다. 흔히 우리나라가 물이 좋기 때문에 차가 유행하는 데 실패했다고 합니다. 일본이나 중국, 유럽에 가본 사람들은 하나같이 한국처럼 물맛 좋은 데가 없다고 합니다. 이들 나라는 물에 석회가 있기 때문에 바로 먹지 못합니다. 그래서 차를 끓여 먹게 되었다는 거죠.

중국 사람들이 음식을 기름지게 먹기 때문에 차가 더 어울린다고 말하는 이들도 있습니다. 하지만 일본 사람들은 기름지게 먹지 않는데도 차를 즐기기 때문에 꼭 기름진 음식 때문에 차를 많이 마시는 건 아닌 것 같

전라남도 보성의 차밭. 보성은 요즘 우리나라에서 녹차가 가장 많이 나는 곳이다.

습니다. 정연식 선생은 우리나라에서는 옛 농민들이 차를 재배하게 되면
뼈 빠지게 일한 걸 세금이나 공물로 다 빼앗아 갔기 때문에 차 농사를 일
부러 안 지었다고 보았습니다. 그런데 금지했던 담배 농사를 열심히 지은
걸 보면 꼭 그런 이유 때문만은 아닌 것 같습니다.

　우리나라에서 차가 유행하지 않은 까닭이 풍토 때문은 아닐까요? 중국
과 일본에는 차가 잘 자라는 습한 기후의 산지가 널려 있지만 우리나라는
그렇지 않습니다. 차가 자라는 지역이 적었던 거죠. 그러다 보니 찻값이
담뱃값과 비교할 수 없을 정도로 비쌌던 겁니다. 우리 농민들은 음식 먹
고 텁텁한 걸 숭늉으로 풀었고, 다도茶道를 즐길 만한 계층이 중국과 일본
보다 턱없이 적었습니다.

　최근에는 우리나라에서도 다이어트 음료로 차가 큰 인기를 끌고 있습

니다. 그렇다 해도 아직 중국이나 일본처럼 차를 많이 마시지는 않습니다. 요즘 한국 사람들은 차 대신 커피를 많이 마시죠. 커피 자판기가 한국만큼 많은 나라는 없다고 합니다. 커피는 1876년 개항 이후 서양 사람이 우리나라에 들여와 퍼지기 시작했습니다. 일찌감치 들어온 차를 제치고 커피가 인기를 끄는 것을 보면, 유행의 이유는 쉽게 설명되지 않는 것 같습니다.

묘약일지 독약일지는 당사자의 몫

담배와 함께 꼭 언급되는 게 있죠. 바로 술입니다. 술은 담배보다도 더 전통이 깊은 인류의 기호품입니다. 어떤 사람은 술을 신이 준 독약이라 표현합니다. 좋게 보면 술은 모든 약의 으뜸이죠. 온갖 근심을 잊게 해주는 묘약이기도 합니다. 그렇지만 음주를 지나치게 하면 몸이 망가지고 사회생활의 절도를 잃게 되죠.

우리나라도 술의 전통이 매우 오래되었고, 온갖 술이 발달했습니다. 삼국시대에 만든 술은 중국에도 널리 소문이 날 정도였습니다. 고려시대에는 몽골을 거쳐 아라비아의 술인 소주가 들어왔습니다. 쌀로 빚은 탁주인 막걸리는 오랜 세월 백성들의 벗이었죠. 시대마다 지역마다 수많은 술이 있었습니다.

요즘에는 삶의 양상이 많이 달라졌습니다. 살림살이가 나아졌고 의학도 발달했죠. 술과 담배에 의지해야 살 수 있는 사회를 벗어난 겁니다. 지금은 담배 피우는 사람이 눈에 띌 정도로 줄어들었죠. 담배가 아니라도 즐길 게 많이 생겼습니다. 기호 식품도 셀 수 없을 정도로 많아졌고, 텔레비전, 영화, 인터넷 등 시시각각 즐길 게 바로 곁에 있습니다. 구태여 몸에 해롭다는 담배에 손이 갈 필요가 없는 겁니다.

병든 매와 가축을 위한 의학 처방

오랜 역사를 가진 매사냥

우리나라 공군의 상징이 뭔지 알고 있나요? 해동청海東靑 보라매입니다. '해동'이란 중국의 바다 동쪽, 즉 우리나라를 뜻하고, '청'은 푸른색을, '보라'는 태어난 지 1년이 안 된 어린 매를 말합니다. 그러니까 해동청 보라매는 우리나라에서 나는 푸른색 날개를 가진 어린 매를 뜻합니다. "꿩 잡는 게 매"라는 말처럼 매는 사냥할 때 썼습니다. 그러려면 어릴 때부터 길들여야 했죠. 중국 사람이 봤을 때, 고려의 매가 조그마하면서도 날쌔게 사냥을 잘해서 붙인 이름입니다.

새타령에도 매가 나옵니다. 어떤 매가 나오는지 한번 볼까요?

고구려 삼실총 벽화 속의 보라매(왼쪽)와 조선 후기에 찍은 사진 속의 매사냥꾼(오른쪽). 매사냥은 2010년 11월 유네스코 인류무형문화유산에 올랐다.

남원산성 올라가 이화문전 바라보니

수지니, 날지니, 해동청 보라매 떴다 봐라 저 종달새 …

꾀꼬리는 짝을 지어 이산으로 가면 꾀꼬리 수르르

여기서 수지니는 사람 손에서 1년 기른 매고, 날지니는 야생 매입니다. 산에서 1년 지낸 매는 산지니라고 합니다. 매가 뜨면 온갖 새가 다 긴장합니다. 매는 하늘에서 크게 원을 그리며 날다가 먹이를 발견하면 빠른 속도로 날아가 오리나 토끼, 꿩을 낚아챕니다. 사람이 마당에서 기르는 병아리나 닭도 잡아갔습니다.

매를 길러 사냥에 쓴 지는 꽤 오래됐습니다. 야생 매를 길들여 사냥하다니, 참 대단하죠? 고구려 벽화에도 해동청 보라매가 나오고, 조선시대 그림에도 심심찮게 나옵니다. 매 기르기의 전통은 하나도 변하지 않고 조선

시대까지 죽 이어졌습니다.

매는 잘 키워 산과 들로 데려가면 꿩이며 토끼를 척척 잡아 왔습니다. 황금 알을 낳는 거위와 진배없으니, 좋아하지 않을 수 없죠. 중국 황제들은 우리나라에 해동청 보라매를 많이 요구했습니다. 그래서 고려 충렬왕 때에는 매를 사육하는 전담 기구까지 만들고 이 기구를 '응방'이라고 했습니다.

그런데 매를 어떻게 조련할까요? 절대 원칙은 매가 사람이 주는 음식을 먹도록 길들이는 것입니다. 일단 먹이로 닭이나 꿩을 주고, 어린 매의 다리에 줄을 묶어 사냥을 하도록 시킵니다. 먹이를 잡아먹으려는 순간 먹이를 빼앗습니다. 독이 오른 매는 더 열심히 사냥감을 덮치겠죠. 많이 잡으면 그때 사람이 맛난 음식을 실컷 주는 겁니다. 이런 식으로 계속하면 매가 사람에게 길들여집니다.

매사냥과 비슷한 예로 중국과 일본에서는 오랜 옛날부터 사냥용 가마우지를 길렀습니다. 가마우지는 오리 비슷한 새인데, 이 새를 길러 물고기를 잡은 겁니다. 가마우지 목에 줄을 매달아 물속에 넣고, 물고기를 삼키려 하면 줄을 당겨 못 먹게 하는 다소 잔인한 방법을 썼습니다.

병든 매를 위한 의학 처방

어떤 매가 좋은 매일까요? 몸은 크되 머리는 계란같이 작으면서 둥글고, 눈은 크면서 둥글고, 가슴은 탁 터져 있고, 허리 뒤쪽은 협소하고 뾰족해야 한다고 합니다.

매사냥에 나선 사람들. 보통 4~5명이 한 팀을 이뤄 매사냥에 나섰다. 맨 왼쪽에 앞서 가는 사람이 매를 조정하는 사람인 수할치다.

잘 길든 매 한 마리는 말 한 마리 값과 맞먹을 만큼 비쌌습니다. 어쩌다 병이라도 들면 빨리 회복시켜 야겠죠? 그래서 매 의학이란 게 생겨났습니다. 우리나라에서 현재 남아 있는 가축 의학 책 중 가장 오래된 게 바로 매 의학 책입니다. 고려 시대에 이조년(1269~1343)이 쓴

토끼를 잡은 매. 조선시대에 심사정이 그린 그림 중 일부다.

《응골방》인데, 책 제목은 매의 병에 대한 처방집을 뜻합니다. 이 책을 쓴

매의 여러 증상에 맞춰 약을 처방
한 《응골방》.

매의 깃털에 다는 시치미.

이유에 대해 이조년은 이렇게 말했습니다.

사람들은 매사냥을 즐기지만, 매를 다
스리는 기술이 부족하다. 매들이 병에
걸렸을 때에는 쩔쩔매고 아무 조치도
못 취한다. 나는 그걸 한스럽게 여겼다.
그래서 매들이 마시고 쪼는 형세와 살
찌고 여윈 징후를 잘 관찰해 병이 생기
는 이치를 알아냈다. 또 약물을 써서 매
의 병을 고치는 방법도 터득했다. 내 처
방은 매를 기르는 사람들에게 큰 도움
이 될 것이다. 고가의 인삼이나 사향을
약재로 썼을 정도로 매의 치료라면 돈
을 아끼지 않았다.

이조년은 매를 다섯 마리나 길렀고, 매가
병들면 사람이 먹는 값진 약들을 먹였다고
합니다. 지금은 우리 생활에서 멀어진 매가
예전에는 이토록 중시되었다니, 재미있지 않
나요? 안 그런 척 시치미 떼지는 마세요. '시
치미'란 말은 사냥매에서 나온 말입니다. 매
주인이 매의 깃털에 단 이름 꼬리표를 뜻하
죠. '시치미 뗀다'는 말은 매가 간혹 집을 잘

못 찾아갔을 때 그 집 주인이 남의 매를 꿀꺽할 때 쓰는 말이었습니다.

인류의 역사를 바꾼 말

말을 타보셨나요? 제주도 같은 관광지에서 몇 분간이라도 승마를 해보면 기분이 좋아집니다. 말을 탈 때에는 줄을 꽉 잡아당겨서는 안 되고, 말이 뛰는 리듬에 맞춰 같이 출렁거리는 게 가장 좋습니다. 옛날의 장수는 말을 잘 타야 했습니다. 말 위에서 활 쏘고, 칼 휘두르고, 춤까지 출 정도였죠.

말이 자동차보다 좋은 점은 뭘까요? 첫째, 말은 영리하기 때문에 알아서 움직입니다. 말을 탄 사람 수준에 딱 맞춰 달려주죠. 둘째, 산길 경사진 좁은 길에서도 잘 다닙니다. 아래로 굴러 떨어질 것 같은 가파른 길에서도 끄떡없이 균형을 잡습니다. 셋째, 가장 중요한 건데 말 타기는 건강에 좋습니다. 온몸 운동이 되거든요. 말을 처음 타면 사타구니와 등이 아리고 쓰려서 잠을 못 잘 정도지만, 익숙해지면 온몸의 군살이 다 빠지고 맵시 있게 됩니다. 조선 선비는 나약하지 않았습니다. 말을 타고 다니면서 한 운동만 해도 결코 만만치 않았기 때문입니다.

물론 말이 자동차보다 못한 점은 하나둘이 아니죠. 동물이니까 무엇보다도 하루에 달리는 거리가 한계가 있습니다. 보통 말은 30킬로미터 정도 달리면 한두 시간 쉬어야 하고, 쉬면서 풀을 잔뜩 먹어야 합니다. 그런 다음 다시 한 30킬로미터를 달리면 하루가 다 갑니다. 하루에 60킬로미터, 150리 길이 전부죠. 그래도 말을 타면 삼천리강산 어느 곳이든 20일

조선 후기 윤두서가 그린 그림 속의 말 타
고 가는 선비. 선비들이 말을 타고 다니는
일은 무척 흔했다.

이면 갈 수 있습니다. 먼 길을 떠날 때 말이 없으면 엄두가 안 났겠죠. 특히
경상도나 전라도 선비들이 과거 보러 서울 갈 때 말이 없으면 제때 맞춰
도착하기 힘들었습니다. 의원들도 먼 곳으로 왕진 나갈 때, 환자 집에서
말로 모셔가지 않으면 길을 안 나섰습니다. 말을 부리는 비용이란 뜻의
거마비車馬費란 말이 여기서 생겼죠. 말을 데려오거나, 아니면 그에 맞먹는
교통비를 주어야 했던 겁니다.

　우리나라에는 말이 몇 마리나 있었을까요? 삼국시대의 기록에 따르면,
고구려 태조왕 69년에 기병만 1만 명이 전쟁에 참여한 적이 있고, 보장왕
4년에는 보병과 기병을 합쳐서 4만 명이 참전했다고 합니다. 백제에도

한국과학문명사 강의

말이 많았습니다. 백제 초고왕 2년
에는 기병만 8천 명, 무왕 3년에는
보병과 기병 합쳐 4만 명이 참전했
습니다. 신라라고 질 수 없었겠죠.
아달라왕 14년에 기병 8천 명, 진
덕왕 원년에 보병과 기병 1만 명이
참전했습니다. 삼국 각국이 최소한
전투마만 1만 마리를 갖고 있었던
겁니다.

가야의 말머리 가리개. 고대 사회의 전쟁에서 말은 중요한 수단이어서 갑옷과 투구를 씌워 말을 보호했다.

고려시대는 더욱 정확하게 말의
규모를 알 수 있습니다. 태조 때 기
마군은 모두 4만이었습니다. 고려 말 우왕 때 터무니없는 요구를 하는 명
나라를 치기 위해 요동 정벌을 단행했는데 이때 징발된 말은 2만 1682필
이었습니다. 당시 제주 목장에서만 말 2만여 마리를 길렀습니다. 왜 전쟁
에 승리했는지는 말 숫자만 봐도 알 수 있습니다. 조선 초에는 말을 기르
는 데 온 힘을 기울여 성종 때에는 말 4만 필 정도가 있었습니다. 그러나
조선 중기 이후에는 절반 이하로 줄어들었습니다.

한 나라의 부유함은 말이 몇 마리 있느냐로 구분되었습니다. '천승지국
千乘之國'은 말이 몇천 마리 있는 나라를, '만승지국萬乘之國'은 말이 몇만 마
리 있는 나라를 뜻했습니다. '승乘'이란 탈것, 즉 말이 끄는 수레를 말하죠.
삼국시대 이후 우리나라에 3만 마리 안팎이 있었다고 봐도 될 테니, 만승
지국이라 할 수 있습니다. 어림잡아 우리나라의 옛 인구를 500만~800만
명으로 치면, 인구 100~200명에 말 1마리 정도 있었던 셈입니다.

말은 인류가 길들인 가장 요긴한 짐승으로, 인류의 역사를 바꿨다고 할 수 있습니다. 말은 집에서는 자가용이었고, 군대에서는 장갑차였습니다. 교통수단으로서도 중요했지만, 말은 전쟁에서 더 요긴했습니다. 잘 알려져 있듯이 칭기스 칸이 세계를 정복한 힘이 바로 말의 기동성에 있었습니다. 기마 부대와 보병 부대의 싸움, 상대가 안 되겠죠. 말은 전쟁의 승패를 결정짓고, 멀고 낯선 지역을 개척하는 데 꼭 필요했습니다. 그래서 오래전부터 '말 의사', 즉 마의馬醫 또는 수의獸醫가 있었습니다. 중국은 약 3천 년 전부터 수의가 있었습니다. 우리나라도 삼국시대에 수의가 있었을 것으로 추측되지만 기록은 고려시대부터 남아 있습니다.

말에 대한 의학 처방이 담긴 책

말에 관한 의학 책은 조선 초에 처음 쓰였습니다. 《신편집성마의방》이 그 책입니다. 새롭게 말 의학에 관한 처방을 모아 만들었다는 뜻이죠. 이 책의 부록으로는 소의 의학을 다룬 《신편집성우의방》이 붙어 있습니다. 《신편집성마의방》은 조선이 건국된 지 7년밖에 되지 않았던 1399년에 편찬되었습니다. 중국 당나라 때 나온 《사목안기집司牧安驥集》(말을 잘 길러 건강하게 하는 책)과 원나라 때의 처방들과 함께 고려 때 경험한 처방을 묶어 만든 책입니다. 좌의정 조준, 우의정 김사형이 수의학 책을 엮는 사업을 펼쳤고, 의학 전문가인 권중화와 한상경이 이 책을 썼습니다. 복잡한 이론 대신 쓸모 있는 처방의 선택에 역점을 둔 책입니다. 이 책을 지은 목적은 머리말에 잘 나와 있습니다.

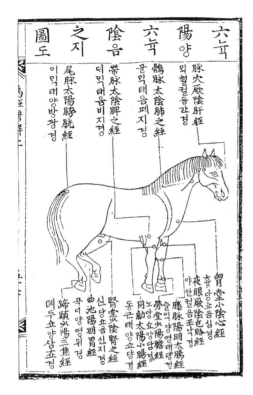

하늘과 땅 사이에 말만큼 쓰임새가 큰 것이 없도다. 좋은 말이 없으면 어떻게 적을 막아 나라를 지킬 수 있겠는가? 천하 국가의 크고 작음, 강하고 약함은 모두 말의 수효로 결정된다. 그래서 좋은 말은 모든 사람이 다 원한다. 아. 그런데 어찌하랴! 말은 역시 살아 있는 동물인지라 일을 너무 많이 하거나 먹을 것을 잘못 먹어 탈이 생길 수밖에 없다. 이때 말의 건강을 말 부리는 천한 사람들에게 맡겨서야 되겠는가. 마땅히 올바른 말 의학 이론에 따라 적합한 약을 골라 써야 한다. 그래서 이 말에 대한 의학책을 쓰게 된 것이다.

어떤 내용이 실려 있는지 살펴봅시다. 말을 사러 갔는데 어떤 말이 잘 달리고 힘이 센지 영 모르겠다면《신편집성마의방》을 보면 됩니다. 말의 나이는 이빨을 봐서 알고, 재빠른 말, 둔한 말은 모습을 봐서 알 수 있다고 합니다. 좋은 말에 대한 설명 가운데 이런 구절이 있습니다.

머리는 우뚝하게 높아야 하고
낯은 수척한 듯 살이 적어야 한다.
귀는 작아야 하니 귀가 작아야 간이 작아서 사람의 생각을 빨리 알
아차리고 성질이 가장 경쾌하다.
코는 커야 하니 코가 크면 폐가 커서 달리기를 잘한다.
눈은 커야 하니 눈이 크면 심장이 커서 용맹스럽고 놀라지 않는다.
눈 아래에 살이 없는 놈은 사람을 무는 경우가 많다.

말은 처음에 잘 골라야 합니다. 품종이 가장 중요하고, 튼튼하게 생긴 말을 골라야 하죠. 그래서《신편집성마의방》에서는 좋은 말, 나쁜 말 고르는 여러 방법을 자세하게 설명했습니다. 또 수말끼리 싸우지 않는 법, 전투마를 기르는 법 등이 실려 있습니다.

말 의학 책에는 그림이 많이 나옵니다. 사람 병이야 물어볼 수 있지만 말이나 소는 그러지 못하죠. 그래서 아플 때 나타나는 말의 모습을 일일이 그림으로 그려서 밝혔습니다. 말 병의 증상을 36개 그림으로 그려서 나타낸 후 증상에 맞는 약을 제시했습니다. 또 말도 진맥을 했고, 침 치료를 했습니다. 사람 손을 진맥하는 것과 달리 말은 목덜미의 맥을 짚었습니다. 약을 구하기 어려울 때에는 주로 침을 써서 말의 병을 고쳤죠.

《마경초집언해》에 실린 그림. 말의 입 색깔로 병을 진단하고 있는 모습을 그린 것이다. 《신편집성마의방》에도 이런 내용이 나오는데, 이 책에서는 더 보충하고 그림을 더욱 자세히 실었다.

《신편집성마의방》은 조선 전기의 가장 중요한 말 의학 책이었습니다. 17세기에 이서(1580~1637)가 쓴 《마경초집언해》가 나올 때까지 이 책은 조선의 말 의학을 지배했습니다. '마경초집언해'란 말 의학 책 중 핵심을 추려서 한글로 번역했다는 뜻입니다. 《신편집성마의방》보다 좀 더 발전되었죠.

소의 병을 다룬 의학 책

소는 말과 함께 쌍벽을 이루는 가축이었습니다. 소 없는 농사란 생각할 수 없었죠. 특히 논밭을 깊게 갈아주는 농법이 등장한 후 소는 없어서는 안 될 가축이 되었습니다. 사람 10명 이상의 몫을 거뜬히 해냈거든요. 소는 농사 수확량을 부쩍 늘려주었습니다. 사람들은 고마운 소의 건강에 깊은 관심을 가질 수밖에 없었죠. 《신편집성우의방》에서는 소가 왜 중요한지에 대해 이렇게 말하고 있습니다.

이제 이를 보건대 묵은 밭, 새로 밭을 개척할 때 이랑을 이리저리 갈아엎는 데 한 필 소의 힘이 어찌 열 사람의 일일 뿐인가 보냐. 아아, 한 필 소이지만 그 쓰임은 무척 넓구나. 또 조상신에게 소를 희생하여 하늘에 바치면 죽은 영혼이 우리를 돌본다. 소는 이처럼 백성과 사직에 공이 크도다. 그래서 우리 조선은 개국 초에 민간에서 소의 도살을 금지했다. 때로 소들이 나쁜 기운이나 주림과 배부름, 노고와 편안함 때문에 병에 걸린다. 어찌 치료를 하지 않을 수 있겠는가.

《신편집성마의방》을 지은 권중화와 한상경은 중국의 농학 책을 모았는데, 그중에는 좋은 소를 고른다는 뜻의《상우경》같은 소 전문 의학 책도 있었습니다. 거기에다 고려의 경험을 덧붙여《신편집성우의방》을 지은 겁니다. 이 책에는 소를 잘 기르는 법, 외양간 짓기, 좋은 소 고르는 법 등과 함께 14가지 병의 증상과 치료법을 실었습니다. 소도 말처럼 말을 못하기 때문에 병의 증상을 그림으로 그렸습니다. 좋은 소는 어떻게 생겼는지 한번 볼까요?

머리는 작고 뇌는 크다.
목의 뒤쪽은 길고 몸은 짧다.
뿔은 모나며 눈은 둥글다.
등마루 가죽은 높고 궁둥이는 낮다.
눈썹은 나뉘지 않으며 일어설 때 네 발이 모두 가지런하다.
이런 소를 '밭갈이 소'라고 할 수 있다.

《신편집성우의방》'좋은 소를 알아보는 법'에 실린 좋은 소와 나쁜 소 그림.

뿔 사이가 한 자 떨어진 소를 용문龍門이라 하고, 이 소를 소 가운데 왕이라고 했습니다. 이런 소를 기르면 사람에게 크게 이롭다고 했습니다. 반면에 검은 소인데 머리와 꼬리가 희면 주인에게 흉한 일이 많이 생기고 논밭 농사에 불리하다고 했습니다.

이 책은 조선 내내 소의 병을 돌보는 유일한 참고문헌으로 쓰였습니다. 이렇듯 소 의학은 있었지만, 말의 의학만큼 방대하고 정교하지는 않았습니다. 말 전문 의사인 마의는 있었지만, 소 전문 의사인 우의는 따로 있지 않았습니다.

또 다른 가축으로 고양이와 개가 있죠. 조선시대에 개와 고양이에 관한 의학은 없었습니다. 옛사람들도 개나 고양이를 길렀습니다. 개와 고양이는 지금과 마찬가지로 사람과 매우 친근한 동반자였습니다. 개와 고양이에 관련된 그림이 숱하게 그려졌고 많은 시가 지어졌습니다. 또 역사와 소설책은 개와 고양이를 소재로 수많은 이야기를 만들어냈습니다. 그렇지만 그들을 약으로 쓰기는 했어도 개와 고양이에 대한 전문 의학은 나오지 않았습니다. 소나 말, 심지어 돼지나 양만큼 생활에 가치가 없었거든요. 오죽했으면 "개에게는 몽둥이가 약", "개나 고양이만도 못한 놈"이라며 하찮게 여겼을까요? 하지만 오늘날에는 고양이와 개를 위한 병원은 물론 그들을 위한 다양한 인프라가 갖춰져 있습니다. 옛사람 중 누가 상상이나 했겠어요.

가축 전염병에 대한 처방

가축의 질병 중 가장 무서운 건 전염병입니다. 요즘도 광우병, 발굽 벌어진 짐승이 옮기는 구제역, 돼지 콜레라 등이 생기면 온 세상이 시끌시끌하죠. 2011년에만 해도 구제역으로 소와 돼지 합쳐서 수백만 마리가 죽어나갔습니다. 가축이 떼죽음 당하면 농가는 망하죠.

우리 역사를 훑어보면 가축 전염병의 문제가 매우 심각했습니다. 잊을 만하면 가축 전염병이 찾아왔습니다. 1763년 영조 때에는 전라도에 소 전염병이 유행하여 1만 마리 이상이 떼죽음을 당하기도 했습니다. 소 치는 집 농민들의 울음소리가 하늘을 진동할 정도였다고 합니다. 때로는 말, 돼지, 양, 개, 닭 등에게서 전염병이 돌았습니다. 가축 전염병이 돌면, 대체로 말의 신, 소의 신에게 제사 지내는 게 주요 대책이었습니다.

물론 가축 전염병에 대한 연구도 했습니다. 1541년 중종 때 평안도에서 가축 전염병이 크게 유행했습니다. 각 고을에서 죽은 농사용 소가 무려 3500여 마리나 되었습니다. 그런데 여기서 그치지 않고 비슷한 전염병이 돌아 양, 돼지까지 전염되었습니다. 심지어 기우제 때 바칠 소까지 다 죽어버렸습니다. 농사를 포기해야 할 상황에 이른 겁니다. 이런 상황에서 이름도 길고 외우기도 힘든 책,《우마저양염역병치료방》이 편찬되었습니다. 우는 소, 마는 말, 저는 돼지, 양은 양이고 염역병은 전염병, 치료방은 처방을 뜻하니까 소·말·돼지·양의 전염병을 치료하는 처방집이란 뜻입니다. 이 책은 각 가축의 전염병 치료법과 예방법을 다뤘습니다. 가축마다 하나씩만 들어보겠습니다.

- 소와 말의 전염병이 시작했을 때 : 몸뚱이에 조금 부스럼이 났을 경우 종기가 난 곳을 자세히 살펴 쇠꼬챙이를 불에 달궈 그곳을 지진다.
- 소가 피똥을 쌀 때 : 부뚜막의 가마 밑에 있는 흙 두 냥을 술 한 되에 타서 끓인 후 식혀서 소의 입에 붓는다.
- 돼지의 역병을 치료할 때 : 무 또는 무 잎을 먹인다. 이것은 돼지가 즐기는 먹이니, 약의 성질이 서늘하여 돼지 몸의 열독을 낮게 할 수 있다.
- 양의 전염병을 예방하는 방법 : 외양간을 높은 데 만들어 날마다 깨끗이 쓸며 오전 아홉 시에 양을 바깥에 풀어주고, … 이슬 젖은 풀을 먹지 않도록 한다.

이 책은 황급하게 만들어졌기 때문에 내용이 풍부하거나 잘 정돈되어 있지는 않습니다. 하지만 하늘에 기도하는 것을 넘어 대책을 내놨다는 데 의의가 있습니다. 이 책의 특징으로는 세 가지를 꼽을 수 있습니다. 첫째, 소가 중심이지만 다른 가축 전염병도 다뤘습니다. 둘째, 약 처방은 농민이 알 수 있도록 한글 해석을 달았습니다. 셋째, 약의 이름을 민간에서 부르는 이름으로 적었습니다. 즉 전염병의 범위를 여러 가축까지 넓히고, 의학 내용을 정확하게 하고, 약물 처방을 쉽게 했습니다. 나라에서는 이 책을 전국에 널리 나눠주었고, 의원과 약을 전염병이 발생한 지역에 보내 가축을 돌보게 했습니다.

이후 조선시대에 여러 차례 이 책이 활자로 찍혔고 꾸준히 쓰였습니다. 책에 실린 처방은 대체로 오늘날의 과학 지식으로 보면 타당한 것은 아닙니다. 그렇지만 가축 전염병을 막고자 한 조선 사람들의 마음은 엿볼 수 있습니다.

9

19세기에 꽃핀 물고기 연구

우리나라 물고기 연구의 역사

우리나라에서 어류에 대한 기록은 대곡리 반구대 바위그림에서부터 시작되었습니다. 수렵, 채취와 함께 '어로'란 말이 괜히 나란히 쓰인 게 아니죠. 그만큼 어류는 아주 오래전부터 인류와 함께 해왔습니다. 부족이 생기고, 나라가 생기면서 왕을 비롯한 지배층은 각지에서 올라오는 맛난 고기들을 먹었고, 약으로 쓸 수 있는 물고기도 알아냈습니다.

물고기에 대한 지식을 최초로 정리한 건 세종 때의 일입니다. 《세종실록》〈지리지〉에 공물로 바칠 전국 각지의 특산물을 조사해 실었는데, 이때 전국 각지의 물고기 특산물도 다 조사되었습니다. 함경도 함흥 지방의 특산물로는 대구, 연어, 고등어, 전복, 미역이 있었습니다. 경상도 창원은 미역, 대구, 굴, 조개, 해삼 등이 특산물이었고, 제주도는 거북이껍질, 전복, 오징어, 옥돔, 다시마 등이 특산물이었습니다.

이렇게 해서 전국의 물고기 52종과 그 밖에 바다에서 사는 많은 동식물 20여 종이 포함되었습니다. 가장 대표적인 건 숭어, 상어, 가물치, 조기, 광어, 은어, 대구, 문어, 오징어, 낙지, 새우, 전복, 굴, 김, 다시마였습니다. 이 중에서도 특히 동해에서 많이 잡히는 대구·문어와 서해에서 많이 잡히는 새우를 바치는 고을이 가장 많았습니다. 간혹 양어장에서 고기를 길렀다는 기록도 있는데, 이상하게도 우리나라에서는 오랫동안 물고기 연구가 없었습니다. 《동의보감》에서 약으로 쓰는 물고기 항목이 단 하나 있었을 뿐입니다.

19세기에 이르러서야 그 오랜 침묵이 깨지고 조선 3대 물고기 연구가가 나타났습니다. 김려, 정약전, 서유구가 잇달아 책을 펴냈죠. 이 세 사람이 펴낸 조선 3대 어류 책을 하나하나 살펴봅시다. 《우해이어보》(1803)는 우해라 부르는 진해 바다에서 본 기이한 물고기를 기록한 책입니다. 《자산어보》(1814)는 자산 정약전이 흑산도의 바다 생물에 대해 연구한 책입니다. 《난호어목지》(1820)는 난호, 즉 파주의 임진강과 주변 바닷가에서 고기를 잡고 기르는 것을 기록한 책입니다. 여기에 '어명고', 즉 '물고기 이름에 대한 고찰'이라는 글에서 물고기에 대해 다뤘습니다.

그러니까 하나는 경상도 남쪽 바다, 다른 하나는 전라도 남쪽 바다, 마지막은 경기도 서해 바다를 다룬 셈입니다. 동해 바다가 없다는 게 아쉽지만, 서유구의 '어명고'가 전국의 물고기를 대상으로 했고 민물고기까지 다뤘으니 그걸로 어느 정도 아쉬움을 달랠 수 있습니다.

물고기들의 시를 지은 김려

《우해이어보》를 쓴 김려(1766~1822)의 이름은 들어본 사람이 별로 없을 겁니다. 권세 있는 집안의 출신으로 재능이 출중한 문인이었던 그는 불우한 사람들을 향한 애정을 담아 작품을 짓곤 했습니다. 백정의 딸을 며느리로 삼아 못살게 구는 내용을 다룬 장편 서사시는 매우 뛰어난 작품으로 평가받습니다. 이 시는 신분 차별을 이겨내고 평등을 이루어야 한다는 주장을 담았지요. 그는 1791년 생원이 되어 촉망받는 인재로 인정받았지만, 1797년 정치적인 사건에 연루된 데 이어 1801년 천주교 탄압 사건에 얽여 10년 동안 귀양살이를 했습니다. 《우해이어보》는 진해에서 귀양살이하는 동안 지은 책입니다.

귀양 온 김려는 탁 트인 남해를 보고 감탄했습니다. 뭍에서 살 때는 몰랐는데 바다에 엄청나게 많은 물고기가 있다는 걸 알게 되었죠. 가난하거나 불우한 사람들에게 관심이 많았던 김려는 금세 바닷사람들과도 친해졌습니다. 배를 빌려 낚시도 즐겼는데 밤새워 낚시할 정도로 재미에 빠져들었습니다. 그러다 시의 감흥이 떠오르면 한 수 짓곤 했죠. 그러던 중 김려는 자신이 본 갖가지 물고기의 크기, 모습, 색깔, 성질, 맛 등 특징을 적기 시작했습니다. 나중에 귀양살이에서 풀려나 서울에 가면 친구들에게 들려줘야겠다는 생각이 번쩍 들었던 겁니다.

김려는 수많은 물고기를 추리고 추렸습니다. 특별히 물고기를 분류하지는 않았고, 물고기와 물고기가 아닌 것 둘로 나눴습니다. 이렇게 방어, 꽁치 등 물고기 53종을 엄선했고, 이들과 비슷한 물고기 29종을 들었으니 김려가 적은 물고기는 모두 82종입니다. 물고기가 아닌 것으로는 새우나 게 같은 갑각류 8종과 조개류 11종, 비슷한 종 3종 해서 모두 22종입니다. 다 합치면 104종이죠. 김려는 해마, 물개, 고래 같은 것은 다루지 않았습니다. 흥미롭기는 해도 어쩌다 잡히는 것이고 물고기 종류도 아니기 때문에 중요하게 여기지 않았던 겁니다. 김려는 조사한 물고기들을 39편의 시로 지었습니다. 그중 〈상어〉라는 시는 다음과 같습니다.

가을이 돌아와 짙은 색 바닷물이 구름처럼 깔리면
바로 상어가 해안으로 올라올 때라네.
포구의 어부들 쇠 작살 비 오듯 퍼부어대니
세 가닥 등지느러미도 부러지고
피가 줄줄

바다 생물을 분류한 정약전

《자산어보》를 지은 정약전(1758~1816)은 정약용의 형으로 잘 알려져 있죠. 정약용이 자신은 형의 똑똑함에 미치지 못한다고 말할 만큼 정약전은 총명한 사람이었습니다. 정약전은 서양 학문에 관심을 두다가 천주교 신자가 되었습니다. 1790년 과거에 급제해서 정조의 총애를 받았지만, 1800년 정조가 죽은 뒤 일어난 1801년 천주교 박해 때 천주교를 믿은 죄로 체포되어 흑산도로 유배되었습니다. 정약전은 16년 동안 흑산도에서 유배생활을 하다가 세상을 떠났습니다. 정약전은 흑산도에서 지내면서 물고기를 중심으로 바다 생물 연구의 전통을 새롭게 세웠는데, 그 결산이 바로《자산어보》입니다.

흑산도로 귀양 가는 길은 막막했을 겁니다. 서울에서 목포까지 딱 천 리 길이었습니다. 우여곡절 끝에 도착해서 조그만 돛단배에 몸을 실었지요. 조금이라도 바람이 세게 불면 언제 배가 뒤집힐지 몰랐습니다. 목포를 떠난 배는 며칠 동안 섬과 섬 사이를 조금씩 빠져나가다가 흑산도에 도착했습니다.

똑똑한 학자였던 정약전은 흑산도에서 섬 아이들을 가르치거나 글을 읽으면서 시간을 보냈습니다. 하지만 그것도 하루 이틀이죠. 10년이 지나도 귀양이 풀릴 가능성은 없었습니다. 그런 처지에서 정약전은《자산어보》를 쓰기 시작했습니다. 그는 약으로 병을 고치는 데, 맛난 생선을 팔아 돈을 불리는 데, 물고기가 들어간 시를 짓는 데 쓸모 있으라고 물고기 책을 지었다고 했습니다. 하지만 그건 겉으로 드러낸 이유였을 뿐입니다. 정약전은 적어도 물고기 분야에서는 아직 세상에 없는 책을 쓰리라 다짐했습니다.

그는《자산어보》에 바다 생물 216종을 담았습니다. 이 중 동물은 물고기가 115종, 딱딱한 껍질이 있는 게류가 66종, 더해서 181종입니다. 바다 식물인 해초는 35종이었습니다. 그때까지 중국 책에서도 물고기가 가장 많이 나오는 게 84종이었습니다. 중국의《이어도찬》(1614)이 바로 그 책입니다. 일본이 자랑하는《화한삼재도회》(1712)에는 민물고기, 바닷물고기 합쳐서 83종의 물고기가 담겨 있습니다. 김려의《우해이어보》는 104종이었죠. 바다 동물만 쳐도《자산어보》는 다른 물고기 책보다 거의 곱절, 또는 그 이상의 연구 성과가 담겼습니다.

단지 숫자만 늘어난 게 아니라 정약전의 물고기 관찰은 놀랄 정도로 꼼꼼했습니다. 그는 직접 배를 타고 물고기를 보러 다녔고, 물고기에 밝았던 흑산도 주민 장창대와 함께 깊은 토론을 거듭했습니다. 장창대는 정약전이 《자산어보》를 쓸 때 가장 큰 도움을 준 것으로 알려져 있습니다. 성격이 조용하고 정밀하여 풀과 나무, 물고기 가운데 들리는 것과 보이는 것을 모두 세밀하게 관찰하여 그 속성을 이해했다고 합니다. 정약전은 직접 물질하는 어부와 해녀들의 이야기도 빼놓지 않고 챙겼고, 필요하면 해부도 했습니다. 정약전이 상어에 대해 정리한 내용은 다음과 같습니다.

대체로 물고기 중에 알을 낳는 것들은 암컷과 수컷이 직접 짝짓기를 하는 것이 아니라, 수컷이 먼저 흰 액을 쏟고 암컷이 이 액에 알을 낳으면 알이 부화해서 새끼가 된다. 그런데 상어만은 수정된 알이 암컷의 배에서 새끼로 자라서 태어난다. 물속 생물로는 참으로 예외적인 경우다. 암컷은 배에 태보胎褓가 두 개 있는데 그 속에는 각각 네다섯 개의 태胎가 있다. 이 태 속에서 알이 부화되어 새끼가 태어나는 것이다. 태 속에서 부화된 새끼 상어의 가슴 아래에는 알처럼 생긴 무언가가 달려 있는데 크기가 수세미와 같다. 이것이 새끼상어에게 영양분을 공급해준다. 영양분이 모두 공급되어 새끼에게 매달린 것이 줄어들어 사라지면 새끼가 암컷의 태에서 빠져나오는 것이다.

어부들에게 주워들은 지식과는 다른, 매우 꼼꼼한 관찰이 돋보이는 글입니다. 오늘날의 생물학 지식과 견줘도 조금도 손색이 없을 정도로 과학적입니다.

더 놀라운 건 《자산어보》의 독창적인 분류법에 있습니다. 정약전은 모든 바다 생물을 일목요연하게 정리하기 위해 고민에 고민을 거듭했을 겁니다. 그가 볼 때 이시진의 《본초강목》은 훌륭한 책이긴 한데 바다 생물들이 여기저기 흩어져 있는 단점이 있었습니다. 어떤 건 물고기, 어떤 건 새, 어떤 건 짐승, 어떤 건 풀 부분에 들어가 있거든요. 정약전은 일단 바다 생물을 하나로 묶어 해족海族이라 이름 붙였습니다.

그러고 나서 그는 바다 생물을 비늘 있는 물고기, 비늘 없는 물고기, 껍질 딱딱한 게류, 그리고 이 셋 중 어느 것도 아닌 잡것, 이렇게 넷으로 나누었습니다. 잡것은 다시 바다 벌레, 바닷새, 바다짐승, 바다풀 이렇게 네 종류로 구분되었습니다. 이렇게 나누었더니 하늘을 나는 갈매기, 바위를 슬금슬금 기어 다니는 갯강구, 가끔 나타나는 물개, 물속의 미역까지 하나도 빠뜨리지 않고 다 넣을 수 있었습니다.

그런데 그 정도로 분류해서는 수많은 물고기들이 일목요연하게 정리되지 않습니다. 자세히 보면 물고기 중에 모습이 약간 달라도 특징이 거의 똑같은 놈들이 있거든요. 그걸 책이나 어부들은 서로 다른 이름으로 부르기도 하고, 어떤 물고기들은 이름도 없었습니다.

정약전이 멸치 종류를 꼼꼼히 살펴보니 정어리, 반도멸, 공멸, 말뚝멸은 다 멸치 식구였습니다. 그런데 어떤 것은 이름이 멸치랑 상관없는 정어리인 겁니다. 이 녀석들이 모두 같은 종자라는 것을 어떻게 나타내면 좋을까요? 정약전은 멸치 종류에 모두 한자로 멸치 '추鯫' 자를 넣었습니다. 정어리는 크니까 대추, 반도멸은 작으니까 소추라고 이름을 붙였습니다. 공멸은 코가 툭 튀어 나와 있는 특징을 담아 수비추라 하고, 말뚝멸은 말뚝 '익杙' 자를 넣어 익추라 했습니다.

다른 어류, 게류, 잡류 55종도 이렇게 식구를 거느리고 있으니 똑같은 방식으로 이름을 지어주었습니다. 청어 계통은 '청' 자 돌림으로 하고, 상어 계통은 상어 '사' 자 돌림으로 했지요.

'류'라는 정약전의 세부 분류는 대단한 시도였습니다. 정약전의 과학성과 천재성이 잘 드러난 부분이죠. 약에 필요한 것이나 맛난 생선을 찾아다니는 사람 머릿속에서는 나올 수 없는 생각이었죠. 바다 생물 전체를 분류하겠다는 과학적 야심이 있기에 가능한 일이었습니다. 세부 분류를 하다 보니, 이름이 없는 많은 바다 생물에 새롭게 이름을 붙이기도 했습니다. 이런 분류 원칙은 18세기 스웨덴의 린네(1707~1778)가 식물학에서 시도했던 방법과 매우 비슷합니다. 동아시아에서는 정약전만이 유일하게 이런 생물의 세부 분류를 시도했습니다.

정약전은 《자산어보》에 그림을 그려 넣을까 말까를 마지막까지 고민했다고 합니다. 모습을 아무리 글로 잘 표현하더라도 물고기를 보지 못한 사람은 제대로 떠올리기 어려우니까요. 그래서 그림을 덧붙여 《해족도설》이라는 책으로 펴내려고 했습니다. '도설'은 그림을 곁들여 설명한 책을 말하죠. 사실 정약전은 그림 솜씨에도 일가견이 있었거든요. 다른 지역에 귀양 가 있던 아우 정약용에게 그림을 그려 넣으려 한다고 말했더니, 아우가 말렸습니다. 어설프게 그림을 그리기보다는 설명을 더 충실히 하는 게 좋다는 이야기였죠. 우리나라 최초의 어류 도감이 나올 뻔했는데, 생각으로만 그쳤으니 꽤 아쉬운 일입니다.

인어가 정말 있을까?

안데르센의 슬픈 동화 〈인어 공주〉는 너무나 유명하죠. 인어가 정말 있을까요? 동서양을 막론하고 인어는 모두 여자입니다. 인어는 사람과 결혼하여 베도 짜고, 정든 낭군을 위해 흘린 눈물로 진주를 만든다고 알려져 있습니다. 다음은 우리나라 서해에서 인어를 본 할아버지의 이야기입니다.

일찍이 배를 타고 김제 들판에서 바다의 큰물로 내려가던 중 물 위에 서 있는 어떤 물체를 보았다네. 어렴풋이 보였는데 머리카락은 매우 윤기

일본 책인 《화한삼재도회》에 나오는 인어 그림.

가 있으나 땋지 않았고, 피부는 몹시 깨끗했다네. 옷을 걸치지 않았으며, 허리 밑은 물 안에 감추고 있었지. 예쁜 계집아이였다네. 나는 평소에 괴이한 것을 믿지 않았기 때문에 떠다니는 시체가 거센 풍랑으로 세워진 거라 생각했다네. 근데 뱃사람들은 크게 놀라 두려워하여 말하지 말라며 경계하고, 쌀을 뿌리고 주문을 외우면서 절을 하는 거였어. 배가 점점 다가가자 그 소녀는 곧바로 몸을 물속에 숨겨버렸지. 배가 열 걸음쯤 더 비켜 지나가자 또 손을 모으고 머리를 풀고 서 있었는데, 서쪽을 향하여 있던 것이 동쪽을 향하여

또 사람과 등을 지고 서 있었다네. 난, 그게 책에서 말하는 인어라
고 생각했다네.

— 이옥,《백운필》

뱃사람들은 인어를 두려워해서 쌀을 뿌리고 주문을 외웠던 겁니다. 이
옥은 전해지는 이야기에 따르면 인어와 사랑을 나누면 죽게 된다고 했습
니다. 이 인어 이야기는 허풍 같죠? 정약전이 담담하게 쓴《자산어보》의
인어 항목은 다음과 같습니다.

인어. 모양은 사람을 닮았다. … 지금 서해, 남해에서 인어는 두 종
류가 있다. 하나는 상광어(작은 이빨고래)로 모양이 사람과 비슷하며
젖이 두 개 있다. 또 하나는 옥붕어란 놈이다. 길이가 여덟 자나 되
며 몸은 보통 사람 같고 머리는 어린이와 같으며 머리털이 치렁치
렁하게 늘어져 있다. 그 하체는 암수의 차이가 있고 남녀의 그것과
비슷하다. 뱃사람은 이것을 매우 꺼린다. 이것이 그물에 잡히면 불
길하다 하여 버린다.

옥붕어(물범). 정약전이 인어라고 한 옥붕어는 물범으
로 추측된다.

정약전의 기록에 따르면 사
람 모습을 닮은 물고기가 있
는 건 분명합니다. 사람 중에
서도 여자 같은 모습을 하고
있으니까 상상력이 발동한
겁니다. 그럴듯한 남녀의 사

랑 이야기로 말입니다. 이야기라지만 물고기와 사람은 엄연히 종이 다르니 결말은 늘 비극일 수밖에 없겠죠.

물고기의 경제성에 주목한 서유구

《난호어목지》를 쓴 서유구(1764~1845)도 잘 알려지지 않은 인물입니다. 서유구 집안은 조선 최고의 관리, 학자 집안이었습니다. 증조할아버지가 판서, 할아버지가 대제학, 아버지가 이조판서를 지냈죠. 이 집안은 여러 학문에 두루 밝았지만 특히 농학 분야에서 탁월했습니다. 할아버지 서명응은 농사일이 많이 포함된 책 《본사本史》를 지었고, 아버지 서호수는 《해동농서》를 지었습니다. 서유구는 집안의 학문을 잇고자 했습니다. 1790년 정약전과 함께 과거에 급제해서 1806년 대사성이 될 때까지 승승장구했습니다. 그는 관직에 있을 때 적지 않은 적들을 제거했는데, 나중에 보복을 받았습니다. 작은아버지가 반대편의 공격을 받아 유배를 당하고 서유구는 홍문관 부제학이란 자리를 내놓았습니다. 잘나가던 집안이 갑자기 몰락한 겁니다.

서유구는 1806년 관직에서 쫓겨난 뒤 18년 동안 모진 삶을 살았습니다. 언제 관직에 복귀할지 모르는 채, 그는 두려운 마음으로 밭을 갈고 나무하며 살았습니다. 그러는 동안 사는 곳을 여섯 번 이상 옮겼습니다. 서유구는 겨우 입에 풀칠하면서도 책 쓰는 일에 온 힘을 쏟았습니다. 집안이 망했지만, 가업을 잇기에 오히려 좋은 기회로 생각한 겁니다. 그는 할아버지가 쓴 《본사》, 아버지가 쓴 《해동농서》의 전통을 계승하여 생활에 유용한 지식을 하나의 책으로 엮겠다고 마음먹었습니다. 그래서 농촌에 머물며 직접 농사를 지었고 어촌 경험도 했습니다.

1815년에는 경기도 장단 난호 바닷가에 정착하여 《난호어목지》를 지었습니다. 서유구는 난호 바닷가에서 9년간 어민들과 같이 생활하면서 어민들이 물고기를 어떻게 잡는지 속속들이 알게 되었습니다.

김려, 정약전과 달리 서유구는 경제성, 즉 고기잡이가 첫 번째 관심이었습니다. 책 제목이 물고기 보고서를 뜻하는 '어보'가 아니라 물고기 기르는 보고서라는 뜻의 '어목지'가 된 이유입니다. 나중에 서유구는 《난호어목지》를 《임원경제지》의 16분야 중 하나인 〈전어지〉에 포함시켰습니다. '전'은 사냥을, '어'는 어로를 말합니다.

옛 고기잡이 방식을 다 기록해놓은 건 〈전어지〉가 유일합니다. 서유구는 그물과 어살, 낚시와 작살로 고기 잡는 방법을 상세히 설명했습니다. 이를테면 잉어 잡는 법, 숭어 잡는 법, 철갑상어 잡는 법, 고래 잡는 법 등을 따로 제시했고, 고기 잡는 방법으로 약을 풀어서 잡는 방법, 이불을 펼쳐 고기를 잡는 법도 설명했습니다. 전복·해삼 따는 방법도 빼놓지 않았습니다.

김홍도의 작품 중에 〈전어지〉의 내용과 똑같은 그림이 있습니다. 바닷물 안에 박힌 나무들은 어살이라고 합니다. 어살로 주로 조기와 청어 따위를 잡았다고 합니다. 그림을 보면, 어부 둘이 어살 안에서 광주리에 고기를 담아 어살 밖의 작은 배에 탄 사람에게 넘겨주고 있습니다.

어살로 어떻게 고기를 잡을까요? 〈전어지〉에 자세한 설명이 나와 있습니다. 밀물 때면 고기가 밀려 들어오죠. 그때 어살 안에 들어온 고기가 썰물 때 못 빠져나간 걸 잡는 겁니다. 이렇게 어살은 밀물과 썰물을 이용합

〈전어지〉의 내용을 확인할 수 있는 김홍도의 그림.

니다. 그렇게 하려면 이 그림에는 없지만 아주 중요한 장치가 하나 필요합니다. 썰물 때 물이 나가는 길에 성을 쌓듯 돌을 촘촘히 심어놓는데, 그걸 임통이라고 했습니다. 이 임통을 잘 쌓는 게 어살의 핵심 기술입니다. 썰물 때 물만 빠져나가고, 고기는 못 빠져나가도록 해야 하니까요.

그런데 왜 이리저리 꺾인 모양으로 어살을 세워놓았을까요? 물고기를 끌어들이려는 방법입니다. 이리저리 꺾어놓은 것을 따라다니면 재미있잖아요. 물고기가 그걸 즐기며 들어오다가 인생, 아니 어생이 끝나는 거죠. 어살 근처에는 물이 얕기 때문에 작은 배로 접근했습니다. 〈전어지〉의 내용은 이 그림과 똑같습니다. 어살 근처는 물이 얕기 때문에 작은 배 둘로 다가갔고, 바닷물이 많은 곳에 큰 배 한 척이 대기하고 있었습니다. 그러니까 작은 배 한 척은 계속 어살 안의 고기를 받고, 다른 한 척은 그걸 큰 배로 실어 나른 거였죠. 가운데 배에는 솥이 보입니다. 아마 매운탕을 끓여 먹고 있는 것 같습니다.

〈전어지〉는 그물로는 고기잡이 때 쓰는 간단한 촉고, 여러 사람들이 넓게 둘러치고 두 줄을 끌어당기는 후릿그물 등 열세 가지 그물에 대해 설명하고 있습니다. 이 외에 여섯 종류의 통발, 낚시, 밑밥 주는 법도 설명하고 있습니다.

철저한 연구를 뒷받침한 자유로운 환경

〈전어지〉에는 어류가 모두 154종 등장합니다. 《자산어보》의 181종보다 조금 적지만 〈전어지〉는 강과 바다의 중요한 물고기를 모두 다루고 있습니다. 경제적 측면에서 보자면 〈전어지〉가 최상의 어보라 할 수 있죠.

〈전어지〉에서 물고기 이름은 '어명고' 부분에 나옵니다. 어명고魚名考는 물고기 이름을 고찰했다는 뜻이죠. 서유구는 조선 사람이 사물 이름에 밝지 않음을 한탄하면서 이름을 분명히 하고 싶어 했습니다. 〈전어지〉의 '어명고'가 더욱 가치 있는 건, 일일이 한글 이름을 밝혔다는 데 있습니다.

서유구는 크게 민물고기와 바닷물고기로 나눈 다음 비늘이 있는 것, 그렇지 않은 것, 딱딱한 게류로 나눴습니다. 바닷물고기 중 직접 보지 못한 것, 중국산 물고기 중 조선에 보이지 않는 것, 국내 물고기지만 잘 모르는 것은 따로 적었습니다. 이런 걸 보면 서유구가 얼마나 철저한 기준으로 물고기를 연구했는지 짐작이 가죠.

서유구의 책은 쓰임새에 초점을 두었기 때문에 물고기의 이름, 모습, 산지는 물론이거니와 물고기를 약으로 쓸 수 있는지 여부에도 크게 신경을 썼습니다. 그리고 여러 책을 참고하여 분석하면서 오류를 바로잡았습니다. 김려가 진해 바다의 물고기, 정약전이 흑산도 주변의 물고기를 집중 연구했던 것과 달리 서유구는 자신이 살았던 난호 지방뿐만 아니라 조선 전역에서 나는 물고기를 연구했습니다. 그래서 그런지 양도 가장 많습니다. 글자 수로 견줘보면 《우해이어보》가 대략 1만 2800자, 《자산어보》가 2만 1600자인데, 〈어명고〉는 무려 3만 자입니다.

이건 서유구가 김려, 정약전보다 자유로웠기 때문에 가능했던 겁니다. 먼 바다, 외로운 섬에 갇혔던 학자 정약전과 달리 서유구는 집안 대대로 내려오던 책을 맘껏 보면서, 서울 주변에 살면서 각종 정보를 수집하고 활용할 수 있었습니다. 무엇보다도 서유구는 그림이 그려진 훌륭한 외국 책인 명나라의 《삼재도회》, 일본의 《화한삼재도회(왜한삼재도회)》를 참고했습니다. 국제적인 안목에서 자신의 어보를 자리매김할 수 있었던 겁니다. 그렇지만 서유구는 꼭 알아야 할 물고기를 정리하는 데 목적을 두었기 때문에 정약전처럼 물고기의 분류 틀 자체를 바꾸는 대담한 시도는 하지 않았습니다.

일본의 《화한삼재도회》에 실린 물고기 그림. 당시 서구의 도감과 비교해도 뒤떨어지지 않는 높은 수준의 정보를 담고 있다.

물고기 연구가 꽃을 피운 시대

물고기를 연구한 김려, 정약전, 서유구는 모두 귀양을 가거나 벼슬 끈이 떨어졌을 때 이런 연구를 했다는 공통점이 있습니다. 우스갯소리로 조선 시대에는 귀양을 가야 공부한다는 말이 있습니다. 허준도 귀양 가서《동의보감》을 완성했고, 정약용도 귀양 가서 동아시아에서 가장 많은 책을 쓴 저술가가 되었으니까요. 집안이 풍비박산 나고 개인의 삶은 비참해졌을지라도, 벼슬보다 오래 남는 학문을 남겼죠. 그래서 고대 그리스의 히포크라테스가 "인생은 짧고 예술은 길다"라고 한 겁니다. 여기서 예술은 학문을 뜻합니다.

이 중《동의보감》을 빼면 다 19세기의 글입니다. 물고기 연구 삼총사는 물론이거니와 이옥의 인어 이야기도 그렇습니다. 왜 하필이면 이때 물고기 연구가 꽃을 피웠을까요? 귀양을 많이 보내서일까요? 그건 아닙니다. 다른 시대에도 귀양은 많이 갔거든요. 그때 실용적인 지식에 대한 학자의 관심이 폭증했기 때문입니다. 학문의 경향이 바뀐 거죠. 삼강오륜에 따른 예의범절이나 나라를 다스리는 데 필요한 지식만을 중시하던 학풍이 이 무렵 실제 생활에 도움이 되는 지식을 찾는 것으로 바뀌었죠.

18세기 이후 상업이 크게 발달하기도 했습니다. 어물 장수, 생선 장수도 무척 많았습니다. 특히 얼음이 널리 보급되면서 생선 장사가 대단히 활기를 띠었죠. 이제는 강가나 바닷가 동네에서만 물고기를 먹는 게 아니라 조선 팔도가 먹게 된 겁니다. 중국, 일본과 교류하면서 얻는 지식도 많았습니다. 사실 이런 일은 물고기 분야에서만 일어났던 게 아닙니다. 하늘, 땅, 만물, 언어 등 모든 분야가 서로 영향을 주고받으며 얽히고설켜 함께 진행되었죠. 혹시 19세기 조선 말기에 우리나라가 깜깜한 어둠 속을 헤매었다고 생각했다면, 이제 그런 생각은 버려도 좋습니다.

이런 배경에서 물고기 연구의 삼총사가 등장한 겁니다. 세 사람이 어류 책을 지으면서 추구하는 목적은 조금씩 달랐지만, 꼼꼼하게 관찰하는 기본적인 자세는 똑같았습니다. 아쉬운 건, 셋이 따로따로 연구를 했다는 겁니다. 천재 3인이 있었지만 서로가 서로를 몰랐습니다. 만약 서로 연구한 것을 참고했다면 한 걸음 더 나아간 성과가 있었을 텐데 그러지 못했던 겁니다. 그들을 계승한 제자가 없었다는 것도 무척 안타깝습니다. 우리 과학의 역사에서 불행한 일이죠. 물고기는 식량 자원으로도 중요하니 지속적인 관심과 연구가 필요합니다.

판소리에 나오는 물속 동물들

18~19세기 화가 장한종이 그린 바닷가 그림 속에는 갖가지 바다 생물들이 있습니다. 그림 위부터 보면 떼를 지어 가는 게, 소라, 새우류, 가오리, 물고기 들을 확인할 수 있죠. 금방이라도 움직일 듯 생생합니다.

조선시대 책 중에서 물고기가 많이 나오는 게 또 하나 있죠. 용궁과 토끼 간이 나오는 《수궁가》입니다. 《별주부전》이라고도 하죠. 판소리인 이 작품도 앞서 본 세 권의 물고기 연구서처럼 19세기의 글입니다. 일단 판소리 한 대목 들어볼까요?

장한종의 바닷가 그림.

이때에 남해 용왕이 우연히 병이 들어, 갖가지로 약을 써도, 효험 보지 못하고 꼭 죽게 될 적에, 신선 옷 입은 도사가 토끼 간이 특효약이라고 했겠다. 어휴~ 남해 용왕이 '뭍 세상에 있는 토끼를 어떻게 잡아다 간을 먹고 내 병이 낫는단 말이야?' 혼자 앉아 탄식을 하는데, 명을 받고 온갖 물고기 동물들이 모두 들어오는데, 이런 가관이 없었다.

어떤 물고기가 들어오는지 봅시다. 앞에 붙은 벼슬 이름은 신경 쓰지 말고 물고기 이름에 주목하며 읽어봅시다.

갖가지 물고기 다 들어온다. 동편에는 문관이요 서편에는 무관일세. 좌승상에 거북이며 우승상에 잉어로다. 이부상서 농어, 호부상서 방어, 예부상서 문어, 병부상서 숭어, 형부상서 준치, 공부상서 민어, 한림 깔따구(새끼 농어), 대사헌 도루묵, 간의대부 물치, 사관 풍어, 백의재상 쏘가리, 금자광록대부 금치, 은청광록대부 은어, 대원수 고래, 대사마 곤어, 용양장군 이무기요, 호위장군에 장어라. 표기장군 벌덕게, 유격장군 새우, 합장군 조개, 혜원군 방게, 원참군 물메기, 수문장 대구, 주천태수 홍어, 부별 낙지, 장대 승대, 청다리 가오리, 주부 자라, 서주자사 서대, 연주자사 연어, 주천태수 홍어, 감옥관 수달, 유수 광어, 병사 청어, 군수 물개, 현감 견어, 청백리 자손 어사 뱅어, 탐관오리 자손 주서 오징어, 금군별장에 도미와 능성어, 좌우순령 수조기·수피·범치·모지리·전복·수염 긴 대하로다. 상어·병어·전어·명태·복쟁이·솔치·눈치·삼치·멸치·꽁치·갈치·좀뱅어·미끈덕 뱀장어, 군로사령 자개사리, 돌 밑에 꺽지, 산의 물에는 중고기요, 깊은 물에는 금잉어라. 삼천궁녀에 빛 좋은 피리·망둥어·짱뚱어·승통이·올챙이·개구리·송사리·문쟁이까지 명을 듣고 다 들어와 절을 한다.

어휴 비린내~, 용왕이 가만히 보시더니만 내가 왕이 아니라 생선전 주인장이 되었구나! 자, 누가 뭍에 나가 토끼를 잡아올 텐가?

이처럼 《별주부전》에는 등장인물이 무려 74종입니다. 모두가 바다에 사는 물고기나 바다 생물이진 않습니다. 여기서 올챙이, 개구리는 물고기가 아니죠. 문쟁이는 문을 고치는 장인을 말하는데, 해학으로 넣어 온갖 것이 다 들어온다는 효과를 얻고 있죠. 벼슬을 붙인 내력도 잠시 봅시다.

· **농어** : '큰 입과 작은 비늘'. 잘생겼을 뿐 아니오라 옛 시인이 귀하게 여겼고, 성질이 점잖으므로 인사 담당 이부상서.
· **방어** : 중국 땅 황하의 방어가 유명하고, 이름 안에 '천원지방天圓地方'의 '방' 자가 들어 있으므로 땅 차지 경제 담당 호부상서.
· **문어** : 다리가 여덟이니 '수기치인修己治人'의 여덟 조목에 맞을 뿐 아니라 이름에도 '글월 문文' 자가 들어가니 예문 담당 예부상서.
· **숭어** : 용맹이 뛰어나 뛰기를 잘하고 한자 이름에 '빼어날 수秀'가 들어 있으므로 군사 차지 병부상서.
· **준치** : 가시가 많아 사람마다 어려워하고, 이름에 '법을 엄준하게 지킨다'는 뜻이 들어 있으므로 형법 담당 형부상서.
· **민어** : 배 속에 갖풀이 들어 장인에게 꼭 필요하고, 이름에 '백성을 이롭게 한다'는 뜻의 '민民' 자가 들어 있으므로 장인 담당 공부상서.
· **도미** : 민어처럼 맛이 있고 풍신이 점잖지만, 한 글자 한 자로 표현할 수 없는 데다 이름에 '고기 어魚' 자가 안 들었기 때문에 이조상서 후보에서 탈락.

〈어해도〉라는 병풍 그림에 그려진 물속 생물들. 그림만으로는 이름을 정확히 알 수 없지만, 이 물고기들도 조선 사람들이 흔히 알고 있는 물고기였을 것이다.

　여기에 나오는 물에 사는 동물들은 조선 사람들이 흔히 알고 있었다고 보면 됩니다. 누구나 공감할 수 있어야 해학의 대상이 되니까요. 그런데 모습과 특징을 중시했기 때문에 여기서는 강에 사는 것, 바다에 사는 것 구별 없이 섞여 있습니다. 물고기와 문어 같은 연체동물, 게 같은 절지동물, 거북이 같은 파충류, 고래 같은 포유류, 개구리나 올챙이 같은 양서류도 따로 구별되어 있지 않습니다.
　《별주부전》에는 이처럼 물에 사는 동물이 엄청 많이 나옵니다. 종류만 나열한 게 아니라 각자의 특징과 용도까지 익살에 녹여 전달하고 있습니다.

먼저, 좌승상 **거북이**. 사람들이 잡아서 껍질 벗겨 탕건이나 삼지끈 같은 것의 재료로 쓴다고 해서 후보에서 탈락.

금군별장 **도미**. 쑥갓과 풋고사리 넣은 매운탕거리라서 후보 탈락.

원참군 **물메기**. 머리가 멋지고 수염이 아름다우나, 아가리가 너무 커서 먹을 게 많기 때문에 낚시꾼이 좋아할뿐더러 이질·복통·설사와 배앓이 특효약으로 쓰는 데다, 사람들이 물고기 잡으려고 물에 천초 가루 약을 쳐서 민물에 얼씬도 못하니 이놈도 탈락.

합장군 **조개**. 온몸이 갑옷으로 둘러 단단하다고 해서 물망에 오름. 뭍에 나가면 도요새와 서로 물고 대박 싸우다가 둘 다 어부에게 잡혀 어부에게 이로움만 안겨줄 거라 해서 탈락.

표기장군 **벌덕게**. 열 발을 살살거리며 들어와 "산이 고향이라서 뭍에서도 문제가 없으며, 굵은 엄지발로 토끼 허리를 꽉 집어 대령하겠다"고 호언장담. 하지만 겁이 많아 뒷걸음질을 잘 친다는 이유로 탈락.

배불러 경륜을 많이 품은 **올챙이**. 한두 달에 못 올 텐데 그 사이 개구리 되면 올챙이 시절 기억 못할 테니 탈락.

별주부 **자라**. 짧은 발, 방패 같은 등짝. 볼품없어서 말단직 주부 벼슬에 불과. 머리가 작고, 사람들이 잡아서 자라탕 끓여 먹을 거라 후보 탈락 직전에 반발. "다리가 넷, 위기 때 목을 움츠려 머리를 감출 수 있고, 대가리가 뾰족해 예리한 기운이 넘치고, 허리가 넓어 장사의 체격이요, 콧구멍이 작긴 하나 생각이 모자라지 않고, 볼이 퍼지지 않아 말솜씨가 있다"고 주장하여 낙점.

역시 자연은 옛사람에게나 우리에게나 흥미로운 주제임에 틀림없습니다. 문학이나 음악, 그림으로 접근하면 자연이 더 흥미롭게 다가옵니다.

곤충을 탐구한
조선의 학자들

10

생활 속에 가까이 자리했던 곤충과 벌레

곤충과 벌레는 오늘날 풍경의 일부이거나 관찰의 대상이죠. 그러나 자연 친화적 삶을 살았던 옛사람들에게는 곤충과 벌레가 친숙한 존재였습니다. 성호 이익(1681~1763)은 〈곤충은 다 먹을 수 있다〉는 글을 썼습니다. 그런데 곤충을 모두 먹을 수 있다고 한 건 아닙니다. 책에서 읽었거나 우리나라에서 본 것을 토대로, 먹을 수 있는 곤충이 있다고 말한 것이죠. 이익은 중국의 옛 책《예기》에서 '매미와 벌을 반찬으로 만들어 먹는다'는 글을 읽었습니다.《회남자》에서는 '개미 알로 젓갈을 담가 먹는다'고 했고,《주례》에서는 개미 알 젓갈뿐만 아니라 메뚜기 새끼도 반찬으로 만들어 먹는다고 했습니다. 우리나라에서도 남쪽 지방 사람들은 메뚜기를 잡아 날개와 다리는 떼어버리고 구워서 반찬을 만들어 먹는데 맛이 참 좋았다고 합니다. 양반인 이익은 먹어보지 못했지만 메뚜기를 맛보고 싶다고 했습니다. 그리고 사전에는 메뚜기 말고 풍뎅이도 먹을 수 있다고 했지만, 그건 먹기가 꺼려진다고 했습니다.

우리 농민들은 배고플 때 메뚜기든 여치든 방아깨비든 가리지 않고 다 잡아먹었습니다. 이런 곤충은 알고 보면 영양식입니다. 저도 어렸을 때 메뚜기 튀김을 도시락 반찬으로 싸 간 적이 있는걸요. 서양에서는 메뚜기 튀김을 고급 요리로 즐기고, 중국 여행을 가면 길가에서 매미, 잠자리, 전갈을 꼬챙이에 꽂아 파는 모습을 볼 수 있습니다. 저는 맛이 궁금했지만 먹어보지는 않았습니다. 어렸을 때 가재 꼬치는 해 먹어봤는데 비슷한 맛이 아닐까요? 가재 꼬치 맛은 지금도 잊을 수 없습니다.

허준(1539~1615)은《동의보감》탕액 편에 약으로 쓰는 곤충을 실었습니다. 곤충은 오래전부터 약으로 써왔습니다. 허준은《동의보감》의 '약으로 쓰는 벌레' 부분에 곤충을 포함한 각종 벌레 40여 종으로부터 얻은 약 95종을 실었습니다. 몇 가지를 벌, 사마귀, 매미, 굼벵이, 누에, 메뚜기, 등에, 거미, 반묘(무당벌레), 쐐기벌레, 말똥구리, 귀뚜라미, 잠자리, 반딧불이, 쥐며느리, 옷좀, 이 등입니다.

허준은 곤충 약 중 으뜸은 벌이라고 했습니다. 벌이 만든 꿀은 오장을 편안하게 하고, 기를 도우며, 비위를 보합니다. 그뿐 아니라 아픈 것을 멎게 하고, 목을 풀며, 여러 병을 낫게 하고, 온갖 약을 조화시키기도 하고, 입이 헌 것을 치료하고, 귀와 눈을 밝게 하는 명약이라고 합니다. 대소변을 잘 통하게 할 때에는 벌 새끼가 특효약인데, 볶아서 약으로 쓴다고 합니다.

이 밖에도 약이 되는 곤충이나 벌레가 많다고 합니다. 피를 빨아먹고 사는 등에와 거머리는 몸 안에 뭉친 나쁜 기운을 빨아낼 때 썼습니다. 굼벵이는 뭉친 피를 헤치는 데 좋고, 말똥구리는 미쳐 날뛰는 증상에 좋다고 합니다. 이도 약이 된다고 했는데, 죽은 사람과 산 사람을 판별할 때 썼습니다. 왜냐하면 이는 죽은 사람 곁을 떠나는 속성을 가지고 있거든요. 이가 붙어 있으면 사람이 아직 살아 있는 거고, 슬금슬금 떠난다면 죽었다는 뜻이 되는 거죠.

안방마님 중에도 벌레와 곤충에 관심을 보인 사람이 있습니다. 바로 빙허각 이씨(1759~1824)입니다. 빙허각 이씨의 어머니는 《물명고》를 쓴 유희의 고모이고, 남편은 《임원경제지》를 지은 서유구의 동생인 서유본입니다. 빙허각 이씨는 대단한 학자 집안을 이끌었던 안주인이었죠. 그가 지은 《규합총서》(1809)는 살림살이의 종합판이라 할 수 있는데 여기에 각종 벌레 없애는 법도 실려 있습니다. 그는 홍만선(1643~1715)이 쓴 《산림경제》 같은 책에서 벌레 쫓는 비법을 발견하고, 부녀자에게 필요한 내용을 뽑아 한글로 번역했습니다. 몇 가지만 볼까요?

모기를 쫓기 위해서는 뱀장어를 말려 태우면 모기가 물처럼 된다.
벼룩을 쫓으려면 창포·개구리밥·파를 말려 가루를 만들어 이부자리 아래 두면 벼룩이 없어진다.
빈대는 개구리밥이나 웅황 냄새를 피우면 사라진다.
옷의 이를 없애려면 백부근이나 강활 같은 약재를 태워 옷에 배게 하면 이가 다 떨어진다.

머리의 이를 없애려면 질려,
백부근 같은 약의 가루를 머리
에 바르면 된다.

모기만큼 귀찮은 파리를 쫓으
려면 여름에 납설수(동지 후 세
번째 술일인 납일에 내린 눈을 받아
녹인 물)로 그릇을 닦으면 파리
가 안 온다.

바퀴벌레를 없애려면 은행잎
즙을 날콩가루에 섞어 벽과 부
엌에 바른다.

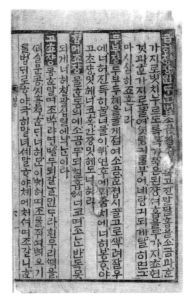

빙허각 이씨가 지은 《규합총서》.

아마도 파리·모기·이·벼룩은 이런 방법을 써도 잘 없어지지 않았을
겁니다. 한국전쟁 직후에는 이런 해충이 너무 많아서 농약을 온몸에 뿌려
이와 벼룩을 없앴지요. 요즘에는 온갖 공해 때문에 이런 해충도 예전만큼
많지 않은 것 같습니다. 예전에는 겨울철 호롱불 아래서 옷을 벗고 손톱
으로 콕콕 눌러 이를 잡곤 했는데 말입니다. 모기를 막기 위해 종이로 모
기장을 만들어 치기도 했고, 나무 끝에 말총을 매달아 묶어서 파리채를
만들어 파리를 쫓기도 했습니다.

청장관 이덕무(1741~1793)는 〈가을밤에 동자를 시켜 풀벌레가 목으로
우는지 다리로 우는지 겨드랑이로 우는지를 시험하여 보게 함〉이라는 긴
제목의 시를 지었습니다.

별은 사람의 눈동자처럼 깜박거리고 잠들지 않는데
가을 은하수 한 폭이 깨끗이 하늘에 퍼졌네.
벌레 소리 듣고 서늘한 숲 속을 살펴보니
성난 겨드랑 놀란 수염이요 곧게 뛰는 어깨로다.

마지막 연을 보면 이 풀벌레가 겨드랑이로 울고 있는 것을 알 수 있습니다. 이덕무는 풀벌레가 어떻게 우는지 옛 경전《시경》을 읽으면서 내내 궁금해하다가 실제로 어떻게 우는지 관찰했습니다. 그의 눈에 풀벌레의 성난 겨드랑, 놀란 수염, 곧게 뛰는 어깨가 생생하게 보였다고 합니다. 오늘날의 자연과학적 관찰과 거의 다를 게 없는 태도죠?

나비를 정확하게 그린 화가도 있습니다. 나비 박사 석주명이 입에 침이 마를 정도로 칭찬했던 남계우(1811~1888)입니다. 남계우는 평생 나비를 그려 남나비라는 별명을 얻기까지 했습니다. 그는 벼슬하는 중 여가를 내서 산과 들에 나가 나비를 관찰했습니다. 어떤 나비들이 있는지, 나비의 모습은 어떻고, 색깔은 어떤지 살폈습니다. 날아다니는 모습과 꽃에 앉아 있을 때 모습이 어떠한지를 비교했고, 더 자세히 알려고 나비를 잡아 와서 그릇에 올려놓고 세세하게 관찰했습니다. 날개 길이, 날개의 무늬, 몸통, 다리, 더듬이 등 모든 걸 하나도 놓치지 않으려 한 거죠. 때로는 죽은 나비를 종이에 올려놓고 대고 그리기까지 했습니다. 나비가 즐겨 앉는 모란, 나리, 패랭이, 국화를 같이 관찰했고, 주변에 앉은 고양이까지도 자세히 관찰했습니다.

나비 150여 마리를 하나의 화폭에 담은 적도 있습니다. 눈 펄펄 날리듯 나비가 나는 모습을 그린 겁니다. 그 많은 나비를 어떻게 다 보았을까요?

나비의 종을 판별할 수 있을 만큼 정확하게 표현된 남계우의 나비 그림. 오른쪽에 확대한 그림을 보면 요즘의 나비 도감과 비교해도 손색이 없을 정도로 정교하다.

남계우는 꿀로 나비를 모으는 방법을 썼습니다. 그렇게 가까이서 관찰하고, 자신이 본 나비를 그림 속에 등장시킨 겁니다.

사실 우리나라는 조선시대까지 변변한 자연 도감이 하나도 없었습니다. 곤충은 물론이거니와 물고기, 동물도 그림으로 엮은 책은 없습니다. 흔하게 썼던 약용 본초도 중국책을 베낀 것은 있지만, 우리의 자연을 그림으로 그려 남긴 건 전혀 없습니다. 자연 도감들이 많았던 중국이나 일본과 다른 점이죠. 남계우 같은 화가의 실력을 보면, 단순히 그림 실력이 없어서 자연 도감을 만들지 못한 것은 아닙니다. 남계우 이전에도 많은 화가들이 풀벌레와 물고기, 새와 짐승을 그렸거든요. 아마도 그건 자연을 그 자체로 들여다보려는 관심이 부족했기 때문이었을 겁니다. 주로 시와 회화의 감흥과 연결해서 자연을 본 거죠.

조선시대에 알려져 있었던 곤충들

곤충昆蟲이란 말에 들어 있는 '곤'과 '충'은 똑같이 벌레로 해석되지만 엄연히 다릅니다. '곤昆'은 '머리통日'에 '다리가 여럿 달린比' 모습을 하고 있어서 뜻이 지금의 곤충과 거의 비슷합니다. 뱀이 똬리를 틀고 있는 것 같은 '충蟲'은 뱀에서 유래한 글자입니다. 옛날에는 동물 중에서 사람도, 새도, 뭍짐승도, 물고기도 아닌 모든 것을 다 버러지 '충'이라 했습니다. 곤충은 물론 애벌레, 뱀 같은 파충류, 개구리 같은 양서류, 거미 같은 절지류, 지네 같은 다지류, 새우 같은 갑각류, 조개 같은 연체동물, 회충·요충 같은 기생충도 다 '충'에 속했죠. 그러니까 곤과 충이라는 말을 써서 몸통과 다리가 나뉘어 다리가 여럿 달린 벌레와 그와 다른 종류를 구별한 겁니다. 이러한 옛 기준으로 보면 다리가 여덟 개 달려 절지동물로 분류되는 거미도 곤충에 속합니다.

19세기에 유희가 쓴 《물명고》에는 곤충을 이렇게 정의해놓았습니다. 《물명고》는 국어사전이라고 보면 됩니다.

곤충은 일 년 사는 조그만 벌레다. 다리가 있는 놈이 충이고, 다리가 없는 게 치冬다. 다리가 있는 놈과 다리가 없는 놈을 사람들이 잘 구별하지 못한다. 이를테면 누에나 나비의 애벌레는 몸을 구부려 움직인다. 흔히 다리가 없다고 말하는데 배 아래에 조그만 이빨 같은 다리들이 있다.

애벌레는 탈바꿈해서 나비가 된다. 대체로 일 년에 탈바꿈하는데 어떤 놈은 세 번, 어떤 놈은 두 번, 어떤 놈은 한 번 한다. 전혀 하지 않는 놈도 있다. 알에서 애벌레가 나오고, 애벌레는 번데기가 되고, 번데기는 나비가 된다. 곤충을 말하는 사람들은 많으나 애벌레와 어른벌레가 똑같은 놈이며 변해서 생긴 것임을 잘 알지 못하니 안타깝도다.

유희도 곤충의 탈바꿈, 즉 변태變態를 알고 있었습니다. 곤충의 변태를 분명히 하려고 했던 태도는 상당히 과학적입니다. 변태의 종류를 셋으로 나눈 것도 현대 과학과 비슷합니다. 나방과 나비가 알에서 세 번 탈바꿈해서 생긴다는 지식은 지금과 똑같죠.

유희의 《물명고》에는 곤충이 대략 60종 나옵니다. 요즘 알고 있는 곤충과 벌레가 거의 다 들어 있는데, 한번 볼까요?

누에, 나비, 벌, 쐐기, 사마귀, 메뚜기, 귀뚜라미, 풍뎅이, 잠자리, 등에, 모기, 파리, 하루살이, 말똥구리, 하늘소, 매미, 쓰르라미, 굼벵이, 개미, 거미, 서충, 가뢰, 부판, 떡풍뎅이, 빈대, 포수벌이, 바구미, 딱정벌레, 현, 물무당(물매미), 독기벌레, 쥐며느리, 지렁이,

두르래, 노래기, 지네, 땅지네, 그리마, 집게벌레, 바퀴, 벼룩, 이, 사면발니, 진드기, 삼시충·회충·촌백충·요충 등 기생충 열다섯 종, 혹, 계온, 전갈, 반디, 두꺼비, 올챙이, 거머리, 돌벌레, 누리광, 나무벌레, 국호

대개 오늘날과 이름이 똑같지만 어떤 건 그렇지 않습니다. 서충이란 쥐며느리의 일종인 것 같고, 부판은 짐을 지고 가기를 좋아하는 벌레입니다. 포수벌이는 행야라고 하는데 밤에 사람이 닿으면 독기를 뿜는 곤충입니다. 현은 검정색 벌레인데 붉은 머리를 하고 있습니다. 혹은 물여우라하며 독을 뿜습니다. 계온도 물속에 사는 독충입니다. 국호는 국화에 살고 있는 조그만 벌레입니다.

하고많은 곤충 중에 60종 정도만 실은 건, 아마도 자연 현상을 있는 그대로 관찰하거나 곤충의 행태를 알아보려는 관심이 적었기 때문일 겁니다. 사람에게 이로운지 아닌지가 가장 중요한 관심이었으니까요. 그런 관심 속에서 필요한 만큼만 곤충에 대한 지식을 터득하고 정리했겠지요.

우리나라에서 벌레나 곤충만 따로 깊이 연구한 학자는 없습니다. 이 분야에 가장 관심이 깊었던 사람은 조선시대의 이옥(1760~1815), 정학유(1786~1855), 이규경(1788~1856)이었습니다. 비슷한 시기에 살았던 이들의 활약을 살펴보면 조선 곤충학의 이모저모가 풍부해집니다.

곤충과 벌레를 통해 인간을 이야기한 이옥

이옥은 곤충에 대한 다수의 글을 《백운필》에 썼습니다. 백운필白雲筆이라는 책 제목은 흰 구름 노니는 곳에서 글을 썼다는 뜻입니다. 제목에서부터 여유로운 느낌이 들죠? 이 책은 동식물 각각에 대한 단상을 생각나는 대로 적은 결과물입니다. 이옥은 귀양에서 풀린 후 경기도 남양 집에서 지내다가 심심해서 이런 글을 쓰기 시작했다고 합니다.

그는 여느 선비들처럼 고상한 책은 짓기 싫었고, 우리 삶 속에서 너무나 중요하지만 사람들이 하잘것없이 여기는 것들에 대해 쓰려고 마음먹었습니다. 새, 물고기, 짐승, 벌레, 꽃, 곡식, 과일, 채소, 나무, 풀이 제격이었죠. 벌레로는 방 안팎에서 보이는 애벌레, 모기, 각다귀, 거미, 반디, 나비, 흑충, 송충이, 좀벌레, 벼룩, 이 등이 눈에 들어왔습니다.

이옥의 곤충 이야기에는 풍자와 해학이 가득합니다. 어쩌다 요강에 떨어진 벼룩과 이 이야기는 배꼽 잡고 웃을 만한데, 이런 내용입니다.

어쩌다 요강에 빠진 벼룩과 이가 오줌에 떠다니는 밤 껍질에 겨우 올라타 둥둥 떠다니게 되었다. 둘이 시 짓기 놀이를 시작했다. 그때 주인이 오줌을 누자 이가 먼저 읊었다. "나르듯 흘러 곧장 삼천 척으로 내리니, 은하수가 하늘에서 떨어져 내리는 듯하네." 주인이 요강 뚜껑을 쨍하고 닫자 질세라 벼룩이 이렇게 읊었다. "성 밖의 한적한 절, 한밤중 종소리가 나그네 배에 이르네."

이 이야기는 아름다운 산수만 만나면 배를 띄우고 노는 글쟁이들을 풍자했는지도 모르겠습니다. 빛을 내는 반딧불이와 윙윙 소리 내는 모기의 자랑하기도 재미있습니다.

반딧불이는 야광을 밤길 촛불 든 예절이라 자랑했고, 모기는 집 안 드나들 때 윙윙 기척 예절을 자랑했다. … 둘의 수작을 지켜본 벌거숭이 꼬마가 한마디 했다.
"빛과 소리로 알리는 옛 아름다운 예절이 다 망가진 세상이다. 네놈들이 모두 쓸모없게 된 세상이란 말이다! 반딧불이는 붙잡혀 죽는 화를 면치 못할 것이고, 모기 네놈은 계속 피 빠는 일만 할 거다."

반딧불이와 모기처럼 거짓과 위선이 판치는 사회를 꼬집은 겁니다. 이옥은 이러한 벌레 이야기를 통해 인간 세상의 거짓과 불공평함을 일깨우고, 벌레에 대한 그릇된 통념을 깨고자 했습니다. 그는 다른 생물을 거미줄로 잡아 죽이는 거미를 미워하는 게 옳지 않다고 생각했습니다. 잡힌 놈들이야 불쌍하지만 거미는 그렇게 살아가도록 태어난 것이지 잘못이 아니라는 겁니다. 그는 오직 인간만이 수많은 그물을 만들어 새, 물고기, 짐승을 마구 잡고, 서로를 속이는 것을 꿰뚫어보았습니다. 곤충들의 생활을 통해 사람들이 인간의 삶을 되돌아보길 바란 겁니다.

벌레에 대한 이옥의 생각은 〈오뉴월의 벌레들〉이라는 글에 가장 잘 나타나 있습니다. 그는 천지 사이에 생명을 지니고 움직이는 게 다 벌레라고 했습니다. 날개 있는 벌레, 털 있는 벌레, 비늘 있는 벌레, 딱딱한 껍데기가 있는 벌레, 벌거벗은 벌레 등이죠. 그런데 하늘 높은 곳에서 본다면 용과 기린, 봉황과 붕새大鵬가 다 벌레처럼 작게 보입니다. 만물의 영장이라는 사람도 마찬가지입니다. 그렇다면 우리가 자연에 대해 겸손해야 하지 않겠냐는 이야기입니다.

《시경》에 나오는 동식물을 연구한 정학유

생각을 자유로이 펼쳤던 이옥과 달리, 정학유는 관찰하는 입장에서 곤충을 정확하게 이해하고자 했습니다. 그는 《시명다식》이란 책을 썼습니다. '시명다식詩名多識'은 《시경》에 등장하는 동식물의 이름에 대해 많이 알아야 한다는 뜻입니다. 시에 나오는 동식물만 골라 탐구한 매우 독특한 책이죠.

정학유는 다산 정약용의 아들입니다. 아버지의 명성에 가려 잘 알려지지는 않았지만, 실학적 가풍을 잘 이어받은 인물입니다. 정약용이 귀양 떠난 후 집안은 풍비박산되었고, 정학유가 품었던 과거 급제의 꿈도 덩달아 날아갔습니다. 먹고살 길이 막막해진 정학유는 의원 노릇을 하면서 연명했지만, 아버지 정약용은 아무리 집이 망했어도 공부를 게을리하면 안 된다고 신신당부했습니다. 정학유는 공부거리를 찾았습니다. 그는 선비들이 필수로 읽는 《시경》에 온갖 동식물이 다 나오지만, 사람들이 그 뜻을 정확히 모르고 읽는 게 안타까웠습니다. 중요한 경전의 내용을 허술히 알고 넘어가서는 안 된다고 생각한 거죠. 그래서 오랫동안 공부한 본초학 지식을 바탕으로 그걸 명확하게 밝히려고 했습니다.

그저 동물과 식물 정도로만 나눈 기존 연구와 달리, 정학유는 《시경》에 나오는 생물 326종을 세분해 풀, 곡식, 나무, 채소, 새, 뭍짐승, 벌레, 물고기로 나누었습니다. 그 결과 풀 78종, 곡식 20종, 나무 62종, 채소 10종, 새 44종, 뭍짐승 63종, 벌레 30종, 물고기 19종이었습니다. 아마《시경》의 동식물 연구로는 정학유의 연구 성과를 뛰어넘는 게 없을 겁니다. 이러한 연구 성과가 담긴《시명다식》은 일반 동식물 책으로도 전혀 손색이 없습니다.

그런데 왜 시를 지을 때 자연에 대한 지식이 필요할까요? 뒷걸음하는 것, 옆으로 가는 것, 연이어 가는 것, 구불구불 가는 것을 구별할 줄 알아야 정확한 표현을 할 수 있기 때문입니다. 목구멍으로 소리를 내서 우는지, 부리로 우는지, 옆구리로 우는지, 날개로 우는지, 넓적다리로 우는지, 가슴으로 우는지도 알아야 합니다. 또 알로 태어나는지, 어미에게서 태어나는지도 몰라서는 안 됩니다. 이런 걸 정확하게 알아야 감동이 더욱 생겨나니까요.

예를 들면《시경》에 '마디충이 새끼를 낳자 나나니벌이 업고 다니네'라는 구절이 있습니다. 이걸 두고 옛사람들은 '나나니벌이 암컷이 없어서 초록색 벌레를 업고 다니며 길러 가르쳐 자기 새끼를 만든다'고 해석했습니다. 하지만 정학유가 관찰해보니, 나나니벌은 암수도 있고 알도 낳았습니다. 알에서 난 새끼에게 먹이려고 마디충 새끼를 잡아 업고 왔던 겁니다. 이런 걸 알고 시를 본다면, 옛 시 해석이 달라집니다. 참으로 과학적인 탐구죠? 이처럼 정학유는 자연현상을 예리하게 포착하고, 옛 연구를 적절히 인용해가며《시명다식》을 썼습니다.

이 책에 실린 벌레는 방아깨비, 베짱이, 메뚜기, 나무굼뱅이(하늘소 애벌레), 작은매미, 누에나방, 파리, 귀뚜라미, 하루살이, 누에, 매미, 뽕나무벌레, 쥐며느리, 갈거미, 반딧불이, 살무사, 뱀, 도마뱀, 뽕나무 애벌레, 나나

메뚜기 그림. 정학유는 관찰을 거듭하며, 옛사람들이 구분하지 않았던 방아깨비, 베짱이, 귀뚜라미를 구별하려고 했다.

니벌, 물여우, 마디충, 누리, 모래좀, 전갈, 당(몸집이 작은 매미의 일종), 벌 등입니다. 30종 정도 되는데, 중복된 것을 빼면 겨우 20여 종밖에 되지 않습니다. 중국의 《본초강목》이나 일본 책 《화한삼재도회》보다 곤충이나 벌레 수가 훨씬 적지요.

《시명다식》은 유명한 《시경》을 다뤘기 때문에 사람들이 관심을 많이 가졌습니다. 만약 《시경》이 토대가 되지 않았다면 사람들이 관심을 가지지 않았겠죠. 사람들은 《시경》을 잘 이해하려고 《시명다식》을 찾아 읽었습니다. 하지만 정학유는 더 나아가 동식물을 올바르게 알라는 뜻으로 실제 곤충을 관찰하고 연구했습니다. 한마디로 일석이조 효과를 노린 거죠.

정학유도 《시경》에 나온 모든 곤충을 다 알아내지는 못했습니다. 그가 이치를 완전히 깨닫지 못한 사례도 있습니다. 《시경》의 다음 구절입니다.

오월에는 방아깨비가 다리 비벼 울고

유월에는 베짱이가 날개 떨며 우네

칠월에는 들에서 지내다가

팔월에는 처마 밑 문간까지 들어왔다가

시월이 되면 귀뚜라미 내 침상 밑까지 들어와 우네

정학유는 여기 나오는 방아깨비, 베짱이, 귀뚜라미가 같은 놈인지 아닌지 의문을 품었습니다. 주자는 '이 셋이 똑같은 종류인데, 계절에 따라 이름만 달리한다'고 했는데, 후대의 어떤 학자는 이 셋이 각기 다른 곤충이라고 했거든요. 정학유는 자세하게 분별할 수 없어 한스럽게 느끼며 후세 사람들의 폭넓은 연구를 기다렸습니다.

실용적인 관점에서 곤충을 연구한 이규경

정학유가 갑갑해했던 문제를 푼 사람이 있습니다. 바로《오주연문장전산고》를 쓴 이규경입니다. 이규경은 방아깨비, 베짱이, 귀뚜라미가 각각 다르다는 것을 분명히 알았습니다. 또 모기가 물에 알을 낳아 장구벌레가 됐다가 다시 모기로 된다는 것도 알아냈습니다.

참으로 해박했던 이규경은 프랑스의 곤충학자 파브르(1823~1915)를 떠올리게 하지만, 꼭 필요한 곤충에만 관심을 두었다는 데 차이가 있습니다. 이규경이 관심을 두는 데는 두 가지 분명한 기준이 있었습니다.

첫째, 이용후생利用厚生입니다. 널리 써서 백성의 생활에 보탬이 되게 한다는 뜻이죠. 그래서 이규경은 한 열댓 개 굵직한 것에만 관심을 두었습니다. 벌과 누에, 즉 양봉과 양잠은 농가에 이익을 가져다주니까 많은 관심을 두었습니다. 중국 책을 읽어보니, 꼭 벌이 아니라도 꿀 비슷한 것을 나무의 씨에서 얻는 방법이 있었습니다. 또 누에라 해도 꼭 잠실을 만들고 뽕나무만 먹일 필요 없이 야생에서 다른 나뭇잎을 먹고 키우는 방법도 있었습니다. 이규경은 우리나라 농가에 도움을 주기 위해 이런 것을 소개했습니다.

해충을 방제하는 방법도 알려주었는데, 특히 파리 쫓는 법을 알아내느라 갖은 고생을 했습니다. 이규경이 여러 책에 나오는 것을 다 시험해봤는데 안 되었고, 한 가지 확실한 방법을 찾았습니다. 천적인 껑충거미, 다른 이름으로 파리잡이거미라 하는 것을 이용하는 방법이었습니다. 이놈을 잡아다 잘 길러 방 안에 두면 진짜로 파리가 한 마리도 남지 않았습니다. 파리잡이거미를 먹여 키우는 방법은 중국 책에 잘 나와 있었습니다.

둘째, 사람들이 헷갈려하는 곤충 지식을 확실하게 밝히려 했습니다. 방아깨비·베짱이·귀뚜라미의 구별 같은 것 말입니다. 얘기가 나온 김에 세 곤충을 구별해볼까요? 오월에 우는 곤충은 한자로 사종斯螽 또는 종시螽斯라고 합니다. 길이가 2촌(1촌=3.03센티미터) 남짓, 푸른색, 머리가 뾰족하고 털이 난 긴 다리를 하고 있지요. 튀어나온 두 눈 사이가 매우 좁고 눈 곁에 2개의 빳빳한 더듬이가 나 있습니다. 늙은 건 잿빛 붉은색이고 잘 뜁니다. 찌찌 소리를 내어 웁니다. 우리나라에서 방아깨비라 부른 게 이 곤충입니다. 방아깨비는 아주 흔해서 아이들이 산과 들에서 잡아 구워 먹곤 했습니다.

유월에 우는 곤충은 한자로 사계莎鷄라고 하는 녀석입니다. 우리나라에

서는 베짱이, 달리 여치라고도 부르죠. 머리가 작고 몸집이 탱탱한 모습이고 푸른색, 갈색 두 종류가 있습니다. 날개를 비벼 웁니다. 사람들이 바구니에 넣어 기르기도 하는데, 따뜻하게 해주면 몇 년 동안 죽지 않고 잘삽니다. 먹이를 잘 주어 기르면 겨울에도 울지요. 암놈이 크고 잘 운다고합니다. 중국에서는 돈으로 사고파는 곤충입니다.

다음으로 시월에 우는 곤충은 한자로 실솔蟋蟀이라 하는 녀석입니다. 우리나라에서는 귀뚜라미라고 하죠. 누리(황충)와 비슷하게 생겼지만 작습니다. 까맣고 옻을 칠한 것처럼 몸에 광택이 납니다. 여름에 생겨서 가을에 울고, 서로 싸우기를 좋아합니다. 잘 우는 놈과 그렇지 않은 놈 두 종자가 있습니다. 귀뚜라미는 부엌에 많은데, 일부러 집에서 기르기도 했습니다. 민간에서는 부엌에 귀뚜라미가 많으면 부자가 된다고 해서, 이를온돌(돌암) 근처에 사는 귀한 놈이라는 뜻으로 '귀돌암이'라 부르기도 했습니다.

이 외에 비슷한 곤충이 여럿 있는데, 우리나라에서는 자세히 구별하지않고 대체로 메뚜기 또는 귀뚜라미라고 했습니다. 농사에 재앙을 일으키

신사임당이 그린 것으로 알려진 〈초충도〉. 초충도는 풀과 풀벌레를 그린 그림이다.

는 황충은 흔히 메뚜기의 일종이라 보는 놈인데 다행히 우리나라에는 없습니다. 아마도 우리나라에는 물이 많아 논과 밭에 천적인 개구리나 두꺼비가 많이 있었기 때문일 겁니다.

다시 일어난 조선의 과학

이규경의 곤충학에서 돋보이는 점은 세 가지입니다. 첫째, 중국과 일본의 책을 매우 폭넓게 공부했다는 점입니다. 이규경은 중국의 《삼재도회》와 일본의 《화한삼재도회》에서 곤충의 정확한 모습을 확인했습니다. 그래서 정학유보다 훨씬 많은 정보를 가지고 곤충에 대한 궁금증을 풀 수 있었죠.

둘째, 이규경의 안목과 방법입니다. 이용후생, 자연의 참된 진실을 찾겠다는 생각에서 모든 문제를 진지하고 예리하게 연구하여 결론을 끌어냈습니다. 비록 현대 자연과학의 방법에는 못 미치지만, 문제를 해결하는 '방법'을 적용하여 문제를 풀었습니다. 좀 어려운 말로 하자면, 고찰하여 증거를 확인하는 '고증학의 방법'을 쓴 겁니다. 이규경은 이런 방법을 청나라 학자의 책에서 배웠습니다.

셋째, 늘 조선의 상황을 염두에 두었다는 점입니다. 조선의 하늘, 땅, 만물에서 곤충까지 자연을 탐구했지요. 이규경뿐 아니라 이옥과 정학유도 그랬습니다. 물고기를 탐구했던 김려, 정약전도 마찬가지였죠.

아쉬운 게 있다면, 서양과 이웃 나라는 이보다 더 빠른 속도로 자연을 폭넓게 알아나가고 있었다는 점입니다. 하지만 주목할 것은 조선의 과학이 다시 일어났다는 점입니다. 우리나라의 과학은 세종 때 높은 경지에 도달했죠? 그걸 뛰어넘은 게 18~19세기입니다. 세종 때는 국가의 주도하에 굵직한 학문을 정리했죠. 조선 후기에는 민간의 학자들이 스스로 곤충학같이 밝혀지지 않았던 학문 분야까지도 깊이 연구했습니다. 그래서 이때 자연 전반에 대한 과학 이해 수준이 엄청 높아졌습니다.

의생활과 염색의 과학

추위를 이기는 필수품, 옷

옷에 관한 내용은 한국과학문명사에서 잘 다루지 않지만, 의식주란 말이 있듯이 옷은 우리 생활에서 중요합니다. 옷의 발달을 뒷받침한 과학기술을 살펴봅시다.

최초의 인류는 열대 지방에서 살았습니다. 그러다 차츰 온대, 한대 지방으로 퍼져나가면서 옷이 필요해졌습니다. 처음에는 늑대나 곰, 호랑이 등을 잡아 만든 가죽을 둘렀겠지요. 모두 자연에서 얻은 재료죠.

문명이 발달하고 인구가 크게 늘면서 많은 옷이 필요해졌습니다. 이제 동물의 털이 아닌, 옷의 재료를 만들어야 했습니다. 옷이 되려면 길게 실로 이어져야 하고, 잘 끊어지지 않아야겠죠. 이런 조건을 통과한 자연물로 천을 짰습니다. 누에고치에서 얻는 명주, 대마의 삼베, 모시풀의 모시, 목화에 열린 솜뭉치, 양털, 말의 꼬리털 등이 원료가 되었습니다.

실을 만들고 나서 천은 어떻게 만들었을까요? 실을 가로세로로 하나씩 서로 교차시켜 천을 짜냈습니다. 실과 실 사이의 틈새가 바둑판처럼 넓으면 무지 시원하겠죠? 그물을 만들 때 이렇게 짰을 겁니다. 틈 사이가 촘촘할수록 질겨지고 추위도 막아줍니다. 오늘날 우리가 입고 있는 옷은 틈새가 보이지 않을 정도로 오밀조밀 짜여 있죠. 이처럼 촘촘한 천이 나오려면 실들이 가로세로로 수도 없이 포개져야 합니다. 기계로 천을 짜니 가능한 일이죠.

실을 만들어 천을 짜는 기술

실을 잣는 기술은 신석기시대 초부터 시작되었습니다. 그때는 물레보

왼쪽부터 여러 가지 가락바퀴, 가락바퀴의 사용례, 신석기시대의 천.

덕흥리 고분에 그려진 견우와 직녀(왼쪽)와 대안리 1호 고분에 그려진 베를 짜는 직녀(오른쪽).

다 원시적인 형태의 가락바퀴를 썼습니다. 어려운 말로 방추차라고도 하죠. 흙, 돌, 도자기를 둥글게 다듬고 한가운데 구멍을 뚫어 바퀴를 만들었습니다. 바퀴 구멍에 긴 나무를 끼우고 그 끝에 실을 매달아두고 가락바퀴를 돌리면 막대에 감기면서 실이 뽑혔습니다. 그러던 것이 청동기시대에는 가락바퀴가 사라지고 대신에 연 날릴 때 쓰는 얼레 형태로 바뀌었습니다. 그 얼레가 차츰 발달하여 물레가 된 겁니다. 물레는 인도에서 처음 만들어졌다고 알려져 있습니다. 우리나라에서는 기원전 1세기 무렵 이 물레를 사용했다고 추측됩니다.

고구려 벽화의 직녀 그림을 한번 볼까요? 직녀織女란 '베를 짜는 여인'을 뜻합니다. 이보다 조금 늦은 5세기 중엽에 만들어진 대안리 1호 고분에는 직녀가 베틀에서 실을 짜는 모습이 그려져 있습니다. 베를 짜는 틀이라고 해서 베틀이라 하는 겁니다.

이때 고구려는 베를 많이 생산해서 중국에 대량 수출할 정도였습니다. 비슷한 시기에 신라에서는 베 짜기 경기까지 있었습니다. 이 경기 이름이

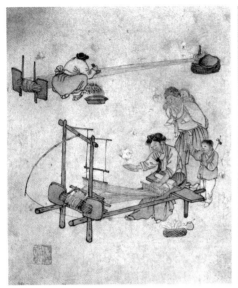

김홍도가 그린 〈길쌈〉(왼쪽)과 〈물레〉(오른쪽).

가배였죠. 가배는 '한가위'를 뜻하는 고어로 '가위'를 이두 방식으로 표기한 것입니다.

천 짜는 기술이 시작된 신석기시대에는 고구려 고분벽화에 보이는 수평 베틀이 아니라 수직 베틀로 2인이 한 조가 되어 천을 짰습니다. 수직 베틀이 발전해서 고구려 고분처럼 수평 베틀이 된 겁니다. 그 모습은 천 년이 훨씬 지난 조선시대에도 계속 유지되었습니다.

조선시대 생활 모습을 많이 그린 김홍도가 천 짜는 모습을 빼놓았을 리 없죠. 그의 〈길쌈〉 그림은 아이 엄마가 베틀로 천을 짜는 모습을 보여줍니다. 길쌈은 실로 천을 짜는 모든 일을 뜻합니다.

베틀을 보면 실이 세로 방향으로 그리고 위와 아래 이중으로 팽팽하게 걸려 있습니다. 여기서 천을 만들려면 가로 방향으로 실을 심어야겠죠.

수직으로 걸려 있는 줄들을 날줄(한자로 경經), 그 사이로 수평으로 움직이는 줄들을 씨줄(한자로 위緯)이라고 합니다. 지구의 경도, 위도란 말이 이 이름을 딴 겁니다. 그런데 가로로 씨줄을 어떻게 심을까요? 그림 속 아주머니가 오른손에 잡고 있는 것이 '북'입니다. 북에는 왼쪽 아래의 실타래와 연결된 실이 걸려 있습니다. 북이 위와 아래로 엇갈려 걸려 있는 날줄의 실, 즉 바디 사이를 총알처럼 왔다 갔다 하는 겁니다. 이때 오른발은 위와 아래로 팽팽하게 베틀에 걸려 있는 날줄을 번갈아 바꿔주는 구실을 합니다. 그러니까 세 동작이 단번에 이뤄지는 겁니다. 발로 밟고, 북을 오른손으로 던지고, 왼손으로 받고, 다시 반복…. 백 번, 천 번, 만 번 계속 반복해서 천을 짰습니다. 동작 자체는 그리 어렵지 않지만, 계속 반복하는 일이라 지루하고 힘들겠죠? 그래서 이런 지루함과 고단함을 달래려고 노래를 불렀습니다.

> 베틀을 노세 베틀을 노세
> 옥난간에 베틀을 노세
> 에헤요 베 짜는 아가씨 사랑 노래
> 베틀에 수심만 지누나
>
> — 〈베틀가〉

김홍도는 〈길쌈〉 그림 위쪽에 날실에 풀을 먹이는 작업을 그려놓았습니다. 풀을 먹여 실을 질기게 하는 겁니다. 이보다 먼저 하는 일을 그린 것이 김홍도의 〈물레〉 그림입니다. 실이 있어야 천을 짤 수 있으니까요.

돌림판을 물레라고 부릅니다. 실 뭉치나 털 뭉치로부터 실을 한 올 한

올 뽑아내는 장치입니다. 그림을 보면 8각의 둘레에 실이 감겨 있고, 여인이 돌림판의 손잡이를 돌려 실을 뭉치로부터 자아내고 있습니다.

천 짜는 일처럼 실 잣는 일도 지루하고 힘든 일입니다. 그래서 현대의 시인 김안서는 다음과 같이 읊었고, 작곡가 금수현은 이를 노래로 지었습니다.

물레나 바퀴는 슬스리시르렁 슬스리시르렁
흥거이 돌아도 사람의 한세상 시름에 돈다오
사람의 한세상 시름에 돈다오

물레 잣는 여인, 베틀 타는 여인의 땀과 고통 덕분에 수많은 사람들이 옷을 입고 생활할 수 있게 되었습니다. 실 잣고 옷감 짜고 옷 짓는 것이 여자의 일이었다면, 그 재료를 확보하는 건 남자의 일이었죠. 베를 짜는 옷감 재료는 모두 농사와 연관되어 있습니다.

옷감의 다양한 재료

옷감의 재료는 아주 많습니다. 여전히 동물 가죽으로 옷을 만들기도 하죠. 모든 걸 다 다룰 수는 없고, 고대부터 가장 중요했던 네 가지, 삼베·모시·명주·무명에 대해 알아봅시다.

삼베의 재료는 삼, 즉 대마입니다. 대마초라는 마약의 원료이기도 합니다. 목화가 들어오기 전에 우리나라에서 가장 많이 썼던 옷감 재료가 삼입니다. 우리나라 기후에서 삼이 잘 자랐거든요. 삼은 줄기가 매우 질기기 때문에 실을 뽑아낼 수 있습니다. 그런데 풀줄기에서 실이 거저 생기지는 않겠죠? 우선 푹 삶아서 껍질을 벗겨야 합니다. 그러고 나서 얻은 껍질 뭉치로부터 실을 만들어내는 겁니다. 삼은 고조선 때부터 사용했는데, 그때부터 이미 천의 품질이 좋기로 유명했습니다.

모시의 원료는 모시풀입니다. 모시는 습기를 잘 흡수하고 내주기 때문에 여름철 옷으로 안성맞춤입니다. 이 풀은 우리나라에서 특정 지역에서만 자랍니다. 서산 지역의 모시가 가장 유명하죠. 그리고 실을 자아내는데 품이 많이 듭니다. 푹 삶은 모시풀을 바늘같이 예리한 도구를 사용해서 일일이 갈라줘야 합니다. 그래야 아주 가는 실을 얻어낼 수 있거든요. 삼국시대부터 모시로 옷을 만들었다고 추정되는데, 아주 가는 실로 정교한 옷을 지었다고 합니다. 얼마나 얇았냐 하면 모시 한 두름이 스님 밥그릇에 차곡차곡 다 들어갈 정도였다고 합니다. 특히 고려의 모시는 세계적인 경쟁력을 갖춘 명품으로 인정받았습니다.

명주는 누에고치로부터 얻습니다. 누에는 뽕잎을 가장 좋아하죠. 우리나라에서는 고조선시대부터 누에치기를 시작했을 거라 추정됩니다. 남쪽의 진한에서 뽕나무를 기르고 누에를 쳤다는 중국의 기록도 있습니다. 누에고치로부터 실을 잣는 것은 삼국시대부터 널리 퍼졌습니다. 그렇지만 상류층이 중국의 고급 명주를 좋아해 수입해서 썼기 때문에 조선시대가 되도록 명주를 만드는 기술은 크게 발달하지 못했습니다. 조선 왕조에서는 태도를 바꿔 명주 생산을 장려했습니다. 왕비가 직접 누에를 치기까지 했지요. 조선시대에 그려진 〈경직도〉의 절반은 벼농사 짓기고, 다른 절반이 누에치기 곧 잠업입니다. 나라 차원에서 얼마나 잠업을 중시했는지 상징적으로 보여주는 사례입니다. 우리가 흔히 쓰는 비단이란 말은 명주 중에서도 최고급 옷감 이름을 뜻합니다. 고급 명주는 덥지 않아서 여름철에도 씁니다. 명주가 겨울철에만 입는 옷이라고 오해해서는 안 되겠죠.

백성에게 따뜻한 옷을 선사한 목화

명주는 비싸서 상류층이나 사용했고, 일반 백성은 일생에 한 번 혼례 치를 때나 명주옷을 입어볼 만큼 귀했습니다. 모시는 여름용이니 제쳐놓는다면 추운 겨울을 주로 삼베로 났다고 봐야 합니다. 물론 일부 사람들은 털옷을 입기도 했겠죠. 이런 상황에서 문익점이 도입한 게 목화죠. 목화로 짠 무명은 면화라고도 합니다. 무명은 봄·여름·가을 옷에 주로 썼지만 목화는 겨울에도 쓸모가 있었습니다. 실을 뽑는 것뿐만 아니라 솜이 나오니까요. 사람들은 겹옷 사이에 솜을 넣은 두툼한 솜옷을 만들어 겨울에 입었습니다. 이제 겨울을 따뜻하게 보내게 되었으니 문익점이 얼마나 고마웠겠어요.

중국에서는 당나라 때부터 목화를 길러 옷감으로 쓰기 시작했습니다. 원래 인도가 원산지인데 그게 중국까지 퍼져 온 겁니다. 고려시대에 상류층은 중국에서 수입한 목화를 쓰고 있었습니다. 문익점이 목화씨를 들여오기 전 우리나라에 질 낮은 목화가 있었던 것은 사실이지만, 문익점이 가지고 온 것처럼 최상 품질의 목화 재배 기술은 아직 없었습니다.

그런데 문익점이 붓의 두껍에 목화씨를 몰래 숨겨 들여왔다는 이야기는 사실이 아닙니다. '붓의 두껍'도 아니고, '몰래'도 아닙니다. 이 이야기

조선 후기 화가 김준근이 그린 〈목화에서 실을 뽑는 사람들〉. ❶ 씨아를 돌려 목화씨를 뺀다. ❷ 씨를 뺀 목화 솜을 잠재우기 위해 대나무로 만든 솜채로 두드린다. ❸ 잠재워진 솜을 활줄로 튕겨 잡티를 없앤다. ❹ 실을 만들기 위해 솜을 한 줌씩 기다랗게 만다. ❺ 길게 말아낸 솜을 물레에 걸어 실을 뽑아 실톳을 만든다.

는 후대에 재미를 더하기 위해 과장한 거라고 밝혀졌습니다. 문익점이 목화씨를 들여온 것은 분명한 사실입니다. 문익점은 사신으로 중국 강남에 갔다가 돌아오는 길에 하얗게 열매가 맺힌 목화를 봤습니다. 그는 흰 열매가 옷 만드는 재료라는 걸 떠올렸고, 그걸 가지고 온 겁니다.

문익점이 목화를 도입한 공은 씨앗 몇 개를 가져온 데 있지 않습니다. 핵심은 두 가지입니다. 하나는 씨앗을 심어 목화를 얻어낸 농업 기술입니다. 실패를 거듭한 끝에 씨앗으로부터 목화를 길러냈고, 또 그걸 죽이지 않고 더 많은 씨앗을 얻어냈습니다. 목화 재배에 대한 지식이 거의 없는 상태에서 이런 일을 해낸 건 정말 대단한 일입니다. 둘째는 하얀 솜털 같은 열매로부터 실을 얻어내는 기술을 확보한 것입니다. 열매 안에 있는 목화씨를 빼내야 솜으로 쓰는데 그 기술을 알아냈고, 목화 솜뭉치에서 실을 뽑는 특별한 기술도 배웠습니다.

기록을 보면 이 두 핵심 기술의 성공에는 문익점의 장인인 정천익이 크게 기여했다고 합니다. 문익점이 심은 목화는 다 죽었지만, 정천익이 키운 목화가 살아남아 종자를 퍼뜨렸습니다. 그럼에도 정천익은 문익점 같은 대우를 받지 못했습니다. 앞으로는 정천익을 기억해야겠죠?

목화는 전국으로 퍼져 재배되었고, 목화로 짠 무명은 삼베를 밀어냈습니다. 무명이 옷감의 질이 좋고, 겨울을 날 솜을 제공했기 때문만이 아닙니다. 삼베 천을 제작할 때보다 힘이 다섯 배나 덜 들었거든요. 한마디로 경사 난 거죠. 그뿐이 아닙니다. 이후 조선은 재배 기술이 없는 일본에 무명을 팔아 엄청난 은을 벌어들였습니다. 고려의 조정은 문익점이 살았을 때, 조선 왕조는 죽은 그와 그의 후손들에게 대단한 영예를 내렸습니다. 이렇게 엄청난 일인데 딱 한 사람의 이름만 역사에 새겨진 건 참으로 드문 일입니다. 조선시대에는 네 사람이 있었습니다. 화약 개발에 최무선, 목화 도입에 문익점, 구국 충신에 이순신,《동의보감》의 허준입니다.

옷에 빛깔을 입히는 염색 기술

옷감과 뗄 수 없는 기술이 있습니다. 바로 염색입니다. 인류는 구석기 시대부터 염색을 했을 거라고 추정됩니다. 처음에 염색은 흙이나 열매, 꽃 따위에서 즙을 내어 물들이는 방법에서 출발했습니다. 차츰 염색 기술이 발달하면서 식물과 광물의 저온 추출, 고온 추출, 매염제媒染劑인 양잿물을 이용하는 법 등 다양한 방법을 쓰게 되었습니다.

염색을 제대로 하려면 그릇이 있어야 합니다. 금속으로 만든 그릇이 있어야 불의 열을 이용할 수 있죠. 염색에 쓸 물감을 추출한 원료들의 물리·화학 작용이 그릇 안에서 일어납니다. 제대로 염색하기 위해서는 동물, 식물, 광물에서 색만 우려내서는 안 되고, 그 색이 천에 딱 붙어서 빨래해도 지워지지 않아야 합니다. 그렇게 하는 걸 어려운 말로 매염이라고 합니다. 이런 조건이 다 갖춰져야 진정한 염색이 되는 겁니다.

요즘 여러 박물관에서 염색 체험을 하는데, 주로 쪽으로 염색하여 쪽빛, 즉 남색 물을 들입니다. 준비물은 색깔을 내는 식물인 쪽, 매염제로 쓰이는 굴이나 소라 껍질 또는 잿물입니다. 잿물은 콩대나 쪽대 등을 태운 물입니다. 이런 재료로 염색 물감을 만든 다음 흰 헝겊을 잿물에 담가 색깔을 들입니다. 그다음에는 잘 말린 후 식초를 약간 탄 물에 담가두었다가 깨끗하게 빱니다. 그러면 참 예쁜 쪽빛 천이 탄생합니다. 붉은색 염색에는 대개 잇꽃 또는 홍화라는 붉은 꽃의 꽃잎을 사용합니다.

우리나라에서는 고조선 때 이미 천에 염색을 했고, 부여의 염색 기술이 좋다는 기록이 중국 책에 남아 있습니다. 삼한에서는 파란색, 빨간색, 보라색 물감을 들인 실로 비단을 짰습니다. 고구려는 왕의 옷에 빨강, 파랑,

노랑, 하양, 검정색을 다 사용했습니다. 이 밖에 보라, 녹색 등과 중간색을 많이 사용했습니다. 고구려 벽화를 보면 왕이나 귀족부터 악공, 춤꾼까지 다 염색한 옷을 입고 있죠. 백제, 신라, 일본에도 이런 염색법이 알려졌습니다.

염색법은 고려시대와 조선시대에 더 발달했습니다. 조선의 책에는 무려 173가지 색이 언급되어 있습니다. 아마 수십 종의 식물과 광물이 염색에 활용되었을 겁니다.

신분에 따라 다른 옷 색깔과 의복

염색은 사람을 구별하기 위해 필요했습니다. 목욕탕에서 알몸인 채로는 그 사람이 어떤 일을 하는 사람인지, 취향이 어떤지 알기 힘들죠. 문화권에 따라서는 머리를 기른다거나 수염을 기른다거나 하는 식으로 구별이 가능해집니다. 전통 의상이 한복인지, 기모노인지에 따라 한국인, 일본인을 구별하는 식이죠.

상투는 공자가 했던 머리 모양으로, 조선의 선비들이 반드시 지켰던 헤어스타일이었습니다. "내 목은 자를 수 있으나 상투는 못 자른다"는 유학자 최익현의 말을 들어봤을 겁니다. 상투 덕분에 조선 양반들이 쓰는 갓과 같은 모자(관)가 발달했죠.

옷 색깔과 의복은 신분을 나타내주었습니다. 신라 법흥왕은 관직에 따라 입는 공복의 색을 정했습니다. 이후 신라는 가장 높은 관직부터 낮은 관직까지 차례대로 자주색, 주홍색, 푸른색, 누런색 옷을 입도록 했고, 옷

한국과학문명사 강의

에 물들인 21가지 색깔로 군관의 신분을 정했습니다. 이런 방식은 조선 시대 말까지 이어졌습니다. 조선시대에 유교가 정착되면서 신분에 따른 의복의 구별은 더욱 철저해졌습니다. 양반은 집에 있을 때도 관을 쓰고 도포를 입어 품위를 지켰고, 외출할 때에는 검은 모자를 썼습니다.

반면에 평민 계급에서는 바지, 저고리가 고작이었습니다. 나라에서 사치스러운 옷을 못 입게 하여 비단옷이나 염색한 옷을 입지 못했습니다. 단 한 번, 혼례 치를 때 벼슬아치가 입는 화려한 옷과 모자의 착용, 즉 사모관대가 허용되었습니다. 평민들은 멀리 갈 때에는 밀짚모자 비슷한 대나무로 만든 패랭이라는 모자를 썼습니다. 여자들도 신분에 따라 옷이나 모자가 다양하고 복잡했습니다. 여성 역시 평민들은 치마와 저고리가 고작이었지만요.

왜 백의민족이라 했을까?

우리 민족은 흔히 백의민족이라 하는데, 정말 흰옷을 좋아했을까요? 주강현 선생이 《우리 문화의 수수께끼》에서 이 문제를 진지하게 탐구했습니다. 일단 흰옷은 평민들이 즐겨 입었다고 합니다. 그 역사가 매우 오래되어 부여 때 사람도 흰색을 좋아했고 고려·조선시대에도 평민들은 흰옷을 선호했습니다. 조선에 온 외국인이 '남자나 여자나 옷 빛깔이 모두 희다'며 신기해할 정도였죠. 그런 나라는 전 세계에서 조선밖에 없었습니다. 이웃 나라인 일본과 중국도 우리나라처럼 온통 흰색 물결은 아니었죠. 화려한 관복에서 알 수 있듯 지배층은 흰옷을 입지 않았습니다.

약 백 년 전 남대문 밖의 시장. 시장에 나온 대다수가 흰옷을 입고 있다.

주강현 선생은 흰옷을 즐겨 입은 것이 염색 기술이 부족해서나 염색할 돈이 없어서가 아니라고 합니다. 오래된 관습 때문인데, 음양오행 사상이 정착하면서 고려나 조선에서는 여러 차례 이 흰옷을 바꾸려고 시도했습니다. 우리나라가 중국 동쪽에 있기 때문에 국운을 상승시키려면 동방 색인 청색을 써야 한다고 했다는 겁니다. 조선 숙종은 아예 푸른 옷 착용을 국명으로 내리기까지 했습니다. 이옥은 《담정총서》에서 조선 사람들이 거의 모두 푸른 옷을 입는다고 기록했습니다. 경상도 남쪽 지방에서만 흰옷을 고집했는데, 그게 이상했다고 말하고 있습니다.

그러다가 19세기 말엽 모두 흰옷을 입는 것으로 바뀌었는데, 그 이유는 밝혀지지 않았습니다. 최남선은 우리 민족이 본디부터 하얀 것을 좋아했고 그것이 널리 퍼져 흰옷을 좋아하게 된 거라고 보았습니다. 이에 따르면, 오랫동안 조상들이 입어온 옷이었기 때문에 다시 흰옷을 입는 풍습으

한국과학문명사 강의

로 돌아갔다는 이야기가 되지요.

　최근 주변에서 흰옷만 입는 사람은 그다지 많지 않죠. '과연 우리가 백의민족이었던가?' 주강현 선생은 이렇게 씁쓸해하면서 글을 마쳤습니다. 하지만 월드컵 때 우리나라를 온통 붉은빛으로 물들인 적이 있죠. 흰옷이든 붉은 옷이든 계기만 되면 흔쾌히 하나가 되는 사람들, 그게 우리 민족의 본질일지도 모르겠습니다.

4부

몸

유서 깊은
우리 한의학

가야가 있었던 지방에서 머리에 구멍이 뚫린 사람 뼈가 발견된 적이 있습니다. 우리나라에서는 처음 발견되었지만, 이렇게 구멍이 뚫린 해골은 세계 여러 지역에서 발견되고 있습니다. 왜 머리뼈에 구멍을 뚫었을까요? 아마 이 사람은 두통이 엄청 심한 환자였을 겁니다. 머리가 쪼개지는 것처럼 아픈 통증을 없애기 위해 머리를 뚫었을지 모릅니다. 아니면 정신이 오락가락하는 사람이었을지도 모르죠. 머리에 구멍을 뚫는 것은 치료법이었습니다. 이런 의술을 '뚫을 천穿', '구멍 공죠'이라는 한자를 써서 천공술이라고 합니다.

가야 지방에서 발견된 해골을 통해 세계 다른 지역에서 살았던 사람들과 가야 사람들이 똑같은 병을 앓았고, 똑같은 치료법을 썼다는 것을 알 수 있습니다. 병이 있고, 병을 고치려는 노력이 있었다는 건 바로 '의술'의 시작을 뜻합니다.

집에서 키우는 강아지나 고양이도 아플 때가 있죠? 강아지가 뭔가 잘못 먹어 배앓이가 심할 때 깨갱거리며 묽은 똥을 싸고 나면 괜찮아지기도 합니다. 몸이 본능에 따라 잘못을 바로 잡기 때문입니다. 고양이는 혀로 부지런히 상처를 핥습니다. 이런 것은 원시 형태의 의술이라고 봐도 될 겁니다.

사람은 이보다 훨씬 다양하고 복잡한 방법을 쓸 수 있습니다. 뛰어난 지능, 손이라는 훌륭한 도구, 언어라는 의사소통 수단이 있으니까요. 인간이 생물이기 때문에 몸이 아픈 것은 피할 수 없어서 병을 고치려는 방법을 발달시켰습니다. 그게 바로 '의학'이죠.

의학의 기원은 '醫(의)' 자에 담겨 있습니다. 이 한자에는 화살촉矢, 그것을 담고 있는 상자匸, 창殳이 위에 있고, 아래에 술酉이 들어가 있죠. 이건 화살촉과 창 같은 것을 가지고 쑤시고, 짜내며, 술 같은 약물을 써서 병을 고친다는 뜻입니다. 의사 선생님 왕진 가방에 들어가는 게 바로 이런 것들이죠. 醫라는 한 글자에 내과와 외과를 모두 포함하고 있습니다.

먼 옛날에는 '醫' 자 대신 '毉(의)' 자를 썼습니다. 아래에 술酉 대신 무당을 뜻하는 무巫 자가 들어 있는 글자입니다. 의사가 없던 시절에는 무당이 의사 대신 병을 치료했던 겁니다. 무당은 주로 굿을 해서 병을 고치려 했습니다. 그러다가 약이나 침 따위를 써서 병을 고치는 방법을 찾게 되었습니다. 덩달아 인체에 대한 지식도 쌓였죠. 그러면서 병과 몸에 대한 학문인 의학이 생겨나게 된 겁니다. 지금은 한의학이라고 하는 것이죠.

동아시아 의학인 한의학은 하늘의 과학, 땅의 과학과 함께 가장 중요한 세 가지 과학 중 하나를 차지했습니다. 우리나라도 2천 년이 넘는 의학의 역사를 가지고 있습니다. 이제 우리나라 전통 의학의 역사에 대해 알아봅시다.

우리 전통 의학의 시작

①

고대 서양과 인도·중국의 의학

서양 의학사에서 가장 중요한 사람은 고대 그리스의 히포크라테스입니다. 그는 "인생은 짧고 예술은 길다"라는 유명한 말을 한 것으로 알려져 있죠. 여기서 예술은 학문, 의학 기술을 뜻합니다. 사람은 죽으면 그만이지만, 병을 고치는 기술과 학문은 계속 이어져 오래간다는 뜻이죠.

히포크라테스가 최초의 의사는 아닙니다. 고대 이집트의 파피루스에는 히포크라테스보다 1500년이나 앞선, 기원전 2000년 무렵에 병을 고쳤다는 기록이 적혀 있습니다. 바빌로니아 문명도 기원전 20세기부터 기원전 15세기까지 병을 치료한 기록이 남아 있습니다. 그런데도 서양에서 히포크라테스를 중시하는 건 두 가지 이유 때문입니다.

첫째, 히포크라테스는 병의 원인을 흙, 물, 불, 바람 등 자연적 요인으로 설명했습니다. 예전에는 신의 벌이나 귀신의 소행 등 초자연적인 원인 때문에 병이 생기는 거라고 믿었거든요. 둘째, 그는 병이 생겨 몸에 이상이 생기는 현상이나 치료법을 조리 있게 설명했습니다. 이후 그리스 의학은 흙, 물, 불, 바람이라는 4대 자연 현상에 대응하여 몸 안의 피, 점액, 황담즙, 흑담즙이라는 4개의 체액 사이에 불균형이 생겨서 병을 일으킨다고 보았습니다.

그리스와 비슷한 시기인 기원전 700년에서 기원전 200년 무렵 인도에서도 의학이 발달했습니다. 인도 문명을 아유르베다 의학, 즉 '생명의 학문'이라고 했는데 여기에는 초자연적인 것과 자연적인 것이 섞여 있었습니다. 인도는 그리스보다 앞서서 자연의 원소와 몸의 체액이 불균형하게 되면 병이 된다고 보았습니다. 자연 원소에는 그리스 의학에서 말하는 4대 원소 외에 하늘이라는 요인이 하나 더 있었습니다. 몸의 체액은 넷 중 하나가 줄어 기, 담즙, 점액 등 셋으로 봤습니다. 이런 자연적인 것과 함께 악마가 씌운 병 또는 윤회에 따르는 병 등 초자연적인 현상도 병의 원인으로 보았습니다. 이를 바탕으로 한 고대 인도 의학에서는 외과 수술이 상당히 발달했습니다. 외과 수술 도구가 무려 101가지나 되었고, 귀나 코를 성형하는 수술도 꽤 높은 평판을 받았습니다.

고대 중국에서도 비슷한 시기에 꽤 발달한 의학이 출현했습니다. 병의 원인과 치료법, 이 두 측면에서 초자연적인 것을 거부하고 자연적인 설명을 내놓았습니다. 대략 기원전 3세기부터 기원후 2세기쯤까지 그런 의학 체계가 완전한 틀이 잡힌 것으로 추정됩니다. 그것을 알 수 있는 가장 대표적인 책이 《황제내경》입니다. 황제는 중국 의학의 창시자로 알려진 전설의 인물인데, 책의 권위를 높이려 그 이름을 책 제목에 쓴 겁니다. 고대 중국 의학에서는 병의 원인과 몸의 작용을 기, 음양, 오행(목·화·토·금·수의 기운)의 개념으로 파악했습니다. 이에 따라 병을 진단하는 법, 침을 놓는 법, 약을 쓰는 법이 계속 발전했고, 이는 오늘날 한의학에도 이어지고 있습니다.

일본에 초빙된 삼국 의사들

한국 의학은 언제 시작되었을까요? 눈, 코, 귀, 입, 쓸개, 염통, 허파, 콩팥 같은 고유어는 아마 한국문명이 시작했을 때부터 있던 말일 겁니다. 아울러 몸에 생긴 병을 나름대로 이해하고 치료하는 방식도 있었겠지요. 병이 있고, 병을 고치려고 노력했다는 건 바로 '의술'의 시작을 뜻합니다. 오늘날까지 전승되는 무당의 샤머니즘적 치료법도 한국문명의 시작 때부터 있었겠지요.

한자문화권에 들어가면서 고대 한국도 중국의 선진 의학을 받아들여 의학이 발전해갔습니다. 인간에게는 더 나은 지식을 얻고자 하는 욕망이 있죠. 병을 고치는 의학의 경우 더더욱 관심이 지대했을 겁니다. 다만 고대 한국 의학에 관한 자료가 별로 없어서 상세한 내용은 알 수 없습니다.

중국에서는 옛 무덤에서 침이나 약 같은 게 발견되었습니다. 침은 우리나라 여러 곳에서도 발견되었습니다. 함경도 경흥에서도 돌로 만든 침과 뼈로 만든 침이 발견되었죠. 하지만 이 침을 바느질할 때만 썼는지, 병 고

의원이 환자에게 침을 놓는 모습을 그린 조선 후기 그림.

칠 때도 썼는지는 확실하지 않습니다. 중국의 옛 책을 보면 침술이 동쪽에서 등장했다고 했는데, 그 동쪽을 넓게 잡으면 옛날 우리 선조들이 살던 곳도 포함됩니다. 우리 선조들이 동아시아 한의학의 탄생과 완전히 무관하지는 않겠죠. 그러나 우리나라에서 침술이 만들어졌다고 단정 짓기는 어렵습니다.

약초의 경우도 비슷합니다. 중국의 《신농본초경》에는 고조선과 삼국에서 나는 약재 9종이 실려 있습니다. 그 가운데 고조선의 약재로는 토사자, 단웅계라는 약이 나옵니다. "토사자는 고조선의 밭과 들에서 난다"고 적혀 있습니다. 백제와 고구려에서 나는 약으로는 인삼, 세신, 오미자 등이 실려 있습니다. 중국의 《명의별록》에서는 "요즘 가장 좋은 오미자는 고구려 것이며 살이 많고 시며 달다"고 했습니다. 이를 통해 우리나라에서도 한의학 전반을 아우르는 약물학 지식이 있었음을 추정할 수 있습니다.

사실 이 시기는 중국을 중심으로 약물에 관한 학문이 무르익고 있었고, 이웃 나라들도 약재에 관한 정보를 넓혀가던 때입니다. 약물학뿐만 아니라 침술, 병의 진단, 외과 치료를 비롯해서 인체와 병에 대한 이론과 지식

고대에 약재로 쓰인 토사자(왼쪽)와 세신(오른쪽).

이 넓어졌습니다.

우리 역사 기록에서는 414년에 이르러 의사의 이름이 처음 나옵니다. 신라에 '김무'라는 뛰어난 의사가 있어서 일본의 윤공 천황이 앓던 고질병을 고쳤다고 합니다. 일본에 초빙되어 가서 병을 고쳤다고 하니 실력이 뛰어났음을 짐작할 수 있죠. 김무와 비슷한 시대에 살았던 신라의 '진명'이라는 의사는 윤공 천황 왕후의 인후병을 고쳤다고 합니다. 이때의 처방은 일본의 《대동유취방》(808)에 남아 있습니다. 초기 일본 천황의 역사는 후대에 각색되었기 때문에 곧바로 받아들이지 않는 경향이 있지만, 여러 기록을 종합해볼 때 이 무렵 신라 의사가 일본에 파견되어 병을 고쳤던 건 분명합니다.

신라는 삼국 가운데 중국 문물 수입이 가장 더뎠죠. 신라 의사들의 실력이 그렇게 뛰어났다면 고구려·백제의 의술은 더 발달해 있었을 겁니다. 이는 일본 문헌을 통해서도 알 수 있습니다. 452년 일본은 백제에 훌륭한 의사를 보내달라고 요청했습니다. 재미있는 건 백제가 일본에 보낸 의사가 백제에 와서 활동하고 있던 고구려 의사 덕래였다는 것입니다. 그 뒤 고구려 의사 덕래는 일본 난바(옛 오사카)에 정착하여 살면서 이름을 떨쳤고, 자자손손 의사를 배출하여 명성을 드높였습니다. 일본 사람들은 그들을 난바 약사라 부르며 존경했습니다. 이를 통해 고구려, 백제, 신라, 일본의 의학 교류가 매우 활발했던 것을 알 수 있습니다.

치료가 급한 상황이 되면 이웃 나라들끼리 의사를 요청할 수밖에 없었을 겁니다. 그런데 일본 의사가 우리나라에 파견되었다는 기록은 없습니다. 이를 통해 그때의 의학 교류는 한국에서 일본으로 흘러가며 이루어졌다고 볼 수 있습니다. 달리 말해서 한국이 일본에 의술을 가르쳐주었다고 해도 지나치지 않을 겁니다. 이는 일본 학자들도 인정하는 부분입니다.

삼국시대의 의사들은 어떤 의학을 펼쳤을까요? 이는 한국 고대 의학의 역사를 연구하는 학자라면 누구나 크게 관심을 갖는 주제입니다. 학자들은 한국 고대 의학의 수준이 낮지 않았고, 독자적이었다는 것을 입증하고 싶어 합니다. 문제는 자료가 너무 적다는 데 있습니다. 삼국시대 사람이 펴낸 의학 책은 현재 하나도 남아 있지 않거든요. 일본과 중국의 책에서 몇몇 책 이름과 거기에 실린 처방을 찾아냈을 뿐입니다.

당시 의학 수준을 알려줄 기록이라고는 겨우 여덟 처방밖에 없습니다. 《고구려노사방》('고구려의 훌륭한 의사가 남긴 처방'이라는 뜻)에 실린 처방 하나, 《백제신집방》('백제인이 새로 모은 처방집'이라는 뜻)에 실린 처방 둘, 신라 법사의 이름이 붙은 처방 넷, 신라 의사인 진명의 인후병 처방 하나가 그것입니다. 이러한 처방은 삼국의 의학이 중국 것만을 추종하지 않았음을 말해줍니다.

독자적인 의서의 편찬은 우리나라가 고대 중국·일본에 비해 빈약했던 게 분명합니다. 이는 단지 남아 있는 기록이 적기 때문만은 아닙니다. 그 이유는 뚜렷하지 않지만, 고대 한국은 중국이나 일본보다 의학 책을 펴내는 데 관심이 적었던 것 같습니다.

중국과의 교류 속에 발달한 우리 의학

대략 4세기 전후에는 삼국의 의학이 어느 정도 궤도에 올랐을 겁니다. 중국에서 막 의학 체계를 확립한 직후부터 우리나라도 그것을 받아들여 본격적인 의학을 시작했습니다. 그러면서 그 의학을 이웃 일본에 전해주었습니다. 의술을 펼치는 의원이 있었고, 그중에는 일본에 파견된 김무, 진명, 덕래처럼 명성을 날린 인물도 있었습니다. 이들보다 뛰어난 의사들은 국내에 남아 있었을 겁니다. 실력이 가장 뛰어난 사람을 외국에 파견하지는 않으니까요. 그들은 왕실과 귀족을 진료했을 텐데, 아쉽게도 이름이 전하지 않습니다.

우리나라는 삼국시대에 들어 중국의 선진 의학을 배우기 위해 꽤 노력했습니다. 이 시기에 중국 의학은 크게 발달하고 있었거든요. 우선 백제는 541년에 성왕이 중국 양나라에 수준 높은 의사를 보내달라고 요청했고, 양나라 황제가 이 요청을 받아들여 의원을 보내주었습니다.

561년에는 중국 오나라의 지총이란 인물이 《내외전》, 《약서》, 《명당도》라는 의서 164권을 가지고 고구려를 거쳐 일본에 귀화했습니다. 당시에는 요즘 같은 모양의 책이 아니라 비단 두루마리[권]를 썼으니, 164개 두루마리를 가져온 것입니다. 이 내용을 기록한 《일본서기》에서는 한의학 이론, 약물학, 침술을 아우르는 중국 의학이 고구려를 거쳐 일본에 정착

양나라에 간 백제 사신. 오른쪽에서 두 번째 사람이 백제 사신이다. 백제 성왕은 양나라에 수준 높은 의사를 보내달라고 요청했다.

되었다고 말하고 있습니다.

삼국은 중국과 활발히 교류했기 때문에 일본보다 훨씬 일찍, 더 광범위하게 중국의 선진 의학 지식을 익혔을 겁니다. 만일 그런 가운데 걸출한 의학자가 나온다면, 우리의 의학이 중국에 퍼질 수도 있는 것이죠. 하지만 삼국시대까지는 그런 현상이 없었습니다. 마찬가지로 일본의 의학이 거꾸로 우리나라에 크게 기여한 일도 보이지 않습니다.

우리나라 최초의 의학교

의학의 시작에서 가장 중요한 건 후진을 양성하는 것입니다. 중국에서 온 의사든 국내에서 공부한 의사든 어떤 방법으로든 자신의 후계자를 길러냈습니다. 아마도 일본에 파견된 의사 덕래의 후손처럼 집안 대대로 의술을 잇기도 했겠죠. 나라의 기틀이 완비되고, 의료를 필요로 하는 사람이 많아지고 나서는 의학 학습의 제도화, 체계화가 이루어졌습니다.

553년 백제 성왕 때에는 의학 선생님을 뜻하는 '의박사醫博士'라는 관직이 있었습니다. 이 '박사'는 지금의 박사와 똑같은 말입니다. '박학한 선비'라는 뜻이죠. 이 의박사는 중국 위나라의 제도를 본뜬 것입니다. 이름은 남아 있지 않지만 고구려와 신라에도 비슷한 제도가 있었을 겁니다.

의학교가 만들어졌다면, 공식적인 제도화가 완비되었다고 할 수 있습니다. 고구려·백제 의학교는 알려져 있지 않고, 통일신라의 '의학'이 알려져 있습니다. 신라는 삼국 통일 후 나라의 제도들을 정비했는데, 효소왕 때(692) 의학교인 의학을 설치했습니다. 이곳에서 박사 두 명이 학생들을 가르쳤다고 합니다. 나중의 제도로 미루어 짐작해보면, 아마도 박사 한 사람은 약물 중심의 내과학을 가르치고 다른 한 사람은 침술 중심의 외과학을 가르쳤을 겁니다. 학생 수는 기록이 남아 있지 않지만, 당시 당나라와 일본의 경우를 참고하면 15세 정도의 학생 수십 명이 있었을 거라고 추측됩니다. 의학에서 공부한 과목은《본초경》,《갑을경》,《소문경》,《침경》,《맥경》,《명당경》,《난경》등이었습니다.

학생들은《소문경》,《침경》을 통해 기초의학을 공부했습니다. 우주 자연과 인간의 관계, 장수하기 위한 심신 건강법, 신체의 구조와 기능, 병이 생기는 까닭과 치료 원칙, 병을 진단하는 방법, 침술의 원리와 시술법 등을 배웠습니다. 이 두 책에 실린 의학 이론 중 이해하기 어려운 부분은 그것을 해명한 책인《난경》을 통해 더욱 자세히 깨쳤습니다.

더 수준 높은 의술에 대해서는 진맥학은《맥경》, 침구술은《갑을경》과《명당경》, 약물학은《본초경》에서 배웠습니다. 이런 과목을 다 깨우치고 나면 의술을 펼칠 기본 실력을 갖추게 되었습니다. 그러고 나서도 실제 환자를 보는 임상 실력을 더 쌓아야 했습니다. 오늘날 의과 대학을 마친 후 임상 교육을 받듯이 말입니다. 같은 의학 제도를 채택했던 당나라와 일본의 기록을 보면, 의학을 졸업한 사람은 내과 의사인 경우에는 7년, 외과 의사나 소아과 의사는 5년을 더 공부하도록 되어 있었습니다. 예나 지금이나 의사가 되는 건 쉽지 않습니다. 의학이 생명을 다루는 학문이기 때문입니다.

우리 땅에서 나는 '향약'

병든 몸과 약초가 서로 맞아야 한다

세종 때 나온 《향약집성방》에 이런 말이 있습니다.

오직 민간의 나이 많은 노인이 한 가지 약초로써 한 가지 병을 치료하여 신통한 효험을 본다. 이는 토지의 성질에 알맞은 약초와 병이 서로 맞아서 그런 것이 아니겠는가?

여기서 '토지의 성질에 알맞은 약초와 병이 서로 맞는다'는 말이 신토불이身土不二의 원래 뜻입니다. 정확히 말하면 '약초와 병든 신체가 둘이 아닌

셈'이란 뜻이니 '약신불이藥身不二'라고 할 수 있죠. 이러한 생각 기저에는 대지의 사상이 깔려 있습니다. 우리 몸과 약초가 똑같은 대지의 기운을 받고 자라기 때문에 서로 통한다는 게 바로 대지의 사상입니다.

이처럼 옛사람들은 병이 있는 곳에 약도 있다고 생각했습니다. 병도 자연의 하나라고 봤던 겁니다. 이러한 '신토불이' 의학은 어떻게 발전해왔을까요?

우리나라에서는 아주 오래전부터 중국에서 의학을 들여와 발전시켰습니다. 의학의 도입은 그저 의학 책이나 기술을 들여오는 데 그치지 않습니다. 처방에 들어가는 약재도 같이 수입되지요. 요즘 우리가 먹는 한약의 90퍼센트 이상이 수입되는 상황과 비슷합니다. 그러나 옛날에는 많은 한약재가 우리나라에서도 자생하고 있었습니다. 우리 땅에도 있는데 수입 약에 의존한 이유는 수요가 적었기 때문입니다. 중국에서 들여오는 약재만으로도 지배층이 쓰는 약을 충분히 감당할 수 있었거든요.

국산 약재를 이용한 구급 처방

우리나라 최초로 국산 약재를 이용한 처방집은 《향약구급방》입니다. 이 책은 고려시대 몽골이 침입했을 때 나온 것으로 추정됩니다. 몽골이 쳐들어오자 1232년 최우 정권은 강화도로 수도를 옮겼죠. 남송이 망한 후 중국 남쪽과 무역하던 바닷길이 끊어졌습니다. 가뜩이나 희귀한 약재들이 전쟁 때문에 더욱 귀해졌습니다. 재상을 지낸 이규보가 심한 눈병에 걸렸는데도 약을 못 구할 정도였습니다. 이규보는 눈병의 특효약으로 알려진 용뇌를 구하려고 온갖 방법으로 애썼으나 구하지 못했습니다. 결국 최우가 약을 하사해서 겨우 손에 넣을 수 있었습니다.

《향약구급방》은 강화 피난 시절(1232~1251년경) 설치된 대장도감에서 찍혀 나왔습니다. 대장도감은 몽골 침입 때 강화도로 도읍을 옮긴 직후인 1236년 팔만대장경을 찍어내기 위해 설치한 임시 기구입니다. 팔만대장경에 나라를 구하려는 염원이 담겼다면,《향약구급방》에는 구급 상황의 병을 국산 약으로 고쳐야 한다는 신념이 담겼습니다. 그 내용을 몇 가지만 살펴봅시다.

목을 매어 죽으려는 사람을 발견했을 때 살릴 수 있는 방법이 있을까?
생기를 불어 넣거나 생피를 먹여라.

물에 빠져 죽게 된 사람은 어떻게 하면 살릴 수 있을까?
물을 빼기 위해 환자를 늘어뜨려 놓거나 거꾸로 매달아 놓는다. 또는 소금이나 주염나무 열매 가루, 석회 가루를 항문에 넣어 물을 빼야 한다. 몸을 따스하게 하기 위해서는 구덩이를 파고 재를 채워 그 위에 환자를 눕힌다. 만일 재가 축축해지면 계속해서 따뜻한 것으로 바꿔준다.

창이나 칼같이 예리한 것에 찔렸을 때에는 어떻게 해야 할까?
우선 지혈제를 써서 피를 멈추게 한다. 부들의 꽃가루나 쑥 줄기, 질경이, 연뿌리 들이 좋은 지혈제다. 만일 창자가 튀어 나왔을 때에는 사람의 똥을 말려서 가루로 만들어 장에 발라 들어가게 하는 방법을 쓰거나, 창자를 넣고 뽕나무 껍질로 촘촘하게 꿰매고 겉에 닭의 벼슬에서 나온 피를 바른다.

상처를 꿰매는 등 외과 수술도 나옵니다. 전쟁 시기였으니 이런 치료법이 상당히 요긴했을 겁니다. 이 밖에도 독버섯을 먹은 경우, 벌에 쏘였을 때, 귀에 벌레가 들어갔을 때, 아이가 경기하면서 입에서 거품을 토할 때 등 응급 상황은 매우 많죠. 이런 상황은 사소한 듯 보여도 곧바로 조치하지 않으면 목숨까지 앗아갑니다.

《향약구급방》은 이런 내용을 포함하여 총 54개 응급 상황에 대처하는 처방을 실었습니다. 여기에는 여러 중독, 외상, 내상, 부인과와 소아 잡병 등이 포함되어 있습니다. 이 책의 가장 큰 특징은 오직 국산 약재로만 병을 고치도록 한 점입니다. 《향약구급방》은 국산 약재인 향약 180종으로 약을 만들었고, 민간에서 부르는 우리 약 이름을 나란히 적는 것도 빼놓지 않았습니다.

고려시대에 대장도감에서 찍은 《향약구급방》은 남아 있지 않고, 조선 태종 때(1417) 다시 찍은 판본(중간본)만이 전하고 있습니다. 팔만대장경 인쇄가 1251년 완성되었으므로 《향약구급방》은 이 시기에 출간되었을 가능성이 높지만, 팔만대장경 인쇄 후에도 대장도감이 1392년까지 축소된 형태로 존속했으므로 이때 출판되었을 가능성도 있습니다. 중간본 서문에는 "《향약구급방》은 효험이 커서 우리나라 사람에게 크게 도움이 되었다. 수록된 모든 약은 우리나라 사람이 쉽게 알고 익힐 수 있는 것이고, 약을 쓰는 법 또한 경험한 바의 것들이다"라고 쓰여 있습니다. 이를 통해 《향약구급방》이 민간에서 널리 읽혔음을 알 수 있습니다.

기나긴 향약 연구의 시대

향약鄕藥이라는 글자를 풀면 '시골의 약'이란 뜻입니다. 그 반대말은 서울 약이 아니라 중국 약을 뜻하는 '당약唐藥'입니다. 당나라를 기준으로 보면 우리나라가 시골 같다고 해서 '향'이란 글자를 붙인 겁니다. 신라의 향가도 '시골 노래' 곧 신라의 국산 가요란 뜻이죠. 향가의 반대말인 당악唐樂은 수입 음악을 뜻했습니다.

당나라(618~907)는 국제 교류가 매우 활발했습니다. 신라의 혜초 스님이 중국 유학을 갔다가 인도에 다녀온 일도 당나라 때였죠. 이때 국제 무역이 발달했는데, 약재도 예외가 아니어서 많은 양이 뱃길을 통해 수입되고 수출되었습니다. 아마 이때부터 중국에서 수입된 약을 당약이라 했을 겁니다. 중국과 일본을 오가다 신안 앞바다에서 좌초되었던 배 안에서 청자와 함께 약재가 여럿 발견되기도 했죠.

향약 위주의 의서는 13~15세기 초 들어서야 출간되었지만, 약을 국산화하려는 노력은 오래전부터 계속되었습니다. 백제에는 약을 캐는 전문인으로 '채약사'라는 제도가 있었습니다. 또 인삼은 삼국시대 이전부터 우리나라에서 나는 특효약으로 알려져 있었고, 마찬가지로 우리나라에서 많이 나는 다른 약재에 대한 지식도 차곡차곡 쌓였습니다.

때때로 시골 사람들은 자주 걸리는 병에 잘 듣는 약물을 잘 알고 있었습니다. 이규보가 70세 때 몽골 침입으로 강화도에 피난 갔을 때 그곳에서 원인 모를 피부병에 걸려 무려 넉 달 넘게 앓은 적이 있었습니다. 긁으면 진물이 나고 곧이어 두드러기가 되는 증상으로 마치 두꺼비 등과 같은 모습이 되었죠. 내로라하는 의원들을 불러다 온갖 약을 다 써도 효과

를 보지 못했습니다. 이규보는
의원들이 실력 없다고 욕을 해
댔죠. 때마침 바닷물을 끓여
목욕하면 낫는다는 이야기를
듣고 바로 해보았더니 놀랍게
도 피부병이 씻은 듯 없어졌습
니다. 시골 사람의 경험이 용
한 의원의 처방보다 나았던 겁
니다. 이처럼 민간에서는 지역
의 풍토병에 대처하는 법을 잘
알고 있었습니다. 이러한 처방
을 잘 모으면 그 자체로 훌륭
한 처방집이 되겠죠.《향약구
급방》에는 이와 같이 신라와
고려에서 축적한 의약 지식이 새로 수입된 송대의 의학 지식과 함께 모

신안선에서 발견된 약재와 향신료. 전라남도 신안 앞
바다에서 침몰되었던 이 배는 14세기에 중국에서 일
본으로 가던 교역선이었다. 이 배에서 후추와 계피,
여주씨 같은 약재와 향신료가 나왔다.

여 있습니다.

이 책은 조선시대에도 널리 참고가 되었습니다. 16세기 이황의 문집을
보면 안동에서 이황이《향약구급방》을 참고해서 약을 쓰는 장면이 나옵
니다. "응급 상황뿐만 아니라 우리 주변에서 나는 향약으로 병을 다 고칠
수 있다면 좋을 텐데…" 우리나라는 산이 많아서 풀이나 동물 등 약재가
풍부했지만, 13세기 이전에는 약에 대한 연구가 활발했다고 보기 힘듭니
다. 그런 양상이《향약구급방》이후 확 바뀌었습니다. 향약 연구에 박차가
가해진 겁니다.

《향약구급방》이 나온 후부터 조선 세종 때《향약집성방》(간행 1433)이 찍혀 나올 때까지 약 2백 년간은 '향약 연구의 시대'라 할 수 있습니다. 이 시기에 최소한 8종의 책이 나온 것으로 알려져 있습니다. 그중 4대 향약 의서만 살펴봅시다.

제목	권	특징	저자
향약구급방	3	54개 응급 상황에 대처하기 위한 책	모름
향약제생집성방	30	• 조선 정종 원년(1399)에 편찬 • 338개 병증에 2803개 처방을 모음	조선 개국의 주역들인 조준, 권중화, 김희선, 김사형 등
향약채취월령	1	• 연간 달마다 해야 할 향약의 채취와 관리에 관한 내용을 담은 간단한 책 • 전국 각지에서 생산되는 약재의 이름, 산지, 맛, 성질, 그리고 약을 말리는 법 등 꼭 필요한 사항을 적음	문관인 집현전 직제학 유효통, 의관인 전의감의 노중례, 박윤덕
향약집성방	85	• 세종 15년(1433)에《향약제생집성방》을 대폭 확장·증보 • 959개 병증에 1만 706개 처방을 모음 • 이 밖에 침구법 1476조, 향약본초론, 약물 다루는 법 등을 담음	유효통, 노중례, 박윤덕

기나긴 향약 연구의 시대는 세종 때《향약집성방》이 나옴으로써 막을 내렸습니다. 향약을 적용하는 병의 증상도 크게 늘었고 처방도 한결 많아 졌습니다. 새로 찾아낸 국산 약재도 많이 쓰게 되었습니다.《향약구급방》 에서는 국산 약이 180종이었는데,《향약집성방》에서는 517종으로 세 배 정도 늘었습니다. 이 못지않게 중요한 것은 국산 약재로 고칠 수 있는 병 의 증상이 54개에서 959개로 증가한 사실입니다. 이 정도면 거의 모든

병을 국산 약으로 치료할 수 있다고 봐도 됩니다. 처방도 무려 1만 706개나 될 만큼 다양해졌습니다.

'약의 국산화'를 이루다

《향약집성방》의 편찬 목적은 서문에 잘 드러나 있습니다.

옛날부터 의학이 침체하고 약재를 제때에 캐지 못하며 가까운 지방에서 생산되는 것은 소홀히 여기고 먼 지방의 것만을 구하여 사람이 병들면 반드시 구하기 어려운 중국의 약재를 찾으니, 이 때문에 약재는 구하지도 못하고 병세는 이미 어떻게 치료할 수 없는 지경에 이른다. 지금 《향약제생집성방》이 아직 미비한 게 많도다.

요컨대 '가까운 데서 쉽게 찾을 수 있는 약재로 병을 고치는 게 좋다'고 말하고 있습니다. 이런 경제적인 이유에 덧붙여 신토불이 사상까지 생겨났습니다. 쉽게 구하는 데 그치지 않고, 그게 효과가 더 좋다는 믿음까지 생긴 겁니다. 그 결과 우리 약초에 대한 연구가 꼭 필요해졌습니다.

약을 잘못 쓰는 일을 막기 위해 세종은 중국에 사신 보낼 때 의관을 딸려 보내 약초를 연구하게 했습니다. 조선의 약재를 들고 가서 그것이 중국의 황실 병원인 태의원에서 쓰는 것과 똑같은지 아닌지 확인하게 했습니다. 이름이 같거나 생김새는 비슷한데 완전히 다른 약초도 있었기 때문입니다. 이런 것을 일일이 바로잡았고, 민간에서 부르는 약초 이름을 같

16세기 중국 의학 책에 실려 있는 약을 달이는 그림. 약재의 국산화가 이루어졌지만, 의학 이론의 국산화는 조선 중기까지도 이루어지지 못했다.

이 적어서 쉽게 쓸 수 있도록 했습니다. 아직 훈민정음을 만들기 전이라서 이름은 이두로 표기되었습니다.

세종 때 약의 국산화를 거의 완전하게 이루었다는 건 대단한 일입니다. 《향약집성방》만 있으면 어디에서든 약을 쓸 수 있게 된 겁니다.《향약집성방》에 나오는 1만여 처방 덕분에 국산 약만 써서 모든 병을 고칠 수 있게 되었죠.

그러나 지체 높은 사람들 사이에서는 여전히 당약이 중심이었고 향약은 보조하는 데 그쳤습니다. 우선 우리나라에서 나는 약재가 다양하기는 했지만 한약 처방은 그것만으로 부족할 때가 많았습니다. '약방의 감초'라는 말이 있을 만큼 흔하게 쓰는 감초도 우리나라에서 나지 않았거든요. 고급 약은 중국 변경, 동남아시아, 심지어 아라비아 지역에서 나는 것들이 수두룩했습니다. 또한 의학이 서민에게 널리 보급되어 있지 않기 때문에 서울의 돈 많은 왕실이나 양반들은 당약만으로도 별 불편한 점을 못 느꼈습니다. 그렇지만 민간에서 점점 의약을 많이 활용하게 되었고, 향약이 민간에서 핵심 노릇을 한 것은 분명합니다.

여기서 유의할 게 하나 있습니다.《향약집성방》에 담긴 처방은 대부분 중국 의서에서 당약이 포함되지 않은 처방을 가려 뽑아 쓴 것입니다. 고유의 이론은 거의 없고, 간혹 국내의 치료 경험이 소개되어 있을 뿐입니다. 의학 이론은 아직 국산화가 안 되었고, 약의 국산화가 이루어졌던 것이죠. 이전의 향약 의서와 달리 수집한 중국 의서 가운데 향약만으로 가능한 거의 모든 처방을, 국내 효험 입증 여부를 떠나 매우 적극적으로 모았습니다. '의학의 국제화'라는 세종 시대의 이념에 향약까지 맞춰 적용한 것이라 해석됩니다.

15세기 세계 최대 의학 백과사전《의방유취》

조선의 3대 의서로는《의방유취》,《향약집성방》,《동의보감》을 꼽을 수 있습니다. 저는 이 가운데《의방유취》를 첫째로 꼽고 싶습니다. 책 제목은 의학 이론과 처방을 병의 증상에 따라 가려 모았다는 뜻입니다.《동의보감》이 첫째가 아닌 이유는,《의방유취》가 없었다면《동의보감》도 탄생하지 못했을 것이기 때문입니다. 허준은《의방유취》를 읽으면서 의학의 범위와 깊이를 맘껏 깨달았다고 합니다.

《의방유취》가 얼마나 중요한 책인지는 역사가 말해줍니다. 1876년 조선은 오랜 쇄국 정책을 버리고 개항開港을 하게 되었죠. 이때 강화도 조약

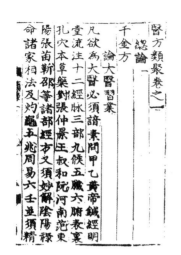
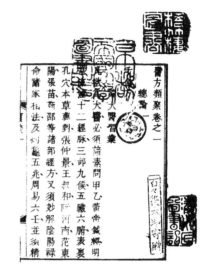

세종 때 찍은 《의방유취》 원본(왼쪽)과 일본판(오른쪽).

을 맺은 뒤 일본은 일본판 《의방유취》 두 질을 조선에 보내왔습니다.

《의방유취》는 조선 세종 때 편찬되어 성종 때 출간되었는데, 당시 조선에는 남아 있지 않았습니다. 그런데 일본에서 보내온 겁니다. 일본군 장수인 가토 기요마사가 1598년 퇴각하면서 이 책을 약탈해 갔습니다. 그후 《의방유취》는 일본에서 1852년 목판본으로 다시 찍혀 나왔습니다. 그게 조선이 일본과 맺은 조약을 기념하여 다시 우리나라에 오게 된 겁니다. 참으로 얄궂은 운명이라 할 수 있죠. 이렇듯 《의방유취》는 조약 기념으로 선사할 정도의 예물이었습니다. 그만큼 대단한 책입니다.

학교에서는 《의방유취》를 '세종 때 나온 방대한 의학 백과사전' 정도로만 가르칩니다. 이런 설명은 역사적 가치를 제대로 전달하지 못합니다. 대신 이렇게 설명해야겠죠. "모두 266권. 전체 글자 수 950만 자. 5만여 처방을 담은 15세기 세계 최대 규모의 의서." 적어도 규모만 놓고 본다면,

《의방유취》는 당시 세계 최대의 의서였습니다. 그때까지 중국이나 일본, 이슬람 세계, 유럽에서도 이만 한 규모의 의서는 없었습니다.

수준으로 보자면, 《의방유취》는 그때까지의 중국과 우리나라의 의학 이론 및 처방을 매우 충실하게 종합했습니다. 오늘날의 의학 총론, 생리학, 병리학, 내과, 외과, 이비인후과, 산부인과, 소아과, 예방의학 등에 해당하는 내용을 95갈래로 나누어 담아냈습니다. 이 책을 본격적으로 연구한 에도 시대 일본의 한 의학자는 "엄청나게 유용한 거대한 저작"이라고 평가한 바 있습니다.

《의방유취》는 자료 수집이 시작된 후 인쇄되어 나올 때까지 무려 35년이 걸렸습니다. 세종부터 시작해 문종, 단종, 세조, 예종 등 네 왕을 거쳐 성종 때 책이 나왔으니 무려 여섯 임금을 거치고 나서야 책이 나온 겁니다. 책의 분량이 많다 보니 편집, 교정, 인쇄 등 각 과정에서 시간이 많이 걸렸고, 의학 책이라 잘못이 없도록 교정보는 게 더욱 까다로웠습니다.

세종 때 학자와 의관 14명이 이 사업에 투입되었습니다. 집현전의 중견 학자 김예몽, 유성원, 민보화 등 세 학자가 그간 모은 천하의 의학 내용을 분류했습니다. 그리고 나서 김문, 신석조, 이예, 김수온 등 문관 4명과 전순의, 최윤, 김유지 등 의관 3명이 중복된 내용을 덜어냈습니다. 이어서 이용, 김사철, 이사순 등의 문관과 최고 수준의 의관인 노중례가 내용을 일일이 검토하여 365권의 책을 완성했습니다. 초판본의 권수를 1년 날짜인 365에 맞춘 것을 보면, 의학의 전부를 갖췄음을 과시하려 했음이 분명합니다.

이렇게 3년 만에 편찬된 《의방유취》가 인쇄될 때까지 32년의 세월이 더 소요되리라고는 그 누구도 예상치 못했을 겁니다. 이 책이 매우 중요했기 때문에 꼼꼼히 교정보느라 시간이 그만큼 많이 든 겁니다. 세조는 교정을 잘못 봤다 하여 젊은 학자 74명을 파직하거나 자격 박탈할 만큼 엄격했습니다. 우여곡절 끝에 이 책은 1477년(성종 8년) 세상에 나왔습니다. 교정 과정에서 권수가 266권으로 줄어들었습니다. 책 분량이 많아서 30질만 찍어냈죠.

우리나라는 그 전까지 의학 분야에서 주목할 만한 성과를 내지 못했지만,《의방유취》를 출간하면서 단숨에 의학 강대국으로 떠올랐습니다. 그건 마치 천문학 분야에서 중국의 역법과 이슬람 역법에 통달해《칠정산》내·외편을 편찬한 포부와 비슷한 것이었습니다. 작업이 이루어진 시기도 비슷합니다. 1444년에《칠정산》내·외편이 간행되고, 이듬해인 1445년에《의방유취》초고 편찬이 완료되었으니까요. 이 두 사례의 공통점은 한 분야 전체를 통째로 이해하고 최고의 수준에 도달함으로써 우리나라만의 과학을 이루었다는 데 있습니다. 조선은 적어도 문화적으로는 중국과 맞먹는 새로운 제국의 건설을 꿈꾸었던 것이 아닐까요?

한(韓)의학일까, 한(漢)의학일까?

한의학의 '한' 자는 한자로 어떻게 쓸까요? 오늘날에는 '대한민국'에 들어 있는 '한韓' 자를 쓰지만, 1986년 이전까지만 해도 중국 '한나라'에 들어 있는 '한漢' 자를 썼습니다. 왜 이런 변화가 생겼을까요?

명칭은 그저 달리 부르는 데 그치지 않습니다. 심오한 이치가 이름에 담겨 있을 때가 많거든요. 아기를 '개똥이', '똥강아지'라 부르는 일에도 이치가 담겨 있죠. 저승사자가 잘난 놈 먼저 데려간다고 믿었기 때문에 귀한 아이를 일부러 개똥이 같은 천한 이름으로 부른 겁니다.

한의학漢醫學이라 하면, 지금 한의사가 펼치는 의술이 모두 중국 것이라는 뜻을 품게 됩니다. 우리 조상들도 2천 년 이상 의학을 펼쳐왔는데 그게 모두 중국 것 안에 묻히게 되지요.

20세기 전에는 이렇게 구분할 필요가 없었습니다. 중국 사람이나 우리 조상이나 모두 '의학'이라 했으니까요. 개항 이후 서양 의학의 비중이 높아지면서 의학의 이름에도 큰 변화가 생겼습니다. 세력이 커지면 앞에 붙은 딱지가 없어지죠. '서양 의학'이라고 하다가 '서양'이라는 딱지가 없어졌습니다. 그건 지금 과학을 서양 과학이라 하지 않고, 과학이라 하는 이치와 똑같습니다. 거꾸로 세력이 약한 것에는 앞에 새로운 딱지가 붙습니다. 우리가 의학이라 했던 게 한의학이 되어버린 겁니다.

서양 의학이 서양에서 유래한 의학이란 뜻이니, 그것에 상대되는 말로 한나라 한漢이 들어간 한의학이란 말이 만들어졌습니다. 이건 일본 사람이 만든 용어입니다. 우리나라가 일본의 식민 지배를 받았기 때문에 일본 사람이 만든 말을 같이 쓰게 된 겁니다. 중국에서는 한의학이란 말을 쓰지 않고, '중국 의학'의 준말인 중의학이란 말을 씁니다.

1897년 조선은 중국 청제국과 똑같은 형태의 제국인 대한제국을 선포했습니다. 대한제국은 이전에 형식적이나마 유지해온 중국의 속국을 완전히 떨쳐버린 이름입니다. 당시 중국이 우리나라 정치에 깊숙이 관여하고 있었기 때문에 우리나라 사람들은 중국으로부터의 독립을 크게 염원했습니다. 독립신문을 만들고 서대문 쪽에 독립문을 지었죠. 마찬가지로 의학 명칭도 의식적으로 우리나라를 뜻하는 한의학韓醫學이라는 말을 썼습니다. 이 말은 일제 강점기 동안 슬그머니 사라졌습니다. 그러다가 1986년이 되어서야 대한민국에서는 한의학韓醫學을 공식 명칭으로 쓰도록 법으로 규정했습니다.

물론 한의학이 중국에서 유래하고 크게 발전한 건 인정해야겠죠. 하지만 중국, 한국, 일본, 베트남은 모두 의학이 발전했고, 저마다 자국의 특성에 맞는 의학의 형태로 진화시켰습니다. 이런 점에서 한의학은 동아시아 의학이라 할 수 있습니다. 각국이 나름대로 발전시킨 점에 주목한다면 중국 전통 의학, 한국 전통 의학, 일본 전통 의학, 베트남 전통 의학이라 할 수 있겠죠. 그 가운데 한국 전통 의학을 한의학韓醫學이라 하는 겁니다.

참, 우리 선조들은 '한의'라는 말 대신 '동의東醫'라는 말을 썼습니다. 유명한 허준은《동의보감》을 펴내면서 중국의 남쪽, 북쪽의 의학 수준에 견줄 만한 의학 전통이 동쪽에도 있어서 동의라 한다고 했습니다. 여기서 북쪽, 남쪽, 동쪽이란 표현을 잘 음미해야 합니다. 여기서 '동쪽'이란 조선을 뜻하는 데서 더 나아가 드높은 의학을 세운 의학 문명국이란 뜻이 담겨 있습니다. 이렇듯 한의학韓醫學과 마찬가지로 동의학東醫學 또한 우리나라 의학을 뜻합니다.

살인 사건의 의혹을 없애는 법의학

조선시대의 법의학

CSI는 동명의 미국 드라마 덕분에 우리나라에도 널리 알려졌죠. 직역하면 '범죄 현장 조사Crime Scene Investigation'란 뜻인데, 우리나라에서는 '과학수사대'라고 번역되었습니다. 이 드라마는 글자 그대로 온갖 살인 사건의 현장을 다룹니다. 시체에 남아 있는 단서를 과학적으로 풀어내 살인자를 잡는 묘미를 보여주죠. 이런 과학을 '법의학'이라고 합니다.

우리나라에서도 법의학을 다룬 드라마 〈별순검〉이 제작되었습니다. '별순검'이란 조선시대의 특별 경찰을 뜻한다고 보면 됩니다. 이 드라마에서 살인 사건을 풀어내는 의학 지식들은 실제로 조선시대에 쓰였던 법의학 지식에 바탕을 두었습니다. 그런 지식을 모아놓은 책으로 세종 때 찍은 《신주무원록》('무원록'에 새로 주석을 붙인 책)과 정조 때 거기에 내용을 보태서 만든 《증수무원록》이 있습니다.

몇 가지 내용을 살펴봅시다. 독약을 먹여 죽였을 때는 어떻게 알아냈을까요? 많이 알려져 있듯이 은수저나 은비녀를 목구멍에 찔러 넣어 알아냈습니다. 은수저에 독이 닿으면 까맣게 변하는 성질을 이용한 거죠. 요즘 과학 지식으로 말한다면, 독살할 때 많이 쓴 비상에는 비소와 황이 섞여 있는데 그게 은과 화학 반응을 일으켜 색깔 변화를 일으킨 겁니다. 닭을 이용한 방법도 있었습니다. 찹쌀밥을 시체의 목구멍에 넣었다가 뺀 후 그 밥을 닭에게 먹이는 겁니다. 만약 독살당한 거라면 닭이 죽겠죠. 이는 은비녀를 사용하는 것보다 더 분명한 방법이었습니다. 은과 반응을 일으키는 독물뿐 아니라 모든 종류의 독살을 판정할 수 있었을 테니까요. 게다가 가짜 은으로 만든 비녀라면 판별이 정확하지 않았거든요.

오랫동안 떨어져 있던 사람들이 한 가족인지 아닌지는 어떻게 알아냈을까요? 《신주무원록》에서는 다음과 같이 말하고 있습니다.

친아들이나 친형제가 어렸을 때 헤어져 분간하기 어려우면 각기 피를 뽑아 한 그릇에 떨어뜨린다. 친아들이나 친형제일 경우 피가 하나로 엉기어 뭉치고 친아들이나 친형제가 아니면 엉기지 않는다. 이 검사법은 손자와 할아버지 사이에도 마찬가지다. 그러나 부부의 사이는 부모가 달라 피를 떨어뜨려도 합해지지 않는다.

이런 생각에는 똑같은 기운이 서로 감응한다는 옛 믿음이 반영되어 있었습니다. 하지만 현대 과학은 혈액 응고 현상이 혈연관계를 결정짓는 증거가 아님을 밝혀냈습니다. 현대 의학에서 가장 분명한 방법은 DNA, 즉 유전자 검사죠. 부모나 조상에게 물려받은 유전자는 후손에게 계속 남아 전해지니까요. 유전자의 구성이 매우 유사하면 그것으로 바로 혈연관계임을 알 수 있습니다.

《증수무원록》에는 사람의 목숨이 끊어지는 스무 가지 방법이 실려 있습니다. 가장 많은 건 사고사 또는 병사病死입니다. 얼어 죽는 것, 굶주려 죽는 것, 놀라 죽는 것, 번개 맞아 죽는 것, 과음이나 과식하여 죽는 것, 호랑이나 미친 개 또는 뱀·벌레에게 물려 죽는 것 따위가 이에 속합니다. 그 다음은 자살 또는 타살입니다. 밧줄로 목을 매거나 조르는 것, 물에 빠지는 것, 신체 부위를 구타하는 것, 이빨로 깨무는 것, 칼로 베는 것, 불에 태우는 것, 끓는 물에 넣는 것, 독을 타 먹이는 것 등 여덟 가지가 타살과 자살의 방법입니다.《신주무원록》과《증수무원록》은 단지 죽음을 분류하고 그 원인을 알아내는 데 그치지 않았습니다. 사망 원인을 밝혀내어 살해의 증거를 확보하고 더 나아가 범죄자를 찾는 실마리로 삼았던 겁니다.

인체와 신체에 대한 과학적 접근

오늘날 과학 지식과 일치하지 않는 것도 있지만, 대체로 조선시대 법의학은 인체와 시체에 대해 매우 과학적으로 접근했습니다. 20세기 초반까지 법정에서 계속 사용할 정도로 과학성을 인정받았지요. 그런 사례들을 하나씩 봅시다.

살인한 칼이 날짜가 오래되어 분별하기 어려우면 숯불을 이용해 붉게 달구고 초로 씻어내라. 그러면 핏자국이 저절로 나타날 것이다.

《신주무원록》에서는 이렇게 말하고 나서 초동初動 수사의 이유를 다음과 같이 차분하게 설명하고 있습니다.

범행에 사용한 기물을 찾는 일이 조금이라도 늦어지면, 간악한 죄수는 기물을 감추거나 옮겨버리고 사건을 미궁으로 빠지도록 하여 죽음을 면하려고 한다. 기물은 사건과 관계가 매우 깊으니, 먼저 서둘러 찾아야 한다.

실제로 살인 사건에서 가장 중요한 게 최초, 즉 초동 수사입니다. 요즘에도 수사 요원이 현장에 달려가 가장 먼저 하는 게 현장 보존이죠.《신주무원록》에서는 초동 수사의 중요성을 가장 강조했습니다.

(수령은) 시체가 어디에 있는지, 그 위치를 먼저 기록하라. 시체가 집 안의 땅 위에 있는지, 마루 위인지, 집 안팎의 드러난 땅 위인지, 머리가 남쪽이고 다리는 북쪽인지, 머리가 동쪽이고 다리는 서쪽인지, 뒤집혔는지, 옆으로 비스듬히 누워 있는지를 시체의 기록부에 기록하고, 또 동서남북 네 갈래의 문, 창, 담장, 벽 등과의 거리를 기록하며, 산 고개나 개울가, 풀과 나무 등에 놓여 있으면, 방치된 시체 방향의 높고 낮음과 거리는 얼마인가, 또는 시체가 개울가에 있다면 위로 산 밑과 언덕의 거리는 얼마이며, 누구의 땅이며, 지명

이 무엇이고, 시체 곁에 있는 기물의 형태와 빛깔 등을 자세히 기록하고, 시체가 만일 물 가운데나 비좁고 어두운 곳에 있어 검시하기 어려우면, 가깝고 편한 곳으로 옮길 것을 명하고 옮긴 이유를 기록해야 한다.

다음으로 해야 하는 시체 검사에는 특별한 방법이 필요합니다.

시체를 정확히 관찰하려면 시체를 깨끗이 씻어서 상처를 검사해야 한다. 법식대로 술지게미, 식초 등을 사용하여 시체에 뿌리고, 사망자의 옷가지로 완전히 덮는다. 그 위에 따뜻한 초와 술을 붓고, 깔자리로 한 시간가량 덮어 두면, 초와 술의 기운이 스며들어 시체가 부드러워진다. 이를 기다려, 덮었던 것을 벗기고 술지게미와 식초를 물로 씻어낸 다음 검시를 한다. 만일 술과 초로만 슬쩍 씻으면 상처의 흔적이 나타나지 않는다.

술지게미는 알코올이고 식초는 초산이니 그것들의 신체에 대한 작용을 이용해 불분명한 상흔을 드러내려 한 겁니다. 이런 단계를 거쳐, 살인 사건이 난 고을의 수령은 수사관이 되어 몸에 난 흔적을 근거로 어떻게 살해되었는가를 밝히게 됩니다. 자살인가 타살인가, 병으로 죽었는가 독살인가, 왼손잡이한테 칼을 맞았는가 오른손잡이에게 칼을 맞았는가, 물에 빠져 죽었는가 다른 방식으로 죽인 후 물에 빠뜨려 익사를 꾸민 것인가 등을 알아냈죠. 꽤 과학적이죠? 조선시대에 실제로 이렇게 수사가 이루어졌습니다.

시체 검사. 검시를 할 때는 관리가 꼭 참석했다. 이 그림을 보면, 검시하는 사람이 천으로 시체를 닦고 있고 오른쪽 관리는 붓과 종이를 들고 기록하고 있다.

원통한 사람을 없애기 위한《무원록》

우리나라의 법의학 전통은 고려시대에서도 찾아볼 수 있습니다. 이때 신중을 기하기 위해 세 번 재판하는 3심 제도가 시작되었습니다. 조선 세종 때부터는 본격적인 기록이 보입니다. 세종은 다른 부분의 제도 정비와 함께 형법의 정비에도 힘썼고, 그 하나로 살인 사건의 의혹을 없애는 법의학에도 관심을 두었습니다.

1430년 세종은 문과의 시험 과목에《무원록》을 넣었습니다.《무원록》은 원나라 때 왕여가 이전의 법의학을 종합해 만든 책입니다. 중국에서 가장 오래된 법의학 책이죠. 조선에 들어온《무원록》은 1247년 송나라 송자가 펴낸《세원록》과 명나라 초기에 나온《평원록》을 참고해 만든 2권으로 되어 있었습니다.

《무원록》은 중국 실정을 다룬 것이어서 아리송한 내용이 적지 않았습니다. 그래서 세종은 최치운 등 학자 네 명에게 명령을 내려 어려운 부분을 꼼꼼하게 풀어 우리 실정에 쓸 수 있도록 했습니다. 그 결과물이 1438년에 나온《신주무원록》입니다. 사실 이 책은 주석을 단 것 외에 우리 학자의 노력이 크게 들어가지는 않았습니다. 중요한 사실은 법 집행에 이 책의 내용을 매우 엄격하게 적용했다는 점입니다.

《신주무원록》을 펴낸 후에는 모든 살인 사건의 의혹이 있는 시체의 검사를 이 책에 따르도록 했습니다. 고을 수령이 주도한 검시檢屍로 의혹이 풀리지 않았을 때에는 상급 기관이 감독하여 두 번, 세 번, 심지어는 여섯 번까지 검시를 하도록 했습니다.

이 책은 거의 3백 년 동안 잘 쓰였지만, 글자가 잘못된 것이 적지 않아 뜻이 정확하지 않은 곳이 많이 눈에 띄었습니다. 영조 24년(1748) 좌의정 조현명이 책을 고칠 것을 왕에게 건의했고, 영조는 형법에 밝은 구택규에게 책을 바로잡는 일을 맡겼습니다. 이 일이 끝난 후 새로 수정된《신주무원록》이 전국에 반포되었죠.

정조 즉위 후 더 본격적인 수정 작업이 있었습니다. 구택규의 아들인 구윤명이 아버지의 책을 더 연구하고 있다는 말을 듣고, 내용을 고치고 보태며 한글 번역까지 하도록 했습니다. 법정에서 다투는 일은 그 자체로 매우 까다로운 일인데, 중국에서 썼던 용어와 당시 조선에서 쓰는 용어에 차이가 많아서 어려움이 많았거든요. 그런 차이를 해소하기 위해 아예 한글로 번역했던 겁니다. 이게 정조 15년 (1791)의 일입니다. 이후 두 차례 간행하려 했으나 실행되지 않다가 5년 후인 1796년 에 이르러서야 간행되었습니다. 한글로 번역한 것은《증수무원록언해》라 했습니다. 이 둘을 합쳐 나온 게 오늘날 우리가《증수무원록》이라고 부르는 책입니다. 이 책은 이후 일제강점기 전까지 주요 참고 교재로 활용되었습니다.

18세기에 나온 법의학서《증수무원록》.

　조선이 법의학을 중시한 이유는 뭘까요? 이에 대해 조선의 19대 임금인 숙종이 간절한 마음을 절절히 표현한 게 남아 있습니다.

어려운 일치고 감옥 일을 처리하는 것보다 어려운 일이 없되 옥사를 판결하는 일이 더욱 어렵고, 원통한 일치고 재판에 억울하게 지는 일보다 원통한 일이 없되, 억울하게 죽는 일은 더욱 원통하다. 대체로 옥사는 사람의 목숨이 관계된 것인데, 죽은 자는 다시 살릴 수가 없고 형을 받아 손상된 몸은 원래 상태로 회복될 수가 없으니, 지극히 긴요하고 지극히 중요한 것은 아무래도 제대로 시신을 검사하는 일에 달려 있지 않겠는가. 후세에 옥사를 살피는 관원이 진실로 '삼가고 또 삼가라'고 한 옛말의 본뜻을 반복하여 깊이 체득하여 백성들이 원통한 경우를 당하는 일이 없게 한다면, 그 또한 이 책의 이름인《무원록》의 뜻과 어긋나지 않을 것이다.

－ 이유원,《임하필기》

한의학과는 다른 법의학

《무원록》의 내용에 따라 죽은 시체를 직접 다룬 사람들은 누구였을까요? 시체를 다루는 '오작인'이라는 직책이 있었습니다. 오작인은 사체 검사를 도맡은 하인을 말합니다. 시체 다루는 일이 점잖지 않은 일이라 여겨졌기 때문에 관청에 그 일을 맡을 하인을 따로 두었던 겁니다. 천한 신분인 백정이 가축 고기를 다뤘던 것과 비슷하죠. 오작인들은 시체에 식초나 술지게미를 발라 닦아내고 상흔이 드러나도록 했습니다.

수사 지휘는 사또가 맡았습니다. 지방 행정·사법의 책임자인 사또가 오작인을 거느리고 시체를 검사해서 사인을 밝혀낸 겁니다. 그렇기 때문에 지방에 사또로 부임하려면 누구나 《무원록》을 부지런히 읽어 내용을 통달해야 했습니다. 또 조선시대에는 고위 문관이나 무관이 되려면 반드시 지방의 사또를 한 번쯤 지냈기 때문에 모든 고위 관료들이 이런 지식을 잘 알았을 겁니다.

조선시대에 검시하던 모습.

한의학과 법의학은 크게 달랐습니다. 의원들이 법의학과 크게 관련되지 않은 이유입니다. 한마디로 잘라 말하면, 한의학은 살아 있는 생기를 중심으로 한 의학입니다. 몸의 기운을 생각하지 않고서는 한의학 자체가 성립하지 않습니다. 한의학에서는 오장과 육부, 뼈와 살, 살갗과

한국과학문명사 강의

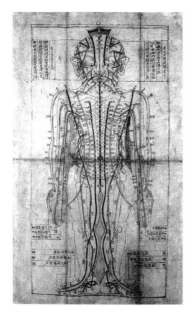
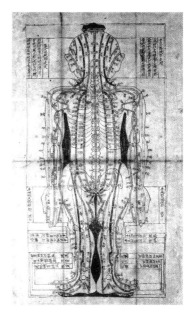

한의학의 동인도. 침 자리인 경혈을 선으로 연결한 경락을 표시한 그림이다. 사람의 몸에는 살아 있는 기운의 흐름이 있다고 보았다.

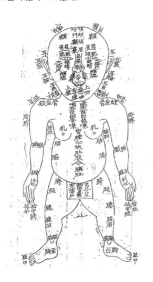
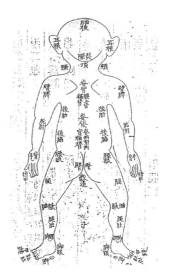

《무원록》에 나타난 신체 각 부위의 명칭. 한의학의 경락도와 달리 혈자리 위주로 그림이 그려지지 않았다. 시체에는 기운이 없다고 보았기 때문이다.

근육 등 신체의 모든 부위에 기운이 충만해 있다고 보고, 그런 상태에 이상이 생긴 것을 병으로 간주하죠. 하지만 시체는 이미 생기가 떠난 상태라 기운의 의학이 작동하지 않습니다. 그래서 《무원록》은 한의학 체계와 크게 다를 수밖에 없습니다. 엄밀한 의미에서 《무원록》의 법의학과 한의학이 서로 결합할 점을 찾지 못한 것이죠. 서로 공유했던 부분은 신체 각 부위의 이름뿐이었습니다.

오히려 현대 서양 의학이 《무원록》의 의학과 더 비슷한 성격을 띤다고 볼 수 있습니다. 눈에 보이지 않는 기운이 아니라, 시신에 난 상흔을 보고 예리하게 관찰해서 죽음의 원인을 밝히는 것이니까요.

그렇다고 해서 《무원록》의 의학이 현대 서양 의학처럼 해부학에 바탕을 둔 의학으로 발전한 건 아닙니다. 《무원록》의 의학은 단지 몸에 난 상흔만을 대상으로 했을 뿐, 신체 내부에는 아무런 관심도 두지 않았습니다. 신체를 해부하여 병으로 죽은 시체 각 부위에 생긴 이상 상태를 검토하면서 병의 원인을 찾아나가는 의학으로 발전하지는 않은 겁니다.

우리 의학의 자부심, 동의보감

사람을 살리는 책

간서치看書痴, 즉 '책만 읽는 바보'로 알려진 이덕무는 "조선의 책 가운데 세 가지만 고른다면 이율곡의 《성학집요》, 유형원의 《반계수록》과 함께 허준의 《동의보감》을 꼽겠다"고 했습니다. 이 중 《동의보감》은 사람을 살리기 위해 꼭 필요한 책"이라며 "사람들은 의학을 업신여기며 시문 짓기만 일삼고 있으니 참 한심한 일"이라고 했습니다.

이제 《동의보감》의 이모저모를 살펴봅시다. 표지에 적힌 '東醫寶鑑'은 '중국 동쪽 지방의 의학에서 나온 보배 같은 거울'을 뜻합니다. 당시에는 지금 쓰는 것과 같은 유리거울이 아니라 청동거울을 썼습니다. 보배

모든 병증이 하나하나 나와 있는 《동의보감》 목록.

스러운 청동거울일수록 환하게 비추겠죠. 이 책을 읽으면 온갖 병의 이치와 그에 맞는 처방이 드러난다는 뜻이 제목에 담겨 있는 겁니다. 청동거울보다 더 좋은 거울은 뭘까요? 깊은 산속 골짜기의 맑은 샘물, 즉 물거울입니다. 허준은 자신이 지은 책이 병과 약, 건강을 지키는 데 물거울이 되리라 자신했습니다.

총 25권인 《동의보감》은 〈목록〉(목차) 2권, 〈내경편〉 4권, 〈외형편〉 4권, 〈잡병편〉 11권, 〈탕액편〉 3권, 〈침구편〉 1권으로 이루어져 있습니다. 목차가 2권이나 되죠? 《동의보감》 목차는 각 병증에 쓰는 처방 하나하나까지 다 실었습니다. 목차만 봐도 무슨 병을 앓고 있고 어떤 처방을 써야 하는지를 대충 알 수 있습니다. 예를 들어 아이가 밤마다 잠결에 오줌을 싼다면 어떻게 해야 할까요? 《동의보감》의 목차를 찾아보면 밤에 오줌 싸는 조항이 〈잡병편〉 끄트머리에 있는 소아편에 실려 있습니다. 찾았다면 거기에 어떤 처방이 실렸는지 보면 됩니다. 이런 구성은 그 전의 책들과 매우 다른 방식이었습니다. 의사나 전문가가 아니라도 볼 수 있게 만든 겁니다.

'내경'은 원래 안쪽 영역을 뜻합니다. 거기에는 오장육부처럼 형태가 있는 것도 있고, 피와 가래 따위 몸 안의 액체나 그보다 더 기본적인 원리인 정精·기氣·신神도 포함됩니다. 정·기·신이란 뭘까요? 이 중 기를 빼면 정신이 되죠. 우리 몸은 육체 활동과 정신 활동을 다 같이 담고 있는데, 한의학에서는 이 둘 모두를 기의 활동으로 파악합니다. 그 기운은 여러 형태를 띠는데 생명 활동을 시작하는 핵심이 '정'입니다. 남자의 경우 생명 잉태의 시작인 정액의 '정'이 가

조선시대의 침. 이 침들은 금, 백금, 은 또는 철로 만들었다.

장 대표적인 것이죠. 기운 중 마음을 활동하게 해 혼, 의지, 용감함, 판단력, 기억 등의 활동을 가능하게 하는 게 '신'입니다. 이 신의 활동이 활발해진 상태가 신명 난 상태죠.

다시 《동의보감》의 구성을 살펴봅시다. '내경'에 반대되는 '외형'은 글자 그대로 몸 바깥 부위를 말합니다. 사지, 머리, 얼굴, 이목구비, 몸통의 각 부위가 여기에 속하죠.

'잡병'은 '잡스러운 병'이 아니라 '병에 관한 모든 것'을 뜻합니다. 병이 왜 생기는지, 어떤 병인지 알아내는 방법을 비롯하여 중풍, 파상풍, 더위 먹은 병, 학질, 전염병, 천연두, 외상, 중독 등 온갖 병을 다뤘습니다. 그러다 보니 두툼해질 수밖에 없어서 무려 11권이나 됩니다.

'탕액'은 동식물·광물성 약재와 그것을 다루는 법, 약 작용의 이치를 담았습니다. '침구'는 침과 뜸을 뜻합니다. 단 1권뿐인데, 이렇게 분량이 적은 이유는 침뜸 처방 중 많은 내용이 내경·외형·잡병 편에 흩어져 있기

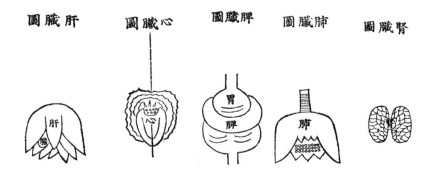

《동의보감》에 실린 오장의 모습. 왼쪽부터 간장, 심장, 비장, 폐장, 신장이다. 허준은 신형장부도와 오장도를 모두 실었는데, 중국 의학 책보다 간결하고 산뜻하게 그렸다. 그리고 실제 장기 모습보다는 장기의 상징성에 무게를 두었다. 예컨대 《동의보감》에서 '피어나지 않은 연꽃 같은 모양'이라고 한 심장에는 구멍이 뚫려 있고 털이 나 있다.

때문입니다. 〈침구편〉에는 침뜸의 원리, 침을 놓는 자리인 혈, 침뜸이 작용하는 길인 경락 등 이론 부분만 실었습니다.

《동의보감》은 몸 안팎에 생긴 온갖 병에 관한 이론과 치료법을 종합했습니다. 2천여 가지의 병 증상에 4천여 가지 처방을 요령 있게 조치할 수 있도록 한 것입니다. 조선 4대 문장가 중 한 명인 이정구(1564~1635)는 《동의보감》 서문에서 이렇게 말했습니다.

이 책은 옛것과 지금의 것을 두루 포괄하면서도 그 핵심을 잡아 요점을 잘 제시하고 있다. 상세하지만 산만하지 않고, 요약되어 있으되 포괄하지 않는 것이 없다. 병에 걸린 사람은 그 증상이 천 가지, 만 가지로 이 책에 따르면 그 모든 경우를 알맞게 조치할 수 있다. 환자의 병증을 목록에서 찾고 처방을 찾아 약을 쓰면 된다. 멀리 옛날 의서를 참고할 필요도 없고 가까이 옆집에 가서 처방을 찾을 필요도 없을 것 같다. 오직 이 한 책만 있으면 되겠다. 진실로 놀라운 책이로다.

중요한 것은 치료에 그치지 않고 병을 예방하는 일에도 엄청 신경을 썼다는 점입니다. 허준은 "병을 고치는 것은 낮은 재주고, 병이 안 생기도록 하는 게 뛰어난 솜씨"라고 했습니다. 허준의 이런 생각은 오늘날 세계 보건 기구에서 말하는 "질병보다는 예방, 예방보다는 건강"이라는 원칙과 똑같습니다.

《동의보감》은 어떻게 탄생했을까?

대작의 탄생에는 산고가 따르는 법이죠. 《동의보감》도 세상에 나오기기까지 우여곡절을 겪었습니다. 임진왜란 중인 1596년 어느 날, 전쟁이 잠깐 잠잠해졌을 때 일입니다. 1592년부터 시작된 임진왜란으로 이미 전라도를 제외한 조선 대부분의 영토가 전쟁에 휩싸여 농토가 황폐해지고 수많은 사람이 목숨을 잃었습니다. 살아남은 사람들의 삶 또한 비참한 상태였죠. 이런 상황에서 사람의 목숨을 구할 의학 책이 꼭 필요했습니다. 선조는 허준을 비롯한 학자와 어의를 불러 모아 의서의 편찬을 명했습니다.

당시 허준은 선조의 대단한 총애를 받고 있었습니다. 임진왜란이 터지자 선조는 궁을 떠나 의주까지 피난 갔는데, 이때 허준은 자신의 가족을 돌보지 않고 임금을 따라간 몇 안 되는 인물 중 하나였습니다. 그는 피난 시절에도 곁에서 선조의 건강을 보살폈습니다. 예전부터 허준의 학문을 높이 평가했던 선조는 그의 충직함이 미더웠습니다. 선조는 의서의 세 가지 편찬 방향을 지시했습니다.

첫째, 병을 고치기에 앞서 수명을 늘리고 병에 안 걸리도록 하는 방법을 중시하라. 병 고치는 것보다 안 걸리는 것이 더 중요하기 때문이다.

둘째, 무수히 많은 처방의 요점을 잘 간추려라. 중국에서 수입된 의서가 매우 많은데, 이 책은 이렇게 말하고 저 책은 저렇게 말하는 등 앞뒤가 서로 맞지 않는 경우가 많기 때문이다.

셋째, 국산 약을 널리, 쉽게 쓸 수 있도록 하라. 약초 이름에 조선 사람이 부르는 이름을 한글로 표시하라. 시골에는 약이 부족하므로 주변에서 나는 약을 써야 하는데, 그게 어떤 약인지 잘 모르기 때문이다.

왕이 명을 내리기는 했지만, 의서를 펴내야 한다는 것은 허준을 비롯한 많은 사람의 의견이었을 겁니다. 편찬 방향도 마찬가지였겠죠.

허준은 양예수, 정작, 김응탁, 이명원, 정예남 등 다섯 명과 함께 명령을 받들어 일을 시작했습니다. 세종 때 《의방유취》를 편찬한 이후 가장 많은 인원이 의서를 짓는 작업에 참가했고, 참여한 사람 모두가 쟁쟁했습니다. 허준보다 선배였던 양예수는 당대 최고의 의술 솜씨를 지닌 어의였습니다. 정작은 의사는 아니었지만 뛰어난 의학자였습니다. 그의 형인 정렴과 함께 기 호흡으로 건강을 챙기는 양생술의 대가였죠. 김응탁, 이명원, 정예남은 젊은 어의였는데, 특히 이명원은 침술에 뛰어났습니다.

이들이 함께 작업했으므로 《동의보감》이 공동 저작이라고 할 수도 있을 법한데, 왜 우리는 허준의 책으로 알고 있을까요? 그것은 이들이 모여서 겨우 책의 골격만 잡았을 때 1597년 정유재란이 터져 공동 작업이 중단되었기 때문입니다. 책 쓰기는 힘들어졌고, 난리 통에 이들은 뿔뿔이 흩어져버렸습니다. 정유재란이 끝난 뒤 1601년이 되어서야 선조는 왕실에 소장된 의서 5백여 권을 다시 허준에게 내주면서 일을 다시 추진할 것을 명했습니다. 이후에는 허준이 모든 것을 홀로 완성했기 때문에 《동의보감》은 허준이 혼자 써낸 책이라고 할 수 있습니다. 실제로 《동의보감》안에 책의 편찬자로는 허준의 이름만 적혀 있습니다.

동아시아 의학을 종합해 독자적 경지에 이르다

허준이 새 의서를 혼자 쓸 때도 상황이 순조롭진 않았습니다. 1608년이 되도록 책의 절반도 끝내지 못했으니까요. 당시 허준은 어의였습니다. 집필이 부진한 이유는 어의로서 할 일이 너무 많아서였습니다. 1601년에 허준은 급히 《언해태산집요》, 《언해구급방》, 《언해두창집요》등 세 책을 지었습니다. 전쟁 후에 꼭 필요한 해산과 육아, 구급 치료법, 천연두 치료법 등을 간단하게 담은 책들이었습니다. 세 책에는 백성도 읽을 수 있도록 한글 번역이 딸려 있습니다.

어의 임무를 하느라 정신이 없던 허준에게 집필 시간을 준 것은 귀양살이였습니다. 1608년 선조가 세상을 뜨자 임금의 건강을 책임지고 있던

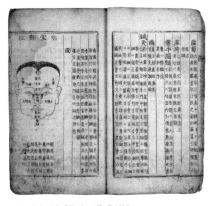
1613년에 나온 《동의보감》 초간본.

허준이 죄를 뒤집어썼습니다. 사실 선조는 건강 상태가 몹시 안 좋았기 때문에 어의의 잘못은 아니었습니다. 하지만 많은 관리들이 허준에게 죄를 뒤집어씌우며 들고 일어났습니다. 허준이 서자 출신이면서도 양반들에게 굽실거리지 않아 못마땅한 사람들이 많았던 겁니다. 그들은 허준이 왕의 총애만 믿고 너무 건방지다고 생각했습니다. 선조의 뒤를 이은 광해군은 그런 주장이 마땅하지 않음을 잘 알고 있었고, 허준 덕분에 목숨을 건진 적도 있었습니다. 그러나 광해군은 관리들의 비난에 못 이겨 허준을 귀양 보냈습니다. 서울에서 먼 곳이 아니면서도 허준이 생활에 익숙한 의주 땅으로 보낸 겁니다. 귀양살이를 하며 허준은 2년이 채 안 되는 시간 동안 나머지 절반 이상을 다 써서 1610년 책을 끝냈습니다.

광해군은 그 책에 감격하면서 책 이름으로 《동의보감》을 쓰도록 했습니다. 방대하고도 정교한 《동의보감》은 인쇄하는 데 3년이 걸려 1613년이 되어서야 세상에 모습을 드러냈습니다. 이 책에는 선조가 밝힌 세 가지 원칙이 생생하게 살아 있었습니다. 질병보다 건강과 예방을 앞세웠고, 이 때문에 다른 종합 의서와 완전히 다른 책이 만들어졌습니다. 허준은 여러 이론과 처방을 간결하면서도 요령 있게 정리했습니다. 이로써 한의학의 계통과 유래가 분명하게 파악되었습니다. 특히 향약이 완벽하게 정

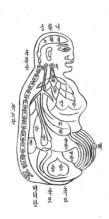

리되었습니다.《향약집성방》이후의 향약에 관한 지식이 모두 정리되었고, 약 이름이 최초로 한글로 쓰였습니다. 덕분에《동의보감》은 백성들에게 유용한 책이 될 수 있었습니다.

허준이 어떤 일을 해냈는지 다시 한 번 정리해봅시다. 그는《의방유취》에 정리된 의학 지식을 완전히 깨우쳐 독자적인 의학의 경지를 이루었습니다.《의방유취》이후에 나온 중국과 조선의 의학을 함께 아울러 동아시아 의학의 핵심을 잡아냈습니다. 그 어려운 의학을 철저하게 이해하는 데 그치지 않고 한 걸음 더 나아간 겁니다.

이는 중국의 어느 의학자와 견줘도 결코 뒤지지 않는 성취였습니다. 적어도 동아시아 의학의 종합이라는 측면에서는 허준이 으뜸입니다.《동의보감》이 오늘날에도 중국과 한국에서 계속 찍혀 나오는 까닭이 바로 여기에 있습니다.

꼭 기억해야 할 게 하나 있습니다. 허준이 조선만의 독특한 의학이 아니라 동아시아 의학 전체와 씨름했기 때문에 세계 수준의 책을 써낼 수 있었다는 사실입니다. 허준이 인용한 대부분의 책은 중국 학자들이 쓴 의서였습니다. 허준은 그 전의 중국 의학자와 조선 의학자의 연구 성과를 바탕으로 독자적인 경지에 이른 것입니다.

세계적인 명성의 비밀

《동의보감》이 세계적인 저작이 된 비결은 어디에 있을까요?《동의보감》은 동아시아 의학이라는 큰 산악을 올라가는 지도에 비유할 수 있습니다. 산에 난 모든 길을 표시해 산에서 험한 일을 당하지 않도록 한 것이 허준의 작업이었습니다. 그는 여러 선현이 앞서 그린 내용을 바탕으로 삼고, 자신이 의학의 길을 밟으면서 얻은 경험과 정보를 종합하여 전인미답의 새 지도를 그렸습니다. 허준은 의학을 창시했다는 황제 이후 17세기에 이르는 중국과 한국 의학의 역사 전체를 대상으로 방대하면서도 정밀한 지도를 만들어냈습니다. 달리 말해 일종의 의학적 표준을 마련했다고 할 수 있습니다.

고대 중국의 《황제내경》은 양생의 정신을 강조하면서 신체와 병증에 대한 이해를 폭넓게 시도하고 침과 뜸을 이용한 치료법을 제시했지만, 일목요연한 체제를 이루지는 못했습니다. 당나라 때부터 송·금·원 시기를 거치면서 후대 의학자들은 건강과 예방 측면은 다소 소홀히 하면서 병의 진단과 치료, 약물학과 침구학 등 임상적 측면을 주로 탐구했습니다. 그리하여 수많은 이론과 처방이 등장했지만 오히려 너무 방대해지고 서로 다른 경향들이 충돌해 어떤 것이 올바르고 그른지 혼란스러워졌습니다. 그래서 그것을 정리할 필요성이 생겨났습니다.

허준 이전에 여러 중국 의학자들도 이런 문제점을 해결하고자 나섰습니다. 중국 명나라 의학자인 우단虞摶, 이천李梴, 공신龔信과 공정현龔廷賢 부자 등 쟁쟁한 의학자들이 그들입니다. 조선의 의학자 허준도 이 일에 뛰어들어 문제를 해결해낸 것입니다. 성공의 비결은 우선 허준이 다음 다섯 가지 의학의 전통을 잘 종합했다는 데 있습니다. 여기서 종합이란 옥석을 가려내어 정리한 것을 뜻합니다.

첫째, 양생과 의학 내용을 종합했습니다. 고대 중국에서 《황제내경》이후 양생학과 의학은 별개의 전통으로 나뉘어 진전되었는데, 양생학의 일부 내용을 취한 기존 의서들과 달리 신체와 질병, 약물학과 침구학 등의 전면적인 차원에서 양자를 종합했습니다.

둘째, 고금의 의학 내용을 종합했습니다. 허준은 고대부터 중국 송대 사이의 의학 이론·처방과 금·원 시대 이후 새로 전개된 의학 이론·처방을 종합했습니다. 여기서 세종 때 《의방유취》의 정리가 큰 도움이 되었습니다.

셋째, 저마다 기존 의학의 혼란상을 극복하고자 나선 명나라 의학자들의 의학 내용까지를 다시 용광로에 녹여내어 거대한 종합을 이끌어냈습니다.

넷째, 의학의 영역을 이루는 내과, 외과, 부인과, 소아과, 본초학(약물학), 침구학 등 전문 영역의 내용을 종합했습니다.

다섯째, 조선 의학 전통을 종합했습니다. 고려 중엽부터 성장해온 국산 약재를 위주로 병을 치료하는 향약 의학의 전통을 수렴했습니다. 이 외에도 15~16세기 민간에 널리 보급한 대민 의학, 즉 아이를 낳고 신생아를 돌보는 데 필요한 의학, 천연두의 예방과 치료에 관한 의학, 전염병에 대응하는 의학, 굶주림을 이겨내기 위한 구황救荒 의학을 종합했습니다.

일목요연한 체제

옥석을 가려낸 뒤에는 일목요연하게 내용을 체계화하는 작업이 따릅니다. 허준은 《동의보감》을 크게 〈내경편〉, 〈외형편〉, 〈잡병편〉, 〈탕액편〉, 〈침구편〉으로 구분했습니다. 이 다섯 편은 한의학이 대상으로 삼은 몸과 병, 약과 침 치료 전반을 망라합니다. 특히 〈내경편〉과 〈외형편〉에는 병든 몸을 치료하는 내용뿐만 아니라 몸과 마음의 건강을 추구하고 병을 미연에 방지하는 각종 방법까지 담겨 있습니다. 이 다섯 편은 다시 105개 문門으로 상세하게 구분됩니다. 어떤 내용이 들어 있는지 한번 봅시다. 이렇게 긴 내용을 여기에 모두 적는 이유는, 이런 식으로 일관되게 몸과 병, 치료법을 구분한 의서가 동아시아에 없었기 때문입니다. 어렵게 느껴질 테지만 참고 삼아 보기 바랍니다.

- 〈내경편〉(26개 문): 신형身形, 정精, 기氣, 신神, 혈血, 몽夢, 성음聲音, 언어言語, 진액津液, 담음痰飮, 오장육부五臟六腑, 간장, 심장, 비장, 폐장, 신장, 담, 위, 소장, 대장, 방광, 삼초, 포胞, 충蟲, 소변, 대변 등

- 〈외형편〉(26개 문): 두頭, 면面, 안眼, 이耳, 비鼻, 구설口舌(입과 혀), 치아齒牙, 인후咽喉, 두항頭項(목), 배背(등), 흉胸, 유乳, 복腹, 제臍(배꼽), 요腰(허리), 협脇(옆구리), 피皮(살갗), 육肉(살덩이), 맥脈, 근筋(힘줄), 골骨(뼈), 수手, 족足, 모발毛髮, 전음前陰(생식기), 후음後陰(항문) 등
- 〈잡병편〉(36개 문): 천지운기天地運氣, 심병審病(병을 알아내는 법), 변증辨證(증상을 파악하는 법), 진맥診脈, 용약用藥(약을 쓰는 원칙), 토법吐法(토하게 해서 치료하는 법), 한법汗法(땀을 내서 치료하는 법), 하법下法(설사시켜 치료하는 법), 풍風, 한寒, 서暑, 습濕, 조燥, 화火, 내상內傷, 허로虛勞, 곽란霍亂, 구토嘔吐, 해수咳嗽, 적취積聚, 부종浮腫, 창만脹滿, 소갈消渴, 황달黃疸, 해학痎瘧, 온역瘟疫, 사수邪祟, 옹저癰疽, 제창諸瘡, 제상諸傷, 해독解毒, 구급救急, 괴질怪疾, 잡방雜方, 부인, 소아
- 〈탕액편〉(16개 문): 탕액서례, 수부水部, 토부土部, 곡부穀部, 인부人部, 금부禽部, 수부獸部, 어부魚部, 충부蟲部, 과부果部, 채부菜部, 초부草部, 목부木部, 옥부玉部, 석부石部, 금부金部 등
- 〈침구편〉(1개 문)

《동의보감》 편집 체제에서 더 놀라운 점은 105개 문의 내용이 2807개나 되는 표제로 세분되어 있다는 점입니다. 《동의보감》은 명대에 나온 다른 의서들이 수백 개의 표제어로 책을 구성한 것보다 훨씬 세세히 나뉘어 있습니다. 각 표제마다 양생의 원칙, 병의 원인, 각종 병의 증상들, 맥의 특성, 구체적인 치료법, 식이요법, 한 가지 약 위주의 처방인 단방, 체조와 같은 도인법導引法, 침 또는 뜸을 놓는 법, 금기 등이 설명되어 있습니다. 게다가 이렇게 세세한 표제와 거기에 해당하는 탕약 이름 등이 책의

목차에 다 표시되어 있습니다. 놀랍게도 오늘날의 의학 백과사전 같은 체제입니다.

만약 여러분의 눈 부위에 이상한 것이 생겼다거나 귀가 윙윙 울리거나 얼굴에 여드름이 심하게 났다고 가정해볼까요. 여러분은 이런 각종 증상에 대해 왜 이런 증상이 생겨나고, 병의 진단은 어떻게 하며, 어떤 방식의 치료법을 쓸지를《동의보감》에서 쉽게 찾아낼 수 있습니다. 편집 체계의 일목요연함 덕분입니다. 잘 종합한 동아시아 의학이 이처럼 요령 있게 잘 정리되어 있는 것입니다.

독자들은 자기가 궁금한 병의 증상과 치료법을 쉽게 찾을 수 있습니다. 여기서 더 나아가 편 아래 문門에 속한 작은 표제를 훑어보면 그 문의 내용을 대강 파악할 수 있고, 그것을 한데 모아놓은 책의 목차를 일람하면 이 새 의서가 다루는 내용 전반을 파악할 수 있습니다. 또 모든 내용을 깊이 공부한다면 한의학이라는 거대한 영역의 전모와 깊이를 알게 되지요.

허준은 이에 대해 다음과 같이 말했습니다. "환자들이 책을 펴서 눈으로 보기만 한다면 허실, 경중, 길흉, 사생의 징조가 맑은 물거울에 비친 것처럼 확연히 드러나도록 하였으니, 잘못 치료하여 요절하는 근심이 없기를 바라노라." 어떻습니까, 허준의 소망과 자부심이 팍팍 느껴지지 않습니까?

이런 자부심은 '동의'라는 말로 표현되었습니다. 허준은 당시 천하의 의학이 중국의 북의(북쪽 지방의 의학)와 남의(남쪽 지방의 의학)라는 커다란 두 전통으로 이루어져 있었다고 하면서,《동의보감》저작의 저술과 함께 동쪽 지방의 의학인 동의가 또 다른 축을 이루게 되었다고 말했습니다. 한국에서도 의학 전통이 줄곧 있어왔지만,《동의보감》같은 책의 출현으로 그 수준이 중국 양대 전통과 견주게 되었음을 선언한 것입니다.

세계의학사에서 《동의보감》과 비슷한 사례를 찾는다면, 이슬람의 아비센나^Avicenna(이븐시나, 980~1037)가 지은 《의학정전》을 들 수 있습니다. 아비센나가 이슬람권이라는 다른 지역에서 그리스의 히포크라테스와 로마의 갈렌의 의학을 종합한 체계를 세웠듯, 허준의 《동의보감》도 중국과 다른 지역에서 《황제내경》, 《상한론》 등의 전통에서 비롯한 고금의 의학 전통을 멋지게 종합해 일목요연하게 정리한 것입니다.

허준도 깜짝 놀랄 후대 《동의보감》의 명성

18세기쯤에는 국내외에서 《동의보감》의 명성이 하늘을 찔렀습니다. 조선의 22대 국왕인 정조(재위 1776~1800)는 "고금의 의서 중에서 진실로 우리나라에서 쓰기에 알맞은 책을 찾자면 양평군陽平君 허준이 지은 《동의보감》만 한 것이 없다"고 극찬했습니다.

연경사의 일원으로 중국을 다녀온 홍대용, 박지원 등도 중국에서 《동의보감》이 받는 대접을 자신의 기행문에 실었습니다. 1765년 사신 일행에 낀 홍대용은 "중국에서 의업을 하는 사람은 《동의보감》을 엄청 귀하게 여긴다. 이미 간행한 지 오래되었다"고 적었으며, 1780년에 다녀온 박지원은 "우리나라 서적으로서 중국에서 간행된 것이 극히 드물었고, 다만 《동의보감》 25권이 성행盛行하였을 뿐이었는데 판본이 정묘하기 짝이 없다"고 적었습니다.

《동의보감》은 국내에서는 19세기까지 대여섯 차례 공식적으로 인쇄,

《동의보감》 중국어판(1831, 왼쪽)과 일본어판(1890, 오른쪽).

발간되었습니다. 수많은 필사본까지 고려해보면 실제로 《동의보감》은 더욱 널리 읽혔을 것입니다. 조선 의학계에서 《동의보감》의 영향은 이 책이 널리 읽혔다는 데 그치지 않았습니다. 어떻게 보면, 《동의보감》의 정신과 내용을 계승한 후학들의 의서를 통해 그 영향이 배가되었다고 볼 수 있습니다.

《동의보감》은 중국에서 30여 차례, 일본에서도 여러 차례 출간되었으며, 대단히 높은 평가를 받았습니다. 한번 살펴볼까요?

동의보감 25권은 조선국의 의자인 허준이 편집한 것이다. 내경, 외

형, 탕액, 침구, 잡병 등으로 나누었는데, 고금의 중설衆說을 손바닥
에 잡히도록 살폈으니 가히 의업의 가르침과 바로잡음에 도움이 되
지 않겠는가?

– 1723년, 일본의 후지와라 노부아스藤原信篤

동의보감은 즉 명나라 시대 조선의 양평군 허준의 저작이다. … 이
책은 이미 황제께 올려서 국수國手임이 인정되었으나, 다만 여태까
지 비각秘閣에 간직되어 세상 사람이 엿보기 어려웠다. … 천하의
보배는 마땅히 천하가 함께 가져야 할 것이다.

– 1766년, 청나라의 링위凌魚

"천하의 보배는 마땅히 천하가 함께 가져야 할 것이다"는《동의보감》의
진가를 콕 집어낸 말입니다. 2009년《동의보감》은 의학 서적으로는 처음
으로 유네스코 세계기록문화유산에 등재되어 명실 공히 천하인의 보배
로 공인받았죠.

가공된 이야기 속에 가려진 허준의 실체

소설과 드라마로 그려진 허준의 이야기는 대부분 사실이 아닙니다. 우
선 허준의 스승으로 그려진 유의태는 허준보다 백 년 늦게 태어난 사람
입니다. 작가가 소설을 쓰면서 끼워 넣은 인물이죠. 허준의 어머니가 노
비였다는 이야기도 사실이 아닙니다. 허준의 어머니는 양반 가문의 딸이

었습니다. 정실부인이 아니었을 뿐이죠. 허준이 과거에 급제했다는 내용도 허구입니다. 아직까지 허준이 과거를 보았다는 기록은 발견되지 않았습니다. 허준과 사랑에 빠졌다는 예진 아씨는 역사에 없었습니다. 그리고 허준이 1546년에 태어났다고 족보에 적혀 있어서 그렇게 널리 알려졌는데, 새로 발굴된 자료에 따르면 허준은 1539년에 태어났습니다.

허준은 양반 가문, 그중에서도 무관 가문의 후손이었습니다. 할아버지가 정3품을 지냈고, 아버지는 종4품 이상을 지냈습니다. 한마디로 쟁쟁한 집안의 둘째 도련님이었죠. 물론 어머니가 정실부인이 아니어서 서자이기는 했지만 그게 허준의 공부에 장애가 되지는 않았습니다. 허준의 동생은 서자임에도 불구하고 문과에 급제했거든요. 이런 사실은 허준의 집안에서 적서의 차별 없이 공부를 시켰음을 뜻합니다. 허준에 대해 "어렸을 때부터 총명하여 경전, 역사에 밝았을 뿐 아니라 의학에 특별히 밝았다"는 당대의 평가도 있습니다. 이는 허준의 학문이 폭넓고 깊었음을 말해줍니다. 《동의보감》 같은 책을 쓸 수 있는 허준의 자질은 어렸을 때부터 차츰 갖춰진 겁니다.

허준은 벼슬길에 늦게 올랐지만 일단 관직에 나아간 뒤에는 승승장구했습니다. 33세 때 내의원의 핵심 요직인 내의원 첨정(종4품)에 올랐고, 51세 때 왕자의 천연두를 고친 공으로 정3품 벼슬에 올랐습니다. 의원으로서 넘을 수 없던 벽을 뚫고 당상관에 올라 '대감' 소리를 듣게 된 겁니다. 57세 때 또다시 세자의 병을 고친 공으로 서자 출신에 붙는 중인 딱지를 떼고 양반이 되었습니다. 65세 때에는 임진왜란 때 임금을 의주까지 모신 공으로 3등 공신에 책봉되는 한편 종1품 벼슬을 얻었습니다. 서자 출신의 의원으로서 역사상 처음 있는 일이었습니다. 이보다 앞서 62세 때에는 선조가 허준이 병을 고쳐준 데 감격하여 정1품 보국숭록대부를 수여하려고 했으나, 대신들의 반대가 드세어 취소되기도 했습니다. 1615년 허준이 77세로 죽자 광해군은 선조 때 받지 못했던 정1품 벼슬을 내렸습니다.

《언해구급방》.

책으로는 《동의보감》 같은 불후의 명작을 남겼고, 벼슬로는 정1품 보국숭록대부까지 올랐으니 허준의 삶은 휘황찬란했다고 봐야 할 겁니다. 그는 동아시아 최초로 성홍열의 정체를 올바르게 알아내는 쾌거도 이룩했습니다. 그러한 연구 성과는 1613년 나온 《벽역신방》(역병을 쫓아내는 새로운 처방)에 실려 있습니다. 이 밖에도 진맥할 때 참고하던 중국의 《찬도맥결》을 바로잡은 《찬도방론맥결집성》, 그리고 《신찬벽온방》(염병을 쫓는 새로운 처방)과 함께 세 종류의 언해 책 《언해태산집요》·《언해구급방》·《언해두창집요》까지 썼으니, 허준 혼자 해낸 일이 정말 크고도 넓습니다.

한의학은 기본적으로 살아 있는 기운, 즉 생기生氣를 중심으로 하는 의학입니다. 몸 안의 기운을 어떻게 힘차게 하고, 쇠약해진 기운을 어떻게 되살리는가에 관심을 두었습니다. 그렇기 때문에 몸 전체의 상태를 파악하는 데 주력해왔죠. 그러니까 이른바 내과학이 발달한 겁니다. 이와 달리 서양 의학은 신체의 각 부위를 나누어 각 부분에 생긴 이상 상태를 파악하고 거기에 생긴 병의 근원을 없애는 데 주력해왔습니다. 그 결과 해부학과 외과 수술이 발달했죠.

15세기에 서양에서 해부하던 모습. 야외에서 선생이 지켜보는 가운데 조수가 해부를 하고 있다.

허준은 기운을 잘 활용해서 무병장수하는, 이른바 양생의 방법에 지대한 관심을 가졌습니다. 허준의 이런 생각은 1763년 조선통신사를 따라 일본에 간 후배 의사 남두민에게서 잘 드러납니다. 그는 교토로 가는 길에 일본 의사인 기타야마 쇼를 만나 의학을 토론하게 되었습니다. 기타야마는 남두민에게 이렇게 말했습니다.

"우리 일본에 야마와키 도요라는 의사가 있습니다. 그는 실제 해부를 해서 새로운 의학을 알아냈다고 주장합니다. 그게 기존의 한의학 지식과 완전히 다른 내용입니다. 몸속에는 5장6부가 있는 게 아니라, 단지 9개 장부만 확인됐다는 거죠. 이게 맞는다면 5장6부에 바탕을 둔 한의학은 모두 거짓 의학이 되지 않겠습니까. 우린 이제 다 망하게 되었습니다. 조선에서는 이런 일을 알고 있습니까?"

기타야마가 은근히 조선이 잘못된 의학을 하고 있다고 말하자 남두민이 이렇게 받아쳤습니다. "귀하의 나라에는 기묘한 걸 좋아하는 사람들이 참 많은 것 같군요. 우리나라 사람은 진득합니다. 우리는 옛날의 의학 성현인 황제와 기백이 가르쳐준 의학을 존경하고 숭배합니다. 해부를 해서 아는 자는 어리석은 자입니다. 성현은 해부를 안 하고도 몸의 상태와 병을 정확히 알아냅니다. 귀하는 그런 말에 현혹되지 마십시오."

남두민의 생각이 허준과 비슷하죠? 이런 태도는 18세기 이후 일본의 경향과 크게 달랐습니다. 일본은 16세기 말부터 난학('네덜란드에서 온 학문'이란 뜻)이 발달하면서 서양 의학을 받아들였습니다. 그러다 1754년 한의사 야마와키 도요가 실제 해부에 나선 겁니다. 자기가 쓰고 있는 한의학이 옳은지 그른지 살피기 위해서였죠. 그는 사형된 수십 명을 해부해도 좋다는 허락을 나라로부터 받아냈습니다. 그리고 해부한 결과를 《장기에 대한 기록》이라는 책으로 펴냈습니다. 이보다 꼭 20년이 흐른 1774년 일본 학자가 두툼한 서양 해부학 책을 번역해냈습니다. 현재 일본이 자랑하는 《해체신서》(몸을 해부한 새로운 책)가 그 책입니다. 네덜란드 말을

일본에서 사형자의 시체를 해부하는 모습.

전혀 몰랐던 상태에서 시작해서 어려운 의학 용어 전부를 깨우쳐 완역에 성공한 것이었습니다. 이처럼 일본에서는 서양 해부학 학습을 통해 새로운 의학을 찾아가고 있었습니다. 같은 의학이라고 해도 일본보다 조선이 훨씬 전통을 고수하는 편이었죠.

천문학 분야에서는 우리나라가 열성적으로 서양 천문학을 받아들였죠. 같은 과학인데 의학 분야에서는 왜 서양 의학을 받아들이지 않았을까요? 천문학, 특히 계산하는 분야는 천체 운행의 계산과 관련된 내용이었습니다. 우리 방법을 쓰든 서양 방법을 쓰든 정확을 기하는 게 중요했습니다. 더 정확한 게 있으면 바로 받아들였던 겁니다. 또 제왕의 학문은 오차를 최대한 줄이는 게 목표였거든요. 하지만 의학 분야는 달랐습니다. 20세기에 이르기까지 서양 의학은 몸에 대한 지식이 상세해 보이기는 했지만, 외과 수술을 제외한 치료술은 형편없어 보였거든요. 대다수 사람들은 한의학이 치료에 더 우수하다고 확신했죠.

천문학 분야와 달리, 인간의 몸과 병에 대한 접근은 단 하나의 방법만 있는 게 아닙니다. 서양 의학이 몸을 낱낱이 뜯어보듯 접근

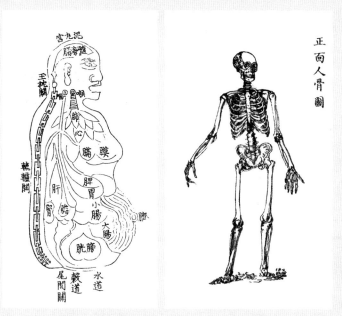

《동의보감》의 신형장부도(왼쪽)와 서양의 해부도(오른쪽). 《동의보감》 신형장부도의 주목적은 각 기관의 존재와 위치를 표현하는 것이다. 이 점에서 인체를 정확히 묘사한 서양의 해부도와 뚜렷한 차이를 보인다.

하는 분석적 의학 체계를 열었다면, 한의학은 기氣를 중심으로 하여 몸을 하나로 보며 기능을 충실하게 회복시키는 의학 체계를 발전시켰습니다. 두 의학의 토대가 매우 달라서 천문학 분야와 같은 일이 벌어지지 않았던 겁니다. 이는 오늘날까지 지속되는 특징이기도 합니다.

5

환자의 특성을 고려한 사상의학

사상의학을 창시한 이제마

태양인, 소양인, 태음인, 소음인이란 말은 익히 들어봤을 겁니다. 이 구분은 사상의학四象醫學에 따른 것이죠. 사상의학을 창시한 사람은 이제마입니다. 그는 허준과 어깨를 나란히 하는 의사였지만, 그에 대해 잘 아는 사람은 많지 않습니다.

이제마는 1837년 함경도 함흥에서 태어났습니다. 열세 살 때 아버지와 할아버지를 동시에 여의고 그 충격으로 집을 뛰쳐나와 전국을 떠돌았다고 합니다. 우리나라뿐만 아니라 중국과 러시아 인근 지역까지 돌아다니면서 견문을 깨쳤습니다. 늦깎이로 서른아홉 살 때 고향에서 본 무과 시

험에 합격하여 서울에서 무관 생활을 시
작했습니다. 이때 이제마는 호를 '동무東
武', 즉 동쪽 나라를 지키는 무관이라 지
었습니다. 이제마는 관직 생활을 하면
서 틈틈이 의술을 펼치며 의학을 연구했
습니다. 1894년 《동의수세보원》 저술을
마친 뒤 1900년에 생을 마쳤습니다. 이
듬해에 제자들이 이 책을 고향 함흥에서
찍어냈습니다.

이제마(1837~1900)

　이제마가 죽고 나서 15년 후 육당 최
남선이 처음으로 그의 의학에 대해 평가
를 내렸습니다. 최남선은 나중에는 변절
했지만 1919년 3·1운동 때 〈기미독립
선언문〉을 지은 최고의 문장가였습니다.
그는 1916년 대표작인 《시문독본》에서 이제마를 '사상의학 발명자', '뛰
어난 무인이자 병략가'로 높이 평가했습니다. 사상의학에 대해서는 이렇
게 말했습니다. "이제마의 사상의학은 오장육부가 아니라 사장사부에 입
각한 의학으로서 이전에 없었던 의학이다. 사장사부는 경험과 사실에 근
거한 과학적인 것이다."

　때는 일제가 무단 통치를 하던 1910년대였습니다. 최남선은 민족의 자
긍심을 높이기 위한 사례를 찾으며 '조선에 과학이 있었던가? 조선 학문
에 혁신이 있었던가?' 물음을 던졌습니다. 그러다 이제마의 사상의학을
발견하고 눈이 번쩍 뜨였을 겁니다. 그는 이제마가 전통적인 오장육부 한

의학을 거부하고 수많은 환자의 경험 사례를 모아 사상의학이라는 혁신을 이룬 데 주목했습니다. 1940년 유명한 한국학 연구자 최익한도 이제마의 업적에 대해 "옛사람의 묵은 학풍을 답습하기에 바빴던 학계를 혁신한 것"이라고 칭송했습니다.

도덕과 수양에 관련된 체질

사상의학의 네 구분은 관상을 보는 것처럼 흥미로워서 누구든 귀가 쫑긋해지죠. 네 가지 체질은 다음과 같이 정리할 수 있습니다.

- 태양인: 목덜미가 뚱뚱하고 머리가 크다. 얼굴은 둥근 편이고, 살이 많이 찌지 않았다. 보통 이마가 넓고 광대뼈가 튀어나왔다. 눈에는 광채가 있다. 척추와 허리가 약하며, 오래 앉아 있지 못하고 기대어 앉거나 눕기를 좋아한다. 성격은 남들과 잘 어울리고 과단성, 진취성이 강하다. 또한 머리가 명석하고 창의력이 뛰어나 남이 생각하지 못하는 것을 생각해내곤 한다. 반면에 계획성이 적고 대담하지 못하며, 남을 공격하기 좋아하고 후퇴를 모른다. 지나친 영웅심과 자존심이 강하여 일이 안 될 때는 심한 분노를 표출한다.
- 소양인: 몸에 살이 많지 않은 편인데, 상체가 발달해 있고 하체가 가벼워서 걸음걸이가 빠르다. 머리는 앞뒤가 나오거나 둥근 편이고, 얼굴은 명랑하다. 눈이 맑고 반사적이다. 입은 과히 크지 않

고 입술이 얇으며 턱이 뾰족하다. 보기에 경솔하고 무슨 일이든 빨리 시작하고 빨리 끝내기 때문에 실수가 많고 일이 거칠다. 남의 일에는 희생을 아끼지 않고 그 일에 보람을 느끼므로 자기 일을 돌볼 겨를이 없다. 판단력이 매우 빠르나 계획성이 적으며, 일이 안 될 때는 체념을 잘한다. 의분이 생길 때는 물불을 가리지 않고 행동으로 옮겨서 목에 칼이 들어와도 하고야 만다.

- 태음인: 네 유형 중 체격이 가장 큰 편이다. 골격이 굵고 키가 크며 살진 사람이 많고 특히 손발이 큰 편이다. 얼굴은 윤곽이 뚜렷하여 눈·코·귀·입이 크고 입술이 두텁다. 턱이 길고 두터워 교만하게 보인다. 상체보다 하체가 건장하여 걸을 때는 약간 고개를 떨어뜨리고 앞을 내려다보며 배를 내밀고 발을 땅에 놓아 오리걸음같이 걷는다. 마음이 넓을 때는 바다와 같고, 고집스럽고 편협할 때는 바늘구멍같이 좁다. 잘못된 일인 줄 알면서도 무모하게 밀고 나가려는 우둔함이 있다. 자신의 주장을 말할 때는 남들이 좋아하거나 말거나 끝까지 소신을 피력하는 끈질긴 성격이다.

- 소음인: 키는 작은 편이나 큰 사람도 있고, 용모가 잘 짜여 있어 여자는 오밀조밀하고 예쁘며 애교가 있다. 몸의 균형이 잡혀서 걸을 때는 자연스럽고 얌전하며, 말할 때는 눈웃음을 짓고 조용하고 침착하며 논리정연하다. 성격은 내성적이고 비사교적이다. 겉으로는 유연해도 속은 강하다. 작은 일에도 세심하고 과민하여 늘 불안한 마음을 갖는다. 아전인수 격으로 자기 본위로만 생각하고 실리를 위해서는 수단과 방법을 가리지 않는다. 머리가 총명하여 판단력이 빠르고 매우 조직적이며 사무적이다. 자기가 한

일에 남이 손대는 것을 가장 싫어하고 남이 잘하는 일에는 질투가 심하다.

그런데 왜 체질을 넷으로 나누었을까요? 오늘날 학자들이 열심히 연구하고 있지만 그 까닭은 밝혀내지 못했습니다. 다만 이제마가 고대 유교 경전을 치열하게 파고든 끝에 심오한 의학을 창안한 것은 분명합니다. 그는 인간이 어떻게 살 것이며, 인간의 몸이 어떠한 것이며, 수양을 통해 어떻게 완성될 것인가 하는 문제를 풀기 위해 고심했습니다. 그는 《대학》이나 《중용》 같은 유교 경전 속에서 4개의 단서를 찾아내는 한편, 수많은 환자를 진료하면서 관찰한 신체의 특징과 잘 걸리는 병을 탐구했습니다. 이 두 가지 공부가 사상의학의 창안으로 이어졌습니다. 그 결과물이 1901년에 간행된 《동의수세보원》에 실려 있습니다. 동의수세보원東醫壽世保元이라는 책 이름은 '동쪽 나라 의학에서 오래 살도록 하고 몸의 원기를 찾도록 하는 방법을 담은 책'을 뜻합니다.

네 가지로 체질을 구분한 내용만 보면 사상의학이 마치 몸의 체질을 알아내는 의학 같습니다. 하지만 그건 이제마의 본뜻에 크게 어긋납니다. 이제마는 도덕과 수양을 중시했습니다. 사람의 체질이 도덕이나 수양과 관련되어 있다고 본 겁니다.

보통 사람들은 네 체질의 유형에 포괄되는데, 모두 뭔가 모자란 존재라고 합니다. 몸을 이루는 기운이 완전하지 않고 특별한 기운이 지나쳐서 네 유형이 생겨난다는 겁니다. 모든 기운이 골고루 갖춰진 사람도 있는데, 이제마는 이런 사람을 '성인'이라고 했습니다. 현실 세계에서 성인은 없고, 단지 한쪽 기운이 치우친 네 종류의 사람만 있다는 거죠.

성격을 보면 태양인은 비루하고, 소양인은 천박스럽고, 태음인은 탐욕스럽고, 소음인은 게으르다고 했습니다. 각각 자신의 체질을 깨닫고 마음의 수양을 통해 본래 타고난 나쁜 성질을 바로잡아야겠죠. 이것이 바로 사상의학의 핵심입니다.

《동의수세보원》.

체질에 따라 다른 처방

중국에서 한의학이 탄생한 뒤 수많은 학설이 나왔지만, 이제마의 사상의학은 그중에서도 매우 독특합니다. 사상의학을 제대로 평가하려면 한의학이 어떻게 이루어져 있는지부터 알아야 합니다. 한의학은 기본적으로 인체와 자연의 '기氣'를 중심으로 한 의학 체계입니다. 기는 음기와 양기, 목·화·토·금·수 등 오행에 따라 움직이죠. 달리 말해 한의학은 음양오행의 의학이라 말해도 지나치지 않습니다. 한의학은 음양오행을 바탕으로 하여 몸의 상태를 다루는 생리학, 병을 다루는 병리학, 병을 알아내는 진단학, 병을 고치기 위한 치료학, 약물을 다루는 약리학 등을 발전시켜왔습니다. 오랜 역사를 거쳐 발달해온 한의학의 수많은 학설과 논쟁은 모두 이 음양오행의 틀 안에서 이루어졌던 겁니다.

이렇듯 견고한 음양오행의 틀을 깬 사람이 바로 이제마입니다. 그는 오

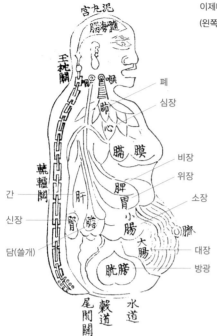

이제마는 기존의 5장 6부 개념을 4장 4부로 새로 정리했다.
(왼쪽 그림은 동의보감의 신형장부도.)

오장 : 간장, 심장, → **사장** : 간장, 비장,
비장, 폐장, 신장　　　　폐장, 신장

육부 : 위, 대장, → **사부** : 위완, 위,
소장, 쓸개, 방광,　　　소장, 대장
삼초

＊ 위완 : 식도에서 위로 들어가는 부분

행 대신 태양·소양·태음·소음이라는 네 가지 사상의 개념을 제시했죠.
또 5장 6부 대신 4개 장부만을 논한 4장 4부를 중심으로 한 학설을 내놓
았습니다. 그 내용을 깊이 들어가면 아주 복잡합니다. 4장 4부가 어떻게
사상 체질과 관련되는지만 간단히 짚고 넘어갑시다.

　네 개의 장기 가운데 폐의 기운이 크고 간의 기운이 작은 사람이 태
　양인이다.
　비장의 기운이 크고 신장의 기운이 작은 사람이 소양인이다.
　간의 기운이 크고 폐의 기운이 작은 사람이 태음인이다.
　신장의 기운이 크고 비장의 기운이 작은 사람이 소음인이다.

한국과학문명사 강의

여기서 크거나 작다는 건 크기가 아니라 작용하는 기운을 말합니다. 이제마는 무수히 많은 환자를 치료하면서 이런 의학의 뼈대를 세웠습니다. 그는 자신이 관찰한 결과를 이렇게 말했습니다. "오늘까지 관찰한 결과 한 고을에 사람 수가 1만이라 하고 대략 논한다면 태음인이 5천 명이고 소양인이 3천 명이며 소음인이 2천 명이고, 태양인의 수가 극히 적어서 한 고을에 서너 명 내지 열 명에 불과하다." 이제마가 얼마나 넓은 규모에서 관찰했는지 짐작이 가는 말입니다.

음양오행의 틀을 깬 것보다 더 놀라운 사실이 있습니다. 환자와 병에 접근하는 방법이 완전히 다르다는 점입니다. 기존 한의학에서는 환자라는 인간은 동일한데 생긴 병만 다르다고 보았습니다. 오로지 기운이 허해서 병이 생긴 것이냐 나쁜 기운이 넘쳐서 병이 생긴 것이냐를 따지고, 추위 때문에 생긴 것인지 열 때문에 생긴 것인지를 판별했습니다. 이와 달리 사상의학은 사람의 네 가지 유형에 따라 병의 종류가 정해져 있다고 본 겁니다. 그렇기 때문에 비록 증상이 비슷해 보여도 사람의 체질이 다르면 약을 다르게 써야 한다고 주장했습니다. 사상의학을 체질의학이라고 하는 까닭이 여기에 있습니다. 환자마다 다른 특성을 고려한 것은 이전 동서양 의학에서 크게 강조하지 않았던 부분입니다.

동아시아 각국이 따로 또 같이 발전시킨 한의학

향약 의학은 이미 고려시대부터 진행되었습니다. 의약을 전국으로 대중화하려면 약재의 국산화 노력이 뒤따라야 했던 겁니다.《동의보감》은 중국 의학과 조선의 의학을 하나로 융합해냈습니다. 가장 모범적인 의학 교재가 탄생했다고나 할까요. 허준은 자신의 결과물에 역사상 처음으로 동쪽 의학의 전통, 즉 '동의'라는 말을 넣어 기념했습니다. 그런데 허준이 말한 자주화란 조선만의 독특한 것을 내놓는다는 게 아니라, 의학의 근본을 깨우쳐 최고 수준에 도달함을 뜻했습니다.《동의보감》은 조선 의학의 자랑스러운 전통이 되었죠.

그 후 조정준이란 의사는 우리나라의 의학이 중국 의학과 달라야 한다는 주장을 펼쳤습니다. 기후와 풍토가 다르니 의학도 달라져야 한다는 이야기였습니다. 그는 이렇게 말했습니다.

춘하추동 사시절의 주된 기운은 그 지방에 따라 다르다. 그러므로 사람들의 체질과 병이 발생하는 원인도 기후, 풍토에 따라 다르다. 따라서 병을 고치는 방법도 반드시 각각 그 지방에 특유한 기후, 풍토를 연구하여 잘 알아야만 치료 효과를 거둘 수 있다. 우리나라 풍토는 중국과 다르다. 우리는 우리의 표준을 세워야 한다. 중국의 치료법을 함부로 도입해 써서는 안 된다.

－《급유방》(1749)

이제마가 새로운 의학을 내놓은 배경에는 이런 자주적 의학을 추구해온 전통도 한몫했습니다. 이제마는 허준에 이어 역사상 두 번째로 책 이름 안에 '동의'라는 말을 집어넣었습니다. 제목이《동의수세보원》이죠. 그건 자신의 의학이 조선에서 나온 자주적인 것임을 강조하기 위해서였습니다. 이제마는 허준을 중국과 조선을 통틀어 세 번째로 나온 큰 의학자로 평가했습니다. 실제로 이제마는《동의보감》을 통해 의학의 이치를 제대로 깨달았다고 하면서, 허준이 미처 못 본 것을 파고들어 새로운 경지를 열었다고 말했습니다. 어떻게 보면 이제마의 사상의학은 자주적인 의학을 창시하기 위한 오랜 역사의 종착역이라 할 수 있습니다.

사상의학의 자주성을 높이 평가해야 하지만 유의할 게 하나 있습니다. 한국만의 독특한 것을 찾아내 거기에만 한국 의학이라는 딱지를 붙여서는 안 된다는 것입니다. 사상의학이 한국을 대표하는 의학은 맞지만 '사상의학이 아닌 나머지 의학은 모두 중국 의학이다'라는 결론으로 이어져서는 곤란합니다. 요즈음 중국 학자들이 사상의학을 조선 고유의 의학이라 치켜세우고 나머지 기, 음양오행, 오장육부 등에 바탕을 둔 의학을 모두 중국만의 것이라고 주장하는 경향이 있습니다. 그러면 '말로 주고 되로 받는' 격이 되죠.

한의학은 중국의 한족을 포함해 동아시아의 모든 종족이 함께 일군 것입니다. 현대 과학을 온 세계 사람들이 같이 발전시키고 있는 것과 마찬가지죠. 한의학이 중국에서 나오고 그것의 발전에 중국 사람이 가장 크게 기여한 점은 인정해야겠지만, 원산지라거나 최대 공로가 있다고 해서 오늘날 한의학의 성과를 독점할 수는 없습니다. 학문의 원산지보다 더 중요한 건 실력과 수준입니다. 사상의학은 사상의학대로 역사적 가치를 인정해야 하고, 다른 한의학 연구는 또 그것대로 역사적 가치를 인정해야 할 것입니다.

6

영원불사를 향한 소망과 마음 수양

영원불사를 꿈꾼 사람들

오래전부터 사람들은 영원불사永遠不死를 꿈꿨습니다. 고구려 고분 벽화에 그려진 사신도와 별자리를 보면, 비록 몸은 죽어도 영혼은 영원하길 바랐던 고구려 사람들의 소망을 엿볼 수 있죠. 그런데 옛사람들은 살아 있으면서도 죽지 않는 존재가 있다고 믿었습니다. 바로 신선입니다. 신선은 죽지 않을 뿐만 아니라 속세의 고통에서도 벗어난 사람들입니다. 고구려 고분벽화를 보면 우리 조상들에게 이런 신선 사상이 있었음을 알 수 있습니다.

신라의 문장가 최치원(857~?)은 늙었을 때 지리산에서 도를 닦다가 신

고구려 무용총 천장에 그려진 천인天人. 고구려는 신선 사상이 유행한 당나라 문화의 영향을 적지 않게 받았을 것이다.

선이 되었다는 전설이 있습니다. 그는 신발만 남기고 하늘로 올라갔다고 합니다. 그가 지은 시가 조선 초기 지리산의 한 동굴에서 발견되었는데, 다음과 같습니다.

동쪽 나라 화개동은
속세 떠난 별천지라
선인이 옥 베개를 권하니
몸과 마음이 어느새 천년일세

꽃들이 만발한 지리산에서 신선의 도를 닦는 최치원의 마음가짐이 아롱거리는 듯합니다. 우리나라 사람이 신선이 되었다는 기록도 있습니다.

통일신라 말에 살았던 당나라 유학생 김가기(?~859)는 최치원처럼 중국에서 과거에 급제하여 벼슬을 지냈습니다. 10세기 중엽 중국에서《신선전》의 속편인《속선전》이 나왔는데, 이 책을 보면 859년 어느 날 김가기가 꽃수레를 타고 신선이 되어 하늘로 날아갔다고 생생하게 기록되어 있습니다. 김가기는 어떻게 해서 신선이 되었을까요?《속선전》에는 "김가기가 중국 종남산 광법사란 절에서 내단 수련을 거듭해 신선이 되었다"고 적혀 있습니다.

내단과 수련은 뭘까요? '단'이란 말은 은단, 인단, 속명단 같은 약 이름에서 자주 나오니 많은 사람들에게 익숙할 겁니다. '단'은 원래 붉은색의 둥그런 환약을 가리킵니다. 제약회사에서 약의 아주 특별한 효능을 말하려고 단이란 이름을 자주 붙이죠. '내단'은 사람의 몸 안에서 호흡으로 기를 움직여서 만든 것입니다.

수련이란 말은 수련회, 수련장이라는 말에 들어가 있는 것과 똑같습니다. 화학 실험을 할 때 수은이나 납 같은 물질에 열을 가하면 성질이 변합니다. 온도를 높이거나 다른 화합물과 섞이면 아주 다른 형태로 바뀌죠. 열을 높여 변하도록 하는 게 수련입니다.

불사의 비법은 수련에 달려 있습니다. 다른 말로 연금술 또는 연단술煉丹術이라고 하죠. 수련해서 금을 만드는 게 연금술이고, 단을 만드는 게 연단술입니다. 이렇게 만든 금이나 단은 그저 번쩍이는 물체에 그치지 않습니다. 옛사람들은 금빛이 영원히 변하지 않듯, 수련의 결과로 얻은 금 또는 단이 인간에게 영생을 준다고 믿었거든요.

불사약을 만드는 연단술

사람을 죽지 않게 하는 영약은 어떻게 만들었을까요? 그런 시도를 하다가 '화학'이 발달했다는 것은 널리 알려진 사실이죠. 연단술의 핵심은 고려시대의 학자 이인로가 쓴 시에 담겨 있습니다.

자줏빛 연못이 깊고 깊어 붉은 해 목욕하니
만 길 되는 붉은 불꽃이 양지바른 계곡에 떠 있네.
새벽노을에 들이 녹을 듯, 무지개가 바위를 꿰뚫을 듯
수련해서 만든 단사가 몇 말이나 되는지.
…
화로 속에 이미 약 달이는 불 시험하니
솥 안에서 용과 호랑이가 곧바로 단련되네.
총총히 말 몰아 타고 가지 말아야지
산중에서 우연히 만날 사람 있을까 봐.

– 《파한집》

평범한 광물질이 불사약인 단으로 바뀌는 순간, 신비로운 현상이 나타나겠죠. 자줏빛 연못, 붉은 해, 새벽노을, 무지개 등은 그 순간의 신비로움을 표현하기 위해 사용한 비유입니다.

연단술의 기본은 화로(솥), 약, 불, 이 셋입니다. 약 중에 수은은 변화무쌍함, 납은 호랑이의 센 기질을 나타냅니다. 음과 양의 기운으로 말하면, 수은은 양이고 납은 음이 됩니다. 수은과 납이 핵심 중의 핵심 재료입니다.

수은을 만드는 모습. 중국 명나라 때 지은 《천공개물》에 실려 있다.

현대 과학으로 말하면 솥은 실험 기구, 수은과 납은 화학 물질, 불은 온도 변화를 뜻합니다. 실험 시간을 한번 떠올려보세요. 불로 가열하면 시약들의 색깔이 완전히 바뀌고, 액체가 고체가 되거나 기체가 되기도 하죠. 그 과정의 오묘함은 이루 말할 수가 없습니다. 뉴턴(1642~1727)도 연금술사였습니다. 동양에서도 갈홍(283년경~343) 같은 의학자가 연단술에 몰두했습니다. 우리나라에서는 이인로 같은 수많은 시인들이 연단술 책을 읽으며 짧은 인간의 생애를 한탄하면서 불사에 대한 소망을 시로 지폈습니다.

동서양의 연금술, 화학으로 발전하다

불사약을 아무렇게나 만들 수는 없겠죠. 동아시아 연단술의 최고 고수, 갈홍은 신비한 책 《포박자》를 썼는데 이 책에서 불사약 만드는 과정을 소개했습니다. 포박자는 '순박함을 품었다'는 뜻입니다. 이 책은 인기가 높아서 삼국시대에 우리나라에 수입되었습니다.

불사약을 만들려면 무엇보다도 좋은 재료를 구해야 합니다. 《포박자》

에는 단을 만드는 재료로 단사, 수은, 웅황, 증청, 납, 유황, 자석, 운모, 각석, 소금 등의 광물질과 함께 식초, 꿀, 술, 옻 등이 적혀 있습니다. 재료의 산지가 여러 곳에 걸쳐 있기 때문에 좋은 약재를 구하려면 꽤 길고도 고달픈 여행을 해야 했을 겁니다.

재료를 다 구하고 나서는 단을 만들 장소를 마련해야 합니다. 《포박자》에서는 '부정 타는 장소를 피해라' 하고 일러줍니다. 집 근처는 속된 사람들이 들끓고 있어서 안 됩니다. 평범한 산도 안 됩니다. 나무와 돌의 정령, 천년을 살아온 오래된 못된 놈들, 피 마시는 귀신 따위가 살고 있기 때문입니다. 그렇다면 부정 타지 않는 곳은 어디일까요? 깊은 산, 그것도 좋은 정기가 서린 명산이어야만 합니다. 《포박자》에서는 소림사가 있는 숭산과, 태산, 화산, 종남산, 아미산, 태백산 등을 추천했습니다. 이들은 모두 중국 무협 소설에 등장하는 산의 이름입니다.

다음으로, 어떤 종류의 단을 만들지를 결정해야 합니다. 단은 한 가지 종류가 아닙니다. 실험실에서 수많은 화합물을 만드는 것과 마찬가지죠. 《포박자》에는 무려 48종류의 단이 실려 있는데 제조법과 효과가 다 다릅니다. 한 번 단련한 일전지단은 3년을 먹어야만 신선이 되는 하품의 약입니다. 반면에 아홉 번 단련한 구전지단은 3일만 먹어도 신선이 된다고 합니다. 금액태을이란 약은 1냥만 먹으면 즉시 신선이 되는 약입니다. 대체로 들어간 단의 종류가 좋을수록, 정성을 많이 쏟을수록, 특별한 비법에 따른 것일수록 약의 효과가 큽니다.

준비가 다 되었다면 솥을 걸고 작업을 시작합니다. 그 전에 한 가지 명심할 게 있습니다. 반드시 주변에 거울과 칼을 매달아야 합니다. 아무리 명산이라도 혹시 있을지 모르는 귀신들을 막아야 하거든요. 거울을 매다

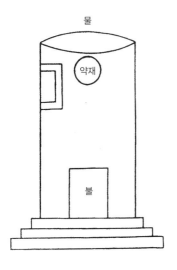

물

약재

불

연단을 만드는 솥. 약재를 넣은 솥 아래에서 불을 때고, 위에는 물이 있다. 불을 지피면 솥 안에서 화학 작용이 일어났을 것이다.

는 이유는 귀신이 비치면 잽싸게 칼로 잡기 위해서입니다. 연금술사의 작업실은 오늘날 실험실과 거의 비슷합니다. 실험실 작업대에 해당하는 단이 있고, 불 때는 기구인 솥이 있습니다. 이 솥 안에는 약재를 중탕하도록 조그만 솥이 또 들어 있는데, 신묘한 작용이 이루어지는 곳이라 하여 신실이라고 했습니다. 또 각종 찌는 기구, 승화시키는 장치 등이 있습니다. 솥 안에 약재를 넣고 나면 말똥이나 겨, 숯으로 서서히 가열합니다.

《포박자》에 따르면 각수석 2푼을 철 그릇에 넣고 숯불로 끓인 다음, 적당한 분량의 수은을 넣고 잘 섞습니다. 여섯일곱 차례 끓이면 하얀 물질이 나오는데 책에서는 이것이 은이라고 했습니다. 여기에 수은 화합물인 단사수 1푼, 구리 화합물인 증청수 1푼, 비소 화합물인 웅황수 2푼을 넣고 약한 불로 가열합니다. 여러 번 저어서 섞이게 한 다음 강한 숯불로 끓입니다. 하얀 은을 다시 넣은 후 여섯일곱 차례 끓여 땅 위에 부어서 굳히면 금빛 물질이 만들어지는데, 책에서는 이것이 금이라고 했습니다. 이게 바로 불사약이죠.

오늘날의 화학 지식으로 말하자면 연단술이란 수은, 납 등 여러 화합물이 산소를 얻는 산화나 산소를 잃는 환원 반응을 통해 색깔도 성분도 다른 원소 또는 화합물을 얻는 과정에 불과합니다. 물질들은 가열, 응고, 증류, 승화 등의 반응을 거치면서 완전히 다른 물질로 변하죠. 그게 금빛, 은빛, 붉은빛 등을 띨 때 연금술사는 이루 표현하기 힘든 감정을 느꼈을 겁니다. 그래서 그런 변화에 자연의 위대한 진리가 담겨 있다고 생각하게 된 겁니다. 더 나아가 놀라운 변화의 결과로 얻은 물질에 특별한 효능이 있다고 믿었습니다. 영원, 불사 이런 효능 말입니다. 동서양 모두 이런 신비한 연금술 속에서 화학이 발달했습니다.

오히려 죽음을 초래한 영약

불사에 관심을 가진 사람들은 《포박자》보다 백 년 전에 나온 《주역참동계》도 많이 읽었습니다. 중국의 위백양이 쓴 이 책은 연단술 이론서 가운데 으뜸으로 꼽힙니다. 우리나라에서도 고려·조선시대에 매우 널리 읽혔습니다.

《주역참동계》에서 참동계란 '세 가지가 하나로 부합된다'는 뜻입니다. 세 가지 중 첫 번째는 연단술입니다. 두 번째는 우주의 원리입니다. 《주역》에서 말한 내용이자, 우리나라 태극기에 그려져 있는 내용이죠. 태극기의 원에서 빨간색은 양陽이면서 수은을 뜻합니다. 파란색은 음陰이면서 납을 뜻합니다. 건乾과 곤坤은 우주 자체를 뜻하는데, 연단술에서는 변화가 일어나는 공간인 솥이 됩니다. 감坎과 리離는 자연 세계에서 음양이 일으키는 변화를 뜻하므로, 솥 안에서 일어나는 수은이나 납 등의 화학 작용을 뜻합니다. 쉽게 말하자면, 솥에서 일어나는 화학 작용이 우주의 흐름을 결정하는 해와 달의 운행을 본떠 이루어진다는 것입니다.

세 번째는 텅 빈 마음입니다. 연금술사는 수은과 납으로부터 단이 만들어지는 전 과정을 완벽하게 제어해야 하므로 오로지 이 일에만 집중해야 합니다. 무념무상의 경지에서 한 치의 오차도 생기지 않게 해야 하는 겁니다. 만약 딴 생각을 하면 폭발 사고가 나든지, 제대로 된 결과물이 안 나오든지 하겠죠. 무념무상의 경지는 물질에 대한 집착과 욕심을 완전히 끊었을 때에만 도달할 수 있습니다. 이는 중국의 성현 노자의 가르침이죠.

요컨대 《주역참동계》에서는 첫째, 연단술, 둘째, 《주역》에서 말하는 우주의 원리, 셋째, 노자가 말한 텅 빈 마음, 이 세 가지가 부합된다고 했습니다. 옛사람들은 이처럼 연금술사의 놀라운 연단술 실험을 통해 자연의 원리를 한 물질에 응축해냈기 때문에 연단이 불사를 가져다준다고 생각한 것입니다.

《주역참동계》의 저자 위백양에 대한 유명한 이야기가 있습니다. 위백양에게는 두 제자가 있었습니다. 어느 날 위백양이 신단을 만들어서 두 제자에게 먹으라고 했습니다. 의심 없는 한 제자와 스승님, 스승이 기르던 개가 함께 그 단을 먹었습니다. 하지만 의심 많은 제자는 그것을 먹지 않았습니다. 신단을 먹자 스승과 친구, 개 모두 죽어버렸습니다. 의심 많은 제자는 '안 먹기를 잘했네' 하며 안도의 한숨을 내쉬었습니다. 그러고는 스승과 친구의 장례를 치러주었죠. 그런데 얼마 되지 않아 깊은 산에서 이미 죽은 줄 알았던 친구를 만났습니다. 친구가 신단을 먹고 신선이 되어 있었던 겁니다. 그 곁을 졸졸 따라다니던 개도 신선이 되어 있었습니다. 신단을 안 먹은 제자는 때늦게 땅을 치며 통곡했다고 합니다.

이 이야기는 연단이 깊은 믿음을 필요로 함을 깨우쳐주기 위해 꾸며낸 것입니다. 연단술 재료가 수은, 납, 비소, 철 등인 것에서 짐작할 수 있듯이, 실제로는 단을 먹은 사람들이 많이 죽었습니다. 그중에는 중국 황제들도 있었습니다. 진시황이 불로초를 찾아 나선 일은 너무나 잘 알려져 있죠. 절대 권력을 누리던 황제들은 연금술사를 시켜서 단을 만들게 했고, 그 단은 황제만이 복용할 수 있었습니다. 그러다 중독에 이른 겁니다.

중독 초기에는 밥맛이 생기고 몸이 좋아지기 때문에 신선이 되는 거라 착각했을 겁니다. 하지만 단을 먹을수록 독한 화학 물질에 점점 중독되어 몸이 부어 죽었습니다. 중국의 황제 예닐곱을 비롯한 많은 사람이 단을 먹고 죽자, 그제야 사람들은 단이 불사는커녕 목숨을 앗는 물질임을 깨닫게 되었습니다. 결국 단을 직접 먹는 일은 사라졌고 그 흔적은 '단'이 들어간 약 이름으로만 남았습니다.

양생법, 마음을 수양하게 하다

그렇다고 불사를 향한 소망이 없어지지는 않았고, 다른 방식을 쓰게 되었습니다. 단을 만들어 먹었던 것은 외단입니다. 이와 달리 내단은 몸 안에서 그런 것을 생성하게 하는 것입니다. 최치원과 김가기가 수련했던 방식도 내단입니다. 그렇지만 내단은 외단에서 쓰는 개념·용어 일체를 빌려왔기 때문에 주의해서 살피지 않으면 외단인지 내단인지 구별하기 힘듭니다.

우리나라에서는 외단은 거의 보이지 않고 대부분 내단의 역사입니다. 내단은 신라 말부터 시작해 고려를 거쳐 조선시대에 크게 유행했고 오늘날까지 이어지고 있습니다. 주로 중국으로부터 그 방법을 배웠는데 이를

김홍도의 〈군선도〉. 조선의 화가들 중 신선 그림을 가장 잘 그린 사람은 단원 김홍도다. 이 그림은 신선들이 파도를 타고 바다를 건너는 모습을 그린 것으로, 여러 신선의 자유로운 기운이 느껴진다. 신선들 곁에는 오래 살거나 살게 하는 명물인 사슴, 거북, 불로초 등이 있다.

양생법養生法이라고 합니다. 양생법은 병에 걸리지 않게 몸과 마음을 편안히 하고 오래 살도록 노력하는 것을 말합니다.

선비들은 꼭 양생법을 공부해야 했습니다. 서유구(1764~1845)가 쓴 《임원경제지》 16편 가운데 〈보양지〉가 들어 있고, 이보다 백여 년 앞선 홍만선(1643~1715)의 《산림경제》에도 이런 내용이 있습니다. 선비들이 집에서 꼭 해야 할 일로 양생의 방법을 적어놓은 겁니다. 《동의보감》에도 매우 많은 양생의 방법이 실려 있습니다. 지금보다 훨씬 열악한 환경에서 선비들이 건강을 지키기 위해 이런 양생법을 실천했던 겁니다. 그런 양생은 마음의 수양에도 큰 도움이 되었습니다.

연금술을 통해 화학이 발달한 현상은 동서양 과학사에서 공히 나타났습니다. 그러나 '금'의 획득을 추구한 서양의 연금술과 달리, 동아시아의 연금술은 '불사와 장수'를 추구했고 거기에는 욕심과 세상사에 대한 초탈함이 깔려 있었습니다. 학자들이 흔히 마음의 수양이라 하는 것이죠. 외단, 내단, 그리고 양생 전반에 걸쳐 깔려 있던 공통된 특징이었습니다. 이는 퇴계 이황의 〈양생시〉에 잘 나타나 있습니다.

　　너무 골똘한 생각은 정과 신을 해치고
　　정신은 오직 텅 빈 마음으로만 기를 수 있다네.

내단 수련을 한 사람들

　우리나라에서 가장 유명한 내단 수련자를 꼽으라면, 많은 사람들이 정렴(1506~1549)을 꼽습니다. 정렴은 당쟁 때문에 현실 세계를 떠나 신선이 되는 방법에 몰두한 사람입니다.《동의보감》집필에 참여한 적이 있는 정작의 형이죠. 정렴의 생각은 정작과 허준을 통해《동의보감》에도 상당히 녹아 있습니다.

　정렴의 내단 사상은《용호비결》이란 책에 담겨 있는데 여기서 용을 의미하는 용龍이란 수은, 곧 양의 기운을 뜻하고, 범을 의미하는 호虎는 납, 곧 음의 기운을 뜻합니다. 정렴은 이렇게 말했습니다.

　단을 이루는 도는 간략하고 쉬운 것이다. 그런데 요즘은 이 도에 관한 책이 너무나 많아 책장을 가득 채울 정도이니 말이 껄끄럽고 어려워서 쉽게 이해할 수가 없다. 그래서 학자들이 장생을 얻으려다

도리어 요절하는 자가 많았다. 몸 안에 단을 만드는 핵심은 대자연의 기운을 호흡법을 통해 배꼽이 있는 단전 부위에 쌓고, 그 기운을 척추를 통해 상단전인 뇌까지 잘 돌리는 것이다. 수없는 반복으로 이루어진다.

쉽게 말해 특별한 명상법과 호흡법을 통해 내단을 만드는 것입니다. 정렴의 방법 외에도 내단 수련법은 다양한 형태를 띱니다. 내단 수련을 통해 신선이 된다고 믿는 사람은 많지 않았지만, 내단이 건강을 유지하는 데 매우 좋은 방법이라고 생각했습니다. 특히 불운했던 사대부들이 속세를 떠나 마음을 비우기 위해 내단을 수련했습니다. 외단이든 내단이든 수련법은 전문적인 성격을 띠었습니다. 스승이 옆에서 지도해주지 않으면 깨우침을 얻기 힘든 방식이죠. 그래서 많은 사대부들이 연단술보다는 덜 전문적인 방법, 즉 양생술을 실천했습니다. 양생술은 《동의보감》에서도 크게 강조되었죠. 보약을 먹거나, 음식을 조절하거나, 기체조를 하거나 하는 것들이 모두 이에 속합니다. 일반 사대부들은 어려운 내단법보다 이렇게 생활 속에서 실천하는 방식을 더 좋아했습니다. 모든 사대부가 이런 양생을 실천했다고 해도 지나친 말이 아닙니다.

퇴계 이황(1501~1570)은 날마다 도인 체조를 했습니다. 이황은 어려서부터 건강이 좋지 않았고 평생 위장병, 다리병 등 온갖 병을 달고 살았기에 일찍부터 양생법에 깊은 관심을 가졌습니다. 양생법 덕분일까요, 퇴계는 일흔 살까지 살았습니다. 퇴계의 양생법은 직접 그린 체조 그림으로부터 헤아릴 수 있습니다. 이 방법은 《동의보감》에도 나옵니다. 한번 따라 해보면 좋겠습니다.

먼저 이를 부딪치며 정신 모으기를 서른여섯 차례 반복하며 두 손으로 뇌를 안고 뒤통수 부분을 스물네 번 두드린다.

좌우 손을 잡고 목을 스물네 번 젓는다.

혀를 좌우로 움직여 위턱을 서른여섯 번 문질러 침을 낸 후 세 모금으로 나누어 딱딱한 것을 삼키듯 삼킨다.

양손으로 허리 뒤 신장이 위치한 곳을 서른여섯 번씩 비빈다. 많이 문지를수록 좋다.

 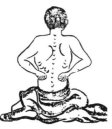  

좌우의 단관(단전에서 한 치 거리)을 각각 서른여섯 번씩 두드린다.

쌍관(단전에서 두 치 거리)을 서른여섯 번 두드린다.

양손을 깍지 끼고서 심호흡을 다섯 차례 한 후 손을 하늘로 밀어 올렸다가 정수리 만지기를 아홉 번씩 한다.

양손을 갈고리처럼 구부리고 몸 앞으로 밀어서 발바닥까지 이르게 하기를 열두 차례 한 후 발을 거두어 단정하게 앉는다.

퇴계 이황이 그린 체조 그림. 퇴계의 유일한 그림으로 전해오고 있다.

　　이런 체조를 계속함으로써 얻는 효과에 대해 퇴계는 이렇게 말했습니다. "잡생각이 나지 않고, 꿈속에서도 어둡지 않게 되고, 더위나 추위가 함부로 침범하지 못하고, 질병을 떨쳐낼 수 있다." 단언컨대 이황이 권하는 대로 날마다 운동하면 건강이 크게 좋아질 겁니다.

　　홍의장군 곽재우(1552~1617)는 유명한 의병장이지만 늘그막에는 세상의 인연을 끊고 신선술에 푹 빠졌습니다. 그는 오늘날 솔잎 섭취를 위주로 하는 단식법인 벽곡법辟穀法의 대가였습니다. 벽곡법은 오곡이나 고기를 먹지 않는 식이요법을 말합니다.

곽재우는 황해도 관찰사의 아들로 태어났지만 과거 공부를 하지 않았습니다. 당쟁과 같은 탁류 속에 빠져들고 싶지 않았기 때문입니다. 대신 마흔이 넘도록 낚시질로 세월을 보냈죠. 그러다 임진왜란이 터지자 홀연히 일어나 의병을 모아 왜군을 무찔러 나라를 지켰던 겁니다. 전쟁이 끝나자 그는 다시 평범한 자연인으로 돌아갔습니다. 나라에서 주는 한성좌윤과 함경감사라는 벼슬자리도 단호히 거절했습니다. 그는 신선술에 흠뻑 빠져《양심요결》이라는 양생법 책을 남겼습니다. 그는 자신의 생활을 이렇게 읊었습니다.

벗들은 내가 곡기 끊음을 안타까이 여겨
낙동강가 초가집을 함께 지었네
배고프지 않게 다만 솔잎만 먹고
맑은 샘물 마시니 목마르지 않네
고요를 지키어 거문고 타니 마음 담담하고
문 닫고 호흡법을 실천하니 뜻만 깊어라
한 백 년 지나서 도통한 후라면
날 보고 웃던 이들이 날 신선이라 이르리

곽재우는 속세의 어지러움을 떠나 살았습니다. 담담하고 고요한 마음을 잃지 않는 사람이 자유로운 신선이라면, 곽재우는 적어도 신선의 문턱까지는 가지 않았을까요.

조선의 여성 전문 의료인, 의녀

7

세계에 알려진 의녀 장금

드라마 〈허준〉에 나온 의녀 출신의 예진 아씨는 허구의 인물이지만, 〈대장금〉의 주인공 장금은 실제로 있었던 인물입니다. 장금은 《조선왕조실록》에도 이름이 적지 않게 등장합니다. 실록에 이름을 남기기는 쉽지 않은데, 장금은 의녀 가운데 가장 자주 이름이 나옵니다.

'장금'을 직접 찾아보려면 조선왕조실록 사이트로 들어가 검색 창에 '장금'을 입력하면 됩니다. 장금이 활동했던 중종 때의 의녀 기록만 추려보면 모두 10개입니다. 그중 4개가 대장금이라 하고 있습니다. 내용을 보면 장금과 대장금은 동일 인물로 보입니다. 이런 내용이 소설과 드라마의 기

본 소재가 된 겁니다. 의녀 장금에게 어떤 변화가 있었을까요? 이 기록을
시대 순서로 죽 살펴봅시다.

- 중종 10년(1515) 3월 21일 – 의녀인 장금은 왕후의 해산에 큰 공이
  있으니 당연히 큰 상을 받아야 할 것인데, 의관이 약을 잘못 쓰는
  바람에 왕후가 돌아가셔서 아직 드러나게 상을 받지 못하였다.
- 중종 17년(1522) 9월 5일 – 대비의 병세가 나아지자 내의원 책임자
  와 의원, 의녀, 내시들에게 상을 내렸다. 의녀 신비와 장금에게는
  각각 쌀과 콩을 10석씩 주었다.
- 중종 19년(1524) 12월 15일 – 의녀가 급료를 받을 때에는 온전한
  봉급을 받는 자와 반만 받는 자가 있다. 의녀 대장금의 의술이 의
  녀 가운데 조금 나아서 대궐에 출입하며 간병하니 대장금에게 온
  봉급을 지급토록 하라.
- 중종 28년(1533) 2월 11일 – 내가 여러 달 병을 앓다가 이제야 거
  의 회복이 되었다. 약방제조(임금에게 올리는 약을 감독하던 벼슬아치)
  와 의원들에게 상을 주지 않을 수 없다. 이들에게 큰 상을 내려
  라. 또 의녀 대장금과 계궁에게도 쌀과 콩을 각각 열다섯 석씩 주
  고, 무명과 삼베를 각각 열 필씩 내려라.
- 중종 39년(1544) 1월 29일 – 내가 감기가 들어 기침병을 얻어 오래
  일하지 못했다. 조금 나아 공부를 했더니 그날 마침 추워서 증세
  가 다시 일어났다. 의원 박세거, 홍침과 내의녀 대장금과 은비 등
  에게 약을 의논하라고 했다.
- 중종 39년(1544) 2월 9일 – 내의원 제조와 의원들에게 상을 내려주

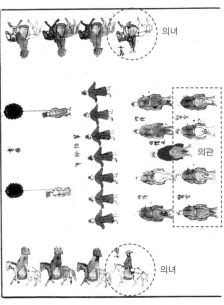

이 그림은 영조와 정순 왕후의 결혼식을 기록한 의궤의 일부로, 왼쪽 그림의 가마에는 왕비가 타고 있다. 왕비 가마 뒤쪽 좌우에 의녀가 1명씩 있다. 노란 쓰개를 썼다. 그 뒤쪽 중앙에 의관도 4명이 따르고 있다. 왕비와 가까운 곳에 의관과 의녀가 있었다는 것을 알 수 있다.

고, 의녀 대장금에게도 쌀과 콩을 다섯 석, 은비에게도 쌀과 콩을 세 석씩 내려주어라.

• 중종 39년(1544) 10월 29일 – 고관대작이 문안했다. 아침에 의녀 장금이 내전으로부터 나와서 말하기를, "전하의 배 아래 기운이 비로소 통하여 매우 기분이 좋다고 하셨습니다" 하였다. 얼마 후 임금이 말씀하시기를 의녀만 빼놓고 내의원 제조와 어의들은 숙직할 필요가 없으니 돌아가라고 하였다.

장금과 관련된 역사 기록

대장금은 의녀로 몇 년 동안 일했을까요?《조선왕조실록》에 나오는 기록만으로도 1515년부터 1544년까지 무려 30년이나 궁에서 의녀로 지냈음을 알 수 있습니다. 15세 무렵 의녀 공부를 시작하고, 20세 전후에 내의원의 의녀로 선발되어 들어갔다고 본다면 장금이는 50세 중반까지 내의원에서 근무했을 겁니다. 장금이 섬겼던 중종이 1506년부터 1544년까지 재위했으니, 장금의 삶은 중종과 함께 한 인생이었다고 해도 과언이 아닐 겁니다. 장금은 중종의 총애를 받았으니 중종이 돌아가신 후 내의원 의녀에서 은퇴했을 가능성이 큽니다.

장금이 실록에 기록된 것은 1515년 왕후의 해산에 공을 세웠기 때문이었습니다. 그러나 왕후가 바로 죽으면서 그 공이 다소 가려졌죠. 1522년에는 왕의 어머니인 대비의 병을 고치는 데 공을 세웠습니다. 의녀 장금이 왕후나 대비의 병을 치료하는 데 참여한 것은 당연합니다. 의녀가 주로 부인의 병을 돌봤으니까요. 이때에는 의녀 신비와 장금이 함께 공을 세워 쌀 10석, 콩 10석씩을 받았지요. 이렇게 병을 고치는 공을 세우면 거기에 참여한 문관, 의관, 의녀 등이 상을 받았습니다. 그런데 신비 이름이 먼저 등장하는 것으로 보아 신비가 장금보다 선배임을 알 수 있습니다. 《조선왕조실록》은 반드시 관직이 높은 순으로 이름을 썼거든요. 2년 후인 1524년 기록을 보면, 장금의 의술이 궁 안에서 높은 평가를 받았음을 알 수 있습니다. 온 봉급을 받는 의녀의 지위를 정식으로 획득한 겁니다.

이보다 10년 정도 더 흐른 1533년에는 장금이 궁중 의녀 가운데 으뜸이 되어 있었습니다. 그건 의녀 중 장금의 이름이 맨 앞에 있는 것으로 알 수 있죠. 이 기록에서는 중요한 사실이 한 가지 있습니다. 의녀가 임금을 간병했다는 사실입니다. 이전에는 궁궐의 여성을 진료했는데, 이 기록을 보면 의녀가 여의사 노릇뿐만 아니라 오늘날 간호사 구실도 같이 했음을 짐작할 수 있습니다. 이후의 모든 기록은 남자인 중종을 진료한 기록입니다. 1544년에는 의녀가 어의와 함께 약 쓰는 것을 논의하고 있죠. 장금이 어의에게 노련한 실력을 인정받지 않았다면 결코 있을 수 없는 일이었습니다.

같은 해에 장금은 중종 바로 곁에서 병 수발을 들고 있습니다. 웬만하면 중종은 내의원 제조나 어의를 물리치고 의녀 장금으로 하여금 간병하도록 했습니다. 임금마다 달랐는데, 중종은 격식을 차리는 것보다 간단한 간병을 더 좋아했습니다. 내의원 병원장이 병을 보러 갈 때에는 정승을 비롯한 고관대작이 다 움직여야 했는데, 그러한 번잡스러움을 싫어했던 겁니다. 그런 임금이었기에 어의를 물리치고 장금이 간호를 했던 겁니다.

의녀들의 생활

《조선왕조실록》에는 장금의 진료 활동만 나와 있기 때문에 장금이 언제 태어나 어떻게 자랐는지는 알 수 없습니다. 실제로 장금이 어떠했는지는 몰라도 신분의 굴레를 벗어날 수는 없었을 겁니다. 그리고 의녀가 의학을 배우는 일반적인 방식에 따라 공부했을 겁니다.

의녀는 주로 각 도에서 관아에 딸린 어린 여종 가운데 뽑았습니다. 왜 여종을 뽑았을까요? 조선은 유교를 따랐기 때문에 '남녀칠세부동석', 즉 인목 왕후가 1603년에 쓴 병문안 편지 속의 의녀.

남자와 여자는 일곱 살만 되어도 같이 자리를 하지 말라고 가르쳤죠. 이는 《예기》에 나오는 말입니다. 심지어 병을 진찰할 때에도 마찬가지였습니다. 양반집 여성을 진료하기 위해 의녀를 두게 된 겁니다. 그런데 양반이 자기 딸에게 굳이 의녀를 하라고 하지 않았겠죠. 그러다 보니 여종이 선택된 거였습니다. 게다가 천한 신분에게는 남녀의 내외가 엄격하게 적용되지 않기도 했습니다.

의녀로 키울 어린 여종들은 총명했을 겁니다. 의학을 알려면 어려운 한자로 된 책을 배워야 했으니까요. 혜민서의 의녀 정원은 1750년 이전까지는 62명, 이후에는 반이 줄어 31명이었습니다. 의녀 장금이 있었을 때는 혜민서에 의녀가 될 62명의 여종, 즉 의녀 생도들이 있었을 겁니다. 각 지역에서 뽑힌 의녀 생도는 십대 초·중반에 혜민서에 입학하는데, 그때부터 피 말리는 경쟁이 시작됩니다. 거기서 1등을 해야만 내의원으로 올라갔거든요. 내의원의 의녀는 정원이 22명이었습니다. 혜민서에 결원이 생기면 다시 새로운 인원이 들어왔습니다.

혜민서에 갓 들어온 의녀 생도는 의학을 공부하기 전에 문자와 기초 경전부터 배웠습니다. 그런 다

궁중 내의원에서 사용한 경혈상. 구리로 만든 모형에 경락과 경혈 자리를 새겨놓았다. 우리나라에 하나밖에 없는 것인데, 내의원에서 소장했던 유물로 주로 의녀들이 공부할 때 사용했을 것으로 추측된다.

음 진맥학과 침술을 공부했습니다. 여기서 성적이 좋아 대략 3분의 1 안에 들면 '장래 의녀'가 되었습니다. 장래 의녀는 말 그대로 의녀에 한 걸음 더 다가간 학생들을 말합니다. 혜민서의 의녀 생도는 임상 실습도 했습니다. 두 조로 나누어 서울의 두 지역 중 한 지역을 맡아 부녀자들의 진찰과 침술을 맡았고, 내의원이나 다른 상급 기관에서 약 짓는 것을 도왔습니다.

혜민서에서 성적이 뛰어난 사람은 내의원에 빈자리가 생겼을 때 내의원 의녀 후보생으로 등록되었습니다. 여기도 경쟁이 심하기는 마찬가지였습니다. 내의원 의녀 22명 중에서도 10명만이 더 높은 내의원 의녀가 되었습니다. 이런 내의원 의녀를 언제든지 준비되어 있다는 뜻에서 '차비대령 의녀'라고 했습니다. 차비대령 의녀 10명 중 특별히 뛰어난 사람만이 왕후나 대비를 진료하는 '어의녀'가 되었습니다. 이 어의녀가 바로 장

금처럼《조선왕조실록》에 이름을 남긴 특별한 인물들입니다.

　이를 토대로 장금의 행적을 다시 더듬어봅시다. 장금은 관에 딸린 여종 출신으로 혜민서에 들어온 후 장래 의녀에 뽑혔고, 장래 의녀 가운데 성적이 좋아 내의원의 의녀가 되었으며, 거기서도 성적이 좋아 차비대령 의녀가 되었고, 그 가운데에서도 특출한 재능을 발휘해 왕의 진료까지 볼 수 있었던 겁니다. 장금이는 의녀 중에서도 의술이 뛰어났고 대단한 행운까지 잡았던 거죠. 장금이 임금을 돌보기까지의 과정은 결코 쉽지 않았습니다. 그만 한 재능이 없었다면 불가능한 일이었을 겁니다.

의녀의 또 다른 역할

《조선왕조실록》에는 의녀의 이름으로 장금, 소비, 백이, 귀금, 장덕, 분이, 영로, 사랑, 개금, 강금, 신비, 은비, 계금, 열이, 의정, 선덕, 애종, 송월, 수련 등이 나옵니다. 의녀가 되지 않았다면 이들은 무명의 관비로 역사에 이름을 남기지 못했을지도 모릅니다. 이 가운데 장덕은 세종의 충치를 고쳐 이름을 날렸습니다. 선조 때 애종은 의술이 특별히 뛰어난 의녀로 평가받았고, 영조 때 송월은 침술로 이름을 떨쳤죠. 아무도 이들의 의술을 가볍게 여길 수 없을 겁니다. 대장금은 남자 어의 못지않게 자주《조선왕조실록》에 이름을 남겼고, 오늘날 드라마의 주인공으로 되살아나 의녀의 삶을 일깨워주었습니다. 장금의 넋이 있다면 무척 감격스러워했겠죠.

　드라마 〈대장금〉에서는 의녀와 상궁의 음식 대결이 흥미롭게 펼쳐졌지만,《조선왕조실록》에 의녀가 음식을 했다는 기록은 찾을 수 없습니다. 약

나이 많은 관리들의 잔치에 의녀가 관기와 함께 나와 있다. 왼쪽에 모여 있는 남색 옷에 검은 가리마를 쓴 사람들이 의녀다.

으로 쓰는 음식을 다뤘으리라고 추측할 수는 있지만, 장금이의 음식 솜씨는 꾸며낸 이야기일 겁니다.

의녀는 궁중과 양반집 여성의 의료를 주로 담당했지만, 의료만 하지는 않았습니다. 국가가 관비 출신인 이들에게 여성이 필요한 다른 업무도 맡겼거든요. 예를 들면 각종 사건에서 여성 피의자를 살피고 수색하는 일 따위입니다. 차 끓이는 여자란 뜻의 '다모'가 그들이죠. 그들은 여성 형사의 구실을 한 겁니다.

혜민서의 젊은 의녀는 때때로 여러 잔치에 불려가 취흥을 돋우기도 했습니다. 그래서 이들을 '약방 기생'이라고도 했습니다. 하지만 의녀는 전문직, 특히 사람의 목숨을 다루는 직업이었기 때문에 다른 관비보다 유리한 점이 있었습니다. 치료 성적이 좋으면 다른 관비들보다 더 나은 대우를 받을 수 있었거든요. 상으로 곡식과 옷감을 받았고, 더 크게는 천한 신분을 벗어나는 기회를 얻기도 했습니다.

남녀유별을 배경으로 탄생한 의녀 제도

의녀 제도는 조선만의 독특한 제도입니다. 고려를 무너뜨리고 새로 건국한 조선 왕조는 유교 이념을 철저하게 따랐죠. 그 이념 가운데 남녀유별이 포함되어 있었기에 의녀가 생긴 겁니다. 의녀는 조선 태종 때(1406) 제생원(이후 혜민서가 됨) 병원장 허도의 건의로 설치되었습니다. 허도가 건의한 내용은 다음과 같습니다.

부인이 병이 있어 남자 의원으로 하여금 진료하게 하니 어떤 사람은 수치스럽게 여겨 자신의 질병을 잘 보이려 하지 않아 사망에 이르기까지 합니다. 의녀를 두어 이런 상황을 극복해야 합니다.

남녀유별 때문에 치료를 못 받는 여성들이 있었던 겁니다. 허도의 건의가 받아들여져 의녀 제도가 생겼고, 그 후 조선시대 내내 의녀 제도가 유지되었습니다. 남녀유별의 풍습이 조선시대 내내 시퍼렇게 살아 있었기 때문입니다. 지금부터 백 년 전에 태어난 양반집 할머니는 그때 의사와 환자가 내외하는 모습을 이렇게 생생하게 전하고 있습니다.

의원은 윗방에서 여자 환자는 아랫방에서, 사이에 휘장을 치고 손목만 내밀고서 진맥을 보았지. 휘장에는 구멍이 뚫려 있어서 맥 짚을 자리만 내놓고 흰 명주로 싼 손목을 내놓지. 밖에는 사방침(네모난 베개)이 놓여 있어 받치게 되어 있었고 곁에는 몸종이 손을 받들어주었지.[1]

의녀가 있었다면 칸막이 휘장이 필요 없었겠죠. 남녀유별의 풍습이 엄격했기 때문에 심지어 서양 의술을 펼쳤던 제중원에도 의녀를 두었습니다. 유교는 여성이 전문적인 일을 하도록 권장하는 사상은 아니었습니다. 하지만 유교의 강한 남녀유별 의식이 의녀라는 독특한 여성 전문 의료인을 탄생시켰습니다. 참으로 흥미로운 역사 아닌가요?

중인이 의원이 되었던 이유

조선시대의 의사가 지금의 의사와 가장 다른 점은 뭘까요? 바로 신분의 차이입니다. 조선시대 의원은 양반보다 아래인 중인 신분이었죠. 아주 특별한 경우가 아니면 이런 신분에서 벗어날 수 없었습니다. 허균이 지은 것으로 알려진 소설의 주인공, 홍길동도 바로 중인이었습니다. 아버지는 양반이지만 어머니는 천한 신분이었기 때문에 홍길동은 양반이 되지 못하고 중인의 신분이었던 겁니다.

조선 중엽 이후 이런 중인들이 이른바 잡직을 맡았습니다. 잡직이란 문관과 무관이 아닌, 주로 과학기술과 외국어 관련 직책을 말합니다. 의사와 과학자, 요즘에 가장 각광받는 직업이 그때에는 홀대받았던 겁니다.

조선 초까지만 해도 잡직에 대한 차별이 없었습니다. 고려의 귀족이나 조선 초 양반이 기꺼이 이런 일을 했거든요. 의학 과거에 합격한 뒤 문관, 무관으로 관직을 옮기는 게 가능했고, 문과에 합격했어도 의학 지식이 높은 경우 의관이 되기도 했습니다. 또한 양반 가문의 서자 출신이라 해서 높은 관직에 올라가는 게 불가능하지도 않았습니다. 서자라고 해서 꼭 의학이나 천문학, 외국어 따위의 잡직에만 종사하는 것도 아니었죠. 세종 때 천문학의 이순지나

이천, 의서 편찬을 주도한 김종서나 유효통 등이 모두 양반 출신이었습니다.

그런데 양반이 부쩍 늘면서 의학을 비롯한 잡학 분야에 큰 변화가 생겼습니다. 허준이 태어나기 50여 년 전에 완성된 조선의 최고 법전 《경국대전》(1485)에서는 서자들이 문과·무과 시험을 못 보게 금지했습니다. 아주 특별한 경우를 제외하고는 그들에게 기술 잡직에만 응시할 수 있도록 한 겁니다. 중인이 고위직에 오를 길을 완전히 막아버린 거죠. 허준도 어머니가 정실부인이 아니었기 때문에 중인에 속했습니다.

이렇게 잡직에만 머물 때에는 최고로 올라가도 정3품에 그치도록 되어 있었습니다. 사경을 헤매는 왕이나 왕자를 치료하는 등 아주 특별한 공로가 없이는 이 벽을 뛰어넘지 못하게 된 겁니다. 서자는 출신에 따라서도 승진에 제한이 있었습니다. 올라갈 최고 관직의 등급은 아버지의 계급과 어머니의 신분에 따라 달랐습니다. 아버지가 2품 이상의 벼슬을 지냈고, 어머니가 첫째 부인이 아니라도 양반 가문 출신이라면 서자라도 정3품까지 허용되었습니다. 하지만 아버지가 아무런 관직이 없고 어머니가 종 출신이라면 그 서자는 벼슬길에 올라도 겨우 정8품까지만 오를 수 있었습니다.

조선시대의 의학생들

보통은 집안에서 세습으로 익혀 의원이 되는 경우가 많았습니다. '3대가 의원'인 경우에는 평판이 아주 좋았습니다. 무엇보다 경험이 의술에 중요하다고 봤기 때문입니다. 독학으로 공부하는 경우도 있었습니다. 의학 교재가 유학 공부의 연장이었기 때문에 학문의 기초가 튼튼하면 별 어려움 없이 의학을 공부했습니다. 의원이 되는 가장 일반적인 방법은 의학교에 들어가 배우는 것입니다. 통일신라 시대에 의학교가 처음 생긴 후 고려시대에도 의학교가 있었고, 조선시대에도 그 전통이 계속 이어졌습니다.

조선시대에는 의학교가 전의감 의학당과 혜민서 의학당, 이렇게 두 곳 있었습니다. 짧은 기간이었지만 둘이 합쳐져 하나만 있기도 했습니다. 둘 중에 우열을 가린다면 전의감 의학당을 더 높게 쳤습니다. 의관 지망생은 전의감과 혜민서 의학당에 들어가 공부하는 게 가장 유리했습니다. 좋은 선생님이 있는, 나라의 전문 기관이었으니까요. 학생 정원은 전의감 의학당 50명, 혜민서 의학당 30명이었습니다. 보통 십대 중반의 남자를 입학생으로 받았습니다.

그런데 지금의 학교와 달리 학년별로 뽑아 졸업시키는 게 아니라 정원이 정해져 있고, 결원이 생기면 보충하는 방식이었습니다. 결원은 언제 생겼을까요? 성적이 뛰어난 자가 의관으로 취직해 나갔을 때, 성적 불량자가 퇴학당했을 때였습니다. 의학생은 그곳에서 수년간 의학 이론, 진맥학, 약물학, 침구학 등 10여 과목을 공부했습니다. 의학교수와 의학훈도가 학생들을 가르쳤고, 과거에 출제되는 의서들을 교과서로 썼습니다. 학생들은 1년을 두 학기로 나누어 다달이 시험을 치렀는데, 그중 우등생은 관직을 뽑는 특별 시험에 응시할 자격을 얻었습니다.

전의감과 혜민서 의학당의 우등생은 특별 승진 시험으로 9품 벼슬길에 오를 수 있었습니다. 450일씩 근무 일수를 채우고 성적이 우수하면 승진을 했습니다. 그렇게 승진해도 종7품 직장까지밖에 못 올라갔습니다.

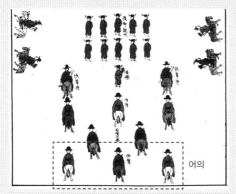

어의

의궤 속의 어의와 약방도제조. 임금의 가마에서 얼마 떨어지지 않은 곳에 어의 3명이 뒤따르고 있다. 이어서 조금 뒤에 내의원 총책임자인 약방도제조와 제조도 뒤따르고 있다.

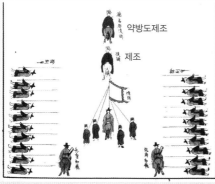

약방도제조

제조

더 높은 벼슬로 올라가려면 과거에 급제해야 했습니다. 이건 문과도 무과도 마찬가지였죠. 조선의 선비들이 과거에 목을 맨 이유는 단지 벼슬길을 열어주었기 때문만이 아닙니다. 6품 이상의 고위 관직이 될 자격을 따기 위해서였습니다. 과거를 통과해야 고위 관직이 되니까 생도는 물론이고 하급 관리들도 기를 쓰고 과거 공부를 했던 겁니다.

과거는 보통 3년에 한 번씩 열렸습니다. 한 번 떨어지면 또다시 3년을 기다려야 했죠. 그러다가 세자 탄생 같은 경사가 있으면 특별 시험이 열렸습니다. 3년을 기다리던 입시 준비생들이 세자 탄생 같은 경사를 무척 반가워했겠죠. 과거는 1차, 2차 시험으로 나뉘어 치러졌습니다. 초시, 즉 1차 합격자 18명이 복시, 즉 2차 시험 자격을 얻었고, 그중 9명이 최종 합격되었습니다.

의료 기관과 관련된 관원

도제조 – 정1품 문관

제조 – 2품 이상 문관

부제조 – 정3품 당상관 문관

어의 – 정3품 이상 의관(별정직)

정 – 정3품 당하관 의관

첨정 – 종4품 의관

판관 – 종6품 의관

직장 – 종7품 의관

봉사 – 종8품 의관

부봉사 – 정9품 의관

참봉 – 종9품 의관

잡학 기술직 중 으뜸 대우를 받다

의원뿐 아니라 천문학, 지리학, 산학 등의 학문 분야도 중인들의 몫이 되었습니다. 관에는 잡학 기술자들을 양성하는 기관이 있었고 과거를 치렀습니다. 그런데 이런 잡학 기술직에서도 의원이 가장 높은 대우를 받았습니다. 의학이 생명을 다루는 학문이었기 때문입니다.

그런데 중인들이 과학기술을 도맡은 게 조선의 과학기술 발달에 도움이 되었을까요, 아니면 장애가 되었을까요? 학자들은 대체로 부정적이었다고 말합니다. 양반들이 과학기술 관련 학문을 높이 보지 않았던 데다가, 중인들은 대체로 단순한 업무에만 종사했다는 겁니다. 과학이란 단지 계산이나 기능만으로 발전하지 않죠. 이론과 방법을 같이 고민하는 가운데 발전하는데, 실기를 위주로 하는 중인의 과학에서는 힘들었던 겁니다.

세종 때는 최고 통치자인 임금부터 이순지 같은 문관, 이천 같은 무관, 장영실 같은 기술자까지 모두 힘을 모아 놀라운 성취를 해냈죠. 이후에는 그런 모습을 거의 보기 힘듭니다. 과학기술이 중인이나 하는 하찮은 것이 되어버린 겁니다.

학문의 발달을 위해서는 전문화가 꼭 필요하지만 그 전문가들이 사회의 중심에서 멀어져 고립되는 건 바람직하지 않습니다. 조선시대 전통과학의 성취가 결코 적지는 않았지만, 더 뻗어나가지 못한 까닭이 거기에 있다고 볼 수도 있습니다. 중인 제도는 이웃인 중국이나 일본에는 없었던 조선만의 독특한 신분 제도였거든요.

8

옛사람들의
전염병 대처법

문명과 함께 시작된 전염병

조선시대의 가장 못된 욕은 "염병할 놈, 급살 맞아 뒈져라!"였습니다. 여기서 '염병'이 전염병의 줄임말입니다. 옛날에 콜레라 같은 염병에 걸리면 설사하고, 근육이 다 뻣뻣하게 굳고, 고열에, 신음에 더할 나위 없는 고통을 느끼다 죽었습니다. 예방주사도 없고, 치료할 약도 거의 없었으니까요. 급살急煞 맞으라고까지 했으니 빨리 죽으라고 저주한 거죠.

요즘 이 말뜻을 제대로 아는 사람은 많지 않습니다. 옛 어린이들에게 가장 무서운 재난은 호환, 마마, 전쟁이었다고 합니다. '호환'은 호랑이가 사람을 찢어 먹는 것입니다. 마마는 천연두입니다. 옛날에 전염병 중 가장

옛사람들이 천연두를 일으키는 신이라 믿었던 별상애기씨(왼쪽)와 천연두를 물리치기 위한 마마 배송굿(오른쪽). 예전에는 풍악에 맞춰 노래하며 단정하게 차린 맛있는 음식을 먹고 마마가 물러가길 기원했다.

무시무시한 게 바로 천연두였습니다. 이제는 지구에서 영영 없어져 천연두 예방주사도 맞지 않지만, 옛 아이들은 피해 갈 수 없는 질병이었죠. 누구나 한 번은 겪었고, 한 번 걸리면 열 명 중 두세 명은 어김없이 저승길에 올랐습니다. 2020년 코로나바이러스감염증-19가 퍼져 온 세계가 난리법석인 것을 떠올려보면 이 병이 얼마나 끔찍했는지 짐작이 갈 겁니다. 그런데 왜 마마라 불렀을까요? 귀신이 천연두를 일으킨다고 믿어서 귀신을 마마라며 아주 높여서 부른 겁니다.

염병은 보통 전염병을 말하지만, 때로는 좁혀서 장티푸스나 발진티푸스 같은 특정한 병을 가리키기도 합니다. 전염병과 가장 비슷한 말은 '역병疫病'입니다. 역병은 집단적으로 생기며 몸이 몹시 괴롭고 수고롭다는

돌잔치. 조선시대에는 태어나자마자 또는 태어난 지 얼마 안 되어 죽는 아이가 많아서 평균 수명이 24세 정도였다. 다섯 형제 중 둘 정도가 다섯 살을 넘기지 못했고 그중 상당수는 태어난 지 1년 안에 죽었다. 생후 1년을 넘기는 것이 쉽지 않았기 때문에 돌잔치를 연 것이다. 전염병이 돌면 평균 수명은 더 줄었을 것이다.

뜻입니다. 여기에 사납다는 뜻의 '여癘'를 덧붙여 '역려' 또는 '여역'이라고도 했습니다. 역병에 대응하는 우리말로는 '돌림병'이 있습니다.

사실 돌림병은 인류가 문명을 가꾸면서부터 시작되었습니다. 아마도 인간이 집단생활을 하지 않았다면 역병에 희생되지 않았을 겁니다. 어쩌면 아예 역병이 생기지 않았을지도 모릅니다. 인간이 가축을 기르고 농경생활에 접어들어 사회를 이룬 순간부터 돌림병이 생겼거든요.

우리나라에서 돌림병 기록은 기원전 15년(백제 온조왕 4년)에 처음 보입니다. 돌림병은 인구의 증가, 도시의 발달, 교통과 상업의 발달, 외국을 상대로 한 교역의 증가 등과 관련이 있습니다. 이는 오늘날도 마찬가지입니다. 나라 인구 수백만, 도시 인구 수십만 정도가 되면 돌림병이 생기기 좋

한국과학문명사 강의

은 조건이 됩니다. 정확한 통계를 내기는 어렵지만, 우리나라 인구는 삼국시대에 삼사백만, 조선 초에 오륙백만, 조선 말에 팔구백만 명 정도였을 것으로 추정됩니다. 융성했던 신라 서라벌의 인구는 이삼십만 명에 달했고, 조선시대 서울의 인구도 이와 비슷했습니다. 그때 다른 나라와 비교해보아도 인구수가 결코 적지 않았습니다. 달리 말해 돌림병이 크게 유행할 조건이 갖춰진 겁니다. 돌림병의 규모와 돌림병이 창궐한 횟수는 한민족의 성장과 비례했다고 보면 됩니다.

고려시대까지는 기록이 많이 남아 있지 않기 때문에 어떤 돌림병이 얼마만큼 유행했는지 명확히 알 수 없습니다. 하지만 조선시대는《조선왕조실록》등 많은 기록이 있기 때문에 제법 상세하게 알 수 있습니다.

조선은 '돌림병의 시대'였다

《조선왕조실록》을 살펴보면 조선시대 내내 전염병이 대단한 규모로 번졌습니다. 한마디로 조선을 '돌림병의 시대'라고 해도 될 정도입니다. 돌림병은 몇 해에 한 번씩 있을 정도로 잦았습니다. 그리고 피해가 심해서 적을 때는 몇백 몇천 명이 죽었고, 많을 때는 한 번 유행에 수십만 명이 목숨을 빼앗겼습니다.

마마(천연두), 염병(티푸스 계통 질환), 이질, 당독역(성홍열), 마진(홍역), 독감, 호열자(콜레라) 같은 급성 전염병이 사납게 위세를 떨쳤지요. 1821년 우리 땅에 처음 찾아온 콜레라는 수십만 명의 사망자를 냈습니다. 이 밖에도 학질(말라리아), 문둥병(한센병), 성병인 매독도 조선 사람들을 괴롭혔

말뚝이 놀이에 등장하는 문둥이 탈.
눈썹은 빠져 짧고 가늘며 코는 비틀
어지고 입도 일그러진 모양이다.

습니다.

학질은 추웠다 열났다 벌벌 떨게 하는 지긋지긋한 병이었습니다. 지금도 '학을 뗐다'는 말에 흔적이 남아 있죠. 여기서 '학'이 학질입니다. 지긋지긋하게 안 낫는 병이었기 때문에 이런 말이 생긴 겁니다.

한센병은 피부가 문드러져 뚝뚝 떨어져 나가는 고약한 병이었습니다. 오죽하면 '어린아이 간을 빼먹으면 낫는다'는 미신이 생겼겠어요.《조선왕조실록》을 보면 실제로 아이를 유괴해 죽여서 간을 빼먹은 사람들도 있었습니다. 아기를 잡아먹었다고 병이 나았을 리는 없고, 큰 죄악인 살인만 저지른 겁니다.

사람들은 한센병을 엄청 싫어하고, 이 병에 걸린 사람을 피했습니다. 어린애들은 문둥이 온다고 놀리며 돌을 던져댔죠. 한센병 환자는 자기 살이 떨어져 나가는 몸의 고통과 함께 마음의 고통까지 겪었습니다. 그러니 그런 병에서 벗어나려고 살인까지 벌인 거죠. 한센병 같은 만성 전염병 환자는 오랫동안 몸의 고통을 겪으면서 비참한 삶을 살았습니다.

일제강점기 때 시인 서정주는 〈문둥이〉라는 시에서 다음과 같이 말했습니다.

해와 하늘빛이
문둥이는 서러워

보리밭에 달 뜨면

애기 하나 먹고

꽃처럼 붉은 울음을 밤새 울었다.

　돌림병이 돌면 우리 조상들은 어떤 대책을 주로 썼을까요? 병에 안 걸리는 게 최선이라, 피난을 택했습니다. 옆 동네에 돌림병이 도는 낌새가 보이면, 살림살이를 챙겨 산속으로 피하거나 산 너머 먼 친척 집에 갔다가 병이 사라지면 돌아왔습니다. 특히 이전에 그 병을 앓지 않았던 사람들은 더욱 급히 피난을 서둘렀습니다. 어릴 때 전염병을 앓지 않은 사람들이 나이 들어 그 병에 걸리면 죽기 십상이었거든요. 정든 터전을 떠나는 게 쉽지 않았겠지만, 돌림병의 공포보다는 낫다고 생각해서 짐을 꾸렸던 겁니다. 1895년 평양에서 콜레라가 유행했을 때에는 주민의 90퍼센트 이상이 성 밖으로 탈출했다고 합니다. 그야말로 도성이 텅텅 비었죠. 불과 백여 년 전의 일입니다.

　이런 방법은 비슷한 시기에 서양에서 쓰던 검역 방식과 크게 달랐습니다. 검역은 돌림병이 도는 곳에 사람과 교통을 완전히 차단하는 방식입니다. 돌림병이 도는 지역에서 오는 사람과 물건은 빠짐없이 조사해서 40일 동안 격리시킨 다음 별 문제가 없으면 출입을 시켰습니다. 피난이나 검역 모두 돌림병을 막기 위한 좋은 방법임에는 틀림없습니다. 하지만 피난은 나만 살겠다는 소극적 방법입니다. 검역은 지역 공동체 모두가 눈을 부릅뜨고 지켜야 할 일이었죠. 또 검역을 하면서 돌림병에 대한 지식도 얻고 그것을 바탕으로 더 나은 대책을 마련할 수 있었습니다.

　나라에서 가장 널리 행한 방식은 전염병 귀신, 즉 역신疫神에게 제사 지

1920년 강원도에 콜레라가 생겨 마을 사람들이 산속으로 피난한 모습. 할아버지부터 어린아이까지 임시로 지은 움막에서 지내고 있다. 조선시대에 전염병이 크게 유행했을 때에도 이런 모습이었을 것이다.

내는 것이었습니다. 옛사람들은 돌림병이 귀신의 소행이라 믿었습니다. 갑자기 나타나서 많은 사람에게 병을 일으키기는 하는데 그 정체는 알 수 없으니 마치 귀신과 같았던 겁니다. 옛사람들은 이 귀신이 바람이 불듯 작용한다고 생각했습니다. 그 바람은 사악한 기운인데, 억울하게 죽은 넋들이 뭉쳐 생긴 것으로 파악되었습니다. 처녀 귀신, 총각 귀신, 전쟁 때 죽은 귀신 등 제사 지내줄 사람이 없는 귀신들이 억울한 귀신에 속합니다. 원래 사람이 죽으면 영혼이 빠져나가 차츰 소멸되지만, 너무나 원통하게 죽은 혼은 끝끝내 이 세상에 붙어 있다가 돌림병을 일으킨다고 믿은 겁니다.

그래서 제사를 지내 이 넋들의 억울함을 풀어주면 병이 나을 거라고 생각했습니다. 역신에게 좋은 음식을 갖추어 올리고, 향불을 태워 넋들을 달랬습니다. 고려시대에도 이런 제사가 있었는데, 조선시대 들어 더 열심

여제를 지내던 여단 터. 역병이 돌면 나라에서는 이곳에서 수시로 제사를 올렸는데, 제단의 크기가 종로에 있는 사직단과 거의 비슷했다고 한다. 여제는 20세기 초부터는 지내지 않았다. 사진의 표지석은 현재 서울 북악터널 근처에 있는데, 설명이 잘못되어 있어 '자손 없이 죽은 사람의 원혼을 달래기 위해' 세운 곳이라고 쓰여 있다.

히 제사를 올렸습니다. 이를 '여제癘祭'라고 합니다. 서울에는 제단이 동·서·남·북·중앙에 다섯 곳이 있었고, 각 군현마다 이런 제단을 설치했습니다. 돌림병이 돌면 시골에서는 사또가, 서울에서는 고위 대신이 제사를 지냈습니다. 유행이 심하면 왕이 직접 나서서 제사를 드렸습니다. 조선 중종의 제문에는 이런 내용이 담겨 있습니다. "내, 너희들의 억울함을 잘 안다. 이렇게 좋은 음식과 술, 향을 바치나니 이제 억울한 마음 풀고 나쁜 기운을 거두어다오."

나라에서는 돌림병이 도는 지역에 의원과 약을 보내주고, 돌림병의 처방을 담은 책을 찍어 배포하기도 했습니다. 이 책들은 모두 몇십 쪽 정도로 얇아서 빠른 시간에 많이 찍어 보급할 수 있었습니다. '역병을 쫓는다'는 뜻의 '벽온방'이 그런 책입니다.

여러 벽온방 중에 허준이 지은 《신찬벽온방》과 《벽역신방》이 유명합니다. 돌림병이 도는 곳의 사람들은 이 책의 내용을 참고하여 조치했습니다. 벽온방에는 약을 써서 병을 고치는 내용도 담겨 있지만, 주술적인 내용이 많았습니다. 세시풍속과 관련된 "동짓날 팥죽을 먹으면 역병을 피할 수 있다", "단옷날 창포로 담근 술을 마시면 좋다" 같은 내용도 있고, 폭죽을 터뜨리면 돌림병에 걸리지 않는다는 내용도 있습니다. 돌림병 같은 위험이 늘 도사리고 있었기 때문에 그런 일을 겪지 않도록 소망하는 여러 세시풍속이 생겨난 겁니다.

돌림병 같은 재난 때문에 조선시대 사람들의 평균 수명은 대략 20대 초반에 불과했습니다. 젖도 못 뗀 어린아이들이 많이 죽어나갔고, 형제 서넛 중 하나만 살아남던 시대였습니다. 이제는 마마, 호열자, 염병 등 많은 돌림병이 옛것이 되었습니다. 의학을 발달시킨 수많은 선각자들에게 늘 감사하는 마음으로 살아야 할 것입니다.

돌림병에 맞선 사람들

조선 사람들이 돌림병에 늘 당하기만 한 것은 아닙니다. 돌림병을 이겨 내려고 적극 노력한 경우도 있는데, 세 가지 사례를 꼽을 수 있습니다.

먼저 허준이 천연두를 치료했습니다. 1590년 서울에는 천연두(두창)가 크게 돌고 있었습니다. 이때 왕자도 덜컥 이 병에 걸려버렸습니다. 아버지인 선조는 속이 타서 미칠 지경이었습니다. 왜냐하면 몇 년 전에 다른 왕자와 공주가 천연두에 걸려 죽었는데, 또 아들이 같은 병에 걸렸으니까요. 그런데 궁 안의 쟁쟁한 어의들 중 아무도 병을 고치려고 나서지 않았습니다. '마마 귀신은 성질이 못되어서 약을 쓰면 환자를 바로 죽인다'고 믿었기 때문입니다.

선조는 미신에 얽매여 약도 못 쓴 채 아들을 잃지는 않겠다고 다짐했습니다. 그러고는 허준을 찾았습니다. 허준은 내의원의 의관이기는 했지만,

아직 명성을 크게 떨치지 못한 때였습니다. 잘못해서 세자가 죽기라도 한다면 책임을 뒤집어쓰게 될지도 모르는 상황이었죠. 그러나 허준은 천연두 치료에 도전했습니다. 연구하고 또 연구해서 세자의 두창을 고칠 명약을 찾아냈습니다. 저미고, 용뇌자환이 그 약입니다. 저미고는 돼지꼬리에 맺힌 피가 섞인 약이었고, 용뇌자환은 외국에서 나는 용뇌라는 향을 사용한 약이었습니다. 허준은 이 약을 써서 사납게 뻗치는 병의 기운을 누그러뜨렸습니다. 그의 치료는 대성공이었습니다. 왕자가 살아난 겁니다. 선조는 기뻐하며 허준에게 정3품 당상관의 벼슬을 내렸습니다. 원래 서자 출신 허준이 올라갈 수 있는 최고 관직은 정3품 당하관인데, 선조가 그 한계를 깨고 상을 내린 거였습니다.

　허준이 왕자의 병을 고쳤다는 소문이 퍼져나가자, 환자들이 너도나도 허준을 찾았습니다. 이 무렵 살았던 이수광은 《지봉유설》에서 허준이 고친 환자가 셀 수 없을 정도로 많았다고 썼습니다. 세상 사람들은 "신이 내린 의사가 나타났다"면서 허준을 칭송했습니다. 허준은 52세 때 비로소 왕과 세간의 인정을 동시에 움켜쥐게 되었습니다. 여기서 그치지 않고 허준은 자신의 경험과 처방을 《언해두창집요》란 책으로 엮었습니다. 선조는 천연두에 걸릴 때 약을 쓰지 않는 풍습을 깨기 위해 허준에게 이 책을 짓도록 했습니다. 또 한글로 번역해서 부녀자와 일반 백성이 그 내용을 읽을 수 있도록 했습니다. 허준이 수많은 천연두 환자를 치료

《언해두창집요》.

열한 살 여자아이의 천연두 치료를 적은 조선 후기의 처방전.

했다는 사실 못지않게, 마마에는 약을 쓰지 않는다는 오래된 금기를 깨려 했던 자세를 높이 사야 할 것입니다.

실학자 정약용은 홍역 퇴치에 힘썼습니다. 어린이 돌림병인 홍역도 무시무시한 병이었습니다.

홍역은 붉은 반점의 돌림병이란 뜻입니다. 온몸에 좁쌀 같은 붉은 발진이 돋거든요. 보통 의원들은 홍역 치료를 포기했습니다. 홍역은 10년 넘게 유행하지 않다가 갑자기 찾아오곤 했고, 병이 돌기 시작하면 불똥 튀듯 빨리 번져서 의원들이 미처 손 쓸 틈이 없었습니다. 병을 진료한 경험도 부족한 데다 의원들은 이 병을 치료해도 별로 돈이 되지 않는다 하여 슬슬 피했습니다.

어렸을 때 홍역에 걸렸다가 구사일생으로 살아난 정약용은 의원들이 돈벌이가 되는 것만 찾는다고 분개했습니다. 그리고 홍역 연구에 직접 뛰어들었습니다. 1789년 정약용은 고위 관직을 두루 거치다 잠깐 쉬러 곡산 부사로 가게 되었는데, 이때 그동안 추진하지 못했던 홍역에 관한 책을 쓰기 시작했습니다.

이 작업의 또 다른 배경으로는 몽수 이헌길이라는 생명의 은인도 있었습니다. 이헌길은 여느 의원과 달리 홍역 치료에 적극 나서 많은 사람의 생명을 구했습니다. 그중에는 홍역에 걸린 아이 정약용도 있었죠. 그러나 이헌길의 뛰어난 의술은 번듯한 책으로 엮이지 못했습니다. 이를 안타까워한 정약용은 이헌길의 의술을 세상에 널리 알리기로 결심했습니다. 정약용은 정성을 다해 새로 편집한 이헌길의 책《마진방》을 그의 영전에 바쳤습니다. 여기서 '마진痲疹'은 홍역과 같은 이름입니다. 조 알갱이보다 더 작은 삼[麻] 씨 크기만 한 피부병[疹]이 생긴다고 해서 홍역이라고 부르기 전에 썼던 이름입니다.

이 책과 함께 정약용은 자신의 대작《마과회통》을 편찬했습니다. 이헌길의 방법을 실마리로 해서 중국 책 수십 종에 실린 정보를 분석해 홍역의 증상, 원인, 처방, 약물을 차례대로 정리한 겁니다. 정약용은 갑작스럽게 죽음으로 이끄는 홍역을 증상별로 빨리 알아내 적절한 처방을 고르도록 하는 데 힘썼습니다. 오늘날 이 책은 홍역에 관한 한 동아시아에서 가장 상세한 저술로 평가받고 있습니다.

천연두에 대해서는 감동적인 이야기가 또 하나 있습니다. 1800년 무렵 어느 날, 실학자 초정 박제가(1750~1805)와 다산 정약용은 토론을 벌이다가 깜짝 놀랐습니다. 박제가는 청나라 의학 책《의종금감》에 소개된 종두법에 흥미를 느끼고 있었습니다. 이 예방법이 맞다면 우리나라 사람들이 천연두의 공포에서 해방될 수 있다고 생각하고 있었죠. 정약용은 우연히《정씨종두방》이란 청나라 책을 구했는데, 그 책에도 종두법이 상세하게 나와 있었습니다.

공교롭게도 두 사람이 본 책은 모두 종두법을 다루고 있었습니다. 종두법이란 두뢰, 즉 콩을 인공적으로 심는다는 뜻입니다. 한마디로 예방 접종이죠. 천연적으로 걸리는 마마가 천연두이고, 예방 접종의 결과로 가볍게 콩이 솟도록 하는 방법이 종두법입니다. 그런데 여기서 말하는 종두법은 우두법은 아니었고 인두법이라 부르는 것입니다. 두창을 앓은 아이에게서 얻은 것을 곧바로 접종한다고 해서 인두법입니다. 우두법은 인두법의 독성이 너무나 강해서 그것을 약하게 하려고 소에게 접종했다가 다시 소에게서 얻은 백신을 접종하는 방법입니다. 1796년 영국의 제너가 우두법을 발명했는데, 그 방법은 이때까지는 조선에 알려지지 않았습니다.

종두법(인두법)은 두창 딱지 가루나 그것을 물에 갠 액체를, 가늘게 만든 솜 끝에 묻혀 코 안에 살짝 문지르는 방법을 썼습니다. 요즘처럼 주사기로 몸 안에 약을 넣는 방식은 아니었죠.

토론을 하던 박제가와 정약용은 자신들 앞에 큰 난관이 있음을 알게 되었습니다. 어떻게 해야 안전하면서도 효과가 있는 접종 딱지 또는 접종액을 얻을 수 있을지 몰랐던 겁니다. 사람 생명과 관련이 있으니 신중해야 했지요. 그들은 북경에서 수입할 생각도 해봤지만, 여름철 오는 도중에 다 상해서 못 쓴다는 결론에 도달했습니다. 이날 대화는 이대로 끝났지만, 종두법에 대한 의지는 여기서 꺾이지 않았습니다. 박제가가 드디어 그 방법을 알아낸 겁니다.

박제가가 포천의 현감으로 갔을 때, 아전의 자식에게 종두법을 시행하여 성공을 거뒀습니다. 또 마침 포천에 살던 이종인이라는 의원이 그 방법을 박제가에게서 배워 연구를 거듭한 끝에 완전한 방법을 터득했습니다. 이종인은 열 번이면 열 번, 백 번이면 백 번, 한 번도 실패가 없었습니다. 그는 1817년 《시종통편》에다 자신의 치료법을 모두 담아 널리 알렸습니다. 여기서 시종時種이란 시두時痘(천연두)와 종두에 관한 지식을 말합니다. 예방법과 치료법 둘 다 담은 것이었죠. 《시종통편》은 실로 고마운 책이었습니다. 많은 사람이 이 책에 담긴 종두법에 따라 병을 예방하고 이겨냈습니다. 이는 지석영이 우두법을 시술하기 60여 년 전의 일입니다.

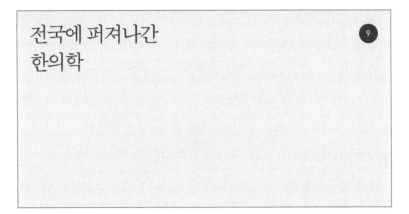

전국에 퍼져나간
한의학

9

그리 오래되지 않은 '한의학의 대중화'

우리 역사에서 의학 분야의 가장 중요한 사건을 하나 꼽으라면 무엇을 들 수 있을까요? 저는 서슴지 않고 1977년 시작되어 1989년에 전 국민에게 확대된 의료보험 제도를 들겠습니다. 아무리 의학이 발달해도 나와 내 가족, 이웃이 치료받지 못하면 소용없죠. 발달한 의학과 과학을 누구나 누리는 것, 그게 바로 축복일 겁니다. 이런 이유로 의료에 관한 한 지금 우리나라 국민은 인류 역사상 유례가 없는 행운을 누리고 있다고 자신 있게 말할 수 있습니다.

그렇다면 조선시대까지 우리 의학의 역사에서 최대 사건은 뭘까요? 저는 다시 한 번 서슴지 않고 한의원과 한약방이 지방 구석구석까지 뿌리내린 것을 꼽겠습니다.《동의보감》같은 뛰어난 의서가 있어도 왕족과 양반, 그리고 서울 사람만 혜택을 누린다면, 백성들에게는 '그림 속의 떡'이겠죠? 17세기 후반부터 이후 2백여 년 동안 '한의학의 대중화'가 이루어졌습니다. 지방에도 의원이 생기고 한약방도 생겨났죠. 한의학이 널리 퍼져서 보통 사람들과 지방 사람들도 이용하게 된 겁니다.

역사 드라마에서는 마치 오래전부터 민간에 한약방이 있었던 것처럼 그려지곤 합니다. 하지만 한의학의 대중화는 그렇게 오래되지 않은 일입니다. 불과 200년 사이에 일어난 일이죠. 우리나라 의학의 전통이 2천 년 된다고 해도, 1800년 동안은 소수의 사람만 의학 혜택을 봤던 겁니다. 아무리 넉넉히 잡아도, 치료받는 사람이 전국적으로 5퍼센트가 채 안 되었습니다. 그렇다면 어떻게 해서 이런 놀라운 변화가 일어났을까요?

소수 지배층만 누린 의료 혜택

미암 유희춘(1513~1577)이 쓴《미암일기》를 보면 1600년 이전에 약방이 없었다는 것을 알 수 있습니다. 유희춘은 당쟁 때문에 함경도 끝자락 종성에서 귀양살이를 했습니다. 1567년에 19년의 오랜 귀양살이를 끝내고 서울로 돌아와 잠시 있다가 고향인 전라도 담양으로 길을 나섰는데, 이때 유희춘의 일기에 약이 등장합니다.

• 11월 16일 – 한사신이 약을 가져왔다.

- 11월 16일 - 판서 홍담이 청한 약을 보내왔다.
- 11월 17일 - 전함 벼슬의 기대승이 달인 약을 가져왔다.

병원이나 약국, 의사는 나오지 않고, 친구나 지인의 이름만 보이죠. 먼 길 떠나는 유희춘에게 지인들이 약을 가져다주고 있는 겁니다.《미암일기》 첫머리에 보이는 이런 내용은 당시 약이 어떻게 유통되었는지를 알려줍니다. 약방에 가서 사는 게 아니라 친구나 지인끼리 약을 주고받았던 거죠.

실제로 유희춘이 서울에 와서 성균관 대사성, 세자의 스승 등 벼슬을 하고 있을 때에는 지방의 가족, 친척, 친구들이 수없이 약을 구해 보내달라는 편지를 했습니다. 그러면 유희춘은 서울에서 약을 구해 계속 내려보냈습니다. 그가 친구나 지인으로부터 약을 받아서, 지방에 사는 친척들에게 약을 내려보냈던 겁니다. 어떤 약을 주고받았는지도 일기에 나와 있습니다.

- 헌릉 참봉 김가빈이 산약 스무 뿌리를 보내왔다.
- 승지 이후백이 착호단이라는 약을 보내왔다.
- 가까운 친척 나사침에게 우황청심환과 소합환을 보내주었다.
- 약을 구해달라는 김천일의 부탁을 받아 성심산이라는 약을 보내 주었다.
- 경상도 안동에 있는 퇴계 선생에게는 청심환 등 귀한 환약을 선물했다.
- 자살을 기도한 이웃에게 청심환을 주었다.

19세기에 추사 김정희가 쓴 약방문. 인삼 3돈, 별갑(자라의 등딱지) 1돈, 백복령·진피 각 1돈 등이 들어가고, 약재에 따라 볶거나 달여서 약을 지으라고 쓰여 있다.

유희춘은 고향에 있을 때에도 약을 넉넉하게 갖고 있었습니다. 그는 대부분 서울에서 온 약재를 썼습니다. 옛날에 근무했던 관아에서 보내준 것이었죠. 꿀이나 녹용 같은 약재는 곧바로 생산지에서 오기도 했습니다. 지방에 머물면서 유희춘은 자신과 집안, 주변 사람들의 약을 챙겼습니다.

서울과 달리 지방에는 의료 시설이 거의 없었다고 해도 지나친 말이 아닙니다. 사람들은 대개 약을 살 만한 형편이 안 되었습니다. 그리고 관직에 끈이 닿지 않는 사람은 돈이 있어도 약을 구하기 힘들었죠.

그러다 보니 약을 구하려고 노력하는 사람도 많지 않았습니다. 오히려 다른 방법으로 병을 고치려고 했습니다. 의학이 있었지만, 기도하고 점치고 무당 불러 굿하는 방법이 더 널리 쓰인 겁니다. 이에 대해서는 17세기 후반 조선에 표류한 하멜이 쓴 《하멜표류기》(1668)에 잘 나와 있습니다.

조선 사람들은 병이 들면 자신의 나라에서 나는 산의 약초를 복용하는데, 보통 백성들은 그것을 잘 알지 못하고, 모든 의원은 거의 상류 인간만이 이용한다. 그리하여 의원을 쓸 형편이 못 되는 빈민들은 그 대신 맹인 점쟁이를 쓴다. 이들 점쟁이를 믿으며 특히 우상 신전에 나아가 거기서 귀신에게 도움을 빈다.

이를 보면, 소수 상류층을 제외한 사람들은 돈이 없거나, 지식이 없거나, 또는 미신에 얽매여 약을 쓰지 않았음을 짐작할 수 있습니다.

약을 구하는 이야기는 오희문(1539~1613)이 쓴 《쇄미록》에도 나옵니다. '쇄미록'은 전쟁

점치는 맹인.

때 쓴 피난 일기입니다. 오희문이 임진왜란 때 피난 가서 9년 3개월 동안 쓴 기록이죠. 이 일기에도 《미암일기》와 같이 의원이나 약국에서 약을 구하지 않고 상납이나 선물, 하사 따위의 형태로 약을 주고받았다는 내용이 나옵니다. 약을 보내주는 사람은 고을 사또거나 지방 관직을 얻은 아들이었습니다. 권세가 있어야 약을 받을 수 있었던 겁니다.

오희문은 타향에서 피난살이의 고충을 뼈아프게 느끼며 살았습니다. 날마다 끼니 걱정, 추위 걱정을 하는 처지에 약까지 챙긴다는 건 기대하기 힘들었죠. 피난 생활 중 오희문과 가족은 보통 병이 들어도 별 처방 없이 견뎌낼 수밖에 없었습니다. 근근이 끼니를 이어가던 오희문은 자기 딸을 사또의 후처로 시집보내고, 이어서 아들이 과거에 급제해 관직을 얻게

되면서 살림살이가 펴게 되었습니다. 사또와 아들은 부탁한 약을 어떻게든 구해서 보내주었습니다.

딸을 후처로 시집보내기 전, 그리고 아들이 관직을 얻기 전까지 오희문의 생활은 끔찍하게 어려웠습니다. 오희문이 양반이었는데도 이 정도였으니 하층 사람들은 더 말할 필요가 없겠죠. 양반이 채 10퍼센트도 되지 않았으니, 나머지 90퍼센트의 평범한 백성들은 임진왜란이 아니었다고 해도 아플 때 약을 쓰지 못했을 겁니다.

마을마다 들어선 약방

이처럼 개개인이 약을 주고받던 방식에 대대적인 변화가 일어납니다. 18세기 후반의 일기를 보면 이러한 변화를 알 수 있습니다. 이재 황윤석(1729~1791)의 《이재난고》에는 서울뿐만 아니라 지방의 상황도 매우 상세히 드러나 있습니다.

1759년 황윤석은 잠깐 서울로 과거를 보러 갔는데, 두통과 가래 나는 병을 앓았습니다. 그는 병을 치료해줄 의원과 약국을 찾았습니다. 처방전을 써준 의원에게는 돈 2냥을 냈고, 약국에서도 돈을 내고 약을 구입했습니다. 약도 보약을 제외하고는 모두 값싼 약들이어서 사는 데 별로 부담이 없었습니다.

이처럼 18세기 후반 서울에 약국이 등장했습니다. 이런 모습은 《미암일기》나 《쇄미록》에서 보았던 생활과 크게 달라진 모습입니다. 서울 종로와 구리개(오늘날 을지로 입구)에는 약방이 많이 생겨나 있었습니다. 의원

〈태평성시도〉에서 찾은 약방. 〈태평성시도〉는 중국의 그림을 모방했지만 조선의 풍물을 담고 있다. 약방을 확대한 그림을 보면 약방은 안팎 두 채로 이루어져 있다. 앞 건물에는 큰 약장이 놓여 있으며, 약을 사러 온 사람 셋이 있고, 약을 저울로 달고 있는 의원이 보인다. 뒤 건물에는 점원인 듯 보이는 두 사람이 있는데, 한 사람은 약연으로 약을 갈고 또 한 사람은 작두로 약을 썰고 있다. 마당에서는 약재를 말리고 있다.

도 소아과, 안과 등 분야가 전문화되어 있었고, 의원이 병을 고쳐주고 돈을 받았습니다. 그건 이때 의술이 병을 고친 고마움의 대가를 받는 인술의 영역에서 벗어나 하나의 상품이 되었음을 뜻합니다. 게다가 황윤석의 병을 치료한 의사는 도사(종5품)라는 벼슬을 가진 양반이었습니다. 양반이 중인의 직업인 의원 노릇을 한다는 것, 이 또한 많이 달라진 모습이죠. 양반이라도 먹고살기 위해 의술을 펼치는 시대가 된 겁니다. 몰락한 양반이 할 수 있는 일 가운데 가장 인기 있는 직업이 훈장과 의원 노릇이었습니다. 두 직업은 육체노동을 하지 않고 지식을 팔아 생활하기에 안성맞춤이었으니까요.

황윤석은 충청도 목천과 전의 지방에서 사또 노릇을 했습니다. 이때 주변 지역 형편까지 자세히 기록해놓았는데, 목천에는 의원이 한 명도 없었으나 전의에는 한 명이 있었습니다. 천안의 경우는 큰 고을이었기 때문에 관아에도 의원이 있었고 의녀까지 있었습니다. 각 고을을 떠도는 떠돌이 의원도 있었지요. 약방은 천안은 물론이고 전의, 목천에도 있었습니다. 지방의 약방은 서울에서 약을 가져다 파는 매약상이 맡고 있었습니다. 지방에까지 약방이 생겼으니 엄청난 변화죠? 이런 놀라운 일을 가능케 한 것은 약계藥契였습니다.

약계를 기반으로 한의학이 퍼져나가다

한의학은 약을 수백 종 갖춰놓고 처방을 하도록 발달해왔습니다. 자주 쓰는 약재만 해도 백여 종에 이르는데, 여기에는 우리나라뿐만 아니라 중국, 더 나아가 인도, 아라비아에서 나는 약재까지 포함되어 있습니다. 이런 약재를 골고루 갖춰 번듯한 약방을 갖추는 건 쉽지 않은 일이었습니다. 많은 돈을 들여 갖췄다 해도 약을 사 가는 사람이 없다면 망해버리겠죠. 그래서 궁궐과 관청에서만 약방을 설치할 수 있었던 겁니다.

지방 사람들은 이런 상황에서 벗어나기 위해 뜻을 모아 계를 만들었습니다. 돈을 내서 약재를 사 오고, 집안에 환자가 생기면 그 약을 쓰는 식으로 운영한 것이죠. 이처럼 계는 비싼 비용을 들여 약국을 차리지 않고도 약을 쓸 수 있게 했습니다. 민간에서 약재의 소비가 많아지자 약계는 더욱 발전하여 가게처럼 되었는데 그게 바로 한약방이었습니다. 약계는 1603년에 만들어진 강릉 지역의 약계가 잘 알려져 있고, 이후 240여 년 동안이나 이어졌습니다.

약계의 조직도 놀랍지만, 약계를 만들려고 한 생각의 변화를 놓쳐서는 안 됩니다. 사람들이 병이 들면 약을 써야 한다고 생각하기 시작한 겁입니다. 오늘날에는 아플 때 약 쓰는 것을 당연하게 생각하지만 그렇게 생각하지 않았던 때가 있었습니다. 지금도 문명이 덜 발달된 사회에 가보면, 의약 대신에 미신에 따른 방법을 주로 쓰죠.

지방 양반부터 시작해서 이런 생각이 차츰차츰 바뀌었습니다. 특히 부모님께 효도해야 한다는 생각이 결정적인 구실을 했습니다. 부모님께 약한 재 지어 올리는 것을 효도 중 으뜸으로 여기게 된 겁니다. 강릉의 약계도 효를 실천하기 위해 만들어졌다고 합니다. 계원들이 한 달에 한 재씩 보약을 지어 부모님께 드렸습니다. 그렇게 시작된 강릉 약계는 차츰 이웃에 약을 파는 단계로 확대되었습니다. 그러다 개인이 차린 약방이 잇달아 생기면서 약계는 없어졌습니다.

그런데 지방 사람들이 어떻게 그 많은 약을 구할 수 있었을까요? 국산약은 어디서 구했고, 중국에서 수입한 약은 어떻게 지방까지 흘러왔을까요? 아무리 약계를 조직했다고 해도 온 나라가 연결되는 약재 시장이 없

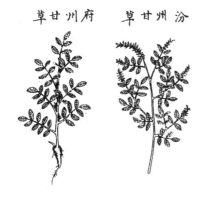

감초. 한약재로 탕약에 가장 흔하게 넣는 감초도 우리나라에서는 나지 않았다. 약재 상인들은 약재 무역도 시작했다.

었다면 약계는 크게 퍼지지 못했을 겁니다. 시장 활성화의 일등 공신은 대동법입니다. 대동법은 17세기 초반에 나라에 내는 각종 진상품을 현물 대신 쌀로 바치게 한 제도죠. 누구든 어느 지역이든 세금을 쌀 한 가지로 통일했다고 해서 대동법이라 했습니다.

이전에는 각 고을 사또들이 자기 지방에 할당된 약재를 모아 나라에 바쳤는데, 대동법이 실시되면서 그럴 필요가 없어졌습니다. 나라에서는 세금으로 받은 쌀로 약을 사야만 했습니다. 민간의 상인들이 약재를 모아 혜민서와 전의감에 갖다 바치고 관아에서 돈을 받게 된 겁니다. 여기서 중요한 건 약재를 사고파는 상인이 생겼다는 점입니다. 약재 상인들은 나라에 바칠 분량보다 많은 약재를 모아놓고 장사를 했습니다. 중국에서 약재를 수입해 파는 상인들도 나타났습니다.

약방 거리로 유명한 구리개의 약방들과 저 멀리 지방의 약방에서도 약재를 사들였겠죠. 그런 와중에 약만 전문으로 사고파는 시장이 생겨났는데 그것을 '약령시'라고 했습니다. 1653년(효종 4년) 대구에서 처음 약령시가 만들어진 후 원주, 전주 등 여러 지역에 약령시가 들어섰습니다.

이러한 여러 흐름이 맞물려 한약방이 전국에 뿌리내리게 되었습니다.

1913년 통계를 보면 전국 8도에 한의사가 5800여 명, 약방을 운영하는 사람이 9천 여 명이나 됩니다. 15세기에 나온 《경국대전》에서 전국에 필요한 의원과 의학생 수를 3500여 명이라고 했는데, 그에 견주면 네 배 이상 많아졌습니다. 그만큼 한의학이 성장하고 널리 퍼진 겁니다.

한의학의 확산으로 조선 사회는 무속에 기대어 치료하던 의료 수준에서 어느 정도 벗어

백여 년 전의 약방. 약재들이 천장에 주렁주렁 걸려 있다.

났습니다. 양반이나 권세 있는 사람만 의약을 이용하던 상태에서도 벗어났습니다. 17세기 이후 조선은 그 전보다 더 공평한 사회로 나아가고 있었던 겁니다. 근대 이후 그러한 추세가 더욱 확장되어 오늘날 '전 국민 의료보험' 시대로 접어들게 되었습니다.

돌림병 환자를 구호하던 활인서

우리나라에도 오래전부터 병원이 있었습니다. 1884년에 우리 나라에 와서 조선 정부 병원인 제중원에서 일했던 미국인 의사 알 렌은 이렇게 이야기한 적이 있습니다. "이 나라에는 병원의 전통이 천 년도 넘는군. 그래서 그런지 우리가 세운 병원에 대해 하나도 낯설게 생각하지 않는구나."

알렌이 말한 병원은 활인서를 말합니다. 돌림병 환자를 주로 구 호하던 곳이죠. 고려시대에 처음 생긴 제도를 조선에서 이어받았 습니다. 고려는 불교 국가라서 대자대비의 준말인 '대비'를 넣어 동서대비원이라 했고, 조선은 유교 국가라서 인술을 펼친다는 뜻 의 '활인活人'을 썼습니다. 조선시대에 서울 동대문 바깥에 한 곳, 서 대문 바깥에 한 곳 있어서 동서활인서라고도 했죠. 활인서는 보통 환자의 병을 고치는 곳이 아니라 굶어 죽게 된 사람이나 돌림병 환 자를 수용하는 기관이었습니다. 진료에 필요한 약은 전의감과 혜 민서에서 보급해주었습니다.

서울에 있었던 국립 병원, 전의감과 혜민서

나라의 의료 기관은 삼국시대부터 있었지만, 백성을 위한 의료

1890년대의 전의감 건물.

기관은 고려시대에 처음 만들어져(1112) 조선까지 이어졌습니다. 고려시대에는 이름이 혜민국이었습니다. 혜민국은 중국 송나라 제도를 본뜬 것입니다. 우리 역사상 최초로 일반 백성을 위해 나라에서 만든 병원이었죠.

조선시대의 전의감과 혜민서는 업무가 비슷했습니다. 전의감典醫監은 '의학 업무를 맡은 관청'이라는 뜻이고, 혜민서惠民署는 '백성에게 은혜를 베푸는 관청'이라는 뜻으로 이 두 기관은 업무를 분담했습니다. 그러니까 서울에 국립 병원이 두 곳 있었다고 생각하면 됩니다.

전의감은 고위층 환자의 진료를 담당하는 한편, 좀 더 수준 높은 의학 교육을 맡았습니다. 혜민서는 서민을 위한 병원으로 서울 사람들에게 약을 팔았습니다. 서울과 지방에 사설 약방이 생기기 전까지 백성들에게 유일한 병원 구실을 했지요. 전의감보다 약간 수준이 낮은 의학 교육과 의녀의 교육도 혜민서에서 담당했습니다.

나라에서 필요한 의료 업무는 똑같은 일을 반반씩 분담했습니다. 예를 들어 과거 시험장에서 갑자기 누군가 탈이 날지도 모르죠. 그래서 전의감과 혜민서에서는 과거 보는 날 의원을 파견했습니다. 마찬가지로 외국 사신이 올 때, 임금의 행차 때, 잔치 때, 죄인을 심문할 때, 군졸의 건강을 챙겨야 할 때, 관아를 지을 때, 동·서 빙고 얼음을 캘 때 의원을 파견하는 것도 이 두 기관의 몫이었습니다. 돌림병이 생기면 두 기관은 구역을 맡아 환자를 보살폈습니다. 전국 각지에서 올라오는 약재의 관리도 이 두 기관의 몫이었습니다. 두 기관은 업무가 비슷했기 때문에 합쳐서 하나만 둘 때도 있었습니다.

궁궐 안에 있었던 내의원

내의원은 조선 최고의 의료 기관입니다. 내의원은 궁궐 안에 있는 병원, 즉 왕실 병원이란 뜻입니다. 궁궐 밖의 전의감, 혜민서와 구별하기 위한 이름이죠. 참고로 내의원, 전의감, 혜민서 이 세 기관을 합쳐서 삼의사, 즉 3개 국립 의료 기관이라 불렀습니다.

왕실 병원은 이름만 바뀌었지, 우리나라에 왕조가 세워진 후 쭉 있었던 기관으로 가장 오래된 병원이기도 합니다. 내의원은 왕실 병원이었기 때문에 나라에서 가장 규모가 컸고, 가장 좋은 약을 갖췄습니다. 실력 좋은 어의와 의녀들도 모두 이 내의원에 소속되어 있었습니다. 또 민간에서 실력 있다는 사람도 내의원에서 뽑아 관직을 주었습니다.

왕을 비롯한 왕실의 병을 고치면 의원들은 큰 상을 받았습니다. 허준이 종1품 벼슬을 받은 것도 그 가운데 하나죠. 거꾸로 약을 잘

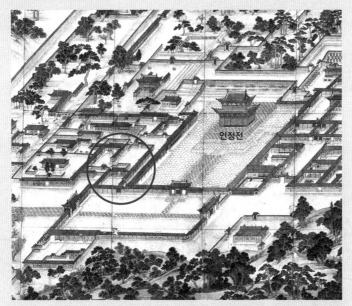

〈동궐도〉에 그려진 궁궐 안의 약방. 임금이 정사를 보는 인정전 서쪽에 내의원(약방)이 있었다. 임금을 가까운 곳에서 진료하려고 내의원을 인정전 가까이에 둔 것이다. 어의와 의녀들도 이 약방 가까운 숙소에서 지냈을 것이다.

못 써서 임금이 돌아가시면 끔직한 형벌을 받았습니다. 효종을 죽게 한 어의 신가귀는 사형을 당했고, 정조의 병을 잘못 치료한 죄를 지게 된 어의 강명길도 마찬가지였습니다.

지방의 실정은 늘 좋지 않았습니다. 나라에서는 지방에도 의원과 약물을 두려고 노력했지만 실현되지 않았습니다. 그래서 사람들은 '서울을 위한 조선'이라는 극단적인 말을 하기도 했습니다. 하지만 앞서 살펴보았듯이 17세기 이후 지방의 의약 사정이 나아지기 시작했습니다. 민간에서 계를 조직하고 약방을 설치해 스스로 약을 쓰기 시작한 겁니다.

5부

기술과 발명

창의성의 결정체,
기술과 발명

한국의 전통 기술과 발명품은 세계에서 빛을 발하고 있죠. 이 가운데 한국과학문명사에서 특별한 열한 가지 유물과 유적을 살펴보려 합니다. 바로 성덕대왕신종, 석불사(석굴암), 고려청자, 금속활자, 한지, 화약과 화포, 거북선, 수원 화성, 석빙고, 온돌, 한글입니다. 그리고 이 유물과 유적이 우리 과학문명사에 어떤 획을 그었는지 이야기해보려 합니다.

이야기를 시작하기 전에 잠깐 생각해볼 게 있습니다. 발명과 기술은 어떻게 다를까요? 흔히 발명과 기술은 비슷한 뜻으로 사용되지만, 발명이란 지금까지 없던 기술이나 물건을 새로 생각하여 만들어내는 것을 말합니다. 기술은 사물을 잘 다루는 능력으로, 넓게는 어떤 사물을 생활에 쓸모 있게 만들어내는 수단을 가리킵니다. 예를 들면 수원 화성과 한지는 기술이고, 온돌이나 도자기는 발명이면서 기술입니다. 한글은 기술이라기보다는 기막힌 발명에 해당하죠.

옛날에는 쟁기 같은 농기구를 만드는 기술이 굉장히 중요했습니다. 지금 우리 눈에는 간단한 기술 같아도 인류 문명의 역사를 바꾼 엄청난 기술이었죠. 어부들의 고기 잡는 기술도 마찬가지로 중요했습니다. 어살을 치거나 바닷물의 흐름을 정확히 읽어 그물을 치는 기술 덕분에 옛사람들이 육지뿐만 아니라 강과 바다에서도 풍성한 먹거리를 얻을 수 있었죠. 옹기는 청자나 백자처럼 아름답지는 않아도, 냉장고가 없던 시절 겨우내 싱싱한 김치를 먹을 수 있게 해줬습니다. 이렇듯 의식주를 비롯하여 농업·어업 등 생업과 관련된 기술, 문화생활 및 종교 의례에 관련된 온갖 기술이 조상들의 삶을 도왔습니다. 팽이, 제기 같은 놀이 기구를 만드는 것도 다 기술이었죠. 이 중 어느 것 하나 소중하지 않은 게 없었습니다.

그럼에도 열한 가지 유물·유적을 고른 이유는, 그 속에 놀라운 창의성이 담겨 있기 때문입니다. 성덕대왕신종, 석불사, 고려청자를 만들어낸 창의성은 예술적인 감동을 줍니다. 거북선, 화약과 화포, 수원 화성을 만든 창의성은 나라를 지킬 수 있는 힘을 주었습니다. 금속활자, 한지, 석빙고, 온돌, 한글을 탄생시킨 창의성은 사람들에게 편리한 생활을 주었죠.

"창의적인 생각이 세상을 바꾼다!"고들 하는데, 창의성이란 어떤 것일까요? 창의성은 엉뚱함과 엄연히 다릅니다. "필요는 발명의 어머니"라는 말도 있듯이, 창의성이 돋보이는 발명과 기술을 위해서는 먼저 세상 사람들이 무엇을 필요로 하는지 관심을 갖고 관찰해야 합니다. 필요한 것을 충족하려면 해당 분야에 대한 기초 지식은 물론이고 관련된 여러 분야에 대한 연구에도 꾸준히 흥미를 가져야 합니다. 창의성의 대명사인 모차르트도 어린 시절부터 철저하게 음악의 기본 지식을 갈고닦았다고 하죠. 성덕대왕신종을 만든 장인들도 쇠와 불을 자유자재로 다루는 경지에 이르기까지 기본 기술을 탄탄하게 익혀두었습니다. 요컨대 창의성은 필요성에 관심을 갖고, 그것을 해결하는 데 필요한 지식을 갖추고 꾸준히 노력해야만 빛을 발하게 되는 것입니다.

빛나는 유물·유적을 만들어낸 열한 가지 기술과 발명을 살피다 보면, 오늘날 우리가 누리는 혜택이 조상들의 창의적 생각에서 비롯되었음을 깨닫게 될 겁니다. 그렇다면 미래를 바꿀 창의적인 생각은 누구의 몫일까요? 우리 한 명, 한 명의 창의적인 생각이 미래 후손들의 세상과 맞닿아 있습니다. 이 점을 꼭 기억했으면 합니다.

신묘한 부처의 소리, 성덕대왕신종

①

'에밀레' 소리의 비밀, 맥놀이

성덕대왕신종에는 '에밀레종'이라는 또 다른 이름이 있죠. 종을 만드는 쇳물 속에 아이를 집어넣었더니 '에밀레~에밀레~' 하고 아이가 엄마를 찾는 듯한 종소리가 났다고 합니다. 극적으로 전개되는 이 이야기는 강렬한 인상을 주지만, 전설로 밝혀졌습니다. 만약 펄펄 끓는 쇳물 속에 사람을 넣었다면 인체의 구성 요소인 인P이 일정량 이상 나와야 하는데, 과학자들이 이 종의 성분을 분석한 결과 인 성분은 전혀 나오지 않았거든요.

에밀레 설화에 대한 기록은 20세기 이전 우리나라에서 찾아볼 수 없습니다. 백 년 남짓 된 기록에 '에밀레'라는 말이 처음 등장하긴 하는데, 에밀레라는 이름의 종은 평양에도 서울에도 있었다고 합니다. 기록에 따르면 '에밀레'라는 말은 설화의 갈래에 따라 엄마를 부르는 소리인 '에미~ㄹ레', 자식을 스님께 팔아넘긴 '에미~ㄹ죄', 어미의 말실수로 아이가 죽게 되었다고 해서 '에미~ㄹ허' 등으로 다양하게 나타납니다. 중국에도 에밀레 설화와 비슷한 이야기가 있다고 합니다. 종鐘이라는 한자가 쇠를 뜻하는 금金과 아이를 뜻하는 동童 자로 이루진 걸 보면, 종과 아이는 오래 전부터 관계가 아주 깊은 것 같습니다.

신라는 534년에 불교를 공식적으로 인정했습니다. 그때부터 신라 장인들은 좋은 종소리를 얻기 위해 끊임없이 노력했을 겁니다. 그들에게 종소리는 곧 부처의 소리였을 테니까요. 771년에 만든 성덕대왕신종의 오묘한 종소리는 2백 여 년에 걸친 노력의 산물이라 할 수 있습니다.

그런데 어떻게 종소리가 아기 울음처럼 들릴까요? 맥놀이라는 현상이 있습니다. 쿵-쿵 울리는 소리가 맥박이 뛰는 소리 같다고 해서 맥놀이라는 이름이 붙여졌죠. 피아노에서 낮은 음의 흰 건반과 바로 그 옆의 검은 건반을 동시에 눌러보면 소리가 우웅, 우웅 하면서 커졌다 작아졌다 하는데, 맥놀이가 이런 현상과 비슷합니다. 종소리에는 모두 맥놀이가 있지만 성덕대왕신종은 다른 종보다 맥놀이가 무척 큽니다.

성덕대왕신종의 맥놀이는 어떻게 그토록 커졌을까요? 우연히 얻은 결과는 아니겠죠? 그렇습니다. 신라의 장인들은 우렁차면서도 여운이 크고 긴 소리의 종을 만들 줄 알았습니다. 신라인들이 그런 종소리를 선호했던 모양입니다. 성덕대왕신종 때문인지는 몰라도 우리도 맥놀이를 종을 평가하는 기준으로 삼고 있습니다. 서양 사람들은 좋은 종소리에 대해 다른 기준을 가지고 있으니 꼭 성덕대왕신종의 소리만이 최고라고 말할 수는 없겠죠. 하지만 신라뿐 아니라 고구려, 백제, 일본, 중국은 절에서 쓰는 범종의 우열을 판단하는 기준으로 맥놀이를 특별히 중시했습니다. 그 소리를 부처의 소리라고 믿었기 때문입니다.

현대의 과학자들은 성덕대왕신종의 놀라운 맥놀이가 어떻게 생기는지 밝혀냈습니다. 원래 범종의 재료가 일정하고 모양이 완전한 좌우 대칭이면 맥놀이가 발생하지 않습니다. 성덕대왕신종은 종 전체를 봤을 때 주재료인 구리와 주석의 비율이 똑같지 않고 좌우가 완전한 대칭을 이루지 않습니다. 쇳물을 부을 때 들어가는 공기의 양도 밀도에 영향을 끼치는데, 아마 신라의 장인들은 이런 부분까지 세심하게 신경 쓰고 계산했을 겁니다. 원하는 소리가 날 때까지 종을 녹여 다시 만드는 작업을 수없이 반복했겠죠. 종을 아름답게 꾸미는 각종 장치도 대칭을 어긋나게 했습니다.

성덕대왕신종을 찬찬히 들여다봅시다. 맨 위에 있는 종 걸이는 용 모양이어서 용뉴라고 합니다. 종 윗부분에는 연꽃 모양의 종유가 9개씩 모여 있습니다. 종유를 둘러싼 장식 부분은 유곽이라고 합니다. 유곽이 모두 4개니, 종유는 36개죠. 유곽 아래쪽에는 선녀가 날아가는 모습의 비천상이 있습니다. 비천상 사이로 종을 치는 부분인 당좌도 종유처럼 연꽃 모양입니다.

그런데 용뉴와 음통이 대칭을 이루지 않습니다. 비천상의 위치도, 9개의 종유가 모여 있는 유곽도 비대칭입니다. 당좌의 위치도 종의 타격 중심에서 6퍼센트 정도 틀어놨습니다. 종 안쪽에는 쇳조각을 더덕더덕 붙여놓은 부분이 있는데 이것도 맥놀이를 높이려는 장치로 추정됩니다. 이런 비대칭 구조 때문에 '에밀레~' 하고 흐느끼듯 소리가 나오는 겁니다. 종의 외형도, 소리도 아름다운 일석이조 효과를 얻은 거죠.

종 걸이(용뉴)

종유

유곽

비천상

당좌

신라인들의 정성과 기술이 담긴 성덕대왕신종. 이 사진에서는 보이지 않지만, 다른 면에는 성덕대왕신종을 만들고 나서 신라인들이 지은 글이 새겨져 있다.

한 마리의 용으로 되어 있는 성덕대왕신종의 종 걸이. 왼쪽의 대나무 모양 부분이 음통인데, 우리나라 범종에만 있는 특징이다.

신묘한 소리를 내는 비결이 또 하나 있습니다. 만약 성덕대왕신종이 작았다면 맥놀이의 풍부한 여운 효과를 내지 못했을 겁니다. 국립경주박물관에 가본 사람은 알겠지만, 성덕대왕신종은 높이가 무려 3.77미터(종 걸이를 제외한 길이는 대략 3미터)나 됩니다. 키가 180센티미터인 사람 두 명의 키를 합친 것보다도 크죠. 종 아래쪽 지름은 2미터 27센티미터니까 가장 키 큰 농구 선수가 길게 누운 정도로 생각할 수 있습니다. 종의 두께도 아래쪽이 22센티미터, 위쪽이 10센티미터로 꽤 두껍습니다. 무게는 무려 22톤에 가깝습니다. 몸무게가 70킬로그램 되는 사람 3백 명을 합친 무게죠. 성덕대왕신종의 우렁차면서도 긴 여운에는 이런 육중함도 한몫한다고 할 수 있습니다.

현대 과학자들은 '에밀레' 소리의 정체를 정확하게 밝혀냈습니다. 처음 종을 때렸을 때에는 50개 이상의 소리가 섞여 나옵니다. 이 50여 개의 소리는 낮은 음역인 저주파에서부터 높은 음역인 고주파까지 곳곳에 분포되어 있습니다. 성덕대왕신종을 치고 나서 변화하는 50여 가지의 소리를 색으로 표현하면 다음 그림과 같습니다.

처음에는 각기 다른 주파수의 소리들이 한꺼번에 섞여 있지만 소리의

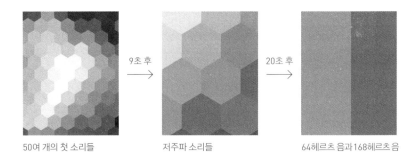

| 50여 개의 첫 소리들 | 9초 후 → | 저주파 소리들 | 20초 후 → | 64헤르츠 음과 168헤르츠 음 |

성덕대왕신종 타종 후의 소리 변화.　　　　　　　　출처: 신동원, 《우리 과학의 수수께끼》, 한겨레출판, 2006, 63쪽.

속성상 시간이 지날수록 고주파는 빨리 사라지고, 저주파만 남아 울리게 됩니다. 종을 치고 나서 9초가 지나면 대부분의 고주파는 다 사라져버리고 몇 개의 저주파만 남습니다. 시간이 더 지나면 2개의 저주파인 64헤르츠 음과 168헤르츠의 음만 또렷이 남습니다. 이 중 64헤르츠 음은 사람이 낮은 숨소리로 '허억… 허억…' 하는 소리같이 들리고 3초마다 반복됩니다. 168헤르츠 음은 어린애가 '어엉… 어엉…' 하고 우는 소리같이 들리고 9초마다 반복됩니다. 그러니까 사람이 흐느끼듯, 아이가 우는 듯 '에밀레~, 에밀레~' 하고 들리는 성덕대왕신종의 신기한 소리는 바로 2개의 저주파, 64헤르츠 음과 168헤르츠 음이었던 겁니다.

　신라인들은 이 종소리에 어떤 반응을 보였을까요? 성덕대왕신종에는 당시 한림랑(왕명이나 외교 문서 등을 기록하는 직책)이었던 김필중이 남긴 글이 새겨져 있는데, 이 중 성덕대왕신종의 소리를 표현한 부분은 이렇습니다. "용이 소리치는 것 같다. 웅장한 소리가 온 땅을 진동하고, 맑고 맑은 메아리가 산을 넘는 것 같다. 중생이 온갖 고통을 벗어나 즐거움을 얻는 것이 종소리에 담겨 있다."

신종神鐘이라는 이름을 붙인 것만 봐도 신라인들이 종소리에 얼마나 감격했는지를 짐작할 수 있죠. 신종이란 이름 그대로 '신묘한 소리를 내는 종'을 뜻합니다. 신라의 종 가운데 '신종'이란 이름을 쓴 건 성덕대왕신종이 유일합니다. 당시 사람들은 이 종소리에서, 흔히 말하는 슬픔보다 더 심연을 울리는 특별한 느낌을 받았습니다. 슬픔과 고통을 거느린 듯하면서도 그것을 초월하는 더 그윽한 소리라고나 할까요. 신라 장인들은 그러한 소리가 중생과 나라를 구원하는 부처의 소리라 믿었고, 그 소리를 얻기 위해 엄청난 노력을 기울였던 겁니다. 성덕대왕신종은 제조된 후 봉덕사에 걸렸다고 해서 '봉덕사 종'이라고도 불렀고, 에밀레종이라는 친근한 별명도 있습니다. 하지만 이런 이름은 종소리의 깊이를 전달하기에는 역부족인 것 같습니다.

성덕대왕신종의 제작 원리

종을 만든 장인들의 이름은 역사에 남았습니다. 그중 가장 오래된 이름은 725년에 제작된 상원사 종에 보이는데, 두 글자 중 '사' 자만 확인되고 그 뒤의 글자는 해독이 안 됩니다. 분황사에 있었던 약사여래 동상을 만든 장인은 '강고'라는 신라 사람으로 11등에 해당하는 나마였습니다. 신라에서는 최고의 작품을 만드는 기술자가 10~12등의 벼슬을 누릴 수 있었습니다. 고위직은 아니지만 아주 말단직도 아닙니다. 이보다 더 오래전에 기록된 장인의 이름이 있습니다. 백제 무령왕릉에서 발굴된, 520년에 은팔찌를 세공한 장인의 이름은 '다리'였습니다.

771년에 성덕대왕신종을 만든 장인들도 분명하게 밝혀져 있습니다. 주종대박사 박종일 대나마(17등 관직 가운데 10등)가 우두머리 장인입니다. 그 아래에 주종차박사인 박빈나 나마(17등 관직 가운데 11등), 박한미 나마, 박부악 대사(17등 관직 가운데 12등)가 있었습니다. 후대의 기록을 보면 이들이 종의 주요 부분을 나눠 맡았을 거라 추측됩니다. 주종차박사 중 어떤 이는 광물에서 쇳물을 얻어내고, 어떤 이는 쇳물을 부어 종을 만들고, 또 어떤 이는 종에 무늬와 장식을 새긴 겁니다.

성덕대왕신종은 어떻게 만들었을까요? 거푸집 만들기는 붕어빵 만드는 원리와 비슷합니다. 붕어빵은 양면이 쇠로 된 붕어빵 모양의 거푸집에 반죽을 부어 만드니까 원리로 보면 크게 다르지 않습니다. 다만 종이 붕어빵보다 크고, 주재료가 밀가루 반죽이 아니라 구리와 주석을 녹인 쇳물이니까 종의 거푸집이 붕어빵의 거푸집보다는 복잡하겠죠.

우선 밀랍으로 종 모형을 만들어야 합니다. 모형이 완성되면 종 모형 안쪽(속 거푸집)과 바깥쪽(바깥 거푸집)을 진흙과 모래로 채웁니다. 그러고 나서 속 거푸집과 바깥 거푸집을 만들 때 만들어놓은 입구에 쇳물을 붓습니다. 그러면 쇳물이 밀랍을 녹이고 그 자리에 들어차겠죠? 마치 붕어빵의 밀가루 반죽이 거푸집에 채워지는 것처럼 말입니다. 쇳물이 굳은 후에 속 거푸집과 바깥 거푸집을 제거하면, 원하는 모양의 종이 완성됩니다.

원리는 단순한 듯해도 장인들은 종을 완성하기까지 엄청 고생했을 겁니다. 일단 크고, 쉽게 깨져도 안 되고, 소리도 훌륭해야 하고, 무늬도 아름답게 새겨야 했으니까요. 성덕대왕신종은 무려 33년이나 걸려 완성되었습니다. 작업을 시작할 때 구리 12만 근(1근＝600그램)은 확보했지만, 당시 주석은 우리나라에서 생산되지 않았던 것으로 추정됩니다. 국내에 주석 광산이 없었으므로 모두 수입해서 썼습니다. 밀랍을 구하기 위해 엄청난 양의 벌집을 모으는 일도 장난이 아니었을 겁니다. 좋은 종소리를 결정짓는 구리와 주석의 혼합 비율도 한두 번의 시행착오로는 알아낼 수 없었겠죠.

쇳물 만들기는 또 얼마나 힘들었겠어요? 당시에는 큰 도가니를 못 만들었기 때문에 두레박보다 조금 큰 도가니 수백, 수천 개를 활용했다고 합니다. 그렇게 얻은 쇳물을 일정한 온도와 속도로 거푸집 안에 부어 넣는 일은 가장 어려운 문제였습니다. 쇳물을 붓기 전에 거푸집을 만드는 것도 큰일이었겠죠? 웬만한 흙이나 모래로 만든 거푸집은 엄청난 양의 쇳물이 뿜어내는 열기를 견디지 못했을 테니까요. 경주의 감포 앞바다에서 열에 강한 이암을 찾아내지 못했다면 엄두도 못 낼 일이었습니다. 종의 표면에 비천상을 새기는 작업에는 최고의 화원과 세공장이 동원되었습니다. 다행히 신라는 상원사 종과 황룡사 종을 만든 경험이 있었기 때문에 이런 일들을 차례로 해결할 수 있었습니다.

성덕대왕신종을 만드는 일은 당시 나라의 큰 사업이었습니다. 왕부터 종을 만드는 장인, 스님과 인부까지 수많은 사람들이 이 일에 관여했습니다. 돈은 얼마나 들었을까요? 옛 도량형이 오늘날과 똑같지 않으니 규모가 어느 정도였을지 어림셈만 해봅시다. 성덕대왕신종보다 85년 후에 만들어진 규흥사 종에는 "이 종 제작에 구리가 3500근 들어갔는데 총 가격이 (쌀) 1050석이었다"고 적혀 있습니다. 성덕대왕신종은 구리 12만 근이 들어갔으니 쌀이 3만 6천 석 들어간 셈이죠. 옛날의 1석은 대략 오늘날 쌀 2석 정도 되니 요즘으로 따지면 쌀 7만 2천 석 정도가 됩니다. 쌀 1석 가격을 16만 원이라 치면, 신종에 들어간 구리 값만 요즘 돈으로 115억 2천만 원입니다. 여기에 인건비와 다른 재료비까지 포함해 셈하면 요즘 돈으로 수백억 원은 되겠죠.

종 하나를 만드는 데 왜 이렇게 많은 돈을 들였을까요? 그 쌀을 굶주린 백성들에게 나눠주면 민생을 안정시킬 수 있었을 텐데 말입니다. 성덕대왕신종을 만든 이유에 대해서는 상세한 기록이 남아 있습니다. 기록을 보면 종 제작으로 일석삼조의 효과를 노렸음을 알 수 있습니다. 첫째, 경덕왕은 종을 만들어 아버지 성덕왕의 넋을 기리려 했습니다. 그러한 효심으로 경덕왕은 구리 12만 근을 선뜻 내놓았습니다. 종 표면의 아름다운 문양과 신비한 소리도 성덕왕의 태평 통치를 칭송하기 위한 장치였죠. 아쉽게도 경덕왕은 종이 완성되기 전에 세상을 떠났고 아들인 혜공왕이 이 일을 매듭지었습니다. 둘째, 종소리를 통해 중생, 곧 백성에게 경전을 읽어주는 것과 같은 효과를 얻고자 했습니다. 셋째, 태평성대를 노래하고, 부처의 깨달음을 함께 나누는 것에서 더 나아가 종소리가 외적의 침입을 막아주길 바랐습니다. 고려시대에 몽골의 침입을 막기 위해 팔만대장경을 목판에 새겼던 이유와 비슷하죠.

성덕대왕신종을 단순히 국립경주박물관의 여러 종 가운데 하나로 생각해서는 안 됩니다. 태평성대를 바라는 마음과 불교에 대한 신라인들의 깊은 신앙이 이 종에 고스란히 담겨 있으니까요. 이를 위해 당시 최고의 기술과 미술, 음향을 총동원하고 막대한 돈과 노력을 들일 수밖에 없었겠죠?

몇 가지 설명만 짧게 덧붙이겠습니다. 신라 시대에 만든 엄청나게 큰 황룡사 종이 있었습니다. 이 종은 성덕대왕신종보다 네 배나 더 무거운데, 고려 숙종 때(재위 1095~1105) 종에 문제가 생겼습니다. 큰 덩치를 견디지 못하고 금이 가다가 결국 깨진 겁니다. 고려 사람들은 깨진 종을 녹여 다시 만들었다고 합니다. 그 후 몽골군의 침략으로 황룡사 종은 소실되어 지금은 볼 수 없습니다.

1975년 성덕대왕신종을 지금의 국립경주박물관으로 옮길 때, 종 걸이를 다시 만들려고 했습니다. 국내 최대의 제철소에서 무려 28톤의 쇠를 받아 새로운 종 걸이를 만들었는데, 이 종 걸이가 성덕대왕신종의 무게를 견디지 못하고 휘어지고 말았습니다. 결국 쓰던 종 걸이를 그대로 사용하게 되었죠. 고려 사람들은 신라 종을 다시 만들 수 있었는데 말입니다. 현대 과학이 모든 면에서 옛 과학을 앞섰다고 말할 수 없겠죠? 종 걸이뿐만 아니라 성덕대왕신종 또한 지금의 기술로는 재현하지 못합니다.

한국 미술사 연구의 선구자 야나기 무네요시柳宗悦는 성덕대왕신종을 "아마 아름다움에 있어서 동양에서는 비교할 것이 없는 종"이라고 극찬했습니다. 독일 국립박물관의 동아시아 미술부장 쿰멜 박사는 성덕대왕신종을 수식한 '조선 제일'이란 표현을 '세계 제일'로 고쳤습니다. 물론 종소리에 대한 평가는 듣는 사람이나 문화권에 따라 다를 수 있습니다. 하지만 성덕대왕신종이 큰 규모와 아름다운 자태, 오묘한 소리를 절묘하게 결합한 위대한 인류의 유산임은 누구도 부정하기 힘들 겁니다.

우리 고유의 범종에서만 나타나는 특징

　신라 종의 무게는 어느 정도였을까요? 상원사 종(725)이 3만 3000근, 황룡사 종(754)이 49만 7581근, 성덕대왕신종(771)이 12만 근, 선림원 종(804)이 5000근, 연지사 종(833)이 7130근이었습니다. 최소한 5000근 이상의 무게였죠. 황룡사 종은 오늘날 볼 수 없지만 성덕대왕신종보다 훨씬 큰 종이었고, 무게가 성덕대왕신종의 4배 이상이었습니다. 성덕대왕신종, 황룡사 종 외에 다른 종은 규모가 많이 작죠? 국보이자 현재 남아 있는 신라 종 가운데 가장 오래된 것으로 알려진 상원사 종은 성덕대왕신종의 4분의 1 규모에 불과합니다.

　경덕왕은 황룡사 종과 성덕대왕신종의 제작에 모두 관여했습니다. 경덕왕의 첫째 왕비였지만 아들을 낳지 못해 궁에서 쫓겨난 삼모부인이 황룡사 종 제작의 후원자였고, 경덕왕은 성덕대왕신종의 제작을 명령한 사람이었습니다. 경덕왕은 구리 36만 6700근을 들여 분황사의 약사여래동상을 만들기도 했습니다. 많은 양의 구리는 삼국 통일 이후 경덕왕의 위엄이 얼마나 높았는지를 말해줍니다.

　고구려 종, 백제 종은 하나도 남아 있지 않습니다. 동양 미술을 연구하는 곽동해 같은 학자는 "통일신라 이후 고구려와 백제의 종

고려시대에 만들어진 천흥사 종(왼쪽), 중국 명나라 시대에 만들어진 종(가운데), 일본 나라 시대에 만들어진 종(오른쪽). 한·중·일 삼국은 가까이 있어 서로 영향을 주고받았지만 종의 생김새나 특징은 조금씩 다르다.

을 다 녹여 신라의 종 형태로 만들어서 남아 있지 못한 게 아닐까" 하고 추측하기도 합니다.

오늘날 남아 있는 신라 종들은 이웃 나라인 중국·일본의 종과 뚜렷하게 다른 점이 있습니다. 신라의 범종은 하나같이 종 걸이 부분이 한 마리의 용으로 되어 있고 그 용 옆에 대나무 모양의 음통이 있습니다. 음통은 소리의 울림을 돕는 장치입니다. 반면 중국이나 일본의 범종은 종 걸이가 모두 두 마리 용(쌍룡)으로 되어 있고, 음통은 없습니다. 한 마리의 용과 대나무 모양의 음통을 두고 학계에서는 '만파식적을 형상화한 것이다', '그렇지 않다' 등 의견이 분분합니다.

만파식적을 형상화했다고 주장하는 학자들은 신라가 고유의 만파식적 설화를 종에 담아냈기 때문에 중국이나 일본의 종과 음통의 모양이 다르다고 봅니다. '만 가지 파도를 잠재우는 피리'라는 뜻의 만파식적萬波息笛은 신문왕 때 만들었다는 피리입니다. 설화에 따르면 만파식적은 죽어서 바다의 용이 된 문무왕과 천신의 아들인 김유신이 합심해 보낸 대나무를 잘라서 만든 피리로, 불기만 하면 나라가 편안해지고 외적의 침입을 물리친다는 신통방통한 물건이었습니다. 이 설화에 따라 신라 사람들이 바다의 용과 피리를 만들어 종 꼭대기에 달았다는 겁니다. 현재까지 알려진 모든 신라의 종과 고려 초기의 종은 신문왕(재위 681~692) 이후의 것들로 하나같이 그런 모습을 하고 있습니다. 꼭대기 둘레를 파도처럼 만들고, 음통이 대나무와 같은 모습을 하고 있죠.

이 주장에 반대하는 학자들은 만파식적에 따라 만들었다는 어떤 기록도 보이지 않는 점을 근거로 듭니다. 오히려 고대 중국에서 종 위에 음통을 만들었는데 신라의 범종이 그것을 모방했다고 합니다. 신라 범종에 음통을 둔다는 생각 자체를 고대 중국의 종에서 얻었을지도 모른다는 거죠. 하지만 이 설은 결정적으로 한 마리의 용과 대나무 모양의 음통이 결합한 독특한 배치까지 설명해주지는 못합니다.

만파식적을 형상화했다는 설은 신라 범종, 더 나아가 그것을 계승한 우리나라 종의 특색을 잘 설명해줍니다. 신라 범종이 다른 문화권과 구별되는 고유한 방식을 선택했기 때문입니다. 중국 범종에 보이는 쌍룡을 한 마리 용(단룡)으로 바꾸고 대나무 모양의 음통을 만드는 기술 전통을 만들어나간 겁니다. 또 단룡과 만파식적의 모양을 갖추면서 좌우로 약간 비대칭이 생기고, 그로 인해 맥놀이 현상이 극대화되었습니다. 음통이 음의 고주파 영역대 소리를 빨리 사라지게 한다는 연구 결과도 있습니다.

이처럼 기술과 양식, 심지어 비천상 같은 장식도 조화를 이루어

하나의 전통이 형성되었습니다. 신라의 장인들이 하나같이 그것을 기준으로 따랐기 때문에 신라 종의 전통이 만들어졌고, 고려의 장인, 심지어 조선 후기의 장인도 그 전통을 존중했습니다. 그 결과 종 걸이의 한 마리 용과 대나무 모양의 음통은 우리 고유 범종의 징표가 되었습니다.

수학적 계산과 지혜의 산물, 석불사(석굴암)

아시아 문화 속 독창적 예술의 세계

프랑스 파리에는 아시아 유물만 전시하는 기메 박물관이 있습니다. 기메 박물관은 1879년 에밀 기메라는 프랑스인 사업가가 오랜 기간 모은 유물을 전시하면서 박물관을 열었기 때문에 붙여진 이름입니다. 한국관에도 상당히 좋은 유물들이 전시되어 있습니다. 2009년 이곳을 견학할 기회가 있었는데, 2층에 불상만 모아놓은 전시관 입구에 들어서는 순간 숨이 멎는 줄 알았습니다. 캄보디아인가 베트남에서 온 커다란 불상이 저를 압도했거든요. 크기도 컸지만 너무나 아름다웠습니다. 그 불상은 사람들이 가장 많이 다니는 입구 쪽에 놓일 만했습니다. 관람하다 보니, 아시

석굴암의 금강역사상(왼쪽)과 중국 룽먼 석굴의 금강역사상(오른쪽). 금강역사는 불법을 수호하는 신으로 주로 사찰이나 석굴의 입구, 탑에 놓인다. 입을 벌린 '아'와 입을 다문 '훔'이 한 쌍을 이룬다.

아 여러 나라에서 훌륭한 불상을 참 많이 만들었다는 느낌을 받았습니다. 인도네시아, 태국, 아프가니스탄, 티베트, 파키스탄, 인도, 스리랑카, 미얀마, 중국, 일본 등 아시아 여러 나라의 불상 속에서 옛 한국의 불상들이 제작되었음을 깨달을 수 있었죠.

중국 당나라 때 제작된 금강역사상이 눈에 들어왔을 때는 절로 '악' 소리가 나왔습니다. 석굴암 입구 벽에 새겨진 금강역사상과 거의 똑같은 모습을 하고 서 있었거든요. 옛 장인들에게는 일종의 모본 같은 게 있어서 세세한 부분까지 똑같이 표현할 수 있었구나 하는 생각이 들었습니다.

간다라 미술 양식의 불상도 많이 있었습니다. 간다라 양식은 헬레니즘의 영향을 받은 인도 간다라 지역의 불교 미술 양식이죠. 그 옛날 그리스에서 아시아 대륙까지 꽤 먼 길이었을 텐데, 그리스의 미술 양식이 오랜 시간을 거쳐 아시아 각 나라 장인들의 혼을 불사르며 퍼져나간 겁니다. 그러다 동쪽 끝 신라에 이르러 석굴암 본존불本尊佛(으뜸가는 부처)에까지 영향을 끼쳤죠. 기메 박물관에서 아시아 불상들을 직접 보니 그리스의 미술 양식이 신라까지 들어온 게 당연한 순서였겠구나 하는 생각이 자연스레 들었습니다.

그렇지만 아시아의 불상은 나라마다 달랐습니다. 각 나라의 장인들과 불상을 시주한 사람들이 저마다 염원을 담아 부처상을 만들려고 했으니까요. 전해지는 부처의 실제 모습을 담으려는 노력과 함께, 그 나라의 문화와 장인들의 창조적 재능이 한데 어우러져 새로운 예술 작품을 탄생시킨 겁니다. 석굴암이 좋은 예죠.

수학적 계산에 따른 구성과 배치

석굴암은 경주 토함산 높은 곳에 있습니다. 오늘날 이곳을 직접 거닐지는 못하지만, 보호 유리 바깥에서만 봐도 묘한 신비감이 느껴집니다. 그 느낌은 장엄함과 숭고함이라고도 할 수 있습니다. 이러한 감동은 어디에서 흘러나오는 걸까요? 학자들은 공간의 구성과 본존 불상을 비롯한 석상의 배치에 비밀의 열쇠가 있다고 봤습니다. 석굴암 주실 중앙에는 본존불이 있고, 입구부터 본존불이 있는 방까지 모든 벽마다 부처에 관한 기록과 불상들이 새겨져 있습니다. 어떤 불상들은 부처를 지키는 것이고, 어떤 불상들은 부처의 뜻을 받들어 따르는 제자입니다. 학자들은 이러한 구성과 배치가 엄밀한 수학적 계산의 결과라고 본 겁니다.

일본인 건축학자 요네다 미요지米田美代治가 수학을 바탕으로 석굴암의 구조를 최초로 분석했습니다. 그는 1939년부터 이 유적을 본격적으로

석굴암 내부.

연구해서 실측 보고서를 냈습니다. 그가 그린 분석 그림을 보면 석굴암 건축에 비례와 대칭, 균형과 조화의 기하학이 철저하게 적용되었음을 알 수 있습니다.

둥그런 주실 안의 본존 불상은 방의 정중앙에 있지 않습니다. 좌우로는 치우침 없이 정확하게 가운데에 있지만 앞뒤로 보면 뒤로 조금 치우쳐 있습니다. 또 주실을 반으로 나누는 가로선을 그었을 때 본존 불상의 앞면이 그 가로선에 닿습니다. 본존 불상을 이렇게 배치한 건 앞쪽 공간을 넓

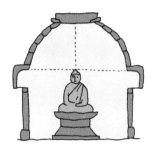

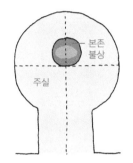

앞에서 본 주실의 모습(위)과 위에서 본
주실의 모습(아래).

게 함으로써 예불을 올리는 사람이 답답
함을 느끼지 않게 한 것으로 보입니다. 본
존 불상의 등과 머리 위에서 빛나는 광채
를 표현한 광배는 본존 불상에 붙여놓지
않고 뒤쪽 벽면에 새겨놨습니다. 그렇게
하면 공간이 넓어 보이면서 예불 올리는
사람이 올려다봤을 때 마치 광배가 본존
불상의 등 뒤에 붙어 있는 효과를 자아내
거든요.

본존 불상의 높이와 천장 공간의 비, 본
존 불상 부위별 비, 전실과 주실이 만들어
내는 비 등을 살피노라면, 규(컴퍼스), 구
(ㄱ 모양의 자), 준(땅의 수평을 재는 수평기), 승
(먹줄)을 부지런히 놀려대는 건축자의 모
습이 저절로 그려집니다. 이 놀라운 비례를 얻기까지 얼마나 구슬땀을 흘
렸을까요?

전실이 네모지고, 주실이 둥근 석굴은 그 이전, 다른 지역에서도 보입니
다. 이전의 설계를 활용했을 수도 있습니다. 그렇지만 이러한 형태로 현
재까지 알려진 석굴에서는 본존 불상을 모신 사례가 발견되지 않았습니
다. 이유야 어떻든 이 공사를 맡은 김대성(700~774)이 본존 불상과 주실,
전실의 조화에 가장 심혈을 기울인 것은 분명합니다.

김대성 이야기를 잠깐 하고 넘어가죠. 김대성은 경덕왕 시대의 재상이
었습니다. 750년 관직에서 물러난 김대성은 부모의 장수와 국가의 평화

를 기원하며 불국사와 함께 석굴암을 지었습니다. 현생의 부모를 위해 불국사를 짓고, 전생의 부모를 위해 석굴암을 지었다고 하죠. 이 공사는 751년에 시작되었습니다. 김대성은 단지 재정적인 지원만 한 게 아니라 설계, 건축, 조각, 공예 등 공사 전반에 걸쳐 참여했습니다. 안타깝게도 그는 석굴암의 완성을 보지 못한 채 눈을 감았고, 나라에서 이 공사를 마무리했습니다. 나라에서 불국사와 석굴암에 모두 관여한 것을 보면, 이러한 건축이 김대성 개인 차원을 넘어 신라라는 나라 전체 차원에서 이룩된 것임을 알 수 있습니다. 여하튼 김대성 덕분에 신라는 석굴암, 석가탑, 다보탑 등 최고의 보물을 얻게 되었다고 해도 과언이 아니죠.

이제 석굴암의 규모를 살펴봅시다. 석굴암을 설계한 장인들은 어떤 기준으로 규모를 결정했을까요? 그 실마리는 본존 불상의 크기에서 찾을 수 있습니다. 석굴암의 본존 불상은 정각상을 재현한 것입니다. 정각상正覺像은 '올바른 깨달음을 얻은 모습'이라는 뜻인데, 주로 부처가 마지막 깨달음을 얻은 모습을 가리킵니다. 정각상을 모셔놓은 인도 부다가야 대각사는 석굴암이 만들어지기 전 혜초를 비롯한 신라의 여러 스님이 들렀던 곳이기도 합니다. 현재 정각상은 소실되어 없지만,《서유기》에 나오는 유명한 현장 법사가 남긴《대당서역기》를 보면 그 크기를 알 수 있습니다. 정각상은 높이가 11.5자(약 3.4미터, 당나라 기준 1자 = 29.7센티미터), 두 어깨 너비가 6.2자(약 1.8미터), 두 무릎의 폭이 8.8자(2.6미터)였다고 합니다. 석굴암을 설계한 장인은 바로 이 수치를 기준으로 비례와 대칭, 균형과 조화를 탐구하며 공간을 창출했을 겁니다.

정각상의 높이는 11.5자로 12자와 근접하는 수치였고, 석굴암을 설계한 장인은 이 12자를 기본으로 해서 석굴암 전체를 설계했던 것 같습니

석굴암 본존 불상. 정각상은 헬레니즘 시대부터 탐구해온, 가장 안정감을 주는 이상적인 인체 비율을 따르고 있고, 석굴암의 본존 불상도 이 비율을 따르고 있다. 얼굴의 폭, 가슴의 폭, 두 어깨의 폭, 두 무릎 사이 폭의 비율이 1:2:3:4가 된다.

다. 이곳의 돔은 반지름이 12자인 반구형을 이루고, 전실과 주실을 잇는 복도의 폭도 12자입니다. 이에 따라 나머지 부분의 비례는 거의 자동으로 결정되겠죠. 부처의 높이와 함께 무릎과 어깨의 크기로 좌대의 크기와 높이도 결정했을 겁니다. 한 걸음 더 나아가 신라의 장인들은 이러한 인체 비율에 알맞은 내부 공간을 창출해 숭고함과 장엄함을 더했습니다.

그런데 현장 법사는 인도의 정각상이 동쪽을 향하고 있다고 기록했습니다. 석굴암도 동쪽을 향하고 있는데 정동향이 아니라 남쪽으로 30도 정도 틀어져 있습니다. 현장 법사가 방향을 정확히 말하지 않은 건지, 신라의 장인이 방향을 바꾼 건지는 확인하기 어렵습니다. 다만 남천우 선생

한국과학문명사 강의

에 따르면, 석굴암 본존 불상이 향한 동남향은 큰 의미가 있습니다. 동짓날 동해에 떠오르는 햇살이 본존 불상 이마에 있는 구슬을 비추도록 동남향으로 잡았다는 주장입니다. 옛날에는 새해의 시작을 동짓날로 봤으니, 신라의 장인들은 새해 시작의 기운이 부처와 만나도록 장치했던 겁니다. 빛 잘 드는 토함산 꼭대기를 석굴암 장소로 선택한 것도 같은 이유였겠죠? 이처럼 옛사람들은 우주, 자연, 인간의 혼연일체를 중시했습니다. 이러한 천·지·인 합일 사상을 파악하는 것은 제작비나 장인의 노력 등에 대한 궁금증 못지않게 유물을 이해하는 데 꼭 필요합니다.

석굴암은 석굴 안에 본존불을 모신, 우리나라에서는 몇 안 되는 유적입니다. 게다가 유일한 인공 석굴로 석굴 안에 반구형으로 된 천장, 다시 말해 돔을 만든 건 세계적으로도 유례가 없습니다. 여기에 수학적 비밀까지 담겨 있으니 정말 놀라운 유적이죠.

인도 양식의 인공 석굴을 만들다

제작 동기가 명확치 않기는 첨성대나 석굴암이나 마찬가지입니다. 그렇지만 세계 어디에도 비슷한 것이 없는 첨성대와 달리, 석굴암은 세계 여러 곳에 남아 있는 석굴을 통해 제작 동기를 추론할 수 있습니다.

신라의 수많은 승려들이 당나라로 유학을 떠났고, 일부는 중앙아시아를 건너 인도까지 다녀왔습니다. 이 가운데 석굴암 축조(751년 시작) 이전에 인도를 찾은 10여 명의 이름이 알려져 있습니다. 그들은 왜 인도까지 갔을까요? 부처가 깨달음을 얻은 장소를 확인하고, 불법의 진수를 얻고

간다라 미술 양식을 따른 인도 아잔타 석굴 사원. 돔으로 만든 천장과 가운데 모셔진 불상이 경주 석굴암을 떠올리게 한다.

더 앞선 학문을 배우기 위해서였습니다. 한마디로 말하면 불교의 근원을 알고 싶었겠죠. 그들은 그곳에서 인도 석굴 사원의 모습을 생생하게 보았습니다. 인도는 고온 다습한 기후 때문에 2세기 이후부터 석굴 사원이 발달했습니다. 인도의 석굴은 중앙아시아 지역을 거쳐 4세기 무렵에는 중국에도 알려졌습니다. 이보다 늦지만 신라도 석굴 사원에 대해 알게 되어 인도, 중앙아시아, 중국처럼 석굴을 만든 겁니다. 당시 우리에게는 낯선 돔을 만든 것도 인도 석굴 사원의 전통을 따른 것입니다. 그러고 보니 이국적인 돔 천장이 곱슬머리 부처와 잘 어울리는 것 같지 않나요?

경북 군위군 팔공산의 군위 아미타여래삼존 석굴은 '제2의 석굴암'으로 알려져 있습니다. 이 석굴이 만들어진 정확한 시기에 대해서는 학계에서 논란이 있지만, 토함산 석굴암보다 최소한 50년 이상 앞섰다는 데는 의견이 일치합니다. 군위 아미타여래삼존 석굴은 자연산 동굴을 더 파서 아담한 규모(폭 4.3미터, 높이 2.3미터, 깊이 4.3미터)의 석굴을 만든 후 이미 만든 삼존 석불(본존 불상 1개와 보살상 2개)을 모셨습니다. 이러한 모습은

본존 불상 머리 뒤의 광배가 희미하게 보이는 군위 아미타여래삼존 석굴(왼쪽). 중국의 3대 석굴 중 하나인 윈강 석굴(오른쪽)은 불상을 따로 만들지 않고 석굴을 파면서 불상도 함께 새겼다.

영락없이 중국의 둔황, 윈강, 룽먼 등지의 석굴과 닮았지만, 이미 완성한 불상을 두었다는 점에서 이 석굴들과 다릅니다. 삼존 석불의 뒤 벽면에는 다른 설치물 없이 오직 광배만이 새겨져 있습니다.

석굴암의 규모는 군위 아미타여래삼존 석굴보다 훨씬 큽니다(폭 10.7미터, 높이 8.9미터, 깊이 12.9미터). 토함산에서 이 정도 규모의 자연 석굴을 찾기는 불가능했겠죠. 게다가 군위 아미타여래삼존 석굴과 달리 석굴암은 애초부터 더 번듯하게 전실과 주실을 마련하고 각 곳에 여러 장식을 두는 인도 양식을 채택했습니다. 인도의 수다마 석굴(기원전 3세기), 쿤투팔레 석굴(기원전 2세기), 아프가니스탄의 탁트이 루스탐 석굴(4~5세기)처럼 방형 전실(네모진 앞 방)과 원형 주실(돔 형태의 주실)의 형태로 사원을 설계한 겁니다. 하늘은 둥글고 땅은 네모지다는 천원지방天圓地方의 사상을 석굴에 담은 거죠.

석굴암의 원류에 대해서는 2007년에 이주형 선생이 새로운 주장을 펴기도 했습니다. 이주형 선생은 "석굴암의 원류는 8세기까지 번성한 아프가니스탄 바미안의 석굴"로 석굴암이 로마 판테온 양식을 따른 것이라고 주장했습니다. 석굴암과 판테온이 비슷하다는 주장은 오래전부터 있었습니다. 밀폐된 돔 구조나 돔 꼭대기의 원형 덮개돌을 비롯한 내부 모습이 많이 비슷하거든요. 하지만 로마와 신라는 교류가 있었다고 할 만한 연결고리가 전혀 없어서, 대부분의 학자들은 석굴암이 당나라로 유학 갔던 신라 승려들에 의해 둔황, 룽먼 등의 석굴을 본뜬 것이라 생각해왔습니다. 이런 차에 이주형 선생이 새로이 다른 경로를 제시한 겁니다. 아프가니스탄 바미안 지역의 탁트이 루스탐 제1굴의 모습이 이전까지 알려진 중국 석굴보다 훨씬 더 석굴암과 비슷한 모습을 띠고 있다는 겁니다. 네모진 전실과 둥근 주실, 돔 모양, 천장 중앙에 새겨진 커다란 연꽃 문양이 석굴암과 무척 흡사합니다. 이 정도의 유사성은 다른 석굴에서 찾을 수 없다는 거죠. 신라 때 이 지역과 교류가 있었다는 건 이미 밝혀진 사실입니다. 논의는 여기서 그치지 않습니다. 아프가니스탄 석굴의 돔 양식의 유래를 캐다 보면 그것이 로마에서 비잔틴으로, 비잔틴에서 이란으로, 이란에서 아프가니스탄의 바미안으로 이어졌다는 가설이 나옵니다. 이어서 그것이 신라에 와서 위대한 동서 종합을 이뤄 석굴암이 나왔다는 거죠. 로마 판테온과 석굴암을 잇는 이 가설은 그간의 정설을 뒤집는 것이어서 대단한 관심을 끌고 있습니다.

다채로운 석상으로 채워진 석굴암의 세계

석굴암은 내부 벽면을 부처의 득도와 중생의 제도濟度(고해에서 건져내어 열반에 이르게 함)에 관한 이야기를 새긴 석상으로 가득 채웠습니다. 수행 중 마귀를 쫓아내고 오른손은 땅을 가리키고 왼손은 설법하는 항마촉지인降魔觸地印 자세로 깨달음을 얻는 부처, 그리고 수호 무사들과 제자들의 장엄하고 숭고한 이야기가 담긴 겁니다.

내부를 한번 둘러볼까요? 전실에는 천룡팔부라는 여덟 무사가 부처를 수호하고 있습니다. 팔을 휘두르면 세상이 아수라장이 된다는 '아수라', 노래를 잘 부르는 '긴나라', 죽은 사람을 붙들어 가는 '야차', 여의주를 품고 비와 바람을 다스리는 '용', 음악과 향기로 사람을 즐겁게 하는 '건달바', 땅을 보살피는 하늘의 신 '천', 뱀나라의 신으로 기어 다니면서 절을 지키는 '마후라', 새 나라의 왕 금시조 '가루라'가 그들입니다.

전실을 지나면 주실로 통하는 짧은 복도가 나오는데 금강(다이아몬드)처럼 강한 장사, 즉 금강역사 둘이 지키고 있습니다. 금강역사는 벼락을 친다는 금강저라는 무기를 들고 있습니다. 한 명은 힘센 '아' 금강역사고, 다른 한 명은 지혜로운 '훔' 금강역사입니다. 금강역사 바로 뒤에는 사대천왕이 네 방위를 지키고 있습니다. 동쪽 하늘과 부처의 나라를 지키는 '지국천왕', 서쪽 하늘을 지키며 큰 눈을 부릅뜨고 악귀를 몰아내는 '광목천왕', 남쪽 하늘을 지키며 널리 덕을 베풀어 새 생명이 태어나게 하는 '증장천왕', 부처의 말씀을 빠짐없이 들으며 북쪽 하늘을 담당하는 '다문천왕'이 그들입니다. 악귀는 사대천왕의 발 아래 깔아뭉개져 있죠.

복도를 지나면, 본존불을 모신 주실이 나옵니다. 이 방의 정중앙 벽에는

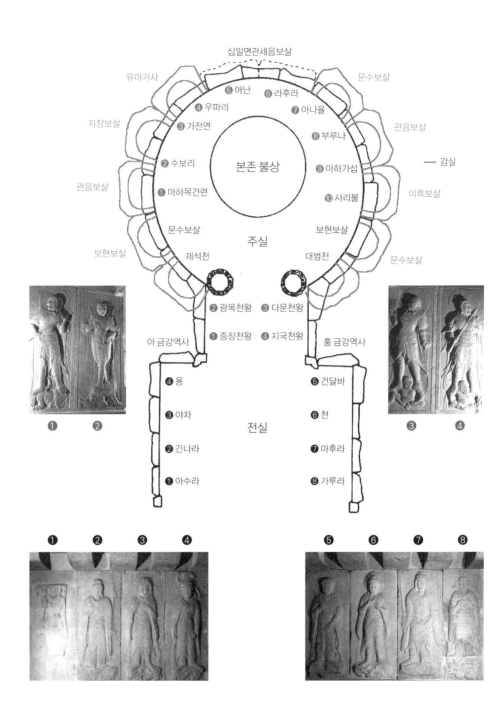

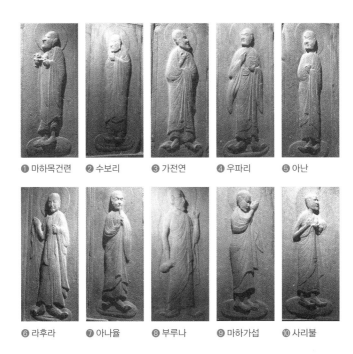

❶ 마하목건련　❷ 수보리　❸ 가전연　❹ 우파리　❺ 아난

❻ 라후라　❼ 아나율　❽ 부루나　❾ 마하가섭　❿ 사리불

십일면관세음보살이 있습니다. 십일면관
세음보살은 얼굴이 11개 있다고 해서 붙
여진 이름입니다. 어떻게 얼굴이 11개나
될까요? 정면 얼굴을 비롯해 머리 좌우에
각각 3개씩 6개, 그 위에 3개, 머리 꼭대기
에 1개가 있습니다. 어떤 방향도 놓치지
않고 중생을 구제한다는 뜻을 품고 있죠.

십일면관세음보살.

　십일면관세음보살 좌우로는 부처의 경
지에 다다랐다는 제자 10명이 새겨져 있
습니다. 주실이 시작되는 벽 좌우로는 천부상 2개와 보살상 2개를 볼 수

있습니다. 불교에서 말하는 28개 하늘(천부) 중 2개 하늘을 맡은 제석천과 대범천이 양쪽으로 각각 새겨져 있고 그다음에 지혜와 이론이 뛰어난 문수보살과 수행에 뛰어난 보현보살이 양쪽에 있습니다. 주실 위쪽의 움푹 파인 10개 감실 안에는 관음보살, 지장보살, 유마거사 등 보살상 10명이 각각 자리 잡고 있습니다. 이 가운데 2개는 일본 사람이 반출한 탓에 볼 수 없습니다.

가장 중요한 본존 불상은 항마촉지인을 한 채 연꽃 모양의 좌대에 앉아 있고, 그 뒤쪽 벽에는 부처의 광채인 광배가 새겨져 있습니다. 진흙 속에서 피어난 연꽃의 아름다움에 혼탁한 세상을 벗어난 부처의 깨달음을 빗댄 것입니다. 석실 안 두 기둥에도 연꽃이 새겨져 있습니다.

인공 석굴을 만든 신라인의 지혜

바위산을 파고 커다란 석굴을 만드는 공사는 엄청난 일이었겠죠? 다른 나라 장인들은 지질이 약한 석회석이나 대리석 땅이어서 석굴 파기가 수월했고, 석상을 조각하기도 쉬웠습니다. 신라 장인들은 화강암으로 굴 모양을 먼저 만들고 거기에 흙을 덮어씌우는 묘책을 생각해냈습니다. 어떻게든 불상을 둘 공간만 확보하면 되니까요. 석공이 화강암을 쪼개 반듯하게 다듬은 다음, 네모진 전실과 벽의 네모진 곳, 원형의 주실 부분을 차곡차곡 쌓았습니다.

돔 모양의 천장은 어떻게 쌓았을까요? 신라 장인들은 비슷한 모양을 많이 쌓아봤습니다. 불국사의 청운교, 백운교에도 활처럼 굽은 부분이 있

불국사 청운교와 백운교의 아치. 신라 사람들은 청운교에서 백운교로 이어지는 다리 아래에 아치를 만들었는데, 둥근 아치를 이루는 작은 돌들이 빠져나가지 않도록 좀 더 긴 돌을 위에 덧대었다.

죠. 그런 형태의 구조물을 서양 건축에서는 아치라고 합니다. 돔이란 여러 개의 아치를 모아놓은 구조인 겁니다.

아치를 쌓다 보면 위의 석재가 아래 석재에 힘을 주는 동시에 바깥으로 튀어 나가려는 힘이 작용합니다. 이 바깥으로 작용하는 힘만 해결하면 됩니다. 문제는 가장 아랫부분에 압력이 몰리는 것인데, 로마에서는 돔을 쌓을 때 돔을 이루는 아치 맨 아래에 여러 겹의 고리를 둘러 이 문제를 해결했다고 합니다.

신라인들이 생각해낸 묘안은 이렇습니다. 우선 팔을 쭉 뻗어, 그걸 아치형으로 돌을 쌓을 때 중간중간에 수평으로 꽂아봅니다. 그러면 팔이 윗돌이 누르는 낙하중력을 받아 견디기 때문에 아랫돌이 받는 힘이 줄어드는 걸 알게 됩니다. 그래서 팔을 닮은 팔뚝돌(버팀돌, 주먹돌, 끼임돌이라고도 합

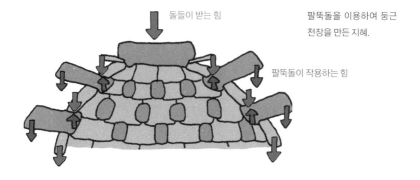

돌들이 받는 힘

팔뚝돌을 이용하여 둥근 천장을 만든 지혜.

팔뚝돌이 작용하는 힘

니다)을 꽂았습니다. 그러니까 5단까지 돌을 둥근 천장 모양으로 맞춰 쌓아나가다가 힘을 많이 받는 3단, 4단, 5단에 팔뚝돌을 10개씩, 총 30개를 간격에 맞춰 꽂는 겁니다. 그러면 마치 시소처럼 팔뚝돌의 무거운 부분이 아래로 내려가면서 돔을 이루는 돌을 위로 밀어 올립니다.

팔뚝돌의 효과는 또 있습니다. 여기저기 꽂힌 팔뚝돌들은 하늘에 떠 있는 별처럼 보입니다. 석굴에 담으려 했던 둥근 하늘이 돔으로 표현되니 그야말로 금상첨화죠. 그런데 팔뚝돌을 이용해 돌을 차곡차곡 다 쌓으면 맨 꼭대기 부분에 구멍이 뻥 뚫리게 됩니다. 이 문제는 어떻게 해결했을까요? 둥근 덮개돌로 덮으면 되지만, 돌 무게가 만만치 않으니 떨어질 염려가 있죠. 그러나 쐐기처럼 박힌 팔뚝돌들이 덮개돌을 꽉 조여주기 때문에 아무런 문제가 없습니다.

석굴암의 돔은 이렇게 어려운 과정을 통해 완성되었습니다. 석굴암의 덮개돌은 세 조각으로 깨져 있는데, 그건 처음 만들 때부터 그랬습니다. 《삼국유사》에 따르면, 김대성이 열심히 덮개돌을 만들었는데 갑자기 깨졌다고 합니다. 지친 김대성이 잠든 사이에 천신이 나타나 그걸 돔 꼭대기에 안전하게 설치했다고 하죠. 석굴암 축조의 마지막 단계에 덮개돌이

석굴암 천장. 하늘을 표현한 둥근 천장에 박힌 팔뚝돌들이 중앙의 덮개돌을 받쳐주고 있다.

깨지고 천신이 등장하는 건, 석굴암 축조가 천지신명의 도움으로 가능했다는 걸 말하려 한 것입니다. 석굴암의 돔은 수학적 계산에 따른 공간 구성과 배치, 내부를 채운 석상에 이어 숭고한 석굴암을 이룬 세 번째 비밀입니다. 돔은 낮은 천장처럼 답답하지도 않고, 높은 천장처럼 황량하지도 않거든요.

창건 당시 모습과 정식 명칭

오늘날 석굴암 앞에는 목조 건물이 있습니다. 석굴암의 원래 모습은 어땠을까요? 정선의 〈골굴석굴도〉를 보면 왼쪽에 큰 집이 있고 오른쪽에 작은 집이 있습니다. 후대 사람들은 이 그림을 보고 작은 집이 석굴암이고 큰 집이 그 근처에 있는 골굴사라 생각해서 그림과 똑같이 석굴암 전실에 목조 건물을 세웠습니다.

18세기 경주의 지도 〈여도 경주부〉에는 오늘날의 석굴암을 가리키는 '석굴'이 보이고 오른쪽에 목조 암자가 보입니다. 왼편 위쪽에는 '골굴'이라 쓰여 있고 작은 집들이 그려져 있는데 바로 그곳이 골굴사입니다. 골굴사가 있는 산꼭대기에는 자연 동굴도 여럿 있고 제법 큰 석불도 있습니다. 정선은 석굴암이 아니라 이 골굴사를 그린 겁니다. 다시 말해 석굴암 앞에는 원래 목조 건물이 없었을 거라는 이야기가 됩니다.

여러 자료를 종합하면, 널리 알려진 석굴암이라는 명칭도 잘못되었음을 알 수 있습니다. 암자는 승려가 공부하는 곳이거든요. 이 유적의 명칭은 18세기 지도에 '석굴'로 적혀 있습니다. 부처를 모신 석굴인 거죠. 석굴이란 어감이 낯설어서인지 전상운 선생은 '석굴 사원'이라 불렀는데, 품격에 어울리는 이름입니다.

석불사라는 명칭을 들어본 사람도 있을 겁니다. 김대성이 지은 불국사와 대응하는 게 바로 석불사입니다. 이런 사실을 분명하게 알지 못했던 일본 사람들이 달랑 남은 석굴을 불국사의 한 암자로 오인해 석굴암이란 이름을 붙인 겁니다. 석굴암이 너무나 친숙한 이름이어서 이제는 석굴 사원, 석굴, 석불사가 다 어색할 겁니다. 그래도 이 책을 읽은 이후로는 정식

〈골굴석굴도〉(왼쪽)와 〈여도 경주부〉(오른쪽).

명칭인 석불사라고 불러야겠죠?

잃어버린 전통과학의 지혜

석불사가 오늘날까지 남아 있는 건, 축조에 담긴 놀라운 비밀 덕분입니다. 석불사의 주재료인 화강석은 단단하기는 한데 습기에 약합니다. 습기가 많으면 풍화 작용이 일어나 쉽게 으스러지죠. 이러한 위험을 막아준건 석실을 덮은 작은 자갈돌입니다. 외부의 고온 다습한 공기가 이 자갈암석층을 통과할 때 습기는 흡수되고, 차갑고 건조한 공기만 안으로 들어가게 됩니다. 반대로 석실 안의 찬 공기가 바깥으로 빠져나갈 때에는 암

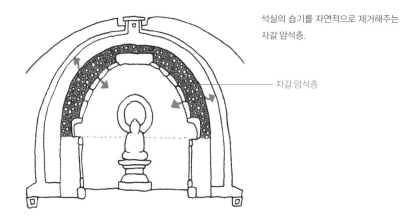

석실의 습기를 자연적으로 제거해주는 자갈 암석층.

자갈 암석층

석층의 습기를 머금고 나가게 되죠. 학자들은 주실 위쪽에 움푹 파인 감실 뒤에 공기가 드나드는 환기창이 있었던 것으로 보고 있습니다.

이처럼 놀라운 과학기술로 지어졌건만, 석불사가 훼손된 건 정말 안타까운 일입니다. 일제강점기 초, 일본 사람들이 허물어질 위기에 처한 석불사를 복원한다는 명목으로 손을 대면서 원래의 모습이 많이 훼손됐습니다. 석상의 위치가 바뀐 것을 비롯해 많은 문제가 있지만, 여기서는 과학과 관련된 것만 이야기하겠습니다.

그들은 석실 바깥을 시멘트로 두 겹 싸 발랐습니다. 그 두께가 무려 2미터에 가깝습니다. 이 과정에서 감실 뒤의 환기창도 사라졌고, 주실에 햇빛을 비추던 창문도 사라진 것으로 추측됩니다. 환기창이 없어졌으니 환기도 안 되고, 자갈돌이 보여준 놀라운 효과가 사라져 석실에 이슬이 맺히게 된 겁니다. 그러니 습기에 약한 화강석이 어떻게 되겠어요.

일본 사람들 탓만 할 것은 아닙니다. 1961년에 잘못된 것을 바로잡기 위해 보수를 했는데, 습기의 외부 유입을 막기 위해 콘크리트 외벽 위에 철근콘크리트를 또 발랐습니다. 공기의 유입을 막는다고 전실에 목조 건

1908년 보수되기 전의 석불사(왼쪽), 1961년의 보수(가운데), 목조 건물로 가려진 오늘날의 모습(오른쪽). 석불사는 일제강점기와 1961년에 잘못 보수되었다. 오늘날 석불사 전실 앞에 있는 목조 건물은 1960년대에 보수 공사를 하면서 세운 것이다.

물도 지어 얹었습니다. 그 결과 습기 문제가 더 나빠져 이후에는 냉각기를 설치해 습기를 제거하고 있습니다. 사람의 손을 타면서 자연적인 습기 제거는 이제 기대할 수 없게 되었죠. 이 때문에 관람객들이 석실 안을 둘러볼 수 없게 된 겁니다. 문화재 보호라는 측면에서 석불사 보수는 최악의 사례로 꼽힙니다. 옛사람의 지혜와 과학을 너무나 몰랐기 때문에 생긴 비극이죠.

　석불사는 중국의 윈강 석굴, 고구려 승려 담징이 일본 호류사에 그린 금당 벽화와 함께 동양 3대 걸작으로 손꼽히기도 합니다. 지금도 수많은 관광객이 차를 타고도 한참 올라야 하는 토함산의 석불사를 찾아 감탄하고 있죠. 석불사는 종교적 상징과 예술적 가치를 함께 음미할 수 있는 문화재입니다. 그리고 오래전 동양과 서양, 인도와 중앙아시아, 신라의 교류를 보여주는 흥미로운 사례입니다.

천하제일의 비취색, 고려청자

장인 정신이 만든 고려청자의 비취색

토기와 도기, 그리고 자기가 어떻게 다른지 알고 계신가요? 이 셋은 재료와 굽는 온도가 다릅니다. 토기는 찰흙으로 빚어 섭씨 800~1100도에서 구워 만든 그릇입니다. 빗살무늬 토기부터 가야 토기, 신라 토기로 이어지는 전통은 고려청자 기술의 밑바탕이 되었죠. 찰흙에 석영과 장석을 섞은 도토陶土로 빚어 섭씨 1200도 미만에서 구운 것은 도기라고 합니다. 김장독 같은 옹기가 대표적인 도기죠. 자기는 돌가루로 만듭니다. 장석이 곱게 분해된 고령토나 석영 가루를 산화철을 포함한 찰흙에 섞은 자토瓷土로 빚은 것으로 섭씨 1200도 이상의 고온에서 구워냅니다. 일반적으로 자기는 표면을 유약 처리해 반들반들해 보여서 유약 처리 여부로 자기와 도기를 판단하는 사람도 있습니다. 하지만 재료에 따라 구울 때 견딜 수 있는 온도가 다르기 때문에 결정적인 차이는 재료에 있습니다. 도토는 1200도가 넘으면 흐물흐물 쓰러지고, 자기는 1200도가 넘지 않으면 재료 속의 유리질이 녹아 나오지 않아 그릇을 만드는 데 실패하거든요.

도자기 중에는 값진 게 많죠. 14세기 원나라의 청화백자는 2005년 런던 크리스티 경매에서 세계 도자기 경매 역사상 최고가인 1560만 파운드로 거래되었습니다. 이 금액은 요즘 환율(1파운드에 1520원 정도)로 환산하면 230억 원이 넘습니다. 이 도자기 이전에 경매에서 거래된 최고가의 도자기는 17세기 조선의 '백자 철화용문 항아리'로, 1996년 뉴욕 크리스티 경매에서 842만 달러에 낙찰되었습니다. 사실 국보나 국보급 도자기는 이미 유명한 박물관 등에 소장되어 있어서 값을 매길 수가 없습니다. 그나마 간혹 경매 시장에 나오는 도자기들이 이렇게 비싸게 거래되는 거죠. 앞으로 어떤 명품이 나와 이 기록을 갱신할지는 아무도 모릅니다. 도자기의 우수성을 꼭 값으로 매길 수는 없지만 경매가는 도자기가 얼마나 가치 있는지를 가늠하는 데 참고가 됩니다.

2020년 10월을 기준으로 우리나라의 국보 333호* 가운데 도자기는 48점으로 국보 전체의 15퍼센트 정도를 차지합니다. 청자가 25점, 분청사기를 포함한 백자가 23점입니다. 국보에서 도자기가 차지하는 비중이

---

* 우리나라의 국보는 현재 제333호까지 번호가 매겨져 있지만, 국보에서 해제된 사례가 있고 최근 국보 해제 결정이 된 경우도 있다. 국보 제168호였던 백자 동화매국문병은 국적과 가치에 대해 논란이 이어지던 끝에 최근 국보 해제가 결정되었다. 그 전에도 국보 제274호였던 귀함별황자총통, 국보 제278호였던 이형 좌명원종공신녹권 및 함이 국보에서 해제된 바 있다.

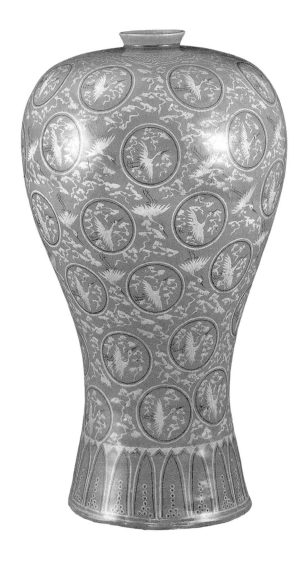

고려 운학(구름과 학) 무늬 상감청자. 상감청자 하면 떠올리게 되는 대표적인 무늬가 구름과 학이다. 검정색
과 흰색의 상감 무늬가 청자의 푸른색과 어우러졌다.

한국과학문명사 강의

꽤 높죠. 이는 우리나라의 최상품 도자기 생산 기술이 상당히 높았음을 말해줍니다.

수많은 도자기 중에서 고려청자가 특히 눈길을 끄는 이유는 뭘까요? 무엇보다도 푸르스름한 색깔이 눈길을 사로잡습니다. 고려청자의 푸른 빛은 자연의 비취옥(비취) 색깔과 비슷합니다. 옥은 옛날부터 동양에서 귀하게 여긴 보석인데, 흙으로 빚은 도자기에서 옥빛이 나니 얼마나 신기하고 놀라웠겠어요. 게다가 고려청자는 표면에 검정색, 흰색 등의 이물질을 박아 넣는 방식으로 무늬를 넣어 비취색과 어울리게 했습니다. 이것을 상감이라고 하죠. 여기에 각종 창의적인 형상이 어우러져 고려청자만의 자태를 선보이게 된 겁니다.

만일 고려청자를 그대로 재현할 수만 있다면 아마 세계적으로 화제가 되겠죠. 고려청자를 완벽히 재현해내려면 어떤 문제를 해결해야 할까요? 과학적인 성분 분석은 고려청자의 색깔을 내는 유약의 성분이 뭔지 알아내는 데 큰 도움이 됩니다. 또 고려청자의 색깔이 중국 송나라 자기와 어떻게 다른지 이해하고, 도자기들이 어떤 가마에서 구워졌는지를 확인하는 데에도 도움이 되죠. 북한 학자들은 "고려청자의 바탕흙은 장석(고령토 포함)이 10퍼센트 미만, 흰 흙이 80퍼센트 정도로 혼합되어 있고 알칼리성 원소는 몇 퍼센트도 되지 않을 정도로 미미하고, 규소와 알루미늄 화합물이 들어 있다"고 밝혔습니다. 고경신 선생은 고려청자에서 나온 산화철의 함량이 평균 1.8퍼센트로 송나라 청자의 3퍼센트보다 적다는 걸 분석해냈습니다. 그리고 고려청자의 색이 송나라 것보다 더 회색빛이 나는 까닭이 망간(은백색 광택이 나는 중금속 원소)의 함량이 더 높기 때문이란 것도 밝혀냈습니다.

이러한 성분 분석만으로는 결코 고려청자를 재현해내지 못합니다. 도자기는 재료, 유약의 종류, 굽는 온도에 따라 결과물이 크게 달라지거든요. 이런 제작 조건을 섬세하게 조절할 줄 아는 장인의 역할이 중요하죠. 도자기를 빚는 장인은 용도에 따라 적절한 흙을 선택하고, 유약 성분을 결정하며, 최고의 작품이 나오도록 가마를 설계하고, 불의 온도를 조절해야 합니다. 이러한 요소들의 조합이 수천, 수만 가지나 되는데 그중에서 최적의 조합을 찾아내야 하는 겁니다.

전라남도 강진에는 고려시대의 가마터가 남아 있지만 안타깝게도 근대화 과정에서 옛 전통 기술이 끊어져버렸습니다. 그래도 그곳의 흙, 그곳에서 나는 재료, 그곳에 남아 있는 가마터의 흔적들로부터 고려청자 재현의 실마리를 찾아보려는 움직임이 있습니다. 고려청자를 되살리려는 사람들은 도전 정신으로 강진의 가마터를 정비하여 차츰 고려청자를 재현해나가고 있습니다. 나아가 그걸 능가하는 작품을 만들겠다는 야심까지 품고 있습니다. 이게 진정한 장인 정신이겠죠? 고려의 청자나 조선의 백자도 이런 도전 정신 덕분에 발전한 겁니다.

비취색을 얻기 위한 고려 도공들의 도전

우리의 도자기 역사에서 크게 기억해야 할 도전이 세 가지 있습니다. 첫 번째 도전은 푸른빛을 띠는 자기를 만들어내는 것이었습니다. 10세기 즈음, 고려의 도공들은 푸른빛의 도자기를 재현하는 데에는 성공했습니다. 이 비법을 어떻게 알아냈을까요? 오늘날 대다수 학자들은 고려보다 앞선

12세기 고려에서 만든 청자 참외 모양 병(왼쪽)과 신안에서 발견된 중국의 청자인 청자 양각 모란 무늬 이병(오른쪽). 두 나라 청자의 모양과 색감의 차이를 확인할 수 있다.

중국의 기술이 들어온 것으로 보고 있습니다. 하지만 청자 제조 기술이 전부 전수된 것으로 보지는 않습니다. 만약 전부 그대로 전수되었다면 중국과 똑같은 수준의 청자를 생산해냈을 텐데 이 시기 고려의 청자는 그렇지 않거든요. 학자들은 통일신라 시대부터 고려시대 초에 이르는 시기에 도기 제작 기술이 이미 독창적인 청자를 만들 수 있는 수준에 도달했을 거라고 주장하지만, 고려 초기의 청자는 색깔이나 형태 면에서는 아직 완성도가 많이 떨어졌습니다. 고려청자 특유의 푸른색을 얻기까지는 두 번 굽는 비법(재벌구이)의 터득이 핵심인데, 이를 알아내기 위해 재료와 유약, 굽는 온도를 다르게 하면서 땀 흘린 도공의 불굴의 노력이 더해졌을 겁니다.

두 번째 도전은 유리처럼 영롱한 비취색을 얻어내는 것이었습니다. 그런 기술은 차츰 연마되다가 12세기에 절정에 도달했습니다. 비취색만 봐도 고려청자와 송나라 청자를 분별할 수 있을 정도가 되었죠. 비취색은 흙과 유약의 화학 반응으로 얻어집니다.

기존의 푸른색에 머물지 않고 그 이상의 빛깔을 창조해내면서 고려청자는 세계 최고 수준에 이르렀습니다. 중국 북송 말엽 태평노인이라는 사람은 "고려청자의 비취색은 천하제일이다"라는 시구를 남겼습니다. 1123년 고려에 온 송나라 사신 서긍은 고려의 도읍 송도(개성의 옛 이름)에서 경험한 것을 남긴 책 《고려도경》에서 고려청자의 비취색을 이렇게 평가했습니다. "도자기의 빛깔이 푸른 것을 고려인은 비취색이라고 하는데, 근년의 만듦새는 솜씨가 좋고 빛깔도 더욱 좋아졌다." 오늘날 국보로 지정된 고려청자는 대체로 이 시기에 만들어졌으니, 이런 평가가 딱 맞아떨어진다고 할 수 있습니다.

세 번째 도전은 상감기법이었습니다. 우리 조상들은 세계 최고의 자기 색을 만든 후 한 단계 더 앞으로 나아가는 도전을 했습니다. 독창적인 무늬를 더한 겁니다. 상감은 원래 금속이나 도자기의 겉면에 무늬를 파고 그 속

물가 풍경을 은으로 상감해 넣은 '은입사 물가 무늬 정병'. 정병은 승려들이 쓰던 물병인데 주로 부처에게 깨끗한 물을 바치는 도구로 쓰였다.

을 다른 재료로 채워 넣는 기술입니다. 가야 고분의 출토 유물을 보면 금과 은실을 사용하여 무늬를 넣은 것을 볼 수 있는데, 이것도 상감기술입니다. 청자는 섭씨 1250도가 넘는 고온에서 만들어지기 때문에 그 안에 이런 무늬를 넣기는 무척 어렵습니다. 물론 고려에 앞서 중국 북방계 자기에서 상감기법이 응용되었지만, 고려의 도공은 그 기법을 기막힐 정도로 도자기에 구현해내어 완전히 다른 차원의 청자를 만들어낸 것입니다.[1] 특히 은입사 방법이 눈길을 끕니다. 고려 도공은 고온에도 녹지 않는 은실을 넣는 데 성공했고, 이 밖에도 다양한 방법의 상감기술을 고안해냈습니다.

청자에서 백자로 옮겨 간 관심

고려청자의 발전을 이끈 건 고려의 귀족 문화였습니다. 국보로 지정된 고려청자들, 척 봐도 엄청 고급스러워 보이죠? 고려 문화를 이끈 왕실이나 귀족, 스님들이 그런 명품을 원했거든요. 그들은 비색 찬란한 찻잔, 술잔, 꽃병, 향로 등과 함께 우아하고도 화려한 생활을 즐겼습니다. 이와 같은 소비 욕구가 명품을 이끌어낸 원동력이었다고 할 수 있습니다.

고려 전기의 귀족 문화는 12세기 말 무신 정권이 들어선 데 이어 몽골이 침입하면서 쇠퇴하기 시작했습니다. 고려청자도 덩달아 쇠퇴기에 접어들었습니다. 비취색도 영롱함을 잃고, 청자의 문양도 산만하고 조잡해졌습니다. 청자 명품을 지향하는 예술혼 자체가 시들해진 거죠.

우리나라의 자기 기술은 조선시대에 다시 피어났습니다. 조선의 도공

모란 넝쿨 무늬 항아리(왼쪽)는 15세기 조선시대에 만들어진 분청사기이고, 달항아리(오른쪽)는 17세기 조선시대에 만들어진 순수한 흰 빛깔의 백자다.

은 청자 대신 백자 굽는 기술을 활짝 꽃피웠습니다. 백자 제작은 청자와 같이 시작되었지만, 고려 귀족이 비취색을 너무 좋아해서 완전히 뒷전에 밀려나 있었습니다. 그러다가 조선이 유교 국가를 표방하면서 검소하고 질박한 백자가 선호되었습니다. 청자를 만들던 도공들은 상감에 사용하던 백토를 청자 전체에 발라 백자를 만들어냈습니다. 이러한 방식으로 만든 백자는 청자 위에 장식을 했다는 뜻에서 '분청사기'라고 합니다.

고려시대에 갖은 애를 써서 얻은 비취색을, 조선시대에는 어떻게 해서든 없애려 했던 겁니다. 백자에 대한 취향이 더욱 강해지자 도공들은 분청사기를 넘어 더 완벽한 백자를 만드는 데 집중했습니다. 청자 제작 기술의 맥은 조선 건국 후 2백 년 정도는 이어졌지만, 16세기 후반 이후에는 백자 제작 기술이 전성기를 맞이했습니다.

우리는 고려청자의 신비한 비취색과 그 재현의 어려움, 그리고 희귀성 때문에 조선백자보다 고려청자를 더 높게 평가하려는 경향이 있습니다.

하지만 조선백자는 결코 고려청자보다 못한 도자기가 아닙니다. 사실 백자는 청자만큼이나 만들기가 힘듭니다. 보통 흙에는 산화철이 들어 있어서 불을 만나면 푸르게 변합니다. 이 때문에 백자를 만들려면 산화철이 없는 자토를 만들어야 합니다. 열을 받으면 푸른빛을 내는 요소가 유약 속에도 들어 있기 때문에 유약을 더 정제하는 기술도 필요합니다. 그러니 고려청자와 조선백자는 기술의 우열로 가리기보다 취향의 차이로 봐야 합니다.

청자에서 백자로 옮겨진 관심은 당시의 국제적 추세기도 했습니다. 중국도 명나라 때 도자기의 흐름이 청자에서 백자로 바뀌는 경향을 보였습니다. 일본 사람들도 명나라와 조선에서 백자가 인기를 얻은 때부터 백자를 좋아했다고 합니다.

일본의 도자기 기술 수준이 급격히 올라간 계기는 잘 알고 계시죠? 임진왜란을 '도자기 전쟁'이라고도 하죠. 조선을 침략한 왜군이 수많은 조선의 도공을 일본으로 끌고 갔기 때문입니다. 조선에서 데려간 도공들 덕분에 도쿠가와 막부는 도자기 기술의 전성기를 맞습니다. 특히 정교한 장식을 넣지 않은 투박한 막사발이 다완으로 인기를 끌었습니다. 일본에서 만들어진 여러 형태의 도자기는 동양과 서양의 활발한 교류를 통해 서양에 수출되어 일본 문화를 알리는 데 한몫했습니다.

신안 무역선, 청자 재발견의 계기가 되다

1983년, 전 세계 도자기 연구자들이 우리나라를 방문해야 하는 일이 생겼습니다. 전라남도 신안 앞바다에서 청자를 가득 실은 보물선이 발견되었거든요. 동아시아의 보물선 역사에서 여기에 견줄 만한 배는 없었습니다. 이 보물선은 송나라를 떠나 일본으로 가던 무역선이었습니다. 불행히도 신안 앞바다에 가라앉은 뒤, 7백여 년 만에 어부의 발견으로 다시 세상 빛을 보게 된 겁니다. 이 배에는 청자가 무려 3만여 점 실려 있었습니다. 보물선이라고 부를 만하죠?

이 보물들은 국립광주박물관 신안해저문화재실 등에 전시되어 있습니다. 현재 전해지는 거의 모든 청자는 출처, 청자를 주문한 사람, 용도를 알지 못하지만, 신안 무역선의 청자는 만든 곳, 만든 사람, 쓰는 사람이 누군지 알 수 있습니다. 게다가 그 숫자도 많아 당시 상황을 파악하는 데 큰 도움이 됩니다. 과학 실험에서 샘플이 많을수록 판단이 정확해지는 것과 같은 이치죠. 신안 무역선의 발견으로 그동안 불투명했던 청자의 역사를 완전히 새로 쓸 수 있는 가능성이 보였습니다. 전 세계 도자기 연구자들이 흥분할 만했죠.

그런데 신안 무역선에서 건져 올린 청자의 색깔은 비취색이 아니라 녹갈색에 가까웠고, 90퍼센트 이상이 대접, 접시, 병과 같은 생활용품이었습니다. 귀족들이 수집하고 귀히 여긴 명품 청자가 아니라 서민들이 사용하던 생활 청자였던 겁니다. 서민들이 청자보다 옹기나 막사발을 생활용품으로 더 많이 사용했을 것 같은데, 우리는 이 청자들을 통해 일반 서민들이 청자를 생활에 어떻게 사용했는지 알게 되었습니다. 그야말로 청자의 재발견이었죠.

도공들의 다양한 노력과 시도는 각양각색의 도자기를 낳았고, 이 도자기들은 박물관에 한데 모여 독특한 어울림을 만들어냅니다. 저는 그렇게 모여 있는 도자기들을 보면 홀로 존재하는 것은 없구나, 어울림 속에서 각자의 독창성이 빛을 발하는구나 하는 생각이 듭니다. 그러니 고려청자가 단연 최고라고 목소리 높일 필요가 없는 겁니다. '고려청자의 비취색은 천하제일'이라는 중국인의 칭찬도 이런 열린 마음에서 우러나온 것이죠.

영국을 비롯한 서양은 동아시아에서 발전한 도자기를 산업화로 이끌었습니다. 차를 즐겨 마시는 그들은 처음에는 중국에서 차와 함께 도자기로 된 찻잔과 찻잔 받침 등을 수입했습니다. 그러다 도자기를 직접 만들기 시작했죠. 도자기의 대량 생산은 19세기 산업 혁명의 일환이었습니다. 자신들이 발전시킨 과학기술을 도자기 제작에 응용해 산업화를 이룩한 거죠. '본차이나'라는 영국제 그릇 이름을 들어봤을 겁니다. '본차이나'는 1800년경 영국인 스포드 2세가 개발한, 영국을 대표하는 자기로 전 세계에서 많이 쓰이고 있습니다. 중국제를 모방했다고 하는데, 지금은 중국제보다 더 유명해졌죠. 우리 조상들도 일찍부터 이런 데 관심을 두셨다면 얼마나 좋았을까요. 지금이라도 늦지 않았습니다. 우리 것의 세계화!

세계적으로 앞선 기술, 금속활자

현존 세계에서 가장 오래된 인쇄물《무구정광대다라니경》

우리나라는 인쇄술이 일찌감치 발달했습니다. 신라 시대에 목판인쇄가 시작되었고, 금속활자 기술도 세계에서 최초로 고려에서 시작했다고 하죠. 남들보다 앞선 시기뿐 아니라 규모와 독창적인 기술도 놀랄 만합니다. 고려시대에 8만 개가 넘는 목판으로 인쇄된《팔만대장경》과 조선 세종 때 갑인자 활자로 만든 책은 아름답기까지 하죠.

먼저 세계에서 가장 오래된 것으로 추정되는 인쇄물이 발견되던 순간을 이야기해볼까 합니다. 1966년 9월 3일, 간 큰 도굴범들이 석가탑 안에 고이 모셔둔 사리장엄구舍利莊嚴具를 훔쳐 가려고 마음먹었습니다. 사리장엄구는 부처나 성자를 화장한 뒤 나온 사리를 보관하는 함이나 병 등을 말합니다. 도굴범들은 캄캄한 밤에 석가탑 2층의 지붕돌을 들어 올리려 애쓰다가 결국 실패했고, 이틀 후 다시 와서 3층 지붕돌을 들어 올리려 했지만 또 실패했습니다. 도굴범들은 아무런 소득 없이 잡혔고, 이때 두 차례나 함부로 움직여진 탓에 석가탑은 기울어 무너질 위기에 처했습니다. 다시 번듯하게 세우기 위해 석가탑을 해체하려 2층 지붕돌을 드는 순간, 도굴범들이 노렸던 사리장엄구가 나왔습니다. 탑은 본래 사리를 보관하기 위해 세우는 것이니 사리장엄구가 나온 게 그리 놀랄 일은 아니었죠.

그런데 생각지도 못했던 것이 탑 속에서 발견되었습니다. 바로 《무구정광대다라니경》이라는 인쇄물이었습니다. 무구정광대다라니경無垢淨光大陀羅尼經은 '한 터럭 티끌도 없이 깨끗하고 영롱하며 위대한 다라니 주문을 담은 경전'을 뜻합니다. 이름이 길어서 흔히 《다라니경》이라고 줄여서 부르죠. 이 장에서도 주로 《다라니경》으로 부르겠습니다. 석가탑 안에서 발견되었으니, 석가탑을 만들 때 그 안에 보관했을 거라고 추측할 수 있겠죠? 석가탑을 세운 751년 무렵에 인쇄된 거라고 말입니다. 추측이 맞다면 세계에서 가장 오래된 인쇄물이 우리 땅에서 모습을 드러낸 겁니다. 학자들은 이 발견에 흥분을 감추지 못했고, 기자들도 대서특필로 보도했습니다. 그때까지 알려진 세계에서 가장 오래된 인쇄물은 일본에서 770년 무렵에 만든 《백만탑다라니경》이었습니다. 이보다 앞선 《다라니경》이 나왔으니 얼마나 흥분됐겠어요.

《다라니경》의 발견으로, 그때까지 세계 학계가 정설로 삼아온 '당나라 문화의 전성기였던 712~756년에 중국에서 목판인쇄술이 시작되었다'는 중국학자 구드리치(1894~1986)의 학설은 심각한 도전에 직면했습니

석가탑 안에서 발견되어 세계 인쇄술의 역사에 논란을 일으킨 《무구정광대다라니경》.

일본에서 가장 오래된 인쇄물인 《백만탑
다라니경》. 나무로 작은 탑을 무수히 만
들고 안에 경전을 넣어 여러 사찰에 보냈
다고 한다. 우리나라에서도 하나 보관하
고 있다.

다. 적어도 목판인쇄 서적으로는 우리나라가 목판인쇄술을 가장 먼저 시
작했다고 주장할 수 있게 된 거죠. 그렇게 되면 중국이 낳은 인류 4대 발
명품, 즉 나침반·화약·종이·인쇄술 가운데 인쇄술이 빠져야 합니다.

　상황이 이렇게 되자 자존심 강한 일부 중국 학자들은 강하게 반발했습
니다. 어떤 학자는 '《다라니경》은 중국에서 인쇄해서 신라에 보낸 것'이
라는 주장을 펼치기도 했습니다. 이러한 주장을 반박하려면 우리나라에
서도 《다라니경》을 8세기 초 신라에서 찍었다는 확실한 증거를 제시해야
하는데, 논란을 잠재울 결정적인 증거는 아직까지 나오지 않았습니다. 석
가탑에서 발견되었다고 해서 꼭 석가탑을 처음 만들 때 신라에서 인쇄된
것이라고 볼 수는 없으니, 증거가 없다면 논란이 불가피하죠.

　2010년에는 《다라니경》 발견 당시의 유물 뭉치 전부를 분석한 결과
가 나오면서 《다라니경》이 만들어진 시대에 대해 다시 격론이 벌어지기

도 했습니다. 신라 때 만든 석가탑이 여러 차례 보수되었고 탑 안에 유물을 추가했다는 사실이 밝혀진 겁니다. 《다라니경》이 세계에서 가장 오래된 목판인쇄본이라는 설의 가장 강력한 근거였던 '탑을 만든 후 보수나 유물 추가가 없었다는 가정'이 흔들리게 된 겁니다. 그래서 《다라니경》이 만들어진 시대에 대해 신라 제작설과 고려 추가설이 팽팽히 맞서게 되었습니다.

중요한 건 사실과 증거에 근거해 생각하는 과학적 태도일 겁니다. 일방적으로 자기의 주장만 외칠 게 아니라 그 주장에 대한 반론의 타당성을 검토하고 새로운 증거를 찾아내 재반박해야 합니다. 현재 《다라니경》 논쟁을 끝낼 유일한 방법은 종이 분석일 텐데, 우리는 아직 《다라니경》의 종이가 신라 종이인지, 고려 종이인지, 당나라 종이인지 분명히 가려낼 기술 역량이 부족하다고 합니다. 다만 일본 교토의 권위 있는 연구자는 분석 결과 이 종이가 신라산이라고 단정했습니다.

그런데 왜 탑 안에 경전 인쇄물을 넣었을까요? 우리나라, 일본, 중국의 고대 사회에서는 사찰 탑에 짤막한 불경을 봉안하는 종교적 풍습이 있었습니다. 탑에 넣는 경전을 바로 '다라니'라고 합니다.

《다라니경》은 여러 다라니경 가운데 하나로 8세기 초 인도 출신의 '미타산'이라는 스님이 번역한 것입니다. '부처가 인도의 바라문 출신 승려를 구원한 이야기'와 '이 경전을 외우고 불탑을 잘 섬기는 사람은 복을 받을 수 있다'는 내용입니다. 손으로 직접 쓰지 않고 인쇄한 것은 부처의 진리를 한 글자 오류도 없이 정확히 담아두겠다는 의지의 표현이었을 겁니다. 나무판에 글자를 새길 때 완벽하게 교정을 본다면 일일이 옮겨 적을 때 발생할 수 있는 오류를 걱정하지 않아도 되거든요. 또 같은 내용을 많이 찍어서 여러 탑에 보관할 수도 있죠. 인쇄에 대한 개념이 요즘과는 많이 달랐죠?

우리는 인쇄라고 하면 책을 먼저 떠올리고, 책은 다양한 지식을 전달하는 수단으로 생각하죠. 그렇다면 지식 전달, 즉 책을 만들 목적의 인쇄술은 언제부터 발전했을까요? 중국에서는 8세기 당나라 때와 12세기 송나라 때 책을 많이 찍어냈습니다. 대중화한 것은 16세기 명나라 중엽부터라고 합니다. 우리나라에서는 12세기 이후 출판이 더욱 활발해졌고 조선 태종·세종 때 계미자·갑인자 주조 이후 보급용 서적 출간이 빛을 보게됩니다. 서양에서는 이보다 한참 늦은 15세기가 되어서야 인쇄한 책들이등장했습니다.

8만여 장에 새겨진 부처의 말씀 《팔만대장경》

불경의 내용을 담은 《팔만대장경》은 어려운 부처의 말씀뿐만 아니라 말씀을 풀이한 내용과 그 내용을 더 쉽게 풀이한 설명도 포함하고 있습니다. 고려는 거란이 쳐들어온 1011년부터 무려 76년을 들여 완성한 최초의 대장경,《초조대장경》(1087)이 있었지만 1232년 몽골의 침입으로 모두 불타버렸습니다. 송나라와 거란에서 어렵게 대장경을 구해서 새긴 거라 정말 안타까운 일이었죠.

고려는 부처의 법력으로 몽골군을 물리치고자 다시 경판을 만들기로 했습니다. 스님은 물론이고 왕족, 관리, 문인, 지방의 백성까지 모두 한 마음이 되어 이 사업에 참여했습니다. 목판을 만들 나무를 베는 사람, 베어진 나무를 경판 형태로 만드는 사람, 경판에 글씨를 새기는 사람, 그 내용을 교정하는 사람, 완성된 경판을 해인사로 옮기는 사람 등 수많은 사람이 제작에 참여했고, 제작 기간만 총 15년(1236~1251)이 걸렸습니다.

그런데《팔만대장경》은 정말 8만 장일까요?《팔만대장경》의 경판 수는 8만 6688장입니다. 이 수치는《조선왕조실록》의 기록(1398, 태조 7년)으로 고려판《팔만대장경》에 관한 가장 정확한 값입니다. 오늘날 해인사에 남아 있는《팔만대장경》경판 수는 책에 따라 오락가락해서 조심할 필요가 있습니다. 처음 만든 후 분실된 것, 나중에 추가한 것, 서로 중복된 것 때문에 그렇습니다. 일제강점기 조사 기록에 따르면 8만 1258장(브리태니커백과사전)이라 하고, 1959년 연구에서는 8만 1137장(초등학교 교과서), 1975년 조사에서는 8만 1240장(문화재관리국), 유네스코 세계문화유산 등록에서는 8만 1340장(법보신문, 2001년 10월 31일)이라 했습니다. 복잡하게 느껴지지만,《조선왕조실록》의 기록인 8만 6688장은 논란의 여지가 없습니다.

8만여 장이라니 너무 많아서 구체적인 감이 안 올 겁니다. 경판 1장의 무게는 2.4~3.75킬로그램입니다. 그렇다면 8만 6688장의 무게는 얼마일까요? 계산하기 쉽게 경판 1장의 무게를 중간 값인 3.075킬로그램이라 치고 8만 6688장을 곱하면 26만 6500여 킬로그램으로, 10톤 트럭 약 27대 분량입니다. 엄청나죠?

《팔만대장경》은 과학적으로도 우수합니다. 8만 장이 넘는 불경 목판을 제작한다면, 무얼 가장 신경 쓸까요? 부처의 말씀을 새기는 거니까 정성을 다해 한 자라도 틀리지 않게 새겨야겠죠. 나아가 오랜 세월 잘 보존되어야 하고, 많이 찍어도 훼손이 적게 되도록 해야겠죠. 이건 정성만으로는 안 되고 특별한 기술이 필요합니다.

《팔만대장경》 경판은 제작 후 770여 년이 지난 오늘날까지도 온전히 보존되어 있습니다. 이 자체가 과학적으로 대단한 겁니다. 물론 전쟁 같은 인재ㅅㅅ나 번개, 산불 등의 자연재해가 없었다는 행운도 인정해야겠지만, 과학적인 보존법 없이는 불가능한 일입니다. 전상운 선생은 《팔만대장경》 경판의 과학적인 보존 비법을 크게 다섯 가지로 꼽았습니다.

첫째, 경판은 내구성이 강한 산벚나무를 썼다.

둘째, 경판 보존의 효과를 높이기 위해 표면에 먹을 바르고 옻칠을 했다.

셋째, 경판을 튼튼하게 만들기 위해 양쪽 면을 녹슬지 않는 순도 높은 구리판으로 고정했다.

넷째, 구리판 고정에 쓴 못도 녹슬지 않도록 망간을 함유한 순도 높은 저탄소강(탄소 함량이 비교적 적은 철)을 두들겨 만들었다.

다섯째, 경판을 보관하는 경판전의 온도는 계절이나 시각에 따라 거의 변화가 없고, 습도도 늘 적절하게 유지된다.

판목의 선정, 표면의 먹과 옻칠 처리, 구리판 마구리(물건 양 끝 부분) 장식, 경판전의 알맞은 보관 조건 등이 어울려 7백 년 이상의 세월을 뛰어넘는 기적을 연출한 겁니다. 특히 《팔만대장경》의 경판을 보관하는 해인사 경판전은 조선 초기인 15세기에 만들어졌는데도 자연환경을 최대로 이용한 과학적 구조물입니다. 《팔만대장경》이 오늘날까지 보존되는 데 결정적인 역할을 했죠. 경판전은 과학적 우수성을 인정받아 《팔만대장경》

튼튼한 나무에 글씨를 새기고 먹칠과 옻칠을 한 《팔만대장경》목판. 가장자리의 구리판 장식은 목판이 뒤틀리지 않도록 해준다.

과 함께 유네스코 세계문화유산으로 등재되었습니다. 이렇게 오래된 목판본이 대량으로 보존되고 있는 것은 세계에서 유례가 없는 일입니다. 그야말로 위대한 과학기술의 승리입니다.

세계에서 가장 오래된 금속활자본

《무구정광대다라니경》,《팔만대장경》 못지않게 《직지심경》도 유명하죠.《직지심경》의 원래 이름은《백운화상초록불조직지심체요절白雲和尚抄錄佛祖直指心體要節》입니다. '승려 백운화상이 가려 뽑은 깨달음의 핵심'이라는 뜻이죠.《직지심경》은 현존하는 금속활자본 가운데 세계에서 가장 오래된 책입니다. 프랑스 국립도서관에서 근무했던 박병선 선생이 발견한 덕분에 우리에게 알려졌죠.

프랑스는 우리나라 책에 조예가 깊었습니다. 대한제국 말기에 우리나라에서 펴낸 책의 목록을 처음 작성한 사람도 프랑스 학자 모리스 쿠랑(1865~1935)입니다. 그 목록에서《직지심경》을 발견한 박병선 선생은 이 책이 1900년 프랑스 파리에서 열린 만국박람회에서도 소개되었다는 사실을 알아내고 연구를 이어갔습니다. 박병선 선생은 《직지심경》의 내용을 검토하던 중 "1377년 청주 흥덕사에서 주조鑄造로 펴냈다"는 글귀를 읽고, 주조란 말로 미루어 이 책이 금속활자본임을 직감했다고 합니다.

박병선 선생은 우선 금속활자로 인쇄한 것과 다른 재료로 인쇄한 것이 어떻게 다른지 알아내려 했습니다. 나무로, 진흙으로, 감자로도 활자를 만들어 찍어보면서 비교했다고 합니다. 그러다가 《직지심경》의 글자 가장자리에 티눈 같은 것이 붙어 있는 것을 알았습니다. 동일한 자음이나 모음끼리는 모두 같은 위치에 자국이 보였습니다. 이 때문에 단순히 인쇄하다가 생긴 흠으로 볼 수 없었죠. 이상하게 여긴 박병선 선생은 인쇄소를 찾아가 물었고, 그것이 바로 금속활자의 특징이라는 명쾌한 답을 얻었습니다. 쇠를 부어 활자를 만들어 확인하는 순간, 심증이 확증으로 굳어졌습니다.

1972년에는 유네스코가 프랑스 파리에서 '세계 도서의 해' 전시회를 개최했습니다. 이때 전시된 《직지심경》은 세계 사람들을 놀라게 했습니다. 1377년에 출간된 《직지심경》은 현존하는 금속활자 책 중 세계에서 가장 오래된 것으로, 1455년 무렵에 나온 금속활자본 구텐베르크 성경보다 무려 70년 정도나 앞서 나온 것이었거든요.

이렇게 해서 《직지심경》이 세상에 널리 알려졌는데, 사실 우리나라가 세계 최초로 금속활자를 만들었다는 건 이미 백여 년 전부터 세계에 알려져 있었습니다. 1895년 유길준이 《서유견문》에서 조선의 활자가 구텐베르크 활자보다 앞섰음을 밝혔고, 1899년 영국인 헐버트는 조선이 최초의 금속활자 제조국이라는 내용을 담은 책을 영국에서 발간했습니다. 그

한국과학문명사 강의

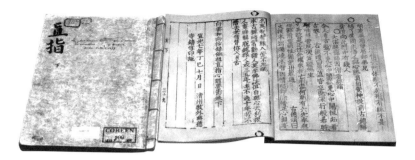

세계에서 가장 오래된 금속활자본인《백운화상초록불조직지심체요절》.

러니까《직지심경》의 출현은 조선시대 초 활자본(1403년에 만든 계미자)이 구텐베르크의 활자본보다 52년 앞섰다고 한 것을 70년 이상 더 앞당겼다는 큰 의미가 있습니다.

기록으로만 보면《직지심경》보다 훨씬 앞선 고려의 강화 천도 시기 (1234~1241)에 50권에 달하는《고금상정예문》(고금의 예를 상세히 다룬 책)을 찍었습니다. 1239년 이전에도 이미 불교 선종의 핵심적인 책인 한 권짜리《남명천화상송증도가南明泉和尚頌證道歌》(승려 남명천이 불도를 깨달음을 노래한 책)가 주자본鑄字本으로 인쇄되어 있었습니다. 이 책은 1076년 송나라에서 목판본으로 출간된 후 고려에 들어와 주자본으로 인쇄해 보관해왔는데, 1239년 고려의 최고 권력자 최우(?~1249, 나중에 최이로 개명)가 이 책을 널리 보급하기 위해 번각飜刻(금속활자본 글씨를 그대로 본떠 다시 새김)해 목판본으로 찍은 것이었습니다.* 서양의 금속활자보다 무려 220여

---

* 고려판《남명천화상송증도가》 번각본에 실린 최이(최우)의 지문識文에는 다음과 같은 내용이 실려 있다. "남명증도가南明證道歌는 선가에서 매우 중요한 서적이다. 그러므로 후학 가운데 참선을 배우려는 사람들은 누구나 이 책을 통해 입문하고 높은 경지에 이른다. 그런데도 이 책이 전래가 끊겨서 유통되지 않고

년,《직지심경》보다도 140여 년이나 앞섰죠. 현존《남명천화상송증도가》는 목판이기는 해도 금속활자 번각본이어서 금속활자 인쇄의 모습을 상당히 담고 있지만《고금상정예문》은 오늘날 전하지 않습니다. 50권이나 되는《고금상정예문》을 인쇄하기 위해 대략 동활자 한 벌로 10만 자 이상을 갖춰야 했을 것으로 추정됩니다.[2]

고려와 조선에서 금속활자만 사용하지는 않았습니다. 어떤 목적으로 어떤 책을 찍느냐에 따라 목활자나 목판본 등 알맞은 인쇄술을 선택했습니다. 인쇄는 아니지만 오랜 전통의 필사본도 무시할 수 없겠죠. 인쇄를 했던 고려나 조선 시대에도 가장 쉽게, 널리 행해진 방법은 필사입니다. 필사가 가장 간편하고 값도 싸니까요. 그렇지만 필사의 경우 오류가 많고 여러 벌 베껴 쓰는 수고로움이 크며 가격이 급등하는 단점이 있습니다.

인쇄, 특히 관에서 공증하는 인쇄물은 철저한 교감을 통한 정확함이 생명입니다. 목판은 다수의 책을 찍기에는 좋지만, 판각할 목재의 마련에서부터 판을 깎아내 글자를 새기기까지 품이 많이 듭니다. 금속으로 만든 활자는 처음 제조할 때 돈이 많이 들지만, 기동성 있게 책을 만들기에는 안성맞춤입니다. 한번 찍어낸 다음 판을 해체해야 한다는 점에서 목판 같지 않아 아깝기는 하죠. 그렇지만 책을 찍고 난 다음 나온 방대한 판각을 보관할 공간이 필요 없는 장점이 있습니다. 많은 종류의 책 수십 부 내외를 정확하게 찍어내는 데는 금속활자가 최고였던 것입니다.

있으니 옳지 않은 일이다. 그래서 각공회工을 모집하여 주자본을 바탕으로 다시 판각하여 길이 전하게 한다. 때는 기해년(1239) 9월 상순이다. 중서령 진양공 최이가 삼가 적는다."

금속활자는 어떻게 만들었을까?

금속활자 제작은 국가적 사업이었습니다. 조선시대에는 태종 때 설치한 인쇄 담당 관청인 교서관에서 금속활자를 만들었습니다. 교서관에서 금속활자 만들던 이야기는 용재 성현(1439~1504)이 쓴《용재총화慵齋叢話》에 실려 있습니다.

금속활자를 만들 때는 거푸집을 만드는 기술이 가장 중요합니다. 나무를 파듯 금속을 깎기는 불가능하니, 틀을 만들어놓고 그 안에 쇳물을 부어 활자 모양이 나오도록 해야 합니다. 우리 조상들은 해감모래(다져진 가는 모래)를 이용해 거푸집 안에 활자가 들어갈 공간을 만들었습니다. 쇠로 만든 주물판 위를 해감모래로 덮고, 그 위에 글자를 찍어 공간을 만든 겁니다. 일단 나무로 활자를 만들어 해감모래에 찍은 후 빼내면 활자 모양으로 공간이 생깁니다. 그 공간까지 쇳물이 흘러 들어갈 길을 내고 뚜껑을 덮은 뒤 쇳물을 흘려보내면 금속활자를 얻게 됩니다.

찰흙을 사용하면 더 쉬울 텐데 왜 모래를 사용했을까요? 찰흙은 온도가 높아지면 열이 한군데로 몰려서 빵 하고 터집니다. 반면 찰흙보다 굵고 고른 모래를 쓰면 모래와 모래 사이로 열이 골고루 빠져나가니까 터지는 일이 없습니다. 이것을 알아내기까지 시행착오가 많았겠죠?

밀랍은 한 글자를 만들기는 쉬울지 몰라도 다시 사용할 수 없습니다. 하지만 목활자를 만들어두면 금속활자를 만들 때마다 모래 위에 찍기만 하면 되니 유용했습니다. 민간에서 급하게 활자를 만들어 쓸 때는 밀랍 주조법을, 관아에서 번듯하게 활자를 만들 때는 목활자를 이용한 해감모래 주조법을 사용했습니다.

조선시대 초기에는 예쁜 글꼴을 가진 금속활자가 계속 나왔는데, 유명한 활자 3개가 있습니다. 첫째, 태종 3년(1403)에 만든 계미자입니다. 계미년에 만들었다고 해서 '계미자'라고 하죠. 조선에서 최초로 활자를 만드는 전문 관청인 주자소를 설치해 만든 금속활자입니다. 계미자로《시경》,《서경》등을 찍었는데, 이 외에 계미자로 인쇄한 책은 현재 10여 종이 전해집니다. 계미자는《직지심경》을 찍은 활자보다 한결 개량되었지만, 활자 모양은 그리 아름답지 않았습니다. 무엇보다 밀랍으로 고정한 활자가 인쇄할 때마다 조금씩 흔들려서 글씨가 삐뚤게 나오기 일쑤였다고 합니다.

둘째, 세종 2년(1420)에 만든 경자자입니다. 경자자는 조판의 효율을 높인 게 특징입니다. 끝이 뾰족했던 기존의 활자를 네모반듯하게 바꾸고, 활자와 활자 사이의 빈틈을 작은 대나무로 메우는 방식으로 활자와 활자 사이가 튼튼하게 고정되도록 했습니다. 그 전의 활자들은 끝이 뾰족해서 사이가 벌어지고, 그 사이를 밀랍으로 고정하다 보니 쉽게 흔들리는 문제가 있었거든요. 경자자로 활자를 개량하니 훨씬 많은 분량을 인쇄할 수 있었습니다. 그 결과 경자자로 찍은 책이 꽤 많이 남아 있습니다.

셋째, 세종 16년(1434)에 만든 갑인자입니다. 조선의 활자를 대표하는 가장 유명한 활자죠. 조선 말기까지 이 활자를 거듭 만들어 썼습니다. 계미자와 갑인자 제조의 총책임자는 이천이었고, 이순지, 정적 등 당시 내로라하는 일류 과학기술자들이 이 활자 제작에 참여했습니다. 그 무리에 속했던 장영실도 금속활자를 잘 만드는 장인으로 인정받은 후 출세를 하게 됐습니다. 갑인자는 경자자에 비해 더 아름다워졌습니다. 글자의 크기가 일정해지고 대나무를 이용한 조판이 더욱 완벽해져 인쇄 효율이 두 배

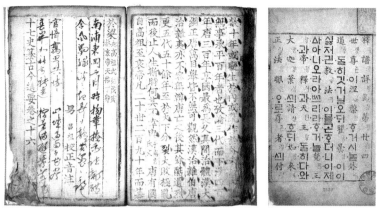

계미자로 찍은 《십칠사찬고금통요》(왼쪽)와 갑인자로 찍은 《석보상절》(오른쪽).

나 높아졌죠.

갑인자가 유명한 까닭은 훈민정음 반포(1446) 후 한글 활자를 이 갑인자로 만들었기 때문입니다. 갑인자 한글은 갑인자 한자와 나란히 쓰였는데 《훈민정음해례본》은 목판본이고, 금속활자 갑인자로 인쇄한 최초의 한글 책은 《석보상절》(석가모니 일대기, 1447)과 《월인천강지곡》(부처의 가르침이 마치 달이 수많은 강에 비치듯 넓음을 노래한 책, 1449)입니다. 그래서 갑인자를 '월인석보 한글자'라고도 합니다.

어떤 금속활자가 더 우수할까?

서양에서는 독일인 구텐베르크가 발명한 금속활자 인쇄술이 엄청난 지적 혁명을 이끌었습니다. 이른바 중세를 끝내고 근대로 넘어가는 계기를 촉진한 중요한 사건이었죠. 지난 천 년 동안 나온 기술 중 구텐베르크의 금속활자 인쇄술이 첫 손가락에 꼽힐 정도입니다. 그러다 보니 이보다 먼저 발명된 우리나라의 금속활자 인쇄술에 학자들이 흥분을 금하지 못했던 겁니다.

한쪽에서는 구텐베르크의 인쇄술과 우리나라 금속활자 인쇄술의 질적 차이를 냉정하게 살펴야 한다는 주장이 제기되었습니다. 우리나라 최초의 한국과학사 책인 《조선과학사》를 쓴 홍이섭 선생이 이런 주장을 펼쳤습니다. 구텐베르크 인쇄술은 활자를 종이에 찍는 프레스기를 사용해서 책 한 면을 인쇄하는 수고와 시간을 엄청 단축했을 뿐 아니라 대량 인쇄를 가능하게 했다는 겁니다. 일일이 활자에 먹을 묻히고 종이에 한 판, 한 판 찍은 고려나 조선의 인쇄술보다 크게 발전된 기술이었다는 거죠. 또한 구텐베르크 인쇄술의 등장 후 50년 동안 무려 9백만 권의 책이 구텐베르크 인쇄기로 찍혀 나온 데 비해, 우리나라의 금속활자 인쇄술로 펴낸 책은 이보다 훨씬 적습니다. 서양에서는 구텐베르크의 인쇄술로 폭발적인 정보량의 증가와 대중적인 확산이 일어났고 그 결과 이전과 완전히 다른 새로운 세상이 열렸던 겁니다. 이런 주장은 상당히 설득력이 있습니다. 서양의 인쇄술 혁명은 인류 역사 전반을 바꿀 만한 대단한 사건이었습니다. 그러니까 우리나라 금속활자 인쇄술이 시기 면에서 빠른 것만으로 흥분해서는 안 되겠죠.

그렇다고 우리나라에서 금속활자 인쇄술이 끼친 영향력을 애써 깎아내릴 필요는 없습니다. 덕분에 우리나라가 새로운 문명의 시대로 접어든 것은 분명하니까요. 13세기 이후 금속활자를 거듭 개량하면서 19세기 말까지 수많은 책을 찍어냈고 이른바 조선시대의 유교 문명이 꽃피었습니다. 여기에서 생겨난 자부심은 1900년 파리 만국박람회에 금속활자로 인쇄한 책을 출품한 데서도 확인됩니다. 조선이 금속활자 인쇄술의 우수성을 세계에 과시하려 했던 겁니다.

당시 중국에서는 금속활자를 만들지 않았을까요? 활자는 덩이 하나에 글자를 하나씩 새기는 것입니다. 11세기 중국 북송 때 필승이란 사람이 이런 식의 활자를 최초로 고안했다고 알려져 있습니다. 그가 만든 활자는 진흙에 아교를 섞어 구워서 만들었기 때문에 아교진흙 활자, 즉 교니膠泥 활자라 부릅니다. 13세기 후기부터 14세기 초 무렵 중국에서는 나무에 활자를 새겨 만든 목활자로 책을 찍다가 14세기에는 금속활자를 만들어 쓰려고도 했습니다. 이 밖에도 이러저러한 근거를 들어 중국의 일부 학자들은 중국에서 세계 최초로 금속활자를 발명했다고 주장하고 있습니다. 학계에서 정설처럼 받아들여지던 이 주장은 최근 활발한 연구와 논쟁 덕분에 조금씩 흔들리고 있습니다. 중요한 건 누가 그런 전통을 잘 이어나갔는가 하는 점입니다. 중국에서는 금속활자로 인쇄하는 전통이 고려나 조선처럼 뚜렷하게 형성되지 않았습니다. 그 이유는 그들이 금속활자 기술을 개발할 실력이 없어서라기보다는 필요성이 크지 않았기 때문일 수도 있습니다.

목판본은 새길 때 공이 많이 들지만 인쇄 분량이 많을 때는 효율적입니다. 반면 금속활자는 조립과 해체가 쉽기 때문에 여러 종류의 책을 조금씩 찍을 때 목판본보다 상대적으로 유리하죠. 중국은 인구가 어마어마한 만큼 책을 값싸게 공급할 때는 목판본 인쇄가 금속활자 인쇄보다 더 유리했겠죠? 그에 비해 고려나 조선의 금속활자 인쇄술은 대체로 다품종 소량 인쇄에 적합한 기술이었습니다. 그러니까 고려나 조선이 중국에 비해 금속활자 기술 개발에 훨씬 적극적이었던 겁니다.

고려나 조선의 금속활자 인쇄술은 쉽게 나온 것이 아니라, 다양한 기초 지식에 창의성을 더한 노력 끝에 나온 성과물입니다. 금속활자를 만드는 데 꼭 필요한 거푸집 개발, 금속에 골고루 잘 묻는 먹 개발, 가지런한 활자들의 연속 배치법 고안, 금속활자 인쇄에 잘 맞는 종이 개량 등도 함께 해결해야 했으니까요. 청동을 능수능란하게 다루는 기술도 함께 개발했고 더 정교하고 아름다운 글자를 만들기 위한 세심한 노력도 잇달았습니다.

그런데 혹시 우리나라의 금속활자가 구텐베르크의 금속활자 개발과 연관이 있지는 않을까요? 비슷한 시대에 비슷한 발명품이 등장했으니 말입니다. 1950년대 영국의 과학사학자 버널은 세계과학사 책을 쓰면서 우리나라의 금속활자 인쇄술이 구텐베르크의 인쇄술과 관련 있으리라는 주장을 내놓았습니다. 동서 문명 교류사의 대가인 정수일 선생이 이 문제를 연구하기 시작했습니다. 고려 말에서 조선 초에 이르는 시기에 아라비아 사람을 비롯한 색목인色目人(외국인)들이 고려와 조선을 자주 오갔다는 점을 들어 비단길을 통해 금속활자 인쇄술이 서양까지 알려졌을 가능성이 있다고 주장했습니다. 이러한 주장이 힘을 얻으려면 중간 경로에서 금속활자를 만들어 쓴 증거가 보여야 하는데, 그 증거는 아직까지 확인되지 않고 있습니다.

미국 부통령을 지낸 앨 고어는 2005년에 한술 더 떠, 15세기 교황청 사절이 우리나라에서 금속활자 인쇄술을 배워 갔는데 그 사절이 구텐베르크의 친구로 구텐베르크에게 금속활자 인쇄술을 가르쳐주었다고 말했습니다. 스위스 인쇄박물관에서 이 이야기를 들었다고 했는데, 아직 학술적으로 확인된 바는 없습니다. 앨 고어의 말은 진위 여부보다는 그가 강조한 사실에 주목할 필요가 있습니다. 앨 고어는 우리나라가 금속활자 인쇄술을 서양에 전해 정보통신 혁명에 크게 공헌했고, 최근에는 디지털 기술 수출로 두 번째 기여를 하고 있다고 말했거든요.

우리의 옛 과학기술 대부분은 다른 나라로부터 받아서 이룩했고, 다른 나라에게 준 건 거의 없었습니다. 중국과 일본에서 인기를 끈《동의보감》 정도가 예외가 될까요? 최근 반도체를 비롯한 정보통신 기술의 성취는 세계 문명 발전에 적잖은 기여를 하고 있죠. 만약 정말로 우리의 옛 과학 기술이 서양에까지 영향을 끼쳤다면, 그것도 지적 혁명을 일으킨 금속활 자 인쇄술이었다면 더욱 값진 기여라 할 수 있습니다. 하지만 그렇지 않 다고 해도 실망할 필요는 없습니다. 지금부터라도 열심히 과학기술을 발 전시켜 인류에 커다란 도움을 주면 되니까요.

오랜 세월을 견뎌낸
한민족의 종이, 한지

⑤

기록을 담는 매체, 종이가 탄생하다

종이가 인류 4대 발명품 중 하나로 꼽히는 이유는 뭘까요? 종이는 인간이 자연에서 얻은 최고의 수확물이라 할 수 있습니다. 종이 그 자체는 별것 아닐 수 있지만, 기록을 담는 고유의 기능을 생각하면 인류 역사에서 종이와 경쟁할 적수가 있을까요? 종이의 영향력은 과거와 현재는 물론이고 상당히 먼 미래까지도 지속될 겁니다.

종이는 어떻게 탄생했을까요? 아주 오래전 메소포타미아, 그리스, 인도, 중국에서 문명이 생겨났고 말을 표시하기 위한 문자도 함께 생겨났습니다. 처음에는 구운 진흙판, 돌판, 비단, 나무나 대나무 껍질, 양 같은

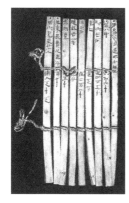

대나무를 엮어 만든 죽책(왼쪽), 기원전 13세기 파피루스에 쓴 《사자의 서》(가운데), 산마르코 국립박물관의 양피지 책(오른쪽). 오늘날 우리에게 친숙한 종이가 나오기 전에는 다양한 재료의 종이가 있었다.

동물의 가죽 등에 글자를 썼는데, 이만저만 불편한 게 아니었습니다. 재료에 따라 어떤 것은 너무 부피가 큰 데다 무거웠고, 어떤 것은 구하기 힘들었고, 어떤 것은 가지고 다니기 힘들었습니다. 한꺼번에 많이 생산할 수도 없었죠.

이 문제를 해결하기 위해 인류는 여러 도전을 했습니다. 최초의 시도는 유명한 고대 이집트의 파피루스였습니다. 파피루스는 나일강 주변에 자라는 높이 약 2.5미터의 수초로 이집트 벽화에도 그려져 있습니다. 고대 이집트 사람들은 이 파피루스의 껍질을 물에 담가 불린 후 가로, 세로로 겹쳐놓고 두들겨 굵은 삼베 모양의 종이를 만들었습니다. 파피루스로 만들었다고 해서 이름도 파피루스였습니다. 파피루스는 종이를 뜻하는 영어 페이퍼paper와 음이 비슷하죠? 페이퍼라는 말은 파피루스papyrus에서 유래한 겁니다. 그럼 '종이'란 말은 어떻게 생겨났을까요? 옛날부터 종이의 주원료로 쓰인 닥나무의 한자 이름이 '저楮'입니다. 그 껍질은 '저피楮皮'

라고 하는데, 저피가 우리말 '조해'란 말을 거쳐 '종이'가 된 겁니다.

　파피루스와 종이는 모두 식물을 재료로 만들어졌지만 이후의 역사는 제각각 흘러갔습니다. 파피루스는 주로 이집트에서 쓰였고, 그리스·로마 시대까지도 사용되기는 했지만 널리 퍼지지는 않았습니다. 이집트를 통치하던 왕조가 파피루스의 유출을 엄격히 금지했거든요. 유럽에서는 양가죽으로 만든 양피지를 썼습니다. 이와 달리 중국에서 개발된, 닥나무로 만든 종이는 널리 퍼져나갔고, 오늘날까지 세계 곳곳에서 쓰이고 있습니다. 그런데도 종이의 이름은 파피루스의 후예인 페이퍼가 대신하고 있죠.

　파피루스와 종이는 만드는 방법이 약간 달랐습니다. 파피루스는 파피루스 안의 얇은 껍질만 사용해서 만들었습니다. 이에 비해 종이는 나무나 풀을 삶은 후 찧어서 섬유질을 잘게 분해했다가 물에 풀어 얇게 뭉치는 복잡한 방식으로 만들었습니다.

　종이를 발명한 사람은 중국의 채륜으로 알려져 있죠? 그런데 최근 채륜이 종이를 만들었다는 시기 전에 만든 종이가 출토되었습니다. 채륜이 나무와 삼 등의 껍질을 써서 종이를 만들어 조정에 바쳤다는 기록은 105년의 일이었습니다. 최근 출토된 종이는 이보다 훨씬 앞선 기원전 50~40년의 것으로 밝혀졌습니다. 어쩌면 종이는 이보다도 훨씬 더 전에 만들어졌을지도 모릅니다.

　학자들은 채륜이 종이를 최초로 발명한 사람은 아닐지라도 이전의 기술을 한결 향상시켰다고 봅니다. 채륜보다 앞선 시대에 만들어진 종이는 글을 쓰기 위한 종이가 아니라 포장용 종이였거든요. 채륜 또는 채륜의 시대가 글을 쓰기에 적합한 종이를 만들어낸 겁니다. 채륜 이후 종이 원료도 삼 이외에 닥나무, 뽕나무 등을 쓰기 시작했고, 종이 만드는 가공 기

종이 만드는 법을 보여주는 그림. 중국 명나라 학자 송응성이 17세기에 펴낸 《천공개물》에 실려 있다.

술도 한결 정교해졌습니다. 종이 만드는 기술이 발전하면서 유학 경전이나 불교 경전 같은 책도 크게 늘었습니다. 종이가 본격적으로 지식을 전달하기 시작한 거죠.

동양과 서양의 문명은 '비단길'을 통해 교류되었죠? 비단길은 중국을 비롯한 동아시아의 비단이 아랍과 서양까지 팔려 나간 길이라고 해서 붙여진 이름입니다. 아랍과 서양의 물품이 동아시아로 흘러 들어오던 중요한 무역로이기도 했습니다. 신라도 이 비단길을 통해 먼 나라와 교역을 했죠.

'종이길'도 있었습니다. 이름 그대로 중국의 종이가 전 세계로 퍼져나간 길을 말합니다. 종이는 4~5세기 무렵에는 우리나라, 7세기에는 일본,

8세기 무렵에는 페르시아를 거쳐 서양으로 전파되었습니다. 일본에 종이를 전해준 사람은 고구려의 승려 담징이었다고 하죠. 이때 종이와 종이 제작 기술이 같이 전해진 것으로 추정합니다.

우리 고유의 종이, 한지의 탄생

중국의 종이 제작법을 배운 후 우리나라는 원료를 바꿔보거나 제작 방법을 달리하면서 특색 있는 종이를 만들어냈습니다. 이러한 시기의 흔적은 거의 남아 있지 않습니다. 전상운 선생에 따르면, 평양에서 발견된 종이, 국립경주박물관의《범한다라니》1장, 감은사지에서 발견된 종이, 석가탑에서 나온《무구정광대다라니경》, 그리고 일본에 있는 몇몇 종이 등이 현재까지 남아 있는 우리나라 옛 종이의 흔적 전부라고 합니다.

755년에 작성된《대방광불화엄경》에는 통일신라 시기 종이 제조에 대해 이렇게 기록되어 있습니다. "닥나무에 향수를 뿌려가며 길러서 껍질을 벗겨내고, 벗겨낸 껍질을 맷돌로 갈아서 종이를 만든다." 우리나라에서 종이 만드는 법이 실려 있는 가장 오래된 기록이죠.

당나라 사람들은 신라 종이를 '백추지'라 부르며 높이 평가했다고 합니다. 백추지白硾紙는 하얗게 표백하고 곱게 잘 다듬어 만든 종이를 말합니다. 다듬이질과 표백이 잘된 신라 종이는 희고 질겼습니다. 그러면서도 얼마나 반들반들하고 부드러웠던지 당나라 사람들은 '견지', 즉 비단 종이라고도 불렀습니다. 마치 누에고치에서 뽑아낸 비단실로 만든 것처럼 부드러웠던 겁니다.

고려시대에 종이 제작 기술은 한결 정교해졌고 생산량도 늘어났습니다. 나라에서 운영하는 종이 제작소인 지소紙所가 만들어져 본격적으로 종이 제조가 시작되었습니다. 가벼운 종이가 들어오기 전에는 문서를 쓸 때나 책을 펴낼 때 나무 조각을 엮은 목간이나 비단 두루마리를 썼습니다. 목간은 두꺼워서 책 한 권 정도의 분량이 되려면 양도 많이 필요했고 무거웠습니다. 비단은 보통 사람들이 글을 쓰기에는 귀하고 값이 비쌌습니다. 고려시대에 지소가 생겨 많은 양의 종이가 만들어지자, 더 많은 정보를 더 가볍고도 값싸게 담게 되었습니다. 인쇄술의 발달과 함께 종이가 지적 혁명을 일으킨 겁니다.

고려 종이는 매우 높은 평가를 받았기 때문에 주요 수출품 가운데 하나였습니다. 1080년 송나라에 종이 2천 폭을 수출했는데 해마다 이 정도의 수출 규모는 유지됐습니다. 원나라가 고려의 정치에 간섭하던 시기에는 한 번에 무려 10만 장의 고려 종이를 공출해 가기도 했습니다. 고려 종이는 두껍고 질기면서도 부드러워서 중국의 제왕들이 즐겨 사용했고, 문인이나 서예가도 즐겨 찾았습니다.

조선시대에는 국산 종이 제작 기술이 완성되었습니다. 국가에서 운영하는 제지 공장인 조지소造紙所가 1415년(태종 15년)에 설립되어 조선 후기까지 지속되었습니다. 조선시대에는 인쇄 사업과 맞물려 종이의 수요가 폭발적으로 증가해서 천여 명이나 되는 사람들이 조지소에서 일했습니다. 조선은 기본적으로 신라 시대에 만들어진 두텁고 질긴 종이 제작의 전통을 계승했습니다. 그러면서도 종이의 규격을 통일하고 원료와 제작 기술을 다양화하면서 새로운 종이 제작 기술에도 계속 도전했습니다. 종이의 원료로 닥나무가 아닌 율무·버드나무·소나무·창포 등을 과감하게 사용한 것도 이때의 일입니다. 종이의 대량 생산 기술을 크게 발전시켜온 중국과 일본의 기술을 도입하기도 했습니다.

이처럼 삼국시대에서 조선시대에 이르는 동안 우리나라 고유의 종이, 즉 '한지'의 전통이 만들어졌습니다. 삼국시대와 고려시대 사이에 만들어진 종이 약간이 현재까지 전해지는데, 매우 질깁니다. 질겨서 거칠기는 하지만 오랜 기간 훼손되지 않는 장점이 있죠. 이것이 한지의 가장 큰 특성입니다. 이렇게 질긴 종이는 섬유질이 강한 나무를 골라, 그 섬유질을 두텁게 모으고, 방망이로 쳐서 단단하게 하는 과정을 거쳐 만들어집니다. 한지는 이처럼 고유의 전통 기술로 만들어진 종이여서 중국이나 일본의 종이와 쉽게 구별됩니다.

한지는 어떻게 만들까요? 벗기기, 삶기, 씻기, 찧기, 이 네 가지가 한지 만들기의 기본 기술입니다. 이 하나하나의 공정이 얼마나 힘들었겠어요. 대량으로 종이를 만들던 조지소에서 여러 사람이 각 공정을 나눠 담당했습니다. 닥나무 껍질을 칼로 벗기는 작업, 닥나무 껍질을 잿물에 삶는 작업, 삶은 닥나무 껍질을 깨끗하게 헹구는 작업, 햇볕에 말리고 티를 골라낸 닥나무 껍질을 찧는 작업을 나누어 진행했습니다.

닥나무 껍질을 잿물에 삶았다가 헹구는 작업은 표백을 위한 것입니다. 식물을 종이로 만들기 위해서는 손질한 식물을 하얗게 표백하고 섬유질 형태로 잘게 부수는 과정이 꼭 필요하거든요. 잿물에 담갔다가 햇볕에 널면, 염기성인 잿물이 과산화수소와 오존을 발생시켜 표백이 이루어집니다.

닥나무 껍질이 섬유 뭉치의 상태가 되고 나면, 커다란 통에 넣고 닥풀과 섞습니다. 그리고 나서 이 통에 대나무로 만든 발을 넣어 여러 번 종이를

닥나무 껍질이 표백되어 섬유질 형태가 되기까지의 과정. 종이의 원료인 닥나무(❶)는 우리나라 전 지역에서 자라는데 특히 경상도와 전라도 지역에서 잘 자란다. 닥나무의 껍질을 벗겨 잿물에 표백한 (❷) 다음 삶아서 잘게 부순다(❸).

떠내는 작업을 합니다. 발 위에 섬유질을 얇게 떠내는 겁니다. 떠내기를 여러 번 반복하면 발 위에 얇고 하얀 섬유질이 여러 겹 쌓이는데, 이걸 조심스럽게 판에 붙여 말리면 한지가 완성됩니다.

질긴 한지의 비밀

한지는 흥선 대원군 때 종이로 갑옷을 만들 정도로 질겼습니다. 열 겹 이상 둘러 만든 종이 갑옷은 총알도 쉽게 뚫지 못했다고 합니다. 이렇게 한지는 질기고 튼튼해서 공예품을 만들기에도 좋습니다. 옛날에는 한지로 종이 신발이나 반짇고리, 크고 작은 함 등을 만들어 썼습니다.

질긴 한지의 비밀은 찧고 두드리는 과정에 있습니다. 나무의 섬유 조직은 많이 찧고 두드릴수록 세게 뭉치면서 광택이 있고 희고 두꺼운 종이가 되거든요. 중국이나 일본의 종이는 그렇지 않았습니다. 우리나라는 삼국시대에서 조선시대까지 이런 전통을 줄곧 유지했습니다.

종이마다 장단점이 있습니다. 책의 수요가 많아 값싼 종이를 대량 생산한다면 종이는 얇고 품질이 떨어지겠죠. 옛날 중국에서 사람들이 많이 읽는 책에 이런 종이를 썼습니다. 물론 황제나 높은 관리가 보는 고급 문서나 책에는 좋은 품질의 종이를 썼습니다. 이 때문에 백추지나 고려지가 중국에서 인기를 얻기도 했습니다. 우리나라는 대체로 책 수요가 훨씬 적어서 오랫동안 볼 수 있는, 질기고 튼튼한 종이를 선호했죠. 물론 중국에도 다양한 품질의 종이가 있었고 그중에는 한지를 능가하는 최상품도 있었지만, 평균적으로 봤을 때 한지가 더 질기고 고급이었다고 말할 수 있습니다. 만약 대량 생산만을 우수한 종이의 기준으로 삼는다면 한지는 적합하지 않겠죠.

한지는 원료를 갈지 않고 두들겨 만들었기 때문에 섬유의 결이 그대로 남아 면이 고르지 않은 단점도 있습니다. 한지에 글씨를 쓰거나 그림을 그릴 때 먹이 약간 번지는 이유죠. 물론 그렇다고 해서 한지에 글씨를 쓰거나 그림을 그릴 수 없는 건 아닙니다. 아주 정밀하게 글씨를 쓰거나 그림을 그릴 수 없다는 거죠. 조선시대의 학자 박제가, 정약용 등이 이렇게 먹이 번지는 한지의 단점을 무척 아쉬워하기도 했습니다.

요즘 책을 만들 때는 서양의 펄프지를 쓰죠. 서양의 종이는 1876년 개항 이후 국내에 수입되었습니다. 20세기 초반 이후 대다수 인쇄 책자는 이 서양의 종이를 사용하게 되었습니다. 서양의 종이가 활판 인쇄술과 짝을 이루어 전통 인쇄술과 한지를 밀어낸 겁니다. 서예 연습 때 쓰는 종이는 대부분 일본의 전통 종이 기술로 만들어진 화선지로, 한지보다 얇으면서 대량 생산된 종이입니다.

사실 '한지'란 말은 서양의 종이, 일본의 종이와 구별하기 위해 20세기 전후에 만들어진 용어입니다. '한민족의 종이'를 줄여 한지라고 한 것이죠. 한지의 장점은 몇백 년이 지난 책을 간직한 도서관에서 가장 빛납니다. 우리 옛 책은 중국과 일본 책에 비해 거의 온전하게 남아 있습니다. 제가 일본 교토 도서관에 가서 우리나라, 중국, 일본의 책을 죽 늘어놓고 비교한 적이 있는데, 척 봐도 우리나라의 책이 눈에 번쩍 띄었습니다. 단정한 활자에 광택이 나는 질긴 종이 덕분이죠. 수백 년이 지났어도 거의 손상 없이 반질반질 광택이 나는 건 바로 한지의 질긴 속성 때문입니다. 오늘날 대량 생산 또는 다양화 시대에 한지는 어떻게 개량되고 발전해나가야 할까요?

외적을 무찌른
화약과 화포

화약의 발견

밤하늘에 대고 불꽃놀이를 한 적이 있나요? 밤하늘에 불꽃을 수놓는 장관은 탄성을 자아내죠. 불꽃놀이의 역사는 고려시대까지 거슬러 올라갑니다. 고려 말의 문신 이색은 산대놀이(탈놀이) 때 본 불꽃놀이를 이렇게 표현했습니다. "긴 장대 위의 곡예는 평지를 걷는 듯하고, 폭발하는 불꽃은 벼락처럼 하늘을 찌르네." 이처럼 불꽃놀이는 오랜 전통을 갖고 있습니다. 중국 송나라 때부터 있었던 불꽃놀이가 고려에도 전해진 겁니다. 고려 중기의 문신 이규보도 폭죽놀이를 했다고 합니다. 당시 폭죽놀이에 화약을 썼는지 쓰지 않았는지는 확인이 안 됩니다. 화약 없이 대나무에

정조가 화성행궁의 득중정에
서 불꽃놀이를 즐기는 모습을
그린 〈득중정어사도〉 중 제6폭.

불을 넣어도 쩍쩍 갈라지면서 불꽃이 튀거든요. 조선의 성종도 신하들이 나서서 말릴 정도로 불꽃놀이를 좋아했다고 합니다. 정조가 화성행궁의 득중정에서 불꽃놀이를 즐긴 장면은 〈득중정어사도〉에 담겼습니다. 이때 땅속에 화약을 묻고 터뜨렸는데 화약이 터지면서 수십 미터까지 불꽃이 솟아올랐다고 합니다.

옛날에는 새해에 불꽃놀이를 하면 불꽃의 강한 폭발력이 못된 잡귀신들을 다 때려잡고 나쁜 기운을 몰아낸다고 믿었습니다. 18~19세기 서양에서도 전염병을 몰아내려고 대포를 꽝꽝 쏴댔다고 합니다. 커다란 소리로 나쁜 것을 내쫓을 수 있다는 믿음은 동서양을 막론하고 존재했던 겁니다.

나쁜 것을 쫓아내려는 목적은 불꽃놀이나 대포나 마찬가지죠. 불꽃놀이용 화약은 전쟁용 화약과 뿌리가 같습니다. 둘 다 염초焰硝, 즉 숯과 유황(황)이 기본 재료입니다. 염초는 초석의 옛 이름이고, 주성분은 질산칼륨입니다.

폭발력이 강한 물질을 최초로 만든 사람은 이탈리아의 소브레로였습니다. 소브레로가 1846년에 만든 니트로글리세린은 폭발력은 강했지만 액체여서 다루기 힘든 화약이었습니다. 1865년이 되어서야 스웨덴의 노벨이 니트로글리세린에 칠레초석이라는 흡착제를 써서 고체 화약을 세상에 내놓았습니다. 바로 다이너마이트가 탄생하는 순간이었죠.

니트로글리세린, 다이너마이트 등 강력한 화약이 등장하기 전에도 물론 화약이 있었습니다. 니트로글리세린 이전의 화약은 흑색 화약이라 부릅니다. 기록에 따르면 흑색 화약 제조법을 처음 알아낸 사람은 중국의 연금술사들입니다. 사실 중국의 연금술사들은 그저 불로장생의 약인 금단丹을 얻기 위해, 더 나아가 영원히 사는 방법을 찾기 위해 연금술을 시작했습니다. 그들은 납, 수은, 자석, 웅황 등의 광물질로 금단을 만들 수 있다고 믿었습니다. 연금술은 당나라 시대에 절정에 달했습니다. 연금술사들은 금단을 얻기 위해 매우 많은 금속과 비금속 물질의 혼합을 시도했습니다. 그 많은 재료 가운데 염초, 유황, 숯도 있었던 겁니다. 그들은 이미 염초를 태우면 불꽃이 생긴다는 사실을 잘 알고 있었습니다. 유황과 숯은 말할 것도 없죠. 실험을 거듭하다가 우연히 그들은 이 3종 세트가 섞여 일어나는 대폭발을 경험했을 겁니다. 더 나아가 이 세 물질이 특정 비율로 섞였을 때 폭발력이 커진다는 것도 알게 되었겠죠. 학자들은 이때가 대략 10세기였을 거라고 추측합니다. 참, 연금술에서는 금단을 만드는 각종 재료를 약이라고 했습니다. 불타는 약, 즉 '화약火藥'이란 명칭은 이렇게 생겨난 겁니다.

이렇게 불로장생을 연구하다 태어난 화약은, 사람을 해치는 살상 무기로 큰 관심을 모았습니다. 군대는 화약의 폭발력으로 무거운 물체를 먼 데까지 날릴 수 있다는 것, 불을 뿜는 화염 방사기가 적에게 큰 공포를 준다는 것, 화약이 폭발할 때 발생하는 굉음이 적을 두려움에 떨게 할 수 있다는 것에 주목했죠.

중국은 1040년 송나라 때 병학兵學에 중요한 것을 모아《무경총요武經總要》를 편찬했는데, 이 책에 그간 축적한 화약과 화포 제작의 비밀이 그림과 함께 담겼습니다. 화약과 화포 제작 기술은 금나라와 원나라를 거쳐 새 왕조 명나라에까지 전해졌습니다.

최무선, 염초 제조법을 알아내다

우리나라는 1274년 몽골과 고려의 연합군이 일본을 정벌할 때 화약과 화포를 사용했습니다. 이미 화약의 존재에 대해 알고 있었던 겁니다. 이보다 앞서 고려 숙종 9년인 1104년에는 여진족 정벌을 위한 발화 부대가 있었고, 1135년(인종 13년)에는 묘청의 난을 진압하기 위해 일종의 수류탄 같은 무기를 썼다는 기록이 있습니다. 1356년(공민왕 5년) 왜구와 전투를 벌일 때 화통(화약을 써서 화살이나 포탄을 날리는 무기)을 써서 화전火箭(불화살)을 날렸다는 기록도 있습니다. 이때는 비록 화약과 화통을 국내에서 직접 제작하지는 못했지만 수입해서 썼던 겁니다.

왜구의 노략질이 극성을 부리던 1373년, 공민왕은 명나라 영락제에게 간곡히 화약을 요청했습니다. 영락제는 화약을 줄 마음이 없었지만 명나라의 남부 해안까지 왜구의 침공을 받자, 이듬해에 화약의 원료로 염초 50만 근, 유황 10만 근을 보내주었습니다. 숯은 특별한 물질이 아니니까 따로 보내지 않았습니다. 염초 50만 근이면 1근을 6백 그램으로 계산했을 때 무려 3백 톤이나 되는 양입니다. 유황은 5분의 1인 60톤이죠. 원나라를 멸망시킬 때 고려가 명나라를 돕지 않았다면 이렇게 많은 화약 원료

화전(위)과 화약을 넣어 만든 신기전(아래).

를 보내는 건 어림없는 일이었을 겁니다.

왜 화약은 안 보내고 원료를 보냈을까요? 배합할 줄 모른다면 아무리 원료가 많아도 그림의 떡이었을 테고, 설령 배합법을 알아도 원료가 없으면 아무 소용없었겠죠. 특히 화약 제조에 꼭 필요한 염초, 유황, 숯 세 가지 중 염초를 얻는 공정이 가장 까다로웠습니다. 이때 큰 역할을 한 사람이 바로 최무선입니다. 최무선이 명나라의 특급 군사 기밀인 화약 제조법을 알아낸 것은 고려시대 말인 1375년입니다.

여기서 세 가지 의문이 듭니다. 첫째, 영락제가 보낸 원료로 화약을 만들어 썼을까 하는 점입니다. 이에 대해서는 따로 기록이 보이지 않습니다. 둘째, 원나라를 함께 물리치기 위해 명나라와 손잡았던 고려라면 화약 원료의 배합법을 알고 있지 않았을까요? 화약 제조법을 이미 알고 있었기에 원료만 보낸 게 아닐까 하는 겁니다. 그렇다면 최무선의 주요 공로는 화약의 중요한 원료인 염초의 제조법과 화포 제작에 집중될 겁니다. 셋째, 1380년 진포 대첩 때 최무선을 비롯한 고려군은 화약과 화포를 써서 왜구의 배 5백 척을 박살냈는데, 이때 사용한 염초는 언제, 어디에서 확보했을까요? 명나라에서 온 것을 썼는지, 최무선이 염초 제조법을 알아내 만들어 썼는지 의문이 듭니다.

세 가지 의문의 핵심은 화약 원료의 자급 능력일 것입니다. 원료 확보를 스스로 해결할 수 있어야 화약·화포의 생산과 사용이 가능하니까요. 아마 명나라는 고려가 염초의 비밀을 풀 능력이 없다고 생각했기 때문에 막대한 양의 화약 원료를 선뜻 보내주었을 겁니다. 고려가 배합법을 알고 있고 화기 또한 이미 갖추었더라도 염초 제조법을 모른다면 명나라가 제공한 염초가 동나는 순간 다른 모든 게 무용지물이 될 거라는 계산이었던 거죠.

당시 중국 이외의 나라들은 염초 제조법을 알아내기 위해 엄청난 노력을 했습니다. 비슷한 시기에 이슬람, 서양, 안남(베트남) 등과 함께 고려는 염초 제조에 성공했습니다. 그 비밀을 알아낸 순간부터 고려도 곧바로 화약 성능 개선, 화포 개발에 더욱 적극적으로 나서게 되었을 겁니다.

최무선은 어떻게 이런 특급 군사 비밀을 알아냈을까요? 원나라건 명나라건 중국은 화약 제조법의 유출을 매우 엄격하게 통제했습니다. 《무경총요》에도 화포에 대한 내용만 있지, 염초 제조법은 싣지 않았습니다. 화약 기술자는 공장 안에 거의 갇혀 있다시피 했고, 그들이 도망가면 철저한 추격과 응징이 뒤따랐습니다. 하긴 나중에 우리나라도 행여 화약 제조법이 일본에 유출될까 봐 엄청 단속했습니다.

최무선은 염초 제조법을 알아내기 위해 온갖 첩보를 수집했습니다. 그러던 중 1375년 염초장 출신의 상인 리웬을 만났습니다. 그리고 그를 잘 대접하여 진정한 화약 제조법, 즉 염초 제조의 비밀을 알아냈다고 합니다. 이러한 기밀의 유출은 당시 중국이 원나라에서 명나라로 바뀐 혼란기라 통제가 느슨했기 때문에 가능했을 겁니다.

신기전을 비롯해 전쟁을 승리로 이끈 화기

염초를 생산할 길이 열린 후 일이 술술 풀렸습니다. 화약을 제조하고 화기를 만들고, 총포 무장 군대를 조직해 조련하는 일이 이어졌습니다. 염초 생산 기술을 알아낸 최무선은 조정에 건의하여 1377년에 화통도감을 설치하고 자신이 총책임자가 되었습니다. 최무선은 그곳에서 대장군, 이장군, 삼장군 화포 등을 포함해 18종의 무기를 생산했고, 급선무인 왜구 격파를 위해 화약과 화포를 장착한 전투용 배도 제조했습니다. 화약과 화포만을 전문으로 하는 화통방사군이라는 부대도 설치했습니다. 만반의 준비를 갖춘 고려는 1380년 전라도 진포를 침공한 왜구의 선박 5백 척을 무찌르는 쾌거를 거두었습니다. 그 후 화약과 화포는 나라를 지키는 핵심 기술이 되었죠.

퀴즈를 하나 내보겠습니다. 고려~조선시대에 만든 화기火器로는 ① 화약, ② 총통, ③ 신기전과 화차, ④ 시한폭탄인 비격진천뢰飛擊震天雷, ⑤ 화포를 장착한 전선이 있습니다. 이 가운데 가장 주목할 것은 무엇일까요? 2008년 저와 함께 한국과학사 수업을 했던 카이스트 학생들은 하나하나 살펴보고 다음과 같은 결론을 내렸습니다.

"첫째, 화약은 제조 부분에서 개량은 있었지만 우리나라가 최고는 아니었다." 최무선이 만든 염초가 대단하기는 했지만 어디까지나 중국의 장인으로부터 얻은 기술을 개량한 것이었다는 겁니다. 최무선이 《화약수련법》과 《화포법》이라는 책에 화약 제조의 기술을 남겼다고는 하나 오래전에 사라져버려서 중국의 기술과 비교할 수도 없습니다. 물론 후대에 더 나은 화약 제조 방법을 찾아냈고, 그 방법은 오늘날까지 전해지고 있습니다. 1635년 조선시대 중기의 무신 이서는 《신전자취염초방》이란 책에서 염초를 얻는 더욱 개량된 방법을 알아냈다고 했습니다. 신전자취염초방 新傳煮取焰硝方이라는 이름 자체가 '끓여서 염초를 얻는 새로운 방법'이라는 뜻이죠. 그는 길 위나 담 밑에 있는 색이 검고 맛이 매운 흙에 쑥을 태운 재와 곡식대의 재를 섞은 다음 물을 넣고 끓였다고 합니다. 특별한 흙과 식물의 재를 섞어 끓여서 염초를 얻었던 겁니다. 이보다 60년 뒤 조선의 역관 김지남은 더 나은 방법을 중국에서 알아내 한글 번역이 달린《신전자초방언해》에 담았습니다. 중국에서 더 나은 제조법을 알아낸 것을 보면 꼭 우리나라만이 화약 개발에 획기적 성취를 이루었다고 보기는 힘듭니다.

"둘째, 총통의 개량이 꾸준히 있었지만, 다른 나라의 것보다 월등했다고 말하기는 힘들다." 총통이란 화약을 폭발시켜 철환 같은 탄두를 발사하는 화기를 뜻하고, 화기란 불을 뿜는 기기란 뜻입니다. 우리나라 화기의 장점은 다양한 종류의 총통을 만들었다는 점, 총통 안에 나무로 만든 격목으로 화약을 꼭꼭 눌러 폭발력을 키울 수 있도록 설계해 포환이 멀리 날아갔다는 점, 마지막으로 총통에 마디를 많이 두어 한결 견고했다는 점이라 할 수 있습니다. 물론 단점도 만만치 않았는데 특히 개인용 화기의 발달이 더뎠습니다. 개인용 화기는 한 손으로 화기의 몸체를 잡고 한 손으로 종이 심지에 불을 붙여야 했기 때문에 명중률이 많이 떨어졌습니다. 사격 후 반동을 흡수하는 장치도 없었고, 화포의 장전 시간도 길고 사용 방법도 복잡했습니다. 그렇다고 우리나라의 총통이 다른 나라보다 뒤졌다는 건 아닙니다. 학생들은 장점과 단점을 함께 고려해서 '월등하지는 않았으나 대등했다'라고 평가했습니다.

마지막으로 학생들은 "신기전만큼은 우리나라만의 대단한 기술이었다"라고 평가했습니다. 신기전神機箭은 '신묘한 쇠뇌 화살'이라는 뜻으로 화약을 이용해 로켓처럼 날아가는 화살을 말합니다.

최무선이 만든 화기 중에 주화走火란 게 있습니다. 주화는 화약을 담은 약통을 화살에 달아 그 화약이 폭발하는 힘으로 날아가는 일종의 로켓입

1587년 조선시대에 제작된 화포인 '황자총통'.

니다. 최무선의 아들 최해산(1380~1443)은 아버지에게 물려받은 주화의 제조 비법을 더욱 발전시켜 신기전을 만들었습니다. 최해산은 신기전을 큰 것, 중간 것, 작은 것, 흩어져 폭발하는 것 네 가지로 만들었습니다. 이 가운데 작은 것을 제외한 나머지는 폭발력을 지닌 발화통을 설치하도록 설계되었습니다. 단순히 멀리 날아가는 화살이 아니라 폭탄 불화살이 된 겁니다. 흩어져 폭발한다는 산화 신기전은 발화통 안에 2차 추진체가 있어 폭발을 한 번 더 하는 불화살입니다.

화약을 쓰는 무기들은 많아서 헷갈릴 수 있는데, 다음 표와 같이 정리할 수 있습니다.

화약의 역할 무기의 위력	발사체를 멀리 날림	비행 중에 폭발하여 발사체를 더욱 멀리 날림	화약 없이 발사체를 날림
충돌, 단순 파괴	화포, 총통	주화, 작은 신기전, 로켓 엔진	돌팔매
도착 후 폭발	비격진천뢰	큰 신기전, 중간 신기전, 산화 신기전	수류탄, 비행기로 투하하는 폭탄

그 후 세종의 아들 문종은 한 번에 신기전 100발을 쏠 수 있는 발사체인 화차를 만들었습니다. 화차는 놀라운 발명품입니다. 바퀴를 달아 이동

신기전 화차(왼쪽)와 권율 장군이 이끈 행주 대첩을 묘사한 그림(오른쪽). 화차는 신기전을 담아 한 번에 많이 쏘아 보내는 기기로, 행주 대첩 이후 널리 쓰여 전투를 승리로 이끌곤 했다.

성을 높였고, 각도 조절의 폭을 넓혀 훨씬 먼 곳까지 신기전을 쏠 수 있는 장치였습니다. 다른 나라에서는 신기전이나 화차 같은 무기가 19세기 초에나 등장했습니다. 임진왜란 때 권율 장군이 행주산성에서 크게 승리한 것도 신기전과 화차 덕분이었습니다. 화차 3백 대가 있었기에 3만 명에 달하는 왜군을 불과 2300명의 병사로 무찌를 수 있었던 겁니다.

아까 냈던 퀴즈의 답으로 카이스트 학생들은 ⑤ 화포를 장착한 전선을 골랐습니다. 이순신 장군이 임진왜란에서 대승을 거둘 수 있었던 가장 중요한 이유 중 하나기도 하죠. 화포를 탑재한 조선의 전선은 풍전등화의 나라를 구한 일등 공신이었습니다. 이때 화포를 장착한 함대의 운용은 세계 전쟁사에서도 매우 높게 평가되고 있습니다. 거창하게 말한다면, 당시 동아시아 세력의 판도를 바꾼 주역이었다고나 할까요.

퀴즈에서 네 번째로 꼽은 비격진천뢰는 조선시대의 수류탄입니다. 임진왜란 시기 진주성 탈환 때 이 비격진천뢰가 큰 역할을 했다고 알려져 있습니다. 비격진천뢰는 화포 장인 이장손이 개발했는데 폭탄 가운데서도 정말 대단했다고 합니다.

비격진천뢰.

'벼락 치는 듯한 폭탄'이라는 뜻의 진천뢰震天雷는 바로 터지지 않고 일정 시간이 지난 다음에 터지는 폭탄으로 중국에서 개발되었습니다. 총통을 통해 발사되었고, 무엇이 날아왔나 살피는 순간에 '빵' 터지도록 설계된 폭탄입니다. 사실 그 전까지 화약의 역할은 그 폭발력으로 철환 같은 것을 멀리 날리는 데 있었습니다. 철환에는 화약이 들어 있지 않아서 단순히 성을 파괴하거나 적진을 흩어놓는 역할에 그쳤죠. 이에 비해 비격진천뢰는 철환이 폭발하면서 적진과 적군을 흔들어놓고 목숨까지 빼앗을 수 있는 진정한 의미의 폭탄이었습니다.

이러한 이유 때문에 대한제국의 몰락을 지켜보던 애국지사들은 임진왜란 때 대단한 능력을 펼쳤던 비격진천뢰를 떠올렸습니다. 당시 신문이나 글을 보면 장영실보다 더 유명한 사람이 비격진천뢰를 만든 이장손이었고, 자격루보다 더 유명한 게 이 비격진천뢰였습니다. 임진왜란이라는 위기에 적의 간담을 서늘케 한 정신을 본받자고 주장하기 위해 비격진천뢰가 자주 등장했던 겁니다.

서양의 대포에 무릎 꿇은 조선의 대포

1893년 미국 시카고에서 만국박람회가 열렸습니다. 만국박람회는 각 나라의 민속공예품이 전시되어 전 세계 사람들이 어떻게 살고 있는지를 볼 수 있는 기회였습니다. 그런데 조선은 생뚱맞게도 여러 공예품, 금속활자 제작 서책과 함께 대포를 출품했습니다. 조선 초기에 만든 묵직한 대포였는데, 우여곡절 끝에 시카고에 도착했지만 정작 전시되지는 못했습니다. 어째서 대포를 보냈을까요? 열강의 틈바구니 속에서 조선이 쇠락해가던 때였으니 혹시 이런 메시지를 전하고 싶었던 건 아닐까요? "조선은 이런 병기를 만들 줄 아는 문명국이다. 그러니 무시하지 마!" 또한 인쇄 서적 출품은 정신적 차원에서 문명국임을 과시하기 위한 것이었죠.

15세기만 해도 남쪽에 출몰한 왜구를 소탕하고, 북쪽의 여진족을 물리쳐가면서 영토를 확장했던 조선이 왜 그렇게 기울었을까요? 16세기 후반 이후 조선은 임진왜란을 겪으며 일본한테 짓밟히고, 병자호란 때는 청나라한테 호되게 당했습니다. 19세기 중엽에는 서해 앞바다에 출현한 프랑스·미국의 철선과 한바탕 전투를 치렀고, 1875년에는 일본 군함 운요호에 굴복하여 문호를 열게 되었죠. 이러한 풍파 속에서 화약과 화포의 역사가 무슨 의미가 있을까요? 싸움은 상대적인 겁니다. 우리가 아무리 대단한 걸 만들었어도, 상대방이 더 센 것을 만들면 초라해지기 마련이죠. 1600년까지는 우리나라의 화약과 화포 제조 기술이 세계와 어깨를 나란히 했는데 이후에는 상대적인 격차가 커져버렸습니다. 우리에게 최고인 화약과 화포도 서양의 앞선 무기 앞에서는 종이호랑이의 포효에 불과했겠죠. 아시아 전체를 호령하던 중국조차 서양의 무력 앞에 굴복했으니 말입니다.

서양은 어쩌다 그렇게 무기가 발달했을까요? 전쟁이 많았기 때문입니다. 평화로울 때는 아무래도 무기 개발에 소홀해지지만 전쟁의 아픔을 겪고 나면 무기 개발의 중요성을 깨닫고 힘쓰게 됩니다. 전투가 잦았던 고려 말에서 조선 초까지는 화약과 화포가 발달했고, 평화로웠던 조선 후기에는 화약과 화포에 소홀했습니다. 그만큼 외세로부터 나라를 지킬 힘이 약해져 있었던 겁니다. 평화가 적의 공격을 불렀다니, 정말이지 역사의 딜레마입니다.

임진왜란을 승리로 이끈
거북선

거북선에 대한 일본과 조선의 다른 기록

임진왜란 때 일본의 수군 대장이었던 도노오카는 자신이 이끌던 함대가 조선의 전선에 풍비박산되는 것을 목격하고, 일부 병사와 함께 가까스로 도망쳤습니다. 이후 그는 '조선 배와 싸움한 기록'이라는 뜻의 《고려선전기高麗船戰記》에 당시의 쓰라린 기억을 담으며 이렇게 썼습니다. "아! 쇠로 덮인 그놈의 장님배들 때문에…." 여기서 '장님배'는 거북선을 말합니다.

이순신 장군이 1592년 6월, 조정에 올린 〈당포에서 왜군을 물리친 보고서〉에는 다음과 같은 내용이 쓰여 있습니다.

거제도 앞바다에 큰 왜군 배 이십여 척이 작은 배를 많이 거느리고 정박해 있었습니다. 신은 왜군을 거제도 바다로 유인했습니다. 우리 군의 위엄을 보고 적들이 총알을 우박 퍼붓듯 마구 쏘아댔습니다. 이때 신은 적장이 탄 배를 공격하라는 명령을 거북선에 내렸습니다. "거북선은 적선 속을 뚫고 들어가 쳐라!"

거북선은 곧장 왜군 층각배 밑을 쏜살같이 치고 들어갔습니다. "방포하라!" 거북선은 용의 입으로 현자 철환을 쏘면서, 배 좌우의 포문에서는 천·지·현·황 대포를 빗발치듯 쏘면서 적장의 배에 달려들어 부서뜨렸습니다.

"다른 배들도 모두 적선을 공격하라!" 모든 전선이 가세하여 적선을 공격했습니다. 우리가 쏜 불화살이 적선에 맞아 맹렬한 불길이 솟았고, 우리가 쏜 화살은 적장을 맞추었습니다. 우리가 온갖 포탄을 퍼부으면서 달려들자, 왜군은 어찌할 줄을 모르고 도망가기에 바빴습니다.

우리가 거북선으로 알고 있는 배에 조선 수군이 붙인 정식 이름은 '거북 귀龜'에 '배 선船'을 붙인 '귀선'이었습니다. 한참 뒤인 1900년 초에 귀선을 한글로 풀어 부르기 시작했습니다. '거북배'라고도 하다가 '거북선'으로 이름이 굳어진 겁니다. 일본에서는 거북선을 '눈멀 맹盲'에 '배 선船'을 붙여 맹선, 장님배라고 불렀습니다. 배의 등 부분이 덮여 있어 사람이 하나도 보이지 않는다고 해서 이런 이름을 붙인 겁니다.

일본의 《고려선전기》 기록과 이순신 장군의 보고서를 비교해보면, 일본 측에서는 거북선이 쇠로 덮여 있는 부분을 지적했습니다. 거북선이 철

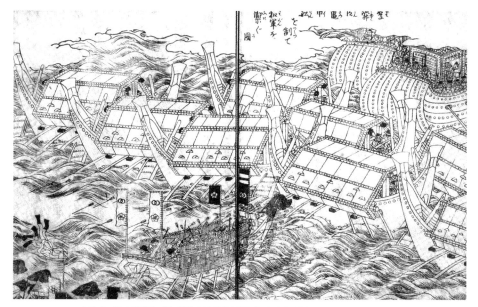
도요토미 히데요시의 일생을 다룬 일본 소설 《회본태합기》에 실린 거북선 그림. 우리가 알고 있는 거북선 모습과 많이 다르다.

갑선이어서 속수무책으로 당했다는 것이죠. 이에 비해 이순신은 보고서에서 용머리와, 배 좌우의 대포를 강조했습니다. 거북선이 적진 깊숙이 쏘다니며 상대가 꼼짝 못하게 대포 공격을 한 사실을 비중 있게 다루고 있죠. 용머리로 유황 연기를 뿜었다는 2백 년 후의 기록도 있습니다.

일본 수군이 자랑하던 전술은 재빨리 적선에 접근한 후 조총을 쏘면서 적선으로 넘어가 칼싸움을 벌이는 백병전白兵戰이었습니다. 백병전은 칼이나 창 등의 무기를 들고 가까이서 적과 싸우는 전투입니다. 이때 무기들의 칼날이 흰색이기 때문에 백병전이라는 이름이 생겼죠. 이순신 장군 이전에 원균 장군이 이끌었던 수군을 무너뜨린 바로 그 전술이었습니다. 오랜 전쟁 경험 덕분에 왜군은 칼싸움에도 자신 있었고, 조선에 없는 조총도 갖고 있었습니다.

조선 수군은 군함에 함포를 장착했기 때문에 비교적 먼 거리에서는 전투에 강했지만, 가까운 거리의 전투에는 약했습니다. 그런데 적선이 너무 멀리 떨어져 있으면 포탄이 미치지 못하고 명중률도 떨어집니다. 그렇다고 적선에 가까이 붙으면, 속도 빠른 왜군의 역습을 받게 되죠. 거북선은 이런 불리한 전투 상황을 역전시킬 비장의 무기였습니다.

임진왜란 때 거북선이 여러 척 있었던 것은 아닙니다. 조선 수군의 주력 전함은 판옥선板屋船이었죠. 거북선은 전체 지휘부가 있는 통제영, 전라좌수영, 경상우수영에 각각 한 척씩 있었습니다. 거북선 세 척만 가지고도 대단한 효과를 거둔 겁니다.

맹활약을 펼친 거북선의 비밀

이순신 장군은 왜군의 조총이 먹히지 않고, 왜군이 아군의 배로 넘어 들어오지 못할 배로 거북선을 만들었습니다. 거북선이 어떻게 생겼는지는 잘 알려져 있지만《조선왕조실록》가운데 하나인《선조수정실록》의 기록을 한번 살펴봅시다. 이 기록은 거북선에 대한 기록 가운데 가장 정확한 것입니다.

이순신은 전투 장비를 크게 정비하면서 새로이 거북선을 만들었다. 배 위에 판목을 깔아 거북 등처럼 만들었다. 그 위에는 우리 군사가 겨우 통행할 수 있을 만큼 십자로 좁은 길을 내고 나머지는 모두 칼이나 송곳 같은 것을 줄지어 꽂았다. 배의 앞은 용의 머리를 만들고 입은 대포 구멍으로 활용했다. 배의 뒤에는 거북의 꼬리를 만들어 꼬리 밑의 포를 쏠 수 있도록 포문을 설치했다. 배의 양쪽에도 포문을 각각 여섯 개씩 두었으며, 군사는 모두 그 밑에 숨어서 포를 쏘도록 했다. 이처럼 거북선은 사방에서 포를 쏠 수 있는 배였는데, 전후좌우로 이동하는 것이 나는 것처럼 빨랐다. 싸울 때에는 거적이나 풀로 덮어 송곳과 칼날이 드러나지 않게 했다. 적이 배에 뛰어오르면 송곳과 칼에 찔리게 되어 꼼짝 못하게 되는데, 그들을 덮쳐 포위해서 화총을 일제히 쏘았다. 그리하여 적선 속을 횡행하는데도 아군은 손상을 입지 않은 채 가는 곳마다 바람에 쓸리듯 적선을 격파하였으므로 언제나 승리했다.

- 《선조수정실록》(1592년 5월 1일자)

천하무적 거북선의 비밀을 하나씩 벗겨볼까요? 첫째, 거북선의 등입니다. 《선조수정실록》에는 배 위에 판목을 깔아 거북 등처럼 만든 후 칼이나 송곳 등 날카로운 것을 줄지어 꽂았다고 되어 있죠. 그리고 판목 사이로 '열 십(十)' 자로 길을 내서 다녔다고 합니다. 보통 거북선의 등 부분을 철갑, 그러니까 철로 전체를 덮은 거라고 알고 있을 텐데, 기록을 보면 철이 아니라 판목, 즉 나무를 깔아 만들었다고 되어 있습니다. 물론 판목 위에 철을 씌웠을 경우를 상상할 수도 있을 텐데 이처럼 상세한 기록에서 그렇게 중요한 내용을 실수로 빼먹었을 것 같지는 않습니다. 거북선은 등이라고 할 수 있는 갑판을 철로 된 칼이나 송곳으로 덮었으니 '갑철甲鐵'이라고 할 수 있죠. 그렇다면 '쇠로 덮인 장님배'라고 한 일본의 기록은 어떻게 된 걸까요? 《선조수정실록》에 따르면 '전투 때는 거적이나 풀로 위장했다'고 하죠. 이 때문에 왜군이 송곳과 칼은 물론이거니와 나무 갑판을 보지 못했거나 거북선에 꽂힌 무기들만 보고 갑판도 쇠로 되어 있다고 단정 지었을 수 있습니다. 게다가 '엄청난 놈'한테 당했다고 해야 패배의 치욕감이 그나마 덜했겠죠?

그런데 등에 송곳이나 칼을 꽂은 걸 보면 거북선을 '고슴도치선'이라 불러야 하지 않을까요? 어쩌면 거북선을 제작한 사람은 고슴도치를 보고 아이디어를 얻었을지도 모릅니다. 어쨌든 기록을 보면, 왜군은 특기인 백병전을 시도하러 거북선 위에 뛰어든 게 분명합니다. 왜군은 뛰어든 순간 송곳이나 칼에 찔려 중상을 입었을 테죠. 그렇게 꼼짝 못하는 틈을 타서 조선군이 달려들고, 좌우에서 전선들이 협공을 펼쳤으니 왜군은 조총을 제대로 쏘지도 못하고 곧바로 잡히거나 목숨을 잃을 수밖에 없었을 겁니다. 왜군의 장기인 조총 공격과 백병전이 거북선의 등 때문에 완전히 쓸모없어진 겁니다.

거북선의 두 번째 비밀은 전후좌우 사방으로 설치된 포입니다. 거북선 양쪽에 각각 6개씩 포문이 있고, 그곳에 대포를 설치했습니다. 거북선 앞에 단 용머리와 꼬리 쪽에도 대포를 설치했죠. 거북선의 대포는 선상에 깔려 있는 포판(포의 몸통 밑에 받치는 판) 양쪽에 각각 6개씩 해서 12개, 머리 쪽 1개, 꼬리 쪽 1개로 모두 합해서 14개를 설치했습니다. 그리고 각종 포환, 온갖 화살과 철물은 선실 아래층 창고에 잔뜩 실었습니다. 많은 대포를 배에서 쏘기 위해서는 배 밑이 평편해야 하고, 배가 묵직해야 합니다. 그렇지 않으면 포를 쏠 때 생기는 엄청난 반동을 못 견디거든요.

이렇게 중무장한 거북선은 쉽게 적진을 파고들었고 지휘선에 달려들

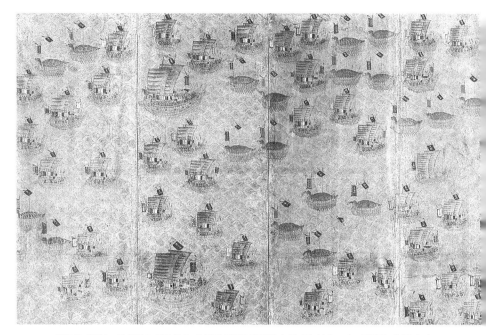

전투의 대형을 그린 군진도. 판옥선과 거북선의 위치를 확인할 수 있지만, 실제로 이 그림처럼 거북선이 많지는 않았다. 또 거북선이 있다고 무조건 이기거나, 거북선이 없다고 무조건 지는 일도 없었다.

어 포를 빵빵 쏴댔습니다. 지휘선이 깨져버리고 지휘관이 죽을 지경에 이르니 왜선들이 우왕좌왕하다가 전멸하는 건 시간문제였겠죠?

거북선의 세 번째 비밀은 쉬운 방향 전환과 빠른 속도입니다. 기록에서도 "전후좌우로 이동하는 것이 나는 것처럼 빨랐다"고 했죠. 거북선은 돌격선으로서 적의 지휘관이 탄 배를 재빠르게 공격하고 적선들 사이를 요리조리 다니면서 적의 진영을 흩어놓았습니다.

여기서 생각해볼 게 하나 있습니다. 한 배는 보트처럼 밑바닥 폭이 좁고 앞뒤가 뾰족하게 생겼고, 또 하나의 배는 밑바닥이 널찍하여 앞뒤가 뾰족하지 않습니다. 갑작스럽게 방향을 바꿔야 하는 상황이라면 둘 중

어느 배가 더 수월할까요? 뾰족하지 않은 배가 더 쉽겠죠. 뾰족한 배는 앞으로 빨리 갈 수는 있어도 한쪽으로 나가려는 경향이 강해서 방향을 틀때 힘듭니다. 왜선은 보트와 같은 배였고, 거북선을 비롯한 조선 수군의 배는 모두 밑바닥이 평편하게 넓은 배여서 방향 바꾸기가 더 쉬웠습니다. 남해와 서해는 밀물과 썰물의 차이가 커서 바닥이 뾰족한 배보다는 넓적한 배가 더 적격이었습니다. 우리의 배는 이런 환경에 맞춰 발달한 겁니다.

노 젓는 방식에도 차이가 있었을 겁니다. 거북선의 노를 깊이 연구한 김영성 선생에 따르면, 거북선은 노의 위치를 슬쩍 바꾸는 것만으로도 쉽게 방향을 바꾸도록 되어 있었다고 합니다. 노를 젓는 군사들이 북소리 신호에 맞춰 일제히 노의 위치를 바꿔주면 방향이 쉽게 바뀌었다는

조선 후기에 펴낸 《각선도본各船圖本》에 실린 조선의 판옥선(왼쪽)과 왜군의 안택선 모형(오른쪽). 판옥선은 뱃머리와 배의 바닥이 평편한 반면, 안택선은 배의 바닥이 보트처럼 뾰족한 편이다.

겁니다.

일반적으로는 앞뒤가 뾰족한 배가 더 빠른데, 이순신의 보고서에는 거북선이 왜선을 헤치며 날아다니는 것 같았다고 되어 있습니다. 구조 자체만 놓고 본다면 왜선이 직선으로 달리는 속도가 훨씬 더 좋았을 수 있습니다. 대신 거북선은 노 젓는 군사를 많이 두어 속도를 높였습니다. 노를 배 왼쪽과 오른쪽에 각각 8개나 10개씩 두고 노 1개당 군사 5명이 한 조를 이뤄 책임졌습니다. 조장 1명이 지휘하면 4명은 명령에 따라 노를 저었죠. 거북선 전체 탑승 인원의 과반수가 바로 노 젓는 격군이었습니다. 이렇게 노 젓는 사람이 많기도 했지만, 이순신 장군이 명령에 맞춰 노 젓는 연습을 죽어라고 시키지 않았다면 배가 날아가듯 나아갈 수 없었을 겁니다.

돛을 이용한 항해술 또한 거북선의 비밀로 빼먹어선 안 됩니다. 조선의 수군은 세 가지 종류의 바람을 모두 이용할 수 있었습니다. 배가 진행하는 방향대로 부는 순풍, 배 가운데를 가로지르며 부는 횡풍, 그리고 배가 진행하는 방향을 거스르며 불어오는 역풍을 모두 항해에 이용할 줄 알았죠. 무엇보다 역풍을 이용하려면 돛이 두 개 필요한데, 왜선은 돛이 하나뿐이었습니다. 거북선은 두 돛을 이용해 왜군보다 월등한 항해술을 펼칠 수 있었습니다.

이렇게 조선과 일본의 배는 큰 차이가 있었습니다. 이순신 장군이 모함으로 옥에 갇혔을 때, 왜군은 조선 수군과의 전투에서 승리해 많은 조선의 전선을 챙겼습니다. 그들은 배에 설치한 대포, 불화살 같은 무기, 많은 수의 노, 어떤 바람이든 자유자재로 이용할 수 있는 2개의 돛 등 조선 전선의 장점을 잘 알고 있었습니다. 이 때문에 조선에서는 일본이 우리 기술을 이용해 훨씬 더 강력해지면 어쩌나 크게 걱정했죠. 그런데 우려한 일은 전혀 일어나지 않았습니다. 일본은 왜 전통 전함을 고집했을까요? 물론 왜군도 대포를 배에 설치하려는 시도는 했지만, 왜군의 뾰족한 배를 거북선처럼 평편하고 묵직한 배로 바꾸는 일은 쉽지 않았습니다. 일본 전통 전선만의 장점, 즉 개별 전투력을 극대화할 수 있는 점을 포기하는 게 쉽지 않았던 겁니다.

판옥선의 장점이 더욱 살아난 거북선

거북선의 나머지 장점들은 조선 수군의 주력함인 판옥선에도 다 적용됩니다. 판옥선은 갑판 위에 지휘소가 있는 배를 말합니다. 거북선은 판옥선과 기본 구조가 같았습니다. 한마디로 판옥선 위에 거북의 등껍질 같은 판목을 덮고 송곳이나 칼을 꽂은 게 거북선이라고 할 수 있습니다. 거기에 위용을 과시하기 위해 배 앞에 용머리도 하나 달았죠. 그러니까 거북, 고슴도치, 용을 보고 떠올린 창의적인 생각이 적의 예리한 공격을 무력화한 겁니다.

《태종실록》에 기록이 있어서 거북선 자체는 조선시대 초에도 있었던 것으로 추정됩니다. 기존에 있던 판옥선에 아이디어 몇 가지를 덧붙인 결과 판옥선의 장점이 더 강력하게 살아난 겁니다. 이순신은 임진왜란이 일어나기 한 해 전, 전쟁의 낌새를 느끼고 미리 거북선을 만들어두었습니다. 또한 이순신은 조선시대부터 크게 발전한 화포와 화약을 거북선에 마음껏 응용했습니다. 무엇보다도 고슴도치와 용의 모습에서 얻은 아이디어가 나중에 큰 효과를 냈습니다.

이런 아이디어를 함께 내고, 실제 거북선을 만드는 데 크게 힘쓴 사람은 무관 나대용(1556~1612)이었습니다. 나대용은 조선 중기의 무신으로 1591년 전라좌수사 이순신의 부하로 들어가 군관으로 거북선을 만드는 데 참여했습니다. 임진왜란 때 여러 해전에서 공을 세웠죠. 우리 역사에서 유례를 찾아볼 수 없을 정도로 배 만드는 기술이 뛰어났다는 평가를 받고 있습니다.

임진왜란 때 활약한 거북선은 오늘날 볼 수 없습니다. 이순신 장군이 죽은 지 거의 2백 년이 지난 후에 나온 《이충무공전서》(1795년 간행)에 담긴 두 종류의 거북선 모형으로 그 모양을 추측할 뿐이죠. 이 두 종류의 거북선은 이른바 '통제영 거북선'과 '전라좌수영 거북선'입니다. 통제영 거북선이 이순신이 만들었다는 거북선과 비슷하고, 전라좌수영 거북선은 구조가 다소 변형된 것입니다. 아마 전라좌수영 거북선이 익숙할 겁니다. 그게 등을 갖춘 거북의 모습과 가장 비슷하니까요. 《이충무공전서》에는 통제

통제영 거북선(왼쪽)과 전라좌수영 거북선(오른쪽). 같은 거북선이지만 모양이 꽤 다르다.

영 거북선의 크기가 실려 있는데 오늘날의 수치로 환산하면 머리부터 꼬리까지 배의 최대 길이가 약 35미터, 선체의 길이 27~30미터, 폭 9미터, 전체 높이 6미터입니다. 복원한 거북선에 들어가 보면 대략 크기를 짐작할 수 있을 겁니다.

거북선 크기에 대한 역사 기록을 좀 더 살펴봅시다. 처음에 만들어진 거북선은 3척이었는데 외교문서를 모은 《사대문궤》에 따르면 임진왜란 중이던 1595년에는 5척이었습니다. 《속대전》에 따르면 임진왜란이 끝난 후 1606년과 1716년에도 거북선은 계속 5척이었는데 1746년에 14척으로 늘어났습니다. 《만기요람》에 따르면 1808년에 30척까지 늘어났는데, 《선안》에 따르면 1817년에는 18척이었습니다.

거북선의 구조도 많이 바뀌었습니다. 특히 대포를 사용할 수 있는 포문(포구)이 계속 늘어났습니다. 통제영 거북선은 74개, 전라좌수영 거북선은 36개인데 이순신 장군이 처음에 만들었던 거북선의 포문은 14개였습니다.

거북선에는 얼마나 많은 수군이 탔을까요?《비변사등록》1716년(숙종 42년) 10월 24일자에 거북선에 탑승한 인원에 대한 기록이 남아 있습니다. 임진왜란 때 사용한 거북선의 수용 인원은 약 125명이었습니다. 전투병으로는 좌우의 지휘관 1명씩, 대포를 쏘는 포수들, 화포와 화약을 다루는 기술자들, 활을 쏘는 군졸들이 탔습니다. 그리고 좌우의 노를 저을 격군들이 필요했습니다. 군악 담당 병사 2명은 각각 왼쪽, 오른쪽의 북을 치며 명령을 전했습니다. 그 외에 방향을 책임지는 조타수들, 돛을 담당하는 병사들, 닻을 담당하는 병사들, 배를 지키는 병사들이 있었습니다. 이들이 거북선에 올라 적들을 바다로 유인하고, 적의 함대를 교란하여 지휘선을 파괴한 겁니다.

순전히 거북선 때문에 조선이 임진왜란에서 승리했다고 말한다면 과장된 표현입니다. 그렇지만 패배의 기운이 짙게 드리운 조선군에게 승리의 자신감을 불어넣는 데 거북선이 크게 기여한 것은 사실입니다. 당시 조선은 물밀듯 쳐들어온 20만 왜군이 육지에서 승승장구하는 바람에 선조가 북쪽 끝 의주까지 쫓겨 간 치욕적인 상황에 처했습니다. 이때 수군의 승리는 희망의 빛이 되어주었죠.

거북선이 늘 승리를 가져다준 것도 아니고 거북선이 있어야만 승리한 것도 아닙니다. 원균 장군은 거북선을 가지고도 칠천량 해전에서 패했고, 이순신 장군이 거북선 없이 싸워 이긴 적도 있습니다. 전쟁의 승패는 지휘관이 얼마나 유능한가, 어떤 작전을 펼치는가, 아군의 사기가 어떠한가에 따라 결정됩니다. 아무리 좋은 무기가 있어도 병졸이 시원찮고 지휘관이 형편없다면 무용지물이 되어버립니다. 유능한 장수, 잘 훈련된 군사, 그리고 뛰어난 기술이 결합했을 때 승리의 확률이 높아지죠. 이순신 장군이 거북선을 앞세우고 작전을 펼칠 때가 바로 그런 순간이었습니다. 적의 강점을 무너뜨리고 우리의 장점을 최대한 발휘하는 거북선에, 그런 무기를 잘 이용할 줄 아는 지휘관이 만났으니 말입니다.

견고함, 아름다움, 효율성의 결정체 수원 화성

효율적으로 진행된 수원 화성 공사

유네스코 세계문화유산으로 지정된 수원 화성은 빼어난 아름다움과 과학적 설계를 자랑하는 건축물입니다. 옛 성들이 단순히 적을 막는다는 개념으로 지어진 반면, 화성은 공격과 방어를 위한 각종 설치물이 세심하게 설계되었습니다. 성곽을 따라 걷다 보면 그런 설치물들이 눈에 띌 겁니다. 대충 지나치지 말고 주의해서 보기 바랍니다.

1792년, 41세의 정조는 정약용에게 수원 화성 공사의 준비를 명합니다. 정약용이 31세 때의 일입니다. 당시 어떤 일이 있었던 걸까요? 정조는 억울하게 돌아가신 아버지 사도세자의 능을 수원 근처로 옮기고 그곳에 새로이 도성을 쌓기로 마음먹습니다. 그리고 정약용에게 천년만년 무너지지 않을 성을 설계하라고 명한 겁니다. 정약용은 3년 전에는 한강에 배다리를 놓아 정조를 감탄하게 한 적이 있었습니다. 1792년 겨울 정약용은 화성 설계안을 정조에게 올렸습니다. 정약용은 조선의 옛 성과 서양 성의 장점을 받아들인 중국 성에 관한 정보를 모아 수원 지역 특성에 딱 맞는 성곽을 설계했습니다.

오늘날 학자들은 수원 화성 건축의 효율성에 주목합니다. 복잡하고 견고한 수원 화성의 공사는 1794년에 시작해서 2년 8개월 만인 1796년에 끝났습니다. 원래 예상은 10년이었으니 기간이 엄청나게 단축되었죠. 임금 지급, 경쟁 유발, 각종 기구의 사용이 공사 기간을 단축했습니다. 전통적으로 국가의 공사는 백성의 의무인 역役이라는 제도를 통해 무료로 손쉽게 해결했으나, 수원 화성의 건축에서는 일한 양에 따라 임금을 주어 일하는 백성들이 힘을 낼 수 있었습니다. 또한 공사 구역을 나누어 일하는 사람들 사이에 경쟁을 유발했고, 거중기, 녹로, 유형거, 수레 등 10여 가지의 운반 도구를 사용해 힘과 돈을 절약했습니다.

거중기를 비롯한 운반 도구들

거중기는 기중기라고 하는 사람도 있는데, 거중기가 옳은 이름입니다. 둘 다 무거운 것을 들어 올린다는 뜻이지만, 기중기란 그런 기기 전반을 말합니다. 거중기는 수원 화성을 건축할 때 정약용이 고안한 기중기에 붙은 이름입니다.

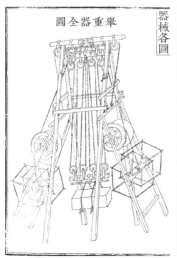

《화성성역의궤》에 실린 거중기 그림(왼쪽)과 수원화성박물관에 복원된 거중기(오른쪽).

정약용의 거중기는 화성 건축의 상징물이 되었습니다. 그 이유는 과학 기술적 원리와 효율성을 바탕으로 만들어졌기 때문입니다. 거중기는 8개의 활차(도르래)를 써서 작은 힘으로 무거운 물체를 들어 올릴 수 있는 장치로, 정약용은 이렇게 말한 바 있습니다.

활차는 무거운 물건을 움직이는 데 편리하다. 힘을 덜 수 있으며 무거운 물건을 떨어뜨리지 않을 수 있다. 100근짜리 물건을 드는 데는 100근의 힘이 필요하지만 활차 1개를 쓰면 50근, 2개를 쓰면 25근의 힘만 들이면 된다. 같은 이치로 활차의 수가 늘어나면 이에 비례하여 힘이 덜 들게 된다.

과연 그런지, 거중기의 효과에 대해 한번 따져볼까요? 정약용은 도르

한국과학문명사 강의

래 8개가 달린 거중기를 써서 40근의 힘으로 25배인 1천 근을 들어 올린다고 했습니다. 어떻게 해서 이런 계산이 나왔을지 생각해봅시다. 거중기 위에 달려 있는 고정도르래 4개는 힘의 이득과 무관하고, 아래에 있는 움직도르래 4개가 각각 힘을 2배로 덜어주니 $2 \times 2 \times 2 \times 2 = 16$배나 힘이 절약됩니다. 즉 40근의 힘으로는 16배 무거운 640근짜리 물체까지 들 수 있습니다. 정약용의 수학 계산이 틀린 걸까요? 그래서 어떤 학자는 정약용이 수학에 밝지 않았다고 주장하기도 합니다.

정약용이 홀수인 25를 말하고 있다는 점에 주목해봅시다. 그건 단지 도르래 숫자만으로 힘 계산을 하지 않았음을 뜻하거든요. 거중기 전체를 보면, 힘을 아끼는 장치는 도르래만 있는 게 아닙니다. 물레와 연결된 축바퀴의 힘까지 고려하면 계산이 더 복잡해지는데, 여기서 그걸 다 설명할 필요는 없을 것 같습니다. 다만 축바퀴의 힘까지 고려한다면 25 정도가 계산된다는 점만 알아두었으면 합니다. 정약용은 이 부분까지 고려한 게 아닐까요. 아마도 계산 부분이 복잡해 굳이 따로 설명하지 않아서 오해를 산 것 같습니다.

정약용은 서양인 선교사 테렌츠$^{Johann\ Terrenz\ Schreck}$가 펴낸《기기도설》을 읽고서 도르래 원리에 기초한 거중기를 발명해냈습니다. 과학기술적 원리를 실제 기계로 실현해냈다는 점에서 거중기의 가치는 남다릅니다. 과학적이면서 동시에 실용적이니까요. 하지만 주의할 점이 있습니다. 사실 거중기의 원리는 이미 서양 고대 아르키메데스의 초보적인 정역학, 즉 정지한 물체에 대한 힘을 계산하는 수준을 넘지 못했습니다. 오늘날의 크레인처럼 물체를 옮길 수 있었던 게 아니라, 무거운 물체를 올리거나 내릴 수만 있었던 겁니다. 그렇지만 거중기 사용의 효과는 매우 컸습니다.

수원화성박물관에 복원된 유형거. 일반 수레보다 튼튼하게 만든 정약용의 유형거는 화성을 지을 때 유용하게 쓰였다.

4만 냥을 절약할 수 있었기 때문입니다(정약용, 〈자찬묘지명〉). 그것은 총 공사비 87만 냥의 20분의 1 정도 비용입니다.

수원 화성 축조에는 거중기 말고도 손수레인 유형거를 비롯해 여러 운반 도구를 만들어 활용했습니다. 무거운 돌을 올릴 때에는 오늘날의 크레인에 해당하는 녹로나 거중기를 썼습니다.

무엇보다도 수레를 써서 효율을 높인 건 정말 대단한 일이었습니다. 수레 자체가 대단한 기술은 아니지만, 우리나라에서는 이상할 만큼 수레를 적극적으로 써오지 않았거든요. 아마 나라가 온통 산이나 언덕으로 이루어져 있어서 그랬겠지만, 수레가 다닐 수 있는 반듯한 도로를 마련하려고도 하지 않았습니다. 대부분 지게로 날랐고, 무거운 짐의 경우 소나 말, 노새를 사용했죠. 성을 쌓을 때 무거운 돌을 지게로 져 날랐다면 얼마나 끔찍한 일이었겠어요.

어떤 공격에도 끄떡없는 성을 짓다

수원 화성은 꽤 튼튼해 보이는데, 과연 실제로 다른 성들보다 견고했을까요? 우리나라에는 수원 화성 말고도 남한산성, 낙안 읍성, 해미 읍성, 고창 읍성 등 이름난 성이 있습니다. 중국의 만리장성, 일본의 오사카 성도 세계적으로 유명하고, 서양의 성들은 일일이 말하기에는 너무 많죠. 이런 성들은 모두 외적의 침입을 막기 위해 지은 것인데, 절대적인 기준으로 성의 견고함을 평가할 수는 없습니다. 아무리 성이 튼튼해도 전쟁은 사람이 하는 일이라 틈이 생기게 마련이니까요. 난공불락의 요새였던 비잔틴 제국 콘스탄티노플의 성도 십자군 앞에 무너졌고, 만리장성도 북쪽의 적에게 뚫렸던 때가 한두 번이 아니었죠. 이에 비해 수원 화성은 적의 공격을 거의 받아보지 않았으니 견고함에 대해 더욱 뭐라고 말하기 어렵습니다.

그래도 가정해볼 수는 있습니다. 외적이 수원 화성을 공격한다면 어떤 작전을 썼을까요? 먼저 성문으로 바로 진격해 들어가는 작전이 있겠죠. 화성 성벽에는 암문暗門과 수문, 성문 이렇게 세 종류의 문이 있습니다. 첫째, 암문은 적이나 첩자의 눈에 띄지 않게 숨겨진 문입니다. 성의 깊고 후미진 곳에 만들어 사람이나 가축, 식량을 운반하던 통로입니다. 둘째, 수문은 물이 빠져나가는 문입니다. 셋째, 성문은 총 네 군데에 있는데, 성문 앞에 옹성이라고 하는 성벽이 있습니다. 이는 전쟁이 났을 때 적이 성문을 쉽게 부수지 못하게 할 뿐 아니라 옹성 안으로 설령 적이 침입하더라도 쉽게 공격하기 위한 장치입니다. 옹성의 아치문 위에는 구멍이 다섯 개 뚫린 오성지五星池라는 물탱크를 설치해 적이 성문에 불을 지르는 것까지 대비

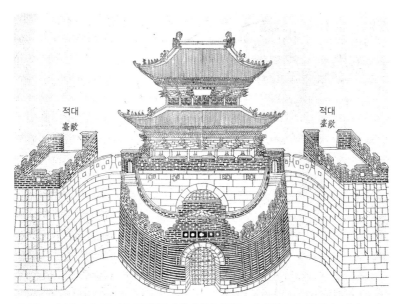

화성 축조 과정을 자세하게 담은 《화성성역의궤》에 실린 장안문 그림. 옹성과 아치문 위의 오성지, 그리고 적대가 보인다.

해놓았습니다. 장안문과 팔달문 좌우에는 적대가 있어 높은 위치에서 적을 공격할 수 있게 해두었습니다. 이러니 성문을 통한 침공은 어려웠겠죠.

성벽의 약한 부분을 찾아 공략하는 방법은 어땠을까요? 화성 성벽에는 엄청나게 많은 방어 시설이 설치되어 있습니다. 먼저 3층짜리 포루砲樓가 있습니다. 포루는 공심돈과 함께 화력이 가장 강한 방어 진지입니다. 성벽에서 약 8.8미터 돌출되어 있고, 내부는 빈 3층짜리 벽돌 건물입니다. 포루에는 각 층마다 화포를 설치해 성보다 훨씬 낮은 위치에서 공격해 오는 적도 격파할 수 있었다고 합니다.

옛날부터 성곽에 구축했던 치성도 있습니다. 이 시설물은 성벽에서 약 7미터 돌출되어 있어 성벽을 타고 올라오는 적들을 좌우에서 공격할 수

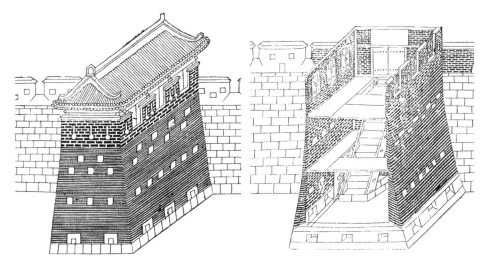

3층으로 지어진 포루砲樓의 겉모습과 내부.

있습니다. 치성 위에는 벽돌로 담을 더 쌓고 지붕 있는 누각을 지어 날씨에 상관없이 화포를 발사할 수 있는 포루鋪樓를 두었습니다. 이런 치성과 포루들이 창룡문에서 동남각루까지 1250미터에 이르는 직선 성벽에 105~125보 간격으로 설치되어 있습니다. 이 간격은 어떻게 정해진 걸까요? 당시 외적은 조총 외에 불랑기佛狼機를 사용했습니다. 불랑기는 중국 명나라에서 포르투갈 사람을 통해 조선으로 들어온 대포를 일컫던 말입니다. 이런 무기의 사정거리인 100보를 감안해서 치성과 포루의 간격을 정한 겁니다.

북서포루에서 조금 더 서쪽으로 가다 보면 치성 위에 설치된 서북공심돈이 보입니다. 공심돈도 포루와 마찬가지로 공격할 수 있게 되어 있습니다. 남공심돈과 서북공심돈은 별 차이 없이 치성 위에 지어졌으나, 창룡문 근처의 동북공심돈은 구릉지 위에 있어 치성 위가 아니라 성벽 안쪽에

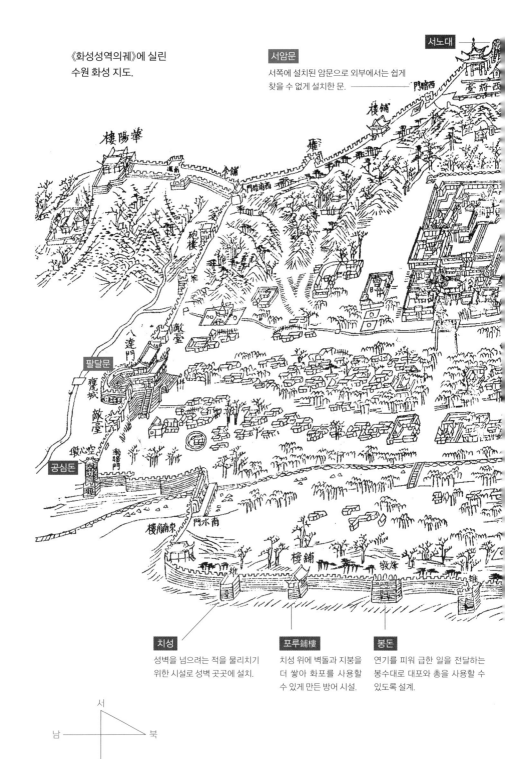

《화성성역의궤》에 실린
수원 화성 지도.

서암문
서쪽에 설치된 암문으로 외부에서는 쉽게
찾을 수 없게 설치한 문.

서노대

華陽樓

西暗門

西將臺

鋪樓

雍

西暗門南

砲樓

敵臺

華達門

팔달문

甕城

敵臺

空心墩

공심돈

南暗門

東廟樓   南水門

鋪樓

墩烽

치성
성벽을 넘으려는 적을 물리치기
위한 시설로 성벽 곳곳에 설치.

포루鋪樓
치성 위에 벽돌과 지붕을
더 쌓아 화포를 사용할
수 있게 만든 방어 시설.

봉돈
연기를 피워 급한 일을 전달하는
봉수대로 대포와 총을 사용할 수
있도록 설계.

서

남 ———— 북

동

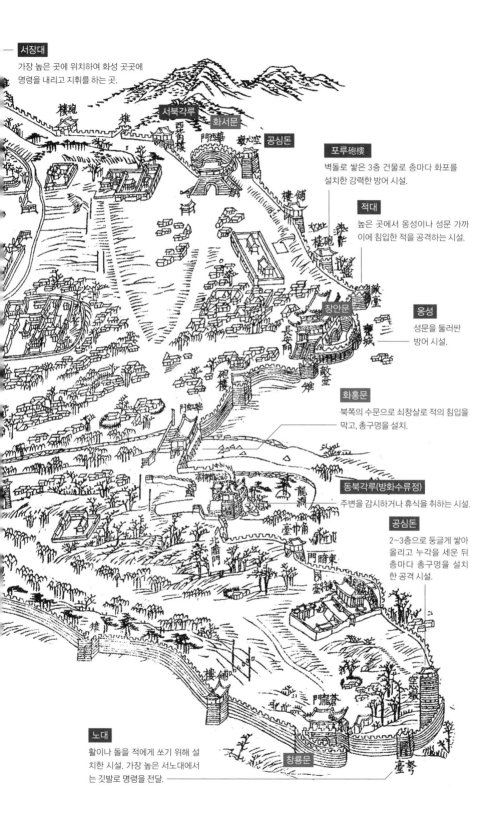

서장대
가장 높은 곳에 위치하여 화성 곳곳에
명령을 내리고 지휘를 하는 곳.

서북각루

화서문

공심돈

포루砲樓
벽돌로 쌓은 3층 건물로 층마다 화포를
설치한 강력한 방어 시설.

적대
높은 곳에서 옹성이나 성문 가까
이에 침입한 적을 공격하는 시설.

장안문

옹성
성문을 둘러싼
방어 시설.

화홍문
북쪽의 수문으로 쇠창살로 적의 침입을
막고, 총구멍을 설치.

동북각루(방화수류정)
주변을 감시하거나 휴식을 취하는 시설.

공심돈
2~3층으로 둥글게 쌓아
올리고 누각을 세운 뒤
층마다 총구멍을 설치
한 공격 시설.

노대
활이나 돌을 적에게 쏘기 위해 설
치한 시설. 가장 높은 서노대에서
는 깃발로 명령을 전달.

창룡문

화성의 동북각루인 방화수류정.

독립적으로 축조되어 있습니다.

화서문을 지나면 서북각루가 있습니다. '각루'는 높은 위치에 누각 모양의 건물을 세워 주변을 감시하고 때로는 휴식을 취하는 공간입니다. 화성에는 총 4개의 각루가 있는데, 그중 동북각루는 방화수류정이라고도 합니다. 방화수류정訪花隨柳亭은 '꽃을 찾고 버들을 따르는 정자'라는 뜻으로 송나라 시에서 따온 겁니다. 전쟁을 대비해 지어진 시설이지만 건물이 아름답고 그 위에서 보는 경치도 좋아서 붙여진 이름이죠.

또한 서장대와 노대가 있습니다. 서장대는 팔달산 정상에 자리하고 있어 성 전체를 파악하기 쉽습니다. 이곳에서 사령관이 총지휘를 했죠. 노대에서는 특정 색의 깃발을 흔들어 명령을 전하기도 하고, 쇠뇌를 쏘는 노수가 머물기도 했습니다.

화성 안에는 급한 정보를 전달하는 통신 시설인 봉돈도 있습니다. 보통

화성 안에 설치된 봉화대인 봉돈.

산에 설치되는 봉화대가 화성 안에 설치된 겁니다. 봉돈은 내부에 18개의 포문과 18개의 총구멍이 있어 적의 침입을 막는 역할도 했습니다.

이렇게 방어 시설이 많으니 외적은 성벽을 공략할 엄두가 안 났겠죠? 수문으로 침입하는 건 어땠을까요? 북쪽에 있는 수문인 화홍문은 7개의 쇠창살로 막아두었고, 가까운 적과 멀리 있는 적을 공격할 수 있는 총구멍인 근총안과 원총안이 뚫려 있습니다. 그러니 수문을 통해 침입하기도 어려웠죠.

원거리 대포로 성벽을 부수는 방법도 효과가 없었습니다. 화성의 성벽은 화포의 공격에도 무너지지 않을 정도로 튼튼하니까요. 외벽은 큰 돌로 쌓아 올리고 내벽은 내탁內托 방식으로 자갈과 흙을 두껍게 쌓았습니다. 내탁은 성을 쌓을 때 바깥은 돌로 벽을 쌓고 안은 성벽 높이까지 자갈과 흙을 단단하게 다져 넣는 것으로, 삼국시대부터 성을 쌓을 때 주로 이용

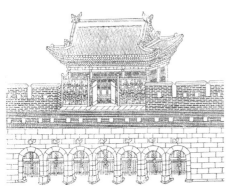

《화성성역의궤》에 실린 북쪽의 수문인 화홍문(왼쪽)과 오늘날의 화홍문(오른쪽). 수원천이 흘러 나가는 북쪽의 수문으로, 적의 침입에 꼼꼼하게 대비해놓았다.

한 방식입니다. 또한 성벽의 높이가 낮아 대포 같은 무기의 공격에도 쉽게 무너지지 않았습니다.

기록 면에서도 훌륭한 수원 화성 공사

수원 화성은 오랜 시간이 지나면서 많이 파괴되었고 한국전쟁 중에는 일부분이 무너지기까지 했습니다. 오늘날 완전하게 복원될 수 있었던 건, 바로 완벽한 화성 공사 보고서《화성성역의궤華城城役儀軌》(전10권)가 남아 있는 덕분입니다. 의궤는 나라에서 큰일을 치를 때 훗날에 참고할 목적으로 일의 시작부터 끝까지의 경과를 상세히 기록해놓은 책으로 매우 많은 정보를 담고 있습니다.《화성성역의궤》에는 공사 과정, 관련 관청이 주고받은 공문서, 임금의 의견과 명령 등은 물론, 공사 참가자의 이름과 일한

한국과학문명사 강의

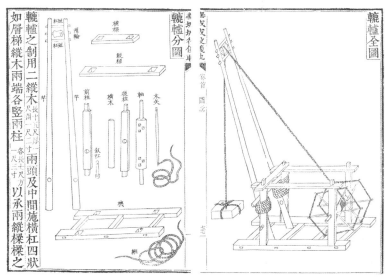

《화성성역의궤》에 실린 녹로 부품도(왼쪽)와 녹로(오른쪽). 거중기보다 단순하지만 녹로 역시 무거운 물체를 들어 올리는 기계다. 의궤에 실린 다른 도구들처럼 부품까지 그려 기록해놓았다.

날수, 각 시설물의 위치와 모습, 비용까지 낱낱이 기록되어 있습니다. 이기록은 석공 아무개가 어느 고장 출신이며, 어느 현장에서 며칠간 일했고, 품삯을 얼마나 받았는지까지 모두 알 수 있을 만큼 상세합니다. 거중기 같은 기계에 대해서는 부품까지 따로 그릴 정도로 치밀하게 기록했습니다. 이처럼 하나의 성과 관련한 공사 보고서 전체가 남아 있는 건 동서양을 막론하고 흔치 않은 일입니다. 수원 화성이 유네스코 세계문화유산으로 등록될 때 이 보고서가 톡톡히 한몫했습니다.

오늘날 우리가 봐도 수원 화성은 놀라운 설계에 따라 지어져 산뜻함, 견고함, 효율성의 결정체로 다가옵니다. 서양 사람들은 이국적인 아름다움을 느낍니다. 전통 방식의 돌 성과 새로운 방식인 벽돌 성이 조화를 이루어 이런 느낌을 자아내는 겁니다. 촘촘히 쌓은 벽돌은 단단한 느낌을 주는데, 실제로 벽돌로 쌓은 부분은 대포를 맞아도 구멍만 뚫리지 성벽 전체가 와르르 무너지지는 않을 정도로 튼튼합니다. 이 때문에 문을 두르고 있는 옹성, 적의 움직임을 감시하고 공격하기 위한 포루와 공심돈, 성곽 윗부분의 담장 등 중요한 부분은 벽돌로 만들었습니다. 돌과 벽돌의 견고함 위에 나무를 이용해 한옥의 건축미까지 과시하면서 수원 화성은 독특한 아름다움을 뽐내게 된 겁니다.

당시 조선 사람들은 화성을 보면서 어떤 느낌을 받았을까요? 10리가 넘는 견고한 성벽(전체 둘레 5.5킬로미터)과 그 전의 성곽에서 볼 수 없었던 각종 방어·공격 시설을 보면서 눈이 휘둥그레졌을 겁니다. 새로운 시대가 다가왔다고 느끼지는 않았을까요? 어떤 적이든 격퇴하겠다는 듯 무장한 수원 화성을 보면서 백성들은 마음이 든든해졌겠죠.

수원 화성의 미학적 아름다움은 견고함에서 나오고, 그 견고함은 합리적 격퇴 논리와 건설의 효율성, 그리고 선진 기술의 활용에서 나온 것입니다. 그러한 철옹성은 정조의 결단과 정약용의 창의성이 바탕이 되어 지어졌습니다. 철옹성은 익숙한 말이지만 한번 뜻을 되새겨볼까요? 옹성은 적의 공격을 막기 위해 성문을 빙 둘러 만든 튼튼한 성이죠. 그런 옹성을 쇠로 만든다면 어떤 것으로도 뚫을 수 없겠죠? 그래서 아주 단단한 걸 비유할 때 '철옹성'이란 말을 씁니다. 비슷한 말로 철벽도 있죠. 수원 화성은 '이렇게 오는 적은 이렇게 막고 저렇게 오는 적은 저렇게 막는다'는 철벽 같은 논리에 따라 지었기 때문에 철옹성이란 말이 딱 들어맞습니다.

옛사람들이 얼음을 보관한 지혜, 석빙고

석빙고에 숨겨진 비밀

경주 석빙고에 가본 적이 있나요? 석빙고石氷庫는 '돌로 만든 얼음 창고'를 뜻하죠. 지하가 지상보다 온도 변화가 적기 때문에 이 석빙고는 절반 정도가 땅속에 있는 반지하 상태입니다. 또 계단을 두어 얼음을 넣고 꺼내기 편하도록 했습니다. 석빙고 바닥에는 보통 다진 흙이나 넓은 돌을 깔아놓는데, 안으로 들어갈수록 약간 경사져 있습니다. 이건 얼음이 녹을 때 생기는 물을 자연스럽게 빼내기 위한 겁니다. 가장 낮은 아랫부분이 배수구 역할을 하는 거죠.

석빙고의 천장은 아치 모양입니다. 돌을 무지개 모양으로 쌓아 올려 만

아치 모양의 천장이 남아 있는 경상북도 청도 석빙고. 다른 부분은 없어지고 돌로 만든 부분만 일부 남았다.

든 아치 5개가 연결되어 있습니다. 이건 단순히 멋을 내기 위한 구조가 아니라 기둥을 쓰지 않기 위해서입니다. 기둥이 없으면 공간도 더 많이 확보되고, 얼음을 취급할 때 한결 수월하겠죠?

아치와 아치 사이의 공간으로 만들어진 울퉁불퉁한 천장은 문을 여닫을 때 바깥에서 들어온 공기를 가두는 기능을 합니다. 어쩌면 당연하다고 생각할 수도 있겠는데, 석빙고 내부의 돌과 돌 사이에는 빈틈을 두지 않았습니다. 돌과 돌 사이가 벌어지지 않도록 철 고리로 꽉 조였고, 어쩔 수 없이 생긴 틈새는 회와 진흙 혼합물을 발라 메웠습니다. 그렇게 해서 석빙고 내부의 냉기가 계속 유지되도록 하고 바깥의 물이나 습기는 들어오지 못하게 한 겁니다.

이제 석빙고 바깥을 살펴볼까요? 석빙고 외부는 마치 잔디로 덮인 흙무덤 같습니다. 완만한 능선 위에 똑같은 구멍 3개가 보이는데, 그 구멍들은 내부와 연결된 환기구입니다. 석빙고 내부의 온도와 습도를 조절하죠.

경주 석빙고(왼쪽)와 경주 석빙고의 환기구(오른쪽). 석빙고 위는 흙과 잔디로 덮여 있고, 그 사이에 환기구가 나 있다.

환기구는 빗물이 흘러들지 않도록 뚜껑을 씌웠습니다. 태양열을 받아 뜨거워진 환기구는, 문을 열 때 석빙고 내부로 들어가 아치에 갇혀 있던 따뜻한 공기를 끌어당겨 빼내는 역할을 합니다. 그렇게 해서 더운 날씨에도 석빙고 내부의 온도가 올라가는 걸 막는 겁니다. 석빙고를 덮은 잔디는 태양 복사열이 석빙고 내부로 전달되는 걸 줄여줍니다. 출입문은 주로 바람이 불어오는 쪽에 설치했고, 최대한 냉기를 보존하기 위해 출입하기에 불편함이 없을 정도로만 좁게 만들었습니다.

　이런 설계와 구조는 얼마나 효과가 있었을까요? 1996년 여름에 건축학자 공성훈 선생이 나흘 동안 이와 관련한 실험을 해봤습니다. 석빙고 안팎의 온도를 측정했더니 석빙고 내부의 평균 온도는 섭씨 19.8도로, 최고 온도와 최저 온도의 차가 1.3도에 불과했습니다. 반면에 석빙고 바깥의 최고 온도는 섭씨 30도에 가까웠고, 최저 온도는 섭씨 20도 전후로 그 차이가 평균 8.2도나 됐습니다. 물론 평균 19.8도인 내부에서도 얼음이

얼음

볏짚이나 갈대

석빙고 내부

녹기는 하지만 외부보다 훨씬 덜 녹는 상태였던 겁니다.

석빙고에는 얼음이 잘 녹지 않는 중요한 요인이 또 하나 있습니다. 바로 볏짚과 갈대입니다. 얼음과 얼음 사이에 볏짚이나 갈대를 넣고 차곡차곡 쌓은 뒤 얼음 전체를 다시 갈대나 볏짚으로 덮어 보관했습니다. 볏짚과 갈대는 속이 텅 비어 있어서 외부의 열을 차단하는 효과를 톡톡히 발휘하거든요. 전통문화연구자 장동순 선생의 실험에 따르면 볏짚을 사용하지 않았더니 반년이 지나자 석빙고에 꽉 차 있던 얼음의 52퍼센트가 녹아버렸고, 볏짚으로 덮었을 때는 18퍼센트만 녹았습니다. 전체의 5분의 1도 녹지 않은 거죠. 그렇지만 이건 얼음 전체를 볏짚으로 다 덮은 이상적인 상황에 해당합니다. 20세기 초에 나온《한국수산지》라는 책을 보면 실제로는 당시 빙고에 저장된 얼음의 3분의 2가 여름철에 녹아 사라졌다고 합니다.

장례, 제사 등에 요긴했던 얼음

경주 석빙고는 첨성대와 안압지 근처에 있는데, 그렇다면 신라 시대에 만든 걸까요? 경주 석빙고는 조선 후기 영조 때인 1729년에 개축改築했는데 처음 만든 시기는 확실하지 않습니다. 물론 우리나라에서 빙고, 즉 얼음 창고를 만들어 쓴 지는 꽤 오래되었습니다. 중국 기록인《삼국지》〈동이전〉에 따르면 기원전 2세기 무렵 부여에서는 여름에 사람이 죽으면 얼음을 사용했다고 합니다.《삼국사기》에는 신라의 경우 505년(지증왕 6년)에 처음 장빙고를 만들어 썼다는 기록이 있습니다. 이보다 5백 년 빠른 기록도 있습니다.《삼국유사》에 신라의 3대 왕인 노례왕(유리 이사금, 재위 24~57) 때 이미 장빙고를 지었다는 기록이 있는 겁니다.

중국은 우리나라보다 훨씬 이른 주나라(기원전 1046~기원전 256) 이전부터 빙고 제도가 있었던 것으로 추정됩니다. 일본에서는 닌토쿠仁德 천황(재위 313~399) 때 처음 장빙고를 만들었다고 신숙주의《해동제국기》에 기록되어 있습니다.

석빙고는 현재 경주 외에 경상남도 창녕, 경상북도 청도, 경상북도 안동, 대구광역시 달성에 남아 있습니다. 조선시대에 가장 크고 유명한 빙고는 서울에 있던 서빙고, 동빙고, 내빙고인데, 모두 돌이 아닌 나무로 지은 것이었습니다. 내빙고는 창덕궁에, 서빙고와 동빙고는 한강변에 있었습니다. 서빙고는 오늘날 서울 지하철 서빙고역이 있는 서빙고동에, 동빙고는 옥수동 근처에 있었죠.

얼음은 조선 초기에는 2품 이상의 관리에게만 주다가 조선 후기에는 이보다 낮은 관리에게도 지급되었습니다. 고종 때 관청이 하는 일 전반을 기록한《만기요람》에 홍문관 우두머리인 종3품 제학과 정3품 직제학이 얼음을 90덩어리 받았다는 기록이 있습니다. 내용을 더 살펴보면 당시 모든 관리에게 내리는 얼음은 총 2만 2623덩어리였다고 합니다. 직육면체 형태의 얼음 한 덩어리는 보통 여행용 가방 크기 정도(대략 가로 45센티미터, 세로 30센티미터, 높이 20~30센티미터)였고, 무게는 20킬로그램 정도였습니다.

얼음은 장례를 치를 때 가장 필요했습니다. 조선시대 양반집에서는 사람이 죽으면 보통 그다음 달에 장사를 지냈습니다. 중국의 관례대로 3개월 후에 치르는 경우도 있었고, 왕은 3~5개월 후에 장사를 치렀습니다. 땅에 묻기 전까지 시신은 관 속에서 썩어갔습니다. 한여름에는 부패 속도가 빠릅니다. 그러니까 부패를 막거나 지연시키기 위해 여름철 장례에 얼음을 사용했던 겁니다. 시신 주위를 얼음으로 가득 채웠죠. 겨울에는 많은 얼음을 얻기 위해 하늘에 제사를 지내기도 했습니다. 겨울에 날씨가 따뜻해 얼음이 잘 얼지 않으면 이듬해 여름에 큰일이 벌어질 테니까요.

직책이 높은 관리의 장례가 있을 때에는 특별히 얼음을 더 나누어주었습니다. 1품관에게는 5월 보름부터 8월 보름까지 매일 얼음 20덩어리, 정2품관은 15덩어리, 종2품관은 10덩어리씩을 하사했습니다. 한겨울에는 몰라도 한여름에 얼음을 구하기는 쉽지 않았겠죠. 어쩌면 한여름의 얼음 구경은 관리들의 여러 특권 가운데 단연 돋보이는 특권이었을지도 모릅니다.

제사 때 쓰는 얼음도 중요했습니다. 제사 음식의 재료인 고기나 생선의 부패를 막는 데 얼음이 쓰였죠. 옛날 중국에서도 빙고를 만들어 여름철에 얼음을 사용할 때 가장 중시한 게 이 두 가지, 장례와 제례였습니다.

특히 조선시대 동빙고는 순전히 왕실 제사용 얼음만 보관했던 곳입니다. 서빙고는 고위 관리들에게 하사할 얼음을 보관하는 곳으로, 조선 초기에는 그 규모가 동빙고의 여덟 배 정도가 될 만큼 가장 큰 빙고였습니다. 동빙고·서빙고·내빙고 세 곳에 저장된 얼음 덩어리의 수는 20만 덩어리 안팎이었습니다.

얼음이 귀했기 때문에 우선 여름철 장례와 제사 때 사용했지만, 그렇게 사용하고도 남는 얼음이 있었습니다. 왕실에서는 필요한 것보다 훨씬 많은 얼음을 비축하고 있었습니다. 이렇게 남은 얼음은 약용 얼음으로 쓰였습니다. 왕은 높은 관리가 열병을 앓으면 특별히 얼음을 하사하기도 했고, 동서활인서(빈민의 의료를 도맡은 관아)의 열병 환자 치료를 위해 얼음을 내놓기도 했습니다. 약용이라고 해도 얼음은 열을 내리는 것 말고 특별한 효능이 있지는 않다고 합니다.

장례, 제례, 그리고 열병 치료 외에 얼음은 더위와 갈증을 해소하는 데도 쓰이죠. 얼음을 이용한 대표적인 여름 간식이 얼음 꿀물이었습니다. 고려 말부터 조선 초까지 활동한 문신 이색은 여름철 얼음에 관한 시를 세 편 썼는데 모두 얼음을 받던 좋은 시절을 회상하는 내용입니다. 한 시에서는 여름날 병상에 누워, 길거리 곳곳에서 얼음 꿀물을 타 마시던 시절을 그리워했습니다. 얼음 꿀물은 특별한 지위에 있는 사람들에 한정되었지만, 더위에 지쳤을 때 얼음을 넣은 꿀물을 먹었다니 일종의 약으로 볼 수도 있을 겁니다. 왕실에서는 연산군이 얼음으로 냉방을 만들어 더위를 이겨냈다는 기록도 있습니다. 적어도 얼음에 관해서는 지금의 우리가 옛날의 왕보다 호사스러운 생활을 한다고 자부해도 되겠죠?

얼음 캐기의 고단함

얼음을 사용하는 일부 계층의 호화로운 생활 뒤에는 수많은 백성의 고통이 있었습니다. 엄동설한에 땀 흘린 백성들이 있었기에, 왕과 신하를 비롯해 여러 양반들이 한여름에도 얼음을 쓸 수 있었던 겁니다. 얼음은 한겨울에 강이 꽁꽁 얼면 그걸 잘라서 썼습니다. 얼음 캐는 일은 빙역 제도를 통해 전국 각지의 백성들이 해야 했습니다. 각 고을마다 캐야 하는 얼음의 양이 정해져 있었습니다. 빙역으로 얻은 얼음은 각 고을에 지은 빙고에 저장해뒀다가 쓰기도 했지만, 배로 실어 한양으로 날랐습니다. 안정복(1712~1791)은 충청도 목천 현감을 지낼 때, 8개 면 중 4개 면이 1년마다 돌아가며 빙역을 하던 것을 8개 면이 1년마다 돌아가면서 빙역을 하도록 바꿨다고 합니다. 그러면 1개 면이 8년에 한 번씩만 빙역을 하면 되는 거죠. 지방의 관리가 나설 정도로 빙역의 고통이 컸던 겁니다.

빙고의 과학적 원리는 훌륭한데 운영하는 방식은 별로 효율적이지 않았죠? 중국의 운영 방법을 그대로 따라 낮은 신분의 백성들을 부려서 얼음을 모으면 된다고 생각한 겁니다. 얼음을 얻을 수 있는 다른 방법은 없었을까요? 다산 정약용은 곡산 부사로 있을 때 빙역을 없애고 새로운 방법을 시도했는데 그 방법이 《경세유표》에 기록되어 있습니다.

나는 응달진 곳에다 큰 움을 파서 사방을 돌로 쌓고 틈을 회로 발라 얼음 만들 곳을 지었다네. 벽 사이에 틈이 없도록 하여 바깥의 더운 바람이 안으로 들지 못하게 한 것일세. 겨울철 대한 열흘 후쯤, 수일 동안 몹시 추운 날, 나는 얼음 뜨는 사람에게 샘물을 길어다가

움 안에 쏟아 넣도록 했다네. 물을 가득 부었더니 잠깐 동안에 많은 얼음이 만들어졌지. 얼음이 움에 가득해지자 나는 찬 기운을 유지하기 위해 이엉으로 움을 덮었다네. 그렇게 했더니 봄, 여름이 되어 날씨가 따뜻해져도 얼음이 녹지 않고 좋은 상태를 유지하고 있었다네. 하하하. 도성에서도 이런 방법을 쓴다면 백성들이 힘들지 않아서 좋고 나라에서는 돈 아껴 좋은 것 아닌가. 게다가 나라에서 얼음을 독점하여 판매한다면 나라 재정을 튼튼히 하는 데도 도움이 될걸세. 그야말로 일석삼조란 말일세.

안타깝게도 정약용의 생각은 실현되지 않았습니다. 얼린 얼음보다 강의 얼음을 선호했기 때문인데 그 이유는 아직 밝혀지지 않았습니다. 대자연의 법칙에 따라 생긴 얼음을 자연의 순리로 받아들인 게 아닐까요? 그런 얼음의 기운으로 상극의 기운인 더위를 없앨 수 있다고 믿었는지도 모릅니다. 또는 이미 빙역의 전통이 강해서 새로운 시도를 하지 않았을 수도 있죠. 무엇보다 지배층이 명령을 내리면 백성들을 쉽게 부릴 수 있다는 생각이 강하게 뿌리박혀 있었던 것도 중요한 요인이 아니었을까요?

얼음, 일상생활을 바꾸다

18세기 이후 얼음은 일반 사람들의 생활 속으로 파고들었습니다. 얼음의 수요가 조선 초기에는 한 해에 20만 덩어리 정도였는데, 18세기 이후 한 해 150만 덩어리로 늘어났습니다. 2품 이하의 관리들까지 얼음을 사용하기 시작했고, 차츰 일반 백성도 얼음을 쓰기 시작했습니다. 이러한 현상이 가능해진 것은 민간 얼음업자들이 생겨났기 때문입니다. 서울에서만 민간 빙고, 즉 사빙고가 30여 개 생겨났습니다. 사빙고는 한마디로 얼음 가게로, 실질적인 주인은 양반이었습니다. 빙고가 부족해지자 나라에서 높은 관리들에게 사빙고를 짓게도 했고, 얼음을 받아 올 하인이 없는 낮은 관리들에게 할당된 얼음을 사들여 사빙고를 운영하는 사람들도 있었습니다.

얼음의 수요가 왜 이렇게 늘어났을까요? 장례와 제례를 중시하는 유교 문화가 백성에게 확산되면서 생긴 현상입니다. 돈 있는 백성도 여름철 장례와 제사 때 얼음을 사용했을 테고, 얼음의 수요가 늘어나는 만큼 사빙고의 공급도 늘어나면서 얼음 값도 저렴해졌습니다.

이렇게 얼음이 널리 보급되면서 식품류 유통에 대변화가 일어났습니다. 어류와 육류의 판매가 급증한 겁니다. 이전에는 얼음을 쓰지 않았기 때문에 생선은 자반고등어처럼 소금에 절이거나 동태처럼 얼린 생선이 대부분이었습니다. 쇠고기는 바로 요리하지 않는다면 육포밖에 만들 수 없었죠. 그런데 얼음이 보급되면서 싱싱한 생선과 고기의 보급이 가능해졌고, 생선 시장과 푸줏간은 활기를 띠었습니다. 심지어 얼음을 실은 냉장선도 등장해 멀리서 갓 잡은 생선을 서울까지 실어 날랐습니다. 팔딱팔딱 뛰는 생선 같은 변화가 조선 후기에 나타난 겁니다.

오늘날과 같은 냉장고가 나오기 전에 쓰였던 나무 냉장고. 냉기가 빠져나가지 않도록 문을 튼튼하게 만들었다. 얼음은 맨 위 칸에 넣고, 아래에는 음식을 넣어 보관했다.

1876년 독일의 카를 폰 린데가 암모니아를 냉매로 사용해서 물을 얼리는 냉장고를 만들면서, 채취한 얼음을 저장하는 빙고는 기계식 냉장고로 대체되었습니다. 20세기 초반 우리나라에도 냉장고가 도입되면서 더는 강에서 얼음을 채취할 필요가 없어졌습니다. 일제강점기에 생긴 팥빙수에도 기계식 냉장 기술로 얻은 얼음을 썼을 겁니다.

"케키나 하드!" 1970년대 전후에

아이스케키 통. 아이스케키는 아이스케이크를 일본식으로 발음한 것이다. 단맛이 나는 얼음에 막대기를 꽂았을 뿐이지만 달콤한 여름 간식이었다.

는 이렇게 외치며 아이스크림을 파는 사람들이 있었습니다. 촉감이 부드러운 것을 케키, 딱딱한 것을 하드라고 했죠. 어떤 아저씨는 손수레에 간단한 냉장 통을 싣고 다니며, 즉석에서 하드를 만들어내기도 했습니다. 그 통은 마치 하드를 뽑아내는 요술 단지 같았죠.

석빙고는 오늘날 아무 쓸모가 없을까요? 그렇지 않습니다. 석빙고의 원리는 에너지 절약 차원에서 앞으로 더욱 각광받을 친환경 기술입니다. 실제로 한국지질자원연구원에서는 별도의 장치 없이도 일정한 온도를 유지하는 석빙고의 원리를 응용해 산속의 지하 동굴에 저장 시설을 만들었습니다. 석빙고의 원리를 이용하면 보통의 냉장 시설보다 에너지를 30퍼센트 이상 절약할 수 있다고 합니다. 국내외 여러 산업체에서 석빙고의 원리에 주목하고 있습니다.

뜨끈한 온돌의 역사

10

우리나라의 독특한 문화, 온돌

영국에서 1년 동안 생활하던 시절, 많이 생각난 것 중 하나가 온돌방이었습니다. '뼛속까지 오슬오슬하다'는 말이 실감 날 때면 '따끈따끈한 온돌 아랫목에 몸을 지지고 싶구나!' 하는 생각이 절로 났습니다. 우리나라에서 민속학을 개척한 손진태 선생도 일본 생활에서 온돌의 그리움을 이렇게 표현한 바 있습니다.

따뜻한 온돌의 맛을 떠난 지 손꼽아 헤아려보니 벌써 8년이 되었다. 성냥개비를 발라 맞춘 것 같은 일본 집에서 겨울을 지내기는 정말 어렵다. 창틈, 벽 틈으로 기어들어 오는 바람, 화롯불을 안고 앉으면 겨우 손바닥이 따뜻할 따름이다. 손등을 덥히고자 하면 다시 바닥이 차 온다. 할 수 없이 이불을 펴고 그 속에서 책을 보면 한 시간이 못 되어 잠이 온다. 우리나라에서는 삼동(겨울 세 달)의 긴 밤을 이용해 독서했었는데. 우리는 온돌에서 나고 온돌에서 자랐으며 온돌에서 죽을 것이다.

– 〈온돌예찬〉, 《별건곤》 12·13호(1928)

온돌은 우리나라의 독특한 문화이기 때문에 온돌을 경험한 외국인이면 누구나 한마디씩 남겼습니다. 그 가운데 동아시아 전역을 여행한 독일인 기자 겐테 씨의 이야기는 이렇습니다.

주민들이 장작 등 땔감을 아궁이에 집어넣으며 불을 피우는 몸에 밴 능숙한 솜씨를 보면 감탄하게 된다. 추운 겨울철에 따뜻한 방에서 아늑하게 몸을 녹일 수 있는 이처럼 뛰어난 난방 기술을 지닌 민족은 동아시아 전역을 통틀어 한국인밖에 없다. 중국인들은 실내의 벽 한구석에 연통 난로를 두고 자면서 짚으로 불을 때기 때문에 화재가 발생할 위험이 도사리고 있다. 일본인들은 대체로 한국이나 중국 같은 난방법을 모르고 산다. 그저 방 안에 작은 화로를 놓고 차가운 손을 덥히는 정도의 매우 소극적인 난방법이다. 따라서 추운 겨울에 뜨끈하고 훈훈한 온돌방에서 지낼 수 있는 한국인들은 그들의 우수한 난방 기술에 긍지를 가지고 자랑할 만하다.

– 《독일인 겐테가 본 신선한 나라 조선》(1901)

먼저 '온돌'과 '구들'이라는 용어에 대해 잠깐 살펴봅시다. 구들은 '구운 돌'이란 뜻의 우리말로 조선 초기 기록에 등장하는데 이보다 앞선 시대부터 사용하다가 한글이 창제되면서 기록된 용어입니다. 지금도 온돌을 만들 때 방바닥에 돌을 깐 부분을 구들장이라고 하죠. 온돌은 '따뜻할 온溫'과 '불룩하게 튀어나올 돌突' 또는 '굴뚝 돌堗'을 쓴 한자어입니다. 굴뚝 돌 자는 고려시대의 문헌부터 보입니다. 구들이나 온돌은 뜻이 같고 모두 널리 쓰였기 때문에 둘 중 어느 것이 더 적절한 용어라고 말하기는 힘듭니다. 다만 어떤 사람들은 순우리말인 '구들'이 한자어인 '온돌'보다 더 정겹다고 합니다. 이 책에서는 특별한 경우가 아니라면 우리에게 익숙한 온돌이란 말을 주로 사용하겠습니다.

온돌의 과학적 원리

간단히 말해서 온돌은 아궁이에 불을 때어 방바닥에 깔린 돌(구들장)을 데워 방을 따뜻하게 하는 것입니다. 이러한 원리는 열의 세 가지 전달 방식, 즉 전도, 복사, 대류 중 어느 것에 속할까요? 전도는 열이 있는 물체에 접촉했을 때 뜨거움을 느끼는 것입니다. 요리 도구에 열이 전달되어 음식이 익는 것도 전도 현상의 하나죠. 뜨거운 온돌 바닥만 보면 전도가 맞지만, 온돌방 공기 전체가 뜨거워지는 것은 '복사'로 설명됩니다. 복사란 열이 사방으로 퍼지는 것을 말합니다. 태양의 열이 우리에게 전달되는 것, 난로 곁에 있으면 따뜻함이 전달되는 것 등이 대표적인 열의 복사죠. 상온보다 뜨거워진 온돌은 적외선 복사 에너지를 내보내고, 적외선 복사 에너지를 잘 흡수하는 우리 몸이 금세 열을 전달받아 따뜻해지는 겁니다. 이러한 점이 온돌의 가장 큰 특징입니다.

사실 온돌의 원리는 대류에도 속합니다. 대류는 뜨거운 공기가 위로 올라가고 상대적으로 차가운 공기는 아래로 이동하면서 기체나 액체가 골고루 가열되는 현상입니다. 대부분의 실내 난방은 따뜻해진 공기의 대류를 통해 이루어집니다. 온돌도 여기에 포함되죠.

온돌의 효율은 어떻게 높일까요? 온돌의 핵심 기술은 구들장이 오랫동안 식지 않게 하는 데 달려 있습니다. 그러기 위해서는 우선 구들장으로 쓰는 돌이 중요합니다. 운모, 편마암, 화강암 등 열의 보존과 전도가 잘되는 것을 구들장에 쓰는 이유죠. 다음으로, 열기를 오래 붙잡아둬야 합니다. 구들장이 채 달궈지기 전에, 또는 달궈지고 나서도 열기가 금세 빠져나가면 안 되니까요. 그래서 개자리를 만듭니다. 개자리는 말 그대로 '개가 앉는 자리'를 뜻합니다. 열기와 연기를 빨아들이고 머물게 하면서 한꺼번에 진행하는 걸 막는 장치로, 웅덩이처럼 파서 만듭니다. 열기와 연기가 고여 있으니 따뜻하겠죠? 그러니 개들이 잘 앉는다고 해서 그렇게 부르는 겁니다.

그리고 구들장을 데운 연기가 굴뚝으로 잘 빠져나가야 온돌의 효율이 높아집니다. 행여 연기가 아궁이 쪽으로 거꾸로 나간다면 부엌에 연기가 가득 차고, 화재의 위험도 따르겠죠. 또한 구들장 위로 연기가 올라가 방으로 새어들지 못하도록 진흙으로 구들장 사이의 틈을 완벽하게 메우는 것도 중요합니다.

고래는 열기를 통과시켜 온돌에 고루 열을 전달하는 고랑입니다. 보통 네 줄 이상으로 만드는데, 허튼고래, 곧은고래, 부채고래, 여러아궁이고

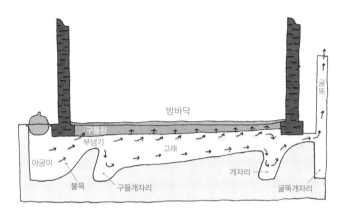

열을 전달하고 보존하는 온돌의 구조.

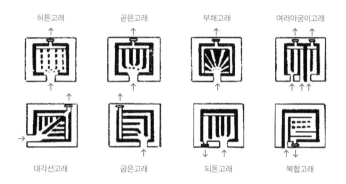

다양한 형태의 고래. 화살표는 아궁이에서 굴뚝으로 나가는 열기의 방향이다.

래, 대각선고래, 굽은고래, 되돈고래, 복합고래 등 형태가 다양합니다. 이러한 고래는 윗목으로 갈수록 높아집니다. 왜 그렇게 만들까요? 아궁이 쪽과 가까운 아랫목은 불길이 세고 윗목은 그렇지 않으니, 윗목으로 갈수록 구들장과 고래 사이를 가깝게 한 것입니다. 같은 이유로 윗목은 구들장도 아랫목보다 얇은 걸 씁니다.

온돌은 어떻게 오랫동안 열기를 보존하는 걸까요? 아궁이에 불을 지피면 아궁이 속에 갇혀 있던 공기가 가열되죠. 뜨거워진 공기는 연기와 함께 아궁이 위쪽으로 빠르게 올라갑니다. 이때 뜨거운 공기는 위로, 차가운 공기는 아래로 이동하는 열대류 현상이 일어납니다. 그 결과 아궁이에서 데워진 열기가 고래 속으로 들어갑니다.

아궁이에서 위로 올라간 열기는 '부넘기'라고 하는 좁은 통로를 만나게 됩니다. 혹시 베르누이의 정리라고 들어보셨나요? 공기나 액체와 같은 유체는 넓은 곳에서 좁은 곳으로 이동하게 되면 속력이 빨라지고 압력은 낮아진다는 법칙입니다. 온돌의 열전달 과정에서도 넓은 아궁이에서 좁은 부넘기로 열기가 이동할 때 이동 속력은 빨라지고, 열기의 압력은 낮아지게 됩니다. 부넘기를 지나면서 열기는 빠르고 효과적으로 구들개자리로 넘어갑니다.

부넘기를 넘어서 구들개자리로 들어가면 어떤 현상이 일어날까요? 이때는 열기가 부넘기로 이동할 때와 정반대 현상이 나타납니다. 부넘기의 좁은 통로에서 구들개자리의 넓은 통로로 열기가 이동하기 때문입니다. 구들개자리에서 열기의 속력은 급격히 떨어지고 천천히 흐르는 소용돌이 모양으로 한동안 머물게 됩니다. 이처럼 구들개자리는 일종의 열기 저장고와 같은 역할을 합니다.

쪽구들이 생겨나 온돌이 확산되기까지

온돌은 우리나라 고유의 기술입니다. 온돌과 비슷한 난방 시설은 한반도 북쪽 지방에서도 찾아볼 수 있는데 방 일부에만 온돌을 놓는 형태입니다. 이런 형태는 방 한쪽에만 온돌을 놓는다고 해서 '쪽구들'이라고도 하죠. 쪽구들은 바닥에 흙으로 직선 또는 기역(ㄱ) 자 꼴이 되게 침상을 만들고, 아궁이는 방 안에 있어서 불을 방 안에서 때는 구조입니다.

온돌의 역사에서 살펴볼 것은 첫째, 쪽구들의 기원지, 둘째, 쪽구들이 온돌로 바뀐 시기, 셋째, 온돌이 전국에 확산된 시기입니다. 쪽구들은 고구려 시대부터 쓰기 시작하여 한반도와 중국 북부로 퍼져나갔다는 학설이 오랫동안 지배적이었습니다. 민속학자 손진태 선생이 이러한 학설을 처음으로 제시했죠. 그는 여러 역사 문헌을 검토하여 이런 결론을 내렸습니다. "온돌은 우리나라 사람의 특수한 산물이다. 세계에 유례가 없는 우리의 귀중한 산물이다. 온돌은 천사오백 년 전 고구려 영토인 평안도, 황해도, 함경도 등지에서 발생했다. 그것이 점점 신라와 백제에 전해지는 한편, 만주와 중국 북부까지 전파되었다." 이 학설은 고구려 이후의 온돌에 한해서 지금까지도 학계에서 정설로 받아들이고 있습니다.

그렇다면 고구려 쪽구들의 기원지는 어디일까요? 역사학자 송기호 선생은 한반도와 중국 북부, 러시아 연해주 지역의 고고학적 연구 전반을 검토해서 의미 있는 설명을 내놓았습니다. 고구려 이전, 아무리 늦어도 180년 이전(빠르면 기원전 8~9세기경)에 함경도 북쪽에 있던 부족 국가 북옥저에서 쪽구들이 생겨났고 그것이 고구려로 전해졌다는 겁니다.

우리가 알고 있는 온돌은 언제 등장했을까요? 늦어도 고려 말기에서 조선 초기에 등장했다고 합니다. 온돌은 특수한 상황에서 만들어졌는데 주로 병자나 노인의 병을 돌보기 위해 마련되었습니다. 방 전체를 따뜻하게 데워 더 많은 병자와 노인을 돌본 겁니다. 이 사실은 고려시대에 세워진 강화도 선원사에서 온돌이 발굴되면서 확인되었습니다. 이 시기에 만들어진 온돌은 이전의 쪽구들과 달리 고래 수가 네다섯 개 또는 그 이상으로 늘어났습니다. 이건 방 전체를 구들장으로 덮었음을 뜻합니다. 이와 함께 방 안에 있던 아궁이도 방 바깥으로 나가게 되었습니다. 이제는 방 안에서 불을 때지 않게 된 거죠.

온돌이 전국에 확산된 건 언제부터일까요? 1624년(인조 2년) 실록에는 사대부 집의 노비들까지 온돌방에서 지냈다고 기록되어 있습니다. 18세기에는 성대중(1732~1809)이라는 사람이 국내외 신기한 이야기를 모은 《청성잡기》에 온돌 보급에 대한 흥미로운 기록을 남겼습니다.

온돌이 유행하게 된 것도 김자점(1588~1651)으로부터 시작되었다. 옛날에는 방이 모두 마루여서 큰 병풍과 두꺼운 깔개로 한기와 습기를 막고 방 한두 칸만 온돌을 설치해서 노인이나 병자를 거처하게 하였다. 인조 때 도성을 둘러싼 산에 솔잎이 너무 쌓여 여러 차례 산불이 나자, 임금께서 이를 근심하였다. 이에 김자점이 서울 각 지역의 집집마다 명해 온돌을 설치하게 하자고 청하였으니, 이는 오로지 솔잎을 처치하기 위한 것이었다. 사람들이 모두 따뜻한 걸 좋아하여 너나없이 이 명령을 따라 얼마 안 가서 온 나라에 온돌이 설치되었다.

이 기록은 17세기에 온돌이 보급되었다는 실록의 기록과 일치하지만, 온돌의 보급이 도성 내 산불을 막기 위해서였다는 부분은 의심스럽습니다. 도성 내 산불에 관한 이야기가 실록에서는 보이지 않거든요. 인조 이

전인 선조 때에는 궁궐 안에 온돌이 극히 드물었다는 기록이 있는데, 인조 때에는 온돌이 너무 늘어나 궁궐 안 건물의 온돌을 마루로 바꾸라고 한 여러 기록이 남아 있습니다. 인조 전후로 온돌이 크게 늘어났음을 짐작할 수 있죠.

17세기 후반 이후에는 온돌이 놀랄 만큼 널리 보급되었습니다. 이익은 자잘한 지식을 모은 《성호사설》에 "비록 천한 종들이라도 따뜻한 방에서 잠을 자지 않는 자가 없다"라고 썼습니다. 1765년(을유년)부터 1766년(병술년)까지 청나라에 다녀온 홍대용은 《을병연행록》에 "(조선의) 도성 바깥의 집들은 팔구 할이 초가집이었는데 침실은 모두 온돌로 되어 있다"고 기록한 바 있습니다.

우리 온돌의 문제점

1780년 박지원은 압록강 건너 청나라 사람 집에 머물 때 그들의 '캉', 즉 쪽구들을 경험했습니다. 캉은 중국의 전통 온돌로, 송나라 사신 서긍은 《고려도경》에서 불 화火에 구덩이 갱坑을 써서 '화갱'이라 칭한 바 있습니다. 박지원은 중국의 쪽구들 바닥이 한결같이 고르고 골고루 따뜻한 데 감탄했습니다. 아궁이부터 부넘기, 개자리, 굴뚝에 이르는 설계가 매우 정밀해서 열기가 효율적으로 전달될 뿐 아니라 연기가 새지 않았던 겁니다. 그런데 똑같은 쪽구들을 보고 일행인 변계함이 불평하자, 박지원은 청나라 쪽구들의 장점을 조목조목 설명했습니다. 그 내용이 《열하일기》에 다음과 같이 실려 있습니다.

"이곳 쪽구들은 아무래도 이상해요. 우리나라 온돌만 못한 것 같습니다."

"왜? 못한 까닭이 무엇이지?"

"이곳 쪽구들 위에 깐 장판지를 보십시오. 쭈글쭈글 형편없지 않습니까?"

"겉만 보지 말고 속을 자세히 보게나, 이 사람아! 이곳 쪽구들은 벽돌을 써서 고래를 만들지 않았나. 벽돌을 쓰니 바닥의 높이가 일정하고, 구들장에 틈새가 생기지 않는군. 부뚜막 옆은 또 어떤가? 큰 항아리만큼 땅을 파고 그 위를 돌로 덮어 구들장 놓는 바닥과 나란히 했다네. 묘하게도 땅을 판 그 공간에서 바람이 일어나 불길을 부넘기로 몰아넣고 있지 않는가. 굴뚝 또한 대단하다네. 커다란 항아리 정도의 깊이로 땅을 판 후 벽돌로 지붕 높이만큼 굴뚝을 쌓아 올렸다네. 연기가 구덩이에 고이면 바깥 공기가 그것을 잡아당겨 굴뚝 밖으로 재빨리 빠져나가도록 하지 않는가."

"아, 이 구들 속에 그런 놀라운 이치가! 사람이나 구들이나 겉만 보고 판단하면 안 된다는 걸 깨달았습니다."

"이야기가 나온 김에 내 우리나라 온돌의 흠 여섯 가지를 일러줌세. 아직 이를 말하는 사람을 못 봤다네. 자네는 떠들지 말고 조용히 들어보게나.

벽돌을 쓰지 않고 돌을 쓰기 때문에 고래의 높이가 일정치 않다는 게 첫째 흠일세. 조그만 돌로 구들장을 괴어서 고르지 못한 부분을 보완하고 있기는 하나 불길에 돌이 타고 흙이 마르면 그게 곧잘 허물어진다네. 구들장 돌이 울퉁불퉁하다는 게 둘째 흠일세. 옴폭한 데는 흙으로 메워서 평평하게 하지만 방바닥은 고루 데워지지 않게 되지. 고래가 높고 넓어서 불길의 흐름이 원활치 못하다는 것이 셋째 흠일세. 원래 넓은 곳에서 좁은 곳으로 바뀌어야 불길이 빨라지는데 고래가 너무 넓고 높아서 불길이 제대로 흐르지 않는 게지. 게다가 고래 사이의 벽이 성기고 얇아서 곧잘 틈이 생기므로, 바람이 새고 불이 내쳐 연기가 방 안에 가득하게 됨이 넷째 흠일세. 부넘기가 목구멍처럼 확 좁아지도록 만들어져 있지 않아 불길이 안으로 빨려 들어가지 않고 아궁이 끝에서만 남실거림이 다섯째 흠일세. 마지막으로 온돌을 짓고 나서 완전히 말리려면 적어도 땔나무가 백 단은 들고, 열흘 안으로 집에 들어갈 수 없음이 여섯째 흠일세. 게다가 굴뚝 만드는 기술이 정교하지 않아 생긴 틈 때문에 불이 자주 꺼지거나 불길이 아궁이로 거꾸로 달려 나오는 경우가 적지 않다네. 이곳 쪽구들은 어떤가? 벽돌 수십 개만 깔아놓으면, 웃고 이야기하는 사이에 벌써 몇 칸 온돌이 이루어져서 그 위에 누워 잘 수 있을 것이니, 그 어찌 대단치 않은가, 하하하. 난 이 방법을 꼭 우리나라에 소개하고 싶다네."

청나라의 쪽구들을 그대로 받아들이려면 우리 온돌의 규모를 훨씬 줄여야 하는 문제가 있었습니다. 물론 벽돌로 고래와 굴뚝을 만드는 법 등은 우리 온돌에서도 쓸 만한 기술이었죠. 그 후 우리 온돌 규모를 유지하면서 박지원이 말한 문제점을 개선한 신기술이 개발되었습니다. 19세기 후반 부유층 집에서 쓰기 시작한 이중구들장 방법이 대표적입니다.

이중구들장 기술의 핵심은 방바닥을 고르게 하고, 윗목과 아랫목을 골

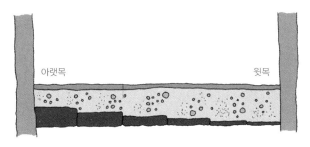

이중구들장

고루 따뜻하게 하는 데 있습니다. 불길이 아궁이 쪽은 맹렬하고 굴뚝 쪽은 시들하기 때문에 아랫목만 따뜻하고 윗목이 차게 됩니다. 이런 차이는 어떻게 줄일까요?

아궁이 쪽은 뜨거운 불길이 좀 늦게 닿도록 온돌을 두껍게 깔고, 굴뚝 쪽은 온돌을 얇게 깔면 됩니다. 그런데 이렇게 하면 방바닥이 굴뚝 쪽으로 경사가 생기는 문제가 생기죠. 바로 이 문제를 해결하기 위해 이중으로 구들장을 깐 겁니다. 두 겹의 구들장으로 방바닥을 평평하게 만들려면 어떻게 해야 할까요? 굴뚝 쪽으로 기울어진 구들장 위에 무엇인가를 깔면 됩니다. 구들장과 구들장 사이에 자갈 같은 것을 채워 넣어도 되겠죠.

이중구들장은 두 가지 큰 장점이 있습니다. 첫째, 구들장이 한 겹일 때보다 열을 간직하는 곳의 부피가 크게 늘어납니다. 둘째, 아궁이가 경사져 있어서 열기가 아궁이에서 먼 굴뚝 부위의 구들장까지 달굽니다. 뜨거운 공기가 위로 올라가는 속성 때문이죠.

온돌이 바꿔놓은 생활

온돌의 보급은 예기치 않은 문제도 불러일으켰습니다. 서유구는 이 점을 《임원경제지》에서 날카롭게 지적했습니다. 먼저, 너도나도 땔감을 때다 보니 땔감이 귀해졌습니다. 일반 백성들은 수입의 절반을 땔감에 써야 할 정도가 되어버렸죠. 웬만큼 큰 마을 근처의 산은 백 리 안에 나무 한 그루 찾아보기 힘들 정도로 헐벗게 되었고, 집을 짓거나 장례 치를 관에 쓸 나무를 마련하는 것조차 힘들어졌습니다. 산이 헐벗으니 빗물에 흙이 씻겨 내려가 하천에 쌓이고, 강바닥이 높아져 조금만 큰비가 내려도 하천이 범람해 시내와 논밭을 휩쓸게 되었습니다. 범람한 물속의 오물은 콜레라 같은 전염병까지 일으켰습니다.

조선 후기 통신사로 일본에 갔던 사람들은 "온돌 없는 일본이 겨울철에 참 춥구나"라고 생각하면서도 어디를 가든 나무가 빽빽한 산이 부러웠습니다. 그러한 통신사 가운데 한 명인 조명채는 1748년에 이렇게 썼습니다. "온돌에 불 때지 않고 음식은 부엌에서 차릴 필요가 없어 소나무·삼나무처럼 큰 목재를 베는 일이 드물어 가는 곳마다 산과 언덕이 무성하게 우거졌다."

물론 일본이 산림을 보호하려고 온돌을 일부러 금했던 건 아닙니다. 기후와 풍토가 조선과 달랐기 때문이죠. 조선이 온돌을 쓰게 된 가장 큰 이유는 산림이 풍부해서였을지도 모릅니다. 어디든 산에 나무가 빽빽했으니 연료에 대한 부담이 없었던 거죠. 이처럼 난방 기술은 기후와 환경에 따라 나라마다 다르게 발달해왔습니다. 중국 남부 지역의 화로, 일본의 다다미, 유럽의 벽난로, 러시아의 페치카, 에스키모의 이글루 등이 다 그

김홍도의 〈윷놀이〉 속에는 땔감을 해 온 지게를 내려놓고 노는 아이들의 모습이 담겼다. 땔감을 잔뜩 지고 오는 아이도 보인다. 당시에는 밥을 짓고 온돌을 데우려면 땔나무를 부지런히 날라야 했다.

런 예죠. 그러니까 난방 기술의 우열을 따지기에 앞서 이런 차이를 살피는 게 필요합니다.

마지막으로 기술은 문화의 변화를 일으킨다는 점을 이야기하고 싶습니다. 조선에서는 온돌 덕분에 바닥에 앉아서 생활하는 좌식 문화가 발달했습니다. 그 결과 각종 가구의 형태와 용도도 바뀌었습니다. 땔감이 점차 귀해지면서 며느리와 시어머니가 한 방에서 지내기도 하고, 바깥채에서 지내던 남자가 온돌이 깔린 안채에서 생활하기도 했습니다. 그토록 완강했던 삼강오륜의 문화도 변화하기 시작한 겁니다. 또 온돌과 부뚜막을 두고 어른과 아이, 남자와 여자, 손님과 주인이 차지하는 공간의 차이나 서열이 새롭게 형성되어갔습니다.

한국 수공업 기술의 기원

오늘날 코리아(남북한 모두)라고 부르는 한반도와 인근 지역에도 세계의 다른 지역처럼 매우 오래전 살았던 인류의 흔적이 남아 있습니다. 한국사에서 구석기시대는 남북한 학자 간 이견이 커서 상한을 약 70만 년 전으로 보기도 하고 20만 년 전으로 보기도 합니다. 신석기시대는 기원전 1만 년~기원전 8000년에서 기원전 2000년~기원전 1500년까지로 봅니다. 청동기시대는 기원전 1500년~기원전 300년, 철기시대 전기는 기원전 300년~기원전 1년, 철기시대 후기는 기원후 1년~300년으로 편년을 잡습니다. 이 가운데 철기시대는 고고학적 유물과 함께 문자 기록이 조금 전해집니다. 대체로 학계에서는 한국 최초의 고대국가로 간주하는 위만조선(기원전 194~기원전 108)을 역사시대의 시작으로 봅니다.

한민족의 기원은 어느 시대까지 거슬러 올라갈까요? 방사선 동위원소 측정으로 수십만 년 전, 심지어 백만 년 전 유물도 남한과 북한 지역에서 보고되었지만 그런 유물은 일반적으로 학계에서 인정받을 수 있는 정확한 유물조합상과 연대를 보여주지 못하고, 이러한 연대를 입증할 만한 지질학과 고생물학적 증거도 뚜렷하지 않습니다. 게다가 이들 유적에서 출토된 동물 화석군과 석기를 포함한 유물을 한반도 이외의 지역, 즉 중국이나 시베리아 지역과 비교해야 하는데 그 작업도 만만치 않아서 이 시대를 한민족의 기원으로 단정 짓기는 힘듭니다. 이와 달리 다음 단계인 20만 년 전을 전후한 시대는 가설 수준이지만 북방 시베리아,* 몽골 등의 구석기 문화와의 계통적 연결이 추론되며, 또 유적이 한반도 전역에 걸쳐 분포가 확인된다는 점에서 한반도와 주변을 근거로 삼은 민족과 문화의 기원에 대해 어느 정도 실마리를 제시합니다.

석기 사용을 중심으로 전반적인 흐름을 살펴본다면, 구석기시대를 아직 한민족의 기원으로 단정 짓지는 못하지만 이 시기 사람들의 자취는 뗀석기의 제작과 사용에서 시작하여, 4만 년 전에서 3만 5천 년 전인 후기 구석기시대 유물로 추정되는 슴베찌르개를 비롯하여 2만 5천 년 전 흑요석이나 규질혈암과 같은 돌로 정교하게 만든 돌날과 잔돌날 기술에 이릅니다. 이처럼 인간의 기술은 느리지만 꾸준히, 그리고 시간이 지나면서 비교적 빠르게 변화해왔습니다.

신석기시대에 이르면 돌화살촉과 돌도끼 등 다양한 간석기가 만들어져 사용되었습니다. 특히 돌괭이, 갈판·갈돌 등 여러 농경 도구가 알려져 있습니다. 청동기시대에는 금속기술이 도입되기는 했지만 실생활에서는 간석기가 성행했습니다. 돌화살촉이나 돌도끼, 돌칼 등 다양한 석기가 식량 생산과 수확, 그리고 목공 등 실생활에 사용되었습니다. 또한 사회 변화를 보여주는 간돌검이나 옥과 같은 유물이 나오고 있습니다.

---

* 예니세이강 상류의 카멘니로그와 라즈로그. 이 유적은 민델~리스 간빙기층으로 20만~40만 년 전까지 거슬러 올라갈 수 있다.

청동기시대는 석기시대와 논의의 차원이 다릅니다. 금속의 제련과 합금을 수반한 도구 제작은 석기 제작과는 다른 차원의 기술혁신과 고도의 숙련된 전문 지식, 분업화, 생산 조직, 그리고 각종 금속 재료의 유통을 위한 광범한 교역망 확충이 전제되므로 사회구조의 근본적인 변화와 맥을 같이합니다. 게다가 금속의 제련, 특히 청동기의 제련과 합금 및 주조는 형태와 색조 면에서 금속 자체가 주는 아름다움, 즉 당시 사람들의 심미적 취향과 선호를 반영하기도 해서 청동기로 몸을 치장해 각자의 정체성을 형성하고 자의식과 주체의식을 표현하려는 과정도 보여줍니다. 그뿐 아니라 청동기는 원재료를 구하기가 비교적 쉬운 석기와 철기에 비해, 동광 산지는 물론이고 주석, 아연 등 청동기 주조에 반드시 필요한 금속 재료의 산지가 매우 제한적입니다. 이 점에서 청동기의 제작과 소유는 당시의 사회 시스템을 반영하거나 그 사회체계가 유지될 수 있는 기제를 마련하기도 합니다.

한반도 청동기시대의 대표적인 유물은 비파형동검을 비롯하여 청동거울, 청동도끼, 방울 소리를 내는 동탁銅鐸, 그리고 동끌, 동화살촉 등이며, 요동 지방과 달리 각종 차마구車馬具와 예기(제기) 등은 한반도에서 출토되지 않았습니다. 한반도 청동기시대의 경우, 청동단검이 출현한 시기 이후와 그 이전 시기로 구분하기도 합니다. 청동기시대의 상한은 기원전 1500년에서 기원전 1000년으로 보는데, 의주 지역에서 출토된 청동손칼·청동단추의 추정 연대가 그렇게 나왔기 때문입니다. 또 한반도와 주변 여러 지역에서 출토되는 비파형동검(요령식동검)의 제작 시대는 기원전 9세기에서 기원전 8세기로 봅니다. 그 시기는 중국 요서지방 남산근南山根의 석곽묘에서 한반도의 비파형동검과 비슷한 형식의 것이 춘추시대 초기의 청동 예기禮器와 함께 출토된 것을 근거로 합니다.

한반도와 그 이웃 청동기 가운데 기술적인 특징에 주목하여 전상운 선생은《한국과학사》에서 한국형 청동검(세형동검), 2개의 꼭지가 달린 굵은줄무늬 청동거울과 가는줄무늬 청동거울을 한국에만 있는 독특한 청동기로 보았습니다. 중국에서는 거의 찾아볼 수 없는 이 청동검과 청동거울은 청동기시대 지배자들의 권력을 상징하거나 종교적인 의기로 쓴 것으로 추정됩니다. 이 청동기들은 디자인이 매우 독특하고 주조 기술이 뛰어나서 한국의 청동기 기술이 높은 수준에 있었음을 말해줍니다.

고고학계에서는 삼국 초기의 문화적 특징으로 청동기의 실용성 소멸, 철기 생산의 보급 및 확대, 삼한 중 변한의 김해 토기 출현, 농경(벼농사)의 발전, 고인돌(지석묘)의 소멸, 돌덧널무덤(석곽묘)의 발달 등을 듭니다. 이런 고고학적 발굴 성과에 힘입어 문헌사학에서 해결할 수 없었던 초기국가 형성 및 발전 단계를 유추할 수 있으며, 이로부터 이후 진행된 한국문명의 원초적 모습을 확인할 수 있게 되었습니다. 이 중 여기서는 수공 기술품의 일단만을 제시하고자 합니다.

고고학적으로 지배층이 향유했을 장식품도 많이 발굴되고 있습니다. 마한과 예濊계 집단의 영역의 경우 장신구로는 옥을 사용했는데, 유리·천하석·마노·연옥·수정·호박 등의 재료로 만들었습니다. 진한과 변한의 영역에서도 장신구는 역시 옥이 사용되었는데, 널무덤에서는 주로 유리구슬이, 덧널무덤에서는 그 외에 수정·유리·마노 다면옥과 곱은옥(곡옥曲玉), 금박유리가 나옵니다.

다른 지역에서 들어온 유물도 다수 발견됩니다. 마한과 예濊계 집단의 경우, 낙랑 토기·철경동촉鐵莖銅鏃·청동거울·동전·금박 유리·동탁·청동환 등 외부에서 들어온 유물이 발견되며, 진한과 변한의 경우 주로 청동기로서 전한前漢과 후한後漢의 거울, 북방계 동물 모양 장식품, 단추·솥 등 중국의 유물과 함께 왜倭계 광형동 모廣形銅矛, 야요이토기도 보입니다.

수공업의 제도화와 장인들

공업이란 사람들이 자연을 정복하기 위한 활동입니다. 이 가운데 수공업은 사람들이 자연을 인식하고 개조하는 기술의 수준이 낮은 단계에서 진행되던 공업 형태라 할 수 있습니다. 삼국 고대국가의 지배층은 국가의 권력을 발동하고 경제외적 강제에 의거해 민간의 수공업자를 예속시키거나 부역노동에 동원하여 관청수공업을 조직, 운영했습니다. 자료가 빈약하지만 그나마 이 부분의 내용이 윤곽을 파악할 정도는 전하기 때문에 이를 바탕으로 당시 사회의 수공업 전반을 이해할 수밖에 없습니다.

가장 강성했던 고구려의 관청수공업에 관한 자료는 전혀 없으며, 백제의 관청수공업은 몇몇 관청 이름이 보일 뿐입니다. 백제는 6세기 중반 성왕 때 궁내 기관으로 설치된 마부, 도부, 목부와 궁 바깥 행정기관으로 사군부, 사공부, 주부綢部 등을 설치했습니다. 마부에서는 국왕과 귀족들이 타고 다니는 말과 마구, 수레 등을, 도부에서는 왕과 귀족에게 필요한 칼을 비롯한 각종 금속 무기와 장식물을 제작했을 테고, 목부는 각종 목공품의 생산을 담당했을 것입니다. 사군부는 군사 행정과 함께 국가에서 필요한 각종 무기 생산을,

사공부는 각종 토목건축 공사를, 주부는 각종 직조수공업을 담당한 관청이었을 것입니다. 신라는 삼국 가운데 발전이 가장 뒤늦었지만 7세기에 백제와 고구려 남부를 통합해 영토를 확장하고 10세기 초까지 그 체제를 유지해온 덕택에 상대적으로 자료가 풍부한 편입니다. 신라의 수공업도 백제와 마찬가지로 행정관청의 수공업과 왕궁의 수공업으로 나뉘어 있었습니다.

신라의 중앙행정기구인 집사성에 속한 수공업 관련 관청은 9개입니다. 신라의 6부 체제 중 공조에 해당하는 예작부, 병조에 해당하는 병부, 공장工匠(수공업에 종사하는 장인)을 관리하는 공장부, 수레와 마구를 생산·관리하는 승부, 선박 제조를 담당한 선부, 수도의 성을 수축·개수하는 경성주작전, 궁정 음악과 악기 생산을 담당한 음성서, 회화와 안료顔料 생산을 담당한 채전, 물시계 제작과 관리를 맡은 누각전입니다. 이와 별도로 국가와 관련된 일곱 사원의 관리와 보수를 담당한 별개의 관청이 있었습니다.

신라의 궁정 수공업은 훨씬 다양했는데, 내성 전체 115개 관청 가운데 약 30개가 수공업 관련 관청이었습니다. 여기에는 궁실에서 필요한 온갖 것을 다루는 기술이 망라되어 있는데, 물품 유형별로 보면 철물류, 세공품류, 직물류, 염색류, 가죽제품 제작류, 기타 제품 관련 관사로 구분됩니다.

철물류는 철유전(이후 축야방으로 개명, 이하 괄호 안은 바뀐 이름)에서 다뤘으며, 금·은·동·철·놋쇠·납철 등 금속가공품을 제작하는 일을 맡았습니다. 세공품류는 남하소궁(잡공사)에서 맡았습니다.

직물류는 여러 관청이 관련되었는데, 금전(직금방)에서는 조하금·어아금·금채 등 고급 비단을 짜는 일을, 기전(별금방)에서는 서문금·나금·오색나채 등 고급 견직물을 짜는 일을, 모전(취모방)에서는 각종 모직품을 제작하는 일을, 마전麻典(직방국)에서는 왕실용 의복을 만들고 천을 짜는 일을, 조하방에서는 조하주·어아주 등 비단을 짜는 일을, 소전疏典에서는 누에고치 실을 켜는 일을, 표전에서는 실을 정련한 후 표백하는 일을, 침방에서는 의복과 자수품을 짓는 일을 맡았습니다.

염색류 관아에서는 옷감에 무늬를 찍는 인염과 실을 염색하는 염사 과정을 담당했는데, 소목을 길러 염료를 채취하는 소방전, 직접 인염과 염사를 맡은 관아로 인염을 맡은 찬염전欑染典, 염사를 맡은 염궁, 붉은 염색물을 취급하는 홍전 등의 관사와 함께 염료식물의 재배와 수확을 담당했을 것으로 추측되는 염곡전染谷典, 죄인 가족을 염색 작업에 사역하는 일을 담당한 것으로 추정되는 폭전曝典 등이 있었습니다.

가죽제품 생산도 분화되어 있었는데, 해표피·문피·돈피·수달피 등의 가죽을 다루는 피전(포인방), 가죽을 무두질하는 타전, 직접 가죽제품을 생산하는 관사로서 말 고들개를 제작하는 추전, 가죽으로 대고·소고·요고 등 북류를 생산하는 피타전, 가죽 신발을 담당하는 탑전鞜典과 가죽 장화를 제조하는 화전靴典 등 관련 관청을 통해 일련의 생산 공정을 짐작할 수 있습니다.

이 밖에도 각종 목공품을 제조하는 마전(재인방), 옻칠한 각종 칠기를 제작하는 칠전(식기방), 각종 삼신(생삼으로 거칠게 삼은 신, 마리)을 만드는 마리전, 돗자리를 비롯한 자리를 짜는 석전(봉좌국), 밥상·책상·탁상을 만드는 궤개전(궤반국), 참대 또는 어들로 고리짝·소쿠리 등을 만드는 양전(사비국), 각종 도기와 벽돌·기와 등을 제조하는 와기전(도등국) 등이 있었으며, 수공업으로 볼 수는 없어도 다른 계절에 쓰기 위해 겨울에 채취한 얼음을 보관하는 관청인 빙고전冰庫典도 있었습니다.

전통사회에 필요한 수공업 제도와 공장들은 통일신라 시기에 대부분 갖춰져 있었으며 그 모습이 후대에도 지속됩니다. 고려시대에는 개경과 그 주변에 관공장을, 외방에 소所(특수 행정 구역 중 하나)와 사원에 속한 전업 장인을 두었습니다. 고려 전기에는 관청과 소에서 운영하는 수공업이 중심이 되었습니다. 중앙과 지방의 관청에서는 관청에 소속된 기술자와 부역으로 동원된 농민을 보조 인력으로 활용하여 주로 무기, 비단, 금은 세공품, 마구류 등 국가에서 필요한 물건을 생산했습니다. 아울러 소에서는 먹, 종이, 금, 은, 차, 옷감 등 수공업 제품을 만들어 국가에 공물로 바쳤습니다. 고려 후기에는 민간과 사원에서 수공업이 발전했습니다. 민간 수공업은 농촌의 가내수공업이 중심이었습니다. 국가에서는 베를 짜거나 뽕나무를 심어 비단을 생산하도록 장려했습니다. 특히 사원은 기술이 뛰어난 승려나 노비가 많아서 베, 모시, 기와, 술, 소금 등에서 우수한 제품을 생산했습니다.

조선시대에는 지방의 수공업소를 군현으로 통합하고, 중앙에서는 군기시·선공시·장야서·공조서 등 고려의 관아와 사원 노비를 흡수하는 한편 관청수공업의 종류와 수를 대폭 확대했습니다. 조선시대 장인들은 공조에 속해 있었습니다. 공조는 산림, 소택沼澤(늪과 못), 공장(장인), 영선營繕(궁궐이나 관청 건물의 신축·수리), 도자기, 야금冶金에 관한 일을 관장하는 관청이었습니다. 농업기술과 군사기술은 여기에 포함되지 않고 그 밖에 왕실이나 국가 차원에서 시행해야 할 토목과 건축 공사, 왕실과 관청에 필요한 각종 물품의 제작 등이 공조의 업무였습니다.

이렇게 방대한 공조의 업무는 영조사, 공야사, 산택사 등 3개 하급 관청이 나눠 맡았습니다. 영조사營造司는 궁실宮室, 성지城池(성과 그 주변에 파놓은 못), 관청의 청사, 옥우屋宇(여러 집채), 토목공사, 가죽, 담요 등에 관한 일을 담당했습니다. 공야사攻冶司는 각종 공예품의 제작, 금은·주옥과 동석철銅錫鐵의 가공, 도기, 기와, 도량형 등에 관한 일을 맡았습니다. 산택사山澤司는 공야사攻冶司, 산림, 소택, 나루터, 교량, 궁중의 정원, 종묘種苗, 식목植木, 탄炭, 목木, 석石, 주차舟車(배와 수레), 필묵筆墨, 무쇠, 칠기漆器 등에 관한 일을 맡았습니다.

장인의 존재는 육전 중 〈공전〉에서 규정되었습니다. 정조 때 출간한 《대전통편》〈공전〉의 경공장조京工匠條에서는 중앙의 각 관아에 경공장 2841명을 확보하도록 규정했습니다. 이들은 사기장·야장 등 130개로 나뉘어 공조를 비롯한 봉상시奉常寺·내의원內醫院·상의원尙衣院, 군기시軍器寺, 교서관校書館, 사옹원司饔院, 내자시內資寺, 내섬시內贍寺, 사도시司導寺(쌀·간장 등을 궁중에 조달하던 관청), 예빈시禮賓寺, 사섬시司贍寺, 선공감繕工監, 장악원掌樂院, 관상감觀象監, 전설사典設司, 전함사典艦司, 내수사內需司, 소격서昭格署 옹기장, 사온서司醞署, 의영고義盈庫, 장흥고長興庫, 장원서掌苑署, 사포서司圃署(궁중의 밭이나 채소 담당), 양현고養賢庫, 조지서造紙署, 도화서圖畵署, 와서瓦署, 귀후서歸厚署 등의 관아에 필요로 하는 규모만큼 배속되었습니다. 8도의 각 병영과 주·군·현에는 도합 3656명의 외장인外匠人이 지장紙匠·야장·사기장 등 27개 직종으로 나뉘어 소속되어 있었습니다. 이들은 해당 지방 관아에서 필요한 수공업품을 만들었습니다. 조선 후기에는 관아의 공장 배속, 또는 관아 자체가 유명무실해져 있었습니다.

16세기부터는 장인에 대한 급보[*]· 체아직^{**}· 식비 지급 규정이 지켜지지 않았고, 이들을 가혹하게 수취해 경공장들의 피역과 이탈이 점점 늘어났습니다. 이에 처음에는 결원을 양인과 노비에서 보충하다가 나중에는 군대·보솔保率·한역閑役·관속 등에서 기술이 없는 사람이라도 보충해 기술을 가르쳤습니다. 이러한 방식은 수공업자의 기술 수준 저하를 초래했으므로 연산군 때부터 민간수공업자를 고용하는 방식을 채택해 실시했습니다. 17세기에는 외공장을 포함한 관청수공업자들이 부역하는 대신 포를 납부하는 장인가포제匠人家布制를 시행했습니다. 이후 수공업자의 장적법帳籍法(등록제)은 사실상 해체되었습니다. 18세기가 되면서 관청수공업은 개인수공업자들에게 품값을 지불하고 고용하는 방식이 일반화되었습니다.

---

* 국역國役에 종사하는 사람에게 일정한 수의 보인保人을 배정해 비용을 마련해준 제도.

** 교대로 근무하며 녹봉을 받는 관직.

과학적인 문자, 훈민정음

우리의 소리를 담아 훈민정음을 만들다

인류는 소리만으로 의사를 전달하다가 문자를 개발했습니다. 쐐기 문자, 상형 문자를 비롯한 모든 문자는 민족, 국가 등 각 집단의 약속에 따라 만들어지고 사용되어왔습니다. 알파벳도, 한자도, 일본 문자인 가나도, 훈민정음도 약속이죠. 약속으로 공유한 문자를 보고 그 사용법과 의미를 알 수 있으니까요.

우리의 문자는 훈민정음 또는 한글이라 하죠. 이 두 용어는 때로는 구분해서 써야 합니다. 훈민정음은 줄여서 '정음'이라고도 했습니다. 일부 사람들은 '속된 말'이라는 뜻으로 언문諺文이라고도 했죠. 당시 한자는 그냥 문자 또는 진짜 글이란 뜻으로 '진서眞書'라고 불렀습니다. 한나라 때 만들어졌다는 뜻을 담은 '한자'라는 말은 에도 시대에 일본이 만든 것입니다.

　훈민정음은 19세기 말, 외국어와 구별하기 위해 '나라 글자'란 뜻으로 '국문'이나 '국어'라 했는데, 일제에게 국권을 빼앗긴 다음에는 국문이나 국어가 일본어를 뜻하는 상황이 되고 말았습니다. 그래서 국어학자 주시경 선생이 '한글'이란 새로운 명칭을 생각해냈습니다. 훈민정음 제정 이후의 우리글을 한글이라 한 겁니다. 여기서 '한'은 '하나' 또는 '큰' 것을 뜻합니다. 훈민정음 창제가 우리에게 이루 다 헤아릴 수 없을 정도의 큰 도움이 되었으니 한글이라는 이름이 딱 어울립니다.

　많은 학자들은 한글을 전 세계 문자 가운데 가장 '과학성'이 높은 문자로 손꼽습니다. 세종이 창제한 한글, 즉 훈민정음에는 어떤 과학성이 있을까요?

　목소리는 한자로 '소리 음音'에 '소리 성聲'을 써서 '음성'이라고 하죠. 한 번 눈을 감고 다음 소리가 목에서 어떻게 나오는지 헤아려보세요. "기역, 니은, 디귿, 리을, 미음, 비읍, 시옷, 이응, 지읒, 치읓, 키읔, 티읕, 피읖, 히읗, 아, 어, 오, 우, 으, 이." 소리가 목의 어느 부위에서 나오는지, 소리가 날 때 혀의 위치와 모양은 어떤지, 치아와 입술의 모양은 어떤지, 소리가 날 때 코의 울림은 있는지 유념하고 천천히 발음해봅시다. 《훈민정음해례본》에는 다음과 같이 초성 자음 23개의 소리와 발음이 분석·정리되어 있습니다. 성대와 발음 기관이 어떻게 소리를 내는지 알 수 있게 한 거죠.

　음성은 어금니에서 내는 소리가 있다. 'ㄱ'이다. 혀에서 내는 소리가 있다. 'ㄷ'이다. 입술에서 내는 소리가 있다. 'ㅂ'이다. 치아에서 내는 소리가 있다. 'ㅈ'과 'ㅅ'이다. 목구멍에서 내는 소리가 있다. 'ㅇ'이다. 반만 혀에서 나는 소리가 있다. 'ㄹ'이다. 반만 치아에서 내는 소리가 있다. 'ㅿ'이다. 또 소리는 맑은 소리, 다음 맑은 소리, 아주 탁한 소리, 맑지도 탁하지도 않은 소리가 있다. 'ㄷ' 계열을 예를 들면, 'ㄷ'은 맑은 소리, 'ㅌ'은 다음 맑은 소리, 'ㄸ'은 아주 탁한 소리, 'ㄴ'은 맑지도 탁하지도 않은 소리이다.

음성의 요소는 중국이 먼저 분석했습니다. 중국은 오래전부터 한자의 음을 분석하고 연구했는데 '소리 하나를 둘로 쪼개어 분석하는 방식'을 택했습니다. 예를 들어 '天'은 '천'이라고 읽는데, 한글의 경우에는 '천'을 초성(ㅊ), 중성(ㅓ), 종성(ㄴ) 셋으로 나누죠. 중국식으로 하면 'ㅊ'과 'ㅓㄴ'이렇게 둘로 나눕니다. 이때 한글의 초성에 해당하는 'ㅊ'을 성聲, 한글의 중성과 종성에 해당하는 'ㅓㄴ'을 운韻이라 불렀습니다. 중국의 학자들은 오랜 기간 연구를 통해 한자음이 36개 성, 107개 운으로 이루어져 있음을 밝혔습니다.

《훈민정음해례본》에는 음이 초성(자음), 중성(모음), 받침인 종성(자음) 세 가지로 쪼개져 분석되었습니다. 이 과정에서 '모음'이 나온 거죠. 국어 학자 정광 선생은 모음 추출이 문자의 역사에서 대단한 발전이라 했습니다. 한글이 '세계 최고의 문자'라는 평가에는 모음 추출이라는 성과도 한 몫했죠. 그런데 훈민정음보다 먼저 모음을 추출한 문자가 있습니다. 이미 오래전에 외국 학자들은 모음 추출이 몽골의 파스파 문자에서 이뤄졌음을 밝혀냈습니다. 파스파는 파스파이라는 몽골 학자가 만들었다고 해서 붙은 이름입니다. 파스파 문자는 중국 원나라 시대에 쿠빌라이 칸의 명령

훈민정음보다 앞서 모음을 추출한 몽골 파스파 문자.

으로 만들어졌다고 하며, 모음은 8개입니다.

파스팍은 훈민정음 창제보다 170년 앞서 한자의 운에서 공통되는 모음만을 가려 뽑아 그것을 별도의 문자 요소로 인식했습니다. 문자의 모습은 다르지만 파스파 문자의 모음 소리와 훈민정음의 모음 소리의 값은 같습니다. 우리가 '아'라고 읽을 때, 모음만 쓰는 것이 아니라 자음 'ㅇ'을 넣어 쓰는 것도 파스파 문자의 표기법과 같습니다. 모음을 활용해 글자를 읽는 방식은 파스파 문자가 먼저 고안했습니다. 동일한 모음에 자음만 달리해서 '가나다라'라고 읽는 방식 말입니다.

요컨대 훈민정음은 처음으로 음성의 요소를 분석한 것도, 최초로 모음을 추출한 것도 아닙니다. 그렇다면 훈민정음의 과학성은 어떤 점에 있을까요? 첫째, 훈민정음은 추출한 모음을 중성(가운뎃소리)이라는 개념으로 묶었습니다. 파스팍이 음성에서 자음과 다른 모음을 분명히 인식했지만, 그걸 따로 떼어 문자의 구성 요소로 쓴 건 훈민정음이 최초입니다. 훈민정음에서 모음인 중성은 초성, 종성(받침)보다도 문자 구성에 더 중요한 핵심 요소거든요.

둘째, 훈민정음은 종성, 즉 받침의 소릿값을 초성과 똑같은 걸 썼습니다. 받침의 소릿값이 근본적으로 초성 자음과 동일하다는 것을 알고 있었던 거죠. 오늘날의 과학적 분석에 따르면, 초성 자음과 종성 자음의 음성

1940년 안동에서 발견된 《훈민정음해례본》. '해례'는 보기를 들어 내용을 풀어 설명한다는 뜻이다. 해례본이 발견된 덕분에 훈민정음 창제를 둘러싼 여러 논쟁이 잠잠해질 수 있었다.

적 특징이 거의 동일합니다.

마지막으로, 훈민정음은 소리를 표현할 문자를 자연 모방적, 논리적, 체계적으로 만들었습니다. 이 점은 모음을 자음과 구별한 것, 초성과 종성의 소릿값을 동일하게 한 것 못지않게 대단한 점이라 강조하고 싶습니다. 이에 대해 자세히 살펴봅시다.

《훈민정음해례본》에는 훈민정음의 제작 원리가 자세히 기록되어 있습니다. 덕분에 훈민정음이 1997년 유네스코 세계 기록유산에 등록될 수 있었죠. 많은 사람이 문자를 사용할 수 있게 하려면, 왜 그렇게 문자를 만들었는지에 대한 명분이 분명해야 합니다. 임의로 정한 약속이나 권위 있는 사람이 일방적으로 정한 명령으로는 사람들을 설득하기 어려우니까요. 세종은 백성을 위한 문자를 만들기로 마음먹었을 때 이러한 부분까지 생각했던 겁니다.

세종은 누구나 수긍할 수 있는 글꼴 제정 원칙이 필요했습니다. 그래서 대자연의 법칙에 따라 모음 글꼴을 만들었습니다. 'ㆍ(아래아)'는 둥근 하늘의 모습을, 'ㅡ'는 평편한 땅의 모습을, 'ㅣ'는 서 있는 사람의 모습을 본떴다고 합니다. 하늘이 생기고, 땅이 생기고, 그 위에서 인간이 생장한다는 것, 그것은 인간의 관점에서 본 대자연의 모습입니다. 천·지·인을 뜻하는 세 모음 글꼴이 어떻게 결합하느냐에 따라 11개의 기본 모음이 만들어집니다. 'ㅏ'는 양, 'ㅓ'는 음, 'ㅗ'는 양, 'ㅜ'는 음으로, 양은 밝고 겉에 있는 것, 음은 어둡고 안에 있는 것을 뜻합니다. 모음 하나하나의 속성 차이를 분명히 인식했던 겁니다. 양성 모음은 양성 모음끼리, 음성 모음은 음성 모음끼리 어울리는 모음조화의 법칙은 여기에서 비롯되었죠. 이처럼 훈민정음의 모음 글꼴에는 전통적인 자연관과 음양의 논리가 녹아 있습니다. 이 정도면 과학적이란 말을 쓸 만하죠?

훈민정음에는 더 과학적이고 놀라운 창의성도 있습니다. 《훈민정음해례본》에는 자음의 생성 원리가 이렇게 기록되어 있습니다.

어금닛소리 글자인 'ㄱ'은 혀의 안쪽이 목구멍을 닫는 모양을 본떴다. 혓소리 글자인 'ㄴ'은 혀끝이 윗잇몸에 붙는 모양을 본떴다. 입술소리 글자인 'ㅁ'은 입의 모양을 본떴다. 잇소리 글자인 'ㅅ'은 이의 모양을 본떴다. 목청소리 글자인 'ㅇ'은 목구멍의 모양을 본떴다.

어금닛소리, 혓소리, 입술소리, 잇소리, 목청소리는 자음의 기본 소리입니다. 자음의 기본 글자꼴이 5개인 셈이죠. 어금닛소리 ㄱ과 ㄴ은 입속 혀의 작용을 본뜬 것이고, 입술소리 ㅁ, 잇소리 ㅅ, 목청소리 ㅇ은 각각 발음기관인 입, 이, 목구멍의 모양을 본뜬 것입니다. 이에 대해 '입술 벌린 모양은 ㅁ이 아니라 ㅇ 같은데?', '이의 모양과 ㅅ은 전혀 닮은 것 같지 않은

데!' 하고 이의를 제기하는 사람도 있을 테지만, 다섯 글자의 모양이 발음 기관의 모양을 얼마나 본떴느냐는 중요하지 않습니다. 눈여겨볼 점은 발음 기관인 입술, 이, 혀, 목구멍의 모양을 본떠 문자를 만든 창의적인 생각입니다.

훈민정음 글자꼴의 유래

세종은 발음 기관을 본떠 자음을 만들 때 세 가지 원칙을 정했던 것 같습니다. 첫째, 발음 기관의 형상을 가장 단순한 형태로 표현했습니다. 둘째, 기본 발음과 그 계통의 관련 발음을 논리적으로 연결했습니다. 세종은 기본이 되는 다섯 소리의 글자로 ㄱ, ㄴ, ㅁ, ㅅ, ㅇ을 선택했죠. 그러고 나서 각각의 기본 글자에 획을 더하는 방식으로 센소리 글자를 만들었습니다. 어금닛소리 계통은 ㄱ에 획을 하나 더해 거센소리인 ㅋ을, 혓소리 계통은 ㄴ에 획을 더해 예사소리 ㄷ을 만들고, 획을 하나 더 더해 거센소리 ㅌ을 만들었습니다. 입술소리 계통은 ㅁ에 획을 더해 예사소리 ㅂ과 거센소리 ㅍ을 만들었죠. 잇소리 계통은 ㅅ에 획을 더해 예사소리 ㅈ과 거센소리 ㅊ을 만든 겁니다. 마지막으로 목청소리 계통은 ㅇ에 획을 더해 ㆆ(여린히읗)과 ㅎ을 만들었습니다. 훈민정음의 창제 원리가 상당히 창의적이고 논리적이죠?

발음 기관의 모양을 본떴지만 기본 글자에 획을 더하는 방식으로 만든 것이 아닌 글자도 있습니다. ㄹ은 입술 모양을 본뜬 입술소리이긴 해도 획을 더해서 만든 글자가 아니죠. 위에 긴 꽁지가 있는 어금닛소리 계통

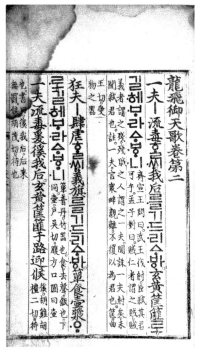

한글로 쓴 첫 책인《용비어천가》에는 지금은 쓰지 않는 훈민정음 글자들이 보인다.

ㆁ(옛이응)과 잇소리 계통의 △(반치음)도 그렇죠. 이 둘은 여린히읗과 함께 요즘에는 쓰이지 않습니다.

자음을 만들 때의 세 번째 원칙은 발음 기관을 본뜬 형태라고 해도 옛 도장의 글씨체(전서체)에서 비슷한 것을 찾아내 쓴다는 거였습니다.《훈민정음해례본》에는 정인지가 쓴 서문(해례서)이 붙어 있는데, 이런 말이 나옵니다. "글자의 꼴을 지었는데, 옛 도장의 글씨체를 본떴다." 여기서 여러 학자가 '본떴다'고 번역한 부분은 원문에는 '방불髣髴하다'고 되어 있습니다. 이것은 '모방' 외에 '비슷하다'는 번역도 가능합니다.

이 말 때문에 훈민정음의 유래를 둘러싸고 논쟁이 분분했습니다. 발음 기관을 닮은 글자가 옛 도장에만 있겠어요? '세종이 창살을 보다가 훈민정음 창제의 힌트를 얻었을 것이다', '인도의 산스크리스트어(옛 인도어)를 본뜬 것이다' 등의 주장이 나왔죠. 이러한 주장은 용재 성현의 기이한 이야기 모음집인《용재총화》의 내용을 근거로 하고 있습니다. 이익의《성호사설》을 근거로 한글이 파스파 문자에서 힌트를 얻은 거라고 주장하는 사람들도 있습니다. 실제로 비교해보면 몇몇 글자의 모양이 파스파 문자와 비슷해서 외국 학자들이 줄기차게 주장하는 설입니다. 송나라 학자 정초가 한자의 기본 자획을 해설한《육서략》의〈기일성문도起一成文圖〉를 참조했다는 사람들도 있습니다. '기일성문도'는 '일(一) 자에서 시작하여 글을 얻는 그림'이라는 뜻이죠. 정초는 이 책에서 'ㅡ'을 절반 꺾어서 'ㄱ', 돌려서 'ㄴ', 위로 솟구쳐 'ㅅ', 두 번 꺾어서 'ㄷ', 네모나게 당겨서 'ㅁ', 둥그렇게 돌려서 'ㅇ'을 만들고 있거든요. 이를 보면 마치 훈민정음의 대표 자음들이 이런 원리로 만들어진 것처럼 보이기도 합니다. 이 밖에도 일본 고대의 신대문자나 옛 고조선의 글자를 본떴다는 주장도 있는데, 근거가 부족해서 학계에서는 진지하게 고려하지 않습니다.

《훈민정음해례본》에서 굳이 옛 도장 글씨체를 언급한 이유는, 이전 문자의 전통을 의식했기 때문입니다. 훈민정음 이전에 거란, 여진, 일본에서도 저마다 문자를 창제했는데 모두 한자를 변형한 형태였습니다. 몽골은 한자를 변형하지 않고 티베트의 문자를 본떠 만들었습니다. 그런데 티베트의 문자는 인도의 문자를 본떴고, 인도의 문자는 알파벳의 한 갈래로 만들어졌습니다. 그러니까 당시 세계의 문자는 크게 알파벳과 한자에 뿌리를 두었다고 할 수 있습니다. 나라마다 나름의 창제 정신에 따라 문자를 만들었다고는 하지만 전통적인 문자에 뿌리를 두고 있었던 겁니다. 훈민정음도 마찬가지죠.《훈민정음해례본》에서 말하는 옛 도장의 글씨체란 중국 주나라 시대의 글씨체인 전서체로 추정되거든요.

조선의 역법 제정 이념을 담은《칠정산》이 중국에서 가장 오래된 경전《서경》의 관상수시(하늘의 현상을 관찰해 백성에게 때를 일러주는 일)에 따라 만들어지고, 음악과 도량형의 통일이 중국의 경전《예기》가운데〈악전〉에 나오는 삼분 손익법(대나무를 3등분하여 하나를 덜어내고 덧붙이는 방식으로 음계를 정하는 법)의 원칙에 따라 만들어진 것처럼 훈민정음도 전통성을 갖고 있습니다. 즉 세종은 훈민정음이 옛 유교 성현의 말씀에 따른 시대정신을 담고 있다는 것을 분명하게 알리고 싶었던 겁니다.

사실은 옛 도장 글씨체를 천 번, 만 번 쳐다본다고 해서 발음 기관을 본 뜬 글자가 절로 떠오르는 건 아닙니다. 많은 사람이 매일같이 나무에서 떨어지는 사과를 봤지만 만유인력, 곧 중력의 법칙을 발견한 사람은 따로 있었던 것과 비슷하죠. 문득 고등학교 때 물리 선생님께서 하셨던 말씀이 생각납니다. "내가 매일 똥을 누는데, 만약 내가 왜 똥이 아래로만 떨어지는지 의문을 품고 파고들었다면 뉴턴 같은 대과학자가 될 수 있었을 텐데, 원통하구나!"

아무튼 훈민정음이 한자의 전통성과 관련이 있으니, 한자에 대해서도 잠깐 살펴봅시다. 옛 중국에서 창힐이란 사람이 한자를 발명했다는 전설이 있습니다. 황제의 대신이었던 창힐은 하늘에서는 국자 모양을 닮은 북두칠성을 보고, 땅에서는 거북의 등 모양이나 새 발자국 따위를 보고 글자를 만들었는데, 그렇게 해서 처음 만든 글자 수가 28개였다고 합니다. 하늘과 땅의 모습을 본뜨려 했던 점이나 기본 글자 수가 훈민정음과 같죠? 창힐이 만든 글자는 형상을 본떠 만들어서 글자를 잘 보면 거북龜인지 물고기魚인지 구별할 수 있습니다. 이와 달리 훈민정음은 소리를 표현하기 위한 글자로 만들어져서 표음 문자라고 하죠.

소리는 어떻게 생겼을까요? 요즘에는 컴퓨터 그래픽으로 소리를 그리기도 합니다. 소리는 곧 음의 파동이니까 소리마다 다른 파동이 마치 물결치는 파도처럼 그려지죠. 세종 때 이런 컴퓨터 그래픽이 있었을 리 만무하고, 설사 있다고 해도 파도 물결 같은 모양만 보고 어떻게 글자로 만들겠어요? 그렇게 불가능해 보이는 일을 세종이 해낸 겁니다. 바로 발음 기관의 모양을 그려 표현한 거죠.

서양의 'A'라는 글자는, 아니 알파벳의 모양은 무엇에 근거하는 걸까요? 이렇게 물으면 서양 사람들은 말문이 막힐 겁니다. 세종이라면 이렇게 말했을지 모릅니다. "무릇 문자란 태양과 달의 운행을 정확하게 반영한 태음력처럼 자연 세계와 같은 원리를 정확하게 반영해야 한다네."

훈민정음이 발음 기관을 본떠 글자의 형태를 갖췄다는 것은 자연 현상을 모방하려 했다는 점에서 과학적이라 할 수 있습니다. 소리를 어금닛소리, 혓소리, 입술소리, 잇소리, 목청소리 등으로 나눈 건 분석적입니다. 기본 글자에 획을 더하는 방식으로 센소리의 글자를 만들어내는 원리는 논리적, 체계적이라 할 수 있습니다.

세종은 왜 한글을 만들었을까?

한글은 전 세계의 문자를 다룬 책에서도 아주 중요한 문자로 대접받고 있습니다. 한글의 체계성, 논리성, 과학성 때문입니다. 네덜란드 레이던대학의 언어학자 포스는 이렇게 말했습니다. "한국인들은 세계에서 가장 좋은 문자를 발명했다! 한글이 간단하면서도 논리적이며, 고도의 과학적인 방법으로 만들어졌다는 사실은 분명하다."

과학적인 방법이 가치 있는 건 실용성과 연결되기 때문입니다. 독일 함부르크대학의 한국학자 잣세는 한글을 배워본 경험을 이렇게 말한 바 있

인도네시아의 찌아찌아족이 사는 바우바우시에 있는 한글 표지판. 문자가 없었던 찌아찌아족은 자신들의 언어를 담아낼 문자로 한글을 채택했다. 오늘날 우리가 쓰지 않는 한글 문자도 보인다.

습니다. "처음 보기에는 한글이 어렵다고 느꼈지만 실제로 배워보니까 하루 만에 배울 수가 있었습니다. 특히 글자 모양이 입 모양이나 발음 모양을 본떠서 만들었다는 사실을 알게 되니까 아주 인상적이고 쉽게 배울 수 있었습니다. 우리 집의 열 살도 안 된 애들도 취미로 한글을 금방 깨우치고 나서는 자기들끼리 비밀 편지를 쓸 때 한글로 씁니다. 독일 말을 소리 나는 대로 한글로 적는 것이지요. 그만큼 한글은 쉽게 익혀서 쓸 수 있는 글자입니다."

굳이 한글의 단점을 찾는다면 글자 모양이 비슷비슷하다는 점을 들 수 있습니다. 아마도 자음의 모양이 발음 기관의 모양을 본뜨고, 기본이 되는 다섯 자음에 획을 추가하는 원리를 따랐기 때문일 겁니다. 맞춤법이 어려운 면도 있죠. 한글 맞춤법이 어려운 이유는 세계 어느 문자에도 없는 받침이 있기 때문입니다. 이처럼 상황에 따라 장점이 단점이 되기도

한국과학문명사 강의

합니다.

그래도 한글이 우수한 문자인 것은 분명합니다. 한글 창제의 목적은 무엇이었을까요? 학계에서는 대개 세종이 직접 한글을 창제했음을 인정하고 있습니다. 당시 최만리를 비롯한 집현전의 많은 학자는 한글 창제를 반대했죠. 그런 반대를 무릅쓰고 세종은 왜 한글을 만들었을까요? 어려운 한자 말고는 우리말을 표기할 문자가 없어서 백성들은 무지렁이 상태였습니다. 세종은 《훈민정음》 첫머리에서 이렇게 말했죠.

나라 말씀이 중국의 문자와 달라 어리석은 백성이 이르고자 할 바 있어도 마침내 제 뜻을 펴지 못하니라. 이를 불쌍하게 여겨 새로 스물여덟 글자를 만드노니….

글을 익히는 건 생활에 꼭 필요합니다. 경제 활동을 할 때도 정확한 의사소통이 기본이니까요. 글은 인간이 지켜야 할 도리를 깨우치는 중요한 수단이기도 합니다. 세종은 백성에게 유교의 삼강오륜을 알리는 것이 임금의 사명이라 생각했습니다. 마침 아들이 아버지를 도끼로 살해한 끔찍한 일이 발생(1443)하자 충격을 받은 세종은 《삼강행실도》를 한글로 번역하여 출간하기도 했습니다.

백성을 깨우친다는 목적 외에 한글 창제의 목적은 한 가지 더 있었습니다. 바로 한자의 음을 정확하게 표현하는 것이었습니다. 우리나라는 삼국시대 무렵부터 한자를 사용했는데, 시간이 흐르면서 우리나라에서의 한자음과 중국에서의 한자음에 차이가 생겼습니다. 한자음 자체가 변하기도 했지만 중국의 표준말이 바뀌기도 했기 때문입니다. 언제 읽어도 같은

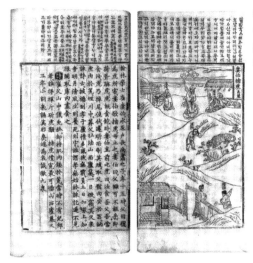

한글 번역이 달려 있는 《삼강행실도》. 삼강, 즉 군위신강君爲臣綱, 부위자강 父爲子綱, 부위부강夫爲婦綱의 모범이 될 이야기를 모아 만든 책이다.

소리가 나는 우리 고유의 한자음을 정하기 위해 먼저 중국 사람들의 표준 발음을 알아내야 했습니다. 세종은 신숙주 등 집현전 학자들을 여러 차례 중국에 보내 한자음을 공부해 오도록 했습니다. 그리고 누가 읽어도 똑같은 발음 기호를 개발하기 시작했죠. 이 사업은 1443년 훈민정음 창제 직후부터 시작하여 4년 후인 1447년까지 이어졌습니다. 《동국정운》이라는 책이 최종 결과물이죠. 신숙주, 최항, 성삼문, 박팽년, 이개 등 집현전의 학자들이 이 일을 담당했습니다.

일부 학자들은 훈민정음이 원래 한자음 표기 목적으로 개발되었는데, 만들고 보니 백성들이 유용하게 쓸 수 있다는 걸 깨달은 것이라 주장하기도 합니다. 파스파 문자도 한자음을 몽골족의 발음으로 정확하게 표기하는 것을 주목적으로 했으니, 파스파 문자를 참조해 만든 훈민정음의 애초 목적도 이와 같았을 것이라고 보는 겁니다.

이런 논란은 별 의미가 없을지도 모릅니다. 세종은 많은 영역에서 조선과 중국의 것을 모두 모아 정리했거든요. 천문학에서는 《칠정산》과 《대통력》을, 의학에서는 《향약집성방》과 《의방유취》를 정리했죠. 이러한 것으로 미뤄본다면, 세종은 당연히 문자 분야에서도 《동국정운》으로 중국 문자 발음을 표준화하고, 《훈민정음》으로 우리가 쓰는 말을 문자로 다 정리해야 한다는 생각을 했을 것입니다.

'동쪽 나라의 바른 한자음'이라는 뜻의 《동국정운》. 집현전 학자들이 우리나라의 한자음을 새로운 체계로 정리한 책이다.

세종 때 이루어진 문자의 창제와 여러 과학적 업적에는 세계적 수준의 자료 수집과 끝까지 파고드는 탐구 정신이 녹아 있습니다. 특히 훈민정음은 당시에 알려진 관련 학문을 하나하나 철저하게 연구한 바탕 위에서 피어난 꽃이라 할 수 있습니다.

6부

한국 근현대
과학사

백여 년에 걸친
과학기술의 경주

　우리 조상들은 서양 과학기술을 어떻게 받아들이고 발전시켰을까요? 서양 문화가 요즘 우리에게는 익숙하지만, 백여 년 전 우리 조상들에게는 엄청난 충격이었습니다. 1876년 개항 후 밀려든 서양 문화는 우리 전통 문화를 뿌리째 흔들었습니다. 갓 쓰고 도포 자락 휘날리던 우리 조상들은 얼마나 당황했을까요. 물질적 욕망과 편리를 추구하는 서양과 달리, 우리 조상들은 유교의 삼강오륜을 중시하고 물욕은 절제해왔으니 말입니다. 한마디로 우리 전통 사회에서는 도덕이 최고 가치였죠. 과학기술 활동도 나라의 위엄을 세우고, 나라를 지키고, 민생을 키우고, 지적 호기심을 채우는 범위 내에서 펼쳤을 뿐, 기술 경쟁에 목숨 걸지는 않았습니다.

　일찍이 서양 학문에 눈뜬 사람들도 더러 있었지만, 많은 사람들은 갑작스럽게 변한 세상을 완강히 거부했습니다. 그러나 일본, 미국, 영국, 독일 등 세계 여러 나라에 문호를 개방한 이상, 변화는 불가피했습니다. 외세에 호되게 당한 우리 조상들은 점차 세계정세를 냉철하게 인식하게 되었고, 다른 나라들과 경쟁해나가야 하는 현실을 받아들였습니다. 위기는 기회의 또 다른 말이라고 하니, 어려움을 잘 헤치고 나아가면 언젠가 다른 나라들을 따라잡을 수 있을 거라고 생각한 겁니다. 물론 우리나라가 강대국 대열에 끼기란 어려운 일이었습니다. 선진국들이 저 멀리 토끼처럼 껑충껑충 뛰어가고 있는데 우리나라는 뒤늦게 거북이처럼 엉금엉금 기기 시작했으니까요.

이렇게 출발선이 다른, 힘겨운 마라톤 경주가 시작되었습니다. 이른바 '한국 근현대 과학 100년사 경주'입니다. 대략적인 코스는 이러했습니다. 처음에는 완만한 언덕길로 시작하는 듯하다가(개항·개화기), 갑자기 가파른 산길(일제강점기)이 나타났습니다. 이를 악물고 그걸 넘어 달리고(해방 이후~1950년대), 젖 먹던 힘까지 다해 달리고 나자(1960년대) 저만치 앞서 가던 다른 주자들 모습이 눈에 띄기 시작했습니다(1970~1980년대). 그때부터 슬슬 앞의 주자들을 하나둘 따라잡더니 선두 주자 대열의 꼬트머리에 겨우 낀 정도가 되었죠(1990년대 이후).

1960년대 이후 우리 과학기술은 놀라운 속도로 발전했습니다. 세계사에서 시련을 이겨내고 이만 한 성과를 이룬 나라는 몇 안 됩니다. 가히 기적이라 할 만하죠. 2020년 코로나 대유행을 겪으면서 한국은 자기도 의식하지 못한 채, 어떤 부분에서는 선진국을 제치고 앞장서 나가고 있습니다. 이제, 백여 년에 걸친 우리 근현대 과학의 발달사를 살펴봅시다.

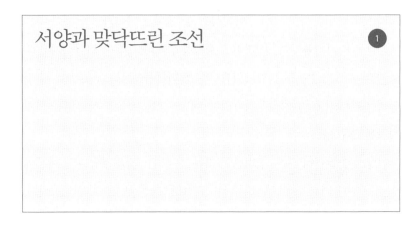

서양과 맞닥뜨린 조선

근대 문물을 시찰하러 일본에 간 사람들

'지피지기면 백전불태', '백문이 불여일견'이라는 말처럼, 개항 이후 조선은 서양 문물을 파악하기 위해 일본에 수신사를 두 차례 파견했습니다. 1876년에는 김기수가, 1880년에는 김홍집이 수신사 일행을 이끌고 일본으로 건너가 근대 문물을 보고 체험했습니다. 1차 수신사는 76명이었고, 2차 수신사는 58명이었습니다. 이들은 증기선으로 현해탄을 건너고 기차를 갈아탄 끝에 도쿄에 도착했습니다. 그들이 목격한 서양 문물과 그 영향력은 상상했던 것보다 훨씬 대단했습니다.

수신사 파견은 가벼운 탐색에 불과했습니다. 1881년에는 본격적으로

1876년 일본에 파견된 1차 수신사 일행을 그린 삽화.

뚜렷한 목표를 가진 시찰단을 보냈습니다. 예전에는 이들을 '신사 유람단'이라고 불렀습니다. 본래 신사란 관복에 매는 허리띠인 신紳을 두른 선비士란 뜻으로 관리의 또 다른 말이고, 유람은 공식 수행 업무에 얽매이지 않은 순수 시찰을 뜻합니다. 그러나 신사 유람단은 어감 때문에 자칫 놀이나 관광을 목적으로 한 단체로 오해되는 경우가 많았습니다. 이 때문에 학계에서는 이 말을 쓰지 말자는 목소리가 있어왔습니다. 그 결과 이들을 '조사 시찰단'이라고 부르게 되었죠. 이들은 말 그대로 외교 업무는 보지 않고 오로지 일본의 근대 문물 전반을 집중 조사하려 했습니다.

조사 시찰단은 모두 12명이었는데, 이들은 자신들이 시찰단인 줄도 모르고 부산 동래에 모였다고 합니다. 모두 암행어사 임무를 받고 지방 관아를 시찰하고서 동래에 이르렀더니 시찰단 신분으로 일본에 가라는 명을 받은 겁니다. 당시 문호 개방에 부정적인 사람들이 많았기 때문에 비밀리에 일본 방문을 추진했던 거죠. 공식 파견이 아니었으니 조사 시찰단은 복잡한 외교 문제나 예우 문제에 얽매이지 않고 자유롭게 일본의 여러 근대 시설을 시찰할 수 있었습니다.

시찰단 가운데 박정양은 일본 내무성(중앙 행정 기관)과 농상무성 시찰을 맡은 팀의 리더로 수행 인원 2명, 통역관 1명, 하인 1명과 함께 팀을 이뤘습니다. 과학기술과 관련해서는 조준영이 문부성(교육부) 쪽을 맡았고, 강문형이 공무성(과학기술부), 홍영식이 육군(군사기술 포함)을, 그리고 나머지 사람들은 외교, 사법, 경제, 세관 등의 시찰을 전담했습니다. 이들은 4개월 동안 각자 맡은 기관이 어떻게 운영되는지 조사하고 관련 법령을 수집했습니다.

이들은 서양식 병원, 우두법, 박물관, 철도, 증기 기관, 전신 등 일본이 도입한 많은 서양식 문물을 보고 체험했는데, 그 가운데 전신은 정말 놀라운 기술이었습니다. 일본은 1868년 메이지 유신 이후 서양의 전신 기술을 도입해 공무성 내에 전신국을 특별히 설치하고 본국과 분국을 두어 전신 사무를 관장하고 있었습니다. 대도시와 항구의 각 관청과 회사를 잇는 전선들이 마치 거미줄처럼 연결되어 있었죠. 더 놀라웠던 것은 중국을 비롯해 미국·유럽과도 서로 연결되어 있다는 점이었습니다. 땅 위로는 길가 곳곳에 전봇대를 세워 전선을 설치했고, 바닷속에는 전선을 잠수시켜 연결했다는 사실은 놀라움을 넘어 충격으로 다가왔습니다. 시찰단은 전선을 이용해 번개와 같은 속도로 신호를 주고받는 통신 제도를 빨리 받아들여야 한다고 생각했습니다. 이후 시찰단은 서양 문물에 대한 소개와 도입의 필요성을 보고서로 정리해 고종에게 올렸습니다.

실패로 끝난 서양 군사기술 도입

개항 후 조선은 여러 과학기술 분야 중 어느 것에 신경을 가장 많이 썼을까요? 아마 국방 과학기술이었을 겁니다. 나라가 망하느냐 홍하느냐 하는 갈림길에 있었으니까요. 때마침 청나라가 선진 기술을 전수해주겠다며 고종에게 도움의 손길을 내밀었습니다. 청나라는 이웃 조선의 군사력을 키워 일본을 비롯한 서구 세력을 견제하려는 속셈이었죠. 그 속내야 어찌 되었든 조선은 청나라의 도움을 받기로 하고 군사기술 유학생을 뽑아 청나라로 보냈습니다. 이들이 '영선사'입니다.

조선 사람들은 문호 개방 후 망해버린 세 나라, 즉 안남(베트남), 미얀마, 류큐 왕국(오키나와)의 운명을 잘 알고 있었습니다. 안남은 프랑스에, 미얀마는 영국에, 류큐 왕국은 일본에 망했죠. 유생들은 나라의 멸망을 막기 위해 문호를 굳건히 닫아야 한다고 주장했지만, 김윤식 같은 개화 지식인들은 힘을 길러 일본과 서구 열강의 위협을 넘어서야 한다고 생각했습니다. 그래서 청나라로 가서 군사기술을 배워 오기로 한 겁니다.

김윤식이 이끈 영선사는 수행 인원을 포함해 모두 83명이었고, 이 가운데 학도는 24명, 기술 장인은 14명이었습니다. 15~20세의 젊은 영재들을 뽑아 1년 정도 속성 학습을 시키기로 했고, 이들은 1881년 청나라로 떠났습니다.

영선사 소속 학도와 기술 장인은 텐진의 기기창(무기 제조 공장)에서 서양식 총과 총탄 제조법, 화약 제조에 필요한 황산·초산·염산과 같은 강산 제조법, 일부 기계 제조와 수리법, 기기를 설계하고 모형을 제작하는 법 등을 배웠습니다. 그런데 청나라에서 핵심 기술까지 다 가르쳐줬을까요? 바로 그 부분 때문에 청나라 정부와 영선사 사이의 줄다리기가 계속되었습니다. 영선사를 이끈 김윤식은 청나라 정부에 핵심 기술을 전수해 줄 것을 요청했죠. 영선사는 조선으로 돌아가 기기창을 세우는 핵심 인재가 될 것이며, 청나라의 기술 도입이 불가피하다는 점을 내세우면서 말입니다. 하지만 청나라는 증기 기관으로 움직이는 군함의 제조법, 강력한 화약 제조법 등 핵심 군사기술은 알려주지 않았습니다.

그렇다면 영선사 파견은 실패라고 봐야겠죠? 실제로 영선사 유학생 절반 이상이 중도에 포기했습니다. 남은 18명은 깊은 내용까지는 배우지 못했지만 청나라에 도입된 서양 과학의 새로움을 맛보고 귀국했습니다. 이들이야말로 새로운 과학기술을 조선에 전하고 발전시킬 동력이었지만 그 뜻을 제대로 펼치지는 못했습니다. 국내 정치가 너무 불안해서 이들이 활동할 수 있는 기관이 제대로 만들어질 수 없었거든요.

세계정세가 담긴 《서유견문》

우리나라에서 최초로 영어를 배운 사람은 누구일까요? 윤치호입니다. 그는 1881년 조사 시찰단의 수행원으로 일본에 갔다가 그곳에 눌러앉아 영어를 배웠다고 합니다. 1883년에 귀국한 뒤에는 초대 미국 공사 푸트의 통역관으로 일했고, 우리나라 최초의 근대식 국립 병원인 제중원을 설립할 때 선교사 알렌의 통역을 맡았죠.

그럼 우리나라에서 최초로 세계 일주를 한 사람은 누구일까요? 민영익과 보빙사 일행입니다. 사실 이들은 미국과 유럽 몇 나라를 방문한 데 불과하지만 배가 세계를 돌아서 왔기 때문에 조선 최초의 세계 일주라고 합니다. 민영익은 명성황후의 조카로 1883년 미국에 파견된 보빙사 일행을 이끈 주역입니다. 보빙사는 조선의 초청으로 미국의 초대 공사 푸트가 온 데 대한 보답으로 미국에 파견한 사절단으로, 민영익과 그를 수행한 서광범과 변수를 포함해 총 8명이었습니다.

보빙사 일행은 1883년 7월 말에 제물포항을 출발, 일본 도쿄를 거쳐 태평양 횡단 여객선 아라빅호를 타고 태평양을 건너 9월 2일 샌프란시스코에 도착했습니다. 그리고 샌프란시스코에서 다시 미국 대륙 횡단 열차를 타고 9월 15일 미국의 수도 워싱턴에 도착, 9월 18일 미국 대통령 아서를 만났습니다.

미국 대통령은 보빙사를 극진히 맞았고 당시 신문도 조선에서 온 사절단을 신기한 눈으로 대서특필했습니다. 보빙사 일행은 40여 일 동안 미국에 머물면서 세계 박람회, 시범 농장, 방직 공장, 의약 제조 회사, 병원을 견학했고 전기 회사, 철도 회사, 소방서, 해군 연병장, 육군사관학교 등 공공기관도 시찰했습니다. 민영익은 우편 제도, 전기 시설, 농업기술에 특히 관심을 보였습니다. 그는 고국에 돌아오자마자 우정국(우체국), 육영 공원(1886년에 세운 현대식 공립 학교), 농무 목축 시험장(농업기술 개발 농장) 등의 설립을 주도했고, 경복궁에 전등을 설치하는 일에도 앞장섰습니다. 보빙사 일행은 워싱턴의 스미소니언 과학박물관을 방문하여 조선에서 챙겨 간 약용 식물 표본을 기증하기도 했습니다. 스미소니언 과학박물관은 지금도 자연사 박물관으로 유명한 곳이죠.

미국이 조선 사절단을 대대적으로 환영한 데에는 조선에서 영향력을 확대하려는 속내가 있었습니다. 미국 대통령은 모든 경비를 지원하겠으

1883년 미국을 방문한 보빙사 일행. 앞줄 왼쪽부터 미국인 퍼시벌 로웰, 홍영식, 민영익, 서광범, 중국인 오례당吳禮堂이고 뒷줄 왼쪽부터 현흥택, 미야오카 쓰네지로, 유길준, 최경석, 고영철, 변수다.

니 미국 함대를 타고 유럽을 여행하라고 권했습니다. 민영익은 그의 제의를 받아들여 수행원 두 명과 함께 6개월 동안 유럽을 방문해 세계 사정을 보고 듣고 배웠습니다. 수행원이었던 변수는 이후 우리나라 최초로 미국에서 대학을 졸업한 과학자가 되었습니다.

《서유견문》이라는 세계 여행기를 쓴 유길준도 보빙사였습니다. 그는 1881년 조사 시찰단으로 일본에도 다녀왔죠. 그때 일본에 남아 서양 사정에 대해 공부했던 유길준은 언젠가 세계 여행기를 한번 써보리라 계획했다고 합니다. 하지만 유길준은 미국에 남아 공부하라는 특명을 받았습니다. 그는 대학 입학 바로 전 과정인 대입 예비 고등학교에 입학해서 정식으로 서양 학문을 공부하기 시작했습니다. 그렇게 1년 3개월쯤 지난 1884년 12월 갑자기 고국에서 갑신정변이 터졌다는 소식이 들려왔습니

한국과학문명사 강의

갑신정변을 일으킨 개화파 인물들. 보빙사로 미국을 다녀온 민영익 일행이 갑신정변 직전에 찍은 사진이다. 앞줄 맨 왼쪽이 홍영식이고 네 번째가 민영익, 다섯 번째가 서광범이다.

다. 자신을 미국에 남겨둔 민영익이 칼을 맞아 사경을 헤맨다는 연락까지 받자 유길준은 더는 미국에 남아 있을 수 없었습니다.

귀국을 결심한 유길준은 영국으로 가는 배를 탔습니다. 미국에 갈 때와 달리 더 가까운 대서양, 인도양을 거쳐 조선으로 돌아가는 길이었죠. 그는 조선으로 돌아가는 두 달 동안 유럽 여러 나라를 돌아본 후 리스본, 싱가포르, 홍콩, 일본을 거쳐 제물포항으로 들어왔습니다. 그때가 1885년 12월이었으니 거의 1년 정도 세계를 돌아본 겁니다. 그런데 그를 기다리고 있는 건 체포 영장이었습니다. 절친한 동지들이 갑신정변을 일으켰기 때문이었죠. 다행히 사형은 면했지만 한동안 집에 갇힌 신세로 지내야 했습니다.

유길준의 《서유견문》. 1895년 일본에서
발행되었다.

그런 상태에서 유길준은 부지런히 여행기를 써서 1889년에 《서유견문》을 완성했습니다. 한시라도 빨리 세계 정세를 알리고 싶었겠죠. 유길준은 자신의 뜻을 정확히 전달하기 위해 한글과 한문을 섞어 써서 독자들이 읽기 쉽게 했습니다. 덕분에 《서유견문》은 국한문체로 된 우리나라 최초의 서양 기행문으로 유명하죠.

세계를 돌아보며 유길준은 서양 나라들이 어떻게 부강해졌는지, 조선은 무엇이 부족해서 개화하지 못했는지 등에 대한 답을 얻으려 했습니다. 그래서 그가 본 지형, 도시, 산업, 시장, 교육, 과학과 기술, 군대, 정치 체제, 국제 외교 관계 등은 모두 이런 질문들과 연관됩니다. 특히 유길준은 서양의 과학기술에 주목했습니다. 유길준이 《서유견문》에서 소개한 서양 학문의 갈래를 한번 볼까요?

1 농학	2 의학	3 산학	4 정치학	5 법률학
6 격물학(물리학)	7 화학	8 철학	9 광물학	10 식물학
11 동물학	12 천문학	13 지리학	14 인체학	15 고고학
16 언어학	17 군사학	18 기계학	19 종교학	

이 중 자연과학에 속하는 학문은 농학, 의학, 산학, 물리학, 화학, 광물학, 식물학, 동물학, 천문학, 지리학, 인체학, 기계학 등 12과목이나 됩니다. 과학과 연관되지 않은 학문은 정치학, 법률학, 철학, 종교학 등 4개밖에 안 되죠. 고고학, 언어학, 군사학 등은 과학과 어느 정도 연관이 있습니다. 이렇듯 유길준이 파악한 서양 학문은 절반 이상이 과학과 관련되어 있었습니다.

유길준은 증기 기계, 기선, 전신, 전등, 가스등, 방직 기계, 염색법, 우두법, 의료 기계, 피뢰침, 도금법, 드로잉, 재봉 기계, 농작 기계, 화학 기계, 물리학 기계, 천문학 기계, 음식 독 제거법 등의 위력과 효과를 자신의 눈으로 실감했고, 조선이 과학기술 도입을 서둘러야 한다고 결론 내렸습니다. 그는 과학기술을 도입할 때 잊지 말아야 할 중요한 원칙을 다음과 같이 제시했습니다.

다른 나라의 뛰어난 기계를 취하려는 자는 결코 외국의 기계를 사들이거나 기술자를 고용하지 말고, 반드시 자기 나라 국민으로 하여금 그 재주를 배우도록 하여 그 사람이 그 일에 종사케 하는 것이 좋다. 외국에서 사 온 기계가 못 쓰게 되면 기계가 다시는 없게 되며, 외국의 기술자를 고용하더라도 그 기술자가 떠나가면 기술자가 다시는 없게 된다. 이렇게 해야 한다면 우리 돈만 허비하게 된다.

선진 과학은 그저 기계를 들여오거나 외국 기술자를 불러오는 데 그쳐서는 안 되고, 반드시 우리가 배우고 익혀 우리 것으로 만들어야 한다는 얘기입니다. 세계를 여행하며 고민한 유길준의 식견이 돋보이죠?

서양 문명의
이로움을 경험하다

②

근대 통신망의 구축

개항 후 우리나라는 서양 과학을 조금씩 받아들였습니다. 이후 15년 동안 전신이 들어와 전신용 전봇대가 설치되었고 전등이 켜졌습니다. 서양식 병원도 세워졌고 우두법도 본격적으로 시행되었죠. 이 가운데 전신은 국방에 가장 중요한 기술이었습니다. 전신은 봉화나 파발과는 비교가 안될 만큼 정보 전달 속도가 빠를 뿐 아니라 더 많은 의사 전달이 가능했거든요. 모스 부호는 전신기를 통해 만들어지는 신호음을 이용한 부호로 일종의 암호라고 할 수 있는데, 짧은 내용을 전달하는 데 유용했습니다. 예를 들어 아버지가 돌아가셨다는 것을 알리려면 '부친 사망 급히 집으로'

1885년 9월 서울과 인천 사이에 전신망이 설치되면서 사용하기 시작한 전신기(왼쪽)와 1888년 5월에 만들어진 《전보장정》(오른쪽). 《전보장정》에서 규정한 한글 전신 부호는 오늘날까지 쓰이고 있다.

라는 아홉 글자로 소식을 전한 거죠. 스마트폰까지 등장한 요즘 기준으로는 별것 아닐 수 있지만, 전화도 귀했던 당시에는 전신 개통이 정말 혁신적인 사건이었습니다.

우리나라에는 1885년부터 전신망이 깔렸습니다. 먼저 8월 서울에서 의주를 잇는 서로전선(서쪽 전보의 길) 설치를 시작으로 두 달 만에 전봇대가 6300개 세워졌습니다. 그런데 서로전선의 전봇대는 청나라에서 빌린 돈으로 가설했고, 전신 사무소인 화전국(중국 전보국)도 청나라가 운영했습니다. 조선은 청나라에 큰 빚을 지기는 했지만 전신에 대한 학습을 할 수 있었죠. 특히 영선사 유학생이었던 상운과 김철영이 서로전선을 설치하는 사업의 기술적인 부분을 해결하는 데 맹활약을 펼쳤습니다.

서로전선에 이어 1888년, 서울·공주·대구·부산을 잇는 남로전선이 완성되었습니다. 남로전선은 조선 정부가 주도해서 세웠습니다. 영국인 기술자 핼리팩스를 초청해 기술 지도를 받으면서 3개월 만에 공사를 마

1890년대 조선의 전신망.

무리했죠. 전신 사무소의 운영 지침인《전보장정》과 한글 전신 부호도 마련되었고, 전신 사무소가 본격적으로 운영되기 시작되면서 전기와 전신 기술을 전문적으로 익힌 조선인 기술자들도 활발하게 양성되기 시작했습니다.

1891년에는 러시아로 향하는 북로전선이 가설되었습니다. 한반도를 두고 다투던 청나라와 일본은 러시아까지 이 싸움에 끼어들까 우려해서 북로전선 가설을 극렬히 반대했습니다. 결국 조선 정부는 전선을 서울에서 원산까지만 잇기로 타협하고, 3개월 만에 북로전선을 가설했습니다.

이후 서로전선은 종점인 의주에서 중국 대륙으로, 남로전선은 종점인 부산에서 해저를 통해 일본까지 확장되었습니다. 이로써 조선도 당당히 세계 전신 통신망의 주요 기지국 자격을 갖추게 되었죠.

근대 통신망의 큰 줄기를 잡은 조선은 국내 행정과 국제 정보를 쉽고 빠르게 접할 수 있었습니다. 이렇게 국내 전신망이 짧은 기간 동안 설치되고 그 기술이 정착될 수 있었던 것은 봉화나 파발 제도가 있었던 덕분일 겁니다. 정보 전달 형태만 봉화·파발에서 전신으로 바뀌었을 뿐 정보

한국과학문명사 강의

관리 체제는 이미 존재했으니까요. 여하튼 이렇게 단기간에 조선 스스로 정보 통신망을 갖춘 것은 대단한 사건이었습니다. 무엇보다 당시 청나라와 일본이 군사적·제국주의적 목적으로 조선의 전신망을 장악하기 위해 경쟁하는 상황이었기 때문에 더욱더 그 의미와 업적이 크다고 할 수 있습니다.

전깃불, 조선을 밝히다

'계몽(깨우침)'을 뜻하는 영어 단어는 '인라이튼먼트enlightenment'죠. 이 단어의 중간에 '빛light'이라는 단어가 들어 있습니다. 조선을 밝힌 전등의 불빛은 바로 이 단어와 일맥상통합니다. 즉 서양 문명에 어두웠던 조선의 깨우침을 상징합니다. 우리나라 최초로 전깃불이 들어온 곳은 경복궁입니다. 1887년 3월 6일 저녁, 고종이 거처하던 경복궁 건청궁에 환한 전깃불이 처음 켜졌습니다. 이 모습을 본 한 상궁이 당시의 순간을 이렇게 묘사했습니다.

> 궁 안의 큰 마루와 뜰에 초롱불 같은 것이 설치되었다. 서양인이 기계를 움직이자 연못의 물을 빨아 올려 끓는 소리와 우렛소리와 같은 시끄러운 소리가 났다. 그리고 얼마 있지 않아 궁 안 가지 모양의 유리에 휘황한 불빛이 대낮같이 점화되어 모두가 놀라움을 금치 못했다. 궁궐 밖에 있던 궁인들은 이 전등을 구경하기 위해 갖가지 핑계를 만들어 어떻게든 내전 안으로 몰려들었다.

경복궁 안 건청궁에 설치된 전등에 불이 들어온 모습을 상상해서 그린 그림.

　이 글에 묘사된 것처럼 당시 발전기는 무척 시끄러웠고, 전등은 깜빡깜빡 고장이 잦아 '건달불'이라는 별명이 붙었다고 합니다. 그래도 경복궁에 전등을 설치한 일은 조선 정부의 개화 의지를 상징적으로 드러내주었습니다. 전등이 없던 시절에는 밤이 되면 밖에서는 초롱이나 횃불을, 방에서는 기름 심지를 넣은 호롱불을 사용했죠. 전등이 생기면서 야간 활동이 한결 쉬워졌으니 서양 문물의 이로움을 확실하게 보여줄 수 있었습니다.

　조선의 전기 시스템은 어떻게 도입되었을까요? 1883년 미국에서 가정용 전등을 본 보빙사 일행이 전등을 조선에 들여오려고 계획했는데, 그 계획이 4년 만에 실행된 겁니다. 발전기 조립과 전등 가설은 미국 에디슨 전기 회사에 소속된 기술자 맥케이가 맡았습니다. 당시 발전기는

16촉燭 광열등 750개를 동시에 켤 수 있는 만큼의 전기를 만들어냈다고 합니다. 촉은 빛의 세기를 나타내던 예전 단위라 구체적인 감이 안 올 겁니다. 16촉 광열등 750개는 요즘으로 치면 100와트짜리 전구 120개에 맞먹습니다.

인류가 전기를 만들어 쓰기까지

전기 얘기가 나온 김에 인류가 어떻게 전기를 만들어 쓰게 되었는지, 그 역사를 살펴봅시다. 호박이라는 보석은 정전기를 아주 잘 일으키는데, 이 호박을 뜻하는 그리스어가 '일렉트론electron'입니다. 여기서 전기를 뜻하는 영어 단어 '일렉트리시티electricity'가 나왔죠. 그렇다면 전기라는 말은 무엇을 뜻할까요? 전기는 '번개 전電'에 '기운 기氣'를 쓰니 '번개를 일으키는 기운'을 뜻합니다.

전기를 지금처럼 어디서든 사용할 수 있기까지 참으로 많은 단계를 거쳤습니다. 전기는 어원에서 짐작할 수 있듯이 정전기 단계에서 발명이 시작되었습니다. 1660년 독일 과학자 폰 게리케가 마찰 기계를 통해 전기를 만들어내고 전기가 잘 흐르는 막대기를 통해 모으는 데 성공했습니다. 18세기 전반 영국 과학자 그레이는 전기가 잘 흐르는 금속 도선을 이용해 수십 미터 떨어진 곳까지 전기를 공급하는 데 성공했습니다. 18세기 중엽 네덜란드 과학자 무셴브뢰크는 전기를 모을 수 있는 라이든 병을 고안했고요.

전기를 오랫동안 보관할 수 있는 연구도 활발히 진행되었습니다. 쉽게

라이든 병.

말해 전지를 개발하기에 이른 거죠. 전지는 볼타라는 과학자가 처음 개발했습니다. 1800년 볼타가 아연과 구리판 사이에 소금물을 적신 종이를 끼워 넣은 전지를 발명했습니다. 그 후 전기 관련 기술은 더욱더 빠른 속도로 발전했습니다.

1820년 덴마크 과학자 외르스테드는 전기력이 자기력을 일으킨다는 것을 밝혀냈습니다. 1831년 영국 과학자 패러데이는 거꾸로 자기력이 전기력을 발생시킨다는 것을 알아냈죠. 이듬해 픽시는 말굽자석을 두 개의 코일 위에 놓고 손으로 돌려 전기를 발생시키는 장치, 즉 발전기를 개발했습니다. 1860년 이후에는 짧은 시간 동안 더욱더 강력한 전기를 만들어내는 발전기를 개발했습니다. 이윽고 발전기로 만든 전기를 전선을 통해 흘려보내는 것이 가능해졌고, 아크등을 가로등으로 쓰게 되었습니다. 드디어 전기로 어둠을 환하게 밝히게 된 겁니다.

아크등은 너무 밝아서 집에서 쓰기에 적절치 않은 단점이 있었습니다. 그래서 가정용 전구를 개발하려는 과학자의 노력이 잇달았는데, 그 영예를 얻은 인물이 바로 에디슨입니다. 전구 개발의 핵심은 빛을 내는 필라멘트의 재질을 개선하는 데 있었습니다. 대부분의 필라멘트 재료는 전등 용기 속의 공기와 접촉하면 금세 피시식 타버리는 문제가 있었거든요. 지금은 필라멘트 재료로 텅스텐을 쓰지만, 1910년 텅스텐 필라멘트가 개발되기 전까지는 탄소막대 필라멘트를 썼죠. 그 후 에디슨은 전구 천여 개를 동시에 켤 수 있는 거대한 발전기를 만들었고, 1881년에는 전기를 보급하는 발전소 시스템을 개발했습니다.

전기를 이용한 다른 발명품의 역사도 짚어봅시다. 피뢰침은 1752년 미국의 과학자 프랭클린이 연을 이용해서 구름의 전기를 모으는 실험을 하다가 개발했습니다. 피뢰침의 개발로 번개의 재앙을 피할 수 있게 되었죠. 전신은 1830년대에 개발되었습니다. 전지로 지속적인 전류를 공급할 수 있게 되자 과학자들은 이 방법을 이용해서 메시지를 보내는 전기 통신 수단을 개발했는데 이것이 바로 전신입니다.

전화는 이탈리아의 발명가 안토니오 무치가 최초로 발명했습니다. 전화의 원리는 음성의 진동을 전깃줄(금속 도체) 안에서 전기 신호로 바꿀 수 있다는 데 있습니다. 1876년에 미국의 발명가 알렉산더 그레이엄 벨이 이런 과학적 사실을 전화기라는 실용적 발명품 안에 담아 전화 발명 특허를 받았죠. 1887년 미국에는 이미 전화가 15만 대 있었고, 영국은 2만 6천 대, 프랑스는 9천 대, 그리고 러시아는 7천 대가 있었습니다. 우리나라에는 1893년에 처음 도입되었습니다.

우두법을 비롯한 서양 과학기술을 도입하다

지석영은 '우두법의 아버지'로 알려져 있죠. 사실 그보다 먼저 우두법을 도입한 사람들이 있지만, 1885년에 우두 의무 접종을 주도한 사람은 지석영입니다. 지석영은 스물두 살이던 1876년, 1차 수신사로 일본에 갔던 박영선에게서 《종두귀감》(종두법에 관해 명심할 내용)이란 책을 빌려 본 뒤부터 우두법에 관심을 가졌다고 합니다. 그는 정약용, 이규경, 최한기 같은 사람들이 이미 천연두 예방법에 관심을 가졌다는 사실을 전혀 몰랐습니다. 그는 책만으로 우두법을 공부하는 데 한계를 느끼고 1879년 부산에 가기로 결심합니다. 부산의 일본인 거류 단지에는 일본 정부가 운영하던 조선 유일의 서양식 병원, '제생의원'이 있었거든요. 지석영은 제생의원의 일본인 의사로부터 우두를 어떻게 접종하는지 배웠습니다. 그리고 백신을 얻어 돌아오는 길에 처갓집에 들러 조카에게 직접 우두를 접종했죠. 그것이 조선 최초의 우두 접종이라고 믿으며 말입니다.

그 이듬해인 1880년 지석영은 2차 일본 수신사 일행에 포함되었습니다. 김옥균이 일본의 우두법을 배워 오라며 그를 추천한 겁니다. 지석영은 천연두 백신인 우두의 제조 기술을 아직 배우지 못한 상태였습니다. 천연두의 백신은 소에게서 얻죠. 천연두를 앓는 아이에게 얻은 딱지나 고름을 소에 주사하면 소가 천연두에 걸리는데, 사람의 천연두는 소에게는 치명적이지 않기 때문에 소는 목숨을 잃지 않습니다. 이런 소에게서 얻은 우두는 천연두 환자의 딱지나 고름을 백신으로 사용하는 것보다 안전했습니다. 이 사실은 1789년 제너가 처음 알아냈죠. 그러니까 수신사 일행으로 간 지석영이 일본에서 배워 온 건 바로 이 제너의 방법에 따라 백신을 만드는 기술이었습니다.

이른바 '전 국민 의무 우두 접종'은 1885년 충청도에서 시작되었습니다. 지석영이 총책임자였습니다. 우두 의사 양성을 위한 교재로 《우두신설》(우두 접종에 관한 새로운 설)을 펴낸 지석영은 수개월 후 충청도 지역에서 우두 의사를 39명 양성했습니다. 당시 충청도 지역의 읍이 37개였으니, 36개 읍에 우두 의사 1명씩, 더 넓은 지역인 홍주(오늘날 홍성군)에는 3명을 배치할 수 있었습니다. 우두 접종을 하지 않은 어른, 갓 태어난 아이 모두 의무

우두 접종 기구. 종두용 침에 우두를 묻혀 어깨에 접종했다.

접종 대상이었습니다. 갓난아이는 생후 1년 이내에 예방접종을 하도록 했습니다. 만약 이를 어길 경우 부모는 예방접종비의 다섯 배가 넘는 벌금을 물었습니다. 접종은 의무였지만 접종비는 무료가 아니어서 예방 주사를 한 번 맞을 때마다 다섯 냥(쌀 반 말 정도)을 내야 했습니다. 하지만 노비나 과부 등 경제 형편이 어려운 사람은 공짜였습니다.

우두 접종이 여러 지역으로 확산되면서 전국적으로 우두 의사가 수백 명 양성되었습니다. 1890년까지 남쪽으로는 제주도 아래 마라도, 북쪽으로는 두만강 이북 간도까지 전국 방방곡곡에서 의무 접종이 실시되었습니다. 이제 모든 조선 사람이 우두 접종을 통해 서양의 과학기술을 최초로 접하게 된 겁니다.

일제강점기에는 지석영에 대한 왜곡된 주장이 나왔습니다. 조선 정부와 백성들의 반대를 무릅쓰고 지석영이 홀로 우두법을 보급했다는 이야기인데, 이는 잘못된 사실입니다. 지석영이 우두법을 공부하고 이를 전국에 보급할 수 있었던 건 문명개화를 원하는 조선 정부의 후원 덕분이었으니까요. 지석영은 우두를 만들고 우두 의사를 양성했으며 이에 필요한 교재까지 집필했습니다. 우두법의 아버지라는 명성에 걸맞은 업적이죠? 당대 학자 황현은 1864년(고종 1년)부터 일본에 나라를 빼앗긴 1910년까지의 역사를 《매천야록》에 담았는데, 이 책에서 조선의 우두법 확산에 가장 크게 기여한 인물로 지석영을 꼽은 바 있습니다.

우두법을 비롯한 서양 과학기술 관련 사업은 어떤 관청에서 처리했을까요? 1880년에 설치한 통리기무아문에서 전신, 전기, 병원, 우두법 등 여러 서양 과학기술과 관련된 사업을 맡아 처리했습니다. 통리기무아문은 외교와 국제 통상, 문물 도입 일체를 도맡았습니다. 1882년 이후에는 통리교섭통상아문(외교와 통상을 맡은 관청)이 이러한 일을 담당했죠. 전신 가설, 우두법 실시, 제중원 운영은 모두 이 관청에서 맡아 진행했습니다.

하지만 서양 문물은 어디까지나 '동도서기東道西器'에 입각해서 이용되었습니다. 동양의 정신문화를 그대로 유지하면서 서양의 기술만 받아들이자는 거였죠. 민영익, 명성황후, 고종도 같은 생각이었습니다. 그것만으로는 안 된다고 절박하게 생각했던 사람이 김옥균, 박영효 등이었습니다. 그들은 일본처럼 과감하게 내정을 개혁하고 선진 문물 전체를 받아들여야 한다고 주장했고, 단숨에 그 한계를 뛰어넘고자 1884년 갑신정변을 일으켰죠. 갑신정변은 3일 천하로 끝을 맺었습니다. 대신 온건한 세력이 동도서기의 이념에 따라 서양의 과학기술을 도입한 겁니다.

조선 최초의 서양식 병원, 제중원

조선 정부 최초의 병원은 보통 광혜원으로 알려져 있습니다. 광혜원은 '널리 은혜를 베푸는 병원'이라는 좋은 의미를 담고 있지만 이 말은 되도록 사용하지 않았으면 합니다. 고종이 내린 정식 이름은 '제중원'이었거든요.

조선에 서양식 병원을 가장 먼저 세운 나라는 일본입니다. 일본은 조선이 부산(1876), 원산(1879), 인천(1882)을 개항하자마자 이 세 곳에 모두 병원을 세웠고, 1882년 영사관을 지으면서 또 병원을 세웠습니다. 왜 일본은 이렇게 병원 세우는 데 열심이었을까요? 무엇보다 항구에 거주하는 일본인들의 건강을 돌보기 위해서였고, 조선 사람들에게 신문물의 놀라움을 보여줌으로써 일본에 대해 우호적으로 만들려는 생각도 있었습니다. 다 죽어가는 사람을 낫게 해주면 아무리 일본 의사라고 해도 호감을 보일 테니까요.

개화를 하겠다고 마음먹은 조선 정부도 서양식 병원을 세워야 했습니다. 국력, 특히 병력을 강화하기 위해 군의관 양성이 시급했고, 이를 위해 서양식 병원이 필요했던 겁니다. 당시 서양 의학은 지금 같은 수준은 아니었지만 외과 수술과 학질(말라리아) 치료, 전염병 예방에 대해서는 한의학의 한계를 뛰어넘고 있었습니다. 하지만 서양 의사 초빙비가 워낙 많이 들었기 때문에 개화파는 초빙비가 들지 않는 미국의 선교 의사를 불러오기로 했습니다. 선교 의사로서는 '은둔의 나라' 조선에 기독교를 전할 기회를 공식적으로 확보하는 것이었으니 그들의 제안을 두 손 들어 반겼습니다.

이렇게 해서 1884년 조선 땅을 밟은 선교 의사가 그 유명한 알렌입니다. 알렌이 스물여섯 살 때였죠. 당시 조선에서 서양 의학을 공부한 의사는 일본 영사관 부속 의원 소속의 일본인 의사 한 명뿐이었습니다. 알렌은 제중원 설립을 주도하게 되는데, 그 계기는 마치 한 편의 드라마처럼

호러스 알렌. 한국 이름은 '안련'이다. 중국을 거쳐 조선에 온 알렌은 의사이자 외교관으로 활동했다. 1897년에는 미국 총영사로서 조선의 전등과 전차 선로 부설권을 미국에 넘기기도 했다.

찾아왔습니다.

1884년 12월 4일, 갑신정변이 벌어진 바로 그날 당시 정계 최고 실력자였던 민영익이 김옥균·박영효·서재필 등이 속한 개화파가 휘두른 칼에 심하게 다쳤습니다. 이때 알렌에게 치료를 받았습니다. 목숨을 구한 민영익은 알렌에게 20만 냥을 사례비로 건넸습니다. 알렌은 고마움을 표하는 민영익에게 정부에서 서양식 병원을 건립하면 좋겠다고 제안했습니다. 만약 제안이 받아들여지면 자신은 무료로 일할 것이고, 미국에서 동료 의사 한 사람을 더 부르겠다고 했습니다. 이미 조선 정부는 국립 병원을 설립할 계획이 있었던 터라 알렌의 제안을 받아들였죠. 조선 정부는 이 일을 통해 미국과 더욱 더 친해지기를 기대하기도 했습니다. 조선에 선교 의사를 파견한 미국의 선교 본부는 병원 건립을 통해 기독교 포교를 허가받을 수 있으리란 계산을 했지요. 이런 복잡한 이해관계 속에서 1885년 4월 10일, 조선 정부가 세운 첫 서양식 병원인 제중원이 문을 열었습니다. 처음에는 널리 은혜를 베푼다는 뜻의 '광혜원'으로 세웠는데, 문을 열고 12일 만에 조선 정부 관청의 지시에 따라 백성을 구제한다는 뜻의 '제중원'으로 이름을 바꾸었습니다.

제중원은 1890년 무렵까지는 잘 운영되었습니다. 이때까지 의사는 알

　　　　　　　　한국과학문명사 강의

오늘날 복원한 제중원.

렌과 나중에 온 헤론 두 사람뿐이었습니다. 그들은 하루에 백 명 내외의 환자를 진료했습니다. 환자는 계급을 망라하여 아래로는 걸인, 나병 환자부터 위로는 궁중의 지위 높은 여인들까지 다양했습니다. 제중원에서는 주로 학질, 매독, 소화 불량, 피부병, 결핵, 나병, 기생충에 의한 병 따위를 치료했습니다. 대부분 당시 한의학으로 고치기 힘든 병이었죠. 제중원은 콜레라 예방도 맡았고, 알렌은 인천에 세워진 검역소에서 외국에서 온 배에 전염병 환자가 타고 왔는지 검사하는 일도 맡았습니다. 가장 인상적인 건 외과 수술이었습니다. 제중원의 외국인이 조선의 어린아이를 잡아먹는다는 소문이 날 정도로 두려워하는 사람이 적지 않았는데, 아마 외과 수술 때문에 그랬을 겁니다.

제중원은 1890년 이후 사실상 병원 역할을 하지 못했습니다. 가장 큰 이유는 미국 선교회 측에서 더는 조선 정부에 무료 봉사할 필요를 못 느껐기 때문입니다. '왜 선교사가 선교 활동을 하지 않고 조선 정부를 도와야 하지?' 하며 불만을 가졌던 겁니다. 선교사가 첫발을 내딛는 상황에서는 어떻게든 조선 정부의 환심을 사야 했지만 몇 년 사이에 선교의 자유가 거의 확보되자 생각이 달라진 거죠. 제중원을 담당한 의사 에비슨은 조선 정부가 빌려준 돈을 갚지 않는 것, 제중원의 숙소를 타인에게 함부로 빌려준 것을 핑계로 진료에 임하지 않았습니다. 결국 1894년 조선 정부는 제중원 운영을 포기했고, 미국 선교회는 원하던 대로 제중원을 직접 운영하기 시작했습니다.

지금까지 살펴본 개항·개화기 시대의 과학기술은 어떻게 평가할 수 있을까요? 프랑스의 지리학자이자 민속학자인 샤를 바라는 1888년부터 1889년까지 조선의 내륙을 여행했는데, 그는 다른 서양인 여행자와 달리 자신이 매우 식견 높은 여행자라고 자처했습니다. 바라는 조선인의 불결과 게으름, 무지와 무능을 비난한 서양인 여행자와 사뭇 다른 견해를 내놓았습니다. 그는 한양이나 금강산만 보고 떠나는 여행자와 달리 최초로 한양에서 부산으로의 여행길을 택한 인물이기도 합니다. 조선의 내면을 보려는 의도였죠. 그는《조선 기행》에 여행 중 가장 인상 깊었던 것이 교육열이라고 썼습니다.

나는 거의 모든 사람이 글을 쓸 줄 아는 이 조선이라는 나라에서 교육이 얼마나 중요시되고 있으며, 만약 우리 유럽의 새로운 문물이 제대로 유입되기만 한다면 조선인들이 얼마나 급속도로 발전하게 될지 짐작할 수 있었다.

전봇대를 수리하는 모습. 1901년 조선을 방문했던 체코 사람 브라즈가 찍은 사진이다. 한 남자가 사다리에 올라 전차에 전기를 보내는 전봇대를 수리하고 있는데, 사람들이 신기한 듯 구경하고 있다.

그가 대구에서 부산으로 이르는 여정에서 전봇대를 본 감상은 이렇습니다.

바야흐로 우리는 한양에서 부산에 이르는 직통 행로로 접어든 셈이었는데, 놀랍게도 가도에는 일본이나 중국처럼 최근 설치된 것으로 보이는 전봇대도 몇 개 세워져 있었다. 왠지 이 조선이라는 나라는 그 발전 도상에 있어서 머지않아 자신들의 이웃 국가를 따라잡게 될 것이라는 막연한 생각이 들었다. 사실 따지고 보면 역사적으로 자신들이 가르쳐왔던 일본인들에게 비록 지금은 산업적으로나 예술적으로 뒤져 있는 조선인들이지만, 윤리적인 우월함 덕분에 가까운 미래에 반드시 그들을 따라잡고 결국엔 저만치 따돌릴 수 있을 것이다. 조선인 특유의 가족 제도와 강한 연대성, 그로 인한 끈질긴 노동력과 지난 몇 년 동안 이룩한 놀랄 만한 발전상을 감안하면 나의 이런 생각은 충분히 설득력을 가지리라. 저 가도에 늘어선 전봇대들이 말해주듯, 문명의 연결선들이 조선이라는 나라의 땅덩어리 방방곡곡으로 퍼져나갈 그날이 그리 멀지만은 않을 것이다.

바라는 당시 우리나라 사람들의 문화적 자존심과 교육열, 가족애와 끈질긴 노동력에 매우 후한 점수를 주었습니다. 갓 가설된 전봇대를 보면서 말입니다. 바라의 글을 보면, 근현대에 벌어진 우리 과학사의 놀라운 발전이 아무것도 없는 상태에서 이루어지지는 않았다는 사실을 알 수 있습니다. 다만 늦게 시작했을 뿐, 과학기술의 급진적인 발전을 일으킬 만한 조선인 고유의 정신적 힘이 있었던 겁니다.

지석영의 눈부신 활약

개항 이후 1894년 이전까지 지석영만 한 과학자는 없었습니다. 지석영은 몰락한 집안에서 태어났지만 1883년 문과 시험에 합격했습니다. 또한 오늘날 서울 시장에 해당하는 한성 부윤의 자리까지 올랐던 인물입니다. 과학자일 뿐 아니라 글과 경전에 밝은 학자이자 정치가였죠.

지석영이 처음 쓴 책은 《우두신설》입니다. 이 책은 개항 이전에 나온 우두법 관련 책들보다 수준이 월등히 높았습니다. 우두 백신을 얻는 방법이 자세히 실려 있고 모세관, 비커, 온도계 같은 여러 시술 도구도 소개되었죠. 오늘날 실험실에서는 쉽게 볼 수 있는 도구들이지만 당시에는 정말 신기했겠죠?

1887년 지석영은 갑신정변(1884)을 일으킨 무리와 관련 있다는 모함을 받고 전남 강진 신지도에 유배되었습니다. 유배지에서 지석영은 주목할 만한 두 책, 《중맥설》과 《신학신설》을 썼습니다.

《중맥설》은 1888년에 완성되었습니다. 지석영은 일본에서 농학자들이 보리를 중요하게 여기는 모습을 보았고, 서양뿐 아니라 아시아의 많은 국가가 보리를 중시한다는 사실도 알았습니다. 보리는 흙의 종류를 가리지 않을 뿐 아니라, 가을에 파종하여 여름에 수확하고, 비·가뭄·해충·서리 등에 강하며, 제초의 노력도 적게 드는 등 장점이 많은 작물이죠. 지석영은 우리나라 농가가 보리를 즐겨 재배한다면 나라의 부를 쌓는 데 도움이 될 거라고 확신했습니다. 이러한 생각을 정리해 담은 책이 바로《중맥설》입니다. 이 책은 안종수의《농정신편》과 함께 한국 농학의 근대적 전환을 알리는 중요한 저작으로 평가받습니다.

1891년에 펴낸《신학신설》은 지석영의 또 다른 대표작입니다. '신학身學'은 몸에 대한 학문이란 뜻이고, '신설新說'은 서양의 자연과학에 기초를 둔 새로운 학문으로 위생학을 뜻합니다.《신학신설》은 우리나라 최초의 순 한글 자연과학 책으로도 유명합니다. 지석영은 일본에 갔을 때 사 온 자연과학 책과 의학 책을 참고해서 물리학·화학·생리학에 바탕을 둔 서양 위생학에서 말하는 빛·열·공기·물·음식·운동 등의 내용을 요약·정리하여 담았습니다.《신학신설》은 당시 서양 위생학을 읽어낸 가장 수준 높은 저작입니다.

지석영은 1905년 국내 최초로 맞춤법 제정의 필요성을 제기하기도 했습니다. 만년에는 국어에 관련된 책을 많이 썼죠.

개항기에 불운을 겪은 과학자들

서양 과학을 배워 왔지만 뜻을 제대로 펼치지 못한 과학자들도 있었습니다. 1881년 조사 시찰단에 속했던 안종수는 귀국 후《농정신편》을 펴냈습니다. 그는 이 책을 통해 옛 농법과 완전히 다른 농사법을 소개했죠. 서양의 식물학, 토양과 비료 등 물리·화학에 토대를 둔 농사법, 각종 작물의 꽃의 구조와 개량 농기구를 그림을 곁들여 풀이했습니다. 하지만 안종수는 연구의 결실을 보기 전에 갑신정변을 일으켰다가 유배되었습니다.

1883년 보빙사 일행이었던 최경석은 귀국 후 서양 농업을 도입하는 데 힘썼습니다. 고종의 허락을 받아 '농무 목축 시험장'을 만들어 서양 농법으로 첫해 양배추, 샐러리 등 작물 344종을 재배했습니다. 치즈와 버터도 생산할 계획이었지만 1886년 갑자기 세상을 뜨는 바람에 농무 목축 시험장의 연구와 운영도 흐지부지되고 말았습니다.

변수는 통역관 집안의 자손으로, 1882년 김옥균을 따라 일본에 가서 3개월 동안 양잠과 화학을 공부했습니다. 1883년에는 민영익을 수행해 세계 일주도 했는데 1884년 김옥균을 좇아 갑신정변에 참여했다가 실패로 끝나자 일본으로 망명했습니다. 그리고 1886년 미국으로 건너가 이듬해 미국 메릴랜드대학에 입학했습니다. 4년 동안 농학을 공부한 후 졸업하여 우리나라 최초로 대학 과정을 마친 과학자가 되었죠. 그가 쓴 〈일본의 농업〉은 미국《농무부 통계국 월보》에도 실렸습니다. 그렇지만 모교에 들렀다가 열차 사고를 당해 본격적인 과학 활동을 해보지 못하고 세상을 떠났습니다.

서재필은 1882년 과거에 합격한 후 이듬해 일본에 건너가 일본 육군학교에서 군사 훈련을 받고 귀국해 신식 군대의 훈련을 책임졌습니다. 1884년 민영익이 그 자리를 청나라 장교에게 맡기면서 물러났고, 이후 일으킨 갑신정변이 실패로 끝나자 일본으로 망명했다가 1885년 미국으로 건너갔습니다. 스무 살의 망명객 서재필은 미국에서 고등학교를 졸업하고 3년 동안 의과 대학 과정을 밟고 1892년에 졸업했습니다. 이듬해 의사 면허를 취득했죠. 혁명을 꿈꾸던 돌격 대장이 조선인 현대 의사 1호가 된 겁니다. 1895년에 조선으로 돌아온 서재필은 계몽 운동에 힘썼고 특히 위생 개혁에 관한 많은 글을 썼습니다.

이 네 사람의 활동은 중도에 좌절되었지만 덕분에 적지 않은 서양 과학기술이 흘러들었습니다. 그렇다고 조선의 과학기술이 전부 서양 과학기술로 바뀐 것은 아닙니다. 천문학을 담당한 관상감, 의학을 담당한 내의원 등 전문 관청과 제도는 그대로 있었습니다. 이러한 관청에 필요한 관리를 선발하는 잡과 시험도 계속 시행되었으니, 천문·지리·산학·의학 등 전통과학이 계속 살아 있었다고 봐도 됩니다. 즉 서양의 과학기술이 흘러 들어오는 한편, 전통 과학기술도 꾸준히 전해진 겁니다.

서양 과학 문물을
전면적으로 받아들이다

③

과학기술 기반을 확립하려는 노력

우리 근현대 과학사에서는 1894년 갑오개혁 이후 10년이 매우 중요합니다. 조선이 1876년에 개항했어도 갑오개혁 전까지는 서양 과학을 그저 맛보기 정도로만 받아들였거든요. 전등, 전신, 서양식 병원 등 일부 서양 기술을 도입하고, 우두 접종과 같은 서양 의료 기술을 시행한 정도로 기존의 큰 틀은 유지한 채 몇몇 부분만을 채택했습니다. 19세기 중반이 되자 전 세계적으로 과학이 눈부시게 발전하고 동시에 급속한 변화가 일어나기 시작했습니다. 조선도 국가의 운명을 걸고 서양 과학기술을 본격적으로 받아들이지 않을 수 없게 되었죠.

대한제국이 1902년 말에 근대식 해군을 조직한 후 일본에서 구입한 광제호의 모형. 1910년에 무전 전신을 설치하면서 양쪽 기둥은 무선 통신을 위한 안테나로 쓰였다.

고종은 국방 관련 과학기술에 가장 큰 관심을 보였지만 이 분야의 자립화는 너무나 힘들었습니다. 열강과의 기술력 격차가 워낙 컸거든요. 그렇다고 국방을 소홀히 할 수는 없어서 조선 정부는 절반에 달하는 예산을 국방비에 쏟아부었습니다. 독일제·미국제·러시아제 최신 대포와 총은 기본이고 증기선까지 구입할 계획이었죠. 1904년 러일전쟁 직후에는 군기창(무기 제조와 수리를 담당한 관청)의 규모를 대폭 확대해서 자체적으로 군사기술을 개발하는 데 힘썼습니다. 총포, 탄환, 화약, 가죽 장비, 제복 제조소를 설치하고 많은 기술자를 배치했죠. 이렇게 많은 돈을 들이고 신경을 썼지만 일본의 국방력에 비하면 턱없는 수준이었습니다.

갑오개혁 이후에야 조선은 새로운 시대를 맞았습니다. 새 술은 새 부대에 담아야 한다는 말처럼, 새 시대에 맞춰 새로운 학문이 대세가 되었습니다. 이는 갑오개혁 정부에서 1895년 1월에 공포한 〈홍범 14조〉에서 확인됩니다. 홍범洪範은 '모범으로 따라야 할 큰 규범'이란 뜻으로, 오늘날

한국과학문명사 강의

헌법에 해당합니다. 〈홍범 14조〉는 청나라를 섬기는 관계를 끝낸다는 내용으로 시작합니다. 그리고 왕실·중앙 정부·지방 관제의 개혁, 철저한 세금 징수와 예산 관리, 국민의 생명과 재산의 보호, 징병과 군대 양성, 신분 차별 없는 인재 등용 등을 내용으로 하고 있습니다. "나라의 총명한 자제들을 널리 외국에 파견하여 학술·기예를 견습한다"는 조항도 있습니다. 과학기술자를 본격적으로 양성하기 위해 유학이 꼭 필요하고, 그다음으로 과학기술을 전문으로 하는 학교를 세워야 함을 인식한 겁니다. 이웃 나라 일본은 그렇게 해서 이미 크게 성공했고, 청나라도 같은 방법으로 성큼성큼 앞서 나아가고 있었거든요.

1895년에 정부는 182명이나 되는, 당시로서는 최대 규모의 유학생을 일본에 보냈습니다. 이후 해마다 3백 명 정도의 유학생을 보내려고 계획할 만큼 야심만만하게 선진 과학기술을 도입하려 했습니다. 유학생들에게는 이런 요구를 했다고 합니다.

각 분야로 나뉘어 실용적인 일을 진실로 강구하여 지식을 넓히고 사물의 이치를 궁리하여 굳세고 곧으며 어떠한 때에도 굴하지 않는 의연한 용기 있는 정신을 가지고 독립되고 문명된 사회의 필요에 부응해주기를 바란다.

— 대조선인 일본 유학생 친목회에서 발간한 《친목회 회보》

그런데 당시 정부가 지원한 유학생은 주로 몰락한 양반 집안이나 하급 관리의 자제들이었습니다. 유학생이라고 하면 경제력 있는 명문 가문이나 상인의 자제들이었을 거라 생각하기 쉽지만, 당시 양반들은 외국에 나가 신학문 공부하기를 꺼렸습니다. 서양 학문에 대한 기초가 없는 상태에서 일본으로 건너간 유학생들은 얼마나 힘들었을까요? 우선 일본어를 익히기가 쉽지 않았고, 국내 정치 사정이 좋지 않아 유학비 송금을 제때 받지 못해 경제적 곤란까지 겹쳤다고 합니다. 그래서 대개 일본어를 익히는데 그쳤지만 곤경을 극복하고 전문학교나 관청, 회사에 배치되어 전문 분야를 충분히 공부한 유학생도 있었습니다.

유학생은 군사 분야가 가장 많았고, 그다음이 기술 분야였습니다. 기술학도들은 광물 분석, 무기 제조, 전신 등의 기술을 일이 년 정도 배웠고, 일부는 방직, 제혁, 유리, 조선 등의 기술을 습득했습니다. 대개 학교보다는 관청에서 실무를 익혔습니다. 의학 분야의 경우 전문학교에서 학업을 마치고 의사 면허를 따는 학도들이 있었습니다. 일본에서 최초로 의사 면허를 딴 김익남과 그 뒤를 이은 안상호, 약학도인 유병필 등인데 이들은 학업을 마치고 돌아와 1899년에 설립된 경성의학교(오늘날의 서울대학교 의과대학)의 교사가 되었습니다.

일본 유학생은 꾸준히 있어서 1902년에 33명, 1903년 25명이었고, 그들의 학력 수준은 이전보다 훨씬 높아졌습니다. 이와 함께 서양에도 유학생을 보내기 시작했습니다. 정부는 1903년에 러시아로 13명, 영국과 프랑스에도 각각 10여 명씩 유학생을 파견할 계획을 세웠습니다. 하지만 1904년 러일전쟁 여파로 나라가 혼란해지고, 러일전쟁에 승리한 일본이 조선 정치의 주도권을 쥐면서 서양 유학은 흐지부지되었습니다.

한편 정부는 국내 과학기술자를 양성하는 데도 힘을 기울였습니다. 김근배 선생은 1899년을 한국 과학기술이 본격적으로 시작되는 원년으로 삼자고 말했습니다. 당시 사회에서 수요가 많았던 공업, 기술, 철도, 직조, 측량, 전신, 우체, 의학 등의 과학기술이 본격적으로 실시된 해가 바로 1899년입니다. 이 외에 제중원을 담당한 선교사 에비슨이 사립으로 설립한 제중원의학교(세브란스의학교)도 개교했습니다. 아직 물리학, 화학, 생물학, 공학 등 자연과학을 본격적으로 연구하는 대학은 설립되지 않았지만, 과학기술 기반을 스스로 확립하려는 노력이 시작된 시기입니다.

빠르게 발전한 의학과 위생

나라에서 세운 상급 학교인 의학교와 상공학교에 대해 좀 더 자세히 살펴봅시다. 1897년 대한제국을 선포한 후 제국이라는 이름에 걸맞게 의학 분야에도 근대적 개혁의 시동이 걸렸습니다. 국가가 운영하는 의학교가 하나도 없다는 건 제국으로서 창피한 일이었겠죠? 1898년 지석영은 의학교를 세우면 교장을 맡겠다는 청원을 나라에 넣었습니다. 자신이 중국 의학과 서양 의학에 두루 능통하니 다른 적임자는 없을 거라고 확신했던 모양입니다. 지석영은 의학교의 개설 장소, 교사, 학도, 확대 방안까지 구체적으로 제시했습니다. 그래서인지 지석영의 제안은 이틀 만에 채택되었습니다. 당시 교육을 담당하던 학부의 최고 담당자 이도재가 바로 지석영의 《우두신설》의 서문을 써준 사람이었고, 모든 신문은 이구동성으로 의학교 설립을 대대적으로 환영했습니다.

의학교는 이듬해인 1899년 9월에 문을 열었습니다. 정부에서 세운 이 의학교는 서양 의학을 전공하는 정원 50명, 3년 과정의 전문학교였습니다. 교사는 일본 유학파 의사인 김익남과 일본인 의사 1명이었습니다. 의

제중원의학교의 교과서. 선교 의사 에비슨은 의학생들과 함께 서양의 의서를 번역해 교과서를 만들었다.

학교 졸업생은 1902년에 처음으로 19명, 1903년에 12명, 1906년에 4명이었습니다. 의학 교육이 쉽지 않아서 졸업생 수가 갈수록 줄어든 겁니다. 1904년 졸업 예정자는 2년 후인 1906년에 겨우 졸업장을 받을 수 있었는데, 러일전쟁으로 정세가 불안정했기 때문입니다. 이후 의학교는 졸업생을 한 명도 내지 못하고 일제의 손에 넘어갔습니다.

사립인 제중원의학교는 제중원을 맡은 선교 의사 에비슨이 세웠습니다. 그는 조선인 학생들에게 체계적으로 의학을 가르쳐 선교 의사를 양성하고 싶었습니다. 그래서 당시 약국 정도의 기능밖에 하지 못하던 제중원에 의학교를 설립했습니다. 제중원의학교에서는 기초 교육부터 임상 실습까지 배워 졸업하기까지 8년이 걸렸습니다. 제중원의학교도 1908년 졸업생을 7명 배출함으로써 1900년대에 국내 양성 의사는 총 42명 배출되었습니다. 식민지 상황만 아니었다면 이들은 의학 발전에 주축이 되었을 텐데 교육, 행정, 연구 등의 직무를 맡지 못하고 안타깝게도 동네에서 병원을 여는 데 그쳤습니다.

상공학교는 교장과 교사는 뽑았지만 예산이 없어서 1904년에야 농상공학교로 개편되어 교육이 시작되었습니다. 정원 80명에 예과 1년, 본과 3년의 과정으로, 중공업과의 정원이 50명 정도로 가장 많았습니다. 하지만 이듬해인 1905년에는 15명, 1906년에는 18명으로 확 줄었습니다. 1906년에 예과를 마친 졸업생 6명은 공업전습소를 졸업한 게 되었습니다. 일제가 농상공학교를 격하하여 가내수공업을 공부하는 단기 연수 기관인 공업전습소로 바꿔버린 겁니다. 막 피어나기 시작한 국내 과학의 싹을 짓밟은 셈이죠.

과학기술과 관련해서 사회 전반적으로는 어떤 변화가 있었을까요? 무엇보다도 의학과 위생 분야가 빠르게 발전했습니다. 갑오개혁으로 우두 의무 접종이 부활해서 이후 20만 명 이상이 우두를 접종했습니다. 콜레라 검역도 다시 본격적으로 시작되었습니다. 1895년에 콜레라가 유행했을 때에는 방역 팀을 꾸려 해상 검역, 육상 검역뿐만 아니라 피병원避病院(전염병 환자를 따로 치료하는 병원)을 제대로 운영하기도 했습니다. 1899년 위생국에서는 천연두, 콜레라와 함께 장티푸스, 이질, 디프테리아, 발진티푸스 등 6종 법정 전염병의 예방령을 공포했습니다. 이제 이러한 전염병을 과학적인 방법으로 예방할 수 있게 된 겁니다.

1899년에는 의학교와 함께 내부병원도 설립되었습니다. 내부병원은 1900년에 광제원으로 이름을 바꿨는데 주로 전염병 통제가 목적이었습니다. 갑오개혁 때 세워진 병원들이 서양 의술인 양방洋方만을 다룬 것과 달리 내부병원은 한의학을 중심으로 양방을 같이 쓴 게 큰 특징이고, 무료로 이용할 수 있었습니다. 1900년부터는 나라에서 의사 면허도 부여하기 시작했는데 이것이 우리나라 최초의 근대 면허 제도입니다.

문명개화의 상징, 전차

1897년 대한제국 선포 후 관리와 국민이 합심해 '길 닦기 사업'을 벌였습니다. 사대문 안의 길을 넓히고 주변 경관을 바꿨죠. 이 사업에는 초가집을 기와집으로 바꾸고 골목을 정비하는 것까지 포함되었습니다. 길 닦기 사업이 벌어지기 전에《독립신문》에서는 위생 향상을 위한 열 가지 사항을 위생국에 건의했는데, 이를 보면 당시 거리의 모습이 훤하게 그려집니다.

- 개천을 깨끗이 치우게 할 것
- 길가에서 대소변을 못 보게 할 것
- 물을 끓여 먹도록 할 것
- 푸성귀를 개천 물에 못 씻게 할 것
- 밤에 길가에 누워 잠자지 못하게 할 것
- 아이들이 벌거벗고 다니지 못하도록 할 것
- 술집에 사람들이 모여 술과 푸성귀를 먹고 좁은 데에 서로 끼여 앉아 호흡을 가까이 하지 못하도록 할 것
- 위생국에서 도성 안 몇 군데 큰 목욕탕을 만들어 가난한 인민들이 목욕하게 할 것
- 경무청에서 반찬 가게를 다니며 상한 고기와 생선을 못 팔게 할 것
- 순검들이 순시하면서 집 앞에 더러운 물건을 두거나, 개천을 치우지 않은 백성에게 벌을 주도록 할 것

영국의 지리학자 이사벨라 버드 비숍은 1894년 조선에 왔다가 세계에서 가장 불결한 도시로 서울을 꼽았는데, 길 닦기 사업 후 변화된 서울의 모습에 감탄을 연발했습니다. 비숍이 펴낸 《한국(조선)과 그 이웃나라들》에는 이렇게 적혀 있습니다.

서울은 많은 면에서, 특히 남대문과 서대문 근방의 변화 때문에 예전과 달라져 알아보기가 어려웠다. 도로들은 최소한 17미터의 폭으로 넓혀졌고 그 양쪽에는 돌로 만들어진 깊은 경계가 있으며 그 안은 널찍한 돌판으로 메워졌다. 도로들이 있던 자리는 원래 콜레라가 발생한 불결한 샛길들이 있던 곳이다. 좁은 오솔길은 넓혀졌고, 진흙투성이의 시내는 포장도로에 의해 사라지고 없었다. 사람들이 뙤약볕 밑에서 확 트인 편평한 거리를 따라 자전거를 타고 가는 모습을 볼 수도 있었다. 가까운 시일 안에 기차가 달리는 모습을 볼 수 있을 것이다. 한 멋진 장소에 프랑스식 호텔을 세우는 준비가 한창이었고, 유리로 된 진열대가 있는 상점이 수없이 세워져 있었다. 쓰레기를 길거리에 내다 버리는 것을 금지하는 법령도 시행되고 있었다. 쓰레기는 직업 미화원이 서울 바깥으로 치운다. 이전까지는 가장 지저분한 도시였던 서울이, 이제는 극동의 제일 깨끗한 도시로 변모해가고 있다.

비숍은 결론적으로 한국인의 잠재성을 다음과 같이 높이 평가했습니다.

이러한 많은 작업과 함께 자극적이고 혐오스럽던 서울의 향기는 사라졌다. 위생에 관한 법령이 시행되었고, 집 앞에 쌓인 눈을 모든 식구들이 치우는 것이 의무적일 정도로 한국의 문화 수준은 매우 높아졌다. 그 변화들은 너무 커서, 나는 1894년이었다면 서울의 한 예로서 이 장을 위해 사진을 찍었을지도 모를, 그 특징적인 빈민촌을 발견할 수 없었다. 한국인은 어떤 행정적인 계기만 주어지면 무서운 자발성을 발휘하는 국민이다. 서울은 한국적인 외양으로 재건되고 있지 절대로 유럽적으로 재건되고 있지는 않다.

비숍은 우리 국민이 '어떤 계기만 주어지면 무서운 자발성을 발휘'한다고 표현했죠? 이런 모습은 일제강점기의 3·1 운동이나 오늘날 부당함에 맞서는 평화 시위, 스포츠 응원 등에서도 발견됩니다. 오랫동안 이어진 우리 민족의 잠재력이라 할 수 있죠.

비숍이 말한 변화는 불과 다섯 달(7~12월) 동안에 일어났다는 점에서 더욱 놀랄 만합니다. 대한제국 선포 후 '그래, 우리도 해보자!' 하는 마음이 온 나라에 가득했던 겁니다. 비숍은 유길준이 프랑스에서 나폴레옹의 근대식 파리 개조 사업을 목격했을 때와 비슷한 충격을 받았을지도 모릅니다. 서양식을 무조건 따른 게 아니라 주체성을 갖고 조선식으로 바꿔가려 한 부분은 더욱 높이 평가됩니다.

길 닦기 사업의 성과를 실감한 고종은 전차電車를 들여오기로 결심했습니다. 비숍이 '가까운 시일 안에 기차가 달리는 모습을 볼 수 있을 것'이라 말한 게 이겁니다. 전차는 전기로 가는 차죠. 1879년 독일에서 열린 베를린 만국박람회에서 첫선을 보였고 1881년 베를린에서 처음 운행되었습니다. 우리나라에서는 1899년 5월 17일에 전차가 개통되어 서울 거리를

서울을 달리던 전차 중 하나. 전차의 앞뒤는 일반실이었고, 가운데에는 요금이 비싼 특실이 있었다. 정원은 40명이었다.

질주했습니다. 서울을 동서로 횡단하는 노선 7.5킬로미터 구간을 달렸죠. 서대문에서 종로를 거쳐 동대문을 빠져나와 청량리에 이르는 노선이었습니다. 길 닦기 사업 이전에는 지위가 높은 사람들은 가마나 말을 탔고, 서민들은 걸어 다녔습니다. 길을 넓게 닦은 후에는 사람이 끄는 인력거가 중요한 교통수단이 되었죠. 이런 상황에서 전차가 굉음을 내며 달렸으니 얼마나 대단했겠어요.

전차 가설은 대한제국이 미국인 콜브란과 합작해 만든 한성전기회사에서 추진했습니다. 1898년 10월에 시작해 두 달 만에 공사가 끝났고, 이듬해 5월 전차 여덟 대를 구입해 영업을 시작했죠. 고종이 전차를 서울에 놓은 까닭은 분명합니다. 최신 과학기술이 집약된 전차를 서울에 선보임으로써 문명개화의 의지를 국내외에 과시하려 한 거죠. 명목상으로는 당시 서울 홍릉에 있던 명성황후의 묘에 쉽게 행차하기 위해서였다고 하나,

1898년 1월에 설립된 한성전기회사. 대한제국 정부는 운영하다가 자본과 기술이 부족해지자 미국에 도움을 청했다. 결국 한성전기회사의 소유권은 미국인 콜브란과 보스트윅에게 넘어갔다.

고종 자신이 이 목적으로 전차를 이용한 적은 없습니다. 전차가 다니자 사람들은 호기심에서 많이 탔다고 합니다.

주목할 점은 기술 이전에 관한 부분입니다. 이후 스스로 운영할 수 없다면, 유길준이 말했듯 '돈만 들인 멍청한 짓'이 되어버리니까요. 결론부터 말하면 전기를 생산하는 발전 시설에서부터 전차의 관리와 수리에 이르는 모든 부분에서 제대로 기술을 습득하지 못했습니다.

미국과의 합작도 초반부터 삐걱거렸습니다. 1902년부터 빚 문제로 콜브란과의 외교 분쟁이 벌어졌고, 1904년 러일전쟁이 일어나면서 외교적으로 미국의 눈치를 더 보게 되었습니다. 결국 대한제국은 헐값에 전차 사업을 콜브란에게 넘겼고, 콜브란은 1909년 전차 사업을 일본 회사에 팔아치우고 대한제국을 떠났습니다.

이 때문에 고종의 전차를 '빛 좋은 개살구'라며 폄하하는 사람들도 있습니다. 하지만 전차의 전시 효과는 결코 만만치 않았습니다. 유학생 파견, 학교의 설립과 운영 등은 훨씬 장기적인 프로젝트로 그 효과가 한참 지나야 나타나죠. 반면에 전차는 아주 짧은 시간 안에 보여줄 수 있고, 효과를 빨리 볼 수 있었거든요. 전차 사업을 콜브란에게 넘긴 건 고종이나 당시 정치인들이 안이했다기보다는 선택의 폭이 좁은 상태에서 부득이하게 내린 결정이었을 수도 있습니다.

1896년 1월부터는 태양력이 시행되었습니다. 그동안 쓰던 음력을 폐지하고 서양식 표준을 따르기로 한 겁니다. 이는 중국 연호를 빌려 쓰던 전통이 끝나고 음력 1월 1일(설날) 대신 양력 1월 1일이 한 해의 첫날이 되었음을 뜻합니다. 이제 예수의 탄생을 기준으로 하는 서기를 사용하게 된 거죠. 좋게 말하면 국제 질서에 맞춘 것이고, 나쁘게 말한다면 제국주의 열강이 정한 규약에 조선이 맞물려 들어가게 된 것입니다.

1894년 갑오개혁 이후 10년 동안 참으로 놀랄 만한 일들이 일어났죠? 물론 우리나라는 기반이 약한 형편에 갑작스럽게 많은 것을 수용하느라 서툰 부분이 있을 수밖에 없었습니다. 주변에서는 일본이 호시탐탐 한반도를 식민지로 만들려고 노리고 있었으니 어려움은 곱절 이상이었죠. 그렇지만 시작이 있어야 결과가 있는 법입니다. 시작이 반이라는 말처럼 말입니다. 어려운 상황에서도 본격적으로 과학기술을 익히고 도입하려는 노력이 꾸준히 이어져왔습니다. 덕분에 오늘날 우리가 많은 것을 누릴 수 있게 되었죠.

1894년 갑오개혁 이후에는 과학자 김점동과 상호가 두각을 나타냈습니다. 이 두 사람 외에도 일본에서 최초로 의사 면허를 딴 김익남, 미국에 유학하여 의사가 된 오긍선·상호에 이어 도쿄제국대학에서 화학 공학 학사 자격을 딴 유전 등이 있었지만 유감스럽게도 이들은 나라가 위태로운 탓에 과학자의 꿈을 활짝 펼치지 못했습니다.

우리나라 최초의 여의사 김점동

김점동(1877~1910)은 우리나라 최초의 여의사입니다. 아니, 의녀 대장금이 있었으니 서양식 의사로 최초란 말이 더 적합할 것 같습니다. 김점동은 남편의 성인 박에 세례명을 합쳐 박에스더라고도 불립니다. 당시 대다수 여성이 감히 꿈도 못 꿀 두 가지 일, 즉 과학과 의학의 길을 개척했고 여성 전문 진료를 활발히 펼친 인물입니다.

김점동은 이화학당에서 영어를 배우고 열네 살 때는 우리나라에 선교사로 온 여의사 로제타 홀의 통역을 맡았습니다. 어느 날 로제타 홀이 수술하는 장면을 보고 의사가 되기로 마음먹었다고 합니다. 1895년 로제타 홀이 미국으로 돌아갈 때, 김점동은 로제타 홀에게 동행을 허락받았습니다. 그렇게 남편 박유산과 함께 미국에 가서 어렵게 의학 공부를 시작했죠. 볼티모어여자의과대학에 입학한 김점동은 4년간의 과정을 모두 마치고 1900년 6월 의학 박사 학위를 받았습니다. 그런데 졸업을 한 해 앞두고 김점동의 남편은 폐결핵으로 눈을 감았습니다.

1900년 11월 김점동은 선교 의사로 귀국하여 우리나라 최초의 여성 전문 병원인 보구여관의 책임 의사가 되어 의료 활동을 펼쳤습니다. 그러다가 1903년 로제타 홀이 한국으로 돌아와 평양에서 남편 제임스 홀을 기리는 기홀紀忽병원을 세우자 그곳으로 자리를 옮겼습니다. 김점동은 10개월 만에 환자를 3천 명 이상 진료할 정도로 활발한 의료 활동을 펼쳤고, 1909년에는 한국인 최초 여성 의사임을 축하하는 메달을 받기도 했습니다. 하지만 남편을 죽음으로 내몰았던 결핵에 걸려 1910년 34세의 젊은 나이로 짧은 생을 마감했습니다.

우리나라 최초의 공학도 상호

상호(1879~?)는 나라에서 운영하는 영어 학교를 마친 후 잠시 그 학교에서 근무하다가 1898년 말 개인 비용을 들여 유학생으로 일본에 건너갔습니다. 마침 관비官費 유학생에 결원이 생겨 국가 돈으로 유학하는 행운을 잡았습니다. 이후 일본 최고 명문인 제일고등학교 공과에 입학했고, 졸업 후 바로 도쿄제국대학교 공학부에 입학해 1906년 학업을 마쳤습니다.

상호가 그 어려운 도쿄제국대학을 졸업하자 당시 언론에서는 '처음으로 맞은 성대한 일'이라며 떠들썩하게 칭송했고, 대한제국 정부는 상호에게 주요 기술을 총망라한 공업 학교 설립 계획을 맡겼습니다. 하지만 일본 통감부(1905년부터 1910년까지 대한제국을 감시하던 기관)의 반대로 실현되지 못했습니다. 보성학교에서도 공업전문과를 설치해 상호에게 맡기려 했지만 이 또한 돈이 부족한 데다 지원자가 없어 실현되지 못했죠. 결국 상호는 농상공부(농업·상업·공업 및 우편과 전신 등의 업무를 보던 관청)의 관리가 되는 데 그쳤습니다.

식민지 수탈을 위한 일제의 조치

1910년 8월 29일은 국치일國恥日이죠. 이날 일본 천황은 이렇게 선언
했습니다. "영원한 동양의 평화를 위해 대한제국 황제의 양위의 뜻을 받
아서 한국을 통치하게 됐노라!" 조선의 초대 총독 데라우치 마사타케도
다음과 같은 담화문을 발표했습니다.

일, 우리 일본은 동양의 영원한 평화를 위해 대한제국의 뜻을 받아
들여 한국의 통치를 시작하노라.
일, 전국에서 폭도(의병)들이 벌이는 혼란이 심하므로 군대, 헌병,

경찰력으로 한국의 치안을 안정시키겠노라.

일, 한국은 농토가 비옥하고 지하자원이 많으므로 그것을 개발해 산업을 일으키겠노라.

일, 산업의 진흥에 필요한 철도를 삼남(충청도·경상도·전라도) 지방을 포함해 전국 13도 모든 곳에 부설하겠노라.

일, 한국인은 모였다 하면 서로 헐뜯기에 바쁜 폐단을 가지고 있으므로 집회 결사를 단속하겠노라.

일, 무릇 인생에서는 질병보다 혹독한 것이 없는데, 지금껏 한국의 의술은 유치한 단계를 벗어나지 못하므로 서양식 병원을 서울과 주요 도시에 널리 설치하여 인술의 혜택을 받게 하겠노라.

일, 교육은 수신하여 제가하는 데 중요하나 모든 학생이 공부하는 걸 싫어하여 힘쓰지 않고, 또 많은 학생이 공부를 해도 헛된 망상에 빠지는 폐단이 있으니, 이제부터 겉치레를 버리고 내실을 추구하는 교육을 실시하겠노라.

일제강점기에는 이 틀 안에서 과학기술 정책이 이뤄졌습니다. 이 담화문을 보면 국방을 강화하고 외교에 힘쓰겠다는 내용은 없고, 우리나라 국민을 깔보는 태도가 역력하죠. 전국 곳곳에 군대와 헌병, 경찰을 두어 치안을 유지할 것이며, 한국인의 집회나 결사를 단속하겠다고 한 부분도 중요합니다. 이는 오늘날이라면 인권을 유린하는 가장 나쁜 정책으로 비난받을 내용이죠.

교육에 대한 언급도 기가 막힙니다. 언뜻 보면 '수신제가修身齊家', 즉 몸과 마음을 닦아 집안을 일으키는 교육, 망상이나 겉치레보다는 내실을 추구하는 교육이 당연한 듯 보입니다. 그렇지만 대한제국의 교육 이념인 인재 육성을 통한 나라의 부강이 싹 빠졌습니다. 일제의 교육 이념 아래 '식민지 독립을 위한 방안'을 공부한다면, 이는 헛된 망상이 되었습니다. 무엇보다 일제는 한국인들이 정치, 사상, 과학 등 수준 높은 학문 대신, 낮은 수준의 지식만 익히면 된다고 보았습니다. 총칼을 찬 군인이나 순사의 위협이 순간의 강력한 지배를 위한 것이었다면, 이렇게 고등교육의 숨통을 죄는 교육 정책은 아주 오래도록 지배하기 위한 조치였습니다.

산업을 일으키고, 철도를 부설하고, 서양식 병원을 설치하겠다는 얘기도 그럴싸합니다. 그 때문에 일제강점기 동안 자신들이 한국의 근대화에 기여했다고 주장하는 일본인들도 있습니다. 데라우치 총독도 이 세 가지에 대해 자랑스럽게 말하고 있죠. 농산물이 풍부한 삼남 지방에 철도를 부설하면 수송이 편리해질 테고 지방 곳곳까지 서양 의학의 혜택을 받을 수 있다면서 말입니다. 하지만 역사학자 대다수는 이런 조치가 모두 식민지 수탈을 위한 것이었다고 봅니다. 지하자원을 수탈하기 위해 광물을 조사했고, 농산물을 더 많이 수탈해 가기 위해 농토를 개발하고 농법을 개량했다는 겁니다. 철도 부설은 전쟁 물자와 지방 곳곳의 농업 생산물을 일본으로 빨리 실어 나르기 위해서였습니다. 서양식 병원들은 하나같이 일본인들이 많이 사는 지방에 세워졌는데, 이는 다름 아닌 일본인들의 건강을 챙기기 위해 병원을 세웠음을 말해줍니다.

이제 총독의 담화문이 과학기술과 어떻게 연결되는지 감이 올 겁니다. 그럼 우리 과학기술이 일제강점기에 어떤 영향을 받았는지 하나하나 알아봅시다. 1905년 무렵부터 3·1 운동 직후 시기까지는 다음과 같은 일들이 있었습니다.

- 조선총독부의원의 개원, 지방 곳곳에 자혜의원 설립
- 경부선·경원선·호남선 등 철도 부설, 전국을 비롯해 더 나아가 대륙을 잇는 철도망 완성
- 대한제국 과학교육기관의 재편, 과학교육의 식민지화
- 한국인 하급 기술자의 등장
- 진화론과 우생학을 바탕으로 한 사상 유행
- 과학 계몽 운동의 시작과 전통과학사의 등장

철도 부설 얘기가 나온 김에 일제강점기 측량학 발전을 짚고 넘어갑시다. 철도를 놓을 때는 지형의 높낮이, 면적 등을 정확히 재는 게 가장 중요합니다. 이에 따라 일제강점기에는 넓은 땅을 측량하느라 측량 기술자가 매우 활발히 양성되었습니다. 이때 수많은 우리나라 기술자가 측량 업무에 뛰어들었죠. 측량 기사가 필요한 부분이 또 있었는데, 바로 토지 조사 사업입니다. 일본은 신고가 되지 않은 땅을 국유화하는 정책을 펼쳐 수많은 땅을 거저 확보할 수 있었습니다. 이 토지 조사 사업은 일제가 식민지에서 펼친 정책 중 가장 악명이 높았습니다. 철도를 부설하는 과정에서도 엄청나게 넓은 땅을 불법으로, 게다가 헐값으로 빼앗았기 때문에 이 또한 악명이 높았습니다. 이에 대해 우리나라 사람들은 강력하게 저항했지만, 그런 가운데 측량 기사가 다수 생겨나기도 했습니다. 1910년 중반까지 토지 조사에 필요한 측량 기술 인력이 무려 3천여 명이나 양성되었습니다. 과학기술 관련 인력으로는 가장 많은 분야였죠.

병원을 짓고 생색낸 일본

1908년 10월 24일 문을 연 대한의원은 초대 통감 이토 히로부미가 주도해서 짓고 이름도 붙인 병원입니다. 규모와 시설, 의료진의 구성을 보면 대한의원은 당시 일본 병원들과 견주어도 다섯 손가락 안에 들 정도로 쟁쟁한 현대식 병원이었습니다. 당시 한 해 정부 예산의 15분의 1 정도인 80만 원가량이 병원 설립(건립 후 확장까지 포함)에 투입됐습니다. 그만큼 일본은 대단한 자부심을 보이며 그들의 치적을 자랑했죠.

하지만 일본은 조선에 강제로 돈을 빌려주고 이 병원을 짓게 했습니다. 빚을 지게 해서 우리나라의 코를 꿰어 좌지우지하려는 계획이었죠. 게다가 빌려준 돈은 식민 통치에 필요한 시설을 짓는 데 사용되니 일거양득이었겠죠? 실제로 대한의원은 주로 일본의 높은 관리들이 이용했습니다. 우리나라 사람 중에는 이완용 같은 특별한 위치에 있었던 사람들이 주로 이용했죠. 대한의원의 의료진 자리는 일본인 의사들이 채웠습니다.

1910년 일본은 조선의 국권을 빼앗은 후 대한의원의 이름을 조선총독

대한의원을 그린 그림. 1910년 대한제국이 일본에 점령당하면서 대한의원은 조선총독부 의원으로 이름이 바뀌었다.

부의원으로 바꿨습니다. 조선총독부의원은 일본인의, 일본인에 의한, 일본인을 위한 병원이었던 겁니다. 중요한 건 건물과 시설이 현대식이냐 아니냐가 아니라 누가 운영했고 무엇을 목적으로 했는가입니다. 그건 일본이 각 도에 세운 자혜의원의 경우도 마찬가지였습니다.

수탈의 중요한 수단, 철도

"기찻길 옆 오막살이 아기아기 잘도 잔다. 칙 폭 칙칙폭폭 칙칙폭폭 칙칙폭폭. 기차 소리 요란해도 아기아기 잘도 잔다." 1930년대의 동요입니다. 이 노랫말처럼 기차가 질주했습니다. 지난 천 년 동안 우리 과학사에서 이만큼 중요하고 놀라운 사건은 많지 않습니다. 기차처럼 우리의 생활양식을 크게 바꿔놓은 게 드물거든요. 기차 덕분에 긴 여행을 꿈꿀 수 있게 되었죠. 젊은이들은 기차를 타고 도시로 모여들었고, 더 멀리 중국이나 소련까지 여행할 수도 있었습니다. 지방에서는 과거 시험 같은 중요한 일이 있을 때나 올라오던 서울을 자주 오갈 수 있게 되었고, 사신이나 가던 해외여행이 보통 사람들에게도 가능해졌습니다. 물품도 쉽게 운송되었죠. 기차는 병력을 이동하는 데도 요긴했습니다.

기차가 다니는 철도는 어떻게 등장했을까요? 철도 기술의 핵심은 기차를 움직이게 하는 엔진 제작과 그 엔진을 장착한 기차가 달리는 레일 제작에 있습니다. 철도의 기원을 찾아 거슬러 올라가면 레일이 먼저 나타납니다. 고대 중국이나 근대 유럽에서 마차가 다니는 길을 움푹 판 것도 일종의 레일과 같은 구실을 했습니다. 지금과 같은 레일은 16세기 유럽의 광산 지역에서 나타났는데 그때는 레일을 나무로 만들었습니다. 그러다가 1789년 영국의 제솝이 철로 레일을 만들었습니다. 이후 레일의 재료는 잘 깨지던 주철이 잘 안 깨지는 연철로, 더 나아가 강한 압력을 가해 철의 강도를 높인 압연철로 발전했습니다.

레일 위의 화물차는 오랫동안 사람이 끌다가 말, 증기 기관의 순서로 바뀌었습니다. 1712년 뉴커먼이란 영국인이 증기력으로 상하 운동을 하는 피스톤이 달린 증기 기관을 만들었습니다. 1765년에는 제임스 와트가 그 기관을 더욱 개선하는 한편, 피스톤의 상하 운동 대신 바퀴 축을 돌리는 새로운 기관을 개발했죠. 이제 그 바퀴를 돌려 기차를 움직이기만 하면 되는데, 그 업적을 이룬 사람이 영국인 트레비식입니다. 증기 기관차를 발명한 셈이었지만 실용화에는 그리 성공을 거두지 못했습니다. 증기 기관차의 실용화를 이끈 인물은 로켓호 기관차를 만든 로버트 스티븐슨입니다. 1830년 무렵의 일이었죠.

이후 증기 기관이 개선되고 레일 제작 기술이 발전하면서 영국을 시작으로 유럽에 철도가 놓였습니다. 영국에서는 1840년대 1400마일이던 것이 1850년에는 6500마일로 늘어났고, 새로 놓일 1만 2500마일짜리 철도 부설도 승인되었습니다. 이후 아일랜드 1834년, 독일 1835년, 러시아 1837년, 네덜란드 1839년, 인도 1853년, 브라질 1854년, 이집트 1854년, 일본 1872년, 중국 1881년, 짐바브웨 1897년, 수단 1900년 등 세계 여러 나라에서 철도 부설이 이루어졌죠.

당시 철도는 큰돈을 벌 수 있는 사업이어서 세계열강은 식민지를 비롯한 약소국의 철도 부설권을 따내는 데 혈안이 되어 있었습니다. 우리나라에는 1899년 일본의 주도하에 처음으로 철도가 놓였습니다. 일찍부터

우리나라의 첫 기관차. 1899년 9월 18일 경인철도가 개통되면서 들여온 기관차로, 미국에서 구입해 와서 인천에서 조립했다고 한다.

일본은 한반도를 거쳐 중국 대륙까지 이어지는 철도에 관심이 높았습니다. 대륙 침략을 위해 철도가 꼭 필요했거든요. 철도를 우리 힘으로 놓아야 한다는 주장도 있었지만 비용을 마련하기가 어려웠습니다.

　1894년 청일전쟁에서 승리한 일본은 서울과 인천을 잇는 경인선과 서울과 부산을 잇는 경부선의 독점 건설권을 따내려고 했지만, 일본을 견제하려는 서양 강대국들의 반대로 일단 그 시도가 좌절되었습니다. 경인선의 부설권은 1896년에 미국인 모스가, 서울과 의주를 잇는 경의선의 부설권은 1896년에 프랑스인 그리유가 따냈습니다. 하지만 철도 공사가 시작된 뒤로도 일본은 부설권을 얻어내기 위해 수단과 방법을 가리지 않았습니다. 결국 미국은 1897년에 경인선 부설권을 일본에 넘기고 말았죠. 일본은 대한제국의 고위 관리들을 협박하고 회유하여 1898년에 경

조선총독부 통상국에서 만들어 배포한 공출미 강요 전단. 일본으로 빼돌릴 쌀을 자진해서 내라고 강요하는 내용이다.

부선 부설권마저 빼앗았습니다. 1903년에는 자금 부족으로 정체 상태에 빠져 있던 경의선 부설권도 프랑스로부터 넘겨받았습니다.

우여곡절 끝에 1899년 경인선이 개통되면서 인천항을 통해 서울로 향하는 국제적인 교통망이 확보되었습니다. 이어서 경부선과 경의선도 구간별로 개통되기 시작했습니다. 경부선의 서울-초량 구간이 1905년에 개통되었고, 1906년에는 경의선의 서울-신의주 구간이 개통되었죠. 경부선과 경의선이 이어지면서 한반도 남북을 가로지르는 철도가 완성되었고, 1911년 압록강 철교가 완공되면서 철도는 만주까지 이어졌습니다. 1913년에는 시베리아를 경유하여 유럽과도 연결되었습니다. 철도 부설은 계속되어 데라우치 총독이 선포한 대로 13도 전역에 철도가 놓이기에 이릅니다. 평남선(평양-진남포, 1910), 호남선(대전-목포, 1914), 경원선

(서울-원산, 1914)이 차례대로 놓였죠. 이러한 철도는 일본이 조선의 쌀과 지하자원을 일본으로 실어 가고, 일본의 공업 제품을 조선으로 들여오는 데 효율적이었습니다. 철도는 군사 면에서도, 식민지 지배를 위해서도 대단히 중요한 역할을 했죠.

이때 철도 관련 기술이 많이 전수되었다면 좋았을 텐데, 안타깝게도 서양식 병원이나 여타 기관과 마찬가지로 핵심 부분은 전부 일본인이 담당했고 우리나라 사람은 그다지 중요하지 않은 기술만 배울 수 있었습니다.

고등교육을 억누른 식민지 정책

교육은 개인의 일생뿐 아니라 국가와 민족의 장래를 좌우하죠. 대한제국은 어려운 상황에서도 과학기술의 싹을 틔우려 했지만 일제의 간섭 아래에서는 쉬운 일이 아니었습니다. 1905년 통감부 교육 고문이었던 누사하라 히로시는 "한국인에게는 고등교육이 필요하지 않다"고 주장했습니다. 우리나라 사람이 미성숙하다는, 말도 안 되는 이유를 들었지만 그 속내를 들여다보면 정신적 자각을 막는 데 목적이 있었습니다. 그렇기 때문에 식민지 교육의 틀을 만든 유케 코타로는 식민지 교육의 최우선 과제는 일본어를 널리 보급하는 데 있으며, 고등교육은 어디까지나 기술자 양성을 위한 실업 교육에 그쳐야 한다고 했습니다.

앞서 데라우치 총독의 담화문을 보았는데, 거기서 밝힌 교육의 목표도 결국 일본어를 익히고, 식민 정권에 온순한 한국인을 만들며, 식민지 통치에 필요한 실업 교육을 한다는 내용이었던 겁니다. 이 사실은 1910년에 들어선 조선총독부의 교육 부문 위치에서도 여실히 드러납니다. 교육 부문이 독립된 정부 부서인 학부(현재의 교육부) 소속이 아니라, 지방 행정을 담당하는 내무부의 학무국(학교와 외국 유학생 관련 업무 기관)으로 들어갔습니다. 교육은 나라의 인재를 양성하기 위한 핵심 동력인데, 그 점을 무시하고 지방 행정에 부속되어 실업적인 요구를 충족하면 된다고 본 것입니다. 한마디로 두뇌는 일본인들이 차지하고, 한국인들에게는 두뇌가 시키는 대로 움직이는 손발 역할만 맡긴 거죠.

이러한 의도로 일본은 기존의 교육 기관을 없애거나 한 단계 낮은 등급으로 만들고, 교직원은 일본인으로 채웠습니다. 학생도 일본인 위주였습니다. 앞서 살펴보았던 1899년 이후 설립된 교육 기관과 학교들이 폐지되거나 등급이 내려졌습니다. 농상공학교는 1906년부터 공업전습소로, 의학교는 1910년부터 총독부의원부속 의학강습소로 바뀌었습니다. '전습소', '강습소'란 명칭에서부터 기술 학원 느낌이 들죠? 맞습니다. 식민지 국민에게 고등교육 기관이 어울리지 않는다는 일본의 생각이 그대로 드러난 겁니다.

일제강점기 동안 학교가 전혀 세워지지 않은 것은 아닙니다. 일본은 지방마다 각종 기술 전습소를 세웠습니다. 기술 전습소 과정을 마친 사람은 철도·전기·전신·측량과 관련된 업무를 맡거나 조선총독부나 민간 기업이 운영하는 각종 공장이나 농업, 잠업, 수산업 등 관련 분야에서 하급 기술자로 일했습니다.

이런 일제의 교육 정책에 한국인들이 크게 반발하자, 일본은 1915년에 공업전습소를 경성공업고등학교로, 1916년에 의학강습소를 경성의학 전문학교로 승격하고 둘 다 전문학교 수준으로 규정했습니다. 그런데 입학생을 보면 경성공업고등학교의 경우 일본인이 3분의 2 이상이었습니다. 경성의학전문학교도 1926년 이전까지는 한국인 졸업생이 절반 이상이었지만, 이후부터는 일본인이 3분의 2 정도를 차지했습니다. 물론 교직원은 모두 일본인이었습니다. 고등교육 기관조차 식민지로 건너와 살고 있는 일본인 자녀를 위해 세웠던 겁니다. 그러면서 일제는 한국인에게도 수준 높은 교육을 시킨다며 생색을 냈습니다. 학생을 키워 교수로 만든다는 생각은 눈곱만큼도 없었으니 이런 틀 안에서 우리 과학의 자립화는 어려울 수밖에 없었죠.

진화론, 식민 지배를 옹호하다

일제강점기의 과학교육이나 정책이 부정적인 영향만 준 것은 아닙니다. 식민지 상황이었지만 이 시기에 근대 문물을 본격적으로 접한 건 엄연한 역사적 사실입니다. 병원, 철도, 위생, 교육, 농업과 관련된 과학기술은 모두 선진 과학기술이었죠. 설령 식민 통치를 위해 어떤 것은 너무 과도하게, 어떤 것은 너무 부족하게, 어떤 것은 너무 변형했더라도 말입니다. 그런 과학기술이라도 존재했기에, 열악한 형편에서나마 근대 과학기술의 일부분을 스스로 익히고, 자기 것으로 만들어나갈 수 있었을 겁니다.

일본의 식민지 통치로 봉건 왕조, 즉 왕권 중심의 체제가 완전히 무너져버린 사실도 살펴볼 필요가 있습니다. 일제강점기 이후 왕정으로의 복귀를 주장하는 사람들도 있었지만, 대다수는 더 나은 민주 국가 건설을 꿈꿨습니다. 봉건 왕조가 몰락하자 그 뼈대를 이루었던 사농공상士農工商의 위계 체제도 깨져나갔고, 사람들은 과학기술과 관련된 '공工'이 근대 세계에서 아주 중요하다는 사실을 깨닫게 되었죠.

식민 사관을 지닌 일부 학자들은 '한국인은 변혁을 주도할 능력이 없어서' 일제강점기를 통해 봉건 왕조가 무너지고 우리나라가 근대 사회로 나아갔다고 주장하기도 합니다. 하지만 이 주장을 받아들이기에는 식민지로서 치러야 할 대가가 너무나 컸습니다.

식민 사관은 당시 널리 퍼져 있던 진화론과 무관하지 않습니다. 진화론은 어떤 생물의 한 종에서 다른 변종이 태어난다는 가설입니다. 1859년 중반, 다윈이《종의 기원》에서 이를 뒷받침하는 과학적 근거들과 함께 소개했죠. 환경에 맞는 개체는 살아남고 그렇지 않은 개체는 도태된다는 자연 선택 이론이 진화론의 핵심입니다.

진화론은 1900년 전후로 서양에서 전해진 후 위세가 대단했습니다. 아직 서양의 과학기술이 낯선 상태에서 중국과 일본에 소개된 이론이 우리나라에 들어온 건데, 그건 다윈의 진화론이 아니라 사회진화론이었습니다. 사회진화론은 19세기 말 영국과 독일의 여러 학자들이 진화론이 사회에도 적용된다고 주장하며 제시한 이론입니다. 강한 사회(또는 인종이나 민족)가 살아남고, 그렇지 못한 사회는 도태된다는 겁니다. 심지어 어떤 학자는 열성 인자를 가진 사람을 인위적으로 없애고, 우성 인자를 가진 사람만 남기면 인류가 더 발전할 것이라고 주장하기까지 했습니다. 그럼 도대체 누가 우성이고 누가 열성일까요? 이 부분은 다윈의 진화론과 다릅니다. 다윈은 열성과 우성을 따지지 않고 다만 우연히 환경에 잘 맞는 개체들만 살아남는다는 걸 밝혔으니까요. 사회진화론의 극단적인 예가 나치의 유대인 학살이죠.

우리나라에는 유길준의 《서유견문》을 통해 사회진화론이 알려졌습니다. 장지연, 박은식, 신채호가 사회진화론을 바탕으로 자신의 사상을 펼쳐 나간 대표적인 사람들입니다. 장지연은 약육강식의 세계 질서 속에서 우리나라가 살아남기 위해서는 민족의 단결력을 길러야 한다고 했습니다. 박은식은 문명 경쟁의 시대에 도태되지 않으려면 지적 능력을 배양하고 물질적 산업을 육성해야 한다고 말했습니다. 신채호는 전제 국가를 버리고 한 단계 더 진화된 형태인 공화국을 건설해야 한다고 주장했습니다.

　사회진화론에 관한 논의는 신문이나 잡지에서 봇물 터지듯 흘러나왔습니다. 3·1 운동을 이끈 천도교 지도자 손병희의 글에서도, 의병 활동을 이끈 유인석 장군의 글에서도 나타납니다. 일본에게 그대로 먹힐 것인가, 독립된 나라를 건설할 수 있을 것인가를 고민하던 사람들에게 사회진화론은 피할 수 없는 과학 법칙으로 비쳤습니다. '우승열패優勝劣敗'와 '생존 경쟁'을 빼놓고는 나라의 장래를 논하는 게 불가능한 일처럼 보일 정도였죠.

　사회진화론은 과학에서 유래했지만, 이 이론을 따르는 건 아주 비과학적이었습니다. 당시 사상가가 알고 있는 진화론의 수준은 오늘날 초등학생이나 중학생이 알고 있는 수준을 벗어나지 못했거든요. 그들은 한 종에서 다른 변종이 생겨나는 진화의 사실을 입증하기 위해 다윈이 《종의 기원》에서 제시했던 무수히 많은 관찰과 실험 데이터에 대해 알지 못했습니다. 또한 이 진화론이 논쟁을 통해 수정되거나 보완되어야 하는 하나의 과학적 이론이라고도 생각지 못했습니다. 자연을 대상으로 한 과학 법칙을 인간 사회에 적용하는 것이 얼마나 부당한지 읽어내는 눈도 부족했습니다. 그럼에도 당시 사람들은 진화론을 완전하게 확립된 과학 법칙이자

불변의 법칙인 듯 생각했습니다.

일본은 진화론을 이용해 식민 지배를 정당화했습니다. 즉 일본은 우리 나라 사람들이 열등하므로 우월한 일본의 지배를 받을 수밖에 없다고 주장했습니다. 이에 대한 우리 국민들의 분노는 1919년 3·1 운동으로 분출되었죠. 3·1 운동의 정신은 〈기미 독립 선언서〉에 잘 나타나 있습니다. 우리 국민들은 〈기미 독립 선언서〉를 통해 독립을 쟁취하고, 창의적인 인간을 양성하며, 능동적으로 세상에 참여하겠다고 선언했습니다. 일본의 치밀한 의도가 쉽게 관철되도록 내버려두지 않은 겁니다. 이 기세에 일본은 적잖이 당황했습니다. 저항에 직면한 일본은 억압의 끈을 적당히 느슨하게 할 필요가 있었습니다. 그건 과학기술 분야에서도 마찬가지였습니다.

우리 전통과학사의 서술이 시작되다

우리 전통과학사 연구도 나라가 위태로운 상황에서 시작되었습니다. 지식인들은 나라가 기울고 과학기술 수준이 뒤처진 상황에서 우리 전통과학의 찬란함을 상기시키려는 작업을 시작했습니다. 훈민정음, 비격진천뢰, 금속활자, 거북선 가운데 특히 임진왜란에서 대승을 거둔 거북선이 엄청난 관심을 끌었죠. 신채호, 최석하 등은 거북선이 무적의 철갑선임을 주장하면서 조선 민족의 위대함을 노래했습니다. 신채호는 1908년 〈대한의 희망〉이라는 글에서 이렇게 말했습니다.

철갑선을 창조한 이순신이 있어서 명예스러운 기념비를 역사에 높게 세웠으니, 저 서양에서 그렇게 높이 평가하는 나라 사람이라도 이 경우를 놓고 본다면 우리 민족이 그 민족보다 더 뛰어남을 알 것이다. 만일 우리 민족이 더욱 교육에 힘써 지식이 더욱 열리면 오늘날 웅비한 여러 나라와 함께 같이 달려 나가기가 어렵지 않을 것이니 저들이 우리보다 미치지 못함이 많을 것이다. 아아! 우리 국민이여. 큰일을 할 국민이 아니던가? 크도다! 우리 한국이여! 오늘날의 희망이며, 아름답다! 우리 한국이여!

– 《대한협회회보》 제1호(1908년 4월)

애국지사 청년 신채호는 철갑 무기를 열강의 상징으로 파악한 것 같습니다. 그는 청일전쟁, 러일전쟁에서 일본 철갑 군함이 올린 눈부신 전과를 생생하게 기억했습니다. 그래서 '철갑선 거북선'을 찾아내 노래한 겁니다. 물론 세계 최초의 금속활자, 빼어나게 아름다운 고려청자, 임진왜란 때 왜군을 박살낸 비격진천뢰, 나는 듯 빠른 비선, 현존하는 동아시아 최고最古의 천문대인 첨성대 등도 함께 칭송했습니다. 이렇게 우리 전통과학사는 서양 선진 과학기술에 밀려 자칫 기죽을 수 있었던 현실을 극복하고 기운을 북돋우려는 흐름에서 탄생했습니다.

우리 과학의 앞날을 전망하며

우리 근현대 과학사를 다시 한 번 돌아봅시다. 우리나라는 개항 이후 서양 과학기술을 받아들여 생활에 활용했지만, 그저 받아들이기에만 바빴습니다. 특히 일본은 일제강점기에 우리 과학기술의 발달을 일부러 억누르기까지 했죠.

어쩌다 두각을 나타낸 과학자들은 외국에서 실력을 발휘했습니다. 노벨상 후보감으로 거론되던 화학자 이태규는 일본과 미국에서 활동했습니다. 그의 라이벌이자 동료인, 나일론에 이은 두 번째 합성 섬유 비날론을 개발한 화학 공학자 리승기는 일본의 대학에서 주목받았습니다. 국내에서 활동한 과학자로는 주류 분야가 아닌 나비를 연구했던 석주명만이 겨우 세계적 업적을 나타냈을 뿐입니다.

해방 이후에는 우리나라에 조금 남아 있던 과학자들마저 남과 북으로 갈리게 되었죠. 이 모든 어려움에도 불구하고 1950년대에는 과학교육의 기초를 다질 수 있었습니다. 1960년대 이후 현재까지는 급속한 산업화와 함께 과학기술도 크게 발전했습니다. 비료 공장, 소양강 댐, 고속도로, 제철 산업, 통일벼, 자동차, 조선소, 반도체 등 굵직굵직한 변화가 있었고, 동시에 고속 경제성장을 이끌었습니다. 이러한 경제성장에는 환경 파괴, 공해, 노동자 문제, 인권 문제 등 어두운 측면도 있었습니다. 모두 우리가 극복해야 할 문제들입니다.

최근 수십 년 동안 우리 과학기술은 비약적으로 발전했습니다. 산업과 학문을 결합한 연구 기관인 한국과학기술연구원 설립 후 수많은 과학 분야에서 이를 모방한 연구소가 설립되었고 대학의 과학기술 학문도 덩달아 발전했습니다. 그리하여 과학기술이 선진국 대열에 합류할 수 있었습니다. 외국에 나간 똑똑한 몇몇 과학자들이 우리 과학을 주도하는 게 아니라 국내에 과학기술을 연구할 수 있는 기반이 확고히 다져진 겁니다. 게다가 이제는 과학기술을 수출하기에 이르렀습니다. IT(정보 기술),

BT(생명 공학), NT(나노 기술), 로봇 과학 분야에서는 벌써 세계 선두권에 접어들었습니다. 우주 과학과 같은 첨단 과학 분야에서도 선두를 향해 달려가고 있습니다.

물론 미래가 밝지만은 않습니다. 과학기술 분야에서 그렇게 잘나가던 일본이 휘청거리고, 전혀 흔들릴 것 같지 않던 미국도 쇠퇴의 징조가 보이고 있죠. 중국과 인도 등 새로운 세력은 빠르게 떠오르고 있습니다. 이렇게 요동치는 세계 속에서 어떻게 하면 우리 과학이 지속적으로 발전할 수 있을까요? 이 책에서 보여드린 우리 전통과학의 창조성, 우리 과학자들의 집념과 열정이 그 답이 되었으면 합니다.

우리 일상 속의 과학기술

과학기술만큼 생활과 밀접하고 사람들을 편리하게 해주는 것도 없죠. 우리 일상에서 쉽게 찾아볼 수 있는 근현대 과학기술을 살펴 볼까요?

먼저 약 2백 년 전인 1800년대로 거슬러 올라가 봅시다. 스케이 트는 19세기 말에 우리나라에 소개된 것으로 알려져 있습니다. 야 외 스케이트장은 1912년에 경성일보사가 우리나라에서 처음으 로 만들었습니다. 사람들은 스케이트보다 썰매를 더 친숙하게 여 겼지만 1960년대부터 빙상 스포츠가 발달하면서 스케이트도 주 목받기 시작했습니다. 1990년대부터는 우리나라의 쇼트트랙이 주목받았고, 2000년대에는 김연아 선수의 활약에 힘입어 피겨스 케이팅이 인기를 얻었죠.

예방접종이 시작된 것도 19세기 말입니다. 옛날에는 천연두가 맹위를 떨쳤는데 1796년 영국의 제너가 우두법을 발견했고, 우리 나라에서는 1885년에 지석영이 주도하여 우두 의무 접종이 시행 되었습니다.

이제 약 백 년 전으로 가보죠. 우리나라에 자동차가 등장한 게 20세기 초입니다. 지금은 자동차나 전철이 없는 세상을 상상하기 힘들지만 그 역사는 그리 길지 않습니다. 1885년 독일의 자동차

회사 벤츠가 처음으로 가솔린 엔진을 단 세 바퀴 자동차를 만들었습니다. 이듬해 독일의 다른 자동차 회사인 다임러와 마이바흐가 네 바퀴 자동차를 만들었습니다. 지금도 벤츠와 다임러는 자동차 회사로 유명하죠. 우리나라에는 1903년에 어차로 '포드 A형 리무진'이 들어와 고종과 순종이 처음으로 이 차를 탔습니다.

전철은 도로에 선로를 설치해 달리던 전기 기차, 즉 전차가 변한 모습입니다. 우선 기차는 1814년 영국의 스티븐슨이 발명했는데 이건 증기 기관차였습니다. 우리나라에는 1899년 서울과 인천을 잇는 경인선이 처음 깔렸죠. 1837년에 로버트 데이비슨이라는 영국 사람이 전기 기관차를 개발했는데 속도가 보통 기차보다는 느렸습니다. 1895년이 되어서야 미국에서 실제로 이용하기 시작했고, 놀랍게도 불과 4년 후에 우리나라 서울에도 전차가 다니게 되었습니다. 일본의 교토보다는 늦었지만 도쿄보다는 빨랐죠. 이 전차가 오늘날의 전철이 된 겁니다. 땅 아래로도 다니면서 '지하의 전철', 즉 '지하철'로도 불리게 되었죠.

영화는 1894년 에디슨이 개발한 '키네토스코프'에서 시작되었습니다. 키네토스코프는 '안을 들여다보는 영화'란 뜻으로, 동전을 넣고 안을 들여다보는 발명품이었습니다. 영사기를 사용하는 영화는 이듬해인 1895년 뤼미에르 형제가 개발했죠. 우리나라에서 처음 영화가 상영된 건 1903년입니다. 한성전기회사가 동대문의 어느 창고에서 관람객들에게 10전씩 돈을 받고 단편 영화를 상영했는데, 매일 저녁이면 천여 명이 몰려들었다고 합니다.

아스피린도 20세기 초반에 우리나라에 들어왔습니다. 아스피린은 최초의 인공 합성약으로, 1897년 독일 바이엘 제약 회사에서

호프만이 만들었습니다. 이후 수많은 인공 합성약이 만들어져 새로운 약품의 시대가 열렸죠.

짜장면은 1905년 인천 주변에서 유명해졌습니다. 당시 짜장면은 청나라 요리라는 뜻의 '청요리'로 불리며 고급 요리로 대단한 인기를 끌었습니다. 우리나라의 짜장면은 중국의 짜장면과 완전히 다른 한국식 중화 요리로 자리 잡았죠. 지금이야 피자니 파스타니 맛있는 외국 요리가 잔뜩 있지만 당시만 해도 아이들이 가장 먹고 싶어 하는 요리가 짜장면이었습니다.

20세기 후반에는 어떤 과학기술이 선보였을까요? 1956년 우리나라에서 처음으로 텔레비전 방송이 시작되었습니다. 최초의 텔레비전은 1926년 미국인 필로 판즈워스가 만들었는데, 처음에는 일주일에 3일, 하루 3분 정도 시험 방송을 했다고 합니다. 지금이야 HD니 3D니 종류도 다양하지만 처음에는 흑백텔레비전뿐이었죠. 카메라가 전자 형태로 된 정보를 쏘면 텔레비전 수상기가 그 정보를 받아 이미지로 바꿔 보여주는 방식입니다. 1936년쯤에 영국의 BBC 채널이 매일 방송을 시작했고, 1949년 무렵에는 미국에 텔레비전이 천만 대 이상 보급되었습니다. 우리나라에서 처음 만든 텔레비전은 1966년 8월부터 1968년까지 생산되었습니다. 쌀 한 가마니 값이 4천 원이던 시절, 당시 흑백텔레비전 값은 무려 6만 8천 원이나 되었지만 폭발적인 인기로 생산량이 부족할 정도였습니다.

나비 박사 석주명이 세계적인 연구 성과를 낸 게 이 무렵입니다. 그는 1930년 무렵부터 죽기 전까지 20여 년을 나비 연구에 매달렸습니다. 채집한 나비가 80만 마리에 가깝습니다. 석주명은 수집한

우리나라에서 처음으로 만든 국산 흑백텔레비전.

나비들을 통계 자료로 정리해서 우리나라 나비의 종과 분포를 밝혔습니다.

로봇은 크게 산업용과 지능형으로 나뉘는데, 산업용 로봇은 1961년 미국에서 '유니메이트'라는 로봇이 자동차 공장에서 처음 쓰이면서 등장했습니다. 이 로봇은 한 자리에서 제품을 옮기고 차를 용접하는 역할을 했습니다. 산업용 로봇들은 주로 반복되는 단순 작업이나 사람의 힘으로 해내기 어려운 작업을 위해 사용되죠. 오늘날 우리나라의 자동차나 반도체 공장뿐 아니라 수술실이나 우주 탐사에도 산업용 로봇이 널리 쓰이고 있습니다.

지능형 로봇은 1948년에 그레이 월터가 처음 개발했습니다. 빛을 따라다니는 거북이 로봇이었는데 마치 살아 있는 것처럼 작동했습니다. 빛을 감지하는 센서, 접촉을 감지하는 센서, 추진력과 조종을 위한 모터, 소형 아날로그 진공관 컴퓨터를 사용한 로봇이었습니다. 1973년 일본은 인간처럼 두 다리로 걷는 로봇 '와봇 1'을 만들었습니다. 우리나라는 카이스트의 오준호 박사가 2001년에 연구를 시작해서 2003년에 KHR-2라는 첫 로봇을 만들었습니다. 이 로봇을 더 손보고 개발한 끝에 2004년 카이스트의 휴머노이드 로봇연구센터가 최대 시속 3.6킬로미터로 뛸 수 있는 '휴보 HUBO'를 만들었습니다. 2011년에는 한국과학기술연구원에서 사람과 흡사하게 얼굴 표정도 드러내고 얼굴 인식, 음성 인식 등의 기능을 갖춘 로봇 '키보'를 선보였죠.

우리 농학의 씨앗을 뿌린 육종학자 우장춘은 1950년 일본에서 귀국한 후 1959년 세상을 떠날 때까지 연구에 힘을 쏟았습니다. 그런데 널리 알려진 '씨 없는 수박'은 우장춘의 업적이 아닙니다. 씨 없는 수박은 1943년에 일본 학자 기하라 히토시가 개발했습니다. 우장춘은 씨 없는 수박을 직접 재배해서 육종학의 위력을 보여줬을 뿐이죠.

두 발로 걷는 인간형 로봇 휴보. 뛰어다니기도 하고 춤을 추기도 하며 사람과 가위바위보를 할 수도 있다.

우주 탐사의 역사도 벌써 50년 이상이 지났습니다. 1957년 소련이 세계 최초의 인공위성 스푸트니크 1호를 발사한 데 이어 미국이 1958년 인공위성 익스플로러 1호를 발사했습니다. 그 후 미국과 소련 사이의 우주 개발 전쟁이 시작되었죠. 1961년 소련은 최초로 사람이 탄 비행체를 지구 궤도에 올렸고, 이에 질세라 미국은 1968년 우주인 두 명을 달 표면에 착륙시켰습니다. 우리나라는 1992년 영국의 도움을 받아 첫 인공위성 우리별 1호를 쏘아 올렸습니다. 2008년에는 러시아의 유인우주선에 탑승해 우주 개척에 첫발을 디뎠는데 그 주인공이 바로 이소연입니다.

컴퓨터도 최초로 개발된 지 50년이 넘었습니다. 숫자 계산기 모양의 컴퓨터까지 치면 컴퓨터의 역사는 17세기까지 올라가지만,

오늘날 컴퓨터의 원조는 1946년 미국에서 개발한 '에니악'입니다. 에니악은 요즘 컴퓨터와는 비교할 수 없을 만큼 성능이 안 좋았고 무게가 30톤이나 되어 일반인이 사용하기는 어려웠습니다. 점차 크기가 줄어들고 성능이 좋아지면서 개인용 컴퓨터가 1970년대 말부터 널리 쓰이기 시작했습니다. 오늘날에는 손 안에 쏙 들어오는 스마트 기기들이 컴퓨터를 대신하기도 하죠.

인터넷과 휴대전화, MP3 플레이어는 최근 50년 동안에 나왔습니다. 인터넷은 1960~1970년대 군사용 통신망에서 시작되었습니다. 오늘날에는 세계 각국의 수많은 컴퓨터 네트워크와 호스트 컴퓨터가 연결되어 거대한 통신망을 이루고 있죠.

휴대전화에 꼭 필요한 이동 통신 시스템은 1970년 조엘 엥겔이 처음 개발했습니다. 여러 곳에 설치한 기지국의 통신 채널을 하나로 연결하는 방법이었죠. 이 통신 시스템은 1983년 모토로라가 처음으로 상품화한 후 세계 각국으로 퍼져나갔습니다. 우리나라는 1984년 한국이동통신에서 처음으로 휴대전화 이동 통신 서비스를 시작했습니다. 북한도 2008년부터 '손전화'라 부르는 휴대전화를 도입했죠. 1990년대 이후 우리나라의 전자 통신 기업들이 휴대전화 시장에 뛰어들면서 세계적인 기업들과 경쟁을 벌이고 있습니다. 요즘에는 터치로 움직이는 것은 기본이고 어디서나 자유롭게 인터넷을 즐길 수 있는 스마트폰이 인기죠.

MP3 플레이어는 MP3라는 방식으로 압축된 음원을 들려주는 장치죠. 그 전까지 음악을 들을 수 있는 휴대용 플레이어는 카세트테이프나 CD를 사용하는 워크맨이 대표적이었습니다. 1997년에 우리나라가 최초의 MP3 플레이어를 개발하는 데 성공했습니다.

사실 손바닥 안에 쏙 들어오는 요즘의 MP3 플레이어와 비교하자면 덩치가 컸지만 우리나라 덕분에 전 세계적으로 MP3 플레이어가 퍼져나간 것은 분명한 사실입니다.

차기 노벨상 수상자로 자주 거론되는 과학자들도 있습니다. 생명 과학 분야에서는 여성 과학자 김빛내리가 대표적입니다. 김빛내리 교수는 노화를 포함한 여러 생명 현상을 조절하는 유전 물질인 '마이크로 RNA'의 생성 과정을 밝혔습니다. 머지않아 우리나라에서도 노벨상 수상자가 나오겠죠?

20세기 과학기술이 이룬 쾌거로 평균수명의 연장을 빼놓을 수 없습니다. 최근 백 년 동안 사람들의 평균수명이 엄청 늘어났죠. 믿기 어렵겠지만 20세기 초반 우리나라 사람의 평균수명은 고작 20대 남짓에 불과했습니다. 이제는 평균수명이 80세 정도가 됐으니, 이 하나만으로도 좋은 시대라 할 수 있습니다. 어린 시절을 무사히 넘기고 노년기까지 오래 사는 게 예전에는 결코 쉽지 않았으니까요. 과학기술 덕분에 예전보다 잘 살게 되고, 위생적인 생활을 하게 되고, 전염병 예방과 치료 의학이 함께 발전했죠.

과학기술의 폐해도 잊어서는 안 됩니다. 핵폭탄을 비롯한 대량 살상 무기, 환경오염, 전자 시스템을 통한 감시와 사생활 침해 등의 위험이 도사리고 있죠. 2011년 후쿠시마 지역에서 터진 원전 사고도 남 일이 아니죠. 과학기술은 생활을 편리하게 해주지만 때로는 우리를 위협하기도 합니다. 경각심을 갖고 과학기술을 사용해야 하는 이유입니다.

세계과학문명 속의 한국과학문명

한국과학문명은 세계에 얼마나 영향을 끼쳤을까?

《중국의 과학과 문명》을 편집한 조지프 니덤은 세계 각국의 과학을 바다로 흘러가는 강의 지류로 이해했습니다. 이런 관점에서 한국의 과학이 얼마나 큰 줄기를 형성해 세계에 기여했는가를 따져보면, 최초나 최고로 평가되는 유산의 의미가 무색해집니다. 강우량을 최초로 계측하기는 했지만 측우기가 세계 측정과학의 발전에 기여한 점은 전혀 보이지 않고, 이 점은 첨성대, 인공 석굴(석불사), 한글, 사상의학 등의 경우도 마찬가지입니다. 창조성이 발휘되기는 했지만 이런 유물의 파급력은 상대적으로 미미했던 것입니다.

4대 발명품에 속한 금속활자 인쇄술의 경우 좀 더 찬찬히 따져봐야 합니다. 한국의 금속활자 활판인쇄술과 구텐베르크 인쇄술의 평면적 비교는 오류의 위험성이 큽니다. 왜냐하면 둘의 기술 차이가 명백하기 때문입니다. 고려나 조선의 인쇄술은 일일이 손으로 활자에 먹을 묻혀 종이에 한 판씩 찍어내는 방식이었습니다. 이와 달리 구텐베르크 인쇄술은 활자를 종이에 찍는 기계인 프레스기를 사용한 결과 책 한 면을 인쇄하는 수고와 시간을 엄청 단축해 대량 인쇄가 가능했습니다. 또 구텐베르크 인쇄술은 등장 이후 50년 동안 무려 9백만 권의 책이 찍혀 나와 정보량의 폭발적인 증가와 대중적인 확산을 통해 완전히 새로운 세상을 열었습니다. 반면에 한국의 금속활자로 찍어낸 책은 수량이 훨씬 적었고, 한 나라에 국한된 지적 수요를 충족하기 위한 인쇄물이었습니다. 이런 비판에도 혹시 한국의 금속활자 제조가 세계 교류를 통해 서유럽의 구텐베르크에까지 전달되어 '힌트'를 주지 않았을까 하는 논의가 완전히 사라지지는 않았습니다. 하지만 설령 그렇더라도 홍이섭이 말한 양대 금속활자를 이용한 활판 인쇄 기술의 차이와 세계 문명사적 가치가 뒤집힐 일은 없어 보입니다.

한국의 자기 기술과 활자 기술은 또 다른 세계사적 맥락에 놓여 있기도 합니다. 12세기 이후 동아시아권에서 높은 평가를 받았던 한국의 자기 기술은 엉뚱한 경로로 세계사적인 맥락과 연결됩니다. 16세기 후반 임진왜란을 일으킨 일본은 납치한 조선 도공들을 활용해 일본의 도자기 기술을 발전시켰고, 그렇게 탄생한 일본 도자기는 17세기 이후 유럽인들을 사로잡았습니다. 이와 함께 그들이 약탈한 대량의 조선 활자는 일본 에도 시기의 출판문화 발달에 크게 기여했습니다.

한국과학문명이 실제로 세계에 기여한 현상은 의학 분야에서만 보이는데, 크게 두 가지입니다. 하나는 인삼 재배 기술입니다. 인삼은 중국 기록에서 기원 전후 시기부터 약효가 알려진 이래 20세기 이전까지 최고의 건강 상품으로 인정된 약재입니다. 역사시대 이래 인삼은 중국 황제에게 바치던 한국의 가장 중요한 수출품이었습니다. 조선에서는 17세기 후반 이후 기술 혁신으로 인삼 재배에 성공했고, 인삼을 쪄서 오랫동안 저장할 수 있게 한 홍삼 제조 기술을 개발한 후 20세기 초반까지 동아시아 인삼 무역을 주도했습니다. 19세기 전후 50년 동안 무역량이 120근에서 4만 근(1근=600그램)까지 치솟았습니다.

또 다른 하나는 《동의보감》의 동아시아 유통입니다. 《동의보감》은 1613년 조선에서 간행된 후 중국에서 30차례 이상, 일본에서는 적어도 세 차례 이상 찍혀 나왔습니다. 한국 책으로 해외에서 이처럼 자주 인쇄된 책은 이전에도, 이후에도 없었습니다. 이 책은 당시까지의 중국 의학 전통을 충실히 집대성했다는 평가를 받았습니다.

이 밖에 한지가 중국에서 크게 인정받았습니다. 우리나라의 한지가 인쇄하기 좋은 재질일 뿐 아니라, 유리가 없던 시절 바람을 막아주는 문풍지로서 최적이었기 때문입니다.

세계문화유산을 보는 눈, 한국과학문화유산을 보는 눈

한국과학문명의 가치는 세계에 끼친 영향보다는 세계 문명의 수용과 활용, 변형이라는 측면에서 크게 빛을 발합니다. 중국은 오늘날의 서양문명이 그러하듯 엄청나게 커다란 문명이었습니다. 우리나라는 그런 문명과 맞닿아 있으면서도 선진 문명에 주눅 들지 않고 한국문명이라는 몸체로 그 문명에 맞서 수천 년 역사를 엮어왔습니다. 천문학, 수학, 의학, 농학, 지리학, 군사기술, 그리고 인쇄술이나 도자기 제작 기술과 같은 수공업 기술, 의식주 관련 기술 등 모든 분야에서 높은 성취를 보였는데, 선진 과학기술의 변용과 독창적 발휘가 특징입니다. 중국과학문명을 모방하면서도 독자적으로 건설하고 유지해온 문명이므로 동아시아과학문명이라 할 수 있습니다. 동아시아과학문명은 더 나아가 세계과학문명의 일원이 되었지요.

1972년 유네스코에서는 '세계문화유산 및 자연유산의 보호에 관한 협약'을 채택했습니다. 이후 인류사적으로 중요한 유산을 국가의 범주에서 벗어나 상시적으로 보호할 수 있는 체제가 가동되고 있지요. 세계문화유산만 본다면 2019년을 기준으로 한국은 남한 14곳, 북한 2곳*입니다. 이는 중국의 36건, 일본의 16건에 비견되며, 전 세계 869곳 중 1.84퍼센트를 차지합니다. 또한 한국의 세계문화유산은 선사시대부터 18세기까지를 망라하여 전근대 한국문명사 전반을 아우릅니다.

시대 순으로 살펴보면 우선 고창·화순·강화의 고인돌 유적은 고인돌 형식의 다양성과 밀집도 면에서 세계에서 유례를 찾기 힘들며, 선사시대의 기술과 사회 현상을 생생하게 보여주는 유산으로 인정받았습니다.

삼국시대의 유산도 여러 곳입니다. 고구려(기원전 37~기원후 668) 고분군은 고구려 문화의 걸작으로서 고분 구조가 정교한 건축공법을 잘 보여주고, 고구려의 매장 문화가 인근 국가에 영향을 끼쳤으며, 고대 매장 양식의 중요한 사례라는 점을 인정받았습니다. 백제(기원전 18~기원후 660) 역사유적 지구는 동아시아 고대 왕국들 사이의 교류 역사를 잘 보여주고 백제 역사와 문화의 특출한 증거라는 평가를 받았습니다. 경주 역사유적 지구는 신라(기원전 57~기원후 935) 천년의 고도古都인 경주의 역사와 문화

---

* 북한의 유네스코 세계유산으로는 2004년에 등재된 고구려 고분군, 2013년에 등재된 개성의 역사기념물과 유적이 있다.

를 잘 보존하고 있다는 점을 인정받았습니다. 또한 삼국 통일 이후인 8세기 후반에 지어진 석불사(석굴암)·불국사는 그 시대의 독특한 건축미를 인정받았습니다.

고려시대(918~1392)의 유산으로는 먼저 개성 역사 기념물과 유적이 인정받았습니다. 유네스코는 "건축물들은 불교사상에서 유교사상으로 정치 사상이 전환되던 시기였던 고려가 통일 국가의 수도인 개성에서 발휘한 정치적·문화적·철학적·정신적 가치를 표현하고 있음"을 높이 평가했습니다. 또한 해인사 장경판전이 자연환경을 최대한 이용한 보존과학의 소산으로 평가받았습니다. 장경판전에 보관된 해인사 대장경판 및 제諸경판, 즉 팔만대장경은 세계기록유산으로 지정되어 있지요.

한국의 마지막 왕조인 조선의 경우에는 주변 자연환경과의 조화와 배치가 탁월하다는 찬사를 받은 창덕궁, 유교 사당의 표본이자 독특한 건축 양식의 의례 공간인 종묘, 조선의 풍수사상과 장례문화를 담은 조선 왕릉, 동서양 축성술을 집약하여 쌓은 수원 화성, 수도 외곽을 지키던 산성으로 한·중·일의 산성 건축술 교류와 무기 발달을 보여주는 남한산성, 한국의 전통 생활양식이 전승되고 있는 안동 하회마을과 경주 양동마을, 16세기 중반부터 17세기에 지어져 성리학 문화의 전통을 보여주는 서원이 세계문화유산으로 지정되었습니다.

이 밖에 지구의 화산 생성 과정과 생태계 연구에 중요한 제주 화산섬과 용암동굴, 한국 불교의 전통을 간직한 산사*도 한국의 세계문화유산입니다.

---

* 　7세기에서 9세기에 창건된 7개 사찰, 즉 통도사, 부석사, 봉정사, 법주사, 마곡사, 선암사, 대흥사로 이루어져 있다.

유네스코 세계유산의 지정은 각 지역 문명의 성과를 인정하고 보존해야 한다는 생각에 기초해 있습니다. 과학기술 유물을 볼 때처럼 '강-바다'라는 단선적 발전의 틀에 입각해 문화유산을 평가하지는 않지요. 그렇지만 높은 문명 수준을 보여주는 유산에는 건축, 토목 기법뿐 아니라 그것을 실현시킨 수학적 원리, 형상화를 이끌어낸 종교적 이념, 자연관 등 당대의 과학적 자취가 고스란히 담겨 있습니다. 오늘날의 과학과는 계통이 다른 풍수나 점성이 중요한 원리로 작동하고 있기도 합니다.

문화유산의 다원적 가치를 존중하는 유네스코의 접근은 특정 문명을 잣대로 주변 문명을 줄 세우던 성향을 극복하는 열쇠가 될 것입니다. 또 한국과학문명에서 세계 최초, 세계 최고만을 찾아내어 가치를 부여해온 인식도 바꿔나갈 수 있을 것입니다. 세계 곳곳에서 문명을 일궈온 수많은 사람들과 마찬가지로 우리 조상들도 도도한 세계 교류 속에서 문명의 나침반을 잃지 않고 과학문명을 일궈왔습니다. 놀라운 사실은 고대부터 현대까지 꿋꿋하게 과학문명을 이어왔다는 점입니다. 고대, 삼국시대와 통일신라, 고려, 조선을 관통하는 모든 시대의 문화유산이 세계유산으로 지정되었으며, 또 과학기술이 결정적인 근거로서 작용했다는 점을 마지막으로 기억하면 좋겠습니다.

한국과학문명에 대한 이전의 주요 연구

1 홍이섭,《조선과학사》, 정음사, 1946, 10쪽.

2 위의 책, 3~8쪽.

3 홍이섭, 《《조선과학사》 事緣 數駒〉,《홍이섭전집 1: 과학사 · 해양사》, 연세대학교 출판부, 1994, 385쪽. 과학과 기술을 함께 봐야 한다는 홍이섭의 생각은 베르너 좀 바르트(1863~1941)의《근대자본주의》, 루이스 멈퍼드(1895~1990)의《기술과 문명》, 블라디미르 즈보리킨(1889~1982)의 기술론 등에 입각한 것이었다(洪以 燮,《朝鮮科學史》, 東京: 三省堂, 1944, 4쪽). 과학과 기술의 세부 범주에 관한 내 용은《기술사》(桝本セツ,《技術史》, 東京: 三笠書房, 1938)와《과학사》(Taylor 著, 森島恒雄 譯,《科学史》, 東京: 創元社, 1942) 등에 의거한 것이었다.

4 Jeon Sang-woon, *Science and Technology in Korea: Traditional Instruments and Techniques*, MIT Press, 1974, p. xii.

5 위의 책, p. xii.

6 리용태,《우리 나라 중세과학기술사》, 평양: 과학백과사전종합출판사, 1990.

7 조선기술발전사편찬위원회,《조선기술발전사》 1~5, 평양: 과학백과사전종합출판 사, 1996.

8 洪以燮,《朝鮮科學史》, 東京: 三省堂, 1944, 452쪽.

9 박성래,《한국과학사》, 한국방송사업단, 1982, 95~96쪽.

10 위의 책, 43~54쪽.

11 Park Seong-Rae, *Portents and Early Yi Korea: 1392-1519*, Honolulu: Ph. D. Dissertation in History Department, The University of Hawaii, 1977. 이 학위논문은 약간의 수정을 거쳐 책으로 출간되었다. Park Seong-Rae, *Portents and Politics in Korea*, Seoul: Jimmoondang, 1998.

12 박성래,《한국사에도 과학이 있는가》, 교보문고, 2008, 156쪽. 이 책은 영문으로도 번역되었다. Park Seong-Rae, *Science and Technology in Korean History: Excursions, Innovations, and Issues*, Seoul: Jain Publishing Company, 2005.

13 박성래, 앞의 책, 1982, 32쪽.

| 1부 | 하늘

1 Bradley E. Schaefer, *The remarkable Science of ancient Astronomy*, The Teaching Company, 2017, pp. 206~207.

2 Jeon Sang-woon, *A History of Korean Science and Technology*, Singapore, NUS Press, 2011, p. 364.

3 전용훈,《한국 천문학사》, 들녘, 2017, 77쪽.

4 김창현,〈고려시대 일관에 관한 일고찰 — 일관의 역할과 그 지위를 중심으로〉,《사학연구》 45, 1992, 93~95쪽.

5 김용운·김용국,《한국수학사》, 살림, 2009, 82쪽.

6 위의 책, 85쪽.

7 위의 책, 81쪽.

8 위의 책, 81쪽.

9 위의 책, 91쪽.

| 3부 | 자연

1 이춘녕,《한국농학사》, 민음사, 1989.

| 4부 | 몸

1 김용숙,《한국여속사》, 민음사, 1990.

| 5부 | 기술과 발명

1 장남원, 〈고려 초·중기 자기 상감기법의 연원과 발전〉,《미술사학》30, 미술사학연구회, 2008, 175~177쪽.

2 리철화,《조선출판문화사》, 사회과학출판사, 1995, 139쪽.

장마다 주요 참고문헌을 밝혔고, 전체 참고문헌을 뒤에 두었다.

주요 참고문헌

한국과학문명에 대한 이전의 주요 연구

박성래,《한국과학사》, 한국방송사업단, 1982.

박성래,《한국사에도 과학이 있는가》, 교보출판, 2008.

리용태,《우리 나라 중세과학기술사》, 평양: 과학백과사전종합출판사, 1990.

조선기술발전사편찬위원회,《조선기술발전사》 1~5, 평양: 과학백과사전종합출판사, 1996.

홍이섭,《조선과학사》, 정음사, 1946.

홍이섭,《《조선과학사》事緣 數駒〉,《홍이섭전집 1: 과학사·해양사》, 연세대학교출판부, 1994.

Jeon, Sang-woon, *Science and Technology in Korea: Traditional Instruments and Techniques*, MIT Press, 1974.

Park, Seong-Rae, *Portents and Early Yi Korea: 1392-1519*, Honolulu: Ph. D. Dissertation in History Department, The University of Hawaii, 1977.

Park, Seong-Rae, *Portents and Politics in Korea*, Seoul: Jimmoondang, 1998.

Park, Seong-Rae, *Science and Technology in Korean History: Excursions, Innovations, and Issues*, Seoul: Jain Publishing Company, 2005.

Taylor 著, 森島恒雄 譯, 《科学史》, 東京: 創元社, 1942.

桝本セツ, 《技術史》, 東京: 三笠書房, 1938.

洪以燮, 《朝鮮科學史》, 東京: 三省堂, 1944.

| 1부 | 하늘

1 | 고대의 별자리: 고인돌에서 고분벽화까지

김일권, 《우리 역사의 하늘과 별자리》, 고즈윈, 2008.

박창범, 《하늘에 새긴 우리 역사》, 김영사, 2002.

전상운, 《한국 과학 기술사》, 정음사, 1994.

과학백과사전출판사, 《조선 기술 발전사》, 1994.

《한겨레신문》 2005년 1월 25일자, 양홍진 박사 인터뷰 기사.

Jeon, Sang-woon, *A History of Korean Science and Technology*, Singapore: NUS Press, 2011.

Schaefer, Bradley E., *The remarkable Science of ancient Astronomy*, The Teaching Company, 2017.

2 | 첨성대에 담긴 비밀

김창현, 〈고려시대 일관에 관한 일고찰 ─ 일관의 역할과 그 지위를 중심으로〉, 《사학연구》 45, 1992.

이문규, 〈첨성대를 어떻게 볼 것인가 ─ 첨성대 해석의 역사와 신라의 천문관〉, 《한국과학사학회지》 26-1, 2004.

《제4차 첨성대 대토론회 자료집》, 2009.

3 │ 왕의 정치와 연관된 천재지변

박성래,《한국 과학 사상사》, 유스북, 2005.

4 │ 옛 하늘과의 만남, 천상열차분야지도

구만옥, 〈'천상열차분야지도' 연구 쟁점에 대한 검토와 제언〉,《동방학지》140, 2007.

문중양,《우리 역사 과학 기행》, 동아시아, 2006.

박명순, 〈천상열차분야지도에 대한 고찰〉,《한국과학사학회지》17-1, 1995.

신동원,《우리 과학의 수수께끼》2, 한겨레출판, 2007.

5 │ 서울 기준의 천문학을 이루다

문중양,《우리 역사 과학 기행》, 동아시아, 2006.

이순지,《제가역상집》.

이순지,《천문유초》.

6 │ 측우기가 정말 가치 있는 이유

신동원,《우리 과학의 수수께끼》2, 한겨레출판, 2007.

7 │ 자격루에 숨겨진 비밀

남문현,《한국의 물시계》, 건국대학교출판부, 1995.

남문현,《장영실과 자격루》, 서울대학교출판부, 2002.

과학백과사전출판사,《조선 기술 발전사》, 1994.

8 │ 천문학 최고의 결실, 칠정산

신동원,《우리 과학의 수수께끼》2, 한겨레출판, 2007.

오민영,《청소년을 위한 동양 과학사》, 두리미디어, 2007.

과학백과사전출판사,《조선 기술 발전사》, 1994.

9 | 제도 표준화로 나라 질서를 유지하다

국사편찬위원회,《하늘, 시간, 땅에 대한 전통적 사색》, 두산동아, 2007.

문중양,《우리 역사 과학 기행》, 동아시아, 2006.

신동원,《우리 과학의 수수께끼》2, 한겨레출판, 2007.

전상운,《시간과 시계 그리고 역사》, 월간시계사, 1994.

10 | 수학적 비례에 기초한 음악과 도량형

김용운·이소라,《청소년을 위한 한국 수학사》, 살림Math, 2009.

11 | 동서양 과학의 절묘한 만남, 혼천시계

문중양,《우리 역사 과학 기행》, 동아시아, 2006.

전상운,《한국 과학사》, 사이언스북스, 2000.

전용훈, 〈조선 후기 서양 천문학과 전통 천문학의 갈등과 융화〉, 서울대 박사논문, 2004.

12 | 지구 자전에 관심을 가진 조선 학자들

김석문,《역학이십사도해》.

남문현, 〈홍대용의 지전설〉,《한국전자통신연구원소식지》, 2001년 9월호.

박지원,《열하일기》.

오민영,《청소년을 위한 동양 과학사》, 두리미디어, 2007.

이태원,《현산어보를 찾아서》3, 청어람미디어, 2002.

홍대용,《담헌서》.

13 | 과학 발달을 뒷받침한 수학의 역사

김용운·김용국,《한국 수학사》, 살림Math, 2009.

김용운·이소라,《청소년을 위한 한국 수학사》, 살림Math, 2009.

유경로,《한국 천문학사 연구—소남 유경로 선생 유고 논문집》, 녹두, 1999.

| 2부 | 땅

1 | 좋은 땅에 대한 연구, 풍수지리

박성래,《한국사에도 과학이 있는가》, 교보문고, 1998.

성주덕,《서운관지》.

성주덕·김영,《국조역상고》.

신동원,《우리 과학의 수수께끼》2, 한겨레출판, 2007.

조인철,《우리 시대의 풍수》, 민속원, 2008.

최창조,《한국의 풍수사상》, 민음사, 1998.

2 | 문명국 조선이 만든 세계지도, 혼일강리역대국도지도

문중양,《우리 역사 과학 기행》, 동아시아, 2006.

이찬,《한국의 고지도》, 범우사, 1991.

3 | 우리 땅의 정보가 담긴 '지리지'

노사신·양성지,《신증동국여지승람》.

배우성,〈택리지에 대한 역사학적 독법〉,《한국문화》33, 2004.

《브리태니커백과사전》

《세종실록》〈지리지〉

이중환,《택리지》.

전상운,《한국 과학사》, 사이언스북스, 2000.

허경진,《택리지》, 서해문집, 2007.

4 | 지도 제작 전통과 어우러진 천재의 집념, 대동여지도

김정호,《대동여지도》.

김정호,《청구도》.

배우성,〈대동여지도 쟁점과 비판〉,《한국과학사학회지》28-1, 2006.

《브리태니커백과사전》

오민영,《청소년을 위한 동양 과학사》, 두리미디어, 2007.

오상학,《옛 삶터의 모습 고지도》, 국립중앙박물관, 2005.

이상태,《한국 고지도 발달사》, 혜안, 1999.

이찬,《한국의 고지도》, 범우사, 1991.

한영우·안휘준·배우성,《우리 옛 지도의 아름다움》, 효형출판, 1999.

5 │ 조선 후기의 세계지도

노정식,〈고지도에 나타난 외국 지명을 통해 본 시야의 확대〉,《대구교육대학교 논문
　　집》22, 1986.

배우성,〈고지도를 통해 본 조선 시대의 세계 인식〉,《진단학보》83, 1997.

한영우·안휘준·배우성,《우리 옛 지도의 아름다움》, 효형출판, 1999.

6 │ 봉화와 파발, 그리고 물길

남도영,《한국 마정사》, 한국마사박물관, 1996.

신정일,《영남대로》, 휴머니스트, 2007.

신정일,《관동대로》, 휴머니스트, 2008.

신정일,《삼남대로》, 휴머니스트, 2008.

조병로·김주홍,《한국의 봉수》, 눈빛, 2003.

7 │ 조선의 광물과 쇠 부림

리태영,《조선 광업사》, 백산자료원, 1998.

송응성, 최주 옮김,《천공개물》, 전통문화사, 1997.

이규경, 최주 옮김,《오주서종박물고변》, 학연문화사, 2008.

| 3부 | 자연

1 | 바위그림에 담긴 동식물의 세계

전상운,《돌도끼에서 우리별 3호까지》, 아이세움, 2006.

정동찬,《살아 있는 신화 바위그림》, 혜안, 1996.

한국역사민속학회,《한국의 암각화》, 한길사, 1996.

황수영·문명대,《반구대─울주 암벽조각》, 동국대출판부, 1984.

2 | 곡식 농사와 밥 짓기의 역사

《브리태니커백과사전》

이성우,《한국 식품 문화사》, 교문사, 1994.

이춘녕,《한국 농학사》, 민음사, 1994.

3 | 농사 비법과 가축 기르기에 대한 연구

강희맹,《금양잡록》.

강희맹,《사시찬요초》.

강희안, 이병훈 옮김,《양화소록》, 을유문화사, 2000.

김영진·이은웅,《조선 시대 농업 과학 기술사》, 서울대학교출판부, 2000.

《농사직설》

박호석·안승모,《한국의 농기구》, 어문각, 2001.

《브리태니커백과사전》

이상희,《꽃으로 보는 한국 문화》1~3, 넥서스, 2004.

이철수,《우리가 정말 알아야 할 우리 농작물 백 가지》, 현암사, 2000.

이춘녕,《한국 농학사》, 민음사, 1994.

《한국민족문화대백과사전》

4 | 굶주림을 이겨내는 여러 가지 방법

김덕진,《대기근, 조선을 뒤덮다》, 푸른역사, 2008.

《브리태니커백과사전》

신동원, 《조선사람의 생로병사》, 한겨레신문사, 1999.

《한국민족문화대백과사전》

5 | 고춧가루로 버무린 김치의 역사

김상보, 《조선 시대의 음식 문화》, 가람기획, 2006.

《브리태니커백과사전》

아니 위베르· 크로틸드 부아베르, 《향신료》, 창해, 2000.

유승훈, 《우리나라 제염업과 소금 민속》, 민속원, 2008.

이성우, 《한국 식품 문화사》, 교문사, 1994.

《한국민족문화대백과사전》

6 | 둘째가라면 서러운 조선 인삼

옥순종, 《교양으로 읽는 인삼 이야기》, 이가서, 2005.

이마무라 도모, 양정필 옮김, 《인삼사》, 민속원, 2009.

이철성, 〈개성 인삼이 왜 유명하게 되었을까?〉, 《한경머니》, 2006년 6월호.

7 | 조선에 퍼져나간 담배

김정화, 《담배 이야기》, 지호, 2000.

류건집, 《한국 차 문화사》 상· 하, 이른아침, 2007.

송재소· 유홍준· 정해렴, 《한국의 차 문화 천 년》 1~2, 돌베개, 2009.

이옥, 안대회 옮김, 《연경, 담배의 모든 것》, 휴머니스트, 2008.

8 | 병든 매와 가축을 위한 의학 처방

신동원, 《한국 마의학사》, 한국마사회마사박물관, 2004.

이원복, 《한국의 말 그림》, 한국마사회마사박물관, 2005.

9 │ 19세기에 꽃핀 물고기 연구

김려, 박준원 옮김, 《우해이어보》, 도서출판 다운샘, 2004.

박성훈, 《한국 삼재도회》 상·하, 시공사, 2003.

박수현, 《바다 생물 이름 풀이 사전》, 지성사, 2008.

박천홍, 《자산어보》, 서울문화사, 2004.

서유구, 김명년 옮김, 《전어지》, 한국어촌어항협회, 2007.

손택수, 《바다를 품은 책 자산어보》, 아이세움, 2006.

이태원, 《현산어보를 찾아서》 1~3, 청어람미디어, 2002.

정약전, 정문기 옮김, 《자산어보》, 지식산업사.

10 │ 곤충을 탐구한 조선의 학자들

신동원·김남일·여인석, 《한 권으로 읽는 동의보감》, 들녘, 1999.

이규경, 《오주연문장전산고》.

이옥, 실시학사 고전문학연구회 옮김, 《완역 이옥 전집》 1~5, 휴머니스트, 2009.

정학유, 허경진·김형태 옮김, 《시명다식》, 한길사, 2007.

11 │ 의생활과 염색의 과학

과학백과사전출판사, 《조선 기술 발전사》, 1994.

김경옥, 《옷감 짜기》, 보림, 1996.

《브리태니커백과사전》

이덕봉, 〈한국 생물학사〉, 《한국과학기술사 대계 4─과학 기술편》, 고려대 민족문화연구소, 1979.

이성우, 《한국 식품 문화사》, 교문사, 1994.

이성우, 《한국식경대전》, 향문사, 1998.

최경봉, 〈'물명고'의 온톨로지와 어휘론적 의의〉, 《한국어의미학》 17, 2005.

《한국민족문화대백과사전》

| 4부 | 몸

1 | 우리 전통 의학의 시작

신동원, 《호열자, 조선을 습격하다 ─ 몸과 의학의 한국사》, 역사비평사, 2004.

아커크네히트, 《세계 의학의 역사》, 지식산업사, 1987.

이현숙, 〈신라 의학사 연구〉, 이화여자대학교 박사논문, 2001.

2 | 우리 땅에서 나는 '향약'

신동원, 《호열자, 조선을 습격하다 ─ 몸과 의학의 한국사》, 역사비평사, 2004.

안상우, 〈'의방유취'에 대한 의사학적 연구〉, 경희대학교 박사논문, 2000.

이규보, 《동국이상국집》.

3 | 살인 사건의 의혹을 없애는 법의학

김호, 《원통함을 없게 하라》, 프로네시스, 2006.

문국진, 《고금 무원록》, 고려의학, 1996.

신동원, 《조선사람의 생로병사》, 한겨레신문사, 1999.

4 | 우리 의학의 자부심, 동의보감

신동원, 《조선사람 허준》, 한겨레신문사, 2001.

5 | 환자의 특성을 고려한 사상의학

강신익·신동원·여인석·황상익, 《의학 오디세이─인간의 몸, 과학을 만나다》, 역사비
    평사, 2007.

《브리태니커백과사전》

신동원, 《조선사람의 생로병사》, 한겨레신문사, 1999.

이경성, 〈선원파승을 중심으로 살펴본 동무 이제마의 생애 연구〉, 원광대학교 박사논
    문, 2009.

《한국민족문화대백과사전》

6 | 영원불사를 향한 소망과 마음 수양

신동원,《조선사람의 생로병사》, 한겨레신문사, 1999.

이명진, 〈'포박자·내편' 연단술의 금단에 관한 연구〉, 서울대학교 석사논문, 1995.

7 | 조선의 여성 전문 의료인, 의녀

박선미, 〈조선 시대 의녀 교육 연구〉, 중앙대학교 박사논문, 1994.

신동원,《조선사람 허준》, 한겨레신문사, 2001.

신동원,《호열자, 조선을 습격하다 — 몸과 의학의 한국사》, 역사비평사, 2004.

《조선왕조실록》

8 | 옛사람들의 전염병 대처법

신동원,《조선사람의 생로병사》, 한겨레신문사, 1999.

신동원,《조선사람 허준》, 한겨레신문사, 2001.

신동원,《호열자, 조선을 습격하다 — 몸과 의학의 한국사》, 역사비평사, 2004.

9 | 전국에 퍼져나간 한의학

서울대학교병원역사문화센터,《사진과 함께 보는 한국 근현대 의료 문화사(1879~
    1960)》, 웅진지식하우스, 2009.

연세의료원120년기념화보집편찬위원회,《사진으로 본 한국 근대의학 120년
    (1885~1957)》, 청년의사, 2007.

| 5부 | 기술과 발명

1 | 신묘한 부처의 소리, 성덕대왕신종

곽동해,《생명의 소리를 담은 장엄 범종》, 한길아트, 2006.

성낙주,《에밀레종의 비밀》, 푸른역사, 2008.

2 | 수학적 계산과 지혜의 산물, 석불사(석굴암)

김미혜·최미란,《돌로 지은 절 석굴암》, 웅진주니어, 2009.

남천우,《유물의 재발견》, 학고재, 1997.

문중양,《우리 역사 과학 기행》, 동아시아, 2006.

성낙주,《석굴암 그 이념과 미학》, 개마고원, 1999.

유홍준,《나의 문화유산답사기》2, 창비, 1994.

정수일,《한국 속의 세계》하, 창비, 2005.

황수영,《석굴암》, 열화당, 1989.

3 | 천하제일의 비취색, 고려청자

방병선,《순백으로 빚어낸 조선의 마음, 백자》, 돌베개, 2002.

윤용이,《우리 옛 도자기의 아름다움》, 돌베개, 2007.

장남원,〈고려 초·중기 자기 상감기법의 연원과 발전〉,《미술사학》30, 미술사학연구회,
    2008.

4 | 세계적으로 앞선 기술, 금속활자

리철화,《조선출판문화사》, 사회과학출판사, 1995.

천혜봉,《한국금속활자본》, 범우사, 1993.

5 | 오랜 세월을 견뎌낸 한민족의 종이, 한지

이승철,《우리가 정말 알아야 할 우리 한지》, 현암사, 2005.

6 | 외적을 무찌른 화약과 화포

박재광,《화염 조선》, 글항아리, 2009.

신재호,《임진왜란 당시 조선군의 주요 무기 체계》.

이종호,《천재를 이긴 천재들》1~2, 글항아리, 2007.

채연석·강사임,《우리의 로켓과 화약 무기》, 서해문집, 1998.

허선도,《조선시대 화약병기사 연구》, 일조각, 1994.

7 | 임진왜란을 승리로 이끈 거북선

김재근,《한국의 배》, 서울대학교출판부, 1994.

최완기 글·김영만 그림,《배무이》, 보림, 1999.

8 | 견고함, 아름다움, 효율성의 결정체 수원 화성

김동욱,《실학 정신으로 세운 조선의 신도시, 수원 화성》, 돌베개, 2002.

9 | 옛사람들이 얼음을 보관한 지혜, 석빙고

고동환,〈조선 시대 얼음의 문화사〉,《물질문화와 농민의 삶》, 태학사, 2009.

이종호,《한국의 유산 21가지》, 새로운사람들, 1999.

10 | 뜨끈한 온돌의 역사

강영환 글·홍성찬 그림,《집짓기》, 보림, 1996.

김남응,《구들이야기 온돌이야기》, 단국대학교출판부, 2004.

김봉렬,《한국 건축 이야기》1~3, 돌베개, 2006.

김준봉·리신호,《온돌 그 찬란한 구들문화》, 청홍, 2006.

서유구 저·안대회 편,《산수간에 집을 짓고》, 돌베개, 2005.

송기호,《한국 고대의 온돌》, 서울대학교출판부, 2006.

이종호,《한국의 유산 21가지》, 새로운사람들, 1999.

주강현,《우리 문화의 수수께끼》2, 한겨레신문사, 2004.

한국고문서학회,《조선시대 생활사 3─의식주, 살아 있는 조선의 풍경》, 역사비평사,
    2006.

11 | 과학적인 문자, 훈민정음

강신항,《훈민정음 창제와 연구사》, 경진, 2010.

김슬옹,《28자로 이룬 문자 혁명》, 아이세움, 2007.

김영욱,《세종이 발명한 최고의 알파벳 한글》, 루덴스, 2007.

문중양,《우리 역사 과학 기행》, 동아시아, 2006.

박영준 외,《우리말의 수수께끼》, 김영사, 2002.

정광,《몽고자운 연구 — 훈민정음과 파스파 문자의 관계를 해명하기 위하여》, 박문사, 2009.

| 6부 | 한국 근현대 과학사

1 | 서양과 맞닥뜨린 조선

박성래,《한국사에도 과학이 있는가》, 교보문고, 1998.

정인경,《청소년을 위한 한국과학사》, 두리미디어, 2007.

2 | 서양 문명의 이로움을 경험하다

국사편찬위원회,《근현대 과학 기술과 삶의 변화》, 두산동아, 2005.

김연희,〈고종 시대 근대 통신망 구축 사업〉, 서울대학교 박사논문, 2006.

신동원,《한국 근대 보건의료사》, 한울아카데미, 1997.

홍성욱·이인식 외,《세계를 바꾼 20가지 공학기술》, 생각의나무, 2004.

3 | 서양 과학 문물을 전면적으로 받아들이다

국사편찬위원회,《근현대 과학 기술과 삶의 변화》, 두산동아, 2005.

김근배,《한국 근대 과학기술인력의 출현》, 문학과지성사, 2005.

박성래,《한국사에도 과학이 있는가》, 교보문고, 1998.

신동원,《한국 근대 보건의료사》, 한울아카데미, 1997.

정인경,《청소년을 위한 한국과학사》, 두리미디어, 2007.

4 | 일제강점기의 과학기술

국사편찬위원회,《근현대 과학 기술과 삶의 변화》, 두신동아, 2005.

김근배,《한국 근대 과학기술인력의 출현》, 문학과지성사, 2005.

박성래,《한국사에도 과학이 있는가》, 교보문고, 1998.

신동원,《한국 근대 보건의료사》, 한울아카데미, 1997.

신동원,《우리 과학의 수수께끼 2》, 한겨레신문사, 2007.

홍성욱·이인식 외,《세계를 바꾼 20가지 공학기술》, 생각의나무, 2004.

전체 참고문헌

1차 사료

* 표시는 한국고전번역원 인터넷 사이트(www.itkc.or.kr), ** 표시는 '한국의 지식콘텐츠' 인터넷 사이트(www.krpia.co.kr)의 원문과 번역문을 활용했다.

《고려사》**

《국조역상고》

《금양잡록》

《농사직설》

《담헌서》*

《대동여지도》

《동국이상국집》*

《동문선》*

《사시찬요초》

《산경표》

《삼국사기》**

《삼국유사》**

《서운관지》

《세종실록》〈지리지〉*

《시명다식》

《신증동국여지승람》*

《양화소록》

《역학이십사도해》

《연경》

《열하일기》

《오주서종박물고변》

《오주연문장전산고》*

《우해이어보》

《이옥 전집》

《임원경제지》〈전어지〉·〈상택지〉

《자산어보》

《제가역상집》*

《조선연감(1943~1944)》

《조선왕조실록》*

《조선총독부 통계연보(1911~1942)》.

《천공개물》

《천문유초》

《청구도》

《택리지》

《화하만필》

백과사전

《브리태니커백과사전》

《위키피디아백과사전》

《한국민족문화대백과사전》

논문과 보고서

강호제, 〈북한과학원과 현지 연구사업 ― 북한식 과학기술의 형성〉, 서울대학교 박사논문, 2001.

고동환, 〈조선 후기 상선의 항행 조건〉, 《한국사연구》 123, 2003.

고동환, 〈조선 후기 도서 정책과 원산도의 변화〉, 《호서사학》 45, 2006.

고동환, 〈조선 시대 얼음의 문화사〉, 《물질문화와 농민의 삶》, 태학사, 2009.

구만옥, 〈'천상열차분야지도' 연구 쟁점에 대한 검토와 제언〉, 《동방학지》 140, 2007.

김근배, 〈한국 역사 속의 여성과학자 발굴〉, 2002.

김근배, 〈과학기술입국의 해부도 ― 1960년대 과학기술 지형〉, 《역사비평》 85, 2008.

김근배, 〈빛바랜 사진 속의 근대과학〉, 《과학과 기술》 3월호, 2008.

김연희, 〈고종 시대 근대 통신망 구축 사업〉, 서울대학교 박사논문, 2006.

김창현, 〈고려시대 일관에 관한 일고찰 ― 일관의 역할과 그 지위를 중심으로〉, 《사학연구》 45, 1992.

남문현, 〈홍대용의 지전설〉, 《한국전자통신연구원소식지》, 2001년 9월호.

노정식, 〈고지도에 나타난 외국 지명을 통해 본 시야의 확대〉, 《대구교육대학교 논문집》 22, 1986.

문만용, 〈'조선적 생물학자' 석주명〉, 《우리 과학 100년》, 현암사, 2001.

박명순, 〈천상열차분야지도에 대한 고찰〉, 《한국과학사학회지》 17-1, 1995.

박선미, 〈조선 시대 의녀 교육 연구〉, 중앙대학교 박사논문, 1994.

박성훈, 《한국 삼재도회》 상·하, 시공사, 2003.

박수현, 《바다 생물 이름 풀이 사전》, 지성사, 2008.

배우성, 〈고지도를 통해 본 조선 시대의 세계 인식〉, 《진단학보》 83, 1997.

배우성, 〈택리지에 대한 역사학적 독법〉, 《한국문화》 33, 2004.

배우성, 〈대동여지도 쟁점과 비판〉, 《한국과학사학회지》 28-1, 2006.

송성수, 〈한국 철강 산업의 기술능력 발전과정(1960~1990년대의 포항제철)〉, 서울대학교 박사논문, 2002.

안상우, 〈'의방유취'에 대한 의사학적 연구〉, 경희대학교 박사논문, 2000.

양보경, 〈일본 대판부립도서관 소장 '조선도'의 고찰〉, 《서지학연구》 17-1, 1999.

이경성, 〈선원파승을 중심으로 살펴본 동무 이제마의 생애 연구〉, 원광대학교 박사논문, 2009.

이마무라 도모, 양정필 옮김, 《인삼사》, 민속원, 2009.

이명진, 〈'포박자·내편' 연단술의 금단에 관한 연구〉, 서울대학교 석사논문, 1995.

이문규, 〈첨성대를 어떻게 볼 것인가―첨성대 해석의 역사와 신라의 천문관〉, 《한국과학사학회지》 26-1, 2004.

이왕준, 〈미네소타 프로젝트가 한국 의학교육에 미친 영향〉, 서울대학교 박사논문, 2006.

이종호, 《한국의 유산 21가지》, 새로운사람들, 1999.

이철성, 〈개성 인삼이 왜 유명하게 되었을까?〉, 《한경머니》, 2006년 6월호.

이태진, 〈세종대의 천문 연구와 농업 정책〉, 《애산학보》 4, 1986.

이현숙, 〈신라 의학사 연구〉, 이화여자대학교 박사논문, 2001.

장남원, 〈고려 초·중기 자기 상감기법의 연원과 발전〉, 《미술사학》 30, 미술사학연구회, 2008.

전용훈, 〈조선 후기 서양 천문학과 전통 천문학의 갈등과 융화〉, 서울대 박사논문, 2004.

《제4차 첨성대 대토론회 자료집》, 2009.

최경봉, 〈'물명고'의 온톨로지와 어휘론적 의의〉, 《한국어의미학》 17, 2005.

현원복, 〈1930년대의 과학·기술학 진흥 운동〉, 고려대학교 학술논문, 1977.

홍성주, 〈한국 과학기술정책의 형성과 과학기술 행정체계의 등장(1945-1967)〉, 서울대학교 박사논문, 2010.

단행본

강신익·신동원·여인석·황상익, 《의학 오디세이―인간의 몸, 과학을 만나다》, 역사비평사, 2007.

강신항, 《훈민정음 창제와 연구사》, 경진, 2010.

강영환 글·홍성찬 그림,《집짓기》, 보림, 1996.

강희안, 이병훈 옮김,《양화소록》, 을유문화사, 2000.

고려대 민족문화연구소 편,《한국과학기술사 대계 4 ─과학 기술편》, 고려대 민족문화
    연구소. 1979.

곽동해,《생명의 소리를 담은 장엄 범종》, 한길아트, 2006.

국립민속박물관,《천문 ─하늘의 이치·땅의 이상》, 2004.

국사편찬위원회,《근현대 과학 기술과 삶의 변화》, 두산동아, 2005.

국사편찬위원회,《하늘, 시간, 땅에 대한 전통적 사색》, 두산동아, 2007.

김경옥,《옷감 짜기》, 보림, 1996.

김근배,《한국 근대 과학기술인력의 출현》, 문학과지성사, 2005.

김근배 외,《한국 과학기술 인물 12인》, 해나무, 2005.

김기혁, 〈우리나라 고지도의 연구 동향과 과제〉,《한국지역지리학회지》13-3, 2007.

김남응,《구들이야기 온돌이야기》, 단국대학교출판부, 2004.

김덕진,《대기근, 조선을 뒤덮다》, 푸른역사, 2008.

김동욱,《실학 정신으로 세운 조선의 신도시, 수원 화성》, 돌베개, 2002.

김려, 박준원 옮김,《우해이어보》, 도서출판 다운샘, 2004.

김미혜·최미란,《돌로 지은 절 석굴암》, 웅진주니어, 2009.

김봉렬,《한국 건축 이야기》1~3, 돌베개, 2006.

김상보,《조선 시대의 음식 문화》, 가람기획, 2006.

김성근,《교양으로 읽는 서양 과학사》, 안티쿠스, 2009.

김슬옹,《28자로 이룬 문자 혁명》, 아이세움, 2007.

김영욱,《세종이 발명한 최고의 알파벳 한글》, 루덴스, 2007.

김영진·이은웅,《조선 시대 농업 과학 기술사》, 서울대학교출판부, 2000.

김용운·김용국,《한국수학사》, 살림, 2009.

김용운·이소라,《청소년을 위한 한국 수학사》, 살림Math, 2009.

김일권,《우리 역사의 하늘과 별자리》, 고즈윈, 2008.

김재근,《한국의 배》, 서울대학교출판부, 1994.

김정화, 《담배 이야기》, 지호, 2000.

김준봉·리신호, 《온돌 그 찬란한 구들문화》, 청홍, 2006.

김태곤, 《한국 무신도》, 열화당, 1989.

김호, 《조선 과학 인물 열전》, 휴머니스트, 2003.

김호, 《원통함을 없게 하라》, 프로네시스, 2006.

남도영, 《한국 마정사》, 한국마사박물관, 1996.

남문현, 《한국의 물시계》, 건국대학교출판부, 1995.

남문현, 《장영실과 자격루》, 서울대학교출판부, 2002.

남천우, 《유물의 재발견》, 학고재, 1997.

류건집, 《한국 차 문화사》 상·하, 이른아침, 2007.

리용태, 《우리 나라 중세과학기술사》, 평양: 과학백과사전종합출판사, 1990.

리철화, 《조선출판문화사》, 사회과학출판사, 1995.

리태영, 《조선 광업사》, 백산자료원, 1998.

문국진, 《고금 무원록》, 고려의학, 1996.

문중양, 《우리 역사 과학 기행》, 동아시아, 2006.

박상표, 《조선의 과학 기술》, 현암사, 2008.

박성래, 《한국 과학사》, KBS출판부, 1980.

박성래, 《한국사에도 과학이 있는가》, 교보문고, 1998.

박성래, 《한국 과학 사상사》, 유스북, 2005.

박영준 외, 《우리말의 수수께끼》, 김영사, 2002.

박재광, 《화염 조선》, 글항아리, 2009.

박창범, 《하늘에 새긴 우리 역사》, 김영사, 2002.

박천홍, 《자산어보》, 서울문화사, 2004.

박호석·안승모, 《한국의 농기구》, 어문각, 2001.

방병선, 《순백으로 빚어낸 조선의 마음, 백자》, 돌베개, 2002.

서울대 한국의학인물사 편찬위원회, 《한국의학인물사》, 태학사, 2008.

서울대학교규장각, 《무당내력》, 민속원, 2005.

서울대학교병원역사문화센터,《사진과 함께 보는 한국 근현대 의료 문화사(1879~1960)》, 웅진지식하우스, 2009.

서유구, 김명년 옮김,《전어지》, 한국어촌어항협회, 2007.

서유구 저·안대회 편,《산수간에 집을 짓고》, 돌베개, 2005.

성낙주,《석굴암 그 이념과 미학》, 개마고원, 1999.

성낙주,《에밀레종의 비밀》, 푸른역사, 2008.

손택수,《바다를 품은 책 자산어보》, 아이세움, 2006.

송기호,《한국 고대의 온돌》, 서울대학교출판부, 2006.

송성수,《소리없이 세상을 움직인다》, 지성사, 2004.

송응성, 최주 옮김,《천공개물》, 전통문화사, 1997.

송재소·유홍준·정해렴,《한국의 차 문화 천 년》 1~2, 돌베개, 2009.

송홍선,《한국의 나무 문화》, 문예산책, 1996.

신동원,《한국 근대 보건의료사》, 한울아카데미, 1997.

신동원,《조선사람의 생로병사》, 한겨레신문사, 1999.

신동원,《조선사람 허준》, 한겨레신문사, 2001.

신동원,《한국 마의학사》, 한국마사회마사박물관, 2004.

신동원,《호열자 조선을 습격하다 ― 몸과 의학의 한국사》, 역사비평사, 2004.

신동원,《우리 과학의 수수께끼》 1~2, 한겨레출판, 2006~2007.

신동원,《동의보감과 동아시아의학사》, 들녘, 2015.

신동원·김남일·여인석,《한 권으로 읽는 동의보감》, 들녘, 1999.

신재호,〈임진왜란 당시 조선군의 주요 무기 체계〉.

신정일,《영남대로》, 휴머니스트, 2007.

신정일,《관동대로》, 휴머니스트, 2008.

신정일,《삼남대로》, 휴머니스트, 2008.

아니 위베르·크로틸드 부아베르,《향신료》, 창해, 2000.

아커크네히트,《세계 의학의 역사》, 지식산업사, 1987.

안소정,《우리 겨레는 수학의 달인》, 창비, 2010.

안휘준,《고구려 회화》, 효형출판, 2007.

연세의료원120년기념화보집편찬위원회,《사진으로 본 한국 근대의학 120년(1885~1957)》, 청년의사, 2007.

오민영,《청소년을 위한 동양 과학사》, 두리미디어, 2007.

오상학,《옛 삶터의 모습 고지도》, 국립중앙박물관, 2005.

옥순종,《교양으로 읽는 인삼 이야기》, 이가서, 2005.

유경로,《한국의 천문도》, 천문우주기획, 1995.

유경로,《한국 천문학사 연구 ― 소남 유경로 선생 유고 논문집》, 녹두, 1999.

유승훈,《우리나라 제염업과 소금 민속》, 민속원, 2008.

유홍준,《나의 문화유산답사기》 2, 창비, 1994.

윤용이,《우리 옛 도자기의 아름다움》, 돌베개, 2007.

이규경, 최주 옮김,《오주서종박물고변》, 학연문화사, 2008.

이꽃메,《한국근대간호사》, 한울아카데미, 2008.

이병철,《석주명 평전》, 그물코, 2002.

이상태,《한국 고지도 발달사》, 혜안, 1999.

이상희,《꽃으로 보는 한국 문화》 1~3, 넥서스, 2004.

이성우,《한국 식품 문화사》, 교문사, 1994.

이성우,《한국식경대전》, 향문사, 1998.

이승철,《우리가 정말 알아야 할 우리 한지》, 현암사, 2005.

이옥, 안대회 옮김,《연경, 담배의 모든 것》, 휴머니스트, 2008.

이옥, 실시학사 고전문학연구회 옮김,《완역 이옥 전집》 1~5, 휴머니스트, 2009.

이원복,《한국의 말 그림》, 한국마사회마사박물관, 2005.

이종호,《한국의 유산 21가지》, 새로운사람들, 1999.

이종호,《천재를 이긴 천재들》 1~2, 글항아리, 2007.

이찬,《한국의 고지도》, 범우사, 1991.

이철수,《우리가 정말 알아야 할 우리 농작물 백 가지》, 현암사, 2000.

이춘녕,《한국 농학사》, 민음사, 1994.

이태원,《현산어보를 찾아서》1~3, 청어람미디어, 2002.

장용준,《장콩 선생의 박물관 속에 숨어 있는 우리 문화 이야기―옛 그림편》, 살림, 2006.

전상운,《한국의 과학문화재》, 정음사, 1987.

전상운,《한국 과학사의 새로운 이해》, 연세대학교출판부, 1999.

전상운,《시간과 시계 그리고 역사》, 월간시계사, 1994.

전상운,《한국 과학 기술사》, 정음사, 1994.

전상운,《한국 과학사》, 사이언스북스, 2000.

전상운,《돌도끼에서 우리별 3호까지》, 아이세움, 2006.

전용훈,《한국 천문학사》, 들녘, 2017.

전호태,《고구려 고분 벽화 연구》, 사계절출판사, 2000.

전호태,《고구려 고분 벽화의 세계》, 서울대학교출판부, 2004.

전호태,《고분 벽화로 본 고구려 이야기》, 풀빛, 2010.

정광,《몽고자운 연구―훈민정음과 파스파 문자의 관계를 해명하기 위하여》, 박문사, 2009.

정동찬,《살아 있는 신화 바위그림》, 혜안, 1996.

정수일,《한국 속의 세계》하, 창비, 2005.

정약전, 정문기 옮김,《자산어보》, 지식산업사.

정인경,《청소년을 위한 한국 과학사》, 두리미디어, 2007.

정학유, 허경진·김형태 옮김,《시명다식》, 한길사, 2007.

조병로·김주홍,《한국의 봉수》, 눈빛, 2003.

조선기술발전사편찬위원회,《조선기술발전사》1~5, 평양: 과학백과사전종합출판사, 1996.

조인철,《우리 시대의 풍수》, 민속원, 2008.

조풍연 해설,《사진으로 보는 조선 시대―생활과 풍속》, 서문당, 1996.

조흥윤,《기산풍속도 1―민속에 대한 기산의 지극한 관심》, 민속원, 2004.

주강현,《우리 문화의 수수께끼》2, 한겨레신문사, 2004.

채연석·강사임,《우리의 로켓과 화약 무기》, 서해문집, 1998.

천혜봉,《한국금속활자본》, 범우사, 1993.

최완기 글·김영만 그림,《배무이》, 보림, 1999.

최창조,《한국의 풍수사상》, 민음사, 1998.

카이스트,《미래를 향한 끊임없는 도전, 카이스트 35년 한국의 산업발달》, 소명출판, 2005.

하인리히 F. J. 융커,《기산풍속도 1― 한국의 옛그림》, 민속원, 2003.

한국고문서학회,《조선시대 생활사 3―의식주, 살아 있는 조선의 풍경》, 역사비평사, 2006.

한국역사민속학회,《한국의 암각화》, 한길사, 1996.

한국원자력연구소사편찬위원회,《한국 원자력 30년사》, 1990.

한영우,《창덕궁과 창경궁》, 열화당·효형출판, 2003.

한영우·안휘준·배우성,《우리 옛 지도의 아름다움》, 효형출판, 1999.

한일비교문화연구센터,《모던일본과 조선(1939년)》, 어문학사, 2007.

허경진,《택리지》, 서해문집, 2007.

허선도,《조선시대 화약병기사 연구》, 일조각, 1994.

홍성욱·이인식 외,《세계를 바꾼 20가지 공학기술》, 생각의나무, 2004.

홍이섭,《조선과학사》, 정음사, 1946.

홍이섭,《《조선과학사》事緣 數駒〉,《홍이섭전집 1: 과학사·해양사》, 연세대학교출판부, 1994.

황수영,《석굴암》, 열화당, 1989.

황수영·문명대,《반구대 ― 울주 암벽조각》, 동국대출판부, 1984.

Jeon, Sang-woon, *Science and Technology in Korea: Traditional Instruments and Techniques*, MIT Press, 1974.

Jeon, Sang-woon, *A History of Korean Science and Technology*, Singapore: NUS Press, 2011.

Park, Seong-Rae, *Portents and Early Yi Korea: 1392-1519*, Honolulu: Ph. D. Dissertation in History Department, The University of Hawaii, 1977.

Park, Seong-Rae, *Portents and Politics in Korea*, Seoul: Jimmoondang, 1998.

Park, Seong-Rae, *Science and Technology in Korean History: Excursions, Innovations, and Issues*, Seoul: Jain Publishing Company, 2005.

Schaefer, Bradley E., *The remarkable Science of ancient Astronomy*, The Teaching Company, 2017.

Taylor 著, 森島恒雄 譯,《科学史》,東京:創元社, 1942.

桝本セツ,《技術史》,東京:三笠書房, 1938.

洪以燮,《朝鮮科學史》,東京:三省堂, 1944.

강성철

봉돈 709 | 봉수대 260 | 북수문 710 | 저수지 315

건국대학교 도서관

《동국정운》 763

경주시청

불국사 청운교와 백운교 아치 623 | 석굴암 금강역사상 609 | 석굴암 사대천왕 620 |
석굴암 10대 제자 621 | 석굴암 천장 625 | 석빙고 환기구 715

고려대학교 도서관

《대동지지》 221 | 장안문 704 | 해동팔도봉화산악지도 257 | 화성 전체 지도
706~707

고려대학교 박물관

〈곤여전도〉 247 | 〈대동여지전도〉 235 | 〈동궐도〉 145 | 윤도 193 | 혼천시계 166

국립경주박물관

성덕대왕신종 596 | 종 걸이 597

사기 모란 넝쿨무늬 항아리 638 | 신안선의 약재와 향신료 473 | 〈윷놀이〉 738 | 은입사 물가 무늬 정병 636 | 〈장터 가는 길〉 367 | 천흥사 종 605 | 청자 참외 모양 병 635 | 〈초도호연(돌잔치)〉 562 | 휴대용 앙부일구 132

국립진주박물관
〈군진도〉 691 | 〈초충도〉 433 |《회본태합기》686

국립춘천박물관
〈초충도〉(신사임당) 436~437

규장각한국학연구원
《각선도본》속 판옥선 692(왼쪽) | 경조5부와 도성도 226 |《규합총서》423 |〈만국전도(천하도지도)〉246 |《삼강행실도》762 |《신증동국여지승람》219 |《십칠사찬고금통요》655 |《용비어천가》756 | 의궤 속 의녀 545 | 인목 왕후의 편지 548 |《전보장정》779 | 최한기의 〈지구전후도〉 248 |《칠정산》내·외편 140 |《칠정산내편정묘년교식가령》143 |〈한양도성도〉195 |〈혼일강리역대국도지도〉(모사본) 209 |《화성성역의궤》속 거중기 700(왼쪽) |《화성성역의궤》속 녹로 부품도와 녹로 711 |《화성성역의궤》속 화홍문 710(왼쪽) |《화성성역의궤》속 장안문 704 |《화성성역의궤》속 포루 내·외부 705

기상청
측우기와 측우대 111

동국대학교 도서관
《석보상절》655

삼성출판박물관
《서유견문》776

조재황

경상남도 함안 도항리 고인돌 52

충북대학교 박물관

아득이 고인돌 60

한독의약박물관

《동의보감》초간본 502 |《동의수세보원》523 | 이제마 초상 519 | 추사 약방문 576

한동수

닥나무 667 | 방화수류정 708 | 제중원 791

허준박물관

《동의보감》(중·일판) 510 | 동인도 493 | 침 497 |《향약집성방》291

호암미술관

집 안의 동물들 327

* 이 책에 실린 도판은 기본적으로 저작권자에게 허가를 구하거나 크기를 작게 하여 이용했습니다. 그러나
  저작권자가 불분명하거나 연락할 방법을 찾지 못한 경우 피치 못하게 허가를 구하지 못했습니다. 추후라
  도 저작권자가 확인되면 허가 절차를 밟겠습니다.

신동원 교수의 한국과학문명사 강의

하늘·땅·자연·몸에 관한 2천 년의 합리적 지혜

1판 1쇄 2021년 2월 22일
1판 2쇄 2022년 12월 30일

지은이 | 신동원

펴낸이 | 류종필
편집 | 이정우, 이은진
마케팅 | 이건호
경영지원 | 김유리
표지·본문 디자인 | 석운디자인
윤문·교정교열 | 정헌경

펴낸곳 | (주) 도서출판 책과함께
　　　　주소 (04022) 서울시 마포구 동교로 70 소와소빌딩 2층
　　　　전화 (02) 335-1982
　　　　팩스 (02) 335-1316
　　　　전자우편 prpub@daum.net
　　　　블로그 blog.naver.com/prpub
　　　　등록 2003년 4월 3일 제2003-000392호

ISBN 979-11-91432-00-8 03910